Jiaotong Yunshu Dilixue

交通运输地理学

张林洪　吴华金　编著

人民交通出版社股份有限公司

北　京

内 容 提 要

本书主要论述了交通运输与经济地理、人文地理、自然地理之间的关系,系统研究了交通运输与社会经济、人文地理、自然地理相互影响的主要因素、运作机理、影响程度,以及交通运输如何在更好地服务于社会、经济、政治、文化、科技等领域的前提下,实现与社会、自然环境和谐共处的对策和措施。

本书可作为交通运输(公路、铁路、水路、航空、管道等)及电信、邮政等相关行业工程建设规划、设计、施工及运维技术、管理人员的参考资料,相关专业学生的学习用书,也可作为与交通运输有关人员、游客旅行及地质学、气象学、植物学、土壤学、道路工程学等方面的综合科技读物。

图书在版编目(CIP)数据

交通运输地理学 / 张林洪, 吴华金编著. —北京 : 人民交通出版社股份有限公司, 2024.1
ISBN 978-7-114-18663-9

Ⅰ.①交… Ⅱ.①张… ②吴… Ⅲ.①交通运输地理学 Ⅳ.①F511.99

中国国家版本馆 CIP 数据核字(2023)第 042964 号

书　　名:**交通运输地理学**
著 作 者:张林洪　吴华金
责任编辑:陈　鹏
责任校对:孙国靖　卢　弦
责任印制:刘高彤
出版发行:人民交通出版社股份有限公司
地　　址:(100011)北京市朝阳区安定门外外馆斜街 3 号
网　　址:http://www.ccpcl.com.cn
销售电话:(010)59757973
总 经 销:人民交通出版社股份有限公司发行部
经　　销:各地新华书店
印　　刷:北京交通印务有限公司
开　　本:787×1092　1/16
印　　张:33.5
字　　数:785 千
版　　次:2024 年 1 月　第 1 版
印　　次:2024 年 1 月　第 1 次印刷
书　　号:ISBN 978-7-114-18663-9
定　　价:150.00 元

前　言

交通运输的需求因地理差异而产生。由于不同地理环境(气候、土壤、资源、人文等)下人们在需求上的差异,当某种地理环境条件下的资源不能满足此环境下人们的需求时,就需要寻求其他地理环境下的资源填补,交通运输的需求随之产生。如由于历史、科技、资源、环境、人力等不同原因而形成不同形式的生产力布局,某种地理环境下人们生产生活所需要的产品不一定能够在当地生产,或生产成本较高,在生产地和需求地之间就会产生交通运输的需求。再如,由于不同地域有着不同的人文景观和自然景观资源,人们出于娱乐或学习的需要,就会想要外出旅游、学习,从而产生了旅游交通等。这就是地理环境、资源不同的地域之间产生的“产需势能差”。

交通运输的产生需要进行产需地之间的连接。虽然产需之间存在“产需势能差”,但如果没有产需地之间的交通连接,也就很难产生“交通运输流”。产需地之间的交通连接需要铺设道路,架设桥梁,挖掘隧道,建设仓储转运站、客运站、码头、分发站、配送站(点),配备装卸机械,设置无线或有线电信网络和设施、邮政局等,也需要进行政策法规的保障和产需信息、交通信息的沟通,如果没有人为的“交通障碍”,加之交通运输设施能够正常高效运转,“交通运输流”就会通畅;如果存在人为的影响和基础设施的限制,“交通运输流”就会受到影响。“交通运输流”的阻力受自然环境、人文环境和交通运输设施本身的影响,由于“交通运输流”需要跨越不同的自然环境和人文环境,因此影响“交通运输流”的因素、影响机理及程度也就会有所不同。认识和协调交通运输与自然环境和人文环境的关系,实现和谐发展,是交通运输地理学的研究目的。

地理条件影响交通运输方式。如水运,需要具有在一定的水深和宽度的江河海,才能航行船只,建设港口码头。在山地建设公路成本低于铁路,城镇内部和居民区适于汽车运输,而大批量货物则适合采用铁路运输。机场的位置规划需要考虑相应的气候条件,如大雾、雷电天数不能过多,风向要较为恒定。航空运输速度快，但运费较贵。公路运输便捷，可以实现门对门服务，但运量较小等。

交通运输是人为需要。交通运输是为了满足人类社会的需求而产生的。人们生产生活的地理环境及其资源不能满足日常需求时，就需要来自不同地理环境的资源或产品，从而产生了对交通运输的需求。人们对来自其他地理环境的资源或产品的需求越大，交通运输的"产需势能差"也就会越大。

交通运输与社会经济相互促进。交通运输能为社会、经济、文化、政治、军事等的发展进步提供坚实的物质条件。同样，社会、经济、人文的发展能为交通运输设施的建设、运行提供必要的支撑条件。因此，交通运输与社会经济之间互为基础、相互促进。社会、经济、人文发展的不同阶段，对交通运输的发展提供了相应阶段的保障，而交通运输也应满足和促进相应阶段的社会、经济、人文发展需求。

交通运输与自然环境相互影响。交通运输为了满足起讫点和沿途社会、经济、人文的需求而建设发展。由于社会、经济、人文等因素受自然环境条件的影响，不同地区对交通运输的需求不同，而沿途不同的自然环境条件，也会对交通运输基础设施产生不同影响。

交通运输在继承中发展。交通运输的物资和线路是对传统的继承和发展。如大理到丽江、香格里拉段的茶马古道是传统的民族迁徙通道，如今的214国道基本沿着原茶马古道的路线建设而成。

交通运输是地理环境系统中的重要组成部分。交通运输是人们为满足不同需要而进行的人员、物资（包括资源和产品）的运送，所需的基础设施和工具器件在自然环境中布设和运行，会对自然环境造成影响，如破坏天然植被土壤、释放废气废物污染环境、引起地面变形破坏等；自然环境也会对交通运输产生影响，如滑坡、泥石流、洪水等可能阻断交通，恶劣气候可能会导致路滑而引发事故，以及无机材料的老化、金属设备仪器的腐蚀、道路设施遭到破坏等。因此，可以说交通运输是"天人"系统的组成部分，会受到"天人"系统的限制和影响，也会在"天人"系统中发挥作用。必须将自然环境与交通运输之间的不利影响降至最低，并充分利用其相互间有利的影响，达到"天人合一"的境界。

研究交通运输地理是重要且必要的。既然交通运输会在人文地理、经济地理和自然地理组成的整个"天人"系统中产生影响,就有必要予以充分重视,分析交通运输与"天人"系统之间相互影响和作用的因素和机制,实现交通运输与人文、经济和自然环境协调发展、和谐共处。这些都需要在交通运输地理学中加以关注和研究,也是交通运输地理学必须解决的问题。本书力求打破传统交通运输地理学主要关注交通运输经济地理的局限,为交通运输与社会、自然环境协调发展提供对策。

本书由张林洪、吴华金编著,昆明理工大学李文波、牟希言、张洪波、王甦达、于国荣,云南交通咨询有限公司魏业清,昆明市规划设计研究院有限公司陈德加,昆明理工大学津桥学院靳娟娟,云南农业职业学院丁磊,云南水利水电职业学院代言芹,云南农业大学李欢参与了部分内容的编写。

本书在撰写过程中,得到了昆明理工大学、云南省交通运输厅等单位的支持和帮助,书中参考了一些作者的论著和其他研究成果,在此一并感谢。

随着交通运输地理学研究工作的不断深入和扩展,还会出现新的理论和方法。而且交通运输地理学涉及面广泛,作者限于学识,难以面面俱到,希望广大读者对本书提出有益的建议、批评和指正。

张林洪　吴华金

2021 年 10 月

目　录

1 绪论

1.1 交通运输地理学研究的重要性与必要性

交通运输工程是存在于自然、服务于人类社会的公共基础设施。它存在于自然和社会环境中,受制和作用于自然与社会环境,服务于人类社会、经济、政治、文化、军事等领域,同时人类社会、经济的发展变化也会促进交通运输工程的建设和发展。交通运输的建设和运行需要综合考虑沿线和区域的地理影响因子、影响机理、影响程度,使交通运输工程融入当地自然和社会经济环境,优质、高效、安全、环保、可持续地满足人类社会各方面的需求。这些就是交通运输地理学的研究目的和重要任务,也体现了交通运输地理学研究的重要性和必要性。

1.2 人类生产生活与地理环境的关系

地理环境是人类生活、生产的基本条件,也是人类赖以生存的物质环境。地理环境所包含的地形地貌、气候条件、生态环境等因素,从各个方面影响着人类生产、生活方式的形成与发展。人类的生产生活与地理环境密不可分,人类的物质与文化都受自然地理环境的影响。运输是为人类社会服务的,生产的产品作为商品时需要外运,必要的生产、生活物资需要运入。所以,地理环境影响人类生产生活,进而影响交通运输。以下介绍人类生产生活与地理环境的关系。

1.2.1 服饰与地理气候

人们居住的环境尤其是当地气候条件,对服饰文化有很大影响。气候炎热的地区,一年四季冷暖变化不大,早晚温差小,服装样式相对简单,以轻、浅、薄为特征,能更好地透气散热。在高纬度和高海拔地区,冬季漫长且严寒,人们无须频繁更换衣服,服装功能主要是抵御严寒、大风等恶劣天气,服装样式也比较简单。而生活在温带地区的人们,四季气候不同,温度变化大，需要不同类型、不同厚度以及材质的衣服，以适应当地气候和天气的变化，因此服饰多样，服饰文化也更为发达。如在新疆吐鲁番盆地，白天日照充足、气温升高，夜里气温快速下降，昼夜温差非常大，一天之内可经历寒暑变化，因此形成了"早穿皮袄午穿纱，抱着火炉吃西瓜"的地方特色。西藏地域高寒，牧民常常穿着厚重的长袍，但在午间由于日照强烈，气温升高，穿长袍、皮袄会感觉热，为适应这种剧烈的气温变化，牧民常常将藏袍斜穿一半，另一半别在腰间，这也是气候影响下的一种独特的服饰文化。再如，四季如春的昆明，夏天有人穿毛衣厚服，也有人穿短袖 T 恤衫；冬天有人穿衬衫，也有人穿棉衣；同一季节有不同的服饰。

服饰也深受各民族聚居地地理环境的影响，如生活在我国东北、内蒙古地区的部分民族，由于自然环境的影响、经济条件的制约和特有的生活习俗考虑等原因，在服饰方面都有一个显著的特点，即喜欢头戴皮帽、身穿棉衣或由兽皮制作的长袍、长裙和足蹬皮靴。如赫哲族男子，冬天多穿鱼皮、鹿皮大衣，夏天爱穿大襟式的去皮的光皮板，袍襟上缀以鱼骨扣子，显得美观大方；女子的鱼皮和鹿皮长衣，则常于领边、袖口、衣边绣以鹿皮剪成的各种颜色的云纹和动物花样，或于衣边上饰以贝壳。这些都与内蒙古、东北地区善养牲畜和出产鱼类有关。再如，云南的傣族妇女一般喜欢穿窄袖短衣和筒裙，上面穿一件白色或绯色内衣，外面是紧身短上衣，圆领窄袖，有大襟，也有对襟，有水红、淡黄、浅绿、雪白、天蓝等多种色彩，现在多是用乔其纱、丝绸、涤纶等料子缝制。窄袖短衫紧紧地套着胳膊，几乎没有一点空隙，有不少人还喜欢用肉色衣料缝制，不仔细看可能看不出袖管，前后衣襟刚好齐腰，紧紧裹住身子，再用一根银腰带系着短袖衫和筒裙口，下着长至脚踝的筒裙，腰身纤巧细小，下摆宽大。傣族男子一般都穿无领对襟或大襟小袖衫，下穿长管裤，用白布、青布或绯布包头，有的戴尼龙礼帽，显得潇洒大方。傣族无论男女，出门总喜欢在肩上挎一个用织锦做成的挎包（筒帕）。挎包色调鲜艳，风格淳朴，图案有珍禽异兽、树木花卉或几何图形，形象逼真，栩栩如生，每一种图案都含有具体的内容，如：红、绿色是为了纪念祖先；孔雀图案表示吉祥如意；大象图案象征着五谷丰登，生活美好。这些都与云南傣族人民居住的湿热环境有关，夏季多雨，短短的傣族上衣清凉舒爽；也与他们的生产生活地区的物种多样、古老风俗、审美观念、等级观念等有关。

1.2.2 饮食与地理气候

在我国民众的饮食习惯上，受气候影响最典型的就是"南米北面"。南方地区雨量丰沛，适合种植需水多的水稻，自古以来南方人民就以大米类为主食。北方雨水少，适合种植需水少耐旱的作物，如小麦、玉米、高粱等，因此北方人民多以面食为主食。而在内蒙古、新疆、西藏等一些降水稀少或高寒的地区，不适宜种植庄稼，以畜牧业为主，这里的食物则以肉类、奶类为主。在世界其他地方，如拉丁美洲人则爱吃玉米，东欧人大多爱种黑麦，这些情况主要与各地的农作物生长的地理环境有关。

以我国为代表的东方国家和地区以猪肉作为主要肉食，而以欧洲为代表的西方国家和地区则以牛肉作为主要肉食，这种差异与环境条件有紧密联系。亚洲大陆东岸，属季风气候，降雨与高温相结合有利于夏季作物生长，但冬、春干旱而低温，草在冬、春季缺乏，不利于喂养食草动物，因此东方人就选择了将农业生产与养猪相结合。猪以淀粉类物质作食物，虽

消耗一些粮食,但除提供肉食以外,还带来大量肥料,对人的营养与农业生产都很有利。西欧的气候特点是冬季湿润,而温度较同纬度的大陆东岸更高,冬季草类不会枯死。且西欧的农业很早就采取休耕制,有意让耕地长草以恢复地力,正好可以饲养食草动物,开始以羊,后来以牛为主,所以西方人爱食牛肉。与此关联的是乳制品在西方食物中亦占重要地位,而在我国及东方除游牧地区外,食品中乳制品很少。

在我国四川、重庆、贵州等西南地区,夏季闷热潮湿、冬季阴冷潮湿,光照少,辣椒有祛风祛湿、发汗驱寒的功效,因此西南地区的人们喜辣,与地理气候有很大关系。

1.2.3 建筑与气候

我国史前大陆沿海和海岛沿岸的沙丘与贝丘遗址的聚落形态,与内陆地区的聚落形态存在着很大的差别。沙丘与贝丘遗址多干栏式建筑,这与温暖潮湿的环境有关,而内陆地区的环境较沿海干燥寒冷,因此其聚落多地穴式、半地穴式和窑洞式建筑。

日照、降水、风速、风向、温度、湿度等气候条件,直接影响建筑的功能、式样、结构等。人们为适应当地的气候条件,形成了各有特色的居住形式。我国北方,冬季寒冷,常刮偏北大风,建筑物主要考虑防寒保温功能,因此房屋多为坐北朝南,南面接收更多的阳光,北面减少寒风的入侵。南方夏季多雨潮湿、高温闷热,因此房屋高大、多窗,目的是更好地通风、散热、防潮,而房屋朝向并非最主要的考虑因素。云南南部的西双版纳,属热带雨林气候,终年高温且潮湿多雨,为便于通风防潮,形成了一种“高脚”的干栏式建筑,即傣家竹楼,住在里面清凉舒爽。在滇西北地区,由于地处高原,处于“长冻无夏”型气候,当地木料也较多,所以大多采用木料堆积式的“木垒房”,以及用石块或用土筑成的墙壁较厚的藏式住房。在我国西北的黄土高原,先民们创造性地利用当地有利的地质条件和地形,形成了独特的建筑形式——窑洞,干燥少雨的气候是窑洞得以长时间保存的关键因素。羌族传统建筑多采用本地所产板岩片石逐层垒筑墙体,再用树枝、木板分隔楼层。建筑门窗洞口都较小,这是为适应当地寒冷的气候条件,也是出于防御的需要。

1.2.4 建筑与环境的适应性

建筑适宜性包含很多具体内容,从建筑的选址到平面布局、从建筑朝向到内部空间组织、从构造做法到材料选择等方面,均能反映出其与环境的关系。

1)建筑材料

建造房子所用的材料,往往是就地取材,而材料受地域限制,因此具有鲜明的地域特点。例如,我国四川西部藏族居住地区,多用石头建造房子,这是因为该地属于山区,石材丰富。在黄土高原,气候干燥、森林稀少,到处都覆盖着厚厚的黄土,很难找到石材,利用黄土的堆积层形成的特殊结构挖成窑洞,住在里面反而冬暖夏凉。云南的傣族人民利用丰富的竹子资源建成竹楼。贵州安顺地区因为位于沉积岩—石灰岩地区,层状岩石较多,便于开采石料和砌筑,且石头耐雨水冲刷和耐风化,因此采用石头砌墙、石板盖屋的形式;云南昆明地区,石头少而土多,且雨水较贵州少,就采用土坯砌墙或土筑墙,用土加秸秆或木条或竹条筑顶的方式起屋盖房——土掌房。

2)建筑布局

建筑布局分为两种:一种是一栋房舍的单元结构,另一种是由不同大小、式样、功能的房屋以一定的目的聚合在一起的某种组合。单元结构房就是在一栋房舍中，除住人以外，还圈养家畜、存放农具与谷物。这种房舍一般是长条形，房子的一端住人，另一端圈养牲畜，中间有的予以分隔，也有的不分隔。组合式的民间建筑就是将住房、谷仓、畜圈、工具棚分开，但是彼此相距不远，有的是彼此相连，有的四周围之以墙。

3）建筑外形与内部特征

我国地域辽阔，气候条件差异较大，对建筑外形与内部特征有明显影响。例如，我国北方干旱少雨，冬季气温低，多西北风，夏季气温不太高，降雨季节不长，在建筑上以保湿防寒为主，所以不论是夯土或土坯，墙体都比较厚，房子不高，内部严实，不漏风；窗户开在南墙，大而明亮，便于接受阳光；房顶有石板、草、瓦、泥等，坡度平缓，有的甚至是平顶，这与降雨少有关；房屋内部的床多为土炕，充分利用做饭的余热来提高室内与炕的温度。南方住房的墙体用砖，墙体薄，房顶用草或瓦，房屋顶部坡度大，房体较高，这些都与通风、防热、减轻雨水对房顶冲击有关；房屋内部的床不用炕，多为木床、竹床；南墙北墙都设有窗户，而且南墙窗户与北方相比不太大，墙体多用石灰涂成白色，这样可以反射阳光、加强通风，并减少南面热空气进入室内，以保持室内凉爽；房屋的廊檐较宽，有利于遮阳、防雨，增加凉爽活动空间，减少住房热量；厨房多与主体建筑分开单独建房，如形成四合院，则四周的墙与房较高，面积小，紧凑，中间为天井，使其产生阴凉效应。云南南部民居大多为斜坡屋顶，中北部多为平顶，这是因为南部雨多，北部雨少。

1.2.5 生产与气候

我国的季风气候特征使得不同地区发展出不同的经济类型。受夏季风影响的我国东南部地区，降水量丰沛，不仅农耕经济发达，还形成了分布广泛的城市体系，加上便利的交通条件，经济发展水平高。而夏季风影响不到的地区，年降水量一般不足400mm，以牧业或半牧半农经济为主，经济发展水平在一定程度上受到气候条件的限制。在干旱少雨的地区，只能种植耐旱植物，如小麦、玉米等；在多雨潮湿的地区，可以种植水稻和进行水产养殖（如养鱼、养蟹等）；在高寒地区只适宜种植耐寒植物（如洋芋、青稞等）；在热带或南亚热带地区可以种植热带植物（如芒果、菠萝、甘蔗等）等。生产方式和出产物品与地理气候关系非常密切。

1.3 自然地理环境在一定程度上影响人类社会的经济、政治及文化发展变化

一般而言，地理环境对人类及其社会、经济、政治与文化的发展具有一定作用。这主要反映在：第一，地理环境为人类的源起、形成、生活、发展乃至消失提供了必要的物质基础；第二，地理环境决定了其间的一切生物（包括人类）及其所有活动，都不可避免地有一个产生、发展以至消失的过程；第三，地理环境中的一切物质以及由于物质而产生的能量既不能增多也不能减少，只是各种形式的转换与传送，除非来自这一地理环境之外（例如其他星球），或者脱离这一地理环境；第四，人类及其所有活动首先要适应地理环境的内在规律，之后才有可能利用地理环境，并根据自己的要求进行加快、减慢或者控制物质与能量的转换与传送。

在特定的时间与空间范畴内,在具体的人和物上,尽管地理环境为人类提供的条件有限,但只要人类不超出这一极限,就可以拥有相对广泛的活动自由。这是由于地理环境并未限定物质与能量的转换与传送的具体过程、方式与时间,当然也就未限定人类从产生至消失的具体过程、方式与时间。人类只要不违反地理环境的内在规律,就完全可以根据自己的需要,充分利用地理环境,实现对自己有利的物质与能量的转换与传送。传统西方社会学中流传的地理环境决定论认为,地理环境决定了社会性质与社会发展。16 世纪,法国思想家让·博丹(Jean Bodin,1530—1596)认为,地理环境决定着民族性格、国家形式与社会进步。18 世纪,法国百科全书派思想家孟德斯鸠在其《论法的精神》中认为,地理环境尤其是气候、土地以及住居区域的大小,对一个民族的性格、风俗、道德、精神面貌以及法律性质和政治制度等有着决定性的影响与作用。19 世纪,环境决定论的主要代表人物 F.拉采尔(F.Lartzel,1844—1904)认为,地理环境决定了各个国家的社会组织、经济发展和历史命运。

地理环境对人类社会各方面所起的影响与作用,在不同的历史时期与文化发展阶段,在不同的生产方式或者生产力条件下,是大不相同的。一般而言,在以地理环境所能提供的全部条件为基础,以不违反地理环境内在规律的前提之下,时代越早,生产力越低下,或者生产方式越单一,地理环境的影响与作用就越大;反之,时代越发展,生产力越发达,生产方式越多样化,人类对地理环境的利用能力与利用程度也就越高,地理环境的影响与作用就越小。而在人类的源起与形成初期,地理环境对人类社会经济政治与文化以及历史的发展的影响与作用,几乎是决定性的。

人类自诞生时起,就同地理环境发生了密切的关系。这种关系大致经过了四个阶段,即依附关系阶段、适应关系阶段、利用关系阶段和和谐共处关系阶段。几百万年以前,刚刚脱离动物界的远古人类虽已能制作非常简陋的劳动工具,可以采集块根、果实和猎取飞禽走兽,但是几乎还是完全通过天然的植物和动物来获取食物。当人类步入农业社会,逐步懂得适应大自然,并学会栽培植物和驯养动物后,人类的食物主要来自农作物和家禽家畜。再往后,随着人类控制大自然力量的加强以及人类内部相互交流的日益频繁,地理环境对人类决定性的影响与作用才日渐减少。然而时至今日,也无人能说这种影响与作用已然消失。人类对地理环境的利用依旧尚未达到极限,反而距离极限还相当远。再者,不同时代不同地区的人们对地理环境利用的程度和方式方法都迥然不同,从而导致人类的社会经济政治文化以及历史的丰富多彩、千差万别,使得在大体相同的地理环境中人类的活动产生大不相同的结果。

1.4 交通运输与地理环境的相互影响与作用

严耕望先生在其《唐代交通图考·序言》中说:“交通为空间发展之首要条件,盖无论政令推行,政情沟通,军事进退,经济开发,物资流通,与夫文化宗教之传播,民族感情之融和,国际关系之亲睦,皆受交通畅阻之影响,故交通发展为一切政治经济文化发展的基础,交通建设亦居诸般建设之首位。”(上海古籍出版社,2007 年)

交通运输与自然环境、社会经济、社会人文之间是互为作用、相互影响的关系,如图 1.4-1

所示。一个地区的自然环境会限制、影响或促进甚至可以决定当地社会、经济、文化、政治等各方面的发展,一个地区的社会人文、社会经济情况也会反过来影响本地区的自然环境。交通运输的发展会促进社会人文经济的发展,社会人文经济的发展与变化也会反过来促进交通运输的发展与变化。交通运输可以舒畅政令,沟通政情,推动社会人文经济发展,提高人民的物质和文化生活水平,构筑和谐的社会环境,达到"政通人和"的良好效果。交通运输能够直接为军事后勤、转移和换防等提供交通运输保障,良好的交通促进社会经济、人文的发展,也间接地为军事和国家安全提供坚实的经济基础和坚强后盾。交通运输的发展会引发社会生产和生活、人口、民族、民俗、语言、宗教等方面的变化和发展,促进教育的发展与进步,提高人们的素质,这些社会文化的变化也反过来影响交通运输的发展与变化。交通运输可以促进不同国家之间的经济贸易和人民往来,促进国家间外交关系的紧密发展。

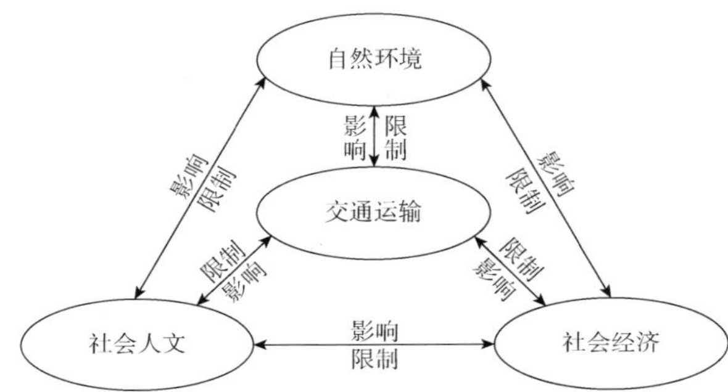

图 1.4-1　交通运输与自然、社会经济和人文的相互关系

交通运输是人类施加于大自然的工程,它的建设与运行会受到自然环境的影响,如雨雪天可能导致路滑进而引发交通事故,雨水会软化道路甚至引起道路、桥梁、隧道的变形破坏,地形过陡会引起道路建设困难、建设成本增加,边坡失稳可能导致道路交通工程毁坏或者阻断交通。同样,交通工程的建设与运行会影响自然环境,如道路建设可能诱发边坡失稳、地表沉陷、地下水流向或(和)流量发生变化、地表植被破坏、动物生存环境受到影响、车辆排放的废弃物污染环境等。因此,交通运输与自然环境也是会相互影响、相互作用的。

1.4.1　交通运输工程与自然地理相互影响

交通运输工程是一种人工线性建筑物,会穿越不同的自然地理单元,因此必须适应各种自然环境。只有在设计、施工、养护中采取适应当地自然环境的技术措施,才能保证交通运输工程应有的使用寿命和正常的服务水平。交通运输工程作为一种人工建筑物,一经建成便成为自然环境的一部分,并不断受到各种自然因素的影响。同时交通运输工程的建设与运营也会反作用于自然环境,引起自然环境的改变。

交通运输工程沿线病害的发生和发展是自然条件、人为活动和交通运输工程本身等诸多因素共同作用的结果。其中地形地貌、地质构造是各类病害形成的内在因素,气象水文条件和地震是各类病害的激发因素,人类不合理的工程活动则加剧了病害的进程。不同自然地理因子与交通运输的相互影响也是不同的,如:①在不同岩性、土壤和地质构造方面,

需要考虑不同交通结构和设施的适应性、设计参数的合理选择，如土体与岩体、断层带与其他部位的地基承载力和坡体、隧道的稳定性等，需要进行不同的地基和围岩的稳定性处理和支护措施选择，强地震活动地区要求进行结构的抗震设计，而弱地震区基本可以不考虑地震影响，结构的施工建设成本也大不一样。②在不同地形地貌地区，需要选择不同的工程结构形式，交通工程的建设和维护成本也因此大不相同，如山区道路滑坡问题较多，建设成本也较高；坝子区建设成本较低，但可能存在软弱地基问题。③在不同气候地区，不同交通工程结构和材料的适应性不同，气候对交通工程的影响和作用也不同，建设施工方法和运营维护技术对策同样不同，建设维护成本也大不相同，如高温气候存在沥青路面软化、推挤、车辙等问题，而寒冷气候可能导致温缩裂缝，高寒地区存在沥青路面老化问题等。④在不同水文情况下，交通工程的线位选择、工程处理技术以及工程建设和运行对环境的影响也不相同，如沿河线的低位可能存在洪水淹没道路、路基软化问题，高线位可能存在高边坡稳定、大挖方问题。⑤不同植物环境条件，会对交通工程产生不同影响，交通工程的建设和运营也会反过来对植物环境产生影响。⑥不同的动物适应不同的环境，交通工程的建设和运营会对动物产生不同的影响，进而影响生态环境。

自然环境是变化的，全球气候变暖导致灾害增多。从20世纪80年代中期至20世纪90年代后期，地球大部分地区温度上升、气候变暖，部分地区暴雨明显增多，导致冰雪消融、冰川退缩、多年冻土退化，局部形成大规模的滑坡、崩塌、暴雨洪水和泥石流等，致使很多地区的交通运输工程病害将进入新的高发期。

各类交通运输工程病害的成因机理虽不尽相同，但在发育背景、形成条件、成灾方式等方面相互关联，或成因相似，或互为因果。研究其相互作用的规律，将各种交通运输工程病害作为一个整体考虑，通过剖析各种影响因素，寻求综合的最佳治理途径和方法，达到多害同治、综合防治的目的。这样，既能有效提高交通运输工程的防灾减灾效益，又能降低交通运输工程的投资成本，避免分项治理病害造成的浪费。

交通运输工程的兴建与运行将不可避免地产生一些环境问题和病害，如道路建设期，施工可能导致水土流失、植被破坏，施工放炮可能惊吓动物，施工人员可能会对珍贵植物的乱挖乱采，捕捉野生动物，道路建设改变地貌形态和植物分布，进而影响当地的风速、风向和气候；在运行期，车辆可能会撞击野生动物、阻碍生物的迁徙，引种外来的绿化植物可能会导致物种入侵，运行车辆和人员可能会带入外来的病虫害而影响原生植物的正常生长和繁殖，车辆释放的尾气可能会影响植物和当地居民的健康等。以上种种因素，都会影响沿线的自然地理环境。

1.4.2 交通运输地理与社会人文的互动影响

交通运输应符合国家的战略，保证国家和社会的稳定与安全，保证不同地区经济社会和不同人群(种族)的和谐、均衡发展，保证各民族人民群众都能过上幸福安康的生活。地区和社会经济要发展，就需要一个完整的媒介将其和其他地域相互连接，交通运输建设就成为社会经济发展的必然。交通运输带来了便利，也为地区的发展注入了活力。交通体系和交通网的拓展，增进了各地区之间的交流，也为国家整体的社会经济发展铺设了道路。

交通运输在不同地域、不同领域、不同行业的需求是不同的，其作用和意义也大不相同，如:①在不同地域,交通运输的国防意义和作用也不相同,如边疆地区与国家腹地交通运输的不同在于,边疆地区需要考虑国家安全、边防稳固,腹地更多的是考虑社会稳定。②在不同地域,交通运输的社会意义和作用也不相同,如社会经济发达地区和社会落后地区的交通运输侧重点不同,经济发达地区需要考虑交通运输与经济发展相协调;而经济落后地区需要考虑如何通过交通运输加快当地的脱贫致富,交通运输的速度和运输量也就不同。③在不同地域,交通运输的政治意义和作用也不相同,如汉族地区与少数民族地区,少数民族地区一般也是经济欠发达地区,既要考虑各民族的风俗习惯,也要考虑脱贫致富问题。④在不同地域,交通的文化意义和作用也不相同,交通运输促进了文化的交流、变革与发展,如少数民族地区的文化大多较为独特,既应重视民族文化的宣传与弘扬,也应注意少数民族的忌讳。⑤在不同地域,交通的旅游意义和作用也不同,如有些地区旅游资源丰富,交通运输既可作为宣传的平台,也是输送游客的设施。⑥在不同地域,交通的民俗(宗教)考量也不相同,如有些地方民俗、民风对交通有要求或限制,但交通运输业也方便了宗教活动的开展和不同宗教文化的交流。

交通运输事业的兴起和发展,改变了经济生产的布局,改变了城市与乡村的隔离,使不同地区的信息和文化交流成为可能,进一步改变了当地的文化结构、文化观念和文化内容。如由于生产布局的变化,引起了城市与乡村的变化,城镇聚居规模和形式也随之发生变化;城市与乡村重新分布,房屋结构与布局也随之变化,城市聚居人口增多,乡村文化逐渐演化为城市文化,城市文化中夹杂着乡村文化;不同地域之间的人居住在一起,导致原生文化之间发生同化与变迁;原来农村的自给自足的生产方式逐渐转变为商品生产,商品观念随之产生;一部分农村人口从农业生产中脱离出来,从事交通运输或工业生产,其生产文化也随之产生变化。交通运输的产生与发展,也孕育交通文化,如相关的驾驶规则、交通规则,道路勘察、设计、施工和运营管理规范、规程及其相关理论、服务文化、组织结构、行业性格等交通运输文化。总之,交通运输引发的人文环境变化是多层次、多结构、多内容的,发生文化变迁也涉及多领域、多行业的、多人群或族群的,同时也产生不同文化、不同地域的融合与变迁。这些人文环境的变化,反过来也对交通运输文化产生影响并引发相应的变迁。

1.4.3 交通运输地理与社会经济的关系

交通运输是社会经济发展的重要支撑,可以促进生产要素在区域间的合理配置与快速流动,它联系了生产、分配、交换、消费等各个环节,对一个区域甚至国家的社会、经济、文化等各方面的发展都起着非常重要的推动作用。“经济要发展,交通需先行”“要想富先修路”是我国改革开放中最流行、最简单、可能也是最实用的经济学理论。根据亚当·斯密《国富论》的观点:经济的发展在于分工,分工在于市场的大小,市场的大小与交通运输的条件有关。

交通运输条件是区域经济发展的重要前提,交通运输业是国民经济的基础产业,它与国民经济其他产业相互依存、紧密相连,是维系国家和地区社会生产和人民生活、促进经济发展的必备条件和基础保证,是支撑地区经济、决定经济活力水平的前提。优良的交通运输网络对于开发利用潜在的资源、推动当地社会经济的发展起到重要的,有时甚至是决定性的作

用。现代经济的发展是伴随着现代运输的发展而出现的,只有建立高效的交通运输系统,才有现代经济的起飞,才有国民经济的增长。交通运输在国民经济各领域发挥的作用越来越明显。

1)交通运输在现代工业中的作用

现代化机器大工业具有生产规模大、原料来源和产品去向多、专业和地域分工细等特点,如果没有一个能承担大宗、快速运输的现代化交通运输系统与之相适应,其发展可以说无从谈起。我国幅员辽阔、资源丰富、人口众多,但地理分布很不平衡,自然资源丰富的西部地区人口稀少,而人口集中的大城市和工业区则大多在东部沿海的平原地区。交通运输对于资源和生产力的分布调节,是我国经济建设与发展的必要条件。

2)交通运输在现代农业中的作用

要实现我国农业现代化,有三个突出的问题要解决,它们都与交通运输息息相关。

(1)全国农民人均耕地不足,必须在广大农村实行农工结合,或进行城镇化建设,发展农工商联合企业。这样,就必须尽快建立起由公路、内河航运和铁路组成的深入广大农村的地方交通网。

(2)按照扬长避短、因地制宜的原则进行农业生产及其布局,提高农业生产的效率和商品价值,走专业化、集约化农业生产的道路,使农民走上富裕之路。各地根据本地自然、技术和社会经济条件,实现在土地资源综合利用基础上的粮食、经济作物、林、牧、副、渔产品的专业化生产,并解决各种商品农业产品的运销问题,使农业增产又增收,才能解决农民的低收入和生活水平低的问题。这样,需要一个由工业区、大中城市、不同农业生产区通往农产品基地以及粮食和经济作物区之间的交通系统和联合运输网络。

(3)交通运输难是改善当地人民生活的主要障碍。加速修建由贫困地区通往外地的交通干线,使当地的农产品外销,富余劳动力外出务工解决就业问题,是脱贫致富的途径和办法,即"要致富,先修路"。

3)交通运输在现代城市中的作用

城市是社会劳动分工和商品经济发展的产物。古代的城市多在交通大道的交会点、内河和沿海航运的起讫点或水陆交通交接点上兴起,近代的大城市则大都与近代交通事业的崛起同步。城市化带动交通运输网的形成与发展,交通设施的完善又促进了城市的扩大与繁荣,这已成为一条人所共知的规律。许多城市则完全是因交通和转运的需要而产生的,它们被定性为交通枢纽城市。

现代化大城市是一个经济活动高度密集、同周围地区联系极为密切、科学文化居于领先地位的国家或区域经济、文化和政治中心。特大城市的年货物进出量达上亿吨,一般大城市也以千万吨计,包括运进能源、原材料、建材和居民日常消费品,运出产品和垃圾。这些城市的旅客始发和到达量,每天往往达数万人次。因此,维持城市的正常运转,促进城市的发展,必须有一个运能大、速度快、布局合理的对外交通系统。

交通与住宅、环境并列为现代大城市的三大问题。从城市内部交通而言,如何健全城市道路网,采用经济方便的交通工具,已成为保证城市生产、方便居民生活的前提条件。

城镇化是现代社会发展的要求,在我国更是如此。大量城镇的出现,意味着劳动地域分工的进一步加深,不建立起联系区域、城市之间的交通干线和沟通城乡的地方交通网,中小城镇的发展便没有保证。对大城市规模的控制，最有效的办法是在外围建设卫星城，从而起到分散和截流的作用。国内外经验已证明，上述性质的卫星城必须是具有一定规模的综合性城市，它们与中心城市应有相当距离，并位于二者间的便捷交通线上。否则，中心城市会把近郊区的小居民区和小工业点陆续吞并，形成滚雪球式的市区膨胀。当前，我国的特大和大城市规划和建设的迫切任务，是完善对外辐射交通干线，在远郊区逐步建成一些相对独立又同中心城市联系方便的卫星城，从而形成集中与分散结合的城市体系。

4）交通运输在旅游业中的作用

随着社会的进步和发展、人民生活水平的不断提高和国际交往日益扩大，我国的旅游事业正在蓬勃兴起。配备历史名城、风景区和疗养地的内外交通线路、规划便捷的游览路线、组织快速和舒适的长短途客运，已成为旅游事业兴旺发达必不可少的条件。

5）交通运输在生产力合理布局中的作用

生产力的合理布局是一项具有战略意义的课题。合理布局生产力，需要在不违背战备要求的原则下，满足一定的经济要求。

从生产力布局来看，不是要求个别企业或个别新产品劳动耗费或成本达到最低，而是要求产品的总劳动耗费或社会成本（完全成本）达到最低。高效合理的交通运输环节，对生产力布局的合理化具有重要作用。马克思曾经指出："交通工具的增加和改良，自然会对劳动生产力发生影响——使生产同一商品所需要的劳动时间减少，并建立了精神与贸易的发展所必需的交往。"[1]交通运输的改进，会给生产力布局带来巨变，如大型散装船的出现，大型油船和远程输油管道的采用，使金属冶炼、炼油和石油化学工业远离矿产地、油田，便是范例。

1.5 交通运输与其他基础设施的关系

交通运输包括公路、铁路、水路、管道及航空等运输工程及其运输设施，属于国家基础设施领域。此外通信、电力、电站、水库、街道、军事设施等，也属于公共基础设施。交通运输工程及其设施内部、与其他基础设施之间，既能相互服务，也会在平面和空间中相互影响、相互补充、相互协作。其中最为典型的是：不同交通运输方式都具有不同的优缺点和适用范围，如铁路不可能通到每条街道、每个乡村、每项工程，因此就需要采用公路运输进行转运；航空运输、水路运输也会遇到相同问题，需要采用能实现门对门服务的公路运输进行转运。这就需要在不同运输方式转换之间设置高效的转运方式，从而减少转运的时间，降低转运成本。再者，如包装、运输与装卸、仓储等不同工序与设施之间的转换，通信与运输之间的互动互助等形成综合运输体系，实现从时间和空间的无缝对接、无缝换乘，减少空去空来，提高交通运输效率。交通运输需要通信手段的协助，采取信息化等手段可以提高运输效率，降低运输成本。再如，实现安全、高效率、智能化交通运输，也需要使用高效准确的通信手段，完成传统交通的信息化转变。电力发展为交通运输提供能源，使清洁、高效的电气化铁路运输成为可能，而电气化铁路运输的发展依靠电力支持。交通运输还能为水电建设提供便利，甚至对选

[1] 马克思，恩格斯.马克思恩格斯全集（第47卷）[M].北京：人民出版社，2001：584.

型选址产生影响,如澜沧江上的小湾电站,在可行性研究阶段,鉴于当时的交通运输条件较为落后,附近没有铁路和高等级公路,只能选用当地材料——位于下坝段的土石筑坝;在初步设计阶段,鉴于楚大铁路和公路从附近通过,便改选水泥和钢材容量较大,即位于中坝段的混凝土筑坝,从而节省了经费、缩短了工期。

当不同基础设施之间在平面和空间中相遇时,可能会产生冲突,如山区有限走廊带内的不同基础设施,在狭窄的廊道内布设,必须遵守一定的相遇规则,如采取“互帮互让”“相互理解与支持”“先来后到”“以小让大”等。国家也可以采取统一管理(如铁道部、交通运输部、邮政部合并为一个部,即交通运输部)、统一布置规划,分步实施等管理规划措施加以解决,并制定和实施相应制度和规则,约束各相关行业的行为,彼此互帮互让、同舟共济。

1.6 现代交通运输发展理念的转变

当前,交通运输快速发展,与资源、环境的关系日趋紧张,生态环境遭到破坏,人、车、路、环境之间的冲突日益加剧,迫使人们不得不考虑人与环境之间的相互作用,社会环境、自然环境中交通运输的价值与作用,以及在社会与自然可持续发展的大视野下,交通运输的可持续发展问题,从而推进绿色交通发展。因此,交通运输的发展理念需要进行以下转变:①考虑交通运输的综合价值。交通运输不但应体现其经济价值,还应体现其社会价值和自然环境价值,在交通运输的规划、设计、施工和运行中,平衡经济效益、社会效益与自然环境效益的关系,保证人类社会和自然环境的可持续发展。②树立总体发展理念。综合深入分析交通运输的目标、功能、环境、变化规律及影响因素,从单一维度向系统综合的思维方式转变。③建立绿色发展制度。在交通运输发展中,必须建立起绿色交通发展制度,并形成绿色发展的综合制度体系。

在现代交通的发展中,应当建立交通生态文化理论体系和自然、社会与交通的公平可持续发展理论,推动理论走向实践,在实践中不断完善形成现代交通理论体系,并制定相应的交通建设发展制度体系。

1)现代交通发展的价值观

在近代工业化进程中,人们慢慢地树立起以“人”为中心的功利主义思想,逐渐失去了对大自然的敬畏,认为通过科技手段便可以改造自然,为人类提供更多的物质财富,因此通过向自然无限度地索取物质财富,满足人类的物质需求。但近代工业的发展,在多个方面超出了自然可承受的范围,造成了诸如环境污染、人口失控、能源紧缺等生态问题。

面对工业化造成的环境破坏及其严重后果,人们也开始反思环境保护的重要性,明确人在自然界中的定位,积极探讨经济社会发展与环境保护的协调性,确立人类社会与环境共生共存的理念。人们必须综合考虑交通和社会发展与自然环境保护,保证发展的可持续性,促进交通与经济、社会和自然的和谐统一。因此,不能停留在车与路、通与达等层面,而应该综合考虑由人、车、路、土地、能源、环境组成的综合生态系统问题,将人与自然协调、生态环境保护、资源节约等观念带入交通运输领域,努力减少交通运输对于生态环境的影响和破坏。

2)现代交通发展的综合思维

现代交通运输的发展,不但要考虑经济效益,也要考虑交通运输对经济、社会和自然环境的综合影响,从多方面、多角度思考交通运输发展对经济、人文和自然的作用与反作用;不但要考虑短期利益,还要考虑长期效益;不但要考虑当代人的物质需求,还要考虑子孙后代的物质需求;不但要满足沿线群众的交通运输需求,还要考虑交通对他们带来的安全、环境、资源占用等问题;不但要考虑公路的通畅,还要实现交通与经济社会、自然环境的和谐发展。

为了实现交通与经济社会、自然环境的和谐发展,必须综合分析交通运输对经济、社会和自然环境的作用与反作用,从整体的角度对交通的目标、功能、环境、变化规律及影响因素进行综合深入分析,拟定交通、社会、自然环境和谐发展的行动方案,并在行动过程中不断改进完善,使交通运输的发展与经济社会、自然环境协调统一。

3)可持续发展交通需要相应的法制保证

要实现交通运输与经济社会和自然环境的协调可持续发展,必须在建立完善的交通运输与自然和人文环境协调可持续发展理论的基础上,制定相应的法律法规;在满足经济社会对交通运输需求的基础上,限制交通运输对自然环境的污染,减少非可再生资源的消费;合理高效地利用土地,把交通景观建设与原有景观的利用相结合,交通建设与环境保护、防治污染相结合;交通建设要为社会各阶层提供通行便利。在可持续发展理论的基础上,建立相应的法律法规,从而实现交通运输发展与经济社会发展、自然演化协调统一理念下的交通规划、设计、施工和运行。

1.7 交通运输地理学的作用与地位

交通运输地理学的作用是在保障交通运输设施安全、经济、高效建设的基础上,提高综合交通运输的安全性、快捷性、经济性和环保性,并促进经济社会发展,提高人民的物质和文化生活水平,服务国家政治和军事国防需求。交通运输地理学需要研究交通运输在适应经济社会发展并协调一致的基础上,优化交通运输资源的配置,以促进国家富强、人民幸福。

为实现国家强盛、人民幸福,交通运输应做到:①建设安全、经济、高效、便捷、环保的现代化综合交通运输体系;②发挥交通运输的基础性、先导性、战略性、服务性功能,以便与经济社会发展和自然环境的演进相协调。

交通运输地理学的主要目的是通过合理配置交通运输资源,实现人与物在地理空间上的安全、有序、高效、便捷、合理的位移,从而达到交通运输与社会和自然环境良性互动,最终实现各方面和谐可持续发展。交通运输的发展和社会主义现代化强国的建设,都与人地关系的协调发展相关联,都离不开地理学的基础支撑。交通运输地理学的核心是研究交通运输网络的地域组织规律,主要研究领域包括交通地理区划、交通网络可达性、交通与区域和城镇发展关系、物流运输地理、交通与自然环境的相互影响、交通与人文环境的互动与融合等方面,目标是通过寻求自然条件有利、技术措施先进、经济社会与生态效益最大的交通运输地域组合方案,优化不同运输方式的运力,提高交通运输对各地区域经济、社会与自然的和谐可持续发展的作用。

交通运输地理学在实现国家发展、社会进步和人民生活水平提高中的作用如下文所述。

1.7.1 交通运输地理学助力交通运输自身建设

1)保障交通运输基础设施建设

交通运输的建设既会使自然环境产生改变,同时也受到地理环境条件的约束和反作用。为了使交通运输适应地理环境,减少其与自然环境之间相互产生的不利影响,交通地理区划应运而生,如交通部于1986年颁布的《公路自然区划标准》,以及随后各省(自治区、直辖市)对当地公路自然区划开展的研究,为公路交通建设提供了学术依据,保证了公路建设的科学性和针对性,降低了公路交通建设和运行的成本。

交通地理区划随着交通运输科学的发展,已经派生出交通综合自然区划、交通部门自然区划、交通特殊地域自然区划、交通灾害区划等不同类别,见表1.7-1。其中,交通综合自然区划刻画了交通运输与自然环境的总体关系;交通部门自然区划从气候、地质、地貌、水文、植被、生态等自然地理各要素的角度,展示了交通面临的自然环境约束;交通特殊地域自然区划分析了在黄土、岩溶、沙漠等地域开展交通建设所面临的自然条件;交通灾害区划着重地质灾害、气象灾害对交通基础设施的影响。

交通地理区划分类　　表1.7-1

类别	名　称	内容和意义
交通综合自然区划		剖析和揭示自然地理环境与交通建设之间的内在规律和相互关系,寻找适合公路建设的一般区划方法和应用原则
交通部门自然区划	交通气候区划	从宏观上考虑气温、冰冻、降水等气候要素对交通设施的综合影响,进而采取相应的技术措施,减少气候条件带来的工程病害
	交通地貌区划	依据高程、坡度、破碎度等地形地貌指标进行区划,采用不同的技术措施,指导交通基础设施的规划、选线、造价、安全、环境、养护等工作
	交通岩土区划	将岩土按照强度分级并据此分区,为交通建设基础材料选取和调配提供科学依据
	交通水文区划	以降雨、植被覆盖度、沟谷比重和河网密度为指标进行交通基础设施水文区划,指导桥位选择及路基和桥涵水毁防治
	交通植被生态区划	以水热地域分异规律、整体植被景观、局部环境背景为基础进行植被生态区划,根据植物物种的生态适应性和物种特性,甄别选择适于不同生态小区环境背景下生长的乔、灌、草等绿化护坡植物
	交通生态功能区划	综合土壤侵蚀、地质灾害、生物多样性、水源涵养等因子,分析区域生态敏感性和生态服务功能重要性,科学评估交通基础设施的生态扰动,为科学避让与制订减缓措施提供依据
交通特殊地域自然区划	交通岩溶环境区划	根据岩溶地质、工程资源、水文气象、环境保护等几方面对进行交通基础设施岩溶环境区划,指导岩溶地区交通工程的规划、建设和养护
	交通沙漠自然区划	根据环境影响因素和沙丘高度、风沙强度、植被覆盖度、气温年较差等沙漠特征,指导沙漠地区因地制宜开展公路建设

续上表

类别	名　　称	内容和意义
交通灾害区划	交通地质灾害区划	分析区域内灾害的现状和地质构造因子、地层岩性因子、降雨因子、气温因子、植被因子等,对区域滑坡、崩塌、泥石流等灾害的危险性程度进行分级分区,为防治公路地质灾害提供依据
	气象灾害区划	以大雾、冰冻出现的频次和持续时间、客运量和货运量、高速公路交通事故率、高速公路封路频次和持续时间等为指标,为多雾区、冰冻区路线方案、交通运营方案确定提供支撑

2)提高综合交通运输效率

交通运输网络在经济发展、城镇与区域之间的联系中发挥着重要作用,其通达性水平高低决定区域中人流、信息流和资金流等各经济要素流动的顺畅与否,引导社会经济要素在空间上集聚与扩散。我们应当在交通运输地理学理论指导下合理配置运力资源,提升交通网络通达性,优化运输组织,提高运输效率和服务水平。

3)提高交通运输的环境协调性

交通运输地理学以自然资源合理利用和生态环境有效性保护为目标,在交通运输行业推进生态文明建设;综合考虑环境的承载能力,根据可持续发展理论,探索交通运输的可持续发展,推动交通运输与社会环境相协调;在满足和控制社会对交通运输需求的同时,发展低碳交通运输模式,因地制宜地开展交通运输工程设施生态恢复活动,实现交通运输与社会和自然环境的协调可持续发展。

4)提高交通运输智能水平

5G(第五代移动通信技术)、GNSS(Global Navigation Satellite System,全球卫星导航系统)、物流网、大数据、云计算的建设和发展,为交通运输智能化打下了良好的基础。交通运输地理学为发展信息化和智能化的交通规划设计、交通可达性分析、客货流预测调控、交通设施管理、交通组织调度等奠定了理论和方法基础。

5)提高交通运输安全水平

在对自然环境的响应、自然灾害区划等方面,交通运输地理学为交通运输安全提供了地理信息和分析方法。首先,交通运输地理学考虑了人、车、路、环境等安全因子,对交通运输的安全主导因子进行了分析,以便创造更加安全的地理空间;其次,在区划阶段,交通运输地理学充分考虑了洪水、滑坡、泥石流、大雾、冰冻等自然灾害的影响,可提高交通工程设施抵御灾害的能力;再次,交通运输地理学考虑了安全影响因子及其影响程度,设置了必要的安全设施和安全管理办法,能够发现安全隐患,进而降低交通运输事故。

1.7.2 交通运输地理学服务国强民富

1)促进经济增长和产业发展

交通运输地理学从空间角度证实了交通运输工程设施对经济增长的促进作用。交通运输地理学研究由网络性和外部性特征引申的“空间溢出效应”,论证交通运输基础设施

体系中各因素在推动经济增长过程中的激励作用,研究交通基础设施在经济集聚中的“门限效应”,论证交通基础设施的变动推动经济集聚作用力的变化,即交通运输基础设施的增长会带动经济加速增长。此外,交通运输地理学还研究交通运输基础设施的区域协同供给、交通运输基础设施的规模化供给、交通产品的结构化供给、交通阶段动态供给等政策建议。

交通运输地理学有助于推进产业发展和优化产业空间布局。交通运输通过提高客货流便利性,重塑时空结构,削弱了生产地与中心消费地之间的地理距离对生产空间选择的影响,对企业区位选择、中间品和最终品市场的发展产生重要影响,并对农村种植业结构的调整起到促进作用。此外,交通运输基础设施里程和周转量与国内外旅游人数和旅游收入,均存在较为显著的正相关联,完善的交通运输网络是旅游线路构建和旅游业发展的前提。

2)推动区域和城市发展

交通运输基础设施既是构成区域空间结构的重要部分,也是区域经济社会发展的主要支撑条件,对于引导和优化区域经济社会发展的空间布局,具有重要意义。交通运输地理学从时空动态角度,分析区域发展过程中交通运输基础设施的重要支撑作用。根据空间分析,国家发展轴线、区域网络基元结构、城市群空间布局、城市经济腹地等区域发展的多个方面,都与交通运输网络在空间上密切相关。

经济越发达的区域,对于交通运输的依赖程度越高,大型交通运输基础设施的建设对于区域的“时空压缩”效应则更为显著。交通运输网络的优化可以给中心城市腹地内部带来显著的时空压缩效应,而中心城市腹地范围的变化同时受到自身及周边中心城市交通运输路网演变的影响。交通运输地理学分析都市圈内各城市地理区位优势和出行运输便捷程度,有利于区域内部资源整合与生产力要素的合理配置。

城市体系分布的有序性、城市内部结构的规律性、城市间以及城市内交通网络的拓扑特征,共同影响了微观层面个体的时空变化以及群体层面的交通流分布,从而为研究微观与宏观两个尺度的地理环境影响奠定了基础。从城市尺度来看,交通运输地理学从交通运输与城市化、空间耦合、空间结构调整、国土开发、交通效率、资源配置等领域的关系开展研究,发现交通运输基础设施对城市化进程具有显著的正向贡献,其中高速交通网络(机场、高速铁路、高速公路)的作用更加明显;交通运输网络对城镇空间形态的影响主要包括引导城市空间结构调整、促进城市发展轴形成、带动城市中心区和副中心区发展,其中轨道交通网络的突发式增长,是调整和优化城市空间结构的重要契机;城镇交通运输效率的空间差异与地理空间环境的差异,呈现高度的相关性。

3)提高人民的物质和精神生活水平

交通运输地理学通过提高区域可达性和优化交通流,为实现便捷出行、职住平衡,解决大城市病提供了有力支撑。首先,交通运输地理学分析交通网络的通达性,为构建“小时城市圈”和“小时生活圈”提供了直观的科学依据。其次,交通运输地理学探析交通量背后的人口流动发生的动机、影响和意义。再次,交通运输地理学分析城市内部企业、人口、经济之间的空间关系和变化过程,提出优化产业布局和居住分区的途径。最后,交通运输地理学研究交通拥堵,对提高城市交通的整体运行效率具有良好的效果。

交通运输基础设施能显著缩小城乡收入差距。交通运输基础设施和地域差异对贫困地区经济发展有着重大的影响,交通和地理的优化组合可以助力脱贫攻坚。交通运输地理学需要考虑贫困地区地形地貌、气候条件、人口分布等不同地理特征,因地制宜地确定发展模式和政策,促进脱贫攻坚事业的推进。

4)服务国家地缘政治

交通运输方式和网络的发展变化,影响着国内和世界格局变化。如在我国"一带一路"倡议中,交通运输行业承担了重要任务。一批境内外铁路、公路、港口、机场和跨境桥梁等交通基础设施项目相继开工建设,中欧班列、东南亚铁路、国际道路、国际海运、国际航空、快递、跨境电商等国际交通运输服务网络逐步完善,我国"六廊一路"基础设施建设逐步展开,对促进我国经济发展、扩大对外开放和增进与邻国关系,发挥了先行和基础作用。凭借地理优势深度参与全球生产的分工,是地缘政治中交通运输发展的目标之一,也是交通运输地理学的重要研究课题。

1.7.3 交通运输地理学重点研究领域

交通运输与区域经济社会发展、人民日益增长的物质和精神生活需要以及国家地缘政治和对外开放紧密相关。交通运输基础设施建设需要和资源、环境、城镇、乡村协调发展;交通运输系统的空间配置和运行效率,直接影响区域和国家发展的态势和格局。交通运输地理学围绕交通运输与地理开展的研究与实践,以区域性和综合性的经济、自然和人文环境特点,空间化和模型化的手段,为交通运输发展进步提供有力支撑,为交通运输强国富民提供科学依据。交通运输地理学可以在以下领域重点开展研究。

1)交通运输地理学推进区域自然和社会环境条件的融合

交通运输地理学研究交通运输自然区划和经济、人文区划,因地制宜、因时制宜开展交通运输建设,放大交通运输的正效应,规避交通建设运营带来的不利影响,实现人地关系的和谐。

2)交通运输地理学促进综合交通运输资源的空间优化

当前,我国的交通运输设施建设基本完成了网络骨架构建和规模扩张阶段,面临的主要问题是对既有交通运输资源的优化整合。这就需要从传统的交通运输基础设施建设向综合交通运输网络资源的优化组合转变,推动交通运输设施网络资源实现优化组合。

3)交通运输地理学推动交通运输设施网络与区域发展的耦合

交通运输地理学以空间和人地关系为媒介,重点研究交通运输基础设施推进区域和城镇发展的机制,提炼关键影响因子,实现交通运输与地理的良性耦合,为区域发展提供重要的科学支撑。

4)交通运输地理学深化交通运输大数据的应用

交通运输地理学可发挥地理学的宏观性和空间化特点,充分使用各类数据资源,运用各类模型,深入分析、动态展示、科学预测,实现对交通运输规划、设计、建设、运营的全过程管理,从而大大提高交通运输行业的现代化管理水平和服务国家全面发展的能力。

5)交通运输地理学推进人文交通供给侧的结构性改革

交通运输地理学从人地关系的视角,深入研究交通运输与人民生活之间的关系,从满足人民日益增长的物质与精神生活需要出发,因时因地制宜地研究全方位、多层次的交通运输服务,提出交通运输和区域空间的优化举措,努力提高人财物和信息的流动性,实现人享其行、货畅其流。

6)交通运输地理学促进地域文化宣传弘扬,实现交通与旅游业的融合与发展

交通运输提供了通往沿线不同区域的路径,也提供了外来驾乘人员了解沿线不同地域文化的途径,因此可以通过交通运输设施宣传沿线地域文化、自然景观,宣传当地的社会经济、风土人情,提高知名度,为引进外来投资,销售地方产品,加快沿线经济社会发展,推进沿线旅游资源开发,增加旅游收入,促进社会、经济、政治等方面的快速高效可持续发展作出贡献。

2 交通运输地理学的定义与内涵

2.1 交通运输的定义

交通是指从事旅客和货物运输及语言和图文传递的行业，包括运输和邮电两个领域。运输分为公路、铁路、水路、航空、管道五种方式，邮电分为邮政和电信。交通运输（以前称交通运输工程）是研究公路、铁路、水路及航空运输基础设施的布局及修建、载运工具运用工程、交通信息工程及控制、交通运输经营和管理的工程领域。本书主要研究交通运输地理，重点研究公路（兼顾铁路）运输地理。

在工业企业或农业生产单位内部，为了完成日常生产，必须配套厂内或田间运输服务，但这种运输活动应当归类为企业生产的一个环节。而企业与企业、企业与销售部门、工业与农业之间的交通运输活动，需要使用公用运输。它不是普通的生产，而是生产活动在流通中的延续，是社会生产和再生产的纽带。交通运输作为社会生产和生活的必要条件，既包括以企业内部技术分工为基础的厂内和田间运输，也包括以社会劳动地域分工为基础的公用运输。

2.2 地理及地理学的定义

地理是世界或某一地区的自然环境（山川、气候等）及社会要素的统称。地理学是研究地球表面的地理环境中各种自然现象和人文现象及其相互关系的学科，也是一门关于生活在地球上的人类及其所处地理环境之间关系的学科。一般而言，地理所涉及的范围包括人类生活的各种环境，即自然环境与人文环境。自然环境包括大气圈、水圈、岩石圈、生物圈、土壤圈等圈层，由此产生了地理学的各个分支。地理学主要研究地球表层自然要素与人文要素相互作用及其形成演化的特征、结构、格局、过程、地域差异与人地关系等，是一门复杂学科体系的总称。地理学可分为三个主要的学科，即研究自然环境的自然地理学、研究经济环境的经济地理学和研究社会文化环境的社会文化地理学（即狭义的人文地理学），其中经

济地理学和社会文化地理学可统称为人文地理学。

自然地理学包括地貌学、动力地貌学、构造地貌学、气候地貌学、应用地貌学、植物地理学、动物地理学、冰川学、冻土学、古地理学、水文地理学、土壤地理学、化学地理学、综合自然地理学等。

人文地理学包括经济地理学、农业地理学、工业地理学、商业地理学、交通运输地理学、旅游地理学、人口地理学、人种地理学、聚落地理学、乡村地理学、城市地理学、社会地理学、文化地理学、历史地理学、医学地理学、政治地理学、军事地理学、地图学、地名学、理论地理学、区域地理学、应用地理学、灾害地理学等。

作为地理学研究对象的地理环境,是由自然环境、经济环境和社会文化环境相互重叠、相互联系所构成的整体。自然环境是由地球表层各种自然物质和能量所组成,具有地理结构特征并受自然规律控制的地理环境部分。经济环境是在自然环境的基础上由人类社会经济活动形成的地理环境部分,主要指自然条件和自然资源经人类利用、改造后形成的生产力地域综合体,包括工业、农业、交通和城镇居民点等各种生产力实体。社会文化环境是人类社会本身所构成的地理环境部分,包括人口、社会、国家以及民族、民俗、语言、文化等方面的地域分布和组合结构,还包括人们对周围事物的心理感应和相应的社会行为等。

地理环境中的自然环境,包括天然环境和人为环境。天然环境是指那些只受人类间接或轻微影响,原有自然面貌未发生明显变化的原生自然环境,如极地、高山、大荒漠、大沼泽、热带雨林、某些自然保护区以及人类活动较少的海域等;人为环境是指那些经人类直接影响和长期作用之后,自然面貌发生重大变化的次生自然环境,如经过放牧的草场、经过采伐的森林,以及农田、鱼塘、水库、运河等。

2.3 交通运输地理学的研究对象及内容

2.3.1 传统交通运输地理学的定义及其研究对象与内容

交通运输地理学是研究交通运输在生产力地域组合中的作用、客货流形成和变化的经济地理基础,以及交通网和枢纽地域结构的学科。在我国和苏联,一般将它作为经济地理学的分支,研究交通运输地域组织的规律。其核心是研究交通网(包括线网、枢纽和港站)的结构、类型、地域组合及其演变规律;同地区间的运输经济联系、经济发展水平和人口分布有紧密联系的客货流的产生与变化规律;交通运输在地域生产力综合体形成与发展中的地位与作用。

交通运输地理学的研究对象是:交通运输在生产力地域组合中的作用;客、货运输及其产生的客货流形成的经济地理基础;交通线网和枢纽的地域结构和类型。

交通运输地理学的主要内容可分为理论交通运输地理学、部门交通运输地理学、区域交通运输地理学和城市交通运输地理学四部分。其中,理论交通运输地理学包括:交通运输网的组成和各种交通类型在其中的地位,交通运输在生产力布局中的作用,客货流的地域动态分析,合理运输与货流规划的理论和方法,交通运输与产销区划的关系,吸引范围的理论与方法,交通线网和站场布局的类型和模式等。部门交通运输地理学主要分为铁路、公路、水路、航空和管道五种运输方式，从自然、技术、经济的角度，把握其各自特点。这方面的研究既是交通运输地理基本理论的具体化，又是交通运输区域研究的先导。区域交通运输地理学从全世界、全国，或按经济区域进行交通线网和客货流的分析，不仅是对国家或区域交通运输情况的描述，还应通过这种研究，揭示区内经济结构的空间联系和区际物质联系的内在规律。城市交通运输地理学是对城镇内部道路交通网、客货和交通流以及城市对外交通线和站、港空间组合的研究。

传统交通运输地理学研究的目标，是通过寻求自然条件有利、技术措施先进、经济社会效益最大的交通运输地域组合方案，使交通网的布局合理化，减少生产流通领域的成本耗费，节约居民用于交通的支出，从而提高社会劳动生产率。它的基本任务是参与有关生产布局的工作，如国土规划、区域规划、城市规划以及厂址选择等，解决有关交通运输的地理问题、交通运输网和客货流的调查和规划、运输区划、交通运输布局的条件分析和经济论证。

同其他地理学科一样，传统交通运输地理学是地域性科学，其地域性表现在以下三个方面：①把交通运输现象作为生产过程，特别是生产力地域组合中的一个环节来考虑，因此需要特别注意地理环境（包括自然环境、经济环境和社会文化环境）的影响，以及其反馈作用；②大量采用空间地域的分析方法，如交通运输地域类型，区域交通运输结构，交通运输区划，交通点、线的区位，交通网络分析，交通运输系统模拟等；③按照国家和区域（行政区、经济区、吸引范围等），对一定地域内的交通运输情况进行描述和预测。

传统交通运输地理学利用一系列具体经济指标开展研究，包括运量、运距、周转量、运输能力、成本、运价、投资、利润等，以及科学管理和计划方法。同时，大量应用分析数学线性规划、数理统计等现代数学方法，还引入了网络分析动态规划、排队论、模糊数学和投入—产出模式等方法。

2.3.2 对交通运输地理学传统定义与研究对象及内容的评价

传统的交通运输地理学的研究对象，是经济与交通运输的关系，主要研究交通运输在生产力地域组合中的作用、地域的客货流形成和变化以及交通网和枢纽的地域结构；主要关注交通运输在地域生产力的作用，客货运输的内容、形式和数量，以及交通网络和设施的布局与设计，即主要关注交通运输的经济价值和作用。但是，从地理学研究的内容和范围来看，地理学不仅研究经济地理问题，还应包括自然地理和人文地理两大内容及其涵盖的其他内容；从交通运输受制因素和服务对象来看，交通运输不但受到经济要素及生产力布局的影响，还受到自然环境和人文环境的影响和约束，并反作用于自然环境和人文环境，导致其出现变化；交通运输不但服务于经济，还要服务于国家政治、社会、国防、军事、文化、教育、外交等方面。交通运输与自然环境和人文环境（包括经济环境）互为影响、相互作用，其建设与管理应与自然环境和人文环境（包括经济环境）相互协调、相互融合，做到“天人合一”。

为此，交通运输地理学在传统交通运输地理学研究内容和对象的基础上，应考虑交通运输建设和运营与自然环境和人文环境（包括经济环境）之间的相互影响，全面分析评价交通运输建设与运营对自然环境和人文环境（包括经济环境）的相互影响因子、影响机理规律和影响程度，在此基础上，提出交通运输建设与运营对自然环境、人文环境（包括经济环境）和和谐可持续发展的对策措施。

2.3.3 本书对“交通运输地理学”的定义及研究对象和研究内容的确定

通过以上分析评价，可知从地理角度分析研究交通运输，不但要分析交通运输的经济作用，还应分析社会人文地理和自然地理对交通运输及其工程设施的要求和限制，更要考虑交通运输及其工程设施对社会人文地理和自然地理的影响及作用。为此，我们对交通地理学的定义、研究对象、研究内容和研究目的分述如下。

交通运输地理学是研究交通运输融合于环境，服务于人类社会各方面需求的交通运输地域布局与建设、运营的地理学科。这里的环境包括自然环境和社会环境，自然环境是指人类周围的各种自然因素的总和，如大气、水、植物、动物、土壤、岩石、矿物、太阳辐射、气候等；社会环境是在自然环境的基础上，人类通过长期有意识的社会劳动，加工和改造的自然物质、创造的物质生产体系、积累的物质文化等所形成的环境体系。社会环境一方面是人类精神文明和物质文明发展的标志，另一方面又随着人类文明的演进而不断丰富和发展。简而言之，所谓社会环境，就是对人们所处的社会政治环境、经济环境、法制环境、科技环境、文化环境、生产生活状况等宏观因素的综合。因此，交通运输地理学是研究社会经济地理、人文地理和自然地理与交通运输及其工程设施的相互影响和作用，考虑经济地理、人文地理和自然地理对交通运输及其工程的要求和限制，包括交通工程设施的布设、选位、勘测、设计、施工和运营等的学科。交通运输地理学属于地理学的分支，是理论型和应用型交叉的学科。

交通运输地理学研究的对象包括三个方面：①交通运输与自然地理的关系及其相互作用与影响（简称交通运输自然地理）；②交通运输与经济地理的关系及其相互作用与影响（简称交通运输经济地理）；③交通运输与人类社会地理的关系及其相互作用与影响（简称交通运输人文地理）。

交通运输地理学研究的内容包括三大方面：交通运输自然地理、交通运输经济地理、交通运输人文地理，具体的内容如下。

（1）交通运输自然地理的主要研究内容包括：①自然地理对交通运输（建设和运营）影响的因子、影响机理、影响程度的鉴别与评价研究；②交通运输的建设和运营对自然地理的影响、影响机理、影响程度研究；③减少自然环境对交通运输（建设和运营）产生不利影响的综合对策措施研究；④融合交通运输与自然环境的关系，加强生态环境保护，保障可持续发展的对策措施研究。

（2）交通运输经济地理的研究内容包括：①研究交通运输网（包括线网、枢纽和港站）的结构、类型、地域组合及其演变规律；②同地区间的运输与经济联系、经济发展水平和人口分布有紧密联系的客货流的产生与变化规律；③交通运输在地域生产力综合体形成与发展中的地位与作用。

（3）交通运输人文地理的研究内容主要包括：①人类社会各相关方面及其发展对交通运输的需求研究；②交通运输的建设与运营对人类社会各相关方面的影响研究；③人类社会与交通运输融合发展的途径与措施研究；④交通运输工程建设和运行中地域文化（民族文化）的宣传与弘扬，以及沿线地域旅游资源的开发利用。

交通运输地理学的研究目标，是通过分析评价自然和社会环境资源及条件，探索自然和社会与交通运输的相互影响因子、影响机理、影响程度评价，寻求合理的交通运输与自然和社会地理环境协调发展的对策措施,达到交通运输与自然和社会环境融合、社会效益和生态环保效益综合最大化的交通运输地域组合方案,使交通运输布局合理化,实现高效、安全、生态、环保、和谐、可持续发展,满足国家和地域经济发展需求。

自然地理学、人文地理学、经济地理学和交通运输工程是交通运输地理学形成和发展的前提。同时,交通运输地理学增加了自然地理学、人文地理学、经济地理学和交通运输工程四个学科的内容。运输经济学以及关于各种交通运输方式的技术和设计学科,如铁道建筑、港口工程、公路结构、城市道路等的规划与设计,也有助于交通运输地理学的深入研究。近年来发展的综合运输学科、快递、物流等,从技术经济角度研究不同运输方式之间的协调与配合,与交通运输地理学共同为统一运输网络的宏观布局提供了科学依据。此外,交通工程学研究交通流与行车设施以及周围环境的关系,也成为交通运输地理学通向实际应用的又一桥梁。

2.4 交通运输地理学的特性

交通运输地理学是地理学中的自然科学、社会人文科学和经济学,既有自然科学、社会人文科学和经济学的特性,也有地理学、交通工程学的特点。交通运输地理学的主要特性是社会性、自然性、区域性、综合性。

1)社会性

交通运输工程的建设和运营是一项社会活动,需要考虑交通工程的地域社会效益和经济效益,并考虑地域社会人文各要素对交通运输工程的要求和限制,以及交通工程对地域社会人文各要素的影响。不同地域、社会、经济、人文各要素的形式、分布和体量不同,其对应的交通运输工程的运力运量、运输方式和形式、布局等也存在差异。交通运输主要服务和受制于社会、经济、军事、政治等人文因素。

2)自然性

交通运输工程在自然环境中建设和运营,必然受到自然环境的影响和限制,如既要考虑地质岩性和构造、地形地貌、水文、气候及其自然灾害等对交通运输工程的结构和设施的影响,也要考虑交通工程的建设和运行对自然环境、自然资源的影响,以及交通运输工程与自然环境的和谐可持续发展。

3)区域性

区域性是地理学的基本特性,也是交通运输地理学的特性之一。任何地理现象都有一定的分布区域和范围,都具有特定的空间和地域,研究地理区域就需要剖析不同区域内部的结构(各种组成要素及其成分、各部分及各地理因子之间的关系)、区域之间的联系以及其发展变化的制约关系。对交通运输地理的位置和布局的研究,其分布、走向、类型、规模的研究,区域特征和区域条件的研究,区域划分的理论和方法的研究等,都是区域性的体现。

交通运输地理学与其他人文学科和自然科学的根本差异,在于交通运输地理学包含了区域研究的特性,重视区域特征的差异性和相似性。例如,经济地理学区别于经济学、民族地理学,区别于民族学,社会地理学,区别于社会学,关键在于地理学的区域研究特性。离开了区域差异的研究,交通运输地理学也就失去了前提。

4）综合性

综合性的特点来源于地理事物的多样性和整体性。交通运输地理学是从地域的角度，研究交通与人文、经济、自然现象的关系。这些现象内容繁多，彼此之间以及与交通运输之间有着错综复杂的关联，如果仅就个别地理现象与交通运输的关系做分析，可能无法正确理解地理现象与交通运输的关系。只有对所有地理要素与交通运输的联系进行综合分析，从总体角度开展研究，注重各种地理要素与交通运输之间的相互影响和相互制约，以及综合体的特征和时空变化规律，才能很好地把握地理与交通运输的关系。

交通运输地理学自身的优势，也在于它在综合研究一个区域的人口、经济、社会、文化、政治、聚落、地质、地貌、水文、气候、自然灾害等各地理要素与交通运输的相互影响和作用的基础上发现问题，提出综合解决问题的思路和方法。

综合性特点决定了交通运输地理学的性质为交叉学科，它是研究各地理要素（包括社会人文、经济、自然要素）与交通运输的相互影响和作用的学科，如经济学、社会学、政治学、文化学、人口学、民族学、地质学、地貌学、植物学、动物学、气候学、水文学、生态学、交通工程、施工技术、运营维护与管理等。交通运输地理学从这些学科中汲取相关要素的知识，反过来又为这些学科提供相关要素及其他现象之间关联的理论和方法。

2.5 交通运输地理学研究的主题

交通运输地理学主要研究三大主题：交通运输与经济地理的相互关系、交通运输与人文地理的相互关系、交通运输与自然地理的相互关系，其中还有更加细分的地理要素与交通运输相互影响与作用的研究，以下分别论述。

2.5.1 交通运输与经济地理的相互关系

主要研究交通运输在生产力地域组合中的作用、客货流形成和变化的经济地理基础，以及交通网和枢纽的地域结构。

就国民经济体系而言，生产、流通、分配、消费各环节是一个统一的整体，把各地域、各部门、各社区看成一个系统，需要交通实现沟通和循环。为此，需要掌握各地域、各部门、各社区的产出和消费内容、形式及数量，以及交通运输的性质和特点，从而平衡、协调交通运输与各地理单元之间的关系，避免交通运输能力的不足或者浪费，达到交通运输与经济协调发展的目标。

2.5.2 交通运输与人文地理的相互关系

主要研究交通运输及其工程与社会人文各要素（政治、国防、社会、地域文化、旅游等）的相互影响与作用，并在交通运输及其工程的建设和运营中，考虑社会人文各要素对交通运输及其工程的要求和限制。具体研究内容如下：

（1）政治与交通运输的关系以及交通运输工程建设和运行中政治因素的考量；

（2）国防与交通运输的关系以及交通运输工程建设和运行中国防因素的考量；

（3）社会与交通运输的关系以及交通运输工程建设和运行中社会因素的考量；

(4)地域文化与交通运输的关系以及交通运输工程建设和运行中地域文化因素的考量;

(5)旅游与交通运输的关系以及交通运输工程建设与运行中旅游因素的考量;

(6)其他人文因素与交通运输的关系以及交通运输工程建设与运行中其他人文因素的考量。

2.5.3 交通运输与自然地理的相互关系

主要研究交通运输及其工程与自然地理各要素(地质岩性、地形地貌、气候、水文、矿产、动植物、自然灾害等)的相互影响与作用,并在交通运输及其工程的建设和运营中,考虑自然地理各要素对交通运输及其工程的要求和限制,以及交通运输及其工程对自然环境的影响与保护。具体研究内容如下:

(1)地质岩性(及土壤)和地质构造对交通运输工程的影响,以及交通运输工程建设和运行中地质因素的考量;

(2)地形地貌对交通运输工程的影响,以及交通运输工程建设和运行中地形地貌因素的考量;

(3)气候对交通运输工程的影响,以及交通运输工程建设和运行中气候因素的考量;

(4)水文对交通运输工程的影响,以及交通运输工程建设和运行中水文因素的考量

(5)矿产对交通运输工程的影响,以及交通运输工程建设和运行中矿产因素的考量

(6)动植物对交通运输工程的影响,以及交通运输工程建设和运行中动植物因素的考量;

(7)自然灾害对交通运输工程的影响,以及交通运输工程建设和运行中自然灾害因素的考量;

(8)交通运输工程建设和运行对自然环境的影响,在交通运输工程建设和运行中的环境保护与可持续发展。

2.6 交通运输地理学与相邻学科的关系

交通运输地理学与许多相邻学科有密不可分、相互补充的关系。

1)与地理学科的关系

交通运输地理学是地理学的一个组成内容。地理学的研究内容包括自然地理[地质(岩石及地质构造)、土壤、地貌、地质灾害、气候、水文、植物和动物等]、人文地理[人口、民族、农业、工业、聚落与城市、政治、军事、社会、文化(语言、宗教)和旅游等]和经济地理(各部门的生产力及其布局、交通运输与各部门生产力的关系及其相互作用),这些研究内容都是交通运输地理学形成和发展的前提。同时,交通运输地理学的发展和应用,又丰富了自然地理学、人文地理学、经济地理学的学科内容。

2)与交通运输学科的关系

交通运输必然包含运输内容和运输形式,各种运输形式的协调与组织,运输网络及其站(点)、枢纽的合理布局,交通工程的协调与配合等,都与所在的地理空间、交通运输服务的对象、形式、内容和数量等密切相关。

3)与道路工程学的关系

道路工程学是从事道路的规划、勘测、设计、施工、养护等方面的应用学科,主要研究内容有道路网规划和路线勘测设计、路基工程、路面工程、道路排水工程、桥涵工程、隧道工程、附属设施工程和养护工程等。道路工程学涉及工程地质、水文地质、地貌、地质灾害、水文、气候及其气候灾害等地理学科内容,是交通运输地理学研究不可或缺的领域。

4)与交通工程学的关系

交通工程学把人、车、路、环境及能源等与交通运输有关的几个方面,综合于道路交通中开展研究,以寻求道路通行能力最强、交通事故最少、运行速度最快、运输费用最低、环境影响最小、能源消耗最少的交通系统规划、建设与管理方案,从而达到安全、高效、经济、方便、舒适、节能及低公害的目的。以上都涉及地理学中的地貌、气候、生态环境保护等内容,也是在交通运输地理学必不可少的研究方向。

5)与数学的关系

除了数学分析、数理统计、线性代数规划等在交通运输地理学中已经大量应用并证明行之有效的数学工具,网络分析、动态规划、排队论、系统论等方法也已经引入交通运输地理学科的路网规划、交通流量分析与预测等。数学理论和方法不仅可以解决具体的交通运输线网和客货流、交通流问题,还能使交通运输地理学的基本理论定量化。

6)与经济学的关系

经济学是研究人类经济活动的规律,即研究价值的创造、转化、实现的规律——经济发展规律的理论。经济学的核心是经济规律,资源的优化配置与优化再生,是经济规律的展开和具体表现。经济学的研究对象,是资源优化配置与优化再生背后的经济规律。经济学涉及不同地域经济的形式、内容和数量,以及与之匹配的交通运输形式、运输内容和数量,需要进行交通投资的投入—产出分析,经济发展与交通建设的互动关系等。

7)与环境学科的关系

在交通工程的建设和运行中,会不同程度地对环境产生影响和破坏。这就需要在交通工程的建设与运行中考虑生态环境的保护,采用环境学科的理论评估交通工程对环境的影响,以及在交通运输工程的建设和运行中的环境保护问题。

8)与政治学、社会学、民族学、国防等的关系

交通不仅具有经济作用,而且还涉及国防安全(如军事公路的建设与维护、边境公路的建设与维护),地缘政治,国家政权和社会稳定,民族团结、民族文化及地域文化的保护、宣传与弘扬等方面的内容和问题。而国家的政治、社会、国防和民族状况具有地域性,可以通过政治学、社会学、民族学、国防等学科,研究交通运输的地理问题。

9)GIS在交通运输系统中的应用

(1)交通运输网络的规划、建设与管理。GIS(Geographic Information System,地理信息系统)主要用于解决项目中的环境协调及路线规划方案,分为三个阶段:①区域调查;②不同路线方案的规划;③最优方案的确定。

(2)交通运输控制与运营管理。信息系统能引导驾驶员、行人、旅客及用户选择最佳行驶路线,使整个系统发挥最佳运输效益。此外,道路建设管理可以使用“道路信息管理系统”用于档案的应用和维护,提供查询、计算和输出图形图像、属性维护等功能;可以把分散的文

档、图纸、有关数据归类,开发建设地理数据库,提供一系列数据分析处理方法,不仅快速准确,还具有图文互访的查询功能;可以整合空间信息、遥感信息和各种交通调查资料,进行综合交通规划 GRT 系统的研究与开发,为交通规划和决策提供宏观的信息支持,提高规划工作的水平。道路方面的 GIS 运用可以从以下几个方面深化发展:公路联网信息查询、适时通行路径查询、指挥调度和紧急援救、道路状况和养护查询、公众信息服务等。

2.7 交通运输地理学的思想

交通运输是社会众多组成要素中非常关键甚至不可或缺的一环。交通运输与社会经济绝大多数要素之间相互影响、互为促进,应与社会经济发展相匹配协调。交通发展落后会限制和影响社会经济其他方面的发展,过度超前则会造成浪费;交通建设应统筹社会经济各要素,并重点考虑人文、经济等要素,做到统筹兼顾、有的放矢,适度超前地进行交通工程建设和发展。

交通运输的经济建设影响理论之一——增长极理论,最早由法国经济学家弗郎索瓦·佩鲁(Francois Perroux)提出。该理论认为,区域经济的发展主要依靠条件较好的少数地区和少数产业带动,应把少数区位占优的地区和少数条件优越的产业培育成经济增长极,通过增长极的极化和扩散效应,影响和带动周边地区经济发展。交通运输的经济建设影响理论之二——点轴开发理论,最早由波兰经济学家斯坦尼斯拉夫·萨伦巴(Stanislaw Zaremba)和博莱斯劳·马利士(Boleslaw Malisz)提出,其核心思想是:随着重要交通干线如铁路、公路、河流航线的建立,连接地区的人流和物流迅速增多,生产和运输成本降低,形成有利的区位条件和投资环境;产业和人口向交通干线集聚,使交通干线连接地区成为经济增长点,沿线则成为经济增长轴。交通运输的经济建设影响理论之三——德国学者维尔纳·松巴特(Werner Sombart)提出的生长轴理论,充分肯定了交通干线对经济活动的促进和引导作用,并认为交通干线是产业形成的发展轴。

交通工程是建设于自然环境中的人工工程,也是自然环境的组成部分。交通工程的建设和运行既受制于自然环境,也会影响自然环境。交通工程的建设和运行维护的成本、效益、安全性、稳定性会受到诸多地理因素的影响;反之,交通工程的建设和运行也会以不同方式、不同程度对自然环境产生影响。交通工程的建设和运行应遵守“天人合一”“可持续发展”的理念。

交通工程是线状工程,会穿越不同的人文地理、自然地理环境和不同的经济形式、经济布局及经济体量的地区,需要考虑不同人文、经济和自然地理环境条件,进行交通与人文、经济和自然地理诸要素的相互影响分析,合理规划交通工程的选型、选位、规模和布局,并根据地理单元合理、适时地开展建设。

自然环境会在某种程度上影响人文社会的形成和发展,社会人文的内容和形式也会反作用于自然环境。自然地理因子、人文地理因子及其相互之间同样会产生影响和作用。交通运输既是一种经济行为,也是一种文化行为,更是现代社会不可或缺的人文基础设施。交通运输的建设和运行,应综合考虑自然地理和人文地理,努力实现交通运输工程与自然、人文环境的近期利益和长期效益、局部利益和总体利益的平衡,真正做到交通运输工程与环境

的可持续发展,达到人地关系的“天人合一”理想效果。

交通工程不但可以用来完成交通运输任务,也可以被建设成属于驾乘和旅行人员的一条风景线、科普线、宣传线,以及展示地域人文、经济、自然特色的走廊。

交通运输地理学的总体思想是:交通运输工程是存在于环境(自然环境和人文环境)并与环境相互作用和影响,服务于人类社会的人为工程。交通运输工程应与环境相融合,更好地服务人类社会,促进环境的可持续发展,即“以人为本”“天人合一”。

“以人为本”是指:交通工程是为满足人类生产、生活(包括物质生活和精神生活)需要而人为嵌入环境(人文环境和自然环境)中的专业工程、设施及其相应的建设运行法规、管理制度、精神文化等。

“天人合一”是指:交通工程的建设和运行会受到自然、人文环境的作用和影响,同样也会反作用于自然、人文环境,引起自然、人文环境的变化。交通运输工程的建设和运行会促进人类社会的进步,改善所影响区域的生产、生活条件,而区域的社会文化各方面的进步、生产生活条件的改变,也会反过来要求和促进交通运输工程的建设和运行的改变。

交通运输地理学研究的目的和任务,是通过分析评价自然和社会环境资源及条件,寻求有利的自然和社会环境资源及条件、技术对策与措施,达到交通运输与自然和社会环境相互融合,社会效益和生态环保效益最大化的交通运输地域组合方案,实现交通运输合理布局,达到高效、安全、生态、环保、和谐与可持续发展,从而满足全社会和区域经济发展需求。

2.8 交通运输地理学的相关理念及工作步骤

交通运输地理学作为地理学在工程方面的应用,应做到以交通运输功能为主线、安全为核心,保障生态环保,以人为本,合理采用工程技术标准,灵活运用技术指标,综合协调处理交通运输工程与自然、经济、人文环境的关系,确保公路建设与运营的可持续发展。

全局理念,是指交通运输地理学站在全局经济发展和交通运输工程路网建设的战略高度,从路网结构,路网的影响辐射面,路网综合运输效益及社会效益、生态效益出发,研究整体与局部、远期与近期利益,分析工程寿命周期成本与工程经济等。

生态环保理念和可持续发展理念,是指交通运输地理学在确保当前人类生存的生态环境和资源的同时,不影响子孙后代的生存;交通沿线的动物来去如常,植物依然苍翠繁衍;交通运输建设与运营不影响未来公路的改造升级、路网结构的合理性以及交通运输的辐射面和社会效益。

安全理念,是指在确保工程结构自身安全的基础上,重视交通运输和沿线群众的生命财产安全。

以人为本理念,是指交通运输建设在保证沿线及其影响区域群众利益的前提下,完成社会需要的客货运输任务。

全面综合协调理念,是指综合考虑影响交通运输工程布置、设计、施工和运行维护的自然、人文环境和社会经济的各种因子,考虑建设与维护成本、近期利益和长远效益、地区局部利益和国家社会甚至全人类的总体利益,全面综合地协调环境、资源等客观情况,尽可能地发挥积极因素,减少消极后果,实现效用的最大化。

交通运输地理工作的步骤如下：

(1)鉴别对交通运输影响的自然和人文地理环境因子，并分析评价这些影响因子的影响机理、影响程度。

(2)明确交通运输的目标，分析评价交通运输建设对自然、人文环境和社会经济产生的有利和不利影响。

(3)确定对策措施，研究交通运输如何在更好地服务于经济、社会、科技、文化、政治和军事国防等的前提下，根据地理环境对交通运输工程的影响和交通运输工程对地理环境的影响，设置实现目标应有的配套设施，制订交通运输建设及运行过程中应采取的政策法规和对策措施等。

3 交通运输形式和交通工程设施

3.1 主要交通运输形式及特点

3.1.1 交通运输形式及特点

交通运输大致可以分为陆运、水运和空运。陆运是指以行走在陆地上的交通工具的运输,如人背(挑)、畜力车(如马车、牛车、马驮、牛驮等)、汽车、火车等。由于陆运较为灵活,与人类居住的环境连接便利,所以大部分地区的短距离运输均为陆运。人背(挑)、畜力车运力小、速度慢,随着社会的进步,已经逐步减小甚至消失。为此,通常所说的交通运输方式主要为五大类:铁路、公路、水路、航空和管道运输,它们的特点及选择方法见表 3.1-1。

主要交通运输方式的特点及选择方法　　表 3.1-1

运输方式	优点						缺点						适运对象
	运量	速度	单位运价	建设成本	灵活性	连续性	运量	速度	单位运价	建设成本	灵活性	连续性	
铁路	较大	较快	较低			好				较大	较差		陆上中长途大宗货物运输
公路				较小	最好	较好	小	较慢	较高				陆上短程量小货物或短程客运
水运	大		最低	最小				最慢			差		水上远程大宗、时间要求不高、不易霉变货物
航空		最快							最高	大	一般	最差	急需、贵重、量小货物或长距离客运
管道	最大					最好				最大	最差	差	流体类货物

在交通运输方式的选择和利用时,应对各种运输方式采取综合利用和全面发展的方针,促使各种运输方式协调合理地发展,各种运输方式的适用范围如下。

1）铁路运输

铁路具有载运量大、运价低（在我国，其运输成本仅高于海运，同长江运输不相上下）、受气候季节变化影响小等突出优点。运输过程中旅客列车的走行速度与技术速度相差不大，货物列车的区段走行速度较慢。但修建铁路工程造价高，受经济和地理条件限制，不能短期内修建延伸，这是它的缺点。在我国，铁路主要承担大宗货物和旅客的中长距离运输，是我国运输系统的骨干。

2）公路运输

公路运输是最重要和最普遍的短途运输方式。它虽然载运量小，运价较高，但对不同的自然条件适应性很强，一般公路基础建设投资又较小，因而空间活动的灵活性很大，技术速度与送达速度均较快。汽车交通广泛服务于地方和城乡的物资交流和旅客来往，为干线交通集散客货，并便于实现货物运输“门到门”。对于一些尚无铁路的中小城镇、广大农村、边疆地区，公路在其对外联系中的地位更为重要；有些区域，汽车交通起着干线作用。

3）水路运输

水路运输是指在水面上（或水体中）的交通工具的运输，如轮船、摆渡船等。由于可作远洋航行，而且对于长距离大运量的运输而言成本较低，水路运输通常用作国际长距离运输（称为海运）；因运输量小或者是架桥成本过大，短距离过江（过河）的摆渡运输也常被采用。海洋和主要内河干线的轮船和拖驳船队载运量大，航道航线通过能力所受限制极小，运输成本低，主要担负大宗、笨重货物的长途运输。由于水上航道的地理走向和水情变化难以全面控制，在运输的连续性和灵活性方面，难以和铁路、公路运输相比拟。沿海航线是我国南北的主要运输干线之一，远洋航线是对外贸易的主要通道；长江干线航运是我国南方东西交通的大动脉。内河中小航道在我国分布较普遍，特别是南方一些地区，密如蛛网，担负着地方短途运输和城乡物资交流的任务。

4）航空运输

航空运输是速度最快的运输方式，但运费高、运量小。它担负着主要政治、经济、文化中心间以及国际交往的快速旅客运输和报刊邮件、急迫物资的运输。随着我国国民经济的发展和对外联系的增加，航空运输的重要性日益增长。

5）管道运输

管道运输适合于石油及其制品、天然气、煤气、矿浆以及生产和民用水等单项流体货物的专门运输。它具有大量不间断运送、管理方便、受自然条件影响小等技术经济优点，但无法承担多种货物运输。随着我国石油开采、对外贸易的增长和石油化学工业的发展，在主要油田、对外石油贸易和石油加工企业、转运港口间，已陆续修建了输油管道。近年来随着固体物料液化技术的发展，管道已开始用于煤炭、矿石等固体物料的运输。

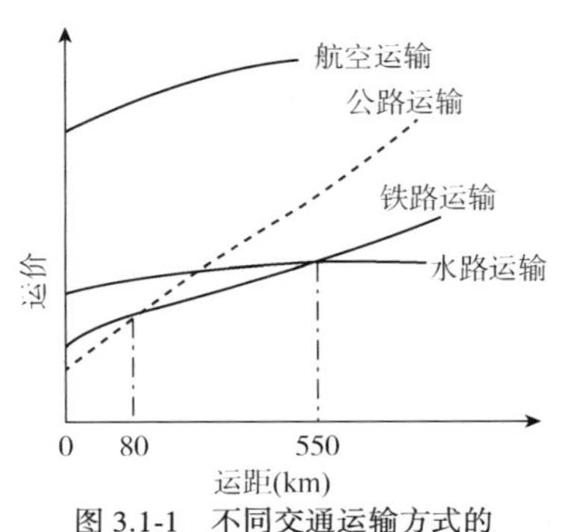

图 3.1-1　不同交通运输方式的运距-运价关系

交通运输方式选择考虑运价时，往往下意识认为水路运输在任何情况下都是最便宜的。其实，运输价格的高低与运距、运量关系密切，可根据图 3.1-1 进行交通方式的选择。

生活中，还有以下常见的交通运输方式。

(1)自行车(共享单车)运输。其优点是绿色环保；缺点是速度慢、动力不足、受地形限制，适宜短程、健身、休闲使用。

(2)地铁运输。其优点是运量大、速度快、准时、环保；缺点是投入大、不适宜小城市，适宜大城市通勤、商圈使用。

(3)高速铁路运输。其优点是速度快、准时、效率高、舒适；缺点是造价高、运费高，适宜时间紧迫的客运。

交通运输在其他方面的选择比较如下。

(1)能源消耗。根据我国有关研究报告显示，可以看出，航空运输能耗能源最高，公路运输次之，铁路运输第三，水路运输能耗最低。

(2)土地占用。交通基础设施是占用土地资源巨大的项目，但各种交通方式有所不同。以运输能力占地相比，一条复线铁路与一条16车道的公路具有相同的运输能力，而铁路占地为15m宽，公路占地为122m宽，铁路占地仅为公路的1/8。水路运输占用土地最少，除港口建设需要占用土地外，航道一般是天然的，不需要占用耕地。

(3)环境污染。在促进交通协调发展时，应当最大限度地使用污染较少的能源，减少交通工具的单位距离能源消耗量，争取将交通系统对环境造成的污染降到最低。

从当前交通运输方式的发展看，交通运输方式有如下一些发展方向。

(1)多轴大型货运车辆。从汽车车辆的角度来看，多轴大型货车与中、小型货车相比，因具有油耗低、运输成本低和运输效率高等优势而备受青睐。从道路资源的角度来看，半挂车运输在提高运输效率、充分利用道路资源、降低道路损害上有很大优势。由于《中华人民共和国道路交通安全法》不允许全挂车进入高速公路，因此我国只能发展半挂车，在美国、欧洲等发达国家，半挂列车的发展已经比较先进，以牵引车拖挂半挂车组成的汽车列车运输方式占到运输总量的70%~80%。

(2)集装箱运输。集装箱运输是一种以箱为单位的运输方式，从货物生产出厂到客户接收的整个运输过程中以箱为整体，无须开箱倒货，很大程度上降低了货物丢失、破损的可能性，安全性非常高，且中途更换运输方式也不必把货物取出，整箱装卸，适合机械化操作，大大提高了装卸效率，消除了繁重的体力劳动，加快了周转速度，能够做到送货上门，使运输成本大大降低。集装箱运输是目前发展最快而且较为普遍的运输方式之一。

(3)集装箱多式联运。集装箱多式联运就是把由集装箱装载的货物，以两种以上不同的运输方式，从接管地运至指定交货地点的运输服务方式。集装箱多式联运一般分为国际集装箱多式联运和国内集装箱多式联运。多式联运适用于水运、公路、铁路和航空等运输方式，由于在国际贸易中85%左右的货物是通过海运来完成的，所以海运在国际多式联运中占主导地位。多式联运中必须由一个多式联运经营人承担或组织完成全程联运任务，采用一次托运、一次付费、一单到底、统一理赔、全程负责的运输业务方法。这可以提高运输管理水平，最大程度发挥现有设备的作用，选择最佳运输路线组织合理化运输。

(4)快递服务。快递服务已成为一种重要的商品配送方式，它是按承诺时限递送到收件人或指定地点，并获得签收的寄递服务。快递服务包括收寄、投递、签收等服务环节，具有时效性、准确性、安全性、方便性等特点。

3.1.2 现代物流的特点及与传统交通运输的关系

传统上,企业对成本和效率的重视大于对顾客服务的重视,因此企业优先考虑管理内部运作而不是顾客需求,这样导致企业只能提供单一的产品或服务。随着经济的发展和人们生活水平的提高,消费者对产品的需求越来越高,他们不仅关注产品的质量与价格,而且还要求产品满足个性化的需求,同时又需要购物的方便和灵活。且随着国际航运市场的激烈竞争、经济全球化浪潮的推进和信息技术的迅猛发展,物流业在全球范围内实现标准化、规范化的服务,促进物流活动各环节的整合及其对物流活动的实时监控,实现物流的信息化成为可能,现代物流也就应运而生。

1)现代物流的定义

当前有关现代物流的概念很多,其含义具有以下共同点:

(1)现代物流是一种以客户为中心的"全程服务"理念。它关注的不再是单个环节的服务质量和效率,而是整个物流系统的质量和效率。除追求商品自然流通的效率和费用外,还力求通过各种途径提高用户服务水平,以使系统总费用最小,或是以一定的货源投入,使用户服务水平达到最高。

(2)现代物流是一种系统化的管理方式。对物流中的仓储、运输、装卸、包装、流通加工、配送、信息等各环节进行统一的控制和管理,以合理的组织形式和运行规则促进各环节的协调配合。

(3)现代物流需要综合利用现代技术实现全程的系统服务。现代物流的载体包括先进的运输工具、装卸设备、仓储设施、包装技术,特别是先进的信息技术,这些先进的技术促进了物流各环节的协调配合,提高了整体的服务效率。

2)现代物流的结构

现代物流系统由相互作用、相互依存的若干子系统组合而成,它包括商品的包装、储存、运输、检验、加工和其前后的整理、再包装配送等子环节。其中,运输子环节是现代物流的重要支柱。发展现代物流的条件有:

(1)网络化的物流节点体系。物流节点是对货物提供运输、仓储、加工、分拨、包装、信息等一系列增值服务的网点。网络化的物流节点体系是指物流节点与节点之间的活动保持系统性、一致性,以保证整个物流网络有最优的库存总水平及库存分布,运输与配送快速、机动。

(2)完善的物流基础设施。物流基础设施有硬件和软件之分,硬件部分包含交通、通信等基础设施,如公路、铁路、水路、航空、电子通信网络等,这些设施建设是发挥现代物流便捷性的保证。

(3)先进的物流信息系统。现代物流与传统物流的根本区别在于信息技术的全程运用与否。由于信息技术的应用,现代物流过程的可见性明显增加,物流过程中的不可控风险大大降低,从而加强了物流各环节的协调和配合以及对物流全过程的控制。

(4)具有现代物流理念和物流运营能力的经营人。物流的社会化、专业化已逐渐成为发展的主流,而具有现代物流理念和物流运营能力的经营人是推动物流社会化、专业化的关键。

3)现代物流产生的文化思想基础

现代物流产生的文化思想基础主要概括为以下几个方面:

(1)"客户满意中心论"——满足最终消费者的利益是生产者追求的目标。随着经济时代由工业经济社会向知识经济社会过渡,经济全球化和服务一体化成为时代的潮流,顾客对产品与服务的满意与否成为企业发展的决定性因素,即满足客户需求、服务质量、服务价格等方面的需要。在现代服务客户理念下,运输联系的不仅是托运商到收货商,而是联系着供应商、生产商、分销商、零售商和最终消费者,运输业务联系的扩大化,对运输空间联系也有一定的影响,运输空间的范畴扩展到供应地、生产地、分销地、零售地和最终消费地之间。

(2)物流活动不再仅是生产的延续,而是生产的一部分。从产业联系的角度,生产、流通、消费不是相互割裂的独立领域,而是从提高最终消费者满意度为目标,以资源在全球范围内的优化配置为手段,以降低总成本、挖掘总利润最大化为目的的指导思想下,将生产、流通、消费结合起来,把流通作为生产的一部分,共同制订生产计划。

(3)交通运输成本的提高与物流总成本的节约、最终产品成本的降低成为企业成本管理的重点。首先,从产品生产总成本的角度考虑,产品生产成本包含了采购成本、生产成本、销售成本、流通成本等,运输成本包含在流通成本中,如果运输单项成本提高低于其他成本节约的总和,这样的运输可以认为是合理的。其次,运输成本虽然在物流总成本中的比重较大,但它不是物流费用的全部,物流成本还包括流通加工成本、配送成本、包装成本、装卸与搬运成本以及仓储成本,不能单纯考虑某一功能环节的效益问题,而应考虑物流总成本的降低。如果运输成本的提高小于其他成本的降低带来了总的物流成本的降低,此时的运输也是合理运输。

4)现代物流与交通运输的关系

现代物流是物质资料从供给者向需要者的物理性转移,以交通运输为主要手段,结合了储存、装卸、搬运、流通加工、包装、配送及物流信息等环节,是创造空间价值、时间价值以及形态价值的经济活动。而传统意义上的交通运输是指公路、铁路、水路、航空和管道等各种运输方式独自或组合在一起,以满足货物移动为目标的经济活动。交通运输是现代物流的重要组成部分,是实现物流的保证;运输合理化是降低物流成本的主要途径;现代化运输体系的形成是实现物流管理现代化的基础。

5)运输与物流其他环节的关系密切

(1)运输和仓储作为现代物流两大重要的功能环节,完成从始发地到目的地的物流活动,最好中间环节不要过于烦琐,并能够减少货物静止的次数和时间,即减少货物固定库存的时间。货物处于流动过程中,若能很快实现所有权的转移,其价值才能实现,运输设计合理就可以减少库存时间,加快资金周转。

(2)装卸搬运是运输的影子,有运输活动必然有装卸搬运发生,并且一般一次运输会伴随着两次装卸搬运。装卸的质量会影响运输的质量,如果装卸不好,在运输途中则要进行二次装卸等,将会影响运输时间。集装箱运输方便装卸,并且能有效地衔接各种交通运输方式,合理的装卸方式有利于运输效率的提高和时间价值的实现。

(3)包装大体分为工业包装和商业包装两类。工业包装指运输包装,而商业包装是指销售包装。货物包装材料、包装规格、包装方法等都会不同程度地影响运输。

(4)流通加工是产品从生产到消费之间的一种增值活动,是社会化分工、专业化生产的一种形式,是使物品发生物理性变化(如大小、形状、数量等变化)的物流方式。物流实现产品的形态价值就是指流通加工环节;运输则是物流实现产品的空间价值,并通过适时制等缩短物流时间,争取时间价值。

(5)在物流的几大环节中,配送处于“二次运输”“末端运输”的地位,与运输相比,更直接面向并靠近用户。运输一般是干线输送货,批量大,品种相对单一;配送同运输的区别不仅表现在数量、种类、距离、复杂程度等方面,而更需要现代化技术和装备的支撑。

(6)物流信息是连接运输、仓储、装卸搬运、包装、流通加工、配送各环节的纽带,没有各物流环节的信息通畅和及时供给,就没有物流活动时间效率和管理效率,也就失去了物流的整体效率。

6)现代物流影响下交通运输发展的特点

在现代物流理念背景下,交通运输朝着合理化、标准化、信息化、网络化和动态化的方向发展。

(1)交通运输合理化。把运输看成是现代物流的一个功能环节,是生产的一部分,不再把降低运输成本作为唯一的目标,而是协调、优化运输与物流其他环节之间的关系,将提高最终客户的满意度和物流总效益、降低最终消费品的总成本作为衡量交通运输合理性的标准。

(2)交通运输标准化。实现不同运输方式之间以及与其他功能环节之间的无缝连接,即一体化运输。交通运输标准化是交通运输一体化运输的前提,通过不同运输方式之间的行业标准规范化,提高一体化运输的效率。

(3)交通运输信息化。物流与商流一体化发展,信息流的畅通是物流合理化发展的重要保障。在信息技术的支持下,交通运输信息化有利于运输信息的实时控制,合理安排物流计划。

(4)交通运输网络化。交通运输网络体系作为现代物流网络的基础,要适应物流网络的发展,就必须实现交通运输枢纽功能的多样化、交通运输线路的通畅化和交通运输网络的密集化。

(5)交通运输动态化。随着经济环境、政策环境的变化,现在不适于投资的地区可能会随着生产要素成本的变化发展成为加工业基地,现有的生产基地也可能随着生产的饱和而将交通、环境等问题暴露出来,导致产业转移。同样,随着人们生活水平的提高,目前贫困的地区将来可能发展成重要的消费市场,交通运输就是实现产品从生产地到消费地的空间价值,交通运输行业要做经济发展的先行官,更要进行前瞻性的规划研究。

7)集装箱多式联运与现代物流的关系

考察集装箱多式联运与现代物流的构成要素和特点,可以发现在硬件要求上,多式联运与现代物流是基本相同的。如两者都需要有完善的运输网络、设施,需要通过多种运输方式的配合实现商品的位移,需要有配套的仓储条件、商品检验、信息系统的支持实现物的通畅流动等。但两者之间存在理念上的重大差异:多式联运作为一种单纯的运输组织形式,其主要目的是为客户提供高质量、低成本的运输服务,而服务仅限于运输过程,除了完成货物的安全、便捷、快速、低廉的运输服务外,不存在任何增值服务;现代物流则以全程服务为目标,

考虑包括运输在内的物流各个环节的成本与质量,并注重在物流过程中提供便捷、低廉、高效的增值服务。

8)现代物流背景下的运输集成化体系构建

基于物流系统理念下的运输集成化体系构建主要包括如下内容。

(1)各运输方式之间的集成化。不同交通运输方式之间的无缝化对接,如交通运输装备的标准化等,实现运输方式的集成化,从而有效地实施集装箱运输、多式联运。

(2)运输与其他物流环节的集成。在现代物流的大环境下,运输应与其他物流环节集成,如集装箱运输首先涉及的是包装的集成化,然后是装卸搬运的集成化,再有就是运输的集成化。通过物流功能环节的集成化系统构建,提高物流效率。

9)现代物流中的"配送"活动

配送运输是指将被订购的货物使用汽车或其他运输工具从供应点送至顾客手中的活动,其间可能是从工厂等生产地仓库直接送至客户,也可能通过批发商、经销商或由配送中心、物流中心转至客户手中,实现产品的空间价值、时间价值和形态价值。配送运输是从顾客的需要出发,更加体现满足客户需求的价值理念;配送活动是交通运输的补充,是支线运输和末端运输,将传统交通运输的空间定义域向顾客端延伸。

10)信息技术在现代物流中的应用

信息技术在交通运输中的应用是实现交通运输无缝化的基础,没有准确、实时交通运输信息的提供,就没有交通运输与其他物流功能环节之间的有效对接。信息技术也是实现交通运输集成化的基础,只有运输信息在不同交通运输部门之间有效共享,交通运输集成化体系的构建才成为可能,准确、实时的交通运输信息便于客户的在线查询,有助于客户满意度的提高。信息技术还是交通运输合理布局的保障,没有可靠的运输信息,则很难对交通运输网络作出评价和分析,也不可能作出适应经济发展的交通运输布局规划。

3.1.3 综合交通运输形式及特点

现代综合运输体系是由多种运输方式相互协调、互相补充而组成的有机整体,几种运输方式间存在非常强烈的互补性和相互依赖性,相对于基础设施分散、运输方式各异、交通管理纷乱的离散型交通状况,一体化的综合交通体系将经济社会、土地使用、生态环境、交通运输等有机结合在一起,使交通整体产生最大的综合效应。因此,综合交通运输体系应运而生。所谓综合运输体系,是指统筹规划公路、水运、航空、铁路等运输方式,并加以综合利用,以提高交通运输的总体效率,节能降耗,实现低碳交通。为了提高交通运输的总体效益,实现综合交通运输形式需要进行以下改革:

(1)打破不同交通运输方式的分割式管理。改变不同交通运输方式分属不同部门管理的管理方式,进行交通运输的综合规划和综合建设;便于各种运输方式和设施的有效衔接,实现人流零换乘和货物无缝衔接,减少来或去的空运问题,便于联合运输组织以形成综合运输效益;减少运力投放的盲目性和重复性建设等问题,减少各种运输方式之间的无序竞争;提高资源环境的有效及合理利用。通过优化运输结构和市场结构等,充分发挥综合交通运输整体效能,实现宏观尺度下物流资源优化配置。

(2)完善基础设施网。推进物流大通道建设,建设"一体交通走廊+多种形式多式联运”,提升物流大通道承载力、辐射力和带动力,以高效物流引领资源集聚整合、要素集约配置、功能集成优化、产业集群发展,加强国内国际互联互通。完善货运枢纽(多式联运、干支衔接的物流园区)布局,畅通港站枢纽的“微循环”。交通枢纽站房朝着功能复合、地域特色化的方向发展;铁路客站也由单一的铁路客运场所逐步演变为城市交通枢纽综合体;港口将从纯粹的“运输中心”(运输+转运+存储)经由“配送中心”(运输+转运+存储+装拆箱+仓储管理+加工)向“综合物流中心”(运输+转运+存储+装拆箱+仓储管理+加工+信息处理)发展。

(3)优化运输组织网。完善城乡物流配送体系,加强城市配送运输与车辆通行管理。充分利用乡镇客运综合服务站、建制村邮政点,定制“货运班线”,利用农村客运发展农村小件快运,推进区域交通物流一体化发展。

(4)交通运输物流公共信息平台的建立。需要建立交通运输物流公共信息平台管理中心,推动建设、各物流活动参与方共同参与,以提高社会物流效率为宗旨,以实现物流信息高效交换和共享为核心,以统一的标准为基础,以连通各类物流信息平台、企业生产作业系统、消除信息孤岛为目的,建立面向全社会的公共物流信息服务网络。借力“互联网+”,鼓励先进信息技术和技术装备的应用,加快信息资源的开放共享,提升实施设备的专业化、智能化水平。

(5)完善跨境运输。推进跨境运输便利化,完善跨境双边、多边运输合作机制。

(6)制度性改革。提高行业综合治理能力,简政放权、优化行政执法、建立信用体系、推动跨部门的管理协同,激发市场内生动力。

目前,我国已初步形成以公路、铁路、民航、水运等为主的综合交通运输体系。物流大数据应用将提升综合运营能力,优化客、货运枢纽布局,实现客运换乘“零距离”、物流衔接“无缝化”、运输服务“一体化”,推进公路、铁路、民航、水运等综合交通数据的融合共享,形成数据生态系统,最终实现综合运输体系的构建。

3.2 道路结构设施类型及其可能病害的处治对策

3.2.1 地基类型及要求

地基是路堤或上部建构筑物的基础。路堤应填筑在具有足够承载力和低压缩性的地基上,以免基底出现剪切破坏而危及路堤的稳定,或者路堤出现过量的沉降而影响路面的行驶质量。

根据工程经验,基岩、砾石土或一般砂石和黏性土地基,基本上能满足支撑路堤的要求。对于比较潮湿的黏性土地基,往往会出现承载力不足的问题,此时必须确定软弱地基的厚度及其物理力学性质,据此判断其支承能力和沉降量,确定处理和加固方法。

承载力能满足要求的地基在路堤填筑前,还应根据原地面的倾斜情况进行处理,当原地面为斜坡,其坡度陡于 1 : 5 时,原地面应开挖台阶,以防止路堤沿斜坡下滑。台阶宽度不得小于 1m,台阶底应有 2%~4%向内倾斜的坡度。原地面倾斜度陡于 1 : 2.5 时,则宜采用设置石砌护脚等横断面形式或按陡坡路堤设计。

3.2.2 路基类型、要求及相关病害

3.2.2.1 公路路基类型及其要求

路基是路面结构的支承结构物，路基按挖填类型划分有三种形式：填方路基（通常称为路堤）、挖方路基（通常称为路堑）及半填半挖路基。后两种路基常见于山区道路。填方路基（路堤）是用填料在地表面以上填筑起来的带状路基。挖方路基是指路基表面低于原地面时从原地面至路基表面挖去部分的土石体积。半填半挖路基是指交通道路横断面的一部分为挖方，一部分为填方。

1）填方路基

填方路基是用填料在地表面以上填筑起来的带状路基，由于其长期暴露在自然环境中，受气候条件的影响很大，所以路基应具有抵御各种自然条件侵蚀的能力，应通过各种技术措施确保其具有要求的强度和稳定性。

因受公路沿线地形、地貌的影响，填方路基的横断面有多种形式。

（1）一般路堤。在平坦地区大多采用这种断面。

（2）沿河路堤。沿河路堤指长期浸水路基。

（3）矮墙路堤。为减少拆迁、少占农田而在收坡脚处采用，矮墙须采用浆砌片石砌筑。此断面形式不宜在软土地区或冰冻严重地区使用。

（4）斜坡路堤。当填方路基基底位于地面自然横坡陡于 1∶5 的斜坡上时，采用图 3.2-1 的形式，路堤基底应挖台阶，台阶宽视斜坡坡度而定，但不得小于 1m。对分期修建或旧路加宽的路堤，衔接处台阶宽度为 2m。在挖、填方交界处，应采取超挖回填措施。

（5）护肩路基。傍山路基地段，其填方部分的坡脚可能伸出较远而不易填筑，这时可修筑护肩路基（图 3.2-2）。护肩高不大于 2m，用浆砌片石砌筑，护肩以内应填石，以利泄水。若基底为陡于 1∶5 的陡坡时，应按要求挖出台阶。护肩路基应在护肩之外留出足够宽度的襟边，其宽度 p 根据地基地质情况选用。

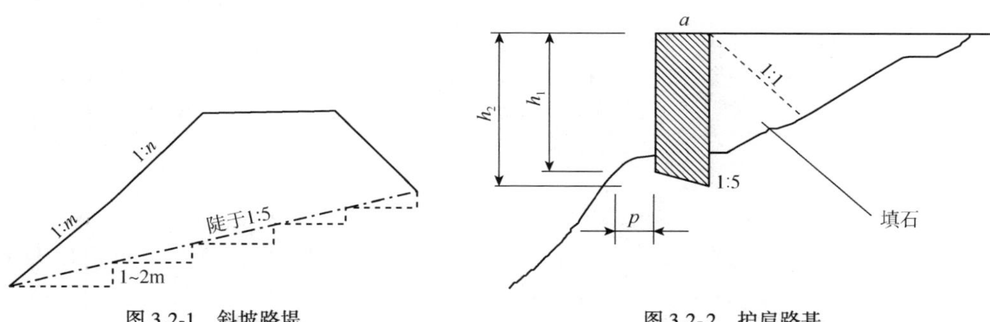

图 3.2-1 斜坡路堤　　图 3.2-2 护肩路基

（6）挡土墙路基。在公路建筑中常用挡土墙收缩边坡坡脚以减少占地或拆迁建筑物，或在防止水流对路基冲刷，或防止陡坡路基下滑等地段采用。挡土墙路基常用的形式有路肩挡土墙、路堤挡土墙、浸水挡土墙、抗滑挡土墙等，按挡土墙结构特点可分为重力式、衡重式、悬臂式、扶壁式、锚杆式等。

2)挖方路基

路堑的边坡形式按材料可分为岩质和土质边坡。路堑路基最大的问题是边坡稳定性。影响路堑边坡稳定性的因素有如下几个方面:坡体的岩性或土质和开挖深度、地质构造特征(主要为由构造作用产生的各种主要构造面、其产状与路线的关系)、岩石的风化和破碎程度、土层的成因类型(成因不同其密实和胶结情况不同)、地面水和地下水、当地气候条件、坡面的方位是向阳还是背阳等,这些在设计边坡时都应当予以综合考虑。

(1)土质路堑边坡。

土质(包括粗粒土)挖方边坡坡度应根据边坡高度、土的密实程度、地下水、地面水的情况、土的成因类型及生成时代等因素确定。在一般情况下,土质(包括粗粒土)挖方边坡坡度,可参照表3.2-1取用,设计取值时宜因地制宜,结合当地成熟经验,并根据公路技术等级及路基排水、防护等措施,进行综合分析而定。一般土质(包括粗粒土)的挖方边坡高度不宜超过30m。

土质挖方边坡坡度表 表3.2-1

密实程度	边坡高度(m)		密实程度	边坡高度(m)	
	<20	20~30		<20	20~30
胶结	1:0.3~1:0.5	1:0.5~1:0.75	中密	1:0.75~1:1.0	1:1.0~1:1.5
密实	1:0.5~1:0.75	1:0.75~1:1.0	较松	1:1.0~1:1.5	1:1.5~1:1.75

注:1.边坡较矮或土质比较干燥的路段,可采用较陡的边坡坡度;边坡较高或土质比较潮湿的路段,可采用较缓的边坡坡度。
2.高速公路、一级公路应采用较缓的边坡坡度。
3.开挖后,密实程度很容易变松的砂土及沙砾等路段,应采用较缓的边坡坡度。
4.土的密实程度的划分见表3.2-2。

土的密实程度划分表 表3.2-2

分级	试坑开挖情况	分级	试坑开挖情况
较松	铁锹很容易铲入土中,试坑坑壁很容易坍塌	密实	试坑坑壁稳定,开挖困难,土块用手使力才能破碎,从坑壁取出大颗粒处能保持凹面形状
中密	天然坡面不易陡立,试坑坑壁有掉块现象,部分需用镐开挖	胶结	细粒土密实度很高,粗颗粒之间呈弱胶结,试坑用镐开挖很困难,天然坡面可以陡立

(2)岩石路堑边坡。

影响岩石路堑边坡稳定性的主要因素如下。

①岩性。岩性指岩石的矿物成分、结构、胶结特性、物理力学性质等。根据岩性的不同,岩石一般可分为三类:第一类,岩石强度较高,整个岩层的岩性较均匀,层间胶结良好,如各种硬质岩浆岩、厚层灰岩及片麻岩、大理岩等;第二类,岩石强度也较高,但层间胶结不够良好,如中薄层砂、砾岩、灰岩、较硬的板岩、千枚岩等;第三类,岩质较软,层间胶结较差,如薄层砂、页岩互层、千枚岩、云母、滑石、绿泥片岩等。

岩石的矿物成分对岩性的影响也较大,如云母等含量较高的岩石,其强度则较差,也容易风化。

②地质构造。岩层的构造面(层理、节理、片理、不整合面、断层等)影响工程的稳定性。区域构造对路堑边坡稳定性的影响十分显著,同类型的路基病害往往发生在同一个地质区内。不同地质区内的岩质边坡,其稳定程度也各不相同。如,地台区的岩层由于未受过严重的地质动力作用,岩层比较完整,边坡稳定性也较好;地槽区的岩层经过褶皱、错动断裂等活动致使岩层开裂、破碎,甚至在岩体内部出现各种构造面,对岩体的整体性和边坡的稳定性影响很大。

局部构造对路堑边坡的稳定性影响也很显著。一个较大的断层本身就对路堑边坡有影响,断层附近的岩层不仅会产生与断层平行的节理,还会产生与其相应的共轭节理。在比较严重的情况下,上述任何一组节理都会成为确定边坡的控制因素。不整合面附近的岩层岩质一般均较松软,当不整合面倾向路线,并受地下水的浸润时,其上部岩层则可能沿着不整合面下滑而造成坍方。在硬质岩层中若夹有薄的软弱岩层,也会产生上述现象。当岩层面不倾向于路线时,其边坡一般是比较稳定的;倾向路线的岩层,特别是风化较严重、岩质较软弱(含云母、滑石等矿物成分较多)的千枚岩,容易发生顺层滑坡。

③岩石的风化、破碎程度。岩石的风化、破碎程度影响工程基础和围岩的稳定性。岩石的风化破碎程度,按其外部特征的不同可分为四等:轻度、中等、严重、极重。

④边坡的高度。边坡的高度对坚硬、完整岩层的边坡稳定性影响不大,但对软弱破碎的岩层则影响较大。

⑤地面水及地下水。排水设计不当,地面水流易于集中,冲坏边坡或渗入地下转为地下水。地下水对于风化破碎岩层,特别是对岩层中软弱夹层的作用更为显著,比较大型的坍方、滑坡往往与地下水的作用有关。

⑥施工方法和地震作用。采用大爆破施工和较高地震烈度的地震,对于边坡的稳定性影响也较大,在这些地区的边坡应适当放缓。

上述影响岩石路堑边坡稳定性的诸因素中,何种因素为主导因素,随着路段的不同而有所变化。因此,只有对具体路段的工程地质条件和影响因素做全面的调查分析,针对其主导因素,并兼顾其他因素,才能对路堑边坡作出正确的设计,不致顾此失彼。

3)半填半挖路基

半填半挖式路基兼有路堤和路堑两者的特点。填方部分的局部路段,如遇原地面的短缺口,可采用砌石护肩。如果填方量较大,也可就近利用废石方,砌筑护坡或护墙,石砌护坡和护墙相当于简易式挡土墙,承受一定的侧向压力。

陡坡上的半填半挖路基,可根据地形、地质条件,采用护肩、砌石或挡土墙;当山坡高陡或稳定性差,不宜多挖时,可采用旱桥、悬出路台等构造物;在悬崖陡壁地段,若山体岩石整体性好,可采用半山洞。

4)对路基的要求

公路运行中对路基的基本要求为:均质、稳定、密实。

(1)足够的稳定性。

在地表上修筑路基,不挖即填,必然会改变原地面的天然平衡状态,原先处于稳定状态的地基,亦有可能由于填筑或开挖的结果引起受力状态的改变,导致路基失稳。例如,在软土地基上填筑高路堤,或在岩质或土质山坡上开挖路堑时,有可能由于填土的附加应力超过软土地基的承载能力，或是路堑开挖的结果使上侧坡体失去原有的支承，出现路堤的沉陷或坡体的滑坍破坏等，从而导致交通阻断或行车事故。因此，为保证道路的畅通与安全，必须正确选用路基的断面形式与尺寸，采取有效的排水、防护和加固等工程措施，确保路基在不利环境条件下具有足够的稳定性。

(2)足够的强度和变形小。

路基和路基下的地基在自重和车辆荷载下会产生变形。地基软弱、填土不密实或过分潮湿时，所产生的沉陷或固结变形和不均匀变形会使路面结构出现过量变形和应力增大，导致路面过早损坏影响道路使用品质。因此，对路基要采取选择合适的填料、进行充分的压实、改善水温状况、加固软弱地基等措施，以保证在外力作用下，不致产生超过容许范围的变形，给路面以坚实的支承，确保其使用寿命和服务水平。

山岭、重丘区的路基设计，应根据当地自然条件，特别是工程地质条件，选择适当的路基横断面和边坡坡度。在地形陡峻和不良地质地段，不宜破坏天然植被和山体平衡；在狭窄的河谷地段不宜侵占河床，可视具体情况设置其他结构物和防护工程。

沿河路基废方应妥善处理，以免造成河床堵塞、河流改道或冲毁沿线构造物、农田、房屋等不良后果。

分离式路基应处理好与整体式路基的相互衔接和边坡的防护，设置完善的排水设施，并与自然景观相协调。

季节性冰冻地区工程地质、水文地质不良地段，应采用水稳性好的填料筑路堤或进行换填，对于高速公路、一级公路应结合防治冻害和翻浆的具体措施，进行路基、路面、排水等综合设计。

根据路基强度和稳定性的要求，减小或避免地面水、地下水、毛细水及冻胀作用的影响，路床顶面应高出地表长期积水位或地下水位一个必要的高度。

路基的最小填土高度必须保证不因地面水、地下水、毛细水及冻胀作用的影响而降低其强度和稳定性。因此，路基最小填土高度，应根据路基临界高度，并结合沿线的具体条件和排水及防护措施，按公路技术等级的有关规定确定，一般应保证路基处于干燥或中湿状态。当路基填土高度受限制而不能达到规范的规定或挖方路段路基时，则应采取相应的措施，如排水、换土、设置隔离层或修筑地下渗沟，以避免地面水或地下水浸入路基，影响路基工作区内的土基强度与稳定性。

对一些特殊情况，应进行相应的处理。

①对于路基下有软弱地基存在时，当路面设计使用期内的路基残余沉降(或称作工后沉降)量不满足表3.2-3的要求时，应根据地基情况采取措施进行处治。

②对于潮湿、过湿状态的路基，可采用低剂量石灰、石灰、粉煤灰或水泥稳定上层湿软土，或者换填砂、砂粒、碎石等。

③地下水位高时，尽可能提高路基设计高程和加深边沟；设置地下排水设施，拦截浅携水层中流向路基的渗流水，或者降低地下水位。

④选用优质填料(砾类土、砂类土、碎石)，土质较差的细粒土用作路堤下部填料。

⑤控制压实时的含水率，进行充分压实，达到要求的压实度。

允许工后沉降量(单位:m) 表 3.2-3

道路等级	工程位置		
	桥台与路堤相邻处	涵洞或箱型通道处	一般路段
高速公路、一级公路	≤0.10	≤0.20	≤0.30
二级公路(采用高级路面)	≤0.20	≤0.30	≤0.50

3.2.2.2 路基可能存在的病害及影响因素

本小节主要论述路基常见的病害类型、导致路基病害的自然和人为因素及影响机理。

1)路基常见的病害类型及成因

路基常见的病害类型及成因如下。

(1)路堤沉陷。

路基因填料(主要指填土)不当、填筑方法不合理、压实不足,在荷载、水和温度的综合作用下,堤身可能向下沉陷,如图 3.2-3a)所示。所谓填筑方法不合理,包括不同土混杂、未分层填筑和压实、土中含有未经打碎的大土块或冻土块等。填石路堤因石料规格不一、性质不均,或就地爆破堆积,乱石中空隙很大,在一定期限内(例如经过一个雨季)亦可能产生局部的明显下沉,如图 3.2-3b)所示。此外,原地面比较软弱,例如遇到泥沼、流沙或垃圾堆积等,填筑前未经换土或压实,造成地基下沉,亦可能引起路堤下陷。路堤不均匀下陷,会造成局部路段破坏,影响公路交通。

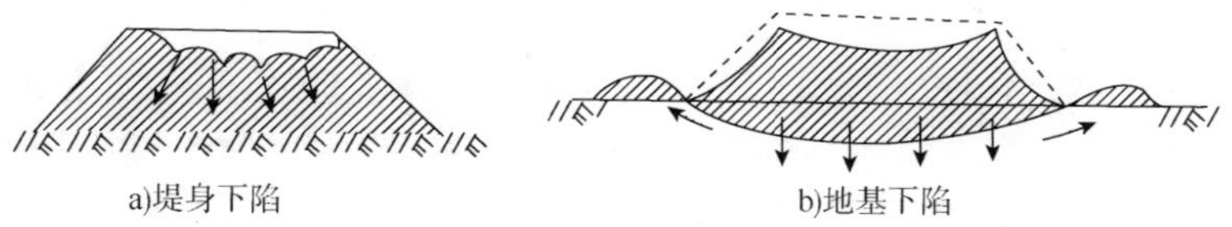

a)堤身下陷　　b)地基下陷

图 3.2-3　路堤沉陷示意图

填土因季节性交替地发生含水率变化及温度变化的物理作用,会使土体发生膨胀、收缩以及冬季冻胀、春季融化,强度减弱,形成翻浆而破坏。

(2)路基边坡坍方。

路基边坡坍方是最常见的路基病害,亦是水毁的普遍现象。按照破坏规模与原因的不同,路基边坡坍方可以分为剥落、碎落、滑坍、崩坍及坍塌等,如图 3.2-4 所示。

剥落是指边坡表土层或风化岩层表面,在大气的干湿或冷热的循环作用下,表面发生胀缩现象,使零碎薄层成片状从边坡上剥落下来,而且老的土层脱落后,新的土层又不断产生。此种破坏现象,对于填土不均匀和易溶盐含量大的土层,以及泥灰岩、泥质页岩、绿泥岩等松软岩层而言,较易产生。路堑边坡剥落的碎屑,堆积在坡脚下,会堵塞边沟,影响路基的稳定性并妨碍交通。

碎落是岩石碎块的一种剥落现象,其规模与危害程度比剥落严重。碎落产生的主要原因是路堑边坡较陡(大于 45°),岩石破碎和风化严重,在胀缩、震动及水的侵蚀与冲刷作用下,块状碎屑沿坡面向下滚落。如果落下的岩块较大(直径在 40cm 以上),以单个或多块落下,此种碎落现象可称为落石或坠落。落石的石块较大,降落速度极快,所产生的冲击力可使路基结构物遭到破坏,亦会威胁到行车和行人的安全,有时还会引起其他病害同时发生。

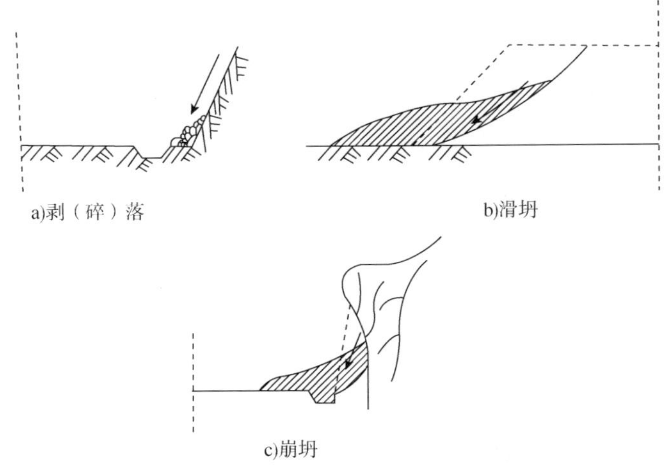

图 3.2-4　路基边坡坍方示意图

滑坍是指路基边坡土体或岩石，沿着一定的滑动面呈整体状向下滑动，其规模与危害程度较碎落更为严重，有时滑动体可达数百立方米以上，造成严重的交通阻断。产生滑坍的主要原因是原山坡具有倾向公路的软弱构造面，由于施工以及水的侵蚀、冲刷改变了原山坡平衡状态，使山坡在重力作用下沿软弱面整体滑动。如岩层倾向公路，层间又有软弱夹层或风化层、覆盖层；基岩的界面倾向公路，特别有地下水时，均可能形成滑坍。

崩坍是整体岩块在重力作用下倾倒、崩落。崩坍发生的主要原因是岩体风化破碎、边坡较高。崩坍是比较常见，而且危害较大的路基病害之一。它同滑坍的主要区别就在于崩坍无固定滑动面，坡脚线以下地基无移动现象，崩坍体的各部分相对位置在移动过程中完全打乱，其中较大石块翻滚较远，边坡下部形成倒石堆或岩堆。此外，还有坍塌（亦称为堆塌）等。其成因与形态同崩坍相似，但坍塌主要是土体（或土石混杂的堆积物）遇水软化，在 45°~60° 的较陡边坡在无支撑的情况下，自重所产生的剪切力超过黏聚力和摩擦力所构成的抗剪力，导致边坡沿松动面坠落散开，它的变形速度比崩坍慢，且很少有翻滚现象。

（3）路基沿山坡滑动。

在较陡的山坡上填筑路基，如果原地面未清除杂草、凿毛或人工挖台阶，坡脚又未进行必要的支撑，特别是又受水的润湿时，填方与原地面之间的抗剪力很小，填方在自重和荷载作用下，有可能使路基整体或局部沿原地面向下移动，如图 3.2-5 所示。此种破坏现象虽不普遍，但亦不应忽视，如果不针对上述产生破坏的原因及时采取相应预防措施，路基的稳定性就得不到保证，破坏将难以避免。

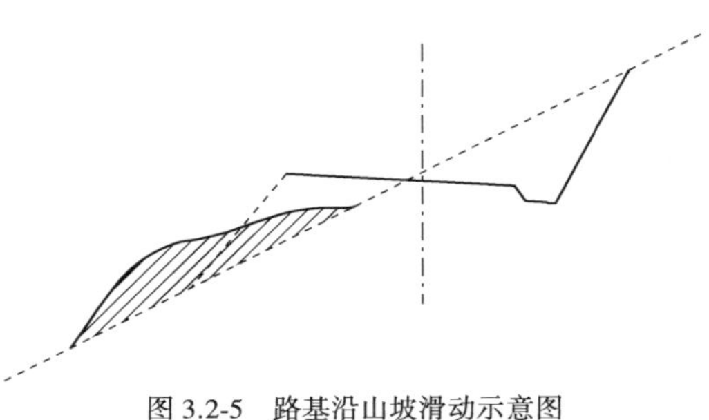
图 3.2-5　路基沿山坡滑动示意图

（4）路基翻浆。

在季节性冰冻地区，处于水温条件不利的土质路基，在负温度差的影响下出现湿度积聚现象。冬季开始时，土基由上而下逐渐冻结，在负温度差作用下，水分以薄膜水和毛细作用的移动方式，不断向上积聚，使聚水层增厚，由于水冻结后的体积增大，使路

基隆起,即为冻胀现象。如果路面结构层设计不当,亦会造成路面开裂。到了春融季节,气温回升,此时路基路面结构由上而下逐渐解冻,积聚在土基上层的冰体先解冻,无法下渗而滞留在土基上部,导致土基湿度增大、强度下降,在行车作用下,路基路面结构产生较大变形,湿度大的路基土会以泥浆的形式从冻胀后开裂的路面裂缝中冒出,形成翻浆。冻胀与翻浆往往相伴形成。

(5)特殊地质水文情况的毁坏。

公路通过不良地质和水文地带,或遇较大的自然灾害,如滑坡、岩堆、错落、泥石流、雪崩、岩溶、地震及特大暴雨等,均能导致路基结构的严重破坏。

公路路基是一种线型结构物,具有距离长、与大自然接触面广的特点。其稳定性在很大程度上由当地自然条件决定,但也有人为因素的影响。

2)影响路基病害的自然因素

路基稳定性及水温情况与下列自然因素有关。

(1)地形。地形不仅影响路线的选定与线形设计,也影响路基设计。平原、丘陵、山岭各区地势不同,水温情况各异。平原地势平坦,地面水易于积聚,地下水位高,因而路基需要保持一定的最小填土高度(特别是在水稻田地区);丘陵区地势起伏,山岭区地势陡峻,如排水设计不当,或地质情况不良,会降低路基的强度与稳定性,出现各种变形与破坏现象。

(2)气候。气候条件,如气温、降水(包括数量、强度和形态,即雨、雪、雹)、湿度、冰冻深度、日照、年蒸发量、风向和风力等,都会影响到路基的水温情况。

一年之中,气候有季节性的变化,因此路基水温情况也随之变化。气候还受地形的影响,例如山顶与山脚、山南侧与山北侧,就有所不同,即所谓"小区域地形与小区域气候",因而路基水温情况也有所差异。在山顶处,一日之中气候数变,温度与湿度变化较大,风化较烈;山南侧日照较山北侧为多,水温情况也有所差异,在选线与路基设计中应予以注意。

由于路基水温情况的变化与自然因素和人为因素密切相关,因而路基水温不仅在地区之间和路段之间有差别,而且路基与原有地面及周围地面之间也有差别,应针对这些差异和变化,作出正确的设计。

(3)水文与水文地质。水文条件,如地面径流、河流洪水位、常水位及其排泄条件、有无积水和保水期的长短,以及河岸的冲刷和淤积情况等;水文地质条件,如地下水位、地下水移动情况及其流量,有无泉水、层间水、裂隙水等,所有这些因素都会影响路基的稳定性,如处理不当,往往会导致路基的各种病害。

(4)土类。土是建筑路基和路面的材料,并影响路基的形状和尺寸。土的性质随其类别而定。一般毛细水上升高度与毛细管直径(或土粒粒径)成反比;上升速度则与毛细管直径(或土粒粒径)成正比,土的粒径越小(阻力越大),上升速度越慢。另外,毛细管直径越细,毛细水的冻结温度越低,因而在零下温度时,毛细水仍能移动,促使水分积聚,发生冻害。

地下排水和浸水路堤,要根据土的渗透性或渗透系数进行设计。一般粒径较粗的土渗透系数较大,粒径较细的土渗透系数较小。具有竖向结构的大孔土(如黄土),则竖向渗透系数较水平向为大;具有水平层理的土,则水平向渗透系数较竖向为大。土经过充分压实,孔隙减小,透水性也因而降低,甚至不透水。故充分压实的黏土层,特别是用重黏土时,可以起隔离层的作用。

对于土的物理力学性质,沙砾成分多则以摩擦力为主;黏土成分多则以黏聚力为主,水分增大,黏聚力降低。

(5)地质条件。沿线的地质条件,如沿线岩石种类及风化程度,岩层厚度、走向、倾向和倾角、层理、节理发育程度,以及有无断层、不良地质现象(岩溶、滑坡、泥石流)等,都对路基稳定性有一定影响。

(6)植物覆盖。植物覆盖影响地面径流和导热,从而在一定程度上影响路基水温情况的变化。

3)影响路基病害的人为因素

(1)荷载作用。荷载作用包括静载、活载及其大小和重复作用次数等。荷载越大,病害越多越重。

(2)路基结构。路基结构包括路基形式、路基填土或填石的类别与性质、排水结构物与支挡结构物的设置等。排水条件越好,路基病害越少。

(3)施工方法。施工方法包括填筑方法(是否分层填筑)、压实方法(是否分层压实)、压实度是否充分以及是否采用大爆破等。路基碾压越密实,路基稳定性越好。

(4)养护措施。养护措施包括一般措施及在设计、施工中未及时采用而在养护中加以补充的改善措施。

此外,路基的病害类型和严重程度还会受到沿线附近的人工设施如水库、排灌渠道、水田以及其他人为活动等的影响。

3.2.2.3 路基干湿类型

本小节主要分析路基水的来源、路基的干湿类型划分以及路基临界高度的确定。

1)路基水的来源

路基中水的来源,可归纳为下列几项:

(1)大气降水,通过路面、中央分隔带、路肩、路基坡面和边沟等渗入路基。

(2)地面水,沿边沟流动或地表径流的水,因受阻塞与排水不良而积聚于路基两旁或渗入路基。

(3)地下水,因地下水的流动或水位上升,渗入路基。

(4)毛细水,借助土的毛细作用,由地下水位上升。

(5)水蒸气及其冷凝水,在土的空隙中移动的水蒸气,遇冷凝结为水。

(6)薄膜水,通过土粒所吸附的水膜移动而来的水分。

水在土中不论呈液态还是气态移动,均是由高压处向低压处、由高温处向低温处、由高含水处向低含水处移动。在干旱地区,地表蒸发量较大,当水由下向上移动时,溶解的盐类也随之移动,盐分积聚于地面,往往形成盐渍土。

上述各种路基水源,对路基的强度与稳定性都有不同程度的影响。设计时应根据当地的自然条件和特点,采取相应的工程措施,保证路基的强度与稳定性。例如,在地下水位较高的路段,就要适当提高路基,保持必要的最小填土高度,避免毛细水上升的影响;在地下水位较低、且地面排水良好的路段,就可以设计成矮路堤或与地面相平,甚至设计成路堑。

2)路基的干湿类型

按路基的含水率,路基干湿类型可划分为4类:干燥、中湿、潮湿、过湿状态。路基干湿类型应根据实测不利季节路床表面以下80cm深度内土的平均稠度ω_c,或根据自然区划、土

质类型、排水条件以及路床表面距地下水位或地表积水水位的高度按相关规范确定，ω_c 建议值见表 3.2-4。

ω_c 建议值表 表 3.2-4

湿状态	干燥状态	中湿状态	潮湿状态	过湿状态
	$\omega_c \geqslant \omega_{c1}$	$\omega_{c1} > \omega_c \geqslant \omega_{c2}$	$\omega_{c2} > \omega_c \geqslant \omega_{c3}$	$\omega_c < \omega_{c3}$
土质砂	$\omega_c \geqslant 1.20$	$1.20 > \omega_c \geqslant 1.00$	$1.00 > \omega_c \geqslant 0.85$	$\omega_c < 0.85$
黏质土	$\omega_c \geqslant 1.10$	$1.10 > \omega_c \geqslant 0.95$	$0.95 > \omega_c \geqslant 0.80$	$\omega_c < 0.80$
粉质土	$\omega_c \geqslant 1.05$	$1.05 > \omega_c \geqslant 0.90$	$0.90 > \omega_c \geqslant 0.75$	$\omega_c < 0.75$

注：ω_{c1}、ω_{c2}、ω_{c3}分别为干燥和中湿、中湿和潮湿、潮湿和过湿状态路基的分界稠度。土的平均稠度 ω_c 按下式计算：

$$\omega_c = \frac{(\omega_L - \omega)}{(\omega_L - \omega_P)} \tag{3.2-1}$$

式中：ω_L——100g 平均锥所测土样液限含水率(%)；

ω——路床 80cm 深度内的平均含水率(%)；

ω_P——100g 平衡锥所测土样塑限含水率(%)。

路基干湿类型按不利季节路槽底面以下 80cm 深度内的平均相对含水率 $\overline{\omega}_x$ 确定：

$$\overline{\omega}_x = \frac{\overline{\omega}}{\omega_x} \tag{3.2-2}$$

式中：ω_x——76g 平衡锥所测土样的液限。

路基的强度与稳定性，同路基的干湿类型有密切关系，并在很大程度上影响路面结构及厚度的确定。在路面设计中，一般要求路基处于干燥或中湿状态。过湿状态的路基，必须经过认真和有效处理后方可铺筑路面。

路基干湿类型应根据实测，按表 3.2-5 确定，或根据调查水位、路基排水条件、天然土含水率、地质、地貌、植被、季节影响等因素，按当地路基临界高度和表 3.2-6 确定。

按实测含水率划分干湿类型 表 3.2-5

土组	砂性土			黏性土			粉性土			备　注
分界相对含水率	ω_1	ω_2	ω_3	ω_1	ω_2	ω_3	ω_1	ω_2	ω_3	
Ⅱ$_1$、Ⅱ$_2$、Ⅱ$_3$、Ⅱ$_{1a}$、Ⅱ$_{2a}$	0.70	0.75	0.80	$\frac{0.50}{0.55}$	$\frac{0.60}{0.65}$	$\frac{0.70}{0.75}$	$\frac{0.55}{0.60}$	$\frac{0.60}{0.65}$	$\frac{0.70}{0.75}$	黏性土：分母适用于Ⅱ$_1$、Ⅱ$_2$、Ⅱ$_3$区 粉性土：分母适用于Ⅱ$_{2a}$副区
Ⅱ$_4$、Ⅱ$_5$	0.75	0.80	0.85	0.50	0.60	0.70	0.55	0.65	0.75	
Ⅲ	0.70	0.78	0.85				$\frac{0.50}{0.55}$	$\frac{0.60}{0.65}$	$\frac{0.70}{0.75}$	分子适用于粉土地 分母适用于粉质亚黏土地区
Ⅳ	0.65	0.75	0.80	0.60	0.65	0.75	0.60	0.65	0.75	
Ⅴ				0.57	0.70	0.75	0.60	0.70	0.75	
Ⅵ	0.70	0.78	0.85	0.55	0.63	0.70	0.55	0.65	0.75	
Ⅶ	0.65	0.73	0.80	0.55	0.63	0.70	0.55	0.65	0.75	

注：ω_1 为干燥和中湿状态路基的分界相对含水率；ω_2 为中湿和潮湿状态路基的分界相对含水率；ω_3 为潮湿和过湿状态路基的分界相对含水率。

路基干湿类型　　表 3.2-6

路基干湿类型	路槽底面以下 80cm 深度内的平均相对含水率 $\overline{\omega}_x$ 与分界相对含水率的关系	一般特征
干湿	$\overline{\omega}_x<\omega_1$	路基干燥稳定，路面强度和稳定性不受地下水和地表积水影响。路基高度 $H>H_1$
中湿	$\omega_1\leqslant\overline{\omega}_x<\omega_2$	路基上部土层处于地下水或地表积水影响的过渡带区内，路基高度 $H_2<H\leqslant H_1$
潮湿	$\omega_2\leqslant\overline{\omega}_x<\omega_3$	路基上部土层处于地下水或地表积水毛细影响区，路基高度 $H_3<H\leqslant H_2$
过湿	$\overline{\omega}_x\geqslant\omega_3$	路基极不稳定，冰冻区春融翻浆，非冰冻区弹簧，土基经处理后方可铺筑路面。路基高度 $H\leqslant H_3$

注：1.H 为路槽底面距地下水位或地表积水水位的高度。

2.H_1、H_2、H_3 分别为路基干燥、中湿和潮湿状态的临界高度。

3.划分路基干湿类型以 $\overline{\omega}_x$ 为主，缺少资料时可参照一般特征确定。

4.地表积水是指不利季节积水 20d 以上。

3）路基的临界高度

临界高度指在不利季节当路基分别处于干燥、中湿或潮湿状态时，路槽底面距地下水位或地面积水水位的最小高度，可根据土质、气候因素，按当地经验确定。

缺乏实际资料时，干燥、中湿、潮湿状态的路基临界高度（H_1、H_2、H_3）可参照相关规定选用。高度低于中湿或潮湿状态临界高度的路基应分别按潮湿或过湿路基设计。

路基填土高度是指路肩边缘距原地面的高度。为利于排水，干燥路基最小填土高度规定为：砂性土 0.3~0.5m；黏性土 0.4~0.7m；粉性土 0.5~0.8m。

3.2.2.4　考虑自然区划的路基设计

根据《公路自然区划标准》（JTJ 003—1986），将全国分为 7 个一级自然区划，各一级自然区划的筑路特点以及路基设计应注意的事项如下。

1）Ⅰ区——北部多年冻土区

该区位于我国东北部，冬季气温极低，分布大片多年冻土、冻胀、雪害、流水等病害严重。对冰、水含量较大的冻土路基应采用保护多年冻土的原则，宁填勿挖。路面结构应采取保温措施，以防路基热融沉陷，对非多年冻土还要注意翻浆问题。

2）Ⅱ区——东部温润季冻区

该区的主要矛盾是冬季冻胀、春季翻浆，翻浆程度取决于路基的潮湿状态。为防止冻胀和翻浆，路基路面结构应注意采取隔温、排水和截断毛细水上升等措施。

3）Ⅲ区——黄土高原干湿过渡区

该区以集中分布黄土和黄土状土为主要特点。黄土对水分敏感性强，干燥时土基强度高、稳定性好。在东部或北部的河谷盆地潮湿路段以及灌区耕地，土基强度低，稳定性差，容易翻浆。

4）Ⅳ区——东南湿热区

该区雨量充沛集中，春、夏东南季风造成雷雨和夏雨，形成明显的不利季节。东南沿海

台风暴雨多，水毁、冲刷、滑坡是道路的主要病害。该区水稻田多，对软土和潮湿路段的路基应认真处理。又因该区气温高，热季长，沥青路面应注意热稳性、抗滑性和防透水性。

5）Ⅴ区——西南潮暖区

该区为东南湿热区向青藏高寒区的过渡区。一些地区因同时受东南和西南季风影响，雨期较长，加之地势较高，蒸发较少，渗透较大，故土基较潮湿，同时该区为我国岩溶集中分布地区，北部和西部新构造强烈，要注意路基整体稳定性。

6）Ⅵ区——西北干旱区

该区气候干旱，大部分地区地下水位低，道路冻害较轻，砂石路面常出现松散、搓板和扬尘病害，高山区有风雪流危害，沙漠地区应注意风蚀和沙埋等防治。山区公路通过垂直自然带，选线和修筑均较复杂。

7）Ⅶ区——青藏高寒区

该区地处高原，气候寒冷，局部有多年冻土，需按保温原则设计。昼夜温差大，紫外线照射强，沥青老化快。东南部由于新构造运动活跃，地震强烈，雪害、滑坡、崩塌、泥石流等自然病害均较严重，应采取措施保证路基的整体稳定性。

3.2.2.5 路基病害的防治对策

下面主要介绍路基、陡坡路堤病害的防治措施。

1）填方路基病害的防治措施

（1）选用优质路堤填料（如粗粒土、低膨胀性土、不易冻胀土等），合理安排填筑顺序（将土质较差的细粒土填筑在路基的下层，上层用优质填料填筑），适当拌和不同来源和性质的填料等，以避免或减轻膨胀（冻胀）和收缩引起的不均匀变形。

（2）适当控制路基压实时的含水率和达到要求的密实度；对于膨胀性土和易冻胀土，宜在含水率接近其塑限时按轻型击实标准的压实度要求进行压实，以提供体积变化小而支承均匀的路基。

（3）对软弱地基进行加固处理，以减少工后沉降量和不均匀沉降量。

（4）在地下水位高时，尽可能提高路基设计高程和加深边沟，以增加路床顶面离地下水位的距离；设置地下排水设施；拦截浅携水层中流向路基的渗流水，或者降低地下水位。

（5）采用低剂量石灰、石灰-粉煤灰或水泥稳定路基上层湿软的细粒土。

2）陡坡路堤边坡的稳定措施

增加陡坡路堤稳定性的措施，主要有以下几种：

（1）改善基底状况，增加滑动面的摩擦力或减小滑动力。清除松软的表层覆盖土，夯实基底，使路堤置于坚实的硬层上；开挖台阶，放缓横坡，以减小滑动力；在路堤上侧开挖截水沟或边沟，以阻止地面水浸湿基底；受地下水不良影响时，则可设置盲沟以疏干基底土层。

（2）改变填料及断面形式。采用大颗粒填料，嵌入地面；或放缓坡脚处的边坡，以增加抗滑力。

（3）在坡脚处设置支挡结构物。设置由石料填筑的护脚；设置干砌或浆砌挡土墙。

3）路基冲刷防护

路基防护是确保道路全天候使用，使路基不致因地表水流和气候变化而失稳的必要工程措施。路基防护工程均应以路基基本稳定为前提，各种防护措施是针对可能出现的隐患而采用的辅助性工程。由于路基病害和原因是多方面的,因此应遵循"因地制宜,就地取材,以防为主,防治结合"的方针。路基防护也直接关系到路基的外观,影响到路线景观和环境协调。城郊附近的高等级道路及风景区道路,尤应兼顾经久耐用、节省造价和造型美观的要求。

路基防护的方法,一般可分为坡面防护和冲刷防护两类。冲刷防护可分为直接防护和间接防护两种,直接防护是指在坡面加铺护面墙、混凝土板,或采用砌石护坡以及土工织物护面等,亦包括对沿河浸水边坡或坡角进行抛石,或以石笼、梢料、浸水挡土墙防护;间接防护则指沿河路堤修筑调治构造物和对河道进行整治,将危害路基的较大水流引向指定位置,以减小水流对路基的直接冲刷。

4)路基防护设计、施工、养护要求

(1)路基防护应按照设计、施工与养护相结合的原则,根据当地气候环境、工程地质和材料等情况,因地制宜,就地取材,选用适当的工程类型或采取综合措施,以保证路基的稳固。

(2)对于水流、波浪、风力、降水以及其他因素可能引起路基破坏的,均应设置防护工程。

(3)在不良的气候和水文条件下,对粉砂、细砂与易于风化的岩石边坡,以及黄土和黄土类边坡,均宜在土石方施工完成后及时防护。路堑边坡应根据边坡岩层组成及坡面弱点分布情况考虑全面防护或局部防护。

(4)对于土路堤的坡面铺砌防护工程,最好待填土沉实或夯实后施工,并根据填料的性质及分层情况决定防护方式。

(5)对于冲刷防护,一般在水流流速不大及水流破坏作用较弱地段,可在沿河路基边坡设砌石护坡、石笼和混凝土预制板等,以抵抗水流的冲刷和淘刷。需要改变水流或提高坡脚处粗糙率,以降低流速、减缓冲刷作用时,可修筑坝类构造物。对于冲刷严重地段(急流区、顶冲地区),可采用加固边坡(砌石护坡)和改变水流情况的综合措施;水下部分可视水流的淘刷情况,采用砌石、石笼或混凝土预制板等护底护脚。砌石基础应置于冲刷线以下0.5~1.0m,水上部分采用轻型防护即可。

3.2.3 路面类型及要求

路面按路面材料分为沥青混凝土路面、水泥混凝土路面和砂石路面等。路面的作用和要求见表3.2-7。

路面的作用和要求 表3.2-7

项目		内容要求和注意事项
路面的作用		路面是道路的上部结构,常由各种坚硬材料分层铺筑于路基之上,构筑而成。路面应能承受交通荷载和大气自然因素的作用,并且还要与周围环境衬托、协调
路面的使用要求	强度、刚度	路面应具有足够的强度和刚度,使路面不裂、不碎、不沉、耐磨、无轮辙和推移、拥包等不容许出现的变形
	稳定性	路面应具有足够的稳定性,使路面能承受冷热、干湿、冻融和荷载的长期反复作用。特别是温度敏感的沥青路面要高温不软化、低温不脆裂;弹性模量大、变形能力小的水泥混凝土路面要有足够限制和抵抗温度应力能力;对干、湿敏感的砂石路面要雨天不泥泞、晴天少扬尘
	耐久性	路面应具有足够的耐久性,使路面在荷载、气候因素的长期综合多次作用下耐疲劳、耐老化和没有不容许的塑性变形积累

续上表

<table>
<tr><th colspan="2">项　目</th><th>内容要求和注意事项</th></tr>
<tr><td rowspan="3">路面的使用要求</td><td>平整度</td><td>路面应具有足够的平整度，使车辆平稳行驶，不产生不容许的颠簸振动和过大的行驶阻力。道路等级越高，设计速度越快，对路面平整度的要求也越高</td></tr>
<tr><td>粗糙度</td><td>路面应具有足够的粗糙度，使车轮与路面之间有足够的附着力或摩阻力。雨天高速行车，或紧急制动，或突然起动，或爬坡、转弯时，路面粗糙度（抗滑性）不好，车轮容易产生空转或打滑，甚至导致交通事故。道路等级越高，设计车速越快，对路面粗糙度的要求也越高</td></tr>
<tr><td>环境协调</td><td>路面应与周围环境协调，一般应洁净少尘，有时根据道路所在地区的环境要求，还有低振动、低噪声要求以及质地、亮度和色彩等要求</td></tr>
<tr><td colspan="2">路面的施工和维护要求</td><td>路面类型和结构的选择应注意与当地的施工条件、维护条件相适应。施工条件主要是指机械设备工艺水平、材料供应情况（宜尽可能就地取材）等。维护条件是指有无专职的养护机构、队伍（如厂区道路宜优先选用利于养护的水泥混凝土路面）以及养护机械设备等配备情况。
城市道路如其地下管线尚未一步到位，道路建成后有可能开挖路面重铺管线，则需考虑所选用路面的可开挖性和恢复性</td></tr>
</table>

3.2.3.1　沥青路面类型及要求

本节主要介绍沥青路面的结构及要求、破坏类型及其原因机理分析、路面结构设计及其材料选择。

1）沥青路面结构及要求

沥青路面结构可分为面层、基层和垫层三个主要层次，有时路床也算作路面结构的组成之一。

（1）面层。

面层是直接承受行车荷载作用及大气降水和温度变化影响的铺面结构层，并为车辆提供行驶表面，直接影响行车的舒适性、安全性和经济性，且会给周围环境带来不同程度的负面影响。因此，面层应具有足够的结构强度和稳定性、良好的表面特性。面层可由一层或多层组成；其上层可为磨耗层，其下层可为承重层、联结层或整平层，其中至少必须有一层是Ⅰ型密级配沥青混凝土混合料。当各层均采用沥青碎石混合料时，沥青面层下必须做下封层。三层式沥青面层的表面层采用抗滑表层时，中面层应用Ⅰ型密级配沥青混凝土，下面层宜根据当地气候和交通量，采用Ⅰ型或Ⅱ型沥青混凝土。双层式沥青面层的表面层采用抗滑层时，下面层应选用Ⅰ型密级配沥青混凝土。

沥青路面可按强度分为密实类和嵌挤类。按嵌挤原则构成的沥青混合料的结构强度，是以矿物质粒料之间的嵌挤力和内摩擦力为主、沥青混合料的黏结作用为辅构成。沥青贯入式、沥青表面处治以及沥青碎石等路面均属此类结构，这类路面是以较粗颗料尺寸均匀的矿物构成骨架，沥青混合料填充其空隙，并把矿料黏结成为一体。这类沥青混合料结构强度受自然因素，尤其是温度的影响较小，但其空隙较多，易渗水和老化，故耐久性较差。按密实级配原则构成的沥青混合料的结构强度是以沥青的黏结力为主、矿物质颗粒间的嵌挤力和内摩阻力为辅而构成的。沥青混凝土混合料路面属于此类结构。

沥青混凝土混合料根据矿料的最大粒径的不同，分为砂粒式、细粒式、中粒式、粗粒式、特粗式等。按标准压实后剩余空隙率分为Ⅰ型和Ⅱ型，Ⅰ型剩余空隙率为3%～6%（行人道路2%~6%),混合料致密而耐久,但热稳定性较差;Ⅱ型剩余空隙率为4%~10%,其热稳定性较好。

为提高沥青路面的结构整体性,应使各结构层之间不产生层间滑动,可采取一定的技术措施,如设置(撒铺)透层、黏层沥青等来加强路面结构各层之间的紧密结合。

(2)基层。

沥青面层下的基层是主要承受竖向应力的承重层,其主要作用有以下几个方面:

①扩散行车荷载的作用,降低垫层和土基所受到的竖向应力;

②减少面层与垫层或土基的刚度差(模量比),以降低面层底面的弯拉应变(或弯拉应力),减轻面层裂缝的出现;

③缓解土基不均匀变形或不均匀冻胀对面层的不利影响;

④为面层施工机械提供稳固的行驶面和工作面,保障面层施工的平整度。

因此,基层应有足够的强度、刚度(抗变形能力)、稳定性、抗冲刷能力和抗冻性(季节性冰冻地区)。

影响抗冲刷能力的关键因素是结合料含量、细料含量和压实度,可以按此将材料的抗冲刷能力划分为5级:

①1级(极耐冲刷)——贫混凝土、沥青混凝土;

②2级(耐冲刷)——厂拌水泥稳定粒料(水泥含量在5%以上);

③3级(较耐冲刷)——厂拌水泥稳定粒料(水泥含量在3.5%以上)、沥青稳定粒料(沥青含量3%);

④4级(较易冲刷)——路拌水泥稳定粒料(水泥含量2.5%)、石灰、粉煤灰稳定粒料;

⑤5级(易冲刷)——石灰土、细粒土等。

对于交通繁重的道路,可按降雨天数的多少采用1级或2级耐冲刷材料作基层;对于中等交通的道路,可选用2级或3级耐冲刷材料作基层。

基层材料可选用无机结合料稳定类(如水泥稳定碎石、石灰、粉煤灰稳定碎石、石灰土等)、沥青稳定粒料类(沥青碎石、沥青贯入碎石)、无结合料粒料类(如级配碎石、嵌锁式碎石等)。无机结合料稳定类基层具有较大的刚度(模量),常称作半刚性基层。由于半刚性基层材料的收缩(温缩和干缩)变形而产生的开裂,往往会使沥青面层出现反射裂缝。为避免或减少反射裂缝,应采取措施降低半刚性基层材料的收缩量(例如控制用水量或含水率变化、降低细集料含量等),或者采取结构措施缓解基层开裂的反射影响(例如设置应力消散或吸收层等)。

(3)功能层。

在路基土质较差、水温状况不良时,或者在路面结构厚度小于最小防冻厚度要求时,在基层之下设置功能层,起扩散应力、排水、防冻胀等作用。功能层具有以下作用:

①排除路面、路基中滞留的自由水,确保路面结构处于干燥或中湿状态;

②改善土基的湿度和温度状况,以保证面层和基层的强度稳定性和抗冻胀能力;

③扩散由基层传来的荷载应力,以减小土基所产生的变形。

在下列条件下需要设置功能层:

①地下水位高、排水不良,路基经常处于潮湿和过湿状态的路段;

②季节性冰冻土地区可能产生冻害的中湿、潮湿路段;

③排水不良的土质路堑,有裂隙水、泉眼等水文不良的岩石挖方路段;

④碎石基层可能被路基挤入受到污染的路段用作反滤层。

功能层设置在路基顶面,功能层的厚度可按当地经验确定,一般宜大于或等于15cm;在季节性冰冻地区,有冻害可能的中湿、潮湿路段路面总厚度应满足沥青路面防冻最小厚度的规定,否则应以垫层材料补足。

(4)路床。

直接位于路面结构下一定深度范围内的路基部分称作路床。路床处于行车荷载的影响深度范围内,其强度和水稳定性可直接影响对路面结构的支承条件。在路床土的强度和水稳定性不足时,应采取措施改善路床(如低剂量结合料稳定土)、设置排水系统、进行充分压实等。

2)沥青路面的破坏类型及原因

沥青路面所用的矿料质软和粒径规格不符合要求时,往往由于强度不足和劈裂作用使矿料压碎导致破坏。高温时,沥青材料黏滞度降低,在荷载作用下,可能使路面表面泛油;沥青材料与矿料一起可能被挤动而引起面车辙、推挤、波浪等破坏。低温时,沥青材料会因收缩作用而产生脆裂破坏。在水分和温度作用下,沥青面层材料与矿料间的黏结力降低,沥青面层就会而出现松散、剥落等破坏。路面的损坏可归纳为三大类,见表3.2-8。

路面损坏类型 表3.2-8

损坏模式	一般原因	特定原因	损坏形式
断裂或开裂	车辆荷载	重复荷载、制动力、下层接(裂)缝和车辆荷载	疲劳断裂或龟裂、滑动裂缝、反射裂缝
	环境因素	温度变化、湿度变化、下层接(裂)缝和温(湿)度收缩	横向裂缝、收缩裂缝、反向裂缝
永久变形	车辆荷载	重复荷载、荷载过重	车辙、塑流或蠕变
	环境因素	膨胀土或冰冻作用、固结、水渗入	隆起、沉降、唧泥和错台
耗损	车辆荷载	—	磨光、磨损、露骨
	环境因素	—	剥落

对沥青路面应有以下要求。

(1)高温稳定性。

沥青混合料的特点是强度和抗变能力随温度的升降而发生变化。温度升高时,沥青的黏度降低,矿料之间的黏结力削弱,导致强度降低。温度降低时恰好相反,沥青的黏度增高,因而强度增大。由于沥青混合料的这种变化,导致沥青路面稳定性和工作状况变坏,使用性能降低。此外,夏季高温时,在停车地点(平面交叉路口、停车站、修车场、收费站等)和行车道变速的路段上,由于汽车起动与制动、加速与减速,路面会受到很大的水平作用力且车辆重复荷载作用下会产生变形积累。在这种情况下,若沥青混合料的高温稳定性不足,路面就会产生较大的剪切变形,形成车辙或拥包。这类病害大多是由于所用沥青黏度偏低,用量偏多,或因混合料中矿物级配不好,细集料偏多而产生。此外,面层较薄,以及面层与基层的黏结力较差,也容易产生推挤或拥包。另外,在沥青表面处治和沥青贯入式路面中,由于沥青用量偏多或沥青黏度太低或表面嵌缝料散失过多等原因,沥青上泛,表面也会形成油层而引起泛油。

(2)低温抗裂性。

沥青路面在低温时强度虽然增大,但其变形能力却因刚性增大而降低,特别是在急剧降温时,沥青混合料受基层约束而不能收缩,产生很大的温度应力,若累计温度应力超过混合料的极限抗拉强度,路面便产生开裂。路面开裂大致可以分为两类:一是路面从上向下开裂,是由于温度下降而造成沥青混合料的体积收缩;另一类路面从下向上开裂,是属于路基或基层收缩与冰冻共同作用而产生裂缝。影响低温开裂的因素很多,其中主要的因素是路面所用沥青性质、当地的气温状况、沥青的老化程度、路基种类和路面层次的厚度等;此外,路面面层与基层黏着状况、基层所用材料的特性、行车的状况对开裂也有一定的影响。使用黏度低、温度敏感性低的沥青,可以减少或延缓路面的开裂。

(3)水稳定性。

用沥青裹覆矿料接触水后,沥青有从矿料表面剥落的可能。矿料与沥青薄膜的黏附性与矿料与沥青的性质有关。酸性岩石的粗集料(花岗岩、石英岩)用于高速公路、一级公路和城市快速路、主干路时,宜使用针入度小的沥青。为保证与沥青的黏附性,采用抗剥落措施,如用干燥的磨细消石灰或石灰粉、水泥作为填料的一部分,其用量宜为矿料总量的1%~2%;在沥青中掺抗剥落剂;将粗集料用石灰浆处理后使用。

(4)疲劳特性。

沥青混合料的变形和破坏,不仅与荷载应力的大小有关,而且同荷载作用的次数有很大关系。路面材料在低于极限抗拉强度下经受重复拉应力或拉应变而最终导致疲劳破坏。影响沥青混合料疲劳特性的因素很多,除了与材料的性质(种类、组成等)、环境因素(温度、湿度等)、加荷方式等因素有关外,还取决于沥青混合料的劲度。任何影响劲度因素(矿料级配、沥青种类和用量、混合料的压实程度和空隙率、试验的温度、加荷速度和应力级等)对混合料的疲劳特性都有影响。

(5)沥青路面病害与自然地理因素的关系。

①车辙。车辙病害产生的主要原因为高温、长大纵坡。温度产生车辙的机理是温度越高,沥青混合料的劲度模量就越低,沥青混凝土面层的回弹模量也越低,其抵抗变形能力也越弱。避免产生车辙的措施是提高材料的高温性能。纵坡增大产生车辙的机理是沥青混凝土层内部的剪应力随着纵坡的增大而增大,纵坡段沥青混凝土面层抗车辙能力要求也随着纵坡的增大而增大,尤其是当纵坡特别长且连续出现时,对汽车的车速影响非常大,汽车的低速增加了作用时间或相当于增加了沥青混合料的作用温度,从而使纵坡段车辙情况更加严重。

②横向裂缝。横向裂缝产生原因为低温和昼夜温差大,夏季骤降暴雨导致路面温度骤降。沥青混凝土路面横向裂缝主要有两种:半刚性基层反射裂缝和温缩裂缝。沥青混凝土面层的温缩裂缝主要有两种形式:一种是低温收缩裂缝,沥青混凝土路面产生的横向裂缝大多属于低温收缩裂缝;另一种形式是温度疲劳裂缝,如果骤降暴雨或者频繁降雨与晴天互换,路面的表面温度在短时间内会急剧下降至30℃左右。这种温度急剧变化会使沥青混凝土面层表面产生温度疲劳裂缝。另外,对于昼夜温差比较大的地区,随着沥青混凝土面层表面温度的大幅变化,沥青混凝土面层表面产生较大的温度收缩应力,在温度应力的反复作用

下，沥青混凝土面层从表面开始产生温度疲劳裂缝。此外，紫外线强烈，太阳辐射大，日照时间长，也会导致沥青老化严重、破坏应变变小，易形成温缩裂缝。高海拔地区由于气温变化无常，温度的反复升降容易使沥青混合料产生温度疲劳应力，加之高海拔地区沥青混合料的极限拉伸应变小，沥青混合料的应力松弛能力低，即使在温度应力不太大时也容易引发温度疲劳开裂。此后，随着年份的增加，温度疲劳裂缝会不断增多，形成网状裂缝。避免产生横向裂缝的措施是面层的提高低温抗裂性能和抗温度疲劳性能。高寒地区为了提高路面高、低温裂痕抵抗性，宜采用细型密级配沥青混合料并降低设计孔隙率，减少配合比设计时的最大公称粒径相邻的粗集料用量，适当加大级配中间粒径集料用量，形成 S 形级配曲线。在确定公路的结构层设计级配范围的同时也要考虑各层的功能要求。温度应变裂缝病害的预防需选择优质的沥青，沥青较稀、黏度较高也有利于减少温度裂缝，沥青混凝土的强度和均匀性对该类裂缝的发生也有较大的影响。

③纵向裂缝。地基为盐渍土时容易积水(雨季积水更多)，外侧盐渍土路基经过雨水浸泡，造成地基承载力下降，路基整体强度降低，在超重车辆荷载作用下产生路面纵向裂缝，随着冬季气温的下降，在春季春融温度应力的作用下裂缝将继续发展。

④唧浆、坑槽、松散、蜂窝、龟网。上述病害主要由多雨引起，为水损坏最常见的病害类型。水损坏病害主要有两种类型：一种是表面型坑槽，其产生的先决条件是水，外力作用是行车荷载的压应力和高速行驶产生的真空吸力形成剪应力的反复泵吸作用；另一种就是桥面唧浆、坑槽、松散、蜂窝、龟网，如桥面坑槽产生的原因是桥面板与铺装层之间的黏结防水层施工质量不良。避免上述病害产生的措施是采用水稳定性能满足要求的材料。

⑤沉陷。沉陷主要是填方、半填半挖路基和桥台、挡墙背填筑不密实而导致的。避免产生沉陷的措施是提高路基填筑密实度。

⑥推移、起伏、波浪、拥包。上述病害主要与沥青高温变形和长大纵坡有关。

⑦泛油。泛油病害诱发的直接外因是高温。

(6)水泥稳定、碎石基层病害与自然地理因素的关系。

①水稳基层的纵横向裂缝。由于软土地基纵向形变，形成纵向裂缝；填挖接合部由于不均匀沉降，导致水稳基层断裂，且反映到面层上。要防止该类裂缝的产生，必须做好路基的填筑碾压。

②干缩裂缝。干缩裂缝是半刚性混合料中水分减少时产生的收缩裂缝。混合料中含水率越高，收缩系数越大。如果水泥稳定粒料的水泥计量超过 6%，随计量增加，混合料的最大干缩应变也逐渐增大。铺筑完工的基层，若长期外露暴晒，也会促使干缩缝增多、增宽，应该及时铺筑上一层或喷洒透层油。

③寒冷地区水稳基层很难形成强度。其对策是在温度高的季节进行水稳层施工。

3)路面排水

路面排水包括表面排水和结构内部排水两部分。为了迅速排除降落在铺筑面上的雨水，路面表面应修筑成直线形或抛物线形。路拱平均横坡随路面透水性增大而增加，见表 3.2-9。

各类路面的路拱平均横坡(单位:%)　　表3.2-9

面层类型	平均横坡	面层类型	平均横坡
水泥混凝土、沥青混凝土	1~2	碎(砾)石等粒料	2.5~3.5
其他沥青类面层、整齐块料	1.5~2.5	碎石土、沙砾土等	3~4
半整齐和不整齐石块	2~3		

注:1.对抛物线或双曲线形路拱,系指平均坡度;对直线形路拱中间插入圆弧者,系直线段坡度。
2.路面较窄、干旱和积雪地区及没有较大纵坡的路段可取低限;反之,取高限。

通过横坡向两侧排流的表面水,在路线纵坡平缓、汇水量不大、路堤较低且坡面不会受到冲刷的情况下,可采用通过路堤坡面横向漫流的方式排除。在路堤较高、边坡坡面未做防护而易遭受表面水冲刷,或者坡面虽已采取防护措施但仍有可能遭受冲刷时,应沿路肩外侧边缘设置拦水带,汇集路面表面水,而后通过间隔一定距离设置的出水口和急流槽,使之排离路堤。

为排除通过面层裂缝、接缝或材料空隙进入路面结构内的自由水,可在路面结构内设置由多孔隙混合料组成的排水基层及纵向边缘集水沟和集水管等内部排水系统,使渗入路面的水迅速渗流汇集到集水沟和集水管后,由横向排水管排离出路面结构。

为拦截地下水、滞水或泉水进入路面结构,或为排除因负温差作用而积滞在土基上层的自由水,可直接在土基顶面设置多孔隙材料(如砂或沙砾)组成的排水垫层,并酌情配置纵向集水沟和集水管以及横向排水管等,将渗入水排离路面结构。

通常在下列情况下,可考虑设置路面内部排水系统:

(1)年降水量为600mm以上的湿润和多雨地区,路基由透水性差的细粒土(渗透系数≤10^{-5}cm/s)组成的高速公路、一级公路或重要的二级公路。

(2)路基两侧有滞水,可能渗入路面结构内。

(3)严重冰冻地区,路基为由粉性土组成的潮湿路段。

(4)现有路面改建或改善工程,需排除积滞在路面结构内的水分。

4)路肩

设置在行车道两侧的路肩,承受车辆的偶然停留作用,并对路面结构起侧向支承作用。路肩结构应具有一定的承载能力,并应同行车道路面作为一个整体进行结构设计,协调结构层次的安排和组成材料的选用,统一考虑行车道结构和路肩结构的内部排水,提供两部分结构交接面处的良好衔接。路肩也是多层次结构,设面层和基层两个层次,或面层、基层、垫层三个层次。路肩的横坡应略大于行车道路面的横坡(0.5%~1.0%),以利于迅速排除表面水。

5)路面设计中应注意的事项

在进行沥青路面性能设计时,应考虑各分区的气温、降雨量及地质特点,合理选择技术指标,并注意以下事项:

(1)挖方路段宜采用与填方路段相同的路面结构,受地下水影响路段宜增设垫层。

(2)沥青混凝土路面应满足面层平整、抗滑、耐久的要求,并具备高温抗车辙、低温抗开裂和良好的抗水损害能力。

(3)水泥稳定碎石基层、底基层应具有足够的强度和稳定性、较小的收缩(温缩及干缩)

变形和较强的抗冲刷能力。

(4)挖方或低填浅挖受地下水位影响的路段应设置垫层。

(5)软土路段路面结构宜采用柔性基层沥青路面。

(6)软土地基路段路堤需沉降稳定且小于设计允许值后,方可卸载开挖路槽并开始铺设路面;基层连续两个月的月实测沉降量小于3mm,才能铺筑沥青下面层。

(7)长上坡路面:①路面面层应具有良好的抗车辙、抗滑能力,可选用沥青混凝土(AC)、沥青玛𤧛脂碎石混合料(SMA)、Superpave型沥青混合料;②表面、中面层应采用SBS改性沥青,或SBS与天然沥青、低标号沥青等复合改性,也可根据需要掺加玄武岩纤维或抗车辙剂等。

6)路面的基层选择

(1)基层必须具有足够的强度,且保证在水、温度作用下具有良好的稳定性,在冰冻地区还应具有一定的抗冻性。

(2)半刚性材料在温差作用下及干燥过程中会产生较大的收缩变形,特别是当集料为细粒土时,不仅收缩变形大,且表面易浸水软化,抗冲刷能力也差。在此类基层上的沥青面层不仅裂缝多,还常有冲刷唧泥现象,以致面层破坏。因此,在沥青面层下不应铺筑稳定细粒土基层,高级路面下应选择收缩变形小、抗冲刷能力强的基层,如水泥类及密实式二灰稳定集料类等。

(3)基层、底基层结构设计应贯彻就地取材的原则,认真做好当地材料的调查,根据不同公路等级、交通量对基层、底基层的技术要求,选择技术可靠、经济合理的基层、底基层结构。

(4)半刚性材料基层、底基层的配合比设计,应根据行车荷载对路面基层与底基层材料所提出的强度要求[抗压强度或加州承载比(CBR)值]和水温情况的影响,通过试验选择适用的原材料,确定合理的配合比。

(5)一般公路的基层宽度每侧宜比面层宽出25cm,底基层每侧宜比基层宽15cm。在多雨地区,透水性好底基层,宜铺至路基全宽,以利于排水。

(6)高速公路、一级公路应采取水泥或石灰、粉煤灰稳定粒料类半刚性基层,以增强基层的强度和稳定性,减少低温收缩裂缝。条件允许时,底基层宜用水泥或石灰、粉煤灰或石灰稳定各种集料或土类作半刚性底基层。若当地石料丰富,也可采用级配碎石或填隙碎石或天然沙砾料作底基层。当采用半刚性基层有困难时,可选用热拌或冷拌沥青碎石混合料或沥青贯入式碎石作柔性基层。

7)垫层

(1)垫层材料。

垫层材料可选用粗砂、沙砾、碎石、煤渣、矿渣等粒料以及水泥或石灰煤渣稳定粗粒土、石灰粉煤灰稳定粗粒土等。若采用粗砂和沙砾料,通过0.074mm筛孔的颗粒含量不应大于5%。采用煤渣时,小于2mm的颗粒含量不宜大于20%。

为防止软弱路基污染粒料底基层、垫层,或为避免地下水的影响,可在路基顶设土工合成材料隔离层。

(2)防冻厚度。

在季节性冰冻地区的中湿、潮湿路段,路面结构设计应进行防冻厚度的检验。根据交通量计算结构总厚度应不小于表3.2-10最小防冻厚度的规定。若结构层总厚度小于最小防冻厚度,应增加防冻垫层使其满足最小防冻厚度的要求。补强设计时,补强层厚度加原有路面结构厚度之和应大于最小防冻厚度,否则应增加补强层厚度,使其满足最小防冻厚度的要求。

沥青路面防冻最小厚度(单位:cm) 表3.2-10

冰冻深度	路基干湿类型	最小厚度	
		粉质土	黏质土含细粒土的砂
50~100	中湿 潮湿	30~50 40~60	30~40 35~50
100~150	中湿 潮湿	50~60 60~70	40~50 50~60
150~200	中湿 潮湿	60~70 70~80	50~60 60~70
>200	中湿 潮湿	70~80 80~110	60~70 70~90

注:1.表中数值系按沙砾类材料及非冻胀土考虑,采用隔温性能好的材料,如矿渣、炉渣、粉煤灰掺加料等,其值可酌减。
2.过湿路基处理后,取潮湿路基栏中大值;
3.中级路面和低级路面可不考虑防冻最小厚度。

8)沥青路面材料选择

道路石油沥青选用的有关规定见表3.2-11。

道路石油沥青选用的有关规定 表3.2-11

项目	内容和要求
选用原则	道路石油沥青选用时应视道路等级及地区气候条件、施工季节气温、路面类型、施工方法等有所区别
高等级公路	高速公路、一级公路应采用符合"重交通道路石油沥青技术要求"的沥青。当沥青来源确有困难时,经主管部门批准,对高速公路、一级公路的下面层、联结层可将技术要求中的含蜡量指标放宽至5%,15℃延度指标放宽至60cm(AH-50)及80cm(除AH-50外的其他标号),但其他指标必须符合现行规范要求
一般公路	除高速公路、一级公路之外的其他等级公路可选用符合"中、轻交通道路石油沥青技术要求"的沥青
标号选择	各类沥青路面根据所在地区的气候条件、施工季节气温、施工方法等按表3.2-12规定选用沥青。 沥青面层各层可采用相同标号的沥青,也可以采用不同标号的沥青。面层的上层宜选用黏度较大的沥青,下层或联结层宜选用黏度较小一些的沥青。渠化交通的道路宜较非渠化交通的道路选用黏度较大的沥青。对于热拌热铺类沥青路面可选用黏度较大的沥青,对热拌冷铺类沥青路面则所选的沥青黏度可较低。对于浇灌类沥青路面,若选用的沥青黏度过大,则难以贯入碎石中,过稀又易流入至路面下承层,因此宜选用中等黏度的沥青。当地气候寒冷、施工气温较低、矿料偏细时宜选用黏度较低的沥青。炎热季节施工,沥青料的温度散失较慢,则可选用黏度较大的沥青。总之,应根据具体情况和当地的实践经验选用沥青材料和标号

各类沥青路面根据所在地区的气候条件、施工季节气温、施工方法等按表3.2-12推荐标号和范围选用沥青。

各类沥青路面选用的沥青标号　　表3.2-12

气候分区	沥青种类	沥青路面类型			
		沥青表面处治	沥青贯入式及上拌下贯式	沥青碎石	沥青混凝土
寒区	石油沥青	A-140	A-140	AH-90,AH-110	AH-90,AH-110
		A-180	A-180	AH-130	AH-130
		A-200	A-200	A-100,A-140	A-100,A-140
	煤沥青	T-5,T-6	T-6,T-7	T-6,T-7	T-7,T-8
温区	石油沥青	A-100	A-100	AH-90,AH-110	AH-70,AH-90
		A-140	A-140		
		A-180	A-180	A-100,A-140	A-60,A-100
	煤沥青	T-6,T-7	T-6,T-7	T-7,T-8	T-7,T-8
热区	石油沥青	A-60	A-60	AH-50,AH-70	AH-50,AH-70
		A-100	A-100	AH-90	
		A-140	A-140	A-100,A-60	A-60,A-100
	煤沥青	T-6,T-7	T-7	T-7,T-8	T-7,T-8,T-9

注:沥青路面气候分区见表3.2-13。

沥青路面施工气候分区　　表3.2-13

气候分区	最低月平均气温(℃)	所属省(自治区、直辖市)
寒区	<-10	黑龙江、吉林、辽宁(营口以北)、内蒙古(包头以北)、山西(大同以北)、河北(承德、张家口以北)、陕西(榆林以北)、甘肃、新疆、青海、宁夏、西藏等
温区	-10~0	辽宁(营口以南)、内蒙古(包头以南)、山西(大同以南)、河北(承德、张家口以南)、陕西(榆林以南、西安以北)、甘肃(天水一带)、山东、河南(南阳以北)、江苏(徐州、淮阴以北)、安徽(宿州、亳州以北)等
热区	>0	河南(南阳以南)、江苏(徐州、淮阴以南)、安徽(宿州、亳州以南)、陕西(西安以南)、广东、海南、广西、湖南、湖北、福建、浙江、江西、云南、贵州、台湾、四川(成都东南)等省区

注:青藏高原、四川盆地、贵州高原或其他地区气候呈环状分布时,气候变化较大,应根据本地实际气候情况确定气候分类。

道路煤沥青适用于透层、黏层,也可用于三级及三级以下的公路铺筑沥青面层,但热拌沥青混合料路面的表面层不宜采用煤沥青。

乳化沥青的类型应根据使用的目的、矿料种类、气候条件选用。对于酸性石料,或当石料处于潮湿状态或在低温下施工时,宜采用阳离子乳化沥青;对于碱性石料(石料处于干燥状态)或与水泥、石灰、粉煤灰共同使用时,宜采用阴离子乳化沥青。

(1)粗集料。

经检验属于酸性岩石的石料,用于高速公路、一级公路和城市快速路、主干路时,宜采用针入度小的黏度较大的沥青。

(2)细集料。

细集料应与沥青有良好的黏结能力,与沥青黏结性能很差的天然砂及用花岗岩、石英岩等酸性石料破碎的机制砂或石屑不宜用于高速公路、一级公路沥青层。必须使用时,应采用抗剥落剂措施。

(3)填料。

沥青混合料的填料宜采用石灰岩或岩浆岩中的强基性岩石等憎水性石料经磨细得到的矿粉,原石料中的泥土杂质应除净。

沥青表面处治可采用道路石油沥青、煤沥青或乳化沥青。沥青表面处治实施时应根据施工气温,沥青标号、下承层等情况,在规定范围内选用。在寒冷地区及施工气温较低,沥青针入度较小、下承层空隙较大时,沥青用量宜采用高限。

贯入式各层次的分次用量应根据施工气温及沥青标号等在规定范围内选用,在寒冷地带或当施工季节气温较低、沥青针入度较小时,沥青用量宜用高限。在低温潮湿气候下用乳化沥青贯入时,应按乳液总量不变的原则进行调整,上层较正常情况适当增加,下层较正常情况适当减少。

9)超高值的选取

各级公路超高值的大小与计算行车速度、半径、路面类型、当地弯的自然条件等因素有关,最大超高值规定见表3.2-14。

公路最大超高值 表3.2-14

公路等级	高速公路	一级公路	二级公路	三级公路	四级公路
一般地区	10%		8%		
积雪、严寒地区	6%				

当超高横坡度的计算值小于路拱坡度时,应设置等于路拱坡度的超高。因此,各级公路最小超高值是该道路直线部分的路拱坡度之值。此外,当圆曲线半径很大时,则可不设超高,这时的曲线路段与直线路段一样,做成双向路拱。

10)沥青路面的其他要求

(1)当高速公路和一级公路施工气温低于10℃,其他等级公路施工气温低于5℃时,不宜铺筑热拌沥青混合料路面。必须铺筑时,应采取低温施工技术措施,以延长施工时间。

(2)乳化沥青碎石混合料路面的沥青面层宜采用双层式,其下层采用粗粒式沥青碎石混合料,上层采用中粒式或细粒式沥青碎石混合料。单层式只宜在少雨干燥地区或半刚性基层上使用封层或下封层。

(3)乳化沥青混合料的乳液用量应根据当地实践经验以及交通量、气候、石料情况、沥青标号、施工机械等条件确定,也可按热拌沥青碎石混合料的沥青用量折算,实际的沥青用量宜较同规格热拌沥青混合料的沥青用量减少15%~20%。

(4)透层沥青施工,如遇大风或即将降雨时,不得浇洒透层沥青。气温低于10℃时也不宜浇洒透层沥青。

(5)封层使用范围。位于多雨地区且沥青面层空隙较大,渗水严重,应在沥青面层上使用封层。

3.2.3.2 水泥混凝土路面类型及要求

水泥混凝土路面是指以水泥混凝土为主要材料作面层的路面。面层水泥混凝土板应具有较高的强度，且耐磨、耐久，冰冻地区应耐冻。混凝土路面横坡一般为1%～2%，潮湿多雨地区宜取较大值；如横断面采用折线型，则中间取较小值，两边取较大值。机场水泥混凝土道面横坡一般为5‰～10‰。

为限制因温度、湿度变化引起的混凝土路面板内应力，混凝土路面面层分为一定尺寸的板块。为防止雨水的渗入和加强板块之间的联系，混凝土板块之间做成各种类型的接缝并进行封缝。

1）基层的作用及要求

水泥混凝土路面的基层是主要承受竖向应力的承重层，其主要作用有：

（1）缓解土基不均匀变形或不均匀冻胀对面层的不利影响。

（2）为面层施工机械提供稳固的行驶面和工作面，保障面层施工的平整度。

（3）防止或减轻唧泥、错台和断裂病害的出现；

（4）改善接缝的传荷能力及其耐久性。

因此，基层应有足够的强度、刚度（抗变形能力）、稳定性、抗冲刷能力和抗冻性（季节性冰冻地区）。按基层材料的类型和结合料含量，对其耐冲刷能力划分为5级（划分标准与沥青路面相同）。

采用整体性好（具有较高弹性模量）的材料修筑基层可保障混凝土路面良好的使用特性和延长路面使用寿命。设置基层，可以起到防止唧泥、冰冻以及排除渗入的地表水、隔断地下毛细水、缓和土基不均匀变形对面板的影响作用，并可为面板提供方便的施工条件。一般均宜设置基层，其厚度以不小于15cm为宜，并应宽出面板，宽出度视面板采用的施工方法不同而定。

2）垫层的作用及要求

垫层一般设置在水温状况不良的路段。垫层应有一定的强度和水稳定性，冰冻地区应耐冻并使路面结构的总厚度满足防冻最小厚度要求。同时，垫层还需为基层的铺筑压实创造条件。岩石路基上铺筑水泥混凝土板时，应根据需要设置石屑、碎石、沙砾等平整层，平整层的厚度一般为6～10cm。

3）水泥混凝土路面的病害及其原因分析

随一年四季气温的变化，混凝土将产生膨胀或收缩。而昼夜气温变化时，由于温度差作用，在白天混凝土板顶面温度高于底面温度，造成板中部隆起；在夜间板顶面温度低于底面温度，会使板的周边和角隅翘起。如果土基的稳定性不足，在水温变化的影响下会出现较大变形，特别是不均匀沉陷，土基产生不均匀支承，使面板在受荷载时底部产生过大的弯拉应力，导致混凝土路面的破坏。路基不均匀支承可能由下列因素造成：①不均匀沉陷。湿软地基未达充分固结，土质不均匀，压实不充分以及新老路基交接处理不当。②不均匀冻胀。季节性冰冻地区，土质不均匀；路基潮湿条件变化。③膨胀土。在过干或过湿（相对最佳含水率）时压实；排水设施不良等。

早期收缩裂缝的特征是：①混凝土板在施工期间因收缩产生的裂缝为早期收缩裂缝的产生，与行车荷载无关。②早期收缩裂缝有两种，一种仅产生于混凝土塑性状态时的常称作

“塑裂”，其裂缝短而细、细而浅，如及时发现进行再次抹面可以缓解，一般在硬结后终止，危害较小；另一种产生于硬结以后、通车之前，由剧烈的温度、湿度变化引起收缩裂缝，常称作“缩裂”，可导致混凝土板的断裂，危害甚大，成为不合格的混凝土板块。

水泥混凝土路面的损坏有裂缝类、变形类、接缝损坏类、表层损坏或缺损类和修补损坏5大类，各大类可按形态、特点和原因的不同细分为17种主要损坏，见表3.2-15。

水泥混凝土路面的损坏类型 表3.2-15

损坏类型	描述
纵向裂缝	平行路中线，由基础沉降或者荷载和温度共同作用引起
横向和斜向裂缝	垂直或斜向路中线，由荷载和(或)温度作用引起
角隅断裂	从角隅到裂缝两端的距离小于板边长的一半，否则按斜向裂缝计
交叉裂缝和破碎板	板被裂缝分割成4块以上
活性集料反应	活性集料在碱性环境中膨胀或者在混凝土中产生硅反应而膨胀，出现网裂
纹裂或网裂和起皮	纹裂或网裂是混凝土板表层出现细裂纹，起皮是上层3~13mm深的混凝土品质变坏而脱落
耐久性裂纹	接缝、裂缝或边缘附近出现密集的新月形发状裂纹，裂缝表面含有氢氧化钙残留物，使裂缝及其周围呈现暗色
唧泥	水和细集料在重车作用下从裂缝中泵吸出
错台	接缝或裂缝两侧出现高差
沉陷	路表面局部面积的下沉，由地基不均匀沉降所引起
胀起	因冻胀或膨胀土膨胀而隆起
拱起	因板块热膨胀受阻而出现屈曲失稳
接缝碎裂	邻近接缝60cm范围内板边缘混凝土的开裂、断裂或成碎屑，通常不扩展到整个板厚。由传荷设施设计或施工不当，缝隙内进入坚硬材料阻碍膨胀，耐久性裂缝使混凝土崩解等原因造成
填缝料损坏	接缝内填缝料挤出、缺损、老化、未与混凝土黏结
纵向接缝张开	纵缝及行车道和路肩间的接缝缝隙变宽，使水和(或)硬物易进入，因纵缝未设拉杆或路肩位移和变形所造成
磨损和露骨	表层水泥砂浆被磨耗，粗集料外露并被磨耗
修补损坏	原板被全部或部分拆除，并用混凝土或沥青混合料置换

水泥混凝土路面病害与自然地理因素的关系如下。

(1)热胀时导致相邻两块混凝土板拱起或挤碎、胀缝中填料被行车带走。填缝料要选择耐热耐寒性能好、黏结力强、不易脱落的材料，且要做定期养护，一般是在冬季缝隙最大时，将失效的填料和缝中的杂物剔除，重新填入新料。

(2)混凝土板块裂缝及断板。集料中含有活性材料，产生了碱-集料反应。

(3)板面起砂、脱皮、露骨。该类病害的产生主要是由于混凝土板养护下雨时没有采取防护措施，使未终凝的混凝土表面受过量水分浸泡，表面强度降低，开放交通后表层易磨损。对该类病害的预防，须做到雨季要有防雨措施。

(4)唧泥、断裂、破碎、局部沉陷。当雨雪季节时,渗积水"饱和"各种缝隙形成泥浆,会从水泥混凝土面板的各种缝隙中溅出,形成唧泥现象。唧泥现象的出现,初期会使水泥混凝土面板下形成空洞,改变水泥混凝土面板的受力状态,局部受变、受剪,进而造成水泥混凝土面板的断裂、破碎;中期造成水泥混凝土面板的局部沉陷;后期形成大量的破碎板,破碎板的形成又改变面板的受力状态,汽车的冲击、振动明显加大,进而形成病害的恶性循环。防止该类病害的产生,必须减少各类病害裂缝的产生及处理好人为造缝。

4)水泥混凝土路面设计

(1)功能层用料。

按功能层的作用,功能层可分为排水层、隔离层、防冻层等,因而对功能层的材料要求有所区别。功能层材料以就地取材为原则,可采用颗粒材料(砂、沙砾、炉渣等)、石灰土和水泥土等。功能层最小厚度应大于或等于15cm。其宽度应比基层每侧至少宽出25cm。季节性冰冻地区应设置防冻功能层,使路面结构的总厚度不小于水泥混凝土路面防冻最小厚度的规定值。

(2)水泥选用要求。

①强度高。混凝土板反复承受行车荷载和温度梯度、湿度梯度的弯曲作用,要求有较高的抗折(抗弯拉)强度和疲劳抗折强度。

②收缩性小。混凝土暴露在露天环境下,需承受剧烈的温度、湿度变化而不致引起收缩裂缝。

③耐磨性强。混凝土承受车轮的反复作用,需有较高的耐磨性。

④抗冻性好。水冻结成冰,体积会膨胀9%,在季节性冰冻地区要求混凝土有高的耐冻性,以抵抗冻融的循环作用。

(3)不均匀支承土基的处理。

处理不均匀支承的方法是:①把不均匀土掺配成均匀的土;②控制压实时的含水率接近最佳含水率,并保证压实度达到要求;③加强路基排水设施;④加设功能层,以缓和可能产生的不均匀变形对面层的影响。

(4)混凝土面板设计。

①断面形式。

面板的横断面应采用中间薄、两边厚的形式,以适应荷载应力变化。一般边部厚度较中部大约25%。但厚边式路面会对土基和基层的施工带来不便,且在板厚度变化转折处易引起板的折裂,因此,常采用等边厚式断面,或在等边厚式断面板的最外两侧板边部配置钢筋予以加固。

②基本要求。

混凝土面板的弯拉强度应满足设计要求,表面平整、耐磨、抗滑。

③纵缝和横缝设计。

接缝设计的要求应能控制收缩应力和翘曲应力所受引起的裂缝出现,并提供足够的荷载传递,防止坚硬的杂物落入接缝缝隙内。

④垫层设计。

混凝土路面垫层的设置条件、垫层材料和垫层厚度等,与沥青路面基本相同。但需注意水泥混凝土路面防冻最小厚度的规定与沥青路面有所不同,见表 3.2-16。

水泥混凝土路面最小防冻深度(单位:m) 表 3.2-16

路基干湿类型	路基土质	当地最大冰冻深度			
		0.50~1.00	1.01~1.50	1.51~2.00	>2.00
中湿路基	低、中、高液限黏土	0.30~0.50	0.40~0.60	0.50~0.70	0.60~0.95
	粉土、粉质低、中液限黏土	0.40~0.60	0.50~0.70	0.60~0.85	0.70~1.10
潮湿路基	低、中、高液限黏土	0.40~0.60	0.50~0.70	0.60~0.90	0.75~1.20
	粉土、粉质低、中液限黏土	0.45~0.70	0.55~0.80	0.70~1.00	0.80~1.30

注:1.冻深小或填方路段,或者基、垫层为隔湿性能良好的材料,可采用低值;冻深大或挖方及地下水位高的路段,或基、垫层为隔湿性能较差的材料,应采用高值;

2.深度小于 0.50m 的地区,一般不考虑结构层防冻厚度;

3.本表参照《公路水泥混凝土路面设计规范》(JTG D40—2002)制定。

⑤路面内部排水设施的设置。

国际道路会议常设委员会(PIARC)在 1987 年提出的建议为:

a.交通荷载等级为中等(设计车道标准轴载 100kN 的货车每天 400~2000 辆)以上而年降雨天数在 150d 以上时,或者交通荷载等级繁重(设计车道标准轴载为 100kN 的货车每天在 2000 辆以上)而降雨天数为 50~150d 时,采用排水基层或路面边缘排水系统。

b.交通荷载等级繁重而降雨天数少于 50d,或者交通荷载等级为中等而降雨天数为 50~150d 时,采用路面边缘排水系统。

我国在 1998 年发布的《公路排水设计规范》中则建议考虑设置路面内部排水系统的条件(见 3.2.3.1 小节“沥青路面类型及要求”)。

为迅速排除滞留在路面结构内的自由水,可沿路面边缘设置边缘排水系统,或者在路面结构层内设置排水基层或排水垫层排水系统。

⑥路面最小防冻厚度。

水泥混凝土路面结构最小防冻厚度见表 3.2-17。

水泥混凝土路面结构最小防冻厚度(单位:cm) 表 3.2-17

路基干湿类型	路基土质	设计年限内当地最大冻深			
		50~100	100~150	150~200	>200
中湿	黏性土、细亚砂土	30~50	40~60	50~70	60~95
	粉性土	40~60	50~70	60~85	70~110
潮湿	黏性土、细亚砂土	40~60	50~70	60~90	75~120
	粉性土	45~70	55~80	70~100	80~130

注:1.冻深小或填方路段,或者基垫层采用隔温性能良好的材料,可选用低值。

2.冻深大或挖方及地下水位高的路段,或者基垫层采用隔温性能差的材料,应选用高值。

5)施工中应注意的事项

(1)缩小温度差、湿度差抑止收缩。

①作业时间避开午间气温高峰,起早落夜,例如在 12:00—16:00 停止浇筑。

②水箱加盖、水管掩埋,必要时还可对碎石适当洒水降温。

③作业紧凑,缩短在烈日或旱风下的施工时间,必要时可设遮阳棚遮阳。

④及时养生,增加洒水湿润草包次数,确实保证保湿养生,并且养生时间足够(养生还能增强混凝土抗裂强度)。

⑤大风时挡风(大风速的蒸发量比高温还大)。

(2)水泥稳定土施工季节。

①宜在春末及春末后气温较高季节组织施工。施工期的最低气温应在5℃以上,并应在第一次冰冻(-3~-5℃)到来之前的半个月到一个月内完成。

②雨季施工要特别注意气候变化,勿使水泥混合料遭雨。降雨时应停止施工,对已经摊铺的水泥混合料,应快速碾压密实。

(3)石灰稳定土施工季节。

①宜在春末后气温较高季节组织施工。施工期的最低气温应在5℃以上,并应在第一次冰冻(-3~-5℃)到来之前的半个月到一个月内完成。温定土宜经历半个月以上的温暖和热的气候养生。

②多雨期宜避免雨季施工。

3.2.4 桥涵类型及要求

本小节论述桥涵的类型及其使用特点、桥涵选址及其选型。

1)桥梁类型

按结构体系划分,桥梁可分为梁式体系、拱式体系、刚架桥、悬索桥四种基本体系,其他还有几种由基本体系组合而成的组合体系等。

(1)梁式体系。

梁式体系是古老的结构体系。梁作为承重结构,是以它的抗弯能力来承受荷载的。梁分为简支梁、悬臂梁、固端梁和连续梁等。

(2)拱式体系。

拱式体系的主要承重结构是拱肋(或拱箱),以承压为主,可采用抗压能力强的圬工材料(石、混凝土与钢筋混凝土)来修建。拱是有推力的结构,对地基要求较高,一般常建于地基良好的地区。

(3)刚架桥。

刚架桥是介于梁与拱之间的一种结构体系,它是由受弯的上部梁(或板)结构与承压的下部柱(或墩)整体结合在一起的结构。刚架桥的桥下净空比拱桥大,在同样净空要求下可修建较小的跨径。刚架桥施工较复杂,一般用于跨径不大的城市桥或公路高架桥和立交桥。

(4)悬索桥。

悬索桥是指以悬索为主要承重结构的桥。其主要构造包括缆、塔、锚、吊索及桥面,一般还有加劲梁。悬索桥的特点是构造简单,受力明确;跨径越大,材料耗费越少、桥的造价越低。悬索桥是大跨径桥梁的主要形式,因其主要杆件受拉力,材料利用效率最高,更由于近代悬索桥的主缆采用高强钢丝,悬索桥的自重较轻,在刚度满足使用要求的情况下,能充分显示出其优越性,使其比其他形式的桥梁更能经济合理地修建大跨径桥。

(5)组合体系。

①连续刚构。

连续刚构都是由梁和刚架相结合的体系,它是预应力混凝土结构采用悬臂施工法而发展起来的一种新体系。

②梁、拱组合体系。

这类体系中有系杆拱、桁架拱、多跨拱梁结构等。它们利用梁的受弯与拱的承压特点组成联合结构。

③斜拉桥。

它是由承压的塔、受拉的索与承弯的梁体组合起来的一种结构体系。梁体用拉索多点拉住,好似多跨弹性支承连续梁,使梁体内弯矩减小,降低了建筑高度。

2)各类小桥涵特点及使用条件

(1)石拱桥(涵)。

石拱桥(涵)是山区公路常采用的一种类型。其主要特点是:①能充分利用天然石料,因而造价低,工程费用少;②施工技术简单,专用设备少,适于地方修建;③结构坚固,自重及超载潜力大,使用寿命长。

石拱桥(涵)通常适用于盛产石料的地区,设计流量一般大于 $10m^3/s$,路堤填土高度在2~2.5m以上,跨径大于或等于2m,地基条件较好。

(2)石盖板涵。

石盖板涵除了具有石拱涵能就地取材、结构坚固等特点外,还具有建筑高度较小、对地基条件要求不高、施工简便、易于修复等特点。但由于其力学性能较差,因而一般仅适用于跨径小于2m、设计流量通常在 $10m^3/s$ 以下的小型涵洞。

(3)钢筋混凝土板桥(涵)。

这是无石料地区常采用的一种类型,其主要特点是:①建筑高度较小,受填土高度限制较小;②能采用工厂预制,现场装配形式,施工简便迅速;③为简支结构,对地基条件要求不高;④遭受破坏后易于修复。但其一般造价较高,通常适用于石料短缺、填土高度受限制以及公路等级较高的情况。

(4)钢筋混凝土圆管涵。

这也是一种在缺石料地区常采用的涵洞,其主要特点是力学性能好、对地基的适应性较强、构造简单、不需墩台、圬工数量少、施工方便、适于工厂预制、便于装配运输、工期较短。受预制吊装条件的限制,一般孔径较小,为0.5~2.0m,宣泄设计流量在 $10m^3/s$ 以下。圆管涵一般采用单孔比较经济,多孔时一般不宜超过3孔。

(5)钢筋混凝土箱涵。

箱涵是一种闭合式的钢筋混凝土薄壁结构,多用于无石料地区。其主要特点是整体性能好、对地基适应性较强,但造价高,一般多用现场浇筑施工,施工难度较大,通常适于软地基情况,常用于高速公路人行通道。

(6)拼装式钢筋混凝土卵形涵洞。

卵形涵洞是一种拱轴线接近于填土荷载压力线的拱形结构,其结构受力合理,截面较

薄,圬工量少,且使用了适量的钢筋,不易开裂。由于拱圈采用拼装化施工,对成批的具有一定路堤填方高度的较小孔径涵洞,尤其对缺乏砂、石料、水或人烟稀少的地区较为适用。卵形涵洞主要用于平坦地区,其通过流量相对较小,积水不宜过高,一般供农田灌溉或兼作排洪使用。

3)桥涵选型设计

靠近村镇、城市、铁路及水利设施的桥涵,应结合有关方面的要求,适当考虑综合利用,相互配合。桥涵类型选择应考虑农田排灌的需要,选择还应综合考虑桥涵址的自然特征和环境条件,结合路堤高度和填料状况,考虑排洪和交通的需要,选择的类型应与河沟特征及地形、地质、水文等条件相适应。

(1)从地质条件来看,混凝土管涵、拱涵要求有坚实基础,其他类型涵洞也要求基础沉陷不能过大且沉陷均匀;箱涵及盖板涵对地质较差的涵洞有较好的适用性。

位于沼泽、软土等地基土壤较差地区的涵洞,应采用基底压力较小的轻型结构,如盖板涵洞、钢筋混凝土箱形涵洞等。

(2)对泥石流或含有较多砂石推移质的河沟,有流木、流冰或其他漂流物的河沟以及严寒地区和多年冻土地区有冰锥冰丘的河沟,一般宜设桥不宜设置涵洞,以免造成淤积堵塞危及路基安全。对个别小沟,如能确保泥沙石宣泄通畅不致淤积,或漂流物顺利通过不致堵塞者,亦可考虑设置较大孔径的涵洞,必要时涵洞净空可适当加大。

(3)在平坦戈壁滩或草原地区,除充分注意洪水情况合理布置桥涵外,一般涵洞上游积水条件均不甚理想,宜采用盖板涵洞或箱涵洞等,并适当加大涵洞孔径,以免形成串流影响路基安全。

(4)在黄土地区设置涵洞时,需考虑泥流、壅水钻洞、冲刷切割和湿陷下沉等特点,尽量选用壅水较低的涵洞类型,并适当加大涵洞孔径。

(5)修建在湿陷性黄土地区的涵洞,应采用对不均匀沉陷敏感性较小的结构,如整基圆形、整基矩形和整基盖板箱形涵洞(孔径较大时慎用)等,不宜采用拱形涵洞。

(6)冰冻地区不宜采用小孔径管涵和倒虹吸管涵洞。为了农田灌溉必须采用时,须在冻期前将管内积水排除,并将两端进出口封闭。

(7)涵洞与小桥相比具有较好的抗震性,应优先采用,一般采用钢筋混凝土圆形涵洞、钢筋混凝土矩形涵洞和盖板、箱形涵洞。

不同类型的桥涵适用于不同地形、地质、水文和水力条件,选型时应充分考虑这些条件,选择适宜的桥涵类型。

(1)采用涵洞或小桥,主要根据设计流量、路堤的填土高度、沟谷的深浅及河床纵坡、地基状况以及建筑材料等条件确定。

一般跨越常年流量较小、路堤高度能满足壅水高度的要求,并能满足设计流量宣泄时,宜采用涵洞。当沟槽设计流量较大,桥位处于陡岩深谷或冲积堆上,河道漂浮物较多或有泥石流运动时,宜采用小桥。

(2)一般新建涵洞多以无压力式涵洞为主,只有在涵洞接缝不透水、路堤与基底在水压和渗透作用下保持稳定时,才允许采用半压力式涵洞或压力式涵洞。设计流量在 $10m^3/s$ 左右时,宜采用圆管涵;路堤高度不能满足时可修建盖板涵。设计流量在 $20m^3/s$ 以上,路堤高度可满足最小填土高度时宜采用盖板涵或拱涵。

考虑养护维修条件的涵洞选择方法如下：

(1)选择涵洞类型时，为了便于养护，孔径不宜过小，洞身不宜过长。

(2)在不至于造成淤塞的情况下，农田灌溉用涵洞的跨径可采用0.5m。一般涵洞跨径应不小于0.75m。

考虑其他因素的涵洞选择方法如下：

(1)地震因素。涵洞与小桥相比具有较好的抗震性，应优先采用，一般采用钢筋混凝土圆形涵洞、钢筋混凝土矩形涵洞和盖板、箱形涵洞。

(2)交通因素。排洪涵洞和交通涵洞原则上宜分别设置，避免洪水时危及交通安全。如必须设置排洪兼立交涵洞，要认真分析历史洪水情况，提出全面可靠的技术经济比较资料，进行综合研究确定。

(3)通行人、畜、车辆和农业机械的涵洞，应能满足工农业发展的需要，确保通行人、畜和车辆的安全。

3.2.5 隧道类型及要求

道路隧道是指道路从地层内部或水底通过而修筑的建筑物。为保持隧道周围岩体的稳定，保证行车安全，一般需要修筑主体建筑物和附属建筑物。主体建筑物包括洞身衬砌和洞门，洞身衬砌主要承受围岩压力、结构自重及其他荷载，防止围岩风化、崩塌和洞内的防水、防潮等。洞门的主要作用是防止洞口坍方落石，保持仰坡和边坡的稳定。附属建筑物包括通风、照明、防排水、安全设备等。

道路隧道在山岭地区可用作克服地形或高程障碍、改善线形，以提高车速、缩短里程、节约燃料、节省时间、降低运输成本，同时减少对植被的破坏，保护生态环境的首选道路，还可用以克服落石、坍方、雪崩、雪堆等危害。在城市地区可减少用地，构成立体交叉，减少交叉口的拥挤阻塞，疏导交通。在河流、海峡、港湾地区，可不影响水路的通航。

1)道路隧道类型

按隧道所处周围地层介质不同可分为岩石隧道、土质隧道；根据隧道所处地理位置不同则可分为山岭隧道、城市隧道和水底隧道；根据使用类型不同，用作道路地下通道的称为道路隧道，用作铁路地下通道的称为铁路隧道，此外还有城市地下铁道和航运隧道。

2)道路隧道交通事故与病害

(1)隧道进出口为交通事故多发区。

隧道是除进出口与外界连通外，其余部分均封闭的狭小管状结构物。降雨降雪、风速、阳光照射等户外因素对隧道路面影响较小，但与隧道洞口连接处的路面受外界天气环境的影响较大。以隧道洞口为界的内外路面状况的差异，主要表现在通风、照明、温度、路线线形等方面，隧道洞口内外差异显著的驾驶环境，使隧道进出口处发生的行驶事故明显高于整条路线的其余部位。日本研究人员经过长期观测得出：隧道洞口段事故发生率是隧道内的3~4倍；我国东南沿海省(自治区、直辖市)通过对大量的隧道交通事故统计发现：隧道进出口段的事故发生率占据整条隧道事故发生率的60%以上。事故发生的最主要因素是路面结冰积雪以及光照度不足。

车辆驶入隧道时，事故集中于进入洞口前300m，以及洞内0~200m处；车辆驶出隧道时，事故集中于洞内0~150m，以及驶出洞外200m的范围内。发生事故的对象多为重型货车、高速行驶的小汽车，事故类型常为车辆追尾、侧翻；交通事故集中发生在雨雪、阴暗天气下，主要影响因素有光线不佳、路面结冰湿滑等。

(2)寒冻地区隧道病害。

隧道受到寒冷气候的影响，容易发生周期性的冻融循环，冻胀作用将对隧道主体结构尤其是洞口结构造成严重破坏，极易造成隧道衬砌挂冰、仰拱填充积冰等病害，严重危及行车安全。

(3)隧道变形塌方病害。

地质岩性、风化程度、地质构造、地下水等自然因素和开挖爆破、车辆运行等人为因素的作用，可能导致围岩洞室变形破坏，甚至是垮塌。当地应力较大时，有发生岩爆或大变形的可能性；对于软弱岩层，可能发生蠕变变形。

3)环境评价

隧道的修建及运营必然带来一系列破坏自然环境的问题。修建隧道以前，要预测、研究隧道的修建及运营对周围环境的影响内容及其程度，提出减小或防止破坏环境的措施，以符合国家对环境保护的要求。

4 交通运输与自然地理的关系

交通运输工程项目建设和运行与自然地理密切相关,自然地理现象也是交通旅游和科普旅游的沿线景观。自然地理环境条件决定公路工程建构是采用高、低路堤或是桥梁,还是深、浅路堑或者隧道建筑结构形式,决定构筑物是桩基础或者扩大基础,影响和决定公路工程的功能寿命,并可能产生一些交通运输工程的病害。交通运输自然地理问题主要是研究建设项目所在地的地理、地形、地貌、地质、地震、气象、水文等自然特征以及不良地质、特殊性岩土、筑路材料来源与运输条件等,发现和掌握不良地质路段、殊性岩土区、地质构造活动区、高烈度的地震区、高应力区、可液化土地区、软土地区、滑坡群、互通立交、特大桥、隧道等处以及大型天然筑路材料料场对交通运输工程的影响,并寻求对策措施。

不同自然地理环境下的公路工程有不同的"性格",世上没有完全相同的一条路,没有完全相同的一道涵洞和桥梁,就是因为每一条路的环境不同。环境条件不同,每一道涵洞、桥梁所处位置的环境条件不同,即其工程环境条件的不同,公路地形、地貌、地质、社会人文、经济等自然初始条件不同,边界条件不同,相互影响因素不同,作用的力度和内容也不同,决定针对性的适宜的工程建构方式、结构形式和措施也不同。例如,不同的地形横坡决定公路横断面形式的不同,地基地质条件的不同决定工程基础形成和措施的不同,气候条件的不同决定工程建设"适宜施工期"的不同。

本章主要讨论交通运输与各个相关自然地理因子(包括岩石、土壤、地应力、地质构造、地震、气候、水文、水文地质、地貌、地质灾害、生态环境、植物、动物等)的相互影响机理及其影响因子的鉴别、判读和相应的对策措施,同时也描述了各个自然地理因子的景观现象,方便景观因子的鉴别和旅游、科普中欣赏自然景观。

4.1 岩石(土)的相关特征及其与交通运输的关系

4.1.1 岩石类型及岩体结构

岩石是固态矿物或矿物的混合物,是由一种或多种矿物组成的、具有一定结构构造的集合体,也有少数包含有生物的遗骸或遗迹(即化石)。岩体为地质体的一部分,并且是由处于一定地质环境中的各种岩性和结构特征的岩石所组成的集合体,可以看成是由结构面所包围的结构体和结构面共同组成的。大自然中的岩石(体)可以作为交通工程设施的基础、围岩或建筑材料等,岩石(体)的结构和变形强度特性会影响交通工程和设施的稳定性与使用性能。

岩体结构面是指岩体中各种地质界面,它包括物质分异面及不连续面,如不整齐、褶皱、断层、节理、裂隙等。

影响岩体工程特性的内在因素包括岩块的坚固性、结构面的抗剪性、岩体的完整性和岩体的质量系数等。岩块的坚固性是指岩块对变形和破坏的抵抗能力,如弹性模量、变形模量和抗压强度等;结构面的抗剪性是指结构面对剪切破坏的抵抗能力;岩体的完整性是指岩体的开裂或破碎的程度。

1)岩石的类型和鉴别特征

(1)按成因分类。

岩石按成因可分为岩浆岩(火成岩)、沉积岩(水成岩)和变质岩三大类。

①岩浆岩。

岩浆在向地表上升过程中,由于热量散失逐渐经过分异等作用冷凝形成岩浆岩。在地表下冷凝形成的称侵入岩;喷出地表冷凝形成的称喷出岩。侵入岩按距地表的深浅程度又分为深成岩和浅成岩。岩浆岩的产状如图 4.1-1,岩浆岩的分类见表 4.1-1。

图 4.1-1 岩浆岩的产状

岩浆岩的分类 表 4.1-1

化学成分		含 Si、Al 为主			含 Fe、Mg 为主		产状
酸基性		酸性	中性		基性	超基性	
颜色		浅色(浅灰色、浅红色、红色、黄色)			深色(深灰色、绿色、黑色)		
成因及结构 矿物成分		含正长石		含斜长石		不含长石	
		石英、云母、角闪石	黑云母、角闪石、辉石	角闪石、辉石、黑云母	辉石、角闪石、橄榄石	辉石、橄榄石、角闪石	
深成	等粒状,有时为斑粒状,所有矿物皆能用肉眼鉴别	花岗岩	正长岩	闪长岩	辉长岩	橄榄岩、辉岩	岩基 岩珠
浅成	斑状(斑晶较大且可分辨出矿物名称)	花岗斑岩	正长斑岩	玢岩	辉绿岩	苦橄玢岩 (少见)	岩脉 岩枝 岩盘
喷出	玻璃状,有时为细粒斑状,矿物难用肉眼鉴别	流纹岩	粗面岩	安山岩	玄武岩	苦橄岩(少见) 金伯利岩	熔岩流
	玻璃状或碎屑状	黑曜岩、浮石、火山凝灰岩、火山碎屑岩、火山玻璃					火山喷出的堆积物

②沉积岩。

沉积岩是由岩石、矿物在内外力的作用下破碎成碎屑物质后，再经水流、风吹和冰川等的搬运、堆积在大陆低洼地带或海洋，再经胶结、压密等成岩作用而成的岩石。沉积岩的主要特征是具层理。矿物成分除原生矿物外，还有碳酸盐类、硫酸盐类、磷酸盐类和高岭土等次生矿物。沉积岩的分类见表4.1-2。

沉积岩的分类　　表4.1-2

成因	硅　质	泥　质	灰　质	其他成分
碎屑沉积	石英砾岩、石英角砾岩、燧石角砾岩、砂岩、粗砂岩、硬砂岩、石英岩	泥岩、页岩、黏土岩	石灰砾岩、石灰角砾岩、多种石灰岩	集块岩
化学沉积	硅华、燧石、石髓岩	泥铁石	石笋、石钟乳、石灰华、白云岩、石灰岩、泥灰岩	岩盐、石膏、硬石膏、硝石
生物沉积	硅藻土	油页岩	白垩、白云岩、珊瑚石灰岩	煤炭、油砂、某种磷酸盐岩石

③变质岩。

变质岩是岩浆岩或沉积岩在高温、高压或其他因素作用下，经变质所形成的岩石。大多数变质岩具有片麻状、片状或片理，有的有变质矿物产生，这是识别变质岩的特征。变质岩的分类见表4.1-3。

变质岩的分类　　表4.1-3

岩石类别	岩石名称	主要矿物成分	鉴定特征
片状的岩石类	片麻岩	石英、长石、云母	片麻状构造，浅色长石带和深色云母带互相交错，结晶粒状或斑状结构
	云母片岩	云母、石英	具有薄片理，片理面上有强的丝绢光泽，石英凭肉眼常看不到
	绿泥石片岩	绿泥石	绿色，常为鳞片状或叶片状的绿泥石块
	滑石片岩	滑石	鳞片状或叶片状的滑石块，用指甲可刻划，有高度的滑感
	角闪石片岩	普通角石、石英	片理常常表现不明显，坚硬
	千枚岩、板岩	云母、石英等	具有片理，肉眼不易识别矿物，锤击有清脆声，并具有丝绢光泽，千枚岩表现得很明显
块状的岩石类	大理岩	方解石、少量白云石	结晶粒状结构，遇盐酸起泡
	石英岩	石英	致密的，细粒的块体，坚硬，硬度近7°，有玻璃光泽，断口贝壳状或次贝壳状

(2)按坚固程度分类。

岩石按坚固程度分类见表4.1-4。

(3)按风化程度分类。

岩石按风化程度分类见表4.1-5。

岩石按坚固程度分类

表 4.1-4

类　别	亚　类	强度(MPa)	代表性岩石
硬质岩石	极硬岩石	>60	花岗岩、花岗片麻岩、闪长岩、玄武岩、石灰岩、石英砂岩、石英岩、大理岩、硅质、钙质砾岩、砂岩等
	次硬岩石	30~60	
软质岩石	次软岩石	5~30	黏土岩、页岩、千枚岩、板岩,绿泥石片岩、云母片岩、泥质砾岩、砂岩、凝灰岩等
	极软岩石	<5	

注:强度指新鲜岩块的饱和单轴极限抗压强度。

岩石按风化程度分类

表 4.1-5

岩石类别	风化程度	野 外 特 征
硬质岩	未风化	岩质新鲜,未见风化痕迹
	微风化	组织结构基本未变,仅节理面有铁锰质渲染或矿物略有变色,有少量风化裂隙
	中等风化	组织结构部分破坏,矿物成分基本未变化,仅沿节理面出现次生矿物。风化裂隙发育。岩体被切割成 20~50cm 的岩块。锤击声脆,且不易击碎,不能用镐挖掘,岩心钻方可钻进
	强风化	组织结构已大部分破坏,矿物成分已显著变化。长石、云母已风化成次生矿物。裂隙很发育,岩体破碎。岩体被切割成 2~20cm 的岩块,可用手折断。用镐可挖掘,干钻不易钻进
	全风化	组织结构已基本破坏,但尚可辨认,并且有微弱的残余结构强度,可用镐挖,干钻可钻进
残积土		组织结构已全部破坏。矿物成分除石英外,大部分已风化成土状,锹镐易挖掘,干钻易钻进,具可塑性
软质岩石	未风化	岩质新鲜,未见风化痕迹
	微风化	组织结构基本未变,仅节理面有铁、锰质渲染或矿物略有变色。有少量风化裂隙
	中等风化	组织结构部分破坏。矿物成分发生变化,节理面附近的矿物已风化成土状。风化裂隙发育。岩体被切割成 20~50cm 的岩块,锤击易碎,用镐难挖掘。岩芯钻方可钻进
	强风化	组织结构已大部分破坏,矿物成分已显著变化,含大量黏土质黏土矿物。风化裂隙很发育,岩体破碎。岩体被切割成碎块,干时可用手折断或捏碎,浸水或干湿交替时可较迅速地软化或崩解。用镐或锹可挖掘,干钻可钻进
	全风化	组织结构已基本破坏,但尚可辨认并且有微弱残余结构强度,可用镐挖,干钻可钻进
残积土		组织结构已全部破坏,矿物成分已全部改变并已风化成土状,锹镐易挖掘,干钻易钻进,具可塑性

2)岩体结构类型及工程特征

岩体结构类型及工程特征见表 4.1-6。

岩体结构类型及工程特征　　表 4.1-6

岩体结构类型	岩体地质类型	主要结构体形状	结构面发育情况	岩土工程特征	可能发生的岩土工程问题
整体状结构	均质,巨块状岩浆岩、变质岩、巨厚层沉积岩、正变质岩	巨块状	以原生构造节理为主,多呈闭合型,裂隙结构面间距大于1.5m,一般不超过2~3组,无危险结构面组成的落石掉块	整体性强度高,岩体稳定,在变形特征上可视为均质弹性各向同性体	要注意由结构面组合而成的不稳定结构体的局部滑动或坍塌,深埋洞室要注意岩爆
块状结构	厚层状沉积岩、正变质岩、块状岩浆岩、变质岩	块状 柱状	只具有少量贯穿性较好的节理裂隙,裂隙结构面间距0.7~1.5m。一般为2~3组,有少量分离体	整体强度较高,结构面互相牵制,岩体基本稳定,在变形特征上接近弹性各向同性体	
层状结构	多韵律的薄层及中厚层状沉积岩、正变质岩	层状 板状 透镜体	层理、片理、节理,但以风化裂隙为主,常有层间错动面	岩体接近均一的各向异性体,其变形及强度特征受层面及岩层组合控制,可视为弹塑性体,稳定性较差	要注意不稳定结构体可能产生滑塌,要特别注意岩层的弯张破坏及软弱岩层的塑性变形
破裂状结构	构造影响严重的破碎岩层	碎块状	断层、断层破碎带、片理、层理及层间结构面较发育,裂隙结构面间距0.25~0.5m,一般在3组以上,有许多分离体形成	完整性破坏较大,整体强度大大降低,并受断裂等软弱结构面控制,多呈弹塑性介质,稳定性很差	易引起规模较大的岩块失稳,要特别注意地下水加剧岩体失稳的不良作用
散体结构	构造影响剧烈,成风化的断层破碎带、接触带	碎屑状 颗粒状	断层破碎带交叉,构造及风化裂隙密集,结构面及组合错综复杂,并多充填黏性土,形成许多大小不一的分离岩块	完整性遭到极大破坏,稳定性极差,岩体属性接近松散体介质	

3)隧道工程的围岩分类

隧道围岩划分为Ⅰ~Ⅵ类,主要工程地质条件与围岩开挖后的稳定状态见表4.1-7。

隧道围岩分类　　表 4.1-7

类别	围岩主要工程地质条件		围岩开挖后的稳定状态(坑道跨度5m时)
	主要工程地质特征	结构特征和完整状态	
Ⅵ级	硬质岩石[饱和抗压极限强度 R_b>60MPa(600kgf/cm^2)]:受地质构造影响轻微,节理不发育,无软弱面(或夹层);层状岩层为厚层,层间结合良好	呈巨块状整体结构	围岩稳定,无坍塌,可能产生岩爆
Ⅴ级	硬质岩石[R_b>30MPa(300kgf/cm^2)]:受地质构造影响较重,节理较发育,有少量软弱面(或夹层)和贯通微张节理,但其产状及组合关系不致产生滑动;层状岩层为中层或厚层,层间结合一般,很少有分离现象;或为硬质岩石偶夹软质岩石	呈大块状砌体结构	暴露时间长,可能会出现局部小坍塌,侧壁稳定,层间结合差的平缓岩层,顶板易塌落
	软质岩石[R_b>30MPa(300kgf/cm)]:受地质构造影响轻微,节理不发育;层状岩层为厚层,层间结合良好	呈巨块状整体结构	

续上表

<table>
<tr><th rowspan="2">类别</th><th colspan="2">围岩主要工程地质条件</th><th rowspan="2">围岩开挖后的稳定状态（坑道跨度 5m 时）</th></tr>
<tr><th>主要工程地质特征</th><th>结构特征和完整状态</th></tr>
<tr><td rowspan="2">Ⅳ级</td><td>硬质岩石[R_b>30MPa(300kgf/cm^2)]:受地质构造影响严重,节理发育,有层状软弱面(或夹层),但其产状及组合关系尚不致产生滑动;层状岩层为薄层或中层;层间结合差,多有分离现象,或为硬、软质岩石互层</td><td>呈块(石)碎(石)状镶嵌结构</td><td rowspan="2">拱部无支护时可产生小坍塌,侧壁基本稳定,爆破振动过大易坍塌</td></tr>
<tr><td>软质岩石[R_b=5~30MPa(50~300kgf/cm^2)]:受地质构造影响较重,节理较发育;层状岩层为薄层、中层或厚层;层间结合一般</td><td>呈大块状砌体结构</td></tr>
<tr><td rowspan="3">Ⅲ级</td><td>硬质岩石[R_b>30MPa(300kgf/cm^2)]:受地质构造影响很严重,节理很发育;层状软弱面(或夹层)已基本被破坏</td><td>呈碎石状压碎结构</td><td rowspan="3">拱部无支护时可产生较大的坍塌,侧壁有时失去稳定</td></tr>
<tr><td>软质岩石[R_b=5~30MPa(50~300kgf/cm^2)]:受地质构造影响严重,节理发育</td><td>呈块(石)碎(石)状镶嵌结构</td></tr>
<tr><td>土:①略具压密或成岩作用的黏性土及砂性土;
②一般钙质、铁质胶结的碎、卵石土、大块石土;
③黄土(Q_1、Q_2)</td><td>①呈大块状压密结构;
②呈巨块状整体结构</td></tr>
<tr><td rowspan="2">Ⅱ级</td><td>石质围岩位于挤压强烈的断裂带内,裂隙杂乱,呈石夹土或土夹石状</td><td>呈角(砾)碎(石)状松散结构</td><td rowspan="2">围岩易坍塌,处理不当会出现大坍塌,侧壁经常小坍塌,浅埋时易出现地表下沉(陷)或坍至地表</td></tr>
<tr><td>一般第四系的半干硬~硬塑的黏性土及稍湿至潮湿的一般碎、卵石土圆砾,角砾土及黄土(Q_3、Q_4)</td><td>非黏性土呈松散结构,黏性土及黄土呈松软结构</td></tr>
<tr><td rowspan="2">Ⅰ级</td><td>石质围岩位于挤压极强烈的断裂带内,呈角砾、砂、泥松软体</td><td></td><td rowspan="2">围岩极易坍塌变形、有水时土砂常与水一起涌出,浅埋时易坍至地表</td></tr>
<tr><td>软塑状黏性土及潮湿的粉细砂等</td><td>黏性土呈易蠕动的松软结构、砂性土呈潮湿松散结构</td></tr>
</table>

注:1.层状岩层的层厚划分为:厚层大于 0.5m;中层 0.1m~0.5m;薄层小于 0.1m。

2.风化作用对围岩分类的影响:(1)结构完整状态方面。当风化作用使岩体结构松散、破碎、软硬不一时,应结合因风化作用造成的各种状况,综合考虑确定围岩的结构完整状态。(2)岩石等级方面。当风化作用使岩石成分改变,强度降低时,应按风化后之强度确定岩石等级。

3.遇有地下水时,可按下列原则调整围岩类别:(1)在Ⅵ级围岩或属于Ⅴ级的硬质岩石中,一般地下水对其稳定性影响不大,可不考虑降低。(2)在Ⅳ级围岩或属于Ⅴ级的软质岩石,应根据地下水的类型、水量大小和危害程度调整围岩类别。当地下水影响围岩稳定产生局部坍塌或软化软弱面时,可酌情降低一级。(3)Ⅲ级、Ⅱ级围岩已呈碎石状松散结构,裂隙中并有黏性土充填物,地下水对围岩稳定性影响较大,可根据地下水的类型、水量大小、渗流条件、动水和静水压力等情况,判断其对围岩的危害程度,适当降低 1~2 级。(4)在Ⅰ类围岩中,分类中已考虑了一般含水地质情况的影响,但在特殊含水地层(如处于饱水状态或具有较大承压水流时),需另作处理。

4)岩石边坡的设计

由软岩类构成的高陡边坡,容易出现边坡变形破坏;由次坚硬岩类、坚硬岩类构成的高陡边坡,一般较为稳定,局部由于坡体裂隙的作用可形成小型滑坡、崩塌及剥落。按基岩产状与斜坡坡向的组合关系,可分为顺向坡,斜向坡和逆向坡,由于层理与裂隙组合,顺向坡、斜向坡常见小规模岩体顺层滑移，道路工程施工开挖势必导致顺向坡、斜向坡边坡失稳，失稳边坡将长期危害交通工程的长期运营畅通和安全。

岩石挖方边坡坡度应根据岩性、地质构造、岩石的风化破碎程度（表4.1-8）、边坡高度、地下水及地面水等因素综合分析确定。岩石挖方边坡应注意岩体结构面的情况，如受结构面控制的挖方边坡，则应按结构面的情况设计边坡。当岩层倾向路基时，应避免设计高的挖方边坡。一般情况下，岩石挖方边坡坡度可参照表4.1-9确定。当挖方边坡高度超过20~30m时，其边坡坡度可根据现场情况，调查附近已建工程的人工边坡及自然山坡情况，进行边坡稳定性分析后确定。

岩石风化破碎程度分级表 表4.1-8

分级	外观特征				
	颜色	矿物成分	结构构造	破碎程度	强度
轻度	较新鲜	无变化	无变化	裂缝不多，基本上是整体，裂缝基本不张开	基本上不降低，用锤敲很容易回弹
中等	造岩矿物失去光泽、色变暗	基本不变	无显著变化	开裂成20~50cm的大块状，大多数裂缝张开较小	有降低，用锤敲声音仍较清脆
严重	显著改变	有次生矿物产生	不清晰	开裂成5~20cm的碎石状，有时裂缝张开较多	有显著降低，用锤敲声音低沉
极重	变化极重	大部成分已改变	只具外形、矿物间已失去结晶联系	裂缝极多，爆破以后多呈碎石土状，有时细粒部分已略具塑性	极低，用锤敲时，不易回弹

岩石挖方边坡坡度 表4.1-9

岩石种类	风化程度	边坡高度（m）	
		<20	20~30
各类岩浆岩、硬质灰岩、砾岩、砂岩、片麻岩、石英岩	微风化、弱风化	1:0.1~1:0.3	1:0.2~1:0.5
	强风化、全风化	1:0.5~1:1.0	1:0.5~1:1.25
各类页岩、泥岩、千枚岩、片岩等软质岩石	微风化、弱风化	1:0.25~1:0.75	1:0.5~1:1.0
	强风化、全风化	1:05~1:1.25	1:0.75~1:1.5

注：1.公路挖方边坡应采用较缓的边坡坡度。
2.软质岩石当边坡稳定并防护时，可采用较陡边坡。

在地震地区，岩石路堑边坡高度超过10m时，边坡的坡度可参照表4.1-10取值。

高度超过10m的岩石挖方边坡坡度 表4.1-10

岩石种类	基本烈度	
	8	9
风化岩石	1:0.6~1:1.5	1:0.75~1:1.5
一般岩石	1:0.1~1:0.5	1:0.2~1:0.6
坚石	1:0.1~直立	1:0.1~直立

5）*岩石用作建筑材料的要求*

影响路面集料性质和质量的因素有：①料源特性，即保证压碎值、洛杉矶磨耗值、表观相

对密度、吸水率、坚固性、软石含量、磨光值、沥青黏附性等岩石固有物理性能满足技术要求。②生产加工特性，即保证集料洁净、干燥、无风化、无杂质，拥有良好的颗粒形状与棱角性、低的针片状颗粒含量。不同地区路用集料的料源特性和生产加工特性，将对路面材料性能和结构性能表现产生特殊影响。

国外针对沥青混凝土集料有两种划分方法：一种是根据集料亲水与否，分为亲水性集料（如硅质集料）和非亲水性集料（如石灰石、白云石），遇水时前者比后者易出现剥离；另一种是根据集料表面呈现出的电性，分为“阳性”集料（如石灰石）和“阴性”集料（硅质集料）。根据集料的表面能和集料给予水的 pH 值可以预测其抗剥落性能。我国一般根据集料中二氧化硅的含量将集料分为酸性集料、中性集料和碱性集料。碱性集料与沥青的黏附性较好，酸性集料与沥青的黏附性则差一些。

用作建筑石材的岩石分类见表 4.1-11。

岩石按材质分类 表 4.1-11

类　　型	特　　性	应　　用	举　　例
岩浆岩（包括深成岩、喷出岩）	具有结晶构造，没有层理，强度较大、耐久性高	广泛用于砌筑及饰面工程	花岗岩、闪长岩、橄榄岩、正长斑岩、辉绿岩、安山岩、辉长岩、花岗斑岩、玢岩、流纹岩、玄武岩
沉积岩	具有层理构造	除用于砌筑外，是生产石灰、水泥等胶凝材料的主要原料	砂岩、砾岩、页岩、黏土岩、石膏、石灰岩、白云岩
变质岩	性质决定于变质前的岩石成分和变质过程。通常比原来的沉积岩更致密、性能更好	多用于装饰工程、块石可用于铺筑道路，碎石可作混凝土集料	片麻岩、千枚岩、板岩、大理岩、石英岩

4.1.2 土的成因类型、特征及鉴定标准

大自然中的土可以作为交通工程设施的基础、建筑材料等，同时也可用于道路绿化。土的结构和变形强度等特性会影响交通工程设施的稳定性和使用性能，土壤类型是交通绿化植物类型选择的基础。本节主要论述土及土壤的类型及其成因、特征等。

1）土的成因分类

土的主要成因类型及鉴定标准见表 4.1-12。

土的主要成因类型及鉴定标准 表 4.1-12

成因类型	堆积方式及条件	堆积物特征
残积	岩石经风化作用而残留在原地的碎屑堆积物	碎屑物从地表向深处由细变粗，其成分与母岩相关，一般不具层理，碎块呈棱角状，土质不均，具有较大孔隙，厚度在山丘顶部较薄，低洼处较厚
坡积和崩积	风化碎屑物由雨水或融雪水沿斜坡搬运及由本身的重力作用堆积在斜坡上或坡脚处而成	碎屑物从坡上往下逐渐变细，分选性差，层理不明显，厚度变化较大，厚度在斜坡较陡处较薄，坡脚地段较厚

续上表

成因类型	堆积方式及条件	堆积物特征
洪积	由暂时性洪流将山区或高地的大量风化碎屑物携带至沟口或平缓地带堆积而成	颗粒具有一定的分选性,但往往大小混杂,碎屑多呈亚棱角状,洪积扇顶部颗粒较粗,层理紊乱呈交错状,透镜体及夹层较多,边缘处颗粒细,层理清楚
冲积	由长期的地表水流搬运,在河流阶地、冲积平原、三角洲地带堆积而成	颗粒在河流上游较粗,向下游逐渐变细,分选性及磨圆度均好,层理清楚,除牛轭湖及某些河床相沉积外,厚度较稳定
淤积	在静水或缓慢的流水环境中沉积,并伴有生物化学作用而成	颗粒以粉粒、黏粒为主,且含有一定数量的有机质或盐类,一般土质松软,有时为淤泥质黏性土,粉土与粉砂互层,具有清晰的薄层理
冰水沉积和冰碛	由冰川或冰川融化的冰下水进行搬运堆积而成	颗粒以巨大块石、碎石、砂、粉土、黏性土混合组成,一般分选性极差,无层理;但为冰水沉积时,常具斜层理,颗粒呈棱角状,巨大块石上常有冰川擦痕
风积	在干旱气候条件下,碎屑物被风吹扬,降落堆积而成	颗粒主要由粉粒或砂粒组成,土质均匀,质纯,孔隙大,结构松散

2)主要的第四纪堆积物的特征

(1)残积物。

岩石表面经物理、化学风化作用而残留在原地的碎屑物称为残积物。残积物在形成的初期,上部颗粒较细,下部颗粒粗大,但由于雨水或雪水的淋漓,细小颗粒被带走,形成杂乱的堆积物,没有层理,但具有较大的孔隙度。残积物颗粒的粗细取决于母岩的岩性,因此,有些地区残积物是粗大的岩块,而另一些地区可能是细小的碎屑。

残积物的成分与母岩的岩性密切相关,如花岗岩的残积物中,长石常分解成黏土矿物,石英常成细砂;石灰岩的残积物则往往成为红黏土。

残积物的厚度取决于其残积条件。在山丘顶部常被侵蚀而厚度较小,山谷低洼处则厚度较大。山坡上往往是粗大的岩块。由于山区原始地形变化较大和岩石风化程度不一,因而在很小的范围内,厚度的变化很大。

残积物一般透水性较强,以致残积物中一般无地下水,但当堆积在低洼地段而下伏母岩又为不透水层时,则有上层滞水出现。

(2)坡积物。

高处的风化碎屑物由于雨水或雪水的搬运,或者由于本身的重力作用,堆积在斜坡或坡脚,这种堆积物称为坡积物。

坡积物的岩性成分是多种多样的,但与高处的岩性组成有直接关系。

坡积物中一般见不到层理,但有时也具有局部不清晰的层理。新近堆积的坡积物经常具有垂直的孔隙,结构显得比较疏松,一般具有较高的压缩性,在水中很易崩解。坡积物形成的黄土,其湿陷性一般比洪积或冲积形成的黄土要高得多。

坡积层中的地下水一般属于潜水,在坡积物非常复杂的地区,有时形成上层滞水。

坡积物的厚度变化较大,由几厘米到一二十米。在斜坡较陡的地段厚度较薄,在坡脚地段堆积较厚。一般斜坡的坡度越陡,坡脚坡积物的范围越大。

坡积物在低山丘陵区的分布较为普遍。一般凹形山坡的坡积物厚度比凸形山坡的厚度

要大。坡积物的判读特点如下:①表层植被发育或生长有林木;②坡积物在山坡脚下易形成坡积裙或扇形地貌形态;③坡积物堆积区常发育着冲沟。

(3)洪积物。

山区或高地上的暂时水流将大量的风化碎屑物挟带下来,堆积在前缘的平缓地带而形成的堆积物称为洪积物。洪积物具有一定的分选作用,在距山区或高地近的地方,洪积物的颗粒粗大,碎块多呈亚角形;离山区或高地较远的地方,洪积物的颗粒逐渐变细,颗粒形状由亚角形逐渐变成亚圆形或圆形。在离山区或高地更远一些的地方,洪积物中则往往有淤泥等细颗粒土的分布。但是,由于每次暂时水流的搬运能力不同,因此在粗大颗粒的孔隙中往往填充了细小颗粒,而在细小颗粒层中有时会出现粗大的颗粒,粗细颗粒间没有明显的分界线。

洪积物具有比较明显的层理,但在靠山区或距高地近的地方,层理紊乱,往往呈现为交错层理;在离山区或距高地远的地方,层理逐渐清楚,一般成为水平层理或湍流层的交错层理。

洪积物的厚度一般是离山区或高地近的地方厚度大,远的地方厚度小,且在局部范围内的变化幅度不大。

洪积物中的地下水一般属于潜水,由山区或高地前缘向平原补给。山区或高地前缘地形高,潜水埋藏深,离山区或高地较远的地方,地形低,潜水浅;在局部低洼地段,潜水可能溢出地表。此外,如粗大颗粒的洪积物覆盖在细小颗粒的上面时,潜水也可能在粗细颗粒的交接处溢出地表。

(4)冲积物。

河流在平缓地段所堆积下来的碎屑物,称为冲积物。冲积物根据其形成条件,可分为如下几类。

①山区河谷冲积物。

山区河谷冲积物大部分由卵石、碎石等粗颗粒组成,分选性较差,大小不同的砾石互相交替,成为水平排列的透镜体或不规则的夹层,厚度一般不大。一般来说,山区河谷堆积物颗粒大,承载力高,但由于河流侧向侵蚀的结果也带来了大量的细小颗粒,特别是当河流两旁有许多冲沟支岔时,这些冲沟支岔带来的细小颗粒往往和冲积的粗大颗粒交错堆积在一起,承载力也因此而降低。

②平原河谷冲积物。

河流上游的平原河谷冲积物一般颗粒粗大,向下游逐渐变细。冲积层一般呈条带状,具有水平层理,有时也成流水层或湍流层的交错层理。在每一个小层中,岩性的成分比较均匀,有极良好的分选性。

冲积物的颗粒形状一般为亚圆形或圆形,且搬运的距离越长,颗粒的浑圆度越好。平原河谷冲积物可分为河床冲积物、河漫滩冲积物、牛轭湖冲积物和阶地冲积物。

平原河谷冲积层中的地下水一般为潜水,由高阶地补给低阶地,再由河漫滩补给河水。除牛轭湖冲积物外,其他平原河谷冲积物一般是较好的地基。粗颗粒的冲积物其承载力较高,细颗粒的承载力则稍低,但要注意冲积砂的密实度和振动液化的问题。

③三角洲冲积物。

三角洲冲积物是河流搬运的大量细小碎屑物在河流入海或入湖的地方堆积而形成的冲积物。三角洲冲积物一般分为水上及水下两部分:水上部分主要是河床和河漫滩冲积物,如砂、粉土、粉质黏土、黏土等，一般呈层状或透镜体；水下部分则由河流冲积物和海相或湖相的堆积物混合组成，呈倾斜的沉积层。

三角洲冲积物中的地下水一般为潜水，埋藏比较浅。

三角洲冲积物的厚度很大，分布面积也很广。三角洲冲积物的颗粒均较细，含水率大，土呈饱和状态，承载力较低，有的还有淤泥分布。三角洲冲积物的最上层由于经过长期的压实和干燥，形成所谓硬壳，承载力较下面大。

(5)湖泊堆积物。

湖泊内由于机械作用、化学作用或生物作用而形成的堆积物，称为湖泊堆积物。湖泊堆积物由于成因不同，可分为如下几类。

①机械堆积物。

自黏土至卵石、漂石均包括在内。一般夏季堆积的粒度稍大一些，如细砂等，冬季堆积多为黏土颗粒、粉土颗粒。

②化学堆积物。

化学堆积物有石膏、岩盐、芒硝、硼砂以及泥灰岩、石灰岩及铁质的化合物等。其中石膏、岩盐、芒硝、硼砂为咸水湖堆积物。

③生物化学堆积物。

湖盆中的生物死亡后产生的有机堆积物称为生物化学堆积物，如硅藻土、贝壳堆积、淤泥和泥炭等。

湖泊堆积物中，淤泥和泥炭分布广、厚度大、承载力小。湖泊堆积物中的湖相黏土或多或少含有碳质、沥青质、石灰质、石膏质等，常具有淤泥的性质，灵敏度很高，承载力更小。但这种黏土分布广，具有水平、均匀的层理，差异性小。

(6)沼泽堆积物。

在地表水聚集或地下水出露的洼地内，由植物死亡后腐烂分解的残杂物所形成的堆积物，称为沼泽堆积物。沼泽堆积物主要为泥炭堆积形成，而泥炭为有机生成物，呈黑褐或深褐色，其中还包含有部分黏土和细砂。

泥炭的性质和含水率关系很大，干燥压密的泥炭较坚硬，湿泥炭压缩性较高。泥炭是尚未完全分解的有机物，在作为建筑物持力层时，尚需考虑今后继续分解的可能性。

(7)滨海堆积物。

滨海堆积物是指海洋中靠近海岸的、海水深度最深不超过20m的、经常受海潮涨落作用的狭长地带的堆积物。滨海堆积物由于经常受波浪的作用，因而化学作用和生物化学作用不易进行，主要是风化碎屑物的机械堆积作用。滨海堆积物根据其堆积条件可分为如下几类。

①陡岸堆积物。

陡岸堆积物以粗大颗粒为主，由陡岸悬崖上的崩塌岩块和海浪冲来的卵石、圆砾所组成。如陡崖下海水较深，则往往有淤泥和沙砾的混合堆积物。

②海滩堆积物。

海滩堆积物一般有规律性，靠陆地边缘以卵石、圆砾、粗砂为主，往海域方向逐渐变为较细的颗粒，由砂、淤泥混砂等渐变为淤泥。

③潟湖堆积物。

潟湖堆积物的形成一般以淤泥堆积为主，同时也有化学堆积作用。

(8)冰川堆积物。

凡与冰川活动或与冰川融化的冰下水活动有关的堆积物,称为冰川堆积物。冰川堆积物根据其形成条件,可分为如下几类。

①冰碛堆积物。

由固体状态的冰川直接堆积、未经过水的冲刷或搬运的堆积物称为冰碛堆积物。

②冰水堆积物。

由冰川局部融化后的冰下水所挟带的碎屑物所堆积成的堆积物称为冰水堆积物。

③冰碛湖堆积物。

冰川在移动时刨蚀所成的岩屑,被冰水带到冰碛湖,形成具有粗细颗粒交替沉积(夏季堆积颗粒粗、冬季细的纹泥,或称季候泥)的堆积物称为冰碛湖堆积物。冰川堆积物一般没有分选性,杂乱而无层次,巨大的岩块和细小的砂、砾堆在一起,具有极大的不均匀性。

冰川堆积物中有时含有大量的岩末,这些岩末的黏结力很小,透水性弱,在开挖基坑时,如果造成地下水较大的水头梯度,容易形成基坑坍塌。

(9)风力堆积物。

在干燥的气候条件下,岩石的风化碎屑物被风吹扬,往往搬运一段距离,在有利的条件下堆积起来,这种堆积物称为风力堆积物。风力堆积物中最常见的为风成砂及风成黄土。

黄土有特殊的负向沟谷侵蚀地貌及正向侵蚀残余地貌。负向沟谷侵蚀地貌的冲沟发育成树枝状或羽毛状;正向侵蚀残余地貌包括黄土塬、黄土梁、黄土峁等;黄土形成的冲沟,沟壁几乎呈垂直状态;植被稀少。

3)土壤类型及其特征

(1)土壤剖面及其变化。

土壤由上而下,显示土层序列及组合状况的垂直切面,称为土壤剖面,如图4.1-2所示。土壤学家按照土壤层的性质及其在土壤剖面中的位置划分土层类型,如图4.1-3所示。

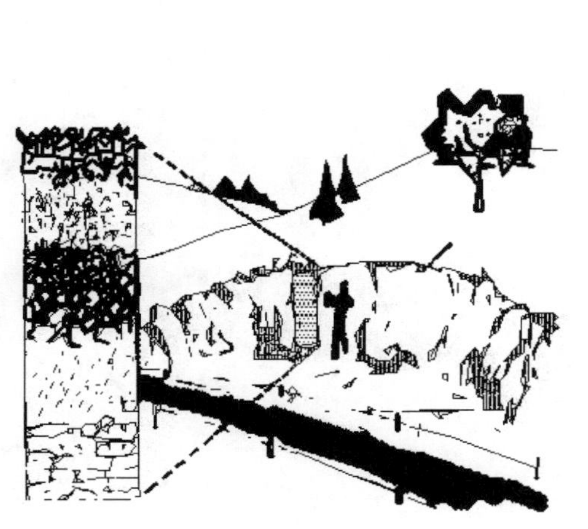

图4.1-2 土壤剖面

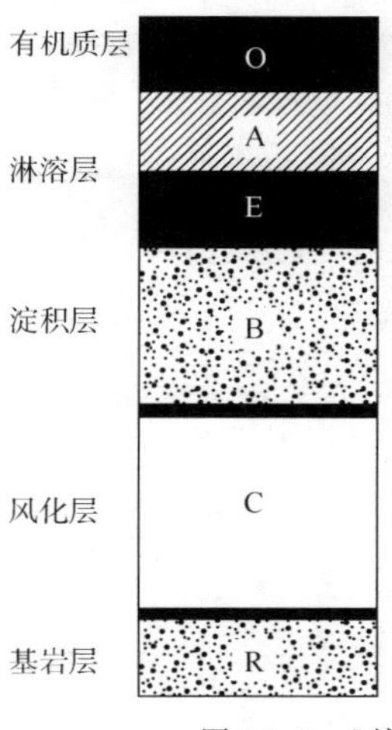

图4.1-3 土壤剖面分层模式

①O层(有机质层)。O层指覆盖于矿质土壤表面的、由植物和动物残落物及其腐解产物组成的层次。通常,根据生物残体的分解和腐化程度,O层还可进一步划分为三种不同的

层次。其中,最上一层是新鲜未受腐解的残落物质,称为 L 层;向下是半腐解状态的,有机物原状尚可辨认的 F 层;最下层是已腐解的无定形状的 H 层。

②A 层(淋溶层)。A 层属矿质土壤的最上层,直接处于有机质层之下。这一土层的主要特征是淋溶作用占优势(此处的淋溶是广义的,包括淋洗和淋溶两种过程),土壤物质以悬浮和溶解两种状态在水分的携带下向下淋失。因为本层直接与有机质层接触,所以在矿质土壤颗粒中混有相当数量的腐殖质。由于腐殖质的强烈染色作用,A 层颜色一般比下面土层暗得多,因此也称为暗色淋溶层。在有些情况下,A 层的下部发生强烈的淋溶作用,黏粒、铁和铝的三氧化物与腐殖质一起大量淋失,使残留的石英等抗风化性强的砂粒或粉砂相对含量增加,会出现一个颜色特别淡的灰白色层(E 层)。为了与上部的暗色层次区别,E 层也称浅色淋溶层或灰化层,也有用 A2 层表示 E 层的表示方法。

③B 层(淀积层)。B 层位于淋溶层之下的矿质土壤,是 A 层淋洗出来的物质沉淀和集聚的层次。强烈的淀积作用是其主要特征。悬浮态的胶体颗粒虽然可以随水迁移,但其活动性不强,一般在几英尺的范围内就沉淀下来。因此,在淋洗层之下就常常出现一个硅酸盐黏粒,或铁、铝氧化物和腐殖质大量集聚的层次。在干旱地区,微溶性的碳酸钙、硫酸钙和其他可溶性盐类也可能在土中聚积。

④C 层(风化层或母质层)。C 层指土体以下疏松的、尚未受到成土过程(特别是生物作用)影响的层次。它是上部土体赖以形成的母体物质。有些母质是原地基岩直接风化的产物(残积风化壳),而有些则是异地搬运沉积的物质(如河流冲积物、风沙堆积物和黄土等)。

⑤R 层(基岩层)。R 层指尚未受到风化作用影响的下垫坚硬岩石。有些土壤与基岩有发生上的继承关系(通过风化层),有些则没有(异地沉积母质)。

土壤学家一般仅视 A 层和 B 层为真正的土壤,或称土体。C 层、R 层只是土壤形成的物质基础,而 O 层则为土体上部的一种残落覆盖层。

(2)土壤的类型与分布。

以土壤具有的一些可直接感知、量测的特征,常将地球陆地上的土壤划分为三大类,即:地带性土壤、隐地带性土壤和非地带性土壤(表 4.1-13)。

土壤发生学分类的主要土壤类型 表 4.1-13

地带性土壤	隐地带性土壤	非地带性土壤
冰沼土	盐土	冲积土
灰化土	碱土	粗骨土
棕壤	潜育土	冰碛土
红(黄)壤	泥炭土	砂丘土
砖红壤	红色石灰土	火山灰土
燥红土	黑色石灰土	
湿草原土		
黑钙土		
栗钙土		
荒漠土		

地带性土壤也称为显域土，是指那些受气候和生物因素强烈影响的土壤。

隐地带性土壤也称隐域土，是受局部条件如特殊岩性、排水不良或盐碱化等因素影响而发育形成的土壤。它的许多性质虽然也受到所处地带的气候条件影响，但主要的土壤特性是受局地条件控制的。

非地带性土壤也称泛域土，是指那些土壤发育极弱、剖面层次分异不明显、土壤特性主要仍受母质影响的未成熟土壤。新近冲积物、冰碛物、崩积物及沙丘和火山灰上的土壤，多数属于泛域土。

(3)土壤酸度。

土壤溶液中的主要阳离子分为产酸阳离子(H^+、Al^{3+})和盐基阳离子(K^+、Na^+、Ca^{2+}、Mg^{2+})两类。土壤酸度是指土壤溶液中氢离子(H^+)的浓度，通常用pH值表示。自然土壤的酸度主要受母岩和气候两种因素控制。母岩和母质主要是通过其化学组成对酸度产生影响的，如花岗岩母质多含浅色矿物，风化释放的盐基离子较少，故多显酸性反应。石灰岩的主要化学成分是碳酸钙($CaCO_3$)，因此发育的土壤基本都呈碱性反应。气候对土壤酸度的影响主要是降水，降水量多的地区淋溶强度大，而盐基离子是最容易受到淋洗的成分，所以湿润地区往往与酸性土壤的分布是一致的；干旱和少雨地区淋溶弱，盐基离子富集于土壤中，所以往往是中性或碱性土壤的分布区。近年来，全球性的酸雨危害日益严重，雨水中含有大量的酸性物质，对土壤具有潜在的酸化危害。

(4)土壤颜色。

土壤颜色与土壤的矿物质成分、有机质含量、排水条件和通气状况密切相关。铁离子和有机质是染色效果特别强的物质，许多土壤的颜色都与它们的含量和变化有关。

许多的热带和亚热带土壤因为含有较多的氧化铁(赤铁矿，Fe_2O_3)而明显地呈现出红色。高度水化后的氧化铁($Fe_2O_3 \cdot 3H_2O$)则偏黄色，所以在同一地带内比较阴湿的林下或降水丰富的山地上部，往往出现黄色的土壤；较干的地方或山地的下部则出现红色的土壤。

温带或寒冷地区的土壤中由于含有大量腐解的有机质，所以表层多呈暗黑色。虽然热带土壤中也含有有机物质，但在含量较低时往往被氧化铁掩盖，故仍显红色。在含量较高时，则混合为红褐色。

干旱和半干旱地区的土壤内部与盐土的表层出现偏灰白色调，原因是碳酸钙、石膏和可溶性盐的聚集。

排水不良的土壤颜色灰暗，通常呈浅灰色、蓝灰色或蓝绿色。如果排水情况稍好，在大的空隙中有空气流通，空隙周围的铁受到氧化，就会在蓝灰的底色上出现许多黄褐色斑点或条带。

4.1.3 土、石工程分级

土、石工程分级是确定交通工程施工方法、施工材料和施工时间、地基承载力等的基础。土、石工程分级表见表4.1-14，各类围岩岩石与土饱和抗压强度(R_b)和容许承载力见表4.1-15。

表 4.1-14

土、石工程分级表

土、石等级	土、石类别	土、石名称	钻 1m 所需时间			爆破 $1m^3$ 所需炮眼长度(m)		开挖方法
			湿式凿岩一字合金钻头净钻时间(min)	湿式凿岩普通淬火钻头净钻时间(min)	双人打眼(人工)	路堑	隧道导坑	
Ⅰ级	松土	砂类土、腐殖土、种植土、中密的黏性土及砂性土、松散的水分不大的黏土,含有 30mm 以下树根或灌木根的泥炭土						用铁锹挖、脚蹬一下到底的松散土层
Ⅱ级	普通土	水分较大的黏土、密实的黏性土及砂性土、半干硬状态的黄土、含有 30mm 以上的树根或灌木根的泥炭土、碎石类土(不包括块石土及漂石土)						部分用镐刨松,再用锹挖,以脚蹬锹需连蹬数次才能挖动
Ⅲ级	硬土	硬黏土、密实的硬黄土,含有较多的块石土及漂石土;各种风化成土块的岩石						必须用镐先整个刨过才能用锹挖
Ⅳ级	软石	各种松软岩石、盐岩、胶结不紧的砾岩、泥质页岩、砂岩、煤、较坚实的泥灰岩、块石土及漂石土、软的节理多的石灰岩		<7	<0.2	<0.2	<2.0	部分用撬棍或十字镐及大锤开挖,部分用爆破法开挖
Ⅴ级	次坚石	硅质页岩、砂岩、白云岩、石灰岩、坚实的泥灰岩、软玄武岩、片麻岩、正长岩、花岗岩	<15	7~20	0.2~1.0	0.2~0.4	2.0~3.5	用爆破法开挖
Ⅵ级	坚石	硬玄武岩、坚实的石灰岩、白云岩、大理岩、石英岩、闪长岩、粗粒花岗岩、正长岩	>15	>20	>1.0	>0.4	>3.5	用爆破法开挖

各类围岩岩石与土饱和抗压强度(R_b)和容许承载力(σ_0)　　表 4.1-15

围岩类别		R_b(MPa)	σ_0(MPa)
Ⅵ级	—	>60	>6
Ⅴ级	硬岩	>30	>4
	软岩	30 左右	1.5~3.0
Ⅳ级	硬岩	>30	2.0~3.0
	软岩	5 以上~30	1.0~1.5
Ⅲ级	硬岩	>30	1.5~2.0
	软岩	≤5	0.4~1.0
	略具压密或成岩作用的土	0.7~2.2	0.3~0.9
	老黄土		0.4~1.4
	泥质胶结的碎、卵石		1.1~1.5
	大块、漂石土		0.8~1.3
Ⅱ级	成角砾、碎屑状岩石		0.2~0.6
	一般黏性土		0.15~0.45
	一般砂性土		0.29~0.55
	一般卵砾石土(包括碎石、角砾土)		0.20~1.2
	Q_3 及 Q_2 以前的冲积、洪积黏性土和硬性土		0.35~0.65
	残积土		3.20~0.35
	土夹石		0.20~0.65
	呈松软的角砾、泥沙状岩石		<0.20
	软塑状黏性土及潮湿粉细砂		<0.15

注:1.岩石类中,易软化的岩石和 R_b<5MPa 的岩石受水浸泡时,宜用较低值。

2.Ⅲ类围岩中的略具压密和成岩作用的土是指密实或略具有胶结的有层状结构的砂性土或黏性土。

3.本表数值不适用于湿陷性黄土和冻土。

4.各种土的 σ_0 一般应按《公路桥涵地基与基础设计规范》(JTG 3363—2019)有关规定确定。对于土多砂少的土夹石,由于石不起骨架作用,其应以土的塑性状态和孔隙比并适当考虑石的含量来确定。一般来说,含水率小、夹石多的选大值,夹砂含水率大的选小值。

5.表中 R_b 及 σ_0 值,如需要时可近似地按 10 倍关系换算为 kgf/cm^2 单位的值。

6.本表参考《公路工程地质勘察规范》(JTG 064—98)中表 F.0.4 制定。

4.1.4 特殊岩(土)与交通运输

特殊岩(土)按不同原则划分,有以下几种方法:①按特殊岩(土)类别划分,如杂填土、盐渍土、膨胀土、湿陷性黄土等;②按路基所跨越地区的情况划分,如软土、沼泽地区、水稻田地区、多年冻土地区、滑坡地区、岩溶地区以及崩坍岩堆地区和风沙地区等;③除上述特殊岩(土)或特殊地区的路基施工外,由于施工季节或施工气候影响,亦应采取相应技术措施,如多雨潮湿地区、季节性冻融翻浆地区以及路基的冬期施工、雨季施工等,都宜区分情况,分别处置,以确保路基的强度和稳定性。

4.1.4.1 杂填土与交通运输

杂填土是由房渣土(建筑垃圾)、工业废渣、生活垃圾等杂物堆积而成的土。由于杂填土的成分复杂,性质也不相同,分布无规律性,在大多数情况下,杂填土比较疏松且分布不均匀,在同一场地的不同位置,地基承载力和压缩性也可能有较大差异。当遇到杂填土作为交通工程和设施的地基或路基填料时,如果不做好处理,就会出现承载力不足、沉降量和差异沉降较大的问题,通常需要进行处理。道路穿越杂填土地段时,有以下几种处理方法。

(1)片石表面挤实法:适用于非冰冻地区,地下水位较低(地面 1.0m 以下),含软土较少和厚度不大的房渣土。可用 20~30cm 长的片石,使其尖端向下,密排夯入土中(从疏到密),以提高表层土的密实程度,减少地基的变形。

(2)重锤夯实法:适用于处理地下水位在 0.8m 以上的稍湿的各种黏性土、砂土、湿陷性黄土和房渣土,以及工作面受限制和结构物接头处的填土。含水多的软弱土层不宜采用,大块钢渣因难以击碎,也不宜采用。

(3)振动压实法:适用于处理地下水位离振实面不小于 0.6m,含少量黏性土的房渣土和工业废渣。

(4)机械碾压法:新填房渣土、炉渣及有级配的稳定冶炼渣应用机械碾压数遍后,再用重型压路机碾压至要求压实度。

用杂填土作路基填料,需要满足以下要求。

(1)房渣土(建筑垃圾)用于城市道路路基填土时,不应含有腐木之类不稳定物质,其烧失量不应大于 5%,最大粒径不应大于 10cm。

(2)利用工业废渣填筑路基,应对废渣的稳定性、适用粒径和对地下水质污染影响通过试验研究,经技术鉴定后方可使用。

(3)生活垃圾不得用作路基填料。若道路穿越生活垃圾堆积年数长久的地段,经试验分析,证实其确已充分分解而稳定时,方可不换土。

4.1.4.2 软土与交通运输

软土一般是指天然含水率大、压缩性高、承载能力低的一种软塑到流塑状态的黏性土,如淤泥、淤泥质土以及其他高压缩性饱和黏性土、粉土等。

淤泥和淤泥质土是指在静水或缓慢的流水环境中沉积,经生物化学作用形成的黏性土。这种黏性土含有机质,天然含水率大于液限,当天然孔隙比 e 大于 1.5 时,称为淤泥;天然孔隙比小于 1.5 而大于 1.0 时,称为淤泥质土;当土的灼烧量大于 5%时,称有机质土;大于 60%时,称泥炭。

1)软土的类型

软土按沉积环境不同,可分为下列类型。

(1)滨海沉积——滨海相、潟湖相、溺谷相及三角洲相。

在表层广泛分布一层由近代各种营力作用生成的厚为 0~3.0m 的黄褐色黏性土硬壳;下部淤泥多呈深灰色或灰绿色,间夹薄层粉砂;常含有贝壳及海生物残骸。

①滨海相:常与海浪岸流及潮汐的水动力作用形成较粗的颗粒(粗、中、细砂)相掺杂,使其不均匀和极疏松,增强了淤泥的透水性能,易于压缩固结。

②潟湖相:沉积成颗粒微细、孔隙比大、强度低、分布范围较宽阔,常成海滨平原,在潟湖边缘,表层常有厚0.3~2.0m的泥炭堆积。底部含有贝壳和生物残骸碎屑。

③溺谷相:孔隙比大、结构疏松、含水率高,有时甚于潟湖相。分布范围略窄,在其边缘表层也常有泥炭沉积。

④三角洲相:由于河流及海潮的复杂交替作用,而使淤泥与薄层砂交错沉积,受海流与波浪的破坏,分选程度差,结构不稳定,多交错成不规则的尖灭层或透镜体夹层,结构疏松,颗粒细小。

(2)湖泊沉积——湖相、三角洲相。

湖泊沉积是近代淡水盆地和咸水盆地的沉积。其物质来源与周围岩性基本一致,在稳定的湖水期逐渐沉积而成。沉积物中夹有粉砂颗粒,呈现明显的层理。淤泥结构松软,呈暗灰、灰绿或暗黑色,表层硬层不规律,厚为0~4m,时而有泥炭透镜体。淤泥厚度一般为10m左右,最厚者可达25m。

(3)河滩沉积——河漫滩相、牛轭湖相。

河滩沉积成层情况较为复杂,其成分不均一,走向和厚度变化大,平面分布不规则。一般是软土常呈带状或透镜状,间与砂或泥炭互层,其厚度不大,一般小于10m。

(4)沼泽沉积——沼泽相。

沼泽沉积是分布在地下水、地表水排泄不畅的低洼地带,且蒸发量不足以干化淹水地面的情况下形成的一种沉积物,多伴以泥炭为主,且常出露于地表。下部分布有淤泥层或底部与泥炭互层。

2)软土的分布

软土多在我国沿海地区广泛分布,内陆平原和山区亦有。我国东海、黄海、渤海、南海等沿海地区软土分布,例如滨海相沉积的天津塘沽,浙江温州、宁波等地,以及溺谷相沉积的闽江口平原,河滩相沉积的长江中下游、珠江下游、淮河平原、松辽平原等地区。内陆(山区)软土主要位于湖相沉积的洞庭湖、洪泽湖、太湖、鄱阳湖四周和古云梦泽地区边缘地带,以及昆明的滇池地区,贵州六盘水地区的洪积扇和煤系地层分布区的山间洼地等。

山区谷地软土的分布规律甚为复杂,可从下列几个方面鉴别场地是否有软土分布:

(1)在沟谷的开阔地段、山间洼地、支沟与主沟交汇地段、冲沟与河流汇合地段、河流两侧山洼地段、河流弯曲地段、河漫滩地段等处,往往有软土分布。

在山区河流的中、上游地段,一般沉积粗颗粒物质,但应特别注意河流两侧支沟、冲沟的影响。当上述支沟或冲沟地段有形成软土的物质来源时,这些地段往往有软土分布或在卵石层间夹有软土。

(2)在泉水出露处,特别是潜水溢出泉出露处,水草发育,土体长期浸水呈饱和状态,这些地段往往有软土分布;在潜水位较浅的黄土及亚黏土地区,也有软土分布。

(3)一些古河道、古湖沼、古渠道等分布地段,往往有软土分布。

(4)如有些地段地势低洼,排泄条件不良,地表易于积水,往往出现湿地、沼泽等积水地形,喜水植物(如芦苇、蒲草等)发育,上述地段往往有软土分布。

人工蓄水构筑物(如渠、水库等)大量漏水(引起地下水位上升)的地段,也可能有软土分布。

(5)一些掩埋的粪池、牲畜棚圈、工厂及生活污水废池等地段,往往有软土分布。并由于渗透作用,在其周围也可能有软土分布。

3)软土路段的道路病害

在软土上修建公路时,容易发生路堤失稳或沉降过大、路基不均匀沉降、路基侧移、路面沉陷、路面拉裂、桥头跳车等现象。

桥头跳车是由于路基路面沉降引起的,一般桥头的填土较高,沉降量相应较大。另外一个重要因素是构造物,特别是大中型桥通常采用桩基,桥台的沉降量较小,甚至没有,而桥头填土往往较高,路基路面容易产生较大的沉降,造成桥台与其邻接路面的差异沉降显著大于任意局部小段路基路面与其邻接路基路面间的差异沉降。

当路基底面发生沿横向的盆形沉降时,路基的这种变形极易导致路面横坡变缓、路面排水受阻并出现积水,即形成路面盆形沉降。

涵身凹陷变形会导致沉降缝被拉宽漏水、过水断面减少、端墙向外挤出或后仰等。

地基抗剪强度不足引起的多种变形,典型的变形包括边坡外侧土体隆起、路堤侧向整体滑动、桥头路堤纵向沿河床方向整体滑动破坏、桥台和桥头路堤纵向沿路线滑动破坏路面。

软土的不良工程特性导致的这些病害路基在降低公路行车速度和乘员舒适度的同时还加快了车辆的磨损速度和公路破坏速度。

4)软土的工程评价

(1)地貌条件及持力层选择。

①当场地有暗浜、暗塘等不利因素存在时,建筑物的布置应尽量避开这些不利地段;如无法避开时,则必须进行处理。

②当地表有硬壳层时,一般应充分利用。

③当地基主要受力层范围内,有薄砂层或软土与砂土互层时,应根据其排水固结条件,分析判定其对地基变形的影响,以充分挖掘地基潜力。

(2)评价方法及防治措施。

修建在软土地基上的路堤,要考虑稳定和沉降两方面的问题。为保证路堤在施工过程中和完工后的稳定,要对路堤填筑荷载可能引起的软土地基滑动破坏进行稳定计算,必要时应采取相应的稳定措施;为使工后剩余沉降量控制在路面的容许变形范围内,要计算软土地基的总沉降量和沉降速度,必要时应考虑变更工期或采取减小沉降、加速固结等措施。

对于软土地基,当路面设计使用年限内残余沉降(或称工后沉降)不满足要求时,应针对沉降进行处治。

5)软土路段病害的对策措施

(1)软土地区选线原则。

①尽可能选择软土分布范围最窄、软土层最薄的地段通过。

②尽量选择靠近山丘、地势较高以及取土条件较好的地段通过。

③在宽阔的软土平原上,路线应尽量远离河流、渠道或湖塘。

④路线沿古盆地或河谷软土地带行进时,应避免从中部通过。

⑤在低缓丘陵地区,路线不宜通过封闭或半封闭洼地。

⑥路线行经山间谷地软土时,应尽量避免从基底横向坡度较陡处通过。

⑦纵断面设计要综合考虑软土地基、地下水位、桥涵最小高度以及路堤的极限高度，避免设计过高或过低的路堤。

(2)软土地区路堤设计原则。

①路堤在施工期间和完工后使用期间应是稳定的，不因填筑荷载或施工机械和交通荷载的作用而引起破坏，也不应给桥台、涵洞、挡土墙等构造物及沿线多种设施带来过大的变形。

②为避免路基沉降给涵洞、挡土墙等构造物造成变形破坏，应首先考虑提前填筑路堤、在其充分沉降后再修筑构造物的方案。如同时施工，则须设置达到持力层的基础，以防止过大的位移和沉降。

③为避免路面的变形破坏，以及连接桥梁、涵洞等构造物的引道路堤产生不均匀沉降，高等级公路应严格控制在规定年限内的工后剩余沉降量。在高速公路上，对工后15~20年的剩余沉降量，通常采用如下标准：一般路段30cm，桥头路堤10cm；过渡段沉降坡差小于2‰。

④在软土层厚且长期发生较大沉降的地区及大范围的软土地区，有时很难使工后剩余沉降量控制在要求的标准内，或者虽能控制但极不经济时，则应考虑设置桥头搭板、铺筑临时性路面、加强养护的分期修建方案。

⑤在没有一定厚度硬壳层的软土地基上，不宜修筑填土高度小于2~2.5m的低路堤。这种低路堤在交通荷载作用下，可使路面发生较大的不均匀沉降，特别是当软土地基不均匀、重型车辆交通量较大时，沉降更加明显。

⑥为保证路堤稳定或控制工后剩余沉降，均需采取相应的处理措施。在选择处理措施时，应考虑地基条件、公路条件及施工条件，尤其要考虑处理措施的特点、对地基的适用性和效果，以确定符合目的要求的处理措施。

⑦当软土地基比较复杂，或工程规模很大、沉降控制的精度要求较高时，应考虑在正式施工之前，在现场修筑试验路，并对其稳定和沉降情况进行观测，以便根据观测结果选择适当的处理措施，或对原来的处理方案进行必要的修正。

(3)软土地基处理方法的分类与选择。

按处理目的不同，软土及泥炭类土地基处理方法可分为沉降处理与稳定处理两大类。其详细区分如下。

①沉降处理。加速固结速固：加速地基沉降，减小有害的剩余沉降量；减小总沉降量：减小地基的沉降。

②稳定处理。控制剪切变形：制止周围地基因荷载作用发生隆起或流动；阻止强度降低：阻止因路堤荷载作用而强强度降低，以求稳定；促进强度增长：加速地基强速地基强度以求稳定；增加抗滑阻力：改变路堤的形状或者换填部分地基，增加抗滑阻力，以求稳定。

选择处理方法时，首先必须充分研究进行处理的理由、目的，然后考虑地基的性状、道路的标准、施工条件、对周围环境的影响等各种条件，选择最符合目的要求且最经济的方法。地质及地基构成不同，采用的方法也有所不同。

4.1.4.3 泥炭土与交通运输

泥炭土是喜水植物遗体在缺氧条件下在不完全通气和高含水条件下形成的一种部分或全部分解的植物残余物的堆积物。泥炭土在我国云南、贵州、江苏、福建、内蒙古等地均有分布。

泥炭土最显著的特性是有机质含量高,有机质成为影响土体物理力学特性的主要因素。不同环境类型形成不同类型的泥炭土,高位泥炭地的补给水仅限于大气降水,接受大气降水的泥炭地植物为贫营养型;低位泥炭地的补给水除大气降水外,还有地表水和地下水,这种环境下的植物为富营养型;中位泥炭地的植物则介于两者之间,不同类型的植物产生不同的泥炭类型。

泥炭仅限于没有混入类似黏土的碎屑物和火山喷发物等,当混入以上物质时,植物遗体仍占50%以上的,采用混合物的名称,称为黏土质泥炭、砂质泥炭、夹火山灰泥炭;植物遗体占50%以下时,称为泥炭质黏土。有机质可分为未分解的有机物、部分分解的有机物、腐殖质三种,其中腐殖质和土中矿物颗粒形成有机无机复合体。随着时间的推移或外界环境的改变,有机物进行分解。不同类型泥炭分解度差别明显,贫营养泥炭分解度较低,富营养泥炭分解度高,中营养泥炭介于两者之间。不同地区泥炭分解度差别较大,温度较高的地区,含水率相对较低,通气性较好,利于微生物活动,因而分解度往往较寒冷地区高。表层泥炭分解度往往强于中、下层泥炭。

泥炭、泥炭土多为酸性,少部分为中性至微碱性,水化学类型多为重碳酸质水。

有机质分解后形成的古敏酸不是致密的,具"海绵状"结构和大量微孔隙,呈微小的球粒状,直径在80~10A°之间[1],在酸性和中性介质中,这些颗粒发生凝聚,并以由粗大球状集粒构成的结构化沉淀形成析出。古敏酸吸附在黏土矿物上形成"粗糙"表面,这种结构化薄壳的存在,会极大地影响泥炭土的工程特性。未腐烂植物可见明显的轮廓,成为纤维状或团块状。植物残体、腐殖质、矿物质是构成泥炭土的微观结构的物质基础,这些物质按一定的方式排列,在显微镜下,泥炭土中存在大量的孔隙和微孔隙。泥炭土颗粒之间往往通过有机胶体联结,形成的泥炭土的典型结构有蜂窝状结构、架空结构和球状结构。其特点均为疏松多孔,是不稳定的结构,在外力作用下易产生结构破坏。

泥炭分解程度可参考表4.1-16进行鉴定。

泥炭分解程度鉴定 表4.1-16

整个土样中分解的腐殖质的数量(%)	泥炭分解程度	泥炭分解鉴定			
100	强烈分解的泥炭	肉眼不能辨认植物遗体	用手挤压泥炭时不能析出水		不能挤压,泥炭易从手指之间露出,手很易污染
80	分解很好的泥炭	仅能看出某些植物遗体	析不出水或只能析出很少的水	析出的水为深褐色	不能挤压,手易污染
60	弱分解的泥炭	能看出植物遗体	能析出少量的水	析出的水是褐色或浅褐色	可压碎,无弹性,手不易污染
40	分解不好的泥炭	能明显看出植物遗体	能析出很多的水	析出的水是黄色	可挤压,弹性不显著,手不污染
20	未分解的泥炭	用肉眼可以辨认植物遗体	能析出大量的水	析出的水几乎没有颜色	易挤压,有弹性,手不污染

[1] $1A° = 10^{-10}m$,后同。

按泥炭层厚度，可将泥沼分为三类：①浅泥沼：泥炭层厚度在0.5~2m之间；②中等泥沼：泥炭层厚度在2~4m之间；③深泥沼：泥炭层厚大于4m。

工程上一般按泥炭土的稳定程度把泥炭土划分为三类，见表4.1-17。

泥炭土按沉积物稳定程度分类 表4.1-17

类别	泥炭土	特征
Ⅰ	充满紧密稳定的泥炭	温度在0℃以上，2m深的试坑，垂直边坡能保持5d，相对稳定
Ⅱ	充满不稳定的泥炭	温度在0℃以上，2m深的试坑，垂直边坡不能保持5d，相对不稳定
Ⅲ	充满水和流动的泥炭或淤泥，表面有时有漂浮的泥炭皮	沉积物呈流动状态，极不稳定

1）泥炭土的工程特性

泥炭土的工程性质取决于泥炭组成、分解程度及矿物颗粒含量。泥炭分解程度越低，压缩性越大，透水性越好；泥炭分解程度越高，细粒土越多，则压缩性越小，透水性越差。

与软土地基相比，泥炭土的天然含水率 ω 更高，一般大于100%，最大可达800%~1000%；孔隙比 e 更大，一般大于3，最大可达25；压缩系数 a 更大，一般大于 $5m^2/MN$；渗透系数 k 较大，一般大于 $1\times10^{-6}cm/s$；抗剪强度较低，且有明显的各向异性，一般快剪内摩擦角平小于10°，黏聚力 c 小于 $10kN/m^2$。

泥炭土的比重和重度较小。其比重一般为1.2~1.6，低于矿质土的平均值（2.65）。泥炭土的比重主要取决于它的矿物含量和分解度，泥炭灰分含量越多，则比重越大，随着分解度增高，比值相应减小。泥炭的重度一般在 $10\sim13kN/m^3$ 之间，低于矿质土重度（$13\sim16kN/m^3$）。泥炭土的重度亦与泥炭植物残体类型、矿质含量和分解度有关。一般地，泥炭上矿质分量越高，重度越大，在泥炭类型相同的条件下，随灰分含量增多，分解度的增强以及含水率增大，泥炭土重度增大。

泥炭土的物质成分和微结构随时间的推移和环境的改变会发生较大的变化，因此其强度和变形问题变得非常复杂。

（1）强度问题。泥炭土中有机质对泥炭土的胶结起重要的作用，而腐殖质胶体与土中矿物质胶体不同，它是无定形的，其结构不稳定，从而导致土体性质的不稳定。另外泥炭土中存在大量的细菌，在人类工程活动的影响下，这些细菌可能因环境的改变而变得更活跃，从而加速土体物质成分和微结构的改变，引起强度的变化。纤维质泥炭由于植物纤维的作用，其抗剪强度往往高于分解彻底的腐殖土。我国的一些山间盆地，泥炭土地基上往往存在一层工程性质较好的硬壳层，同时往往存在黏土、粉砂夹层，有效地提高了土体强度。

（2）变形问题。由于泥炭土的天然孔隙比大，故压缩性极强。泥炭土的固结是相当复杂的过程，土体的固结过程中伴随着孔隙水的排出，孔隙水的排出则与土体的渗透系数有关，渗透系数因泥炭土的组成物质不同而不同，另外受有机质分解度的影响。纤维状泥炭土起始透水性往往较好，对低位泥炭地混入大量矿物质时，如果泥炭土层中有芦苇根和倒木，这些植物便成了导水孔，水便可不断涌出，从而改善土体的排水性能。随着泥炭分解的进行，孔隙变得微细,会阻碍水的运动。

在泥炭土压缩过程中,由于孔隙比的减小,透水性变差,土体的固结系数为渗透系数的函数,因而压缩过程中固结系数亦为变量。

在荷载作用下,泥炭土自由孔隙水在超静水压力作用下排出。由于天然孔隙比大,渗透性好,初始固结量因而很大,且固结非常迅速,随着固结过程中孔隙比的减小,泥炭土透水性变差,固结压力由孔隙水转到泥炭土的固体部分。

泥炭土的固体有机物质是可压缩的,且有机质中包含大量非自由水,在外力长期作用下,有机物质骨架发生蠕变,部分结合水排出。这个过程的变形速率相当缓慢,但变形量则相当可观。泥炭土的固结分两个阶段:开始段基本为一较陡的直线,初始固结在很短时间内即完成较大的压缩,后期固结以极慢的速率进行。

泥炭地基的沉降与软土地基不同之处是:泥炭地基虽然压缩性很高,但透水性相当好,即使不采用垂直排水法加速固结沉降,主固结仍可在较短时间内完成,强度也能得到较快提高;泥炭地基的次固结沉降所占比例往往较大,最大可超过 50%,因此有时必须考虑次固结沉降。

2)泥炭土路段的道路病害

因泥炭层与软土层相比,通常厚度较薄,地基在路堤荷载作用下滑动破坏的危险性一般较小。但当沼底坡度较大或泥炭层较厚而性质又较差时,仍须考虑地基活动破坏的稳定性。泥炭地基的压缩性很大,且不均匀,在路堤荷载作用下,常产生很大的不均匀下沉,这是修筑在泥炭地基上的路堤通常要考虑的主要问题。

3)泥炭土的工程评价

(1)泥炭上在外荷载作用下往往产生过大的沉降,且侧向变形和次固结沉降较大。

(2)泥炭土相对厚度较薄,对公路沉降的影响有限。泥炭层的存在对一般预压处理路段,工后沉降一般增加 10~20mm,最大增加 40mm,17 年总沉降增大 30~100mm,存在 1~2 层泥炭层对路基的后期沉降产生一定影响,预压土方量有 10~30mm 的增加,但预压期无须增加;泥炭层的存在对浆喷桩处理路段的沉降影响微弱,工后沉降量影响较小,预压土方也可忽略不计。

(3)泥炭土水泥土的强度明显低于普通淤泥水泥土,但是泥炭土水泥土 28d 强度可以达到 0.5MPa 的设计要求。随着水泥掺量的增加,泥炭土水泥土强度逐渐增加。在不同土质中匀速地按“kg/每米桩长”施工时,其掺灰百分比是不同的。在沪苏浙高速公路水泥搅拌桩施工中,水泥掺量应控制在 60kg/m 为宜。

(4)用粉煤灰取代部分水泥,掺“15%水泥+15%粉煤灰”相当于掺 25%水泥的强度。这说明可以采用粉煤灰取代部分水泥,以降低工程费用。采用粉煤灰取代部分水泥的方法,粉煤灰掺量不宜过多,掺量应控制在粉煤灰∶水泥=1∶1。

4)泥炭土地区选线原则

(1)尽可能选择泥沼窄、浅及沼底横坡平缓的地段通过。

(2)尽量绕避陡山坡上的泥沼、古湖盆的泥沼以及中间聚水地带的泥沼。

(3)应注意利用隆起的微地貌,以缩短通过泥沼积水和软弱地段的长度。

(4)纵断面设计要考虑泥沼土层的性质和厚度、泥沼的地下水位和地面积水水位,使路

堤高出水位一定高度并有一定的填土厚度。

5)泥炭土地基处理原则

不同环境产生不同性质的泥炭土。对分解度小、矿质含量低的泥炭,单纯采用砂井类方法只能加速主固结沉降,不能减少总沉降和次固结沉降,因此采用此法难以满足工后沉降的要求;对矿质含量高的情况,若泥炭土沉积厚度不大,性质比一般黏土稍差,则可考虑采用砂井类方法,这类方法工艺相对简单,成本低。但当泥炭土厚度大时,单纯采用砂井类方法往往不能取得满意效果,可考虑采用超载预压法、复合地基方法、土工织物方法、强夯置换混合法、轻型填料法等方法。以上各种方法对处理泥炭土这类总沉降量大、次固结变形延续时间长、变形量所占比例大的地层是有效的,但在使用以上方法时应根据工程要求、场地条件、工期要求、经济比较,再作出合理的选择。

6)泥沼地区路堤设计原则

(1)在Ⅰ类泥沼地段。修建等级低的公路时,为加快工程进度、降低工程造价,可直接填筑路堤。修建等级高的公路时,如泥岩层厚小于2m,应采取全部挖除的方法;如泥炭层厚度大于2m,可采取部分挖除的方法。

(2)在Ⅱ类泥沼地段。修建等级低的公路时,亦可在泥炭层上直接填筑路堤。修建等级高的公路时,如泥炭层厚小于3m,应使路堤沉落到沼底;如泥炭层厚大于3m,则应考虑部分挖除或采取一定的加固措施。

(3)在Ⅲ类泥沼地段。一般应将表层泥炭皮挖除,抛填片石沉落到基底。如公路等级低、漂浮的泥岩皮较厚,也可将路堤修筑在柴排上。

(4)在Ⅰ、Ⅱ类泥沼地段,修筑在泥炭层上的路堤,为促进泥炭固结,有利于路基稳定,并使车辆行驶所引起的弹性变形缩减到容许范围之内,应使路堤填土有一定厚度。

(5)全部挖除泥炭层后修筑的路堤,在沉落后高出泥沼表面的高度不应小于0.8m;部分挖除泥岩层修筑的路堤,在沉落后此高度不应小于1.2m;在淹水的泥沼中,路堤沉落后应高出淹没水面1.0m以上。所有修筑在泥沼地段的路堤,其高度还应同时满足土基稳定与防治冻胀和翻浆的要求。

(6)当泥沼底部有较大横向坡度时(Ⅰ类泥沼大于1∶10,Ⅱ类泥沼大于1∶15,Ⅲ类泥沼大于1∶20),尚需考虑路堤沿沼底产生横向及纵向滑动的可能性,必要时应采取防滑措施。

(7)无论哪种类型的泥沼,都应考虑泥沼的地面积水水位和地下水水位有无疏干和降低的可能性。如有条件,应配合桥涵设计做好排水系统设计,以改善泥沼的工程性质,减少加固措施。

4.1.4.4 水稻田土与交通运输

在水稻田地区,由于地基经常浸水湿软,表层一般有不良土层,含水率高,路堤边坡不易稳定且路基沉降幅度亦大,排水疏干后,往往表面干硬,但下层仍因含水率过大,压实困难。在水稻田地区进行道路施工,需要保持正常灌溉体系、排水疏干、基础处理、边坡防护等工程的施工。

1)保持正常灌溉体系

跨越水田的路基应确保农田灌溉不受任何影响,当有设计与农用灌溉要求(如涵洞等)

不相适用、位置不当、数量不足等,应及时按程序提出变更设计。

2)排水疏干及清基

(1)水稻田几乎常年受水浸泡,农田土壤松软,有时夹有淤泥杂物。在筑路施工前必须在全路幅范围两侧先筑土埂,并开挖排水沟,将水引出(必要时抽除积水)接通出水口,使地面水及时得到排除,清基压实。

(2)当地面水被排除后,应将淤泥杂物进行清理、清除,一般除过厚淤泥做必要挖换好土外,多数情况下在土被疏干后可填沙砾等即可压实,如遇淤泥不厚,仅属表面一层时,对二级以下公路亦可抛填片石挤淤;也可在湿土中掺石灰或粉煤灰用以吸收多余水分。一级以上公路应按软土、沼泽地区情况进行处治。

3)基础处理

在水稻田地区,必要时地基亦可采取竹片扎成竹笆,平铺搭接(重叠接头 10~15cm)摊铺于基底,然后上铺片石、砾石砂进行碾压,再填筑路基。

4)边坡防护

水稻田地区的路堤边坡,一般应作护墙或浆砌护坡。当土质和气候适宜时,填方边坡也可采用种植草皮、灌木等植物防护。

5)路堤坡脚挡墙

修建高速公路、一级公路时,除筑土埂排水疏干外,应在坡脚处设置挡墙,其基础埋置深度应在冰冻线下至少 60cm。

4.1.4.5 膨胀土与交通运输

膨胀土为吸水后显著膨胀,失水后显著收缩的高液限黏质土。膨胀土广泛分布在黄河流域及其以南的一些省(自治区、直辖市),这些省(自治区、直辖市)多属于亚干旱气候和亚润湿气候。在膨胀土地区,会出现路基边坡崩塌、浅层滑坡以及路基路面的胀缩变形,进一步导致路面和低层建筑物破坏,影响交通工程和设施的正常使用。

1)膨胀土的工程特性

(1)影响膨胀土胀缩变形的主要因素。

①膨胀土的矿物成分主要是次生黏土矿物——蒙脱石(微晶:高岭土)和伊利石(水云母),具有较高的亲水性,当失水时土体收缩,甚至出现干裂,遇水即膨胀隆起,土中含有上述黏土矿物的多少直接决定土的膨胀性的大小。

②膨胀土的化学成分则以 SiO_2、Al_2O_3 和 Fe_2Q_3 为主,黏土粒的硅铝分子的比值越小,胀缩量就小,反之则大。

③黏粒含量越高,吸水能力越强,胀缩变形就大。

④土的密度大,孔隙比就小,反之则孔隙比大,前者浸水膨胀强烈,失水收缩小;后者浸水膨胀小,失水收缩大。

⑤膨胀土含水率变化,易产生胀缩变形,初始含水率与胀后含水率越接近,土的膨胀性就越小,收缩的可能性和收缩值就越大;两者差值越大,土膨胀的可能性及膨胀值就大,收缩就越小。

(2)膨胀土的其他工程特性。

除胀缩性外,膨胀土还具有以下工程特性:

①崩解性。不同类型的膨胀土,其崩解性是不一样的,强膨胀土浸入水中后,几分钟内很快就完全崩解;弱膨胀土浸入水中后,则需经过较长时间才逐步崩解,且有的崩解不完全。一般干燥土试样崩解迅速且较完全,潮湿土试样崩解缓慢且不完全。

②多裂隙性。膨胀土中的裂隙,主要可分垂直裂隙、水平裂隙与斜交裂隙三种类型。这些裂隙将土体分割成具有一定几何形态的块体,如棱块状、短柱状等,破坏了土体的完整性。裂隙面光滑有擦痕,且大多充填有灰白或灰绿色黏土薄膜、条带或斑块,其矿物成分主要为蒙脱石,有很强的亲水性,具有软化土体强度的显著特性。膨胀土路基边坡的破坏,大多与土中裂隙有关,且滑动面的形成主要受裂隙软弱结构面所控制。

③超固结性。膨胀土大多具有超固结性,天然孔隙比较小,干密度较大,初始结构强度较高。超固结膨胀土路基开挖后,将产生土体超固结应力释放,边坡与路基面出现卸荷膨胀,并常在坡脚形成应力集中区和较大的塑性区,使边坡容易破坏。

④风化特性。受气候因素影响,膨胀土极易产生风化破坏。路基开挖后,土体在风化营力作用下,很快会产生碎裂、剥落和泥化等现象,使土体结构破坏,强度降低。

⑤强度衰减性。膨胀土的抗剪强度为典型的变动强度,具有峰值强度极高、残余强度极低的特性。由于膨胀土的超固结性,其初期强度极高,一般现场开挖都很困难。但随着受胀缩效应和风化作用的时间增加,抗剪强度将大幅衰减。强度衰减的幅度和速度,除与土的物质组成、土的结构和状态有关外,还与风化作用,特别是胀缩效应的强弱有关。这一衰减过程有的是急剧的,但也有的比较缓慢。有的膨胀土边坡开挖后,很快就出现滑动变形破坏;有的边坡则要几年,乃至几十年后才发生滑动。

由于膨胀土结构的各向异性,使原状膨胀土的抗剪强度也显示出明显的方向性,垂直于裂隙面的强度较高,平行于裂隙面的强度最低。

2)膨胀土路段的道路病害

(1)路基路面病害。

①波浪变形。设计不好的路基路面,因路幅内土基含水率的不均匀变化,引起土体的不均匀胀缩,易产生幅度很大的横向波浪形变形,这种变形随季节和年度而变化。

②溅浆冒泥。雨季路面渗水,土基受水浸并软化,在行车荷载作用下,形成泥浆,挤入粒料基层,并沿路面裂缝、伸缩缝溅浆冒泥。路面溅浆冒泥多在雨季发生,如有地下水浸湿路基时,亦可在其他季节发生。

(2)路堑病害。

①剥落。剥落是路堑边坡表层受物理风化作用,使土块碎解成细粒状、鳞片状,在重力作用下沿坡面滚落的现象。剥落主要发生在旱季,旱季越长,蒸发越强烈,剥落越严重。一般强膨胀土较弱膨胀土剥落更甚,阳坡比阴坡剥落要严重。剥落物堆积于边坡坡脚或边沟内带造成边沟堵塞。

②冲蚀。冲蚀是坡面松散土层在降雨或地表径流的集中水流冲刷侵蚀作用下,沿坡面形成沟状冲蚀的现象。冲蚀沟深0.1~0.5m,深者可达1.0m。冲蚀的发展使边坡变得支离破碎。冲蚀主要发生在雨季,特别是大雨或暴雨季节。冲蚀既破坏了坡面的完整性,也不利于植物的生长。

③泥流。泥流是坡面松散土粒与坡脚剥落堆积物在雨季被水流裹带搬运形成的。一般

在膨胀土长大坡面、风化剥落严重且地表径流集中情况下最易形成。泥流常造成边沟或涵洞堵塞,严重者可冲翻路基、淹埋路面。

④溜塌。边坡表层强风化层内的土体,吸水过饱和,在重力与渗透压力作用下,沿坡面向下产生塑流状塌移的现象,称为溜塌。溜塌是膨胀土边坡表层最普遍的一种病害,常发生在雨季,与降雨稍有滞后关系,可在边坡的任何部位发生,与边坡坡度无关。溜塌上方有弧形小坎,无明显裂缝与滑面,塌体移动距离较短,且很快自行稳定于坡面。溜塌厚度受强风化层控制,大多在 1.0m 以内,不超过 1.5m。

⑤坍滑。由于裂隙切割以及水的作用,边坡浅层膨胀土体在湿胀干缩效应与内化作用影响下,土体强度衰减,丧失稳定性,沿一定滑面整体滑移并伴有局部坍落的现象。坍滑常发生在雨季,并较降雨稍有滞后。滑面清晰且有擦痕,滑体裂隙密布,多在坡脚或软弱的夹层处滑出,破裂面上陡下缓,滑面含水富集,明显高于滑体。坍滑若继续发展,可牵引形成滑坡。坍滑厚度一般在风化作用层内,多为 1.0~3.0m。

⑥滑坡。滑坡具有弧形外貌,有明显的滑床,滑床后壁陡直,前缘比较平缓,主要受裂隙控制。滑坡多呈牵引式出现,具叠瓦状,成群发生,滑体呈纵长式,有的滑坡从坡脚可一直牵引到边坡顶部,有很大的破坏性。滑体厚度大多具有浅层性,一般为 1.0~3.0m,多数小于 6.0m,与大气风化作用层深度密切相关。膨胀土滑坡主要与土的类型和土体结构关系密切,与边坡的高度和坡度并无明显关系,试图以放缓边坡来防治膨胀土滑坡几乎是徒劳的,必须采取其他有效的防护措施。

(3)路堤病害。

①沉陷。膨胀土初期结构强度较高,在施工时不易被粉碎,亦不易被压实。在路堤填筑后,由于大气物理风化作用和湿胀干缩效应,土块崩解,在上部路面、路基和汽车荷载作用下,路堤容易产生不均匀下沉,如伴随有软化挤出则可产生很大的沉陷量。路堤越高,沉陷量越大,沉陷越普遍,尤以桥头填土的不均匀下沉更为严重。不均匀下沉导致路面的平整度下降,严重时可使路面变形破坏,甚至屡修屡坏。

②纵裂。路肩部位常因机械碾压不到,使填土达不到要求的密实度,因而后期沉降相对较大。同时,因路肩临空,对大气物理作用特别敏感,干湿交替频繁,肩部土体失水收缩远大于堤身,故在路肩顺路线方向常产生纵向开裂,形成长数十米甚至上百米的张开裂缝。缝宽 2~4cm,大多距路肩外缘 0.5~1.0m。

③坍肩。路堤肩部土体压实不够,又处于两面临空部位,易受风化影响使强度衰减,当有雨水渗入时,特别是当有路肩纵向裂缝时,容易产生坍塌。塌壁高多在 1m 以内,严重者大于 1m。

④溜塌。路堤的溜塌与路堑边坡表层溜塌相似,但路堤边坡溜塌多与边坡表面压实不够有关。溜塌多发生在路堤边坡的坡腰或坡脚附近。

⑤坍滑。膨胀土路堤填筑后,边坡表层与内部填土的初期强度基本一致。但是随着通车时间的延续,路堤经受几个干湿季节的反复收缩与膨胀作用后,表层填土风化加剧,裂隙发展,当有水渗入时,膨胀软化,强度降低,导致边坡坍滑发生。

⑥滑坡。路堤滑坡与填筑膨胀土的类别、性质、填筑质量以及基底条件等有关。若用灰白色强膨胀土填筑堤身,则形成人为的软弱面(带);填筑质量差,土块未按要求打碎;基底有

水或淤泥未清除,处理不彻底;边坡防护工程施工不及时;边坡表层破坏未及时整治等,都有可能产生滑坡。膨胀土路堤有从堤身滑动的,也有从基底滑动的。

3)膨胀土的工程评价

(1)膨胀岩土的工程地质分类。

①根据膨胀土的成因和性质等将其分为四类,详见表 4.1-18。

膨胀土的工程地质类型 表 4.1-18

类型		岩性	孔隙比 e	液限 ω_L (%)	自由膨胀率 δ_{fs}(%)	膨胀力 P_p (kPa)	线缩率 e_{SL} (%)	分布地区
Ⅰ(湖相)		(1)黏土、黏土岩、灰白、灰绿色为主,灰黄、褐色	0.54~0.84	40~59	40~90	70~310	0.7~5.8	平顶山、邯郸、宁明、个旧、鸡街、襄樊、蒙自、曲靖、昭通
		(2)黏土:灰色及灰黄色	0.92~1.29	58~80	56~100	30~150	4.1~13.2	
Ⅱ(河相)		(3)亚黏土:泥质粉细砂、泥灰岩,灰黄色	0.59~0.89	31~48	35~50	20~134	0.2~6.0	郧县、荆门、枝江、安康、汉中、临沂、成都、合肥、南宁
		(1)黏土:褐黄、灰褐色	0.58~0.89	38~54	40~77	53~204	1.8~8.2	
		(2)亚黏土:褐黄、灰白色	0.53~0.81	30~40	35~53	40~100	1.0~3.6	
Ⅲ(滨海相)		(1)黏土:灰白,灰黄色,层理发育,有垂向裂修,含砂	0.65~1.30	42~56	40~52	10~67	1.6~4.8	湛江、海口
		(2)亚黏土:灰色,灰白色	0.62~1.41	32~39	22~34	0~22	2.4~6.4	
Ⅳ(残积相)	-1(碳酸岩石地区)	(1)下部黏土:褐黄、棕黄色	0.87~1.35	51~86	30~75	14~100	1.2~7.3	贵县、柳州、来宾
		(2)上部黏土:棕红、褐色等色	0.82~1.34	47~72	25~49	13~60	1.1~3.8	昆明、砚山
	-2(老第三系地区)	(1)黏土:黏土岩、页岩、泥岩,灰、棕红,褐色	0.50~0.75	35~49	42~66	25~40	1.1~5.0	开远、广州、中宁盐池、哈密
		(2)亚黏土:泥质砂岩及砂质页岩等	0.42~0.74	24~37	35~43	13~180	0.6~2.3	
	-3(火山灰地区)	(1)黏土:褐红夹黄,灰黑色	0.81~1.00	51~58	81~126		2.0~4.0	增县

②膨胀岩的分类。

膨胀岩可以参照表 4.1-19 进行分类,即分为典型的膨胀性软岩和一般的膨胀性软岩。

膨胀岩的分类 表4.1-19

指　　标	典型的膨胀性软岩	一般的膨胀性软岩	指　　标	典型的膨胀性软岩	一般的膨胀性软岩
蒙脱石含量(%)	≥50	≥10	体膨胀量(%)	≥3	≥2
单轴抗压强度(MPa)	<5	>5,≤30	自由膨胀率(%)	≥30	≥25
软化系数	<0.5	<0.6	围岩强度比	≤1	≤2
膨胀压力(MPa)	≥0.15	≥0.10	小于2μ的黏粒含量(%)	>30	>15

(2)膨胀岩土的判别。

①《岩土工程勘察规范》(GB 50021—2001)规定,应根据下列特征鉴别膨胀岩土:

a.当土中水分聚集时,土体膨胀,可能对与其接触的建筑物产生强烈的膨胀压力而导致建筑物的破坏;土中水分减少时,土体收缩并可使岩土体产生程度不同的裂隙,导致其自身强度的降低或消失。

b.膨胀岩土一般分布在二级及二级以上的阶地、山前丘陵和盆地边缘。地形特征在山地表现为低丘缓坡;在平原地带表现为地面龟裂、沟槽、无直立边坡。

c.膨胀岩土在风干时出现大量的微裂隙,具有光滑面挤压擦痕且有滑腻感,呈坚硬、硬塑状态的岩土体易沿微裂隙面散裂,当其遇水时则软化。膨胀岩土一般呈灰白、灰绿、灰黄、棕红、褐黄等颜色。

d.膨胀岩土分布地区易发生浅层滑坡、地裂、新开挖的基槽及路堑边坡坍塌等不良地质现象。

e.膨胀岩土成分是以蒙脱石及伊利石为主的黏土矿物。

f.地下洞室或隧道的衬砌、井巷支护等结构常产生垂直洞轴线的全断面径向张性胀裂破坏迹象。

②当土的自由膨胀率大于40%时,大多数可鉴别为膨胀岩土。

(3)影响路堑边坡变形的主要因素与路堑边坡分类

①影响路堑边坡变形的主要因素。

a.土质。有效蒙脱石成分含量高、比表面积大、干缩湿胀效应强、风化快、强度衰减快的强膨胀土,路基边坡变形最普遍,破坏最严重。

b.土层。由多种土层或有软弱夹层组成的复合边坡,要比单一土层的均质土边坡的稳定性更差,变形破坏更严重,影响范围更大。

c.裂隙。网状裂隙极发育的膨胀土体,边坡易沿组合裂隙发生破坏。组合裂隙走向与路线走向的交角越小,裂隙倾向与边坡同向,则边坡越易产生变形破坏。

d.风化。越是气候季节变化大、旱季和雨季分明、干湿交替频繁的地区,膨胀土风化越严重,边坡变形破坏越普遍。一般变形破坏集中在久旱后的第一次降雨,雨量越大、降雨持续时间越长,边坡变形破坏越严重。

e.微地貌。岗间负地形处易汇水渗入边坡土体,导致膨胀软化,故较岗脊正地形处边坡容易发生变形破坏。

f.环境工程地质条件。若路堑坡顶有池塘或水田渗水,坡脚有灌溉沟渠浸泡软化,则很

易产生边坡变形破坏。

g.边坡高度与坡度。边坡过高、过陡容易引起变形破坏。

②路堑边坡分类及稳定措施。

根据工程地质条件和路堑边坡的复杂程度，可对路堑边坡作出相应的划分，不同类型路堑边坡的稳定措施见表4.1-20。

路堑边坡分类 表4.1-20

边坡类型		工程地质条件				边坡状况		稳定措施
		膨胀土类别	土层	地形地貌	水文地质	高度(m)	稳定性评价	
Ⅰ类	复杂边坡	强膨胀土	多层土，有软弱夹层	斜坡高陡，岗间负地形	汇水面积长大，地下水活动频繁	>15	极不稳定	加强排水，以支挡为主
Ⅱ类	较复杂边坡	中等膨胀土	多层土，无软弱夹层	斜坡短缓，岗侧缓坡	汇水面积短小，偶有地下水出露	6~15	不稳定	加强排水，坡面防护辅以支挡
Ⅲ类	简单边坡	弱膨胀土	土层单一，较均质	平坦无坡，岗脊，正地形	无地表水汇集，无地下水活动	<6	较稳定	加强排水，坡面防护为主

4)膨胀土地区的工程设计

(1)选线原则。

①如有可能，路线应尽量绕避膨胀土地段。

②必须通过膨胀土地段时，路线的位置应选择膨胀土分布范围最窄、膨胀性最弱以及膨胀土层最薄的地段。

③路线横穿膨胀土垄岗脊线时，应选择岗脊前缘，并垂直垄岗脊线，以尽可能降低路堑深度，缩短路堑长度。

④尽可能减少深挖高填。

⑤若路线通过既有建筑区时，应尽量远离建筑群及重要建筑物。

(2)路基设计原则。

①综合考虑膨胀土类型、土体结构与工程特性、环境地质条件与风化深度等因素。

②膨胀土路基设计的关键问题是如何防水保湿，保持土中水分的相对稳定。

③膨胀土原则上不应用作路堤填料，特别是强膨胀土应严禁用来填筑路堤。若经过技术经济比较必须利用膨胀土填筑路堤，最好选取膨胀性较弱的土用于下层，而不用于土基。若不得已用于土基时，须考虑采用石灰、水泥等无机结合料进行改良。

④膨胀土路堑设计应充分考虑到膨胀土的“变动强度”与强度衰减的特性。边坡稳定性检算的抗剪强度指标，原则上应采用膨胀土在设计状态下的土体强度，不应以土块强度，尤其是不应以天然原状土块的峰值强度指标作为边坡检算依据。

⑤膨胀土大多属于超固结土，具有较大的初始水平应力。路堑边坡开挖后，超固结应力释放产生卸荷膨胀。若边坡土体长期卸荷膨胀并风化，则强度衰减，必将导致边坡破坏。路堑设计可考虑利用土体的一部分超固结应力，保持较高的初始结构强度不受破坏，以减少防

护加固工程并增加堑坡稳定性。

⑥膨胀土路堑施工，一般均应采取“先做排水，后开挖边坡，及时防护，及时支挡”的程序原则，以防边坡土体暴露后产生湿胀干缩效应与风化破坏。

⑦膨胀土路基若填挖太大，路堑超过一定深度、路堤超过一定高度，则很难保证其稳定性，而且一旦病害发生则不易治理，耗资也很大。遇到这种情况，应与隧道、桥梁方案进行技术经济比较，以确定是否以路基形式通过。

(3)填方路基。

①高速公路及一级公路、二级公路路基填土高度小于路面与路床的总厚度，基底为膨胀土时，宜挖除地表0.30~0.60m的膨胀土，并将路床换填非膨胀土或掺灰处理。若为强膨胀土，挖除深度应达到大气影响深度。

②强膨胀土不应作为路堤填料。

③高速公路及一级公路、二级公路采用中等膨胀土作为路堤填料时应经改性处理后方可填筑。弱膨胀土作为路堤填料时，若胀缩总率不超过0.7%，可直接填筑，并采取防水、保温、封闭、坡面防护等措施；否则，应按公路等级、气候、水文特点、填土层位等具体情况，结合实践经验进行处治。膨胀土改性处理的掺灰最佳配比，以其掺灰后胀缩总率不超过0.7%为宜。

④路床应采用符合规范规定的材料填筑。若采用弱膨胀土及中等膨胀土作为路床填料，应经改性处理后方可填筑，改性后的胀缩总率不得超过0.7%。

⑤采用弱膨胀土及中膨胀土填筑路堤，其边坡坡度应根据路堤边坡的高度、填料重塑后的性质、区域气候特点，并参照既有路基的成熟经验综合确定。边坡高度不大于10m的路堤边坡坡度和边坡平台的设置。

⑥膨胀土填筑的路基，应及时碾压密实，路基压实度应符合规范的规定。在确定路堤填筑的最佳含水率和最大干密度时，宜采用湿土法重型击实试验。

⑦路堤边坡的防护根据填土的工程地质条件及高度确定。

⑧对于膨胀性大而又缺乏非膨胀土的路堤，亦可用土工膜封闭法，封闭形式有三种：a.路基底部封闭，以防止毛细水上升而影响路基稳定；b.路基全封闭，以保持路基土含水率不变；c.路基顶面封闭，以防降水渗入路基。

⑨取土坑开挖深度宜控制在当地大气影响深度之内。大气影响深度可参照国家标准《膨胀土地区建筑技术规范》(GB 50112—2013)的规定办理。

(4)路基设计。

①路基断面。

路基断面设计的总要求是减少或消除膨胀土湿胀干缩的有害影响，以减轻或避免路面-土基经常出现的季节性波浪变形。关键是防水保湿，保持土基中水分的相对稳定，减少水分的变化，特别是路幅内水分的不均匀变化。为此，可采取以下措施：

a.路面采用不透水面层。一般公路宜尽可能采用柔软的面层和较厚的粒料基层；高等级公路宜采用厚层石灰土底基层。

b.路基面横坡尽可能大一些。

c.路肩尽可能宽一些，最少不小于2.0~2.5m，横坡要尽可能大一些。路肩全宽用与路面

基层相同的结构层铺砌,并铺较薄的不透水面层或做防渗处治。

d.边沟适当加宽并尽可能加深,沟底应在土基顶面以下至少40~50cm。

e.路侧不应种树,特别不应种生长快、吸水和蒸腾量大的树种,如桉树等;若种树应在边沟外侧1.5倍成长后的树高以外,最少为5m以外。

②路基高度。

膨胀土不易被粉碎,也不易被压实,尤其是机械化施工,填料的块度更不好控制。膨胀土经粉碎碾压,土体结构虽被破坏,但微结构和土质特性仍保留,因而膨缩潜势并未消除。膨胀土填筑后,受大气物理风化作用和湿胀干缩效应,土块崩解,在自重与行车荷载作用下,产生压缩下沉。膨胀土高路堤后期下沉量大,且容易形成下沉外挤,从而产生很大的沉陷量。因此,膨胀土路堤不宜过高,一般宜控制在3m以内。如超过3m则须考虑沉降稳定问题,如超过6m则须考虑预留沉落和路基的加宽。

③路基排水。

路基排水设施的完善程度,对于膨胀土路基的稳定具有特殊重要意义。如能防水保湿,则可消除膨胀土湿胀干缩的有害影响。为此,应注意以下几点:

a.所有排水设施,均应精心设计,以使危害路基稳定的地面水、地下水能顺畅排走,防止积水浸泡路基、地下水浸入路基。

b.所有地面排水沟渠,特别是近路沟渠,均应铺砌和加固,以防冲、防渗。

c.边沟应较一般地区适当加宽、加深。路堑边沟外侧应设平台,以保护坡脚免遭水浸,并防止剥落物堵塞边沟。

d.堑顶设截水沟,以防水流冲蚀坡面和渗入坡体。堑顶截水沟应距堑缘10~15m或更远。截水沟纵坡宜以岗脊为顶点向两侧排水。

e.台阶式高边坡,应在每一级平台内侧设截水沟,以截排上部坡面水,并宜在截水沟与坡脚之间设一定宽度的平台,以利坡脚稳定。

④土基加固。

如不得已需用膨胀土填筑土基时,则应采用石灰、水泥等无机结合料对膨胀土进行改良和加固,以使土基稳固。所用剂量视改良和加固要求而定,一般以4%~6%为宜。所需厚度视公路等级与当地气候条件而定,对一般公路可用30~50cm;对高等级公路则宜使土基处治层与路面总厚度之和接近100~150cm。

⑤路堑边坡设计。

膨胀土路堑边坡设计主要包括边坡形式、边坡坡度、边坡防护与加固等内容。

a.路堑边坡形式。

一般采用的路堑边坡形式主要有直线式、折线式、平台式三种类型。

(a)直线式:一般在土质均匀、膨胀性较弱且边坡高度在10m以下的路堑采用。边沟外测设平台,以防边沟水浸湿软化坡脚,同时避免剥落或溜塌的土堵塞边沟。

(b)折线式:在土质较均匀或下部为砂卵石土,上部为膨胀土时采用。缺点是在变坡点附近易受水流冲蚀。同时临空面增加使土体更易风化。

(c)平台式:适用于任何类型的膨胀土路基,其边坡高度大于10m,宽度一般要大于2.0m,以保证一级边坡最危险破裂面以外0.5m处不是上一级边坡的起坡线。其级数依路堑边坡总高度来确定;其位置在均质土层的单一边坡按高度适当划分;在多种类型膨胀土组成的复合边坡,要按土体结构面设置。

b.路堑边坡坡度。

应遵循"缓坡度、宽平台、固坡脚"的原则。边坡坡度及平台宽度可按表4.1-21设计。边坡高度大于10m时应进行个别设计,必要时应与隧道方案进行比选。

路堑边坡坡度及平台宽度 表4.1-21

膨胀土类别	边坡高度(m)	边坡坡度	边坡平台宽度(m)	碎落台宽度(m)
弱膨胀土	<6	1 : 1.5	—	1.0
	6~10	1 : 1.5~1 : 2.0	1.5~2.0	1.5~2.0
中等膨胀土	<6	1 : 1.5~1 : 1.75	—	1.0~2.0
	6~10	1 : 1.75~1 : 2.0	2.0	2.0
强膨胀土	<6	1 : 1.75~1 : 2.0	—	2.0
	6~10	1 : 2.0~1 : 2.5	>2.0	>2.0

c.路堑边坡防护与加固。

膨胀土路堑边坡的防护与加固,一是为了预防可能产生的边坡变形破坏,二是对已产生变形破坏的边坡进行治理。边坡防护与加固措施,应根据边坡变形破坏类型与影响边坡稳定的工程地质条件、环境地质条件、地区气候条件等因素,通过技术经济比较确定。

(a)边坡防护原则。

针对膨胀土的工程特性,对路堑边坡防护提出以下原则:

ⓐ应防止地面水与地下水渗入路堑边坡,同时防止土中水分被蒸发,以免边坡土体产生湿胀干缩变形。

ⓑ应控制土体的风化作用,尽可能减少大气物理风化营力对土体的影响。

ⓒ为保持边坡土体有足够的抗剪强度,应防止土体强度衰减。

ⓓ边坡土体若有强膨胀土夹层或土层中风化界面清晰完整时,应适当加固。

ⓔ防护工程以柔性结构为宜,切不可盲目采用刚性结构。

(b)边坡防护加固措施。

路堑边坡的防护和加固类型依据工程地质条件、环境因素和边坡高度确定,边坡开挖后应及时防护封闭。边坡植物防护时,不应采用阔叶树种。圬工防护时,墙背应设置缓冲层。

目前常用在膨胀土路堑坡面防护加固的措施,主要有以下几种:植被防护(铺草皮、种紫穗槐)、种紫穗槐、三合土抹面、混凝土预制块封闭、骨架护坡(方格骨架护坡、拱形骨架护坡)、片石护坡(干砌片石护坡、浆砌片石护坡)、挡土墙。

4.1.4.6 红层与交通运输

红层是指中生代以来,氧化环境下、内陆湖相沉积的一套红色地层,岩性以砂岩、泥岩、粉砂岩为主,岩性组合以互层为特征。红层是相对不透水和弱透水地层,其水文地质条件随地质构造作用的强烈程度而变化。该套地层由于成岩程度较差,不同程度地含有膨胀性矿物,岩性软弱,抗风化能力较差,遇水易软化与泥化而形成软弱层。红层主要分布在华东(浙江南部、福建)、华南(广西)、西南(云南、贵州)地区。

由于红层固有的物理力学性质,受气候、水文及人类工程活动的影响,在山区修建公路会遇到边坡病害,主要以滑坡、错落、崩塌、坍塌和剥落等为主。如果斜坡体中地下水丰富,岩土长期处于高含水状态,则可能出现连续数公里的边坡失稳破坏。根据红层斜坡病害的坡体结构特征,可进一步将红层斜坡病害细分为红层顺层滑坡、红层切层滑坡、红层堆积层滑坡、风化剥落和热融滑坍。

1)红层顺层滑坡

红层顺层滑坡具有以下特征:①具多层、多级的滑动特征,且成群出现;②滑坡面积大,厚度较小;③具有多次滑动,相互叠置的特点;④滑带多为数毫米至1cm厚的泥化夹层。

2)红层切层滑坡

在红层地区,当边坡为近水平层状或倾角较缓的反倾层状坡体时,易产生切层滑坡。红层切层滑坡一般规模较大,滑坡形态多为横长型,且多为错落型滑坡。由砂、泥岩互层组成的高陡斜坡,当坡体下部由泥岩组成时,受长期地下水软化作用的影响,泥岩强度逐渐降低,在上覆岩体自重应力的作用下,泥岩首先产生压缩变形;下部的变形必将引起斜坡中上部应力调整,使重心向临空面偏移,导致斜坡顶部或中上部地形转折处产生微裂缝;随着变形的发展,微裂缝变成拉张。裂缝、应力逐渐向深部转移,导致斜坡深部岩体产生蠕变,并形成贯通性滑动面,在降雨、地震等外界因素影响下坡体产生整体滑动。一般红层切层滑坡为错落型滑坡。

3)红层堆积层滑坡

一般红层多由砂泥岩组成,岩性软弱,抗风化能力较差,尤其是新第三系半成岩状的砂泥岩,往往在其顶面形成厚度不大的残积层和强风化层,一般厚2~6m,最厚不超过15m,饱水后力学强度极低。因此,雨季中上部堆积层常沿基岩顶面产生滑动。

4)风化剥落

在红层地区,由近水平层状砂泥岩互层组成的边坡,由于抗风化能力的不同,泥岩的风化速度大于砂岩,使得砂岩向外突出,坡面凹凸不平。赋存于边坡表层岩体中的裂隙水冻结时产生冰劈作用,融化时岩体沿节理面产生坍塌、流泥与风化剥落。

4.1.4.7 红黏土与交通运输

红黏土为碳酸盐岩系出露的岩石经红土化作用形成的棕红、褐黄等色的高塑性黏土。红黏土的形成,一般应具备气候和岩性两个条件。

(1)气候条件:气候变化大,年降水量大于蒸发量。因而气候潮湿,有利于岩石的机械风化和化学风化,风化的结果便形成红黏土。

(2)岩性条件:主要为碳酸盐类岩石。当岩层褶皱发育、岩石破碎,易于风化时,更易形成红黏土。

红黏土一般分布在山坡、山麓、盆地、洼地中。分布在盆地或洼地时,其厚度变化大体是边缘较薄,向中间逐渐增厚;分布在基岩面或风化面上时,则取决于基岩起伏和风化层深度。当下伏基岩的溶沟、溶槽、石芽等较发育时,上覆红黏土的厚度变化极大,常有咫尺之隔,竟相差10m之多。就地区论,贵州的红黏土厚度为3~6m,超过10m者较少;云南地区一般为7~8m,个别地段可达10~20m;湘西、鄂西、广西等地一般在10m左右。红黏土为一种区域性的特殊性土。在我国以贵州、云南、广西壮族自治区分布最为广泛和典型,其次在安徽、川东、粤北、鄂西和湘西也有分布。在红黏土地区,可能会出现路基边坡浅层滑坡、路基路面的胀缩变形、路基塌陷和不均匀沉降等,影响交通工程和设施的正常使用。

红黏土的结构分类见表4.1-22。

红黏土的结构分类 表4.1-22

土体结构	裂隙发育特征	S_t
致密状结构	偶见裂隙(<1条/m)	>1.2
巨块状结构	较多裂隙(1~2条/m)	0.8~1.2
碎块状结构	富裂隙(>5条/m)	<0.8

注:S_t 为红黏土的天然状态与保湿扰动状态土样的无侧限抗压强度之比。

1)红黏土的工程特性

(1)红黏土物理力学性质的基本特点。

红黏土具有两大特点:一是土的天然含水率、孔隙比、饱和度以及界限(液限、塑限)含水率很高,但却具有较高的力学强度和较低的压缩性;二是各种指标的变化幅度很大。红黏土中小于0.005mm的黏粒含量为60%~80%,其中小于0.002mm的胶粒占40%~70%,使红黏土具有高分散性。

(2)红黏土的矿物化学成分。

红黏土的矿物成分主要为高岭石、伊利石和绿泥石。黏土矿物具有稳定的结晶格架、细粒组结成稳固的团粒结构,土体近于两相体且土中水又多为结合水,这三者是构成红黏土具良好力学性能的基本因素。

(3)红黏土厚度变化与由硬变软的现象。

①厚度变化。碳酸盐类岩体的岩性决定着岩溶发展程度的差异。石灰岩、白云岩易于岩溶化,岩体表面起伏剧烈,导致上覆红黏土层厚度变化很大;泥灰岩、泥质灰岩的岩溶化较弱,故表面较平整,上覆红黏土层的厚度变化较小。

②由硬变软现象。从地表向下由硬变软,相应地,土的强度则逐渐降低,压缩性逐渐增大。红黏土的软硬程度多以含水比来划分,土的天然含水率、孔隙比随埋藏深度的增加而递增。上部坚硬、硬塑状态的土约占红黏土层的75%以上,厚度一般都大于5m,可塑状态的土占10%~20%,多分布在接近基岩处;软塑、流塑状态的土小于10%,位于基岩凹部溶槽内。

(4)红黏土的裂隙性与胀缩性。

①红黏土的裂隙性。在坚硬和硬塑状态的红黏土层由于胀缩作用形成了大量裂隙。裂隙发育深度一般在3~4m之间,已见最深者达6.0m。裂隙面光滑,有的带擦痕、有的被铁、锰质浸染。裂隙的发生和发展速度极快,在干旱气候条件下,新挖坡面数日内便可被收缩裂隙切割得支离破碎,使地面水容易浸入,土的抗剪度降低,常造成边坡变形和失稳。

②红黏土的胀缩性。有些地区的红黏土具有一定的胀缩性,如贵州的贵阳、遵义、铜仁,广西的桂林、柳州、来宾、贵县等。这些地区由于红黏土地基的胀缩变形,致使一些单层(少数为2~3层)民用建筑物和少数热工建筑物出现开裂破坏,其中以广西地区较为严重,贵州地区较轻,有些地区红黏土的胀缩性很轻微,可不作膨胀土对待。红黏土的胀缩性能表现为以缩为主,即在天然状态下膨胀量微小,收缩量较大,经收缩后的土试样浸水时,可产生较大

的膨胀量。

(5)红黏土中的地下水特征。

红黏土的透水性较弱，其中的地下水多为裂隙潜水和上层滞水，它的补给来源主要是大气降水，基岩岩溶裂隙水和地表水体水量一般均很小。在地势低洼地段的土层裂隙中或软塑、流塑状态土层中可见土中水，水量不大，且不具统一水位。红黏土层中的地下水水质属重碳酸钙型水，对混凝土一般不具腐蚀性。

2)红黏土的工程评价

应充分利用红黏土上硬下软的湿度状态垂向分布特征，基础尽量浅埋。对三级建筑物，当满足持力层承载力时，可认为已满足下卧层承载力要求。

红黏土的厚度随下卧基岩面起伏而变化，致使红黏土的厚度变化较大，常引起地基不均匀沉降，故应考虑地基不均匀对建筑物的影响。

红黏土地基承载力设计应区别土的成因、土性(如液塑比等)、土体结构特征，并考虑湿度状态的动态影响等。当基础浅埋、外侧地面倾斜或有临空面或承受较大水平荷载等情况时，应考虑岩体结构及裂隙的存在对承载力的可能影响。

红黏土的网状裂隙及土层的胀缩性对边坡及地基均有不利影响。评价时应决定是否按膨胀土地基考虑。若为膨胀土时，对低层、三级建筑物建议的基础埋深应大于当地大气影响急剧层深度。开挖路基、明渠、筑路堤应考虑土体干湿循环以及在有石芽出露的地段，由于土的收缩形成通道，导致地表水下渗冲蚀形成地面变形的可能性，并避免把建筑物设置在地裂密集带和深长地裂地段。

由于下卧基岩岩溶现象发育，因而覆于其上的红黏土层中常有土洞存在，土洞对路基、建筑物地基的稳定性极为不利。

各种成因的土洞都有发育速度快、易引起地面塌陷的特点，尤其是在土层较薄的地段，严重危及路基、建筑场地和地基的稳定性。预防土洞塌陷的关键在于“治水”，杜绝地表水大量集中下渗，稳定和控制地下水动态变化等。对于地面塌陷和顶板较薄的土洞的处理，可在清除其软土后，用块石、碎石、砂土、黏土自下而上地做反滤层予以处理。对埋藏较深的土洞，可用梁板跨越或用混凝土灌注土洞及其下的岩溶通道。

对红黏土尤其是对复水特性属Ⅰ类的红黏土进行人工边坡稳定性评价时，应考虑开挖面土体失水收缩裂隙发展及复浸水使土质软化的不利影响。

着重研究地下水的埋藏、运动条件与土体裂隙特征关系及地表水、上层滞水、岩溶水之间的连通性，根据赋存于土中宽大裂隙的地下水流分布的不均性、季节性，评价其对道路及建筑物的影响。

当使用红黏土筑路或作为压实填土地基时，土料应先减水，其最优含水率、最大干密度按工程要求，由不同功能的击实试验确定。

3)红黏土地区的工程设计

(1)路基设计的一般原则。

①红黏土和高液限土具有膨胀性时，应按膨胀土路基进行设计。

②路基设计应避免高路堤及深路堑，如不能避免，应与桥隧方案进行综合比选。

③路基设计应注意边坡排水与支挡工程的综合设计，并与路面结构设计相协调，减少路

基过大变形或不均匀沉降而引起路面结构性破坏。

(2)填方路基。

①红黏土作为路基填料时,其最小强度应满足一般路基的强度、压实度的规定。当不能满足时,应进行处治。压缩系数大于 $0.5MPa^{-1}$ 的红黏土不得用于填筑路堤。

②未经改性处理的红黏土填筑路堤高度不宜大于 10m。

③高液限土不能直接作为路堤填料。当利用挖方路段高液限土填筑路堤时,应进行处治。

④在确定路堤填筑的最佳含水率和最大干密度时,宜采用湿土法重型击实试验。

⑤边坡高度不大于 10m 的路堤边坡坡度宜为 1∶1.5~1∶1.75,当边坡高度大于 6m 时,宜设置边坡平台,其宽度不宜小于 2m。当边坡高度超过 10m 时,应通过路基稳定性分析计算确定路堤横断面形式、边坡坡度及路基防护加固措施。

⑥路堤基底应设置排水隔离垫层,厚度为 0.3~0.5m,采用渗水性良好的沙砾或碎石填筑,其顶面应设置反滤层。

⑦路堤边坡的防护,经改性处理或用非红黏土(高液限土)外包封闭的可按一般路基防护处理。

(3)挖方路基。

①挖方路基设计应注意复浸水Ⅰ类红黏土的开挖面土体干缩导致裂隙发展及复浸水使土质产生变化的不利影响。边坡稳定性分析计算宜采用饱水剪切试验和重复慢剪试验等强度指标,对于裂隙发育的土应采用三轴剪切试验或无侧限抗压强度试验指标;必要时,可进行收缩试验和复浸水试验。

②挖方边坡高度不宜超过 20m,路堑边坡设计应遵循“缓坡度、宽平台、固坡脚”的原则。

③应根据红黏土的工程性质、公路等级,对路堑路床 0.8m 范围内的红黏土进行超挖,并换填渗水性良好的沙砾、碎石土或外掺石灰等材料进行处治。

④应注意路基排水系统的综合设计,及时引排地面水和地下水。根据地下水发育情况,因地制宜地在堑坡上设置仰斜式排水孔、支撑渗沟,在边沟下设置渗沟。

⑤应注意路堑边坡坡面防护与支挡加固的综合设计,坡面防护宜采用骨架植物防护,当边坡稳定性不足时应增设支挡工程。对于全封闭的圬工防护,应在墙背设置厚度为 0.15~0.30m的排水垫层。

(4)不均地基的处理。

对不均地基的处理,应优先考虑以地基处理为主的措施,宜采用改变基宽、调整相邻地段基底压力、增减基础埋深的措施,使基底下可压缩土厚相对均一。对外露的石芽,用可压缩材料的褥垫处理;对土层厚度、状态分布不均的地段,用低压缩的材料做置换处理。

4.1.4.8 盐渍土与交通运输

工程上一般将盐渍土定义为易溶盐含量大于 0.3%,且具有溶陷、盐胀、腐蚀性等工程性质的土。我国盐渍土面积广阔,从太平洋沿岸的东海之滨到新疆塔里木盆地、准噶尔盆地,由海南至内蒙古呼伦贝尔高原,从海拔 152m 的艾丁湖畔到海拔 4500m 的西藏羌塘高原,均有盐渍土分布。从分布区域来说,我国盐渍土主要分为滨海盐渍土和内陆盐渍土,前者主要分布在黄河三角洲及长江口以北的广大地区,后者则主要分布在黄淮海平原、东北松嫩平

原、准噶尔盆地、吐鲁番盆地、塔里木盆地、甘肃河西走廊、宁夏银川平原、内蒙古河套灌区，以及青海柴达木盆地西部、西宁盆地、海东市平安区湟水河南岸山前倾斜平原带。在盐渍土地区，可能会出现盐渍土对公路结构设施的腐蚀和盐胀破坏，路面出现网裂、变形、波浪、鼓包和翻浆冒泥等道路病害。

1）盐渍土的工程特性

冰冻盐渍土地区盐渍土土体在温度降低到一定程度，水分供给、土质盐分含量和土质适宜的情况下，盐渍土中不但会产生芒硝、$NaCl \cdot 2H_2O$，而且会有部分水分冻结产生冰屑。因此盐渍土的变形可以划分为两部分：一部分是降温条件下由于水分结冰而产生的冻胀；另一部分是随着温度的降低，土中盐分析出并结晶产生芒硝、$NaCl \cdot 2H_2O$ 等而引起的盐胀。

（1）盐渍土体变形的影响因素。

①温度。

温度是造成路基盐胀和冻胀变形的关键因素之一。对于沥青路面来说，黑色面层相对于其他面层的导热性能好于一般的土质。而路面结构层中沙砾石料的传热性也好于路肩填土。在其他外界因素相同的前提下，公路这种线形工程在温度变化时路基内部的温度变化速率不一致，从而造成路基中产生冻胀和盐胀的速率不同。一般路基横断面中部较两侧产生的冻胀力和盐胀力都大，而此处的盐胀力和冻胀力必须消除，达到路基土体内的受力平衡，致使路面中所受的膨胀力最大。这时会从路面中部或靠近路面中部的薄弱环节处开裂或胀起。

冰冻地区盐渍土在0℃以上基本以硫酸盐盐胀为主；在-10~0℃之间基本以冻胀和氯盐盐胀为主；在-10℃以下时，土体的变形基本以冻胀为主。

②水。

一般而言，当盐胀路基含水率大于6%，且在温度适宜的情况下才可能产生盐胀变形。当含水率大于盐胀峰值含水率（土体最佳含水率与塑限含水率之间）时，盐胀反而减小，而施工中为了保证路基的压实度，一般均洒水至最佳含水率后进行压实。因此，施工中土体自由的含水率较高，不需要外界水量的补充就足够产生盐胀；冻胀产生的含水率一般在小于最佳含水率（2%~4%）与液限之间。在正常的施工条件下，一般土质中的含水率也会产生冻胀。但是在冰冻盐渍土地区，通常先产生盐胀，后发生冻胀，经过盐胀产生结晶吸收土中的水分，使得土中的自由水很少，在无外来水分供给的条件下，发生冻胀的可能性会大幅降低。

但如果盐渍土地区地下水位较高以及受林带灌水、田间灌溉等人为因素的影响，为路基冻胀和盐胀所需水分提供了源源不断的来源，致使蒸腾作用、浸润和温度梯度的毛细水作用持续不断，也会为持续盐胀和冻胀创造条件。

③盐分。

盐渍土中盐分含量的多少，特别是 Na_2SO_4 和 NaCl 的含量决定了土体盐胀性质，也就是规范所划分的土的盐胀性。路基土体盐分的积聚主要由土质的盐碱化和次生盐碱化产生。

a.原路基土中含有大量的盐分。如果路基土未经过改良处理，便会致使原路基中的盐碱含量普遍超标。有时在有些路段开挖了排碱渠，路基中盐分略有减少，但是在蒸腾作用和毛细水作用下，减少量并不明显。

b.路基土次生盐碱化。在干旱少雨的大陆性气候条件下,蒸发量一般较降雨量大。造成路基土质次生盐碱化的主要原因是夏季的蒸腾作用和冬季降温时毛细水管上升携带盐。

④土质。

盐渍土地区在水分充分的条件下均会产生盐胀和冻胀。而对于防治盐渍土采用的合格筑路材料,如黏性土、粉土、砂性土、砾石土,其在强烈的蒸腾作用和毛细水作用下均会产生次生盐渍化,这种现象的持久发展和累积会产生盐胀,并在水分供给充足的情况下也会产生冻胀变形破坏。

⑤上覆荷载。

无论是路基盐胀还是冻胀变形破坏,上覆荷载都起抑制作用。在冰冻盐渍土地区,当上覆荷载的重力大于路基产生的盐胀力和冻胀力之和时,路面不会产生冻胀及盐胀变形破坏。要彻底防治路基冻胀和盐胀病害,就要求用较厚的路面结构层进行抑制。如果路面结构层厚度较薄,其结构层上覆荷载远小于两种病害综合作用所需的厚度,就会产生盐胀。

(2)盐渍土路基翻浆的形成机理。

盐渍土地区既具有一般公路翻浆的共性,又具有其自身的特点。易溶盐的存在使盐渍土翻浆更容易形成。如果盐渍土地区冰冻季节较长,就会促使路基上部土体在冻结过程中聚冰数量显著增加,盐渍土中水分的过饱和与环境低温两个不利因素的综合作用,是形成该盐渍土地区严重翻浆的原因。至春季冻融时,上层冰粒首先融化,而下层尚未融化,上层水分无法下渗,致使上层土中的含水率超过液限值,加之车辆通过时的挤压、冲击作用,导致路基翻浆。公路盐渍土因硫酸盐的晶体在春融时脱水,使得翻浆时间延长,加之硫酸盐吸附性钠离子的膨胀作用,路面更加泥泞不堪。盐渍土地区公路翻浆严重影响交通运输和公路养护的正常进行。

(3)盐渍土对公路构筑物的腐蚀。

盐渍土对公路构筑物的腐蚀主要来自两大因素:氯盐腐蚀及硫酸盐腐蚀。氯离子对混凝土的腐蚀主要是指对钢筋混凝土中钢筋的腐蚀。硫酸盐进入混凝土内部后会与水泥石的某些成分反应,产生膨胀型产物,当膨胀应力达到一定程度时就会造成混凝土结构的破坏。

2)盐渍土路段的道路病害

由于盐胀和腐蚀作用,引起路基强度不足、路面结构层强度和受力不均匀、沥青路面面层老化及物理化学作用等原因,导致盐渍土地区修筑的道路经常发生翻浆、盐胀、淋溶、湿陷、结构物腐蚀等病害,以致公路路面出现网裂、变形、波浪和鼓包等,严重影响交通运输和公路养护的正常进行。

3)盐渍土地区的工程设计

(1)基础设计方面。

①选择含盐量较低类型单一的土层作为持力层,在满足生产工艺前提下尽量根据积盐特点及土的工程特性合理进行公路工程的平面线形配置。

②做好竖向设计,防止大气降水、地表水体、工业及生活用水淹没或浸湿地基及沿线一定范围的场地,以避免因地基土浸水而改变其土的工程性能。

③对于地下水位较高的地段,一定要考虑有害毛细水对地基土的影响,在设计时可以采

用砂卵石作基底功能层，不但可以隔断有害毛细水上升通道，而且可以改善地基持力层的强度，并能解决地基土的冻胀和盐胀。

④桥涵基础宜选用抗腐蚀性能好的材料，如选择耐酸或耐碱性能较好的石料。其中，耐酸性能好的石料以二氧化硅含量高的为好，如花岗岩片石；耐碱石料以氧化钙或氧化镁含量高的为好，如石灰岩。砌筑时的砂浆宜用矾土水泥砂浆。

⑤各类基础设施均应采取防腐措施，要正确选择防腐涂料。

⑥当采用桩基时，桩的埋入深度应大于松胀性积盐的松胀临界深度。对蜂窝状的淋滤层或溶蚀洞穴，可采用抗硫酸盐水泥的钻孔灌注桩穿透。对于荷载不大对地基承载力要求在200kPa左右的桥涵建筑物，可以用挤密碎石桩和振冲碎石桩处理。若采用振冲桩，在制桩时一定要采用与积盐土中地下水矿化度相当的水来制桩。如果采用淡水，则会由于土中盐类被溶解而降低地基的强度，影响加固效果。

(2)建筑材料选择方面。

①盐渍土地区的建筑物构件受腐蚀比较严重，对砖砌体的腐蚀一般发生在地面以上0.5m范围内，距地表越近腐蚀越厉害。砖砌体的腐蚀过程是从砌体表面开始，首先泛白，然后逐层松胀并不断隆起呈粉状、层状剥落。所以，对桥涵的材料最好选择片石砌筑，砌体砂浆标号应按计算提高一级，不得采用粉煤灰砖和灰砂砖作墙体。

②对水泥的选择要根据腐蚀介质的酸碱性确定，以酸性腐蚀介质为主时应采用矿渣硅酸盐水泥或火山灰硅酸盐水泥；以碱性介质为主时应使用普通抗硫酸盐水泥。另外要提高混凝土的密实性，合理选择集料级配和控制水灰比或添加密实剂。对于钢筋混凝土的钢筋保护层，要按一般规定增加10mm，并在构件不同部位增设防护措施。

(3)道路防病害的具体操作。

①设计应结合自然条件，贯彻因地制宜、就地取材，室内地面高出原有地面的原则进行设计。

②淋滤型钙化积盐带应做好边沟排水畅通，尽量不破坏钙化层的基础上进行平面填土作业。

③山前倾斜平原砾漠带应清除表层碳酸盐积盐松散层后，换填部分三合土进行保温防渗后填筑地基，并做好边沟防渗和排水畅通工作。

④湖积平原滩地带及山前倾斜平原前缘带，应清除部分盐渍土后换填透水性弱的碎石黏土层后，设置土工布+防水膜隔水层后填筑地基土，并保证外延宽度不小于1.5m，借以抑制表水入渗导致膏盐吸水膨胀加剧盐渍土害。

⑤现代湖积平原近湖岸带，应清除表层盐土后换透水性强的碎石土，并设置土工布+防水膜隔水层后填筑地基土，并保证室内地平面高出原地面不小于1.5m，以抑制毛细水上升导致地基冻害及溶陷的发生发展。

(4)建筑物防腐。

对防腐工程采取“隔、阻、缓”的三字方针。盐渍土地区盐对水泥制品与钢筋的腐蚀是客观存在的，能够做的事情是尽量减少腐蚀的程度，尽量延长构筑物的服务时间。因此，防腐工作是尽量将构筑物与盐渍化的环境隔离开；应用中要做的是尽量阻止腐蚀介质对构筑物的侵入。针对道路构筑物的盐渍土腐蚀可采取下述防腐措施：

①采用防腐水泥混凝土,如采用自密实防腐水泥混凝土。

②采用防腐水泥混凝土涂料,使混凝土与盐渍土之间形成隔离,可以大大减缓盐渍土对混凝土的侵蚀,提高公路构造物的使用寿命。

(5)盐胀和冻胀病害的防治措施。

防治盐胀和冻胀的关键是减少含盐(及水)量和含盐(及水)量的增加,也可以采取增加路面结构强度和上腹压力、盐渍土改良等方法。其方法包括隔断法、风积沙隔断、土工膜布隔断、降低水位法、加强路面结构法及其盐渍土的工程改良(降低盐渍土含盐量、添加材料改性盐渍土、盐渍土加筋加固等)。

4.1.4.9 岩溶与交通运输

岩溶(又称喀斯特)是指可溶性岩层,如碳酸盐类岩层(石灰岩、白云岩)、硫酸盐类岩层(石膏)和卤素类岩层(岩盐)等受水的化学和物理作用而产生的特殊地貌形态和水文地质现象。岩溶现象在我国西南地区分布比较普遍,其中桂、黔、滇及川东、鄂西、湘西、粤北连成一片,面积达 56 万 km^2。在岩溶地区,由于岩溶及其岩层层面的存在和作用,可能会出现岩溶塌陷、不均匀沉降和隧道的突水突泥、滑坡、崩塌等现象,从而影响交通工程的施工,导致道路工程的变形破坏。当然,岩溶现象可以作为交通旅游的景观,为陆路交通旅游增加美景,此外溶洞也可以作为地下交通通道。

岩溶的形态类型很多。有石芽和溶沟,溶蚀裂隙、漏斗、溶蚀洼地,坡立谷和溶蚀平原,溶蚀残丘、孤峰和峰林,槽谷、落水洞、竖井、溶洞、暗河、天生桥、岩溶湖、岩溶泉以及土洞等。岩溶形态虽然多种多样,但在一定的地质和水文地质条件下,相互间存在着密切的内在联系,形成不同的地貌组合形态,如图 4.1-4 所示。

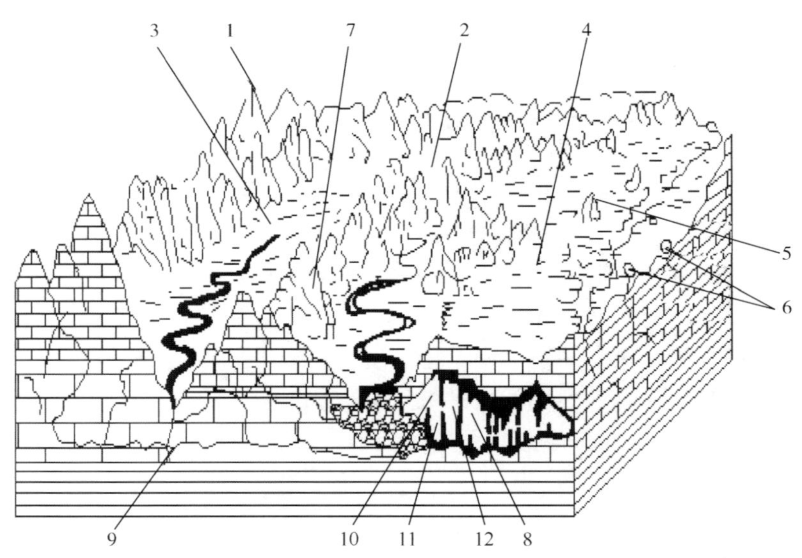

图 4.1-4 岩溶形态示意图

1-峰林;2-溶蚀洼地;3-溶蚀盆地;4-溶蚀平原;5-孤峰;6-溶蚀漏斗;7-溶蚀坍陷;8-溶洞;9-地下河;10-石钟乳;11-石笋;12-石柱

多个石山组合形态,按地貌发育过程分为峰丛石山、峰林石山和孤峰石山(图 4.1-5)。

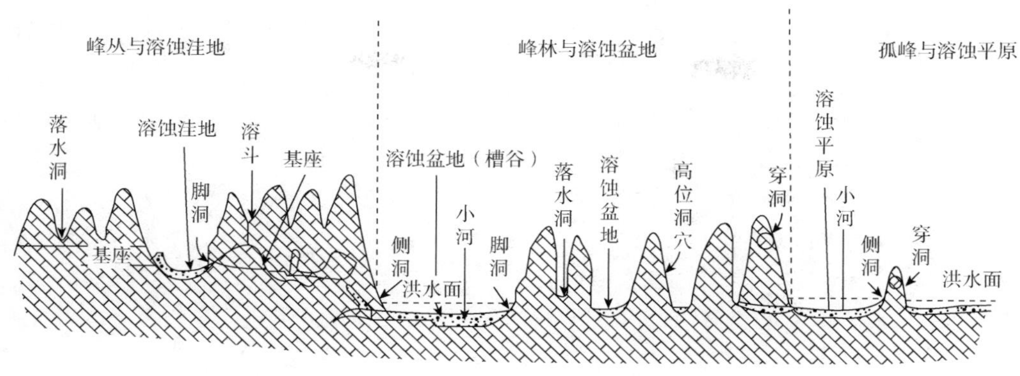

图 4.1-5　峰丛、峰林和孤峰的地貌组合剖面示意图

1)岩溶类型及形态

与路基关系密切的常见岩溶形态有以下几种。

(1)漏斗。

漏斗是由地表水的溶蚀和侵蚀作用并伴随塌陷作用而形成的。漏斗呈碟状或倒锥状，平面上呈圆形或椭圆形，直径和深度一般在数米至数十米之间。

(2)溶蚀洼地。

许多相邻的漏斗经流水溶蚀不断扩大汇合而成溶蚀洼地。平面上呈圆形或椭圆形，但规模比漏斗更大，直径由数百米至一二千米。溶蚀洼地周围有溶蚀残丘或峰丛、峰林，底部常有落水洞和漏斗。

(3)坡立谷和溶蚀平原。

溶蚀洼地充分发育，相邻的洼地彼此连通，便发展成坡立谷。坡立谷是一种大型的封闭洼地，宽数百米至数千米，长数百米至数十千米，四周山坡陡峻，谷底宽平，覆盖着溶蚀残余的黄色、棕色或红色的黏性土，有时还有河流冲积层。常有河流纵贯坡立谷，河水从一端流出，于另一端则为落水洞吸收，转入地下成暗河。在有些坡立谷中还耸立有孤峰。坡立谷进一步发展，即形成开阔宽广的溶蚀平原。溶蚀平原上还有许多其他岩溶形态。

(4)槽谷。

槽谷是岩溶山区比较常见的一种长条形的槽状谷地；谷底平坦，谷坡陡峻，主要是由水流长期溶蚀而形成。由于河谷底部发育有一系列漏斗、落水洞等，地表水流不断漏失，使原来的河谷失去排水作用，即成干谷。槽谷在大部分时间是干涸的，但在暴雨季节或排水不畅时，则会出现暂时的水流。

(5)落水洞、竖井。

落水洞和竖井是地表通向地下暗河或溶洞的流水通道，由岩石裂隙经流水长期溶蚀扩大或由岩层坍陷而成，呈垂直或稍倾斜状，直径多在 10m 以下，深度多在十余米到三十余米。其中当前有水流入的称为落水洞，无水流入的称为竖井。落水洞常产生在漏斗、槽谷、溶蚀洼地和坡立谷的底部，或河床的边缘，多呈串球状分布。在雨季，由于落水洞排水不畅，常使槽谷、溶蚀洼地和坡立谷产生暂时性的积水，甚至发生淹水现象。

(6)溶洞。

溶洞是一种近于水平方向发育的岩溶形态,常由岩溶水对岩层的长期溶蚀和塌陷作用而形成,是早期岩溶水活动的通道。洞内普遍分布有泉华等堆积物,有时还有河流流痕及沙砾、卵石冲积物。规模较大的水平溶洞系统,主要是在岩溶水的水平循环带中产生的。溶洞系统比较复杂,规模、形态变化很大,除少部分洞身比较顺直、断面比较规则外,大部分是忽高忽低、忽宽忽窄,洞身曲折起伏很大。支洞多,常有丰富的岩溶水。

(7)暗河、天生桥。

暗河是地下岩溶水汇集、排泄的主要通道,在岩溶发育地区,地下大部分都有暗河存在。其中部分暗河常与地面的槽谷伴随存在,通过槽谷底部的一系列漏斗、落水洞使两者互相连通。可根据这些地表岩溶形态的分布位置,概略地估计暗河在地下的发展方向。地下的暗河洞道或溶洞塌陷,在局部地段有时会形成横跨水流的天生桥。

(8)岩溶泉。

岩溶水流出地面即成岩溶泉。它是岩溶发育地区分布最广泛的一种岩溶现象。其中下降泉居多,上升泉较少。岩溶泉有经常性和间歇性之分,间歇性泉旱季干涸,雨季流水。当暗河流向非岩溶地区时,可溶岩层与非可溶岩层接触带的边缘,经常是岩溶泉最发育的地方。

(9)岩溶湖。

岩溶湖是由于槽谷、溶蚀洼地、坡立谷中的大型漏斗底部的消水通道堵塞,或溶蚀平原局部洼地集水而成的湖泊。在溶洞中也常有小型的地下岩溶湖存在。

(10)土洞。

在槽谷、坡立谷底部和溶蚀平原上,可溶性岩层常为第四纪的松散土层所覆盖,由于地下水位降低或水动力条件的改变,在岩溶水的淋滤、潜蚀、搬运作用下,使上部土层下落、流失或坍塌成大小不一、形态不同的土洞。如广西、贵州和粤北等地土层覆盖的岩溶地区(即埋藏岩溶地区),由于人为抽水、排水引起地下水位的变动,常形成土洞,直接危害路基的稳定。

我国西南地区岩溶的主要类型、特征及工程地质条件见表4.1-23。

我国西南地区岩溶的主要类型、特征及工程地质条件 表4.1-23

岩溶出露情况	岩溶类型	特征	代表地点	公路工程地质条件
裸露	石芽(或石林)原野型	地表水沿可溶性岩层表面和裂隙进行溶蚀,产生石芽、石林、溶沟等	云南路南石林,以及大型溶蚀洼地、槽谷、坡立谷底部和溶蚀平原某些部分的石芽地(石海)	地表坎坷不平
覆盖	残丘洼地型	地表水汇集成股状或槽状,地下水多沿大的溶蚀裂隙、通道流动,在地表和地下流水的溶蚀作用下,残丘突出,漏斗扩大成洼地或槽谷,地下发育有洞道	川东、鄂西、湘西岩溶山地	岩溶发育一般。地表高差增大。有大型槽谷和洼地可利用,但须注意路基水害和路基基底变形

续上表

岩溶出露情况	岩溶类型	特　征	代表地点	公路工程地质条件
覆盖	峰丛洼地型	地表槽状或股状水流把残丘分割成峰丛，山峰的基座相连，山峰部分的高度小于基座部分的高度。山峰间有垭口，峰丛间有洼地、槽谷和坡立谷，它们的底部都有落水洞、漏斗。地表水通过落水洞等进入地下洞道而泄入排泄基准（深切峡谷或侵蚀沟谷）	桂西、桂中岩溶中、低山地	岩溶相当发育。地表高差很大。存在溶洞、暗河及天生桥等有利岩溶形态的利用问题。有大型槽谷、溶蚀洼地、坡立谷，可布线，但路基水害突出，并存在路基基底沉降
	峰林洼地型	有地表河流，但常转变成暗河。地下洞道除干流外，尚有支流呈脉状。地表和地下溶蚀同时存在。峰丛经溶蚀分割，基底降低或消失，山峰高差增大成为峰林。洼地、槽谷、坡立谷规模扩大	云、贵高原	岩溶发育。地表起伏较小，平地开阔。存在路基水害及路基基底塌陷问题
	峰林坡立谷型	地表河流进一步发育。地下脉状洞道进一步发展成网状洞道、暗河。峰林被溶蚀成典型的锥状和塔状形态。洼地、槽谷被河流侧蚀展宽成坡立谷，其上挺立有孤峰，成为地下岩溶水的局部排泄基准。坡立谷平原上有较厚的黏性土覆盖，经机械潜蚀作用能形成地下暗洞和地表塌陷	广西桂林至阳朔一带坡立谷平原	岩溶形态发育成熟。谷地开阔，埋藏岩溶发育，路基水害和路基基底变形均甚突出
	溶蚀平原型	坡立谷被进一步扩展成平原，河流迂回曲折，平原上仅有少数孤峰，并有石芽地。地下洞道纵横交叉成网状，具有强烈的水力联系，有统一的潜水面。平原上有深厚的黏性土覆盖，也有地下暗洞和地表塌陷的存在	桂中溶蚀平原	应重视地下埋藏岩溶形态

2）岩溶发育的条件

（1）具有可溶性岩层。

（2）具有溶解能力（含 CO_2）和足够流量的水。

（3）地表水有下渗、地下水有流动的途径。

3）岩溶发育的规律

（1）岩石成分、成层条件和组织结构等直接影响岩溶的发育程度和速度。一般来说，硫酸盐岩层、卤素类岩层岩溶发育速度较快，碳酸盐类岩层则发育速度较慢；质纯层厚的岩层，岩溶发育强烈，且形态齐全、规模较大；含泥质或其他杂质的岩层，岩溶发育较弱；结晶颗粒粗大的岩石岩溶较为发育，结晶颗粒细小的岩石，岩溶发育较弱。

（2）岩溶与地质构造的关系如下。

①水对岩体的侵蚀一般自节理裂隙开始，岩溶本身往往就是裂隙扩大的结果，裂隙的发育程度和延伸方向，通常决定岩溶的发育程度和发展方向。在节理、裂隙的交叉处或密集带，岩溶最易发育。

②断层不仅本身是破裂面,且往往由于断裂作用引起两侧岩层产生大量裂隙,造成岩体严重破碎,为水流的良好通道。沿断裂带是岩溶显著发育地段,沿断裂带常分布有漏斗、竖井、落水洞以及溶洞、暗河等。一般情况下,正断层处岩溶较发育,逆断层处较差。

③背斜轴部张性节理发育,地表水顺节理下渗并向两翼运动,岩溶以垂直形态为主。向斜轴部虽然裂隙闭合,但由背斜下渗的水沿层面多汇集于向斜,岩溶亦较发育。单斜地层,岩溶一般顺层面发育。在不对称褶曲中,陡的一翼较缓的一翼发育。

④产状倾斜或陡倾斜的岩层,一般岩溶发育较强烈,水平或缓倾斜的岩层,上覆或下伏非可溶岩层时,岩溶发育较弱。

⑤岩溶往往沿可溶岩与非可溶岩的接触带或不整合面发育。

(3)岩溶与新构造运动的关系。地壳强烈上升地区,侵蚀基准面相对下降,下切作用强烈,岩溶以垂直方向发育为主;地壳下降地区,原来水平发育的岩溶处于侵蚀基准面以下,原来垂直发育的岩溶又增加了水平发育,使岩溶更加复杂;地壳相对稳定的地区,岩溶以水平发育为主。

(4)地形陡峻、岩石裸露的斜坡上,地表径流大,以表面侵蚀为主,岩溶多呈溶沟、溶槽、石芽等地表形态;地形平缓,地表水易下渗,岩溶地表形态和地下形态均较发育,多以漏斗、落水洞、竖井、塌陷洼地、溶洞等形态为主。

(5)层面反向水体或与水体斜交时,水易沿层面侵入,岩溶易于发育;层面顺向水体时,岩溶不易发育。

(6)在大气降水丰富、气候潮湿地区,地下水能经常得到补给,水的来源充沛,岩溶易发育。

(7)岩溶发育受岩性、裂隙、断层和接触面等的控制,这些因素一般都具有方向性,决定了岩溶发育的带状性。岩溶的成层性决定于岩性、新构造运动和水文地质条件,如可溶性岩层与非可溶性岩层互层、地壳强烈升降运动、水文地质条件改变等均产生岩溶的成层性。

4)土洞的成因、类型

(1)土洞的形成原因及类型。

在可溶性岩层的上覆有适宜被冲蚀的土体,其下有排泄、储存冲蚀物的通道和空间,地表水向下渗透或地下水位在岩土交界附近做频繁升降运动,由于水对土层的潜蚀作用,产生土洞和塌陷。土洞可分为由地表水机械冲蚀作用形成的土洞和地下水潜蚀作用形成的土洞。

①地表水机械冲饰作用形成的土洞。在地下水深埋于基岩面以下的岩溶发育地区,上覆土层由于裂隙或生物洞穴存在,地表水沿裂隙或洞穴下渗,水在下渗过程中对土体起着冲蚀淘空作用,逐渐形成土洞。

②地下水潜蚀作用形成的土洞。当基岩上有覆盖土层,基岩中有排水通道,如地下水位在岩土交界面附近做频繁升降变化,当水位上升高于基岩面时,土体与水接触,土体便逐渐湿化崩解,在岩土交界处形成松软土带;水位下降到基岩面以下时,水对松软土产生潜性、搬运作用,就在岩土交界处形成土洞。

(2)土洞的形成条件。

①土洞与土质及土层厚度的关系。

a.土洞多位于黏性土层中,砂土及碎石土中少见。

b.凡颗粒细、黏性大、胶结好、水理性稳定的土层,不易形成土洞;反之,则易形成。

c.在溶槽处,经常有软黏土分布,其抗冲蚀能力弱,且处于地下水流首先作用的场所,是土洞发育的有利部位。

d.当土层厚时,土洞发展到地面引起塌陷所需时间就长,且易形成自然拱,有时还不易引起地面塌陷;当土层薄时,就很快出现塌陷。

e.土层厚薄不同,土洞塌陷后的平面的最终稳定尺寸及纵断面的形态亦不同,一般薄者小,呈筒状;厚者大,呈碟状或漏斗状。

②土洞与岩溶的关系。

a.土洞是岩溶作用的产物,其分布受岩性、岩溶水、地质构造等因素控制。凡具备土洞发育条件的岩溶发育的地区,一般均有土洞发育。

b.土洞或塌陷地段,其下伏基岩中必有岩溶水通道,此通道不一定是巨大的裂隙和空洞,接连洞底的往往是上大下小的裂隙。

c.土洞常分布于溶沟两侧和落水洞、石芽侧壁的上口等位置。

③土洞与地下水的关系。

a.由地下水形成的土洞多位于地下水位变化幅度以内,且大部分分布在高水位与平水位之间。在最高水位以上及低水位以下,土洞少见。

b.土洞洞径有上大下小的规律,说明土洞在竖向分布上受地下水位线控制。

c.土洞的发育速度、规模与地下水动力条件、升降幅度及频率有关,其发展过程是由下而上。

d.人工降低地下水位时所引起的水位升降幅度、次数的变化远较自然条件为大,土洞和塌陷的发育也就强烈。

5)人工降低地下水位引起的塌陷

人工降低地下水位引起的塌陷,主要指隧道、矿坑等疏干排水引起的塌陷和供水(抽水)引起的塌陷。

(1)塌陷的分布规律。

塌陷的分布受岩溶发育规律、发育程度的制约,同时与地质构造、地形地貌、土层厚度等有关。

①塌陷多分布在断裂带及褶皱轴部。在可溶性岩层的断裂带、褶皱轴部,一般张裂隙发育,岩石破碎,岩溶发育,又是地下水补给、径流、排泄的通道,在抽、排水时,往往沿这些地段产生地表塌陷。

②塌陷多分布在溶蚀洼地等地形低洼处。溶蚀洼地多呈封闭或半封闭形式,地表径流易于集中且不易排出,在抽、排水时,常在洼地一带产生塌陷。

③塌陷多分布在河床两侧。河流是地下水、地表水的排泄通道,由于地表水和地下水的频繁运动,水力联系密切,河流两岸岩溶发育,当抽、排水时,易在河流两岸产生塌陷。

④塌陷多分布在土层较薄且土颗粒较粗的地段。

(2)塌陷与水力作用的关系。

塌陷是地下水动力条件改变的产物,因此,塌陷的发育和发展与抽、排水时的水位降深、降落漏斗、流速、径流方向等均有一定关系。

①塌陷与水位降深的关系。水位降深小，地表塌陷坑的数量少、规模小；当降深保持在基岩面以上且较稳定时，不易产生塌陷；降深增大，水动力条件急剧改变，水对土体的潜蚀能力增强，地表塌陷坑的数量增多、规模增大。

②塌陷与降落漏斗的关系。塌陷区的位置多在降落漏斗之中，其范围小于降落漏斗区。塌陷坑的数量和规模随远离降落漏斗中心而递减。

③陷与水力坡度、流速的关系。根据广东曲坑矿区资料，在水力坡度小于3%，流速小于0.0005m/s的地段，地面处于相对稳定状态；水力坡度大于3%，流速大于0.0005m/s，地面开始产生变形；当水力坡度大于5%，流速大于0.0005m/s，地面产生塌陷。

④塌陷与径流方向的关系。由于主要径流方向上地下水来源丰富，水的流速大，地下水对土体的潜蚀作用强，所以在径流方向上易产生塌陷。

6）岩溶地区的景观特征

（1）岩溶地貌的负地形比较发育，地形杂乱，没有明显的倾斜方向，有的地区常构成互不联系的孤峰和石林，在凹地中常残积着红黏土。

（2）在岩溶作用强烈地段，地表植物稀少，呈平行排列的溶沟发育。

（3）岩溶地区常有河流突然消失或潜水突然流出地面的景观。

7）岩溶的旅游资源价值

根据科学类型属性功能、成景条件、美学价值、开辟类型和项目，可将岩溶划分为山石、水体、洞穴、植物、动物、气象、灾害七大类，洞穴资源的调查除旅游观光外，还可具有修学、探险、医疗、潜水等功能价值，喀斯特岩溶景观具有旅游价值。

8）岩溶路段的道路病害

（1）由于地下岩溶水的活动，或因地面水的消水洞穴阻塞，导致路基基底冒水、水淹路基、水冲路基以及隧道涌水等病害。

（2）由于地下洞穴顶版的坍塌，引起位于其上的路基及其附属构造物发生坍陷、下沉或开裂。

（3）岩溶地区由于石芽、溶槽、溶沟的存在，地基承载能力和变形分布不均，导致受力不均和差异变形而引起路基路面的变形破坏。

（4）由于地下溶洞，特别是暗河的存在，导致交通隧道在施工和运行中，可能存在突水突泥问题。

（5）由于地下工程（如交通隧洞）的施工排水，引起地表沉陷和生产、生活用水的消失。

（6）岩溶地区的边坡稳定问题大多由于岩体层面的存在导致边坡沿岩层层面滑动。

在岩溶地区修建公路，应全面了解路线通过地带岩溶发育的长度和岩溶形态的空间分布规律，以便充分利用某些可以利用的岩溶形态，避让或防治影响交通工程的岩溶病害和环境破坏。另外，一些岩溶形态是可利用的，如利用天生桥跨越地表河流，利用暗河、溶洞扩建隧洞等。

9）岩溶的工程评价

（1）地基稳定性评价。

①岩溶对地基稳定性的影响。

a.在地基主要受力层范围内，如有溶洞、暗河等，在附加荷载或振动作用下，溶洞顶板坍

塌,使地基突然下沉。

b.溶洞、溶槽、石芽、漏斗等岩溶形态造成基岩面起伏较大,或者有软土分布,使地基不均匀下沉。

c.基础埋置在基岩上,其附近有溶沟、竖向岩溶裂隙、落水洞等,有可能使基础下的岩层沿倾向上述临空面的软弱结构面产生滑动。

d.基岩和上覆土层内,由于岩溶地区较复杂的水文地质条件,易产生新的工程地质问题,造成地基恶化。

②地基稳定性的评价方法

a.定性评价。定性评价是一种经验比拟方法,仅适用于一般工程。根据已查明的地质条件,对影响溶洞稳定性的各种因素(如溶洞大小、形状、顶板厚度、洞内填充情况、地下水活动等),并结合基底荷载情况,进行分析比较,作出稳定性评价,各因素对地基稳定的有利与不利情况见表4.1-24。

岩溶地基稳定性评价表 表4.1-24

评价因素	对稳定有利	对稳定不利
地质构造	无断裂、褶曲,裂隙不发育或胶结良好	有断裂、褶曲,裂隙发育,有两组以上张开裂隙切割岩体,呈干砌状
岩层产状	走向与洞轴线正交或斜交,倾角平缓	走向与洞轴线平行,倾角陡
岩性和层厚	厚层块状,纯质灰岩,强度高	薄层石灰岩、泥灰岩、白云质灰岩,有互层,岩体强度低
洞体形态及埋藏条件	埋藏深、覆盖层厚、洞体小(与基础尺寸比较),溶洞呈竖井状或裂隙状,单体分布	埋藏浅,在基底附近,洞径大,呈扁平状,复体相连
顶板情况	顶板厚度与跨度比值大,平板状,或呈拱状,有钙质胶结	顶板厚度与洞跨比值小,有切割的悬挂岩块,未胶结
充填情况	为密实沉积物填满,且无被水冲蚀的可能性	未充填,半充填或水流冲蚀充填物
地下水	无地下水	有水流或间歇性水流
地震基本烈度	地震基本烈度小于7度	地震基本烈度等于或大于7度
建筑荷重及重要性	建筑物荷重小,为一般建筑物	建筑物荷重大,为重要建筑物

b.定量评价。目前主要是按经验公式对溶洞顶板的稳定性进行验算。顶板坍塌后塌落体体积增大,当塌落至一定高度 H 时溶洞空间自行填满,无须考虑对地基的影响。

(2)天然洞室的勘察和评价。

①天然洞室的可利用性选择。

从建筑安全出发,尚应考虑下列要求。

a.洞体要稳定。应选择稳定或基本稳定的洞体,以减少加固处理的工作量。稳定洞体的一般特征是:岩体完整性好,节理裂隙少;洞顶表面溶蚀迹象明显,无近期崩坍痕迹;洞壁完整,壁脚不空,支洞交叉少;洞内有少量钟乳石,漏水不严重。

b.防洪要可靠。洞内无暗河,洞底高程高于附近暗河及河流的最高洪水位,不受洪水淹没威胁。

c.断面要足够大。洞体断面应能满足利用的需要。如断面过小,不能满足利用要求,就应考虑有无开挖扩大的可能性。

d.洞底要平坦。洞室底板一般要求大致平坦,无太大的起伏、陡坡、深坑和大块碎石堆等。

e.高程要适中。洞底的高程要与洞外地面相适应。太低,进洞坡度大,交通运输不便;太高,运输维修盘山路或缆车,增大投资。

②天然洞室的稳定性评价。

a.影响稳定性的主要因素。

影响天然洞稳定性的主要因素除岩体完整性、岩石强度和地下水外,尚应考虑以下因素。

(a)溶洞的发育史。

天然溶洞是在漫长的地质年代中经受了长期的各种自然营力的考验,大都已形成了新的平衡,如无近期明显崩坍痕迹,一般不会发生严重坍塌,稳定性较好。

(b)洞体表面特征。

洞体表面特征是反映洞体稳定状况的重要标志,可直观地显示洞体的稳定性。

ⓐ洞顶:洞顶有溶蚀沟槽及窝状溶蚀面、钙质胶结壳和少量钟乳石,无近期崩塌掉块痕迹,表明洞顶在较长时期内处于稳定状态。

ⓑ侧壁:侧壁完整,有溶蚀痕迹、钙质胶结壳,无含泥很多的大片灰华物,表明侧壁稳定。

ⓒ底板:底板表层如为较厚的黏性土、砂卵石或钙质胶结层,表明近期无崩塌,洞体稳定。如底板堆积大量崩塌物,表明洞体近期有崩塌,不够稳定。如崩塌体上又形成较大石笋或较深的滴水蚀孔,表明崩塌发生已久,现已处于稳定状态。

b.洞室稳定性的评价方法。

目前以工程地质分析为主(配以一定的测试手段),辅以力学计算校核。

(a)工程地质分析法。

从研究岩体完整性着手,依据地层岩性、软弱结构面、岩层裂隙水和洞体特征等四个主要因素来分析判断洞体的稳定性,按表4.1-25确定其稳定性等级。如洞体长、变化大,各部分稳定性不同,也可分区分段评价。

天然溶洞稳定性评价 表4.1-25

等级	地层岩性	软弱结构面	岩层裂隙水	洞体特征	处理和利用
稳定性好	巨厚层或厚层灰岩,岩体完整,无软弱夹层,层面胶结好,走向与洞轴向垂直或高角度斜交	无断层褶皱,裂隙不发育,裂隙充填胶结好,裂隙组合未形成临空切割体	洞内基本无滴水、漏水,洞体比较干燥	洞顶和侧壁均有钙质胶结壳和溶蚀窝状面,无近期崩塌痕迹,底板表面无大块崩塌物	稍加处理利用
稳定性较好	厚层或中厚层灰岩,岩层较完整,层面胶结较好,走向与洞轴向斜交	有小断层或褶皱,裂隙较发育,但胶结较好,裂隙组合形成少量临空切割体	洞内无较大漏水处,仅有少量滴水点,洞体较潮湿	大部分顶和侧壁有钙质胶结壳和溶蚀窝状面,有近期崩塌痕迹和掉块现象,洞底堆积少量崩塌岩块	局部需要处理和加固。加固处理后一般可以利用

续上表

等级	地层岩性	软弱结构面	岩层裂隙水	洞体特征	处理和利用
稳定性差	中厚层或薄层灰岩,有软弱夹层,层面胶结差,有裂隙,岩体破碎,走向与洞轴向平行	有规模较大的断层形成较宽的破碎带,裂隙发育,呈张性或扭性,未胶结充泥充水,裂隙组合形成较多的临空切割体	洞内有多处大量漏水,沿裂隙普遍分布漏水点,洞内潮湿	顶和侧壁溶蚀窝状面少,有新的崩塌痕迹,侧壁分布大量石柱和灰华物,洞底堆积大量崩塌岩块	加固处理工作量很大,处理后安全上仍不能得到保证。一般不宜利用

(b)危岩的鉴定方法。

危岩是指岩体受层理、裂隙、溶沟等切割,有突然掉落危险的岩块或钟乳石。

ⓐ地质分析法。通过对地质因素和危岩存在条件的调查,分析其塌落的可能性,一般有:悬挂状、悬臂状、与母岩连接较差的岩块;被纵横交叉和垂直裂隙切割成块状的岩块;悬挂在洞顶、洞壁的钟乳石;堆架在顶、壁上已塌落的岩块;断层、褶曲的破碎带。

ⓑ测试法。一是通过同一震源对危岩和与危岩相连的母岩所引起的振动频率和振幅不同的原理,判断危岩与母岩的连接情况;二是利用声波在危岩与母岩中传播速度快慢的不同,判断其连接情况。

ⓒ经验判断法。对小块危岩可用"看、敲、撬"的方法鉴定:

看——看危岩与母岩的连接、胶结、含水状况,判别其危险程度;

敲——用铁锤敲打岩块,如敲时铁锤不太回弹、有活动感,或声音空哑,呈"卜、卜"声,说明岩块与母岩已脱开;

撬——用撬杠撬拨危岩,以感觉到的颤动来判断。

ⓓ力学计算法。用"块体平衡理论"计算其抗滑力和下滑力,来分析判断其危险性。

10)岩溶地区的工程设计

(1)岩溶地区交通工程选线。

在一般情况下,对局部严重的、大型的、不易搞清的岩溶地段,应尽量设法绕避;对不太严重的中、小型岩溶地段,可以选择其最窄的、最易于采取措施的地方通过。喀斯特地区公路地质选线优先的要点包括以下几个方面:

①路线避开碳酸盐岩与非碳酸盐岩的接触带。

②路线避开有利于岩溶发育的构造破碎带。

③路线避开岩溶发育的极强地区。

④路线绕避网状洞穴和厅堂式空洞区。

⑤在通过可溶性岩石分布地区时,路线方向不宜与岩层构造线方向平行,而应与之斜交或垂直通过。

⑥路线应尽可能避开碳酸盐类岩石与某些金属矿床(如黄铁矿 FeS_2)的接触带。

⑦地表高差大,路线宜通过溶蚀残丘和峰丛的山坡穿越垭口,以减少路线的起伏。如地表高差较小,路线也可以穿越大型槽谷和溶蚀洼地,但宜在其周边山坡下部通过,这样可以少占农田,并避免路基遭受水淹和发生基底变形。

⑧路线如果通过大型槽谷和溶蚀洼地的底部,有时路基会遭受水淹和遇到路基基底的

沉降和塌陷等病害，应事先注意防治。

⑨在路线顺直的情况下，路线也可选于沿河部分，但因谷坡陡峻，故工程比较艰巨。沿河路线应查明河流的最高洪水位和地下岩溶水的排泄基准，并应注意岸坡的稳定性和废弃土石的处理问题。当岩层走向与河谷平行时，路线宜选在岩层倾向山里的一侧。

⑩对于较高等级的道路，通过峰丛洼地时，可以采用隧道凿通峰丛垭口串联洼地的方法，以提高线形标准，避免展线。

⑪在坡立谷和溶蚀平原区，地形平坦开阔，为路线提供了良好的条件，但选线应注意避让水草地和石芽地，并应考虑某些地段危及路基稳定性的土洞和其他埋藏的岩溶形态，以及水淹和水冲路基等问题。

⑫在岩溶地区利用天生桥、溶洞和暗河作路基工程时，应查明水文地质和工程地质条件，特别是要注意坍塌和水淹问题。

(2)岩溶处理基本原则。

①对影响路基稳定的溶洞，不论采用何种方法处理，在施工中均不应堵塞溶洞水的出路。

②对路基基底的岩溶泉或冒水洞，不论用何种方法排出，均应保证路基最小填土高度内的土石不受浸润。

③当为高级或次高级路面时，应保证不因温差作用而使水汽上升，聚集在路面基层下。

(3)岩溶地区各种溶洞的处理方法。

①对路基上方岩溶泉或冒水洞，可采用排水沟将水引离路基，不宜堵塞；对路基基底的岩溶或冒水洞，宜设涵洞(管)将水排除；对流量较大的暗洞及消水洞，可用桥涵跨越通过。

②对路堑边坡上危及路基稳定的干溶洞，可用干砌(或浆砌)片石堵塞；对于路基基底或挡土墙基底的溶洞，当洞口不大，深度较浅时，可采用回填夯实；对于洞口较大，深度较深的溶洞，应采用绕避或用桥(涵)跨越；当干溶洞顶板太薄或顶板较破碎时，可采用加固或将顶板炸除以桥(涵)跨越；如顶板较为完整，其厚度大于5m时，可不作处理；当溶洞位于边沟附近而且较深时，可采用钢筋混凝土板封闭，并应防止边沟水渗漏到溶洞内。

③为防止溶洞的沉陷或坍塌，以及处理岩溶水引起的病害，可视溶洞的具体情况分别采用内加固(如桩基加固、衬砌加固)、盖板加固、封闭加固(如锚喷加固)等方法。

④对影响路基稳定的人工坑洞(如煤洞、古墓、枯井、掏砂坑、防空洞等)应查明后，参照岩溶处治方法进行处理。

(4)地基处理措施。

岩溶地基的处理措施归纳起来有挖填、跨盖、灌注和排导等。

①挖填。挖除岩溶形态中的软弱充填物，回填碎石、灰土或素混凝土等，以增强地基的强度和完整性；或在压缩性地基上凿去局部突出的基岩，铺盖可压缩的垫层(褥垫)，以调整地基的变形量。

a.基础下有溶沟、溶槽、漏斗等时，挖去其中充填物，回填碎石或毛石混凝土。

b.黏性土地基局部有石芽突出时，将石芽尖部凿去，回填素土。

c.基础下溶洞埋藏不深，顶板不稳定时，可炸开顶板，挖除充填物，回填碎石等。

②跨盖。基础下有溶洞、溶槽、漏斗、小型溶洞等，可采用钢筋混凝土梁板跨越，或用刚

性大的平板基础覆盖,但支承点必须放在较完整的岩石上。也可用调整柱距的方法处理。

③灌注。基础下的溶洞埋藏较深时,可通过钻孔向洞内灌注水泥砂浆、混凝土或沥青等,以堵填溶洞。

④排导。对建筑物地基内或附近的地下水宜疏不宜堵。一般采用排水隧洞、排水管道等进行疏导,以防止水流通道堵塞,造成场地和地基季节性淹没。

(5)土洞的工程处理。

①地表水形成土洞的处理。在建筑场地和地基范围内,认真做好地表水的截流、防渗、堵漏等工作,杜绝地表水渗入土层,使土洞停止发育和发展,再对土洞采取挖填及梁板跨越等措施。

②地下水形成土洞的处理。当地质条件许可时,首先尽量对地下水采取截流、改道等,以阻止土洞继续发展。然后采用下述方法处理:

a.当土洞埋深较浅时,可采用挖填和梁板跨越;

b.对直径较小的深埋土洞,其稳定较好,危害性小,可不处理洞体,仅在洞顶上部采取梁板跨越即可。

c.对直径较大的深埋土洞,可采用顶部钻孔灌砂(砾)或灌碎石混凝土,以充填空间。

d.当对地下水不能采取截流、改道以阻止土洞发展时,可采用桩基(嵌入基岩内)或其他措施。

(6)塌陷的处理方法。

对塌陷坑一般进行回填处理,回填方法有:

①对影响建筑设施或大量充水的塌陷坑,应根据具体情况进行特殊处理,一般是清理至基岩,封住溶洞口,再填土石。

②对不易积水地段的塌陷坑,当没有基岩出露时,采用黏土回填夯实,高出地面 0.3~0.5m;当有基岩出露并见溶洞口时,可先用大块石堵塞洞口,再用黏土压实。

③对河床地段的塌陷坑,若数量少,亦可采用上述方法进行回填;若数量多,应根据具体情况考虑对河流采取局部改道的方法处理。

(7)天然洞室利用时危岩的处理。

①清除。危岩一般以彻底清除、消除隐患为宜。但在有些情况下不宜清除,如岩块互相嵌叠,清除一块会影响一片,造成更多危岩;或清除大片灰华物引起隐蔽溶洞、竖井大量塌方。

②加固。根据危岩的位置、形态等可采取垛墙支顶、柱梁支顶、衬砌加固或锚喷加固等方法来加固危岩。

③隔离。局部地段如危岩较多较大,不易清除、加固,可用石墙或混凝土衬砌等加以隔离。

4.1.4.10 湿陷性黄土与交通运输

湿陷性黄土是受水浸湿后会产生较大沉陷的黄土。黄土是一种在特定地理、气候环境条件下第四纪以来沉积和成壤的地质体。成因以风积为主,具有大孔性,垂直节理和架空孔隙均较发育,含有大量可溶盐和膨胀性黏土矿物等。湿陷性黄土广泛分布于我国的北方地区,主要包括山西、陕西以及甘肃、青海、宁夏、河南等部分地区。在湿陷性黄土地区,由于黄土的湿陷性和较弱的承载力，极易引发交通工程的变形破坏及路基边坡的滑坡和崩塌等。

1）湿陷性黄土的工程特性

黄土具有多孔性，以粉土颗粒为主，富含碳酸盐，颜色以黄色为主。同时，黄土具有渗透性、湿陷性、易崩解等特点，在外荷载和自重作用下受水侵蚀后容易产生湿陷变形。因此具有湿陷性和较低的承载力，极易引发各种各样的工程质量事故。

在老黄土中普遍存在构造节理，如斜节理；新黄土中原生柱状垂直节理发育。黄土中的节理对路基边坡的稳定性常起控制作用。在具有构造节理的黄土层中开挖的边坡，其破坏形式常呈现为沿节理剥落；具有垂直节理的黄土边坡，其破坏方式常呈现为倒塌，无构造节理的黄土边坡破坏则主要为滑坡。

湿陷性是黄土的主要工程性质它是指在一定压力下受水浸湿，土体结构发生迅速破坏而发生显著下沉的特性。并不是所有黄土都具有湿陷性，具有湿陷性的黄土厚度并不大，一般在上部的20m以内。

黄土因其特有的结构使土质具有特殊的性质，在干燥时强度较高，成形后牢固性好，但是遇水后结构立即遭到破坏，失去了原有的形态与牢固性。

2）湿陷性黄土路段的道路病害

在湿陷性黄土路基破坏中，主要的表现形式有路基沉陷、路基陷穴以及路堤的破坏；在路堑边坡中，主要表现为公路边坡剥落、冲刷、滑坍、崩坍、流泥、路堤沉陷、表面滑溜、局部滑坍以及路面裂缝等；在隧道中，会出现裂缝、塌陷、地裂缝等病害。

（1）湿陷性黄土路基病害。

湿陷性黄土在未受水浸湿时，一般强度较高，压缩性较小。当在一定压力下受水浸湿后，土结构会迅速破坏，产生较大附加下沉，强度迅速降低。由于大量节理和裂隙的存在，黄土的抗剪强度表现出明显的各向异性。主要病害有路基路面发生变形、凹陷、开裂，容易出现不均匀沉陷现象，尤其在桥头处容易形成跳车，道路内部易被水冲蚀成土洞和暗河。

（2）黄土滑坡的原因及分析。

黄土地区公路路堑高边坡的变形破坏主要分为坡体变形及坡面变形两类。

坡面变形破坏类型主要有剥落和冲刷。其中剥落根据破坏形态可分为片状、层状、鱼鳞片状等。因开挖形成的黄土高边坡，在坡脚附近常出现一条近水平的压碎带，带内1~20cm厚的土体如“千层饼”，如不及时防护则很容易剥落。

在古土壤出露的坡面，因差异风化剥落，沿古土壤层形成带状凹槽，使上覆部分土体悬空而失稳，加剧了坡面的破坏作用，一般阳坡比阴坡剥落要严重。

坡面冲刷是黄土边坡的普遍性病害之一，其主要表现为：坡肩冲刷坍塌、坡面冲刷细沟、跌水及沟穴等。黄土由于强度低、节理裂隙发育，当坡面受冲刷作用时，常引起大量的水土流失，使坡面被冲刷成纹沟、细沟及洞穴，并发展成冲沟。一般坡面冲刷可形成坡肩冲刷坍塌、坡面冲刷串沟、坡面冲刷跌坎、坡脚冲刷掏空、坡面冲刷沟穴等。松散结构的湿陷性黄土抗冲刷较致密结构老黄土差。在新黄土层中开挖的高陡边坡，如果径流集中，则易形成深沟或沟穴；当边坡由不同岩性的土层构成时，在接触面处易形成洞穴或冲沟；密实结构的老黄土边坡具有较好的抗冲刷能力，当受到均匀坡面的水流作用时，常在坡面形成明显的条带，当受到集中水流冲刷时，形成小冲沟的跌水。

晚更新世和全新世的新黄土结构较疏松，稳定性差，产生滑坡较多，但大型黄土滑坡亦常切穿不同时期的黄土地层。黄土滑坡的特征如下。

①由于黄土中粉土颗粒含量高，结构疏松，侵蚀作用强烈，再兼黄土具有较发育的节理系统，而且这些构造节理具有很好的贯通性，常形成高陡的沟谷岸坡和陡壁。在一些大的河流两岸，常有阶地缺失现象，可形成高达百米的陡壁。这种高陡的岸坡和塬边地形极易产生滑坡。

②黄土中有较发育的大孔隙结构和垂直节理，有利于表水下渗，黄土下伏地层多为红黏土或以泥岩和砂质泥岩为主的自垩系、第三系红层，相对隔水，易于在这一部位形成滑面。另外，河流形成的黄土堆积阶地下部往往存在数米厚的砂卵石层，当其含水时，则极易将邻近的黄土浸润软化，为坡体滑动创造条件。

③由于在黄土台塬边缘具有相同或相近的地形地貌等地质条件，所以在这些地带黄土滑坡往往有群发特点，成串出现。

④由于黄土常形成高陡斜坡，在不利条件下，滑动前可积聚很大能量，因而滑动急剧，具崩塌特点，易形成崩塌性滑坡。

⑤当新、老黄土间的界面较平缓，而下伏基岩顶面倾角较陡时，在河流下切、地震、降雨等作用下，会发生新老黄土沿基岩顶面的滑动，滑动带常是风化成黏土状的基岩。

⑥当黄土下伏软弱基岩为黏土岩、泥岩等且风化较重时，由于基岩顶面坡度较缓，风化层受水强度降低，常发生黄土连同风化基岩一起滑动。

(3)黄土隧道常见的病害。

①地表裂缝。隧道施工中，会沿着隧道走向分别在隧道两侧出现地表裂缝。地表裂缝会随着掘进相应发展。一般情况下，地表裂缝基本上是从洞1：1拱脚处以黄土内摩擦角的角度沿仰坡延伸至上方的地表。

②塌陷。施工过程中由于冒顶、拱顶下沉等原因引起局部的地表连续性下沉，从而在地表形成塌陷，塌陷变形较大时，常伴生环状裂缝，但这类裂缝的深度不大。

③陷穴、落水洞。施工中形成的地表裂缝，以及冒顶、拱顶下沉形成的上部土体中的塌空，为隧道山顶的农业灌溉用水或降雨提供了下渗通道，导致在地表产生陷穴和落水洞。

3)湿陷性黄土地区的工程设计

(1)湿陷性黄土地基处理。

湿陷性黄土地基处理的方法为四大类。

①土体加密法，通过各种工程措施提高黄土的密实度，典型的工程措施为强夯法和素土垫层法。

②土体加固法，通过焙烧或外加胶结材料以改变黄土的物质组成和结构，从而提高黄土的抗水性和力学指标。

③加密-加固法，加密加固两种作用都有，如灰土垫层法，这种方法在处理浅层的湿陷性黄土地基中应用广泛。

④荷载传递法，将上部结构的荷载通过桩基础传递给下伏坚硬的非湿陷性岩土层。

(2)黄土路基防排水设计。

①黄土地区路基应做好施工期排水，将水迅速引离路基。在填挖交界处引出边沟时，应

做好出水口的加固,排水设施接缝处应坚固不渗漏。

②若地基为一般湿陷性黄土,应采取措施拦截、排除地表水。地下排水构造物与地面排水沟渠必须采取防渗措施,路侧严禁积水。

(3)黄土隧道常见的病害处置措施。

水的浸入是诱发隧道病害的主要影响因素。地表水(大气降雨、灌溉)的渗入导致黄土隧道山体发生地表裂缝和黄土陷穴等病害,可采取以下处治措施:

①洞顶地表裂缝及陷穴、落水洞应立即抓紧时间处理,防止地表水(农灌水、雨水)灌入对隧道造成危害。对地表裂缝采用开挖夯实或防渗层逐层回填夯实的方法进行处治;对地表陷穴的处治,采用由陷穴坑的逐层夯实回填的方法,回填高度应高于地面0.2m,防止水入渗后再次形成陷穴。

②为保护隧址区原有生态环境,在陷穴、裂缝的处理上,尽量少用临时占地,地表土壤做还原处理。在隧道洞顶建立完善的防排水系统,一方面使地表水迅速排出,减少对黄土斜坡的冲刷,另一方面要避免排水设施的渗漏水。

③视地表裂缝和洞内收敛发展情况,必要时采取洞顶土体减载措施。

(4)工程生态植物防护技术。

充分研究路域的地形、地貌、土壤、气象和植物生长特点,在此基础上选取植物防护技术。

在中温带干旱气候区以工程防护为主,在温暖带半湿润气候区、温暖带半干旱气候区以植物防护为主,在中温带半湿润气候区以工程防护与植物防护相结合或坡面复合型生态防护技术为主。

坡面防护应选取对土质要求不高、耐盐碱、适应贫瘠的植被;对自然环境适应性强,耐寒、耐旱;生长繁殖速度快,根系发达致密;种苗容易获得,价格低廉;适应粗放型管理,绿期长的当地适生树种、草种。

草灌结合的植被模式常能形成较多的地面覆盖和枯草层,禾本科植物茎叶发达,皆为须根,根系发达,须根总量大,具有良好的固土能力。

禾本科植物根系分布深度一般都相对较浅(1m左右),即使形成土壤干层,也因其埋藏浅,在雨季中也容易得到补偿复原。而豆科植物生长过的土壤留有很多根瘤,因此是良好的养地植物,可与其他草类轮、套、间、混种。

4.1.5 采空区的相关特征及其与交通运输的关系

地下矿层采空后,矿层上部的岩层失去支撑,平衡条件被破坏,随之产生弯曲、塌落,以致发展到使地表下沉变形。地表变形开始成凹地,随着采空区的不断扩大,凹地不断发展而成凹陷盆地,此盆地称为移动盆地。

移动盆地的面积一般比采空区面积大,其位置和形状与矿层的倾角大小有关:矿层倾斜角平缓时,盆地位于采空区的正上方,形状对称于采空区;矿层倾角较大时,盆地在沿矿层走向方向仍对称于采空区,而沿倾斜方向随着倾角的增大,盆地中心越向倾斜的方向偏移。

由于地下采空区引起的地表变形会导致地表交通工程设施的变形破坏,因此交通工程设计需要绕避地下采空区或进行处治。

1)地表变形的分区

根据地表变形值的大小和变形特征,自移动盆地中心向边缘分为三个区。

(1)均匀下沉区(中间区):即盆地中心的平底部分,当盆地尚未形成平底时,该区即不存在,区内地表下沉均匀,地面平坦,一般无明显裂缝。

(2)移动区(又称内边缘区或危险变形区):区内地表变形不均匀,变形种类较多,对建筑物破坏作用较大,如地表出现裂缝时,又称为裂缝区。

(3)轻微变形区(外边缘区):地表的变形值较小,一般对建筑物不起损坏作用。该区与移动区的分界,一般是以建筑物的容许变形值来划分。其外围边界,即移动盆地的最外边界,实际上难以确定,一般是以地表下沉值 10mm 为标准来划分。

2)保护道路留设矿柱

(1)保护矿柱的留设条件。

在尚未开采的矿体分布区,属下列情况之一者应设保护矿柱:

①高速公路及一级公路;

②隧道;

③特大桥、大桥和中型桥;

④地下开采会有严重滑坡危险而又难以处理的路段。

(2)保护矿柱的围护带宽度。

路堤部分以公路两侧路堤坡脚外 1m 为界;路堑部分以两侧堑顶边缘为界,两侧界线以内的范围为受保护对象。沿两侧界线向外留设围护带,高速公路围护带宽为 20m,一级公路围护带宽度为 15m。

(3)保护矿柱边界的确定。

倾斜煤层保护煤柱的边界根据上山方向移动角、下山方向移动角及松散层移动角,用垂直剖面法确定。

3)采空区处治

(1)处治范围。

开挖回填处理的浅采空区,其处治长度为道路轴向采空区实际分布长度,处治宽度为路基底面宽度或构造物的宽度,处治深度为底板风化岩位置。其余采空区治理范围按下述规定执行。

①处治长度。

处治长度为道路轴向采空区实际分布长度。当采空区的厚度较大、地表变形破坏严重时,处治长度应增加覆岩移动角的影响宽度。

②处治宽度。

处治宽度由路基底面宽度、围护带宽度、采空区覆岩影响宽度三部分组成,具体数值按式(4.1-1)和式(4.1-2)计算。

倾斜岩层且路线与岩层走向平行或斜交:

$$L=D+2d+\left(2h\cot\varphi+\frac{H}{\cot\beta}+\frac{H}{\cot\gamma}\right) \tag{4.1-1}$$

水平岩层:

$$L=D+2d+(2h\cot\varphi+H\cot\delta) \tag{4.1-2}$$

式中：L——垂直公路轴线水平方向宽度(m)；

D——公路路基底面宽度(m)；

d——路基围护带一侧的宽度(m)(一般取10m)；

h——采空区上覆基岩厚度(m)；

H——松散层厚度(m)；

φ——松散层移动角(°)；

δ——走向方向采空区上覆基岩移动角(°)；

β——上山方向采空区上覆基岩移动角(°)；

γ——下山方向采空区上覆基岩移动角(°)。

倾斜岩层且路线与岩层走向垂直，路线上每点的宽度按水平岩层计算。

③处治深度。

处治深度为地面至采空区(或矿层)底板以下不应小于3m。

(2)处治措施。

道路采空区设计应根据采空区的形成时间、埋深、采空厚度、采矿方法、顶板岩性及其力学性质、水文地质、工程地质条件等选择治理方案。治理方案主要有开挖回填、充填、桥跨和注浆四种。在实际工程中，应针对采空区的具体情况，将这几种方案联合使用。

4.1.6 荒漠地区与交通运输

沙漠主要是指地面完全被沙所覆盖、植物非常稀少、雨水稀少、空气干燥的荒芜地区。沙漠地域大多是沙滩或沙丘，沙下岩石也经常出现。有些沙漠是盐滩，完全没有草木。沙漠一般是风成地貌。

荒漠地区气候干燥、降水极少、蒸发强烈，是植被缺乏、物理风化强烈、风力作用强劲的流沙、泥滩、戈壁分布的地区。荒漠主要分布在南北纬15°~50°之间的地带。其中，15°~35°之间为副热带是由高气压带引起的干旱荒漠带；北纬35°~50°之间为温带、暖温带，是大陆内部的干旱荒漠区。

沙漠是荒漠的一种，荒漠中的交通建设与运行存在的问题基本相同，只是沙漠中的公路病害问题最为严重，沙漠生态也是一种最为脆弱的荒漠生态。

1)沙漠路段的道路病害

沙漠地区公路的主要病害如下。

(1)沙害。

沙害主要有风蚀和积沙两种类型。

①风蚀。风蚀指在风沙的直接冲击下，路基上的沙粒或土颗粒被风吹走，出现路基削低、掏空和坍塌等现象，从而引起路基的宽度和高度的减小。

②沙埋。由于风沙流通过路基时风速减弱，导致沙粒沉落堆积而掩埋路基，或沙丘移动上路掩埋路基而产生沙埋病害。沙埋类型有片状沙埋、舌状沙埋和堆状沙埋三种类型。片状沙埋的面积较大，形成也较迅速，主要发生在风沙流活动的地区，初期积沙较薄，严重时会阻断交通。舌状沙埋在流动沙丘地区，当路线横切沙丘走向或在风沙流活动地区，路基上风

侧有障碍物时，均可形成舌状沙埋。舌状沙埋形成迅速，一场大风即可使交通中断。堆状沙埋主要发生在流动、半流动沙丘地区，沙丘前移上路，造成大量的沙子堆积，形成堆状沙埋。

(2)水毁。

①路肩及边坡冲刷破坏。沙漠地区一般年降水量较少，但大部分为暴雨降落，易对路肩、边坡冲刷造成冲刷破坏。

②路基冲毁。主要是由于导水工程不够健全或桥梁涵洞孔径被风沙堵塞未能及时疏通，暴雨造成的谷底横向径流不能及时排除而冲毁路基。

③路基不均匀下沉。由于路基下卧层浸水变软而导致路基不均匀沉陷。

(3)路基盐胀。

沙漠地带降水量少而蒸发量大，地表土质盐渍化程度日益加重。硫酸盐发生盐胀作用，使土体表面层结构破坏和疏松，导致路面被拱裂及路肩和边坡被剥蚀。

(4)路基冻胀翻浆。

路基在冰冻过程中，土中的水分不断地向上移动，使路基上部的水分及可溶盐含量大大增加。春融期间，由于土基含水率过多，强度急剧降低，再加上行车的作用，路面会发生弹簧、裂缝、鼓包、冒泥等现象，形成翻浆。土质盐渍化更能使病害加剧。

(5)荒漠区生态环境问题。

由于荒漠区生态环境脆弱，交通运输工程建设较湿润区易引起环境退化，且生态恢复十分困难。荒漠区交通工程建设引起的环境退化主要表现在：致使区域植被覆盖度降低，为灾害发生提供有利地貌条件，引起水、土理化性质变差，对路域大气环境造成污染，荒漠区野生动物生存环境变差等方面。

(6)交通工程建设问题。

荒漠区的自然环境与湿润区不同，其公路建设的特点主要有：

①公路建设水源短缺。荒漠区水源不足，公路建设需要长距离拉水供应生活与工程用水，加之路域土质干糙疏松，公路施工产生的尘土多，用水量大，空气污染较严重。

②公路建设路域土壤类型多，土质复杂。荒漠区分布有风沙土、盐碱土、沼泽土、灰漠土、绿洲土、黄土等土壤类型，路基工程地质条件复杂，需要针对性解决路基稳定性的问题较多。

③公路建设的环境保护问题复杂。荒漠区有沙漠、戈壁、绿洲、河谷、丘陵、山地等多种景观，环境十分复杂，公路建设面临的环境保护问题较多。

④道路病害较多。荒漠区道路不仅有崩塌、滑坡、山洪、泥石流等灾害，而且还有风沙、盐渍化等危害，交通工程灾害防治任务较重。

⑤公路养护任务重。荒漠区干旱，风沙大，环境恶劣，道路容易破裂损坏，位于荒漠路段的线路一般较长，养护工作条件艰苦，而且，公路养护的任务也较重。

2)沙漠路基的防护措施

防沙工程本着“因地制宜、就地取材、因害设防、综合治理”的原则，应注意保护施工区域的天然植被，工程建设和防沙治沙应同步进行。沙漠路基的防护措施有柴草类防护，土类防护，砾、卵石防护和沥青防护。

3)沙漠地区道路施工原则

(1)施工作业应尽量避开风季。注意保护所有标志桩、点，防止被风刮倒或沙埋。

(2)应遵循边施工边防护的原则,土方施工、防护工程、防沙工程应配套完成。

(3)地表清理时,不得随意破坏路线两侧植被和地表硬壳,注意保护沙漠环境。

(4)流动性沙漠地区,应采用高效并且具有一定防风沙性能的施工机械。路基的填、挖应完成一段,防护一段,确保路基的强度和稳定。

4)沙漠地区交通工程养护原则

沙漠地区的公路养护工作,应注意防风固沙,通过在路面两旁种植防风林、设置高立式沙障、草方格固沙带等措施,加大防风固沙力度,从而缓解沙漠公路破坏。

(1)沙漠地区公路养护要"固、阻、输、导"综合治理。

(2)沙漠地区路基的养护往往需要大量的防护材料,在养护中要提前做好备料工作。但路肩上堆置任何材料杂物都易形成沙丘。

(3)必须维护路基两侧现有植物的正常生长,并有计划地补植防沙树木和防护林,只有改善生态环境才能从根本上治理沙害。

(4)沙漠地区公路养护应该做到治沙和防水并重。

4.1.7 污染土及腐蚀介质与交通运输

地基土的污染主要由于在工厂生产过程中,某些对土有腐蚀作用的废渣、废液渗漏进入地基,引起地基土发生化学变化。这些污染物主要有酸、碱、煤焦油、石灰渣等。污染源主要有制造酸碱的工厂、石油化纤厂、煤气工厂、污水处理厂,以及燃料库和某些轻工业工厂,如印染、造纸、制革等企业。此外,还有金属矿、冶炼厂、铸钢厂、弹药库等场地的地基土也可能受到污染。

1)污染土的外观特征

(1)地基土受污染腐蚀后,往往会变色变软,其状态由硬塑或可塑变为软塑,有的变为流塑。污染土的颜色也与正常土不同,有的呈黑色、黑褐色、灰色等,有的呈棕红、杏红色,有铁锈斑点。

(2)建筑物地基内的土层变成具有蜂窝状的结构,颗粒分散,表面粗糙,甚至出现局部空穴,建筑物本身也逐渐出现不均匀沉降。

(3)地下水质呈黑色或其他不正常颜色,有特殊气味。

2)污染土地基的评价

(1)建筑场地环境分类见表4.1-26。

建筑场地环境分类 表4.1-26

环境分类	混凝土所处的环境条件
Ⅰ类环境	高寒山区,海拔3000m以上地区,直接临水土或岩层中,且具有干湿交替或冻融交替作用
	干旱区或半干旱区,临水或强透水土(岩)层水中,具有干湿或冻融交替作用
	一侧临水或水下土(岩)层中,另一侧则暴露于大气之中
Ⅱ类环境	干旱区或半干旱区,处于弱透水岩(土)层中,均具有干湿或冻融交替作用
	湿润区或半湿润区,临水,或水下岩(土)层中,具干湿或冻融交替作用
Ⅲ类环境	各气候区中,混凝土处于弱透水土层或岩层中,已均不具有干湿或冻融交替作用

(2)环境介质对混凝土腐蚀的评价标准。

道路桥梁、涵洞、隧道、路基加固、路面等混凝土工程受环境水影响,在下列情况下可能产生混凝土腐蚀:

①冻融交替、干湿交替、日温差大,冰流、石流等机械腐蚀。

②混凝土受环境水或土层的化学作用,有结晶类腐蚀、分解类腐蚀及结晶分解复合类腐蚀。

道路混凝土工程的腐蚀,常常是受几种物理条件综合作用而产生的,如兼有化学性腐蚀,则混凝土被腐蚀的速度将急剧加快。化学性腐蚀通常不是单一的,而是几类腐蚀同时作用的结果。

混凝土被腐蚀的程度,分为无腐蚀、弱腐蚀、中等腐蚀和强腐蚀四级。为判定环境水对混凝土的腐蚀性,一般必须进行以下项目的水质分析。

①天然水:应分析总固体、pH 值、游离 CO_2、侵蚀 CO_2、总碱度、碳酸根、重碳酸根、氯离子、硫酸根(SO_4^{2-})、钙离子、镁离子、总硬度、钠+钾(计算求得)。

②受污染的水:根据污染来源情况,确定专门分析的内容。

道路混凝土工程在下列任一条件下,会产生物理性腐蚀:

①常年在河水或强透水土层中的受水段。

②在河水或强透水土层中的水位波动段。

③水面上或地面上的干湿交替段。

④受到冰冻影响的冻融交替段。

⑤迎水面和冰流、石流磨蚀面。

⑥气温日差大(一月平均日差大于 12℃的地区)。

⑦混凝土一部分侧面受水、另一部分侧面暴露于大气之中。

道路混凝土工程在具有下列任一条件时,则产生化学类腐蚀。

①产生结晶类腐蚀的环境地质条件。

a.含有芒硝、石膏、岩盐等含盐地层,盐渍土、盐田、盐湖及其他含盐土层。

b.海水及海水渗入地区。

c.硫化矿、煤层及含硫温泉水等,易产生硫酸盐的地层或 SO_4^{2-} 含量较大的地区。

d.含有大量硫酸盐的工业废水渗入的地区,严重污染的土层及浅层地下水。

e.干旱、半干旱及低洼地区的公路,由于排水不良,或因具有易使水流矿化富集的微地貌而引起土层次生盐渍化的路段。

f.当混凝土工程的背面与顶面填入盐渍土或含有石膏的填土。

②产生腐蚀类环境地质条件。

a.硫化物、煤矿矿水及含硫温泉水渗入地区。

b.泥炭土、淤泥土及含有大量有机质土层中的水渗入强透水的土层。

c.含有大量氯化镁、氯化钙等盐类水体。

d.酸性工业废水。

③产生分解复合类腐蚀的环境地质条件。

a.当具有结晶类腐蚀环境地质土层和由该土层地下水补给的水体,则有可能具有结晶分解复合类腐蚀。

b.含有大量硫化镁、硫酸钙盐的水体,以及硫酸盐与氯化物共存的水体,多具有结晶分解复合类腐蚀。

④天然水对混凝土腐蚀的评价标准。

具体标准见本书第4.8.3小节。

⑤土层(岩层)对混凝土腐蚀的评价标准。

a.结晶类腐蚀评价标准见表4.1-27。

结晶类腐蚀评价标准 表4.1-27

腐蚀等级	土的盐酸浸出液中SO_4^{2-}含量(g/kg)		
	Ⅰ类环境	Ⅱ类环境	Ⅲ类环境
无腐蚀	<1.0	<3.0	<5.0
弱腐蚀	1.0~3.0	3.0~5.0	5.0~10.0
中等腐蚀	3.0~5.0	5.0~10.0	10.0~15.0
强腐蚀	5.0~10.0	10.0~15.0	15.0~20.0

b.分解类腐蚀评价标准见表4.1-28。

分解类腐蚀评价标准 表4.1-28

腐蚀等级	pH值		
	Ⅰ类环境	Ⅱ类环境	Ⅲ类环境
无腐蚀	>6.5	>6.0	>5.0
弱腐蚀	6.5~5.5	6.0~5.0	5.0~4.5
中等腐蚀	5.5~4.5	5.0~4.0	4.5~4.0
强腐蚀	<4.5	<4.0	<4.0

注:pH值的测定应为锥形电极或平板电极土中直接测定。

c.结晶分解复合类腐蚀评价标准见表4.1-29。

结晶分解复合类腐蚀评价标准 表4.1-29

腐蚀等级	Ⅰ类环境		Ⅱ类环境		Ⅲ类环境	
	$Mg^{2+}+NH_4^+$	$C1^-+SO_4^{2-}+NO_3^-$	$Mg^{2+}+NH_4^+$	$C1^-+SO_4^{2-}+NO_3^-$	$Mg^{2+}+NH_4^+$	$C1^-+SO_4^{2-}+NO_3^-$
	g/kg					
无腐蚀	<1.5	<3.0	<3.0	<8.0	<5.0	<15.0
弱腐蚀	15~2.0	3.0~5.0	3.0~3.5	8.0~10.0	5.0~5.5	15.0~20.0
中等腐蚀	2.0~2.50	5.0~10.0	3.5~4.0	10.0~15.0	5.5~6.0	20.0~30.0
强腐蚀	2.5~3.0	10.0~15.0	4.0~5.0	15.0~20.0	6.0~7.0	30.0~50.0

注:1.表中阳离子与阴离子含量,均为土的水浸出液测定,水土比为1∶2.5。

2.表中阳离子与阴离子的腐蚀共存时,以两者中腐蚀强度最大者作为结晶分解复合类腐蚀的评价结论。

d.评价结论:对于结晶类、分解类、结晶分解复合类腐蚀,仅有一类腐蚀时,则按该类腐蚀的腐蚀等级作为评价结论;若三类中有两类或两类以上腐蚀时,以具有较高腐蚀等级者作

为综合评价结论。

(3)污染土对钢铁、铝、铅腐蚀评价标准如下：

a.污染土对钢铁管道腐蚀的评价标准见表4.1-30。

污染土对钢铁管道腐蚀评价标准　　表4.1-30

测试项目	单　位	腐蚀等级		
		弱腐蚀	中等腐蚀	强腐蚀
pH	—	>6.1	6.0~4.0	<4.0
氧化还原电位(Eh)	mV	>200	200~100	<100
电阻率	Ωm	>100	100~50	<50
极化电流密度	mA/cm^3	>0.05	0.05~0.20	<0.20
质量损失	G-6V/24hr	>1	1~2	>3

注：1.表中数据亦适用于其他钢铁结构物。
2.表中有两项或以上具有腐蚀时，取高等级者。

b.污染土对铝结构物的评价标准见表4.1-31。

污染土对铝结构物腐蚀的评价标准　　表4.1-31

测定项目	单　位	腐蚀等级		
		弱腐蚀	中等腐蚀	强腐蚀
pH	—	6.0~7.5	4.0~5.9 7.6~8.5	<4.5 >8.5
Cl^-	g/kg	<0.01	0.01~0.05	>0.05
Fe^{3+}	g/kg	<0.02	0.02~0.10	>0.10

注：表中有多项腐蚀时，取较高腐蚀等级作为评价结论。

c.污染土对铅结构物的评价标准见表4.1-32。

污染土对铅结构腐蚀的评价标准　　表4.1-32

测定项目	单　位	腐蚀等级		
		弱腐蚀	中等腐蚀	强腐蚀
pH	—	6.5~7.5	5.0~6.4 7.6~9.0	<5.0 >9.0
有机质	g/kg	<0.10	0.10~0.20	>0.20
NO_3^-	g/kg	<0.001	0.001~0.010	>0.10

注：表中有多项腐蚀时，取较高腐蚀等级作为评价结论。

3)污染土及腐蚀介质地区的工程设计

污染土的防治处理措施。

①污染土的防治和处理应满足下列要求：

a.对可能受污染的场地，当土与污染物相互作用将产生有害结果时，应采取防止污染物侵入场地的措施，如隔离污染源、消除污染物等。

b.对已污染场地，当污染土的强度降低，或对基础和建筑物相邻构件具有腐蚀性等有其他有害影响时，应按污染等级分别进行处理。

c.对污染土进行处理时，应考虑污染作用的发展趋势。

d.污染土场地完成建设或整治后，应定期监测污染源的污染扩散、场地内的土和污染物相互作用发展等情况，污染土的监测宜与环境监测配合进行。

②污染土的防治处理措施。

a.换土措施，将已被污染的土清除，换填未污染土，或者采用耐酸性腐蚀的砂或砾作回填材料，作砂桩或砾石桩。但对挖出来的污染土尚应及时处理，或找地方储存，或原位隔离，不能随意弃置，以免造成新的污染。

b.采用桩基或水泥搅拌等加固以穿透污染土层，但应对混凝土桩身采取相应的防腐蚀措施，对污染土的防护措施见表4.1-33。

污染土的防护措施 表4.1-33

<table>
<tr><th>综合评价
腐蚀等级</th><th>防护等级</th><th>水　　泥</th><th>水灰比</th><th>最少水泥用量
（kg/m^3）</th><th>c_sa
（%）</th><th>防护层
（mm）</th></tr>
<tr><td>无腐蚀</td><td>常规</td><td>硅酸盐水泥
普通硅酸盐水泥
矿渣硅酸盐水泥
火山灰硅酸盐水泥
粉煤灰硅酸盐水泥</td><td>—</td><td>—</td><td>—</td><td>—</td></tr>
<tr><td>弱腐蚀</td><td>一级防护</td><td>普通硅酸盐水泥
矿渣硅酸盐水泥</td><td>0.65</td><td>335~350</td><td><8</td><td>—</td></tr>
<tr><td rowspan="2">中等腐蚀</td><td rowspan="2">二级防护</td><td>普通硅酸盐水泥
矿渣硅酸盐水泥</td><td rowspan="2">0.55</td><td rowspan="2">350~370</td><td><8</td><td rowspan="2">30</td></tr>
<tr><td>抗硫酸盐水泥</td><td><5</td></tr>
<tr><td>强腐蚀</td><td>三级防护</td><td>抗硫酸盐水泥</td><td>0.45</td><td>370~400</td><td><5</td><td>40</td></tr>
<tr><td>严重腐蚀</td><td>特种防护</td><td colspan="5">混凝土表面以沥青类或高分子树脂类涂膜防护</td></tr>
</table>

注：1.严重腐蚀系腐蚀指标界限值超出规定范围，或有2~3类腐蚀达强腐蚀等级。

2.硅酸盐水泥、普通硅酸盐水泥品种指标必须符合国家标准《通用硅酸盐水泥》（GB 175—2020）的要求；矿渣、火山灰质、粉煤灰硅酸盐水泥的品质指标必须符合国家标准《矿渣硅酸盐水泥、火山灰质硅酸盐水泥及粉煤灰硅酸盐水泥》（GB 1344—1999）的要求；抗硫酸盐水泥的品种必须符合国家标准《抗硫酸盐硅酸盐水泥》（GB 748—2005）要求。

c.在金属结构物的表面，用涂料层与腐蚀介质隔离的方法进行防护。在加涂层前应清除金属表面的氧化皮、铁锈、油脂、杂漆等物质或喷镀金属锌。涂料要求与金属有较强的黏结性，防水、耐热、绝缘、化学稳定性高、有较好的机械强度和韧性。钢铝结构防护用涂料有油沥青、氯化橡胶、环氧树脂等。

钢结构可以镁合金或铝合金为牺牲阳极的阴极保护方法和外加电流以石墨为辅助阳极的阴极保护法。

d.采取防范措施，尽量减少腐蚀介质泄漏到地基中去，使地基土的腐蚀降至最低限度。如使地面废水沟、排水沟、散水坡经常保持畅通，必要时还可采取完全隔离污染源的措施。

e.根据土的性质，采取适用的地基加固措施和防止再次污染措施。

4.2 地质构造的相关特征与交通运输的关系

4.2.1 地质构造与交通运输

地质构造(简称构造)是地壳或岩石圈各个组成部分的形态及其相互结合方式和面貌特征的总称,是构造运动在岩层和岩体中遗留下来的各种构造形迹,如岩层褶曲、断层等,称为地质构造。因此,可依据地质构造生成时间分为原生构造与次生构造。

地质构造所在位置可能是交通工程滑动破坏的破裂面、地下水流动的通道、地震活动带、岩溶发育地带,可能是交通工程滑坡、沉陷,隧道突水突泥和水害作用的部位或地带,当然也可以是旅游和科普教育的良好场所。

1)沉积岩的原生构造——层面

(1)按层间界面的明显程度,可分为如下三类。

①层理明显:层间分界面可以明显分开。

②层理不明显:层间分界面不够明显。

③隐蔽层理:没有一定的层面,是一些层逐渐过渡到另一些层。

(2)按形成条件和原因,可分为如下三类。

①水平层理:是在沉积环境相当固定和稳定的条件下沉积形成的。一般为深水相、海相、湖相及其他的沉积环境。

②波状层理:在滨岸浅海带,由于两种不同方向或反方向运动——波浪活动(涨潮和退潮)而形成的。

③交错层理:是在一个方向运动的沉积环境中形成的,它通常表示水流(河流、海流)或风的运动方向,它是一系列交替层(直线状或曲线状)与层理面交成各种不同的角度而分布的层理。

2)褶皱的分类

(1)按横剖面的形状,可分为如下两类。

①背斜褶皱:脊线(顶部)向上,两侧岩层倾向相背,且向下张开,中部为老岩层。

②向斜褶皱:脊线向下,两侧倾向相向,且向上张开,中部为最新岩层。

(2)按轴面的空间位置和翼部的倾斜程度,可分为如下四类。

①直立褶皱(对称褶皱):轴面是垂直的,两翼的倾角相等。

②歪斜褶皱(不对称褶皱):轴面是倾斜的,两翼的倾角不等。

③倒转褶皱:轴面是倾斜的,一翼在另一翼的上面,两翼向相同方向倾斜。

④平卧褶皱:轴面倾斜得很厉害或成水平状态。

(3)按两翼和顶部的形态,可分为如下五类。

①尖顶褶皱:褶皱顶转折点为尖形,两翼向轴面凹入为缓的抛物线。

②圆顶褶皱:褶皱顶为圆形,两翼同尖顶褶皱。

③箱形褶皱:褶皱顶和两翼构成近方形的剖面,褶皱顶平缓。

④扇形褶皱:褶皱呈杏仁状剖面,褶皱轴部常有隔离核心。

⑤等斜褶皱:由若干个轴面互相平行的连续歪斜褶皱(向斜及背斜)构成。两翼岩层倾斜相同。

3)裂隙(节理)

岩石中的断裂,沿断裂面没有(或有很微小的)位移的称裂隙,亦称节理。节理的形状受裂隙排列所控制,如立方节理、柱状节理等。裂隙的类型如下。

(1)按成因分类。

①原生裂隙:在成岩过程中形成的裂隙。如岩浆岩冷却时收缩形成;沉积岩的脱水压密形成等。

②次生裂隙:岩石形成后遭受外力作用形成的裂隙。根据力的来源,次生裂隙可分为如下两类。

a.构造裂隙:由构造力的影响随岩石变形而产生的裂隙。一般延伸较长、较深,且有规律,可切穿不同岩层。

b.非构造裂隙:由外力地质作用造成的裂隙,如风化裂隙、滑坡、崩塌和陷落裂隙及边缘减压裂隙等。这类裂隙多局限于地表,规模不大,分布不规则。

(2)按作用力的性质分类。

①剪切裂隙:受剪应力而形成。在岩层中其交角一般均小于45°,为35°左右,通常是细小闭合的裂缝,裂隙平直,延伸很远,裂隙面平滑,常有擦动痕迹。

②引张裂隙:因岩石受到引张破坏形成的裂隙。在褶皱岩层中,多在轴部发育并与岩层面近于垂直,有时是沿先发生的剪切裂隙形成锯齿状,通常延伸不远,裂缝较宽,裂隙面弯曲且不光滑。

4)断层

(1)按断层两盘的相对位移分类。

①正断层:上盘相对下移,下盘相对上移,受引张力或重力作用使上盘向下滑动而形成,多垂直于引张力的方向发生,但也有沿已有的剪切裂隙发生,其断距可以从几厘米到数百米,延伸范围可自几米至数千米。正断层的倾角一般均较陡,多在50°~60°以上。由数条正断层组合成的形态有如下三类。

a.阶梯式断层:岩层沿多个断层面向同一方向依次下移成阶梯状。

b.地垒:两边岩层沿断层面(有时是直立的)相对下移,中间岩层相对上移。

c.地堑:两边岩层上升,中部岩层相对下降。

②逆断层:上盘相对上移,下盘相对下移。逆断层是受挤压力沿剪切破坏面形成的,常与褶皱同时伴生,并多在一个翼上平行于褶曲轴发育,它和褶曲的轴面都可代表受挤压的面。由逆断层层面的倾角大小可分为如下四类。

a.冲断层:断层面倾角大于45°的逆断层。

b.逆掩断层:断层面的倾角在25°~45°之间,往往是倒转褶曲发展形成,它的走向与褶曲轴大致平行,断裂面常发生在倒转褶曲的一个翼上,使背斜部分向上推,掩盖在向斜之上。

c.逆掩断层:倾角小于25°的逆断层,常是巨型的,有时一盘沿着平缓的断裂面堆覆在另一盘之上。

d.叠瓦式断层:一系列平行的冲断层或逆掩断层,使岩层叠次向上冲掩的断层。

③平移断层:两盘产生相对水平位移的断层。受剪切力形成,大多与褶皱轴斜交,断层的倾角常近于直立,破碎带一般较窄,沿断层面常有近水平的擦痕。

(2)断层的识别。

①地形上的特征:表现为陡坡悬崖或河流纵坡突变或山峰中断,有时沿断层方向出现溪谷,沿断层往往有多个泉水出露。

②岩层排列上的特征:表现为岩脉的移动、地层的重复或缺失、岩层的突然中断。沿岩层走向观察如岩层突然中断等,都可能有断层。

③断层面及破碎带上的特征:

a.擦痕。断层面上因两盘摩擦而产生断层擦痕,从擦痕方向可推知断层运动方向,但有些断层面因长期风化和侵蚀,擦痕可能不清楚。

b.破碎带。由于断层两盘相对运动常使断层面附近岩石破坏成碎石和粉末,组成断层角砾岩和断层泥,角砾岩的石质和断层附近的相同。在正断层中,角砾岩岩块多棱角,堆积较无顺序,混杂物质却很普遍。在逆掩断层中角砾岩岩块多磨圆磨光,不出现其他混杂物质。

c.断层的拖曳现象。断层两盘相对运动,常使断层面两侧的岩石发生一些塑性变形,形成小的弯曲(图 4.2-1)。从拖曳弯曲的方向,可推知断层运动的方向。但不是所有断层都有此现象。

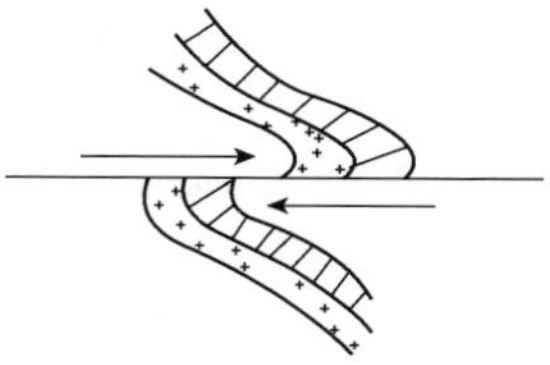

图 4.2-1　拖曳褶皱

(3)活动性断裂。

①活动性断裂划分的时间界线。

在我国,由于第四纪的早更新世和中更新世之间的构造运动是一次大范围的,因此它引起的断裂活动基本上是一直延续至今的。而且由中更新世至今几十万年间的具体活动部位也没有多大改变,这个时期以来的活动性断裂与现代地震活动在空间分布上大体也相吻合,所以把中更新世以来有过活动痕迹的断裂定为划分活动性断裂的时间界线。

②活动性断裂的判别特征。

a.中更新统以来的第四系地层中发现有断裂(错动)或与断裂有关的伴生褶曲。

b.断裂带中的侵入岩浆其绝对年龄新或者对现场新地层有扰动或接触烘烤剧烈。

c.在实际工作中遇到上列两条有充分依据来判断活动性断裂的情况是不多的。为此,必须在谨慎、小心、细致的工作中,寻找一些间接的地质现象来作为判断活动性断裂的佐证,比如:活动性断裂常常表现在山区和平原有长距离的平滑分界线;沿分界线常有沼泽地、芦苇地呈串珠状分布;泉水呈线状分布;有的泉水有温度升高和矿化度明显增大的现象;有的有一定规律的形态完整的地表构造地裂缝;有的在断层面上有一种新的擦痕叠加在有不同矿化现象的老擦痕之上。另外,断层新活动会引起河流横向迁移,阶地发育不对称,河流袭夺,河流一侧出现大规模的滑坡、文化遗迹的变位、植被被不正常干扰等。

5)结构面类型及特征

结构面是表示构造形迹在空间上的方位的平面或曲面。结构面与地壳表面的交线称为构造线。

(1)结构面的分类。

①根据结构面形态分类。

a.分划性结构面：包括各种构造断裂面，劈理面、岩层层面和节理面等，因大多是破裂形成的，故又称破裂结构面。

b.标志性结构面：如褶曲的轴面，客观上并不存在的一个界面，只具有几何意义。

②根据结构面成因分类。

a.原生结构面：在成岩过程中生成的面，如层面、不整合面和岩浆岩的流面等，又称组合面。

b.次生结构面：岩体形成后受构造等作用形成的结构面，如断裂面等。

③根据结构面的力学性质分类。

a.压性结构面（挤压面）：受压应力作用形成的结构面。如褶皱轴面、逆断层或逆掩断层面、片理面和一部分劈理面等。结构面走向线与压应力方向垂直。

b.张性结构面（张裂面）：受张应力作用形成的结构面。如部分正断层和节理面等，结构面走向与张应力方向垂直。

c.扭性结构面（扭裂面）：由剪应力作用形成的结构面。如平移断层、X 形节理、一部分正断层和劈理等。

d.压性兼扭性结构面（压扭性结构面）：既具压性特征又具有纽性特征的结构面。

e.张性兼具扭性结构面（张扭性结构面）：既具张性特征又具有扭性特征的结构面。

上述按力学性质的分类，均是在构造应力场的平面应力分析中进行的。

（2）断裂结构面的特征。

①压性结构面的特征。

a.结构面呈舒缓波状，沿走向和倾斜方向均具此特征。

b.结构面两边岩石常呈挤压状态，挤压强烈部分有时形成与主要压面平行的片理或叶理。

c.结构面一侧或两侧常形成挤压破碎带，带内有时出现构造透镜体，其长轴与压面大致平行；带内的针状、柱状矿物，常呈定向排列，劈面平行压面。

d.结构面常与其他挤压面一起成群出现，构成挤压带，带内有时可见到紧密褶皱、倒转或叠瓦式冲断层等。

e.结构面两侧的岩石常有逆冲擦痕和牵引现象，有时有羽状节理和入字形分支断裂，以及旋轴大致水平的帚状构造。

f.结构面附近岩石中，往往有形状极不规则的石英或方解石的晶片或晶块，分布零乱，但远离结构面逐渐减少以至消失，与围岩界限不清，大致呈带状。

g.结构面破碎带中常有角砾岩、糜棱岩等，角砾有压碎和大致定向排列现象。

②张性结构面的特征。

a.结构面形状不规则，呈锯齿状或犬牙交错状，断裂面粗糙不平整。

b.沿断裂面或断裂带常有岩脉或矿脉充填，有时有岩浆岩侵入。

c.沿断裂面有裂隙发生，有时有破碎岩块出现其中。

d.平行的张裂面常形成张裂带，每一断面延长不远即消失，裂面间的岩石条带大多参差不齐、迅速尖灭；在剖面上上宽下窄呈楔形尖灭。

e.单纯的张裂面很少出现大片擦痕。

f.张裂带中也出现角砾岩,但角砾呈棱角状、大小悬殊、分布杂乱无定向,有时被其他物质胶结。

③扭性结构面的特征。

a.扭裂面产状稳定,断面平直光滑。

b.扭裂面有时有绿泥石、绿帘石等应力矿物产生。

c.扭裂面常平行成群出现,形成扭裂带,将岩石切割成板状。不少情况下,出现不同方位的两组扭裂面,呈 X 形,将岩石切割成方形或菱形块状。

d.扭裂面两侧岩层、岩脉、早成裂隙等,均可为其所错移,据此可判定相对平移方向和距离。

e.在平面上扭裂面两旁常出现羽状节理、入字形分支断裂、褶皱和平面牵引现象,有时并有旋轴大致垂直的旋扭构造等。

f.扭裂带多具糜棱岩,有时亦有角砾岩,但角砾多被磨圆。

g.扭裂面上常有大量近于水平的擦痕,其阶步可判别两盘相对位移方向。

④构造形迹的序次和等级。

a.构造形迹的序次:对于同一岩块或地块,在同一方式的动力作用期间所产生的各项构造形迹是一连串的现象。它们产生的先后程序和规模大小不同,但具有成分联系。构造形迹形成的这种先后程序称为构造形迹的序次。这些初次发生与随后形成的构造形迹可划分为初次构造成分、二次、三次乃至多次构造成分。初次构造成分反映区域地应力场的特征;二次、三次等多次构造成分统称再生或派生构造成分,反映局部地应力场的特征。

b.构造形迹的等级:按照构造形迹规模的大小分为不同的等级。在一个地区占主导地位的构造形迹,在它所属构造体系中,通常列为第一级,规模较小的为第二级,再小的为第三级……有时将一级、二级称为高级,三级以下称为低级。

6)滑坡、崩塌、剥落与岩层倾向及边坡坡向的关系

(1)易发生边坡变形破坏的坡形顺序为:顺向坡→斜交坡→逆向坡→直交坡→平叠坡。

(2)易发生滑坡的坡形顺序为:顺向坡→斜交坡→直交坡→逆向坡→平叠坡。

(3)易发生崩塌或剥落的坡形顺序为:斜交坡→顺向坡→逆向坡→直交坡→平叠坡。

7)不同性质的结构面或断裂对岩体稳定性的影响

(1)不同性质的结构面对岩体抗剪强度的影响。

扭性结构面形成时,产生块状构造岩、角砾岩等,岩体内部形成极为发育的隐蔽剪切裂隙,故承受压力时,很容易沿微剪切裂隙破坏,因此强度较小;而张性结构面形成时,一般微裂隙很少,故强度较高。压性结构面的糜棱岩要比扭性结构面的强度更低,且具片状结构,各向异性,因此结构面本身或其伴生的构造岩的抗剪强度是张性大于扭性、扭性大于压性。

(2)不同性质的断裂对岩体水理性质及洞室岩体压力的影响。

①张性断裂富水,扭性断裂次之,压性断裂更次之。一般张、压性断裂的上盘是主动盘(滑动盘),低序次裂隙发育,所以张裂面本身富水,上盘比下盘更富水,压性断裂阻水。由于张性、张扭性断裂富水的现象,形成洞室的充水,加大了岩体压力。

②张性、压性断裂的上盘裂隙发育,产生的岩体压力大,下盘比较完整,产生的岩体压力小,所以如其他条件相同,布置洞室(或地基)的位置应选下盘。

③断裂复合部位是岩体比较破碎的地方,也是后期应力易于集中、地下水易于汇集的地方,若此复合部位在洞室顶部,则是山体压力加大易于塌落的部位。

④斜接-反接-截接的断裂,如位于洞室顶部、洞壁、边坡或地基上时,对岩体稳定不利,特别是与洞轴线近平行的断裂最不利于岩体稳定。

8)区域的稳定性

影响区域稳定性的主要因素是断裂的活动及其引起的地震。

(1)断裂的活动性及地震的分布受构造体系的控制。不同构造体系及构造体系的不同部位,断裂活动性是不相同的。活动断裂是属于构造体系的一部分或不同构造体系的复合部位。分析和查明活动断裂的存在及延伸方向,找出与活动断裂有成生联系的断裂,为划分地震影响范围及其强烈程度提供依据。

(2)鉴定活动断裂的力学性质。不同力学性质的断裂,发震的可能性和强烈程度是不相同的。压性及扭性断裂发震的可能性大,强度高;张性及张扭性断裂发震的可能性小,强度低。

(3)活动断裂的端点、转折点、弯曲突出部位、活动断裂与其他断裂交叉或与其他构造体系的复合部位,以及入字形构造中主、次断裂交汇处,地应力易于集中,发生地震的可能性最大。

9)地质构造与交通的关系

在交通工程布置设计时,考虑地质构造的作用,应注意如下方面:

(1)在道路工程选线和布线中,应尽量避开区域性构造和活动断裂,特别是区域构造交汇处。

(2)在道路路基设计时,尽量把路基布设在构造面为反倾向或走向斜交的位置,尽量避开构造面为顺倾向的部位。

(3)在隧道工程布设时,应尽量避开隧道走向和位置与构造断裂、背斜重合部位,尽量与构造断裂、背斜以大角度斜交通过。

4.2.2 地应力与交通运输

在漫长的地质年代里,由于地质构造运动等原因使地壳物质产生了内应力效应,这种应力称为地应力。在地应力作用下,交通运输工程会产生隧道变形、破坏,边坡滑动破坏等,特别是在高地应力地区,这些破坏更为严重,如产生岩爆、钻孔崩落、片帮等破坏现象。为此,初始地应力是岩土工程设计与施工所要考虑的重要因素之一。一般来说,隧洞的长、短轴分别对应地应力的最大和最小主应力方向,隧道最为稳定。

新构造期和在它之前的喜马拉雅构造期的最大不同在于应力作用的主应力方向出现了全新的特征。在喜马拉雅构造期,我国岩石圈的主应力方向总体来说是南北向的,其中我国西部的主应力方向是北北东—南南西走向,我国东部则为北南走向至北北西—南南东走向。

到新构造期,主应力方向发生了重大变化,除青藏高原西部和新疆大部仍主要为北北东—南南西走向外,我国北方大部已经变为北东东—南西西走向至东西走向,而我国南方大部则变为北西—南东走向,三者合起来呈现出放射状散布的特点,它说明印度板块向北碰撞造成的影响已经较喜马拉雅期为弱,而西太平洋俯冲带的影响又开始显现出来,两者势均力

敌的结果便是形成这种放射状应力场。

4.2.3 地热、放射性与交通运输

地热一般指地温,地温是指地表面和以下不同深度处土壤温度的统称。地热来源主要是地球内部长寿命放射性元素(主要是铀238、铀235、钍232和钾40等)衰变产生的热能。因此,高地温常常与较高放射性相伴随。高地热和高放射性会影响隧道施工人员的身体健康及正常的施工作业。工程选址应尽量避让高地热和高放射性的位置。

区域地温场与岩浆活动、活动构造、地震活动、区域深部构造的关系较为密切。中高温温泉(中高地温场)的空间分布与地表岩浆岩的出露、地表主要活动断裂带的分布都具有较好的对应关系。温泉分布与区域地震活动空间上也存在密切的关系,高地温与温泉基本对应。

4.3 地震的相关特征及其与交通运输的关系

地震又称地动、地振动,是地壳快速释放能量过程中造成的振动,其间会产生地震波的一种自然现象。地震会导致交通工程设施的变形破坏,影响交通运输的正常进行,因此,在高地震烈度区的交通工程设施需要进行抗震设计。此外,地震产生的遗迹也是地震科普教育和旅游参观的良好场所。

4.3.1 地震的分类

1)按成因分类

(1)构造地震:主要由地壳断裂构造运动所引起的地震,是最普遍和重要的一类地震,其影响较为强烈且范围广泛。

(2)火山地震:火山喷发时岩浆或气体对围岩的冲击引起的地震,其影响范围一般不大,且为数较少。

(3)陷落地震:由地壳陷落引起,多为石灰岩溶洞陷落造成,其数量少、影响小。

(4)人工诱发地震,包括如下两类:

①水库蓄水或向地下大量灌水,地下岩层负荷增大,如果地下有大断裂或构造破碎带存在,断层面浸水润滑加之水库荷载等共同作用,会使断层复活而引起地震。

②由于地下核爆炸或地下大爆破,巨大的爆破力量对地下产生强烈的冲击,促使地壳中构造应力的释放,从而诱发地震。

2)按震源深度分类

地震按震源深度分类见表4.3-1。

地震按震源深度分类 表4.3-1

名　　称	震源深度(km)	名　　称	震源深度(km)
浅源地震	0~70	深源地震	>300
中源地震	70~300	—	—

3) 按震级大小分类

地震按震级大小分类见表 4.3-2。

地震按震级大小分类　　表 4.3-2

名　称	地震震级 M	名　称	地震震级 M
大地震	$M>7$	微震	$3>M\geq 1$
中地震或强震	$7>M\geq 5$	超微震	$M<1$
小地震或弱震	$5>M\geq 3$		

4.3.2 地震烈度表

我国的地震烈度表见表 4.3-3。

我国地震烈度表(1980 年)　　表 4.3-3

烈度	人的感觉	一般房屋		其他现象	参考物理指标	
		大多数房屋震害程度	平均震害指数		水平加速度 (cm/s^2)	水平速度 (cm/s)
1	无感					
2	室内个别静止中的人感觉					
3	室内少数静止中的人感觉	门、窗轻微作响		悬挂物微动		
4	室内多数人感觉。室外少数人感觉。少数人梦中惊醒	门、窗作响		悬挂物明显摆动,器皿作响		
5	室内普遍感觉。室外多数人感觉。多数人梦中惊醒	门窗、屋顶、屋架颤动作响,灰土掉落,抹灰出现微细裂缝		不稳定器物翻倒	31 (22~44)	3 (2~4)
6	惊慌失措,仓皇逃出	损坏——个别砖瓦掉落、墙体微细裂缝	0~0.1	河岸和松软土上出现裂缝。饱和砂层出现喷砂冒水。地面上有的砖烟囱轻度裂缝、掉头	63 (45~89)	6 (5~9)
7	大多数人仓皇逃出	轻度破坏——局部破坏、开裂,但不妨碍使用	0.11~0.30	河岸出现坍方。饱和砂层常见喷砂冒水。松软土上地裂缝较多。大多数砖烟囱中等破坏	125 (90~177)	13 (10~18)
8	摇晃颠簸,行走困难	中等破坏——结构受损,需要修理	0.31~0.50	干硬土上亦有裂缝。大多数砖烟囱严重破坏	250 (178~353)	25 (19~35)

续上表

烈度	人的感觉	一般房屋		其他现象	参考物理指标	
		大多数房屋震害程度	平均震害指数		水平加速度（cm/s^2）	水平速度（cm/s）
9	坐立不稳。行动的人可能摔跤	严重破坏——龟裂、局部倒塌，修复困难	0.51~0.70	干硬土上有许多地方出现裂缝，基岩上可能出现裂缝。滑坡，坍方常见。砖烟囱出现倒塌	500（354~707）	50（36~71）
10	骑自行车的人会摔倒。处不稳状态的人会摔出几尺远，有抛起感	倒塌——大部倒塌，不堪修复	0.71~0.90	山崩和地震断裂出现。基岩上的拱桥破坏，大多数砖烟囱从根部破坏或倒毁	1000（708~1414）	100（72~141）
11		毁灭	0.91~1.00	地震断裂延续很长。山崩常见。基岩上拱桥毁坏		
12				地面剧烈变化、山河改观		

注：1.1~5 度地震以地面上人的感觉为主，6~10 度地震以房屋震害为主，人的感觉仅供参考；11、12 度地震以地表现象为主，对于 11、12 度的评定，需要专门研究。

2.一般房屋包括用木构架和土、石、砖墙构造的旧式房屋和单层或数层的、未经抗震设计的新式砖房。对于质量特别差或特别好的房屋，可根据具体情况，对表列各烈度的震害程度和震害指数予以提高或降低。

3.震害指数以房屋"完好"为 0，"毁灭"为 1，中间按表列震害程度分级。平均震害指数指所有房屋的震害指数的总平均值而言，可以用普查或抽查方法确定。

4.烟囱指工业或取暖用的锅炉房烟囱。

5.表中数量词的说明：个别：10%以下；少数：10%~50%；多数：50%~70%；大多数：70%~90%，普遍：90%以上。

4.3.3 我国地震区、带及基本烈度的分布

我国地震区、带的划分见表 4.3-4。我国地震基本烈度在 6 度及 6 度以上的主要地区分布见表 4.3-5。

我国地震区、带划分表 表 4.3-4

地震区	地震亚区	地震带	地震活动程度
台湾地震区	台湾东部地震亚区	—	强度大、频度高（西部较低）
	台湾西部地震亚区	—	
南海地震区	—	—	强度小、频度低
华南地震区	东南沿海地震亚区	泉州—汕头地震带	中强地震活动，频度较低（东南沿海强度较大）
		邵武—河源地震带	
		广州—阳江地震带	
		灵山地震带	
		雷琼地震带	
	长江中、下游地震亚区	扬州—铜陵地震带	
		麻城—常德地震带	
	秦岭—大巴山地震亚区	—	

续上表

地　震　区	地震亚区	地　震　带	地震活动程度
华北地震区	华北平原地震亚区	邢台—河间地震带	强度大、频度较高
		许昌—淮南地震带	
		营口—郯城地震带	
	山西地震亚区	怀来—西安地震带	
	阴山—燕山地震亚区	三河—滦县地震带	
		五原—呼和浩特地震带	
东北地震区	—		强度小、频度低
青藏高原南部地震区	滇西南地震亚区		强度大、频度高
	腾冲地震亚区		
	阿隆岗日地震亚区		
	察隅—墨脱地震亚区		
	雅鲁藏布江地震亚区		
青藏高原中部地震区	川滇地震亚区	下关—剑川地震带	强度大、频度高
		通海—石屏地震带	
		东川—嵩明地震带	
		马边—昭通地震带	
		冕宁—西昌地震带	
		炉霍—康定地震带	
	可可西里—三江地震亚区		
	西昆仑山地震亚区		
	托索湖地震亚区		
青藏高原北部地震区	宁夏—龙门山地震亚区	龙门山地震带	强度大、频度高
		松潘地震带	
		天水地震带	
		西海固地震带	
		民勤地震带	
		银川地震带	
	祁连山地震亚区	柴达木地震带	
		祁连地震带	
		河西走廊地震带	
	阿尔金山地震亚区		
新疆中部地震区	北天山地震亚区		强度大,频度高
	南天山地震亚区	拜城—和静地震带	
		柯坪—喀什地震带	
新疆北部地震区	阿尔泰山地震亚区		强度大,频度高

注:引自《我国地震烈度区划图》(1/300 万),1976 年。

我国地震基本烈度6度及6度以上的主要地区分布 表4.3-5

烈度	地　　区
≥10	郯城、新沂、岷县、宕昌、贡觉、康定、甘孜、洱源、寻甸、冕宁、台东等
9	巴里坤、平原、高唐、拉孜、松潘,炉霍、西昌、香河、通海、临汾、洪洞、赵城、霍县、邳县、宿迁、临沂、台中、台北、基隆等
8	北京、天津、太原、西安、大同、兰州、包头、呼和浩特、旅大、唐山、银川、嘉峪关、临泽、高台、景泰,石嘴山、临河、永宁、灵武、应县、怀来、代县、原平、忻县、阳曲、灵石、怀柔、密云、顺义、通县、房山、大兴、宝坻、永清、滦县、丰润、滦南、禹城、益都、临朐、白城、营口、黄县、蓬莱、贡嘎、林芝、玉树、茂汶、泸定*、石棉*、宁蒗、盐源、丽江、大理、楚雄、布拖、蒙自、普洱、海口、琼山、定安、北川、天水、武山、临潼、渭南、华县、兰田、华阴、潼关、永济、运城、韩城、芮城、灵宝、陕县、平陆、大荔、襄汾、安阳、汲、曹县、莒南、泗县、沂南、费县、岳阳、汕头、潮安、普宁、屏东、独山子*、廊坊等
7	南京、合肥、广州、长沙,西宁、昆明*、乌鲁木齐、石家庄、成都、沈阳、酒泉、张掖、古浪、阿图什、伊宁*、二连浩特、青铜峡、集宁、张家口、宣化、涿鹿、榆次、太谷、交城、平遥、汾阳、孝义、介休、昔阳、蓟县、昌黎、秦皇岛、静海、山海关、定县、正定、唐县、完县、保定、邢台、武安、邯郸、德州*,沧州、临清、夏津、齐河、茌平、锦州、锦县、朝阳、盘山、彰武、海城、鞍山、辽阳、抚顺、丹东、铁岭、开原、昌图、四平、长春、吉林、萝北、烟台、牟平、威海、临洮、马尔康、昭觉、泸西、安宁、富民、德昌、会理、武定、龙街、元谋、攀枝花*、拉萨*、湛江、镇宁、威宁、宜宾、自贡、陇县、平凉、宝鸡、眉县、凤翔、咸阳、户县、蒲城、商县、新绛、曲沃、侯马*、绛县、翼城、垣曲、济源、焦作、黎城、潞城、长治、壶关、涉县、磁县、亳县、菏泽、淮南、霍山、连云港*、莒县、日照、莱芜、新泰、蒙阴、枣庄*、沛县、徐州*、宿县、固镇、淮阴*、淮安、洪泽、扬州、泰州、依江、丹阳、句容、黄冈、九江、常德、汉中、安康、高雄、蚌埠*、喀什*、五原*、南投*,昭通*等
6(远震)	赤峰*、济宁*、青岛*、济南*、潍坊*、阳泉*、安丘*、本溪*、商丘*、盐城*、定西*、承德*、哈密*、库尔勒*、永昌*、武威*、托克逊*,吐鲁番*、滁县*、莆田、景洪*、景谷*、雅安*、株洲*、湘潭*、益阳*、盐津*、招远*、泰安*等

注:1.有*记号的为远震,其余皆为近震。

2.引自《我国地震烈度区划图》(1/300万),1976年。

4.3.4 地震地质灾害类型及特征

从地震学的角度,一般认为地震地质灾害是地震灾害的重要组成部分。在具体内涵上将其等同于地震的地面破坏效应并归纳为三种类型,即:地表破裂、斜坡失效、地基变形和失效,其基本特点见表4.3-6。

基于破坏效应的地震地质灾害分类方案 表4.3-6

主要类型		主要特点和定义
地表断裂	地震断层	地表断裂是深部发震断层在地表直接或间接的标志,这是和发震构造相关的地表破裂现象;往往由一系列或几个带组成,规模大、延伸长,不受地形地貌控制
	地裂缝	地震应力波作用下,受特定的地质条件和地形地貌条件控制的地表破裂效应
斜坡效应	崩塌	岩土体在地震后崩落于坡脚,规模巨大者称为山崩,个别石块称为滚石,山崩多发生在高山峡谷地区
	剥落	风化岩体小块崩落、规模小,路堑、渠道边坡多见
	滑坡	岩土体相对地保持整体状态沿某一滑移面整体滑动

续上表

主要类型		主要特点和定义
斜坡效应	塌滑	坡残积物沿新鲜基岩面自下而上牵引滑动,俗称"山剥皮",坡体长度远大于厚度,横剖面呈阶梯状
	流滑	土体以塑性蠕变体缓慢地滑动,多发生在平缓的斜坡地区,主要是土体结构中存在易液化层,饱水可塑性黏土或淤泥层,因这些土层失效而导致上部土层滑动
	泥石流	西部山区雨多,地震后山崩、崩塌物质来源广泛,在适当地形地貌条件下形成
地基基础效应	沉陷	有局部的和大面积的,多半由于砂层振动压密引起,并伴随有喷砂冒水现象
	液化	饱水砂层振动液化在沿海、沿湖是大面积的;河谷地段或古河道是呈线状分布的;液化是平原地区危害最大的地震地质灾害
	塌陷	由特殊地质和人为因素造成,如石灰岩地区溶洞塌陷、矿坑塌陷、人工填土塌陷,它们引起的灾害属局部的

4.3.5 我国地震灾害及其分布特点

我国地震地质灾害分布的差异性明显:①灾害类型多样,主要为地震作用下的斜坡失稳、地表破裂、泥石流、砂土液化和地面变形灾害,其次为地震塌陷和堰塞湖与溃决灾害,而地震涌浪、海啸、诱发水库地震等则属于极少见的灾害;②整体上,我国的地震地质灾害在强度分布、类型分布和危险性程度方面差异性明显,我国的西部特别是西南部是地震地质灾害最为严重的地区,其次是华北部分地区。我国地震地质灾害总体分布特征如下。

(1)分布广泛,但不同地区灾害发育频度差异强烈。

我国的地震灾害主要出现在强震频发、山地高峻、岩体破碎的西部地区,特别是青藏高原周边的四川、云南、陕西、甘肃、宁夏等地;此外,我国台湾和新疆的天山周边也是地震地质灾害高发区。

在华北地区,虽然强震频度略低,但由于其多地处河流阶地或冲积平原上,存在有利于地震液化和软土震陷等灾害的地质条件,总体上也属于灾害频发地区。

福建东南沿海、广东南部雷州半岛和海南岛北部,震级大小和频度偏低,但存在一些有利震害发生的地质条件(如海岸山地、滨海软土等)和降雨量大的特点,也有一定程度的地震地质灾害发育。

在除上述地区之外的广大地区属弱震区,地震地质灾害发生的频度很低。

(2)类型多样,但不同类型灾害在发育频度上差异明显。

地震导致的斜坡失稳(滑坡、崩塌)、泥石流、地表破裂、砂土液化和地面变形是最常见的灾害。相较而言,地震斜坡失稳灾害最为常见;其次是砂土液化、地面变形和泥石流灾害;而后是地震引起的地表破裂灾害。

地震引起的堰塞湖与溃决灾害和河湖涌浪灾害,有但相对较少见。地震诱发的水库地震是极为少见的地震地质灾害。

(3)灾害类型分布的地区性差异明显。

地震斜坡失稳灾害(崩塌、滑坡、塌滑等)主要分布在青藏高原周边和天山周边的山地和

黄土高原地区;其次是郯庐地震带、汾渭地震带、华北平原地震带、银川—河套地震带周边的山地和丘陵地区。

受控于降雨因素,地震泥石流灾害主要发育在我国西南部的云南、四川和陕南地区;西北地区虽然有大量地震滑坡崩塌灾害,但因降雨相对稀少,故相较西南要少很多;另外其他强震区的山区,也有一些小规模地震泥石流灾害发育。

砂土液化和地面变形(软土震陷、黄土震陷)灾害主要分布在强震区及其周边的河流阶地、冲积平原等富含砂土和淤泥土的地区,在西北、西南、华北等地均有分布;另外,在西北黄土高原地区,黄土地震液化和震陷也是常见的灾害。

地震造成的堰塞湖与溃决灾害主要分布在西南部金沙江、雅砻江、澜沧江、雅鲁藏布江、怒江等较大的水系上;西北黄河中上游,也有少量的地震堰塞湖灾害。

地震地表破裂灾害在我国西部和华北的强震高烈度区内均有分布,但在西南部和西北天山地区,因基岩裸露,多表现为地震断层和次生断层直接错动地表;而西北的黄土地区和华北的深厚覆盖层地区,则更多地表现为深部地震断层引发的上覆第四系层中地裂缝。

地震塌陷灾害主要分布在西南和西北的碳酸盐岩分布区、黄土分布区和采矿区。河湖涌浪灾害主要发生在西部河流的航道和水库区。

(4)总体危害程度地区性差异显著。

我国地震地质灾害危害程度地区差异性明显。

4.3.6 地震对交通运输工程的危害

地震活动会破坏交通运输工程的建筑物、构筑物以及地表岩土体的结构,加速交通运输工程各类病害的发育进程,为部分病害的发生提供动力条件,是病害的主要诱发因素之一。同时,地震产生的地质灾害还可能导致道路堵塞,引发滑坡、崩塌等灾害,掩埋车辆和伤害行人。

4.3.7 地震灾害的评价

1)场地条件与震害的关系

(1)地形地貌条件与震害的关系。

①不同地形地貌条件的震害特征。

a.山区、丘陵区:震害类型以地面裂缝、岩土崩塌、滚石、滑坡为主,地震烈度衰减快。

b.冲积、洪积、海积平原区:常见的震害有大面积地出现地裂缝、喷水冒砂、土体滑移、砂土液化、地基失效等,地震烈度衰减较慢。

②微地形地貌与震害的关系。

a.孤突地形:孤立山丘和山脊的顶部震害会加重,主要是因为突出地形在波动场内有聚能作用,其结果有可能使振动增强,亦可能使地震加速度增大。

b.斜坡地形:由于具有临空面,在强烈地震作用下,土体受到动荷载作用后向临空面闪出,而造成斜坡滑移、陷落;或由于斜坡土体的抗剪强度降低,可能产生滑坡或引起古滑坡的复活,使斜坡地段的建(构)筑物遭到破坏。

c.古河道:一般是喷水冒砂的严重地段。

d.溶洞或采空区:可能产生地面陷落、地裂缝等震害。

(2)地下水与震害的关系。

①处于地下水埋藏较浅的平原、海滨、河谷地带,由于各类松散沉积物中富含地下水,特别是粉、细砂和粉土层,在地震作用下喷水冒砂现象十分普遍,而在地下水埋藏较深地区(大于5m),一般就见不到喷水冒砂现象。

②在一定土质条件下,地下水埋深对震害影响总的趋势是水位越浅,震害越重。地下水埋深在1~5m时,对震害的影响最明显。在不同的地基土中,地下水位的影响程度也有所差别,对软弱黏性土层的影响大,密实黏性土层次之,对碎石土影响较小。

(3)场地运动特征与震害的关系。

大量的震害现象与场地运动特征有着密切的关系。这些场地运动除了局部的地面运动外,还包括更大范围的场地整体运动,以及在强震的极震区内某些特殊形式的地面运动。这些震害表现出来的特殊破坏形式有下列几种。

①共振破坏。地震时,当建筑物的固有周期(自振周期)与地基的卓越周期相等或相近时,两者就会产生共振或类共振,会大大增大振动幅值和延长时间,致使建筑物破坏。

②驻波破坏。驻波是两个方向相反,但幅值与频相均相同的波列在同一直线上相遇时幅值叠加而成的波。这种波由于幅值突增,具有较大的振动效应。只要具备了形成驻波的条件,则在每一周期的波动中介质体的各点以放大的振幅在各自的平衡位置附近振动,因此叫驻波。这种持续的大幅值振动,往往具有很大的破坏作用。在封闭的地形地貌条件下,河曲凸岸端部或河道两岸附近,可能发生地表驻波破坏。

③相位差动破坏。当建筑物整体长度超过场地地表波波长时,建筑物与场地呈现很不协调的振动。在这种情况下,地基振动激烈地碰撞着建筑物的地下结构部分,或者传递到建筑物的上部结构,并在最薄弱的部位造成损毁,这种破坏叫作相位差动破坏。在设计某些具有严格要求的建筑物时,应首先预测场地运动中面波的波长,控制整体建筑物长度不超过波长,以免遭受较大的震害。

④滑移破坏。斜坡或倾斜层面及平坦场地下倾斜而软弱的地层,地震作用下可能产生滑移破坏。工程设施应避开这些地段。

2)地基土与震害的关系

(1)地基土的地震效应。

地基土的地震效应是地震时地基土的介质效应和地基效应的综合。

①介质效应。地震时地震波从震源通过地基土作为中间介质将震动的能量传给建筑物,引起建筑物的振动和破坏,这就是地基土的介质效应。

②地基效应。地基土作为建筑物基础的受力层,地震时在动荷载作用下,可能产生沉陷、裂缝、滑移等巨大变形,或由于丧失强度、砂土液化而失效,使建(构)筑物导致破坏,这就是地基效应。

(2)各类地基土的抗震性能。

①岩石地基。

微、中等风化的各类坚硬岩石是抗震性能最好的地基,如无其他因素(如断裂、悬崖、洞穴)的影响,在同一地点同等震级影响下,其烈度常较其他地基降低1~2度。但风化破碎的岩石地基的抗震性能较差。

②一般土层地基。

a.地基土类别:由岩石→碎石土→坚硬土→一般黏性土→粉细砂、饱和粉土→饱和软黏土→人工填土顺序,烈度或震害显示出递次增高的规律性。

b.地质成因:以洪积成因比冲积成因的地基土对抗震有利,海积成因较差,湖泊沼泽沉积及人工填土、冲填土最差。以堆积时代而言,老的对抗震有利,新的尤其新近沉积物对抗震最为不利。

③淤泥类土和人工填土地基。

这类土属于松软地基土,抗震性能很差。在动力作用下将产生不同程度的压缩和变形,其抗剪强度及承载力随之极度降低,容易导致不均匀沉陷或地基失效。作为波动介质来说,地震波在软土中传播时,阻尼衰减大,在高烈度区对于基本周期短的建筑物来说有一定消震作用,但对基本周期长的高柔建筑物则可能由于共振而加重震害。

经过加密处理的填土地基,抗震性能将有所改善,如果同时采取结构措施增加整体结构的刚度,可以减轻震害。

④饱和粉细砂和粉土地基。

由于这类土在地震作用下可能引起砂土液化现象,使地基失效,因而对抗震是很不利的。但是由于喷水冒砂、地基沉陷而造成房屋的破坏比振动破坏要迟缓得多,而且砂土液化有一定的隔震消能作用,所以在高烈度区砂土液化地基与同烈度没有液化的第四纪土层地基比较,有减轻震害的趋势。但在7~9度地震烈度地区,砂土液化地基的震害就比较严重。

(3)地基土抗震性能的其他特点。

①基岩埋藏深度。

地基土的放大滤波作用随第四纪土层厚度的增加而增大,因而基岩的埋藏深度对震害强弱有明显的影响。在其他因素相同时,基岩埋藏较浅常构成高烈度区的低烈度异常。

②地基土的多层结构。

当地基土为双层或多层结构时,对震害的影响主要取决于接近地表、厚度大的土的性质。在分析多层地基土对震害的影响时,主要应注意软弱土层的位置和厚度,一般说来,软弱土层的厚度越大,越接近地表,震害往往越重。

3)软土和震陷

(1)软土地基。

当建筑物地基主要受力层范围内存在软弱黏性土层(7度、8度和9度,其地基静承载力标准值分别小于80kPa、100kPa和120kPa)时,应首先做好静力条件下的地基基础设计,并结合具体情况,综合考虑适当的抗震措施,如:

①必要时采用桩基或其他人工地基。

②选择合适的基础埋置深度。

③减轻基础荷载,调整基础底面积,减少基础偏心。

④加强基础的整体性和刚性，如采用箱基，筏基或钢筋混凝土十字条形基础，加设基础圈梁、基础系梁等。

⑤增加上部结构的整体刚度和均衡对称性，合理设置沉降缝，预留结构净空，避免采用对不均匀沉降敏感的结构形式等。

(2)震陷。

震陷是指地震作用下软弱土层塑性区的扩大或强度的降低而使建筑物或地面产生的附加下沉。当地基承载力标准值 f_k 或平均剪切波速(v_{sm})大于表 4.3-7 所列数值时，不考虑震陷影响，否则应在专门分析的基础上进行综合评价后采取有效的抗震措施。对基础和结构采取构造措施可减小和使建筑物适应不均匀沉陷。

临界承载力标准值与平均剪切波速值 表 4.3-7

抗震设防烈度	7 度	8 度	9 度
承载力标准值 f_k(kPa)	>80	>130	>160
平均剪切波速 v_{sm}(m/s)	>90	>140	>200

4)饱和砂土的震动液化

松散的砂土受到震动时有变得更紧密的趋势。但饱和砂土的孔隙全部为水充填，因此这种趋于紧密的作用将导致孔隙水压力的骤然上升，而在地震的短暂时间内，骤然上升的孔隙水压力来不及消散，这就使原来由砂粒通过其接触点所传递的压力(有效压力)减小，当有效压力完全消失时，砂层会完全丧失抗剪强度和承载能力，变成像液体一样的状态，即通常所说的砂土液化现象。砂土液化表示在静应力或周期应力作用下产生并保持很高的孔隙水压力，使有效压力降低到一个很小的数值，导致土在很低的、不变的残余强度或没有残余强度的情况下发生连续的变形。

(1)现场判定液化的标志。

判定现场某一地点的砂土已经发生液化的主要依据如下。

①地面喷水冒砂，同时上部建筑物发生巨大的沉陷或明显的倾斜，某些埋藏于土中的构筑物上浮，地面有明显变形。

②海边、河边等稍微倾斜的部位发生大规模的滑坡，这种滑坡具有“流动”的特征，滑动距离由数米至数十米；或者在上述地段虽无流动性质的滑坡，但有明显的侧向移动的迹象，并在岸坡后面产生沿岸的大裂缝或大量纵横交错的裂缝。

③震后通过取土样发现，原来有明显层理的土，震后层理紊乱，同一地点的相邻触探曲线不相重合，差异变得非常显著。

(2)液化的宏观标志。

水和砂的喷出一般可作为宏观液化的明显标志。

(3)影响砂土液化的因素。

影响砂土液化的因素见表 4.3-8。其中，影响砂土液化最主要的因素为土颗粒粒径(以平均粒径 d_{50} 表示)、砂土密度、上覆土层厚度、地面震动强度和地面震动的持续时间及地下水的埋藏深度。

影响砂土液化的因素　　表 4.3-8

因素			指标	对液化的影响
土性条件	颗粒特征	粒径	平均粒径 d_{50}	颗粒越细越容易液化，平均粒径在 0.1mm 左右的抗液化性最差
		级配	不均匀系数 C_v	不均匀系数越小，抗液化性越差，黏性土含量越高，越不容易液化
		形状		圆粒形砂比棱角形砂容易液化
	密度		孔隙比 e 相对密度 D_r	密度越大，液化可能性越小
	渗透性		渗透系数 k	渗透性低的砂土容易液化
	结构性	颗粒排列胶结程度		原状土比结构破坏土不易液化，老砂层比新砂层不易液化
	压密状态		超固结比 OCR	超压密砂土比正常压密砂土不易液化
埋藏条件	上覆土层		上覆土重有效压力 静止土压力系数 K_0	上覆土层越厚，土的上覆有效压力越大，就越不容易液化
	排水条件	孔隙水向外排出的渗径长度、边界土层	液化砂层的厚度	排水条件良好有利于孔隙水压力的消散，能减小液化的可能性
	应力历史			遭受过历史地震的砂土比未遭受地震的砂土不易液化，但曾发生过液化又重新被压密的砂土，却较易重新液化
动荷条件	地震烈度	震动强度	地面加速度	地震烈度越高，地面加速度越大，就越容易液化
		持续时间	等级循环次数 N	震动时间越长，或振动次数越多，就越容易液化

5）断裂的地震工程分类

（1）全新活动断裂。

在全新世地质时期（一万年）内有过较强烈的地震活动或近期正在活动，在将来（今后一百年）可能继续活动的断裂叫作全新活动断裂。根据全新活动断裂的活动时间、活动速率及地震强度等因素，可按表 4.3-9 划分为强烈全新活动断裂、中等全新活动断裂和微弱全新活动断裂。

全新活动断裂分级　　表 4.3-9

断裂分级		活动性	平均活动速率（mm/a）	历史地震及古地震（震级 M）
Ⅰ	强烈全新活动断裂	中或晚更新世以来有活动，全新世以来活动强烈	$v \geq 1$	$M \geq 7$
Ⅱ	中等全新活动断裂	中或晚更新世以来有活动，全新世以来活动较强烈	$v > 0.1$	$7 > M \geq 6$
Ⅲ	微弱全新活动断裂	全新世以来有活动	$v < 0.1$	$M < 7$

注：断裂平均活动速率实测时观测标桩必须埋置在大气影响剧烈层以下，一般在地面以下 3m。

（2）发震断裂。

全新活动断裂中，近期（近 500 年来）地震活动中，震级的震源所在的断裂；或在未来

100 年内，可能发生级的断裂称为发震断裂。

(3)非全新活动断裂。

一万年以来没有发生过任何形式活动的断裂称为非全新活动断裂。

(4)地裂。

地裂分为构造性地裂和重力性(非构造性)地裂两种。

①构造性地裂：强烈地震作用(主震相大幅度波动)下，在地面出现或可能出现的以水平位错为主的构造性断裂。构造性地裂为强烈地震动的产物，与震源没有直接联系。其最大值出现在地表并随深度增加逐渐消失，受震源机制控制并与发震断裂走向吻合，具有明显的继承性和重复性。

②重力性(非构造性)地裂：由于地基土地震液化、滑移，地下水位下降造成地面沉降等原因在地面形成沿重力方向产生的无水平错位的张性地裂缝。

(5)断裂的鉴别。

①全新活动断裂的鉴别。

a.地形地貌迹象。活动断裂往往在微地貌及宏观地貌上有所显示，如非岩性方面的陡坡、峭壁，深切的直线形河谷，一系列滑坡、崩塌的出现及山前叠置的洪积扇的存在，都说明可能存在着活动断裂。山谷中或平原山地交界处具有定向断续出现的残丘、洼地、沼泽、芦苇地、盐碱地、湖泊、跌水、泉及温泉等的线性规律分布；河流、水系定向排列展布或同向扭曲错动等都是活动断层存在的主要标志。

还可进行大面积的，包括断层在内的大地测量，以获取较长时期地形数据，进一步得到活动断裂的活动量级。

b.地层地质迹象。活动断层往往切穿第四纪地层，致使断层两侧第四纪地层变动及错位，有的断层既错动也沉积，造成两侧第四纪沉积物不同。弄清错断岩层的年代和未错动覆盖层的年代，可判断最新断层活动的时间。如果上覆岩层为老第四纪完好的地层，即可判定该断层并非活动断层。因此应调查第四纪地层完好程度、近期活动过的断裂留下的迹象、第四纪地层位移错动、地下水活动异常及地表植被的不同特征、断层带中破碎、胶结特征等。

必要时，要测定已错断层位和未错断层位的地质年龄，以确定断裂活动的最新时限。目前测定地质年龄的方法见表 4.3-10，其中以 C^{14} 裂变径迹和热释光法最为常用。

地质年龄测定方法 表 4.3-10

方　法	测定对象	可测年限	地质条件	成果分析和应用
放射性碳(C^{14})	含碳淤泥、方解石、骨骼、碳化木、贝壳等	$0\sim6\times10^4$	地层、断裂带充填物、崩积物	给出断裂活动年龄区间
热发(释)光(TL)	石英、方解石、碳酸钙沉淀物、烘烤层、陶瓷	$(1000\sim300)\times10^4$	地层、断裂带充填物、断裂破碎物	断裂活动年龄区间，断裂最晚一次强烈活动近似年龄
铀系法(U 系)	方解石、火山岩、碳酸钙沉淀物	$(5000\sim100)\times10^4$ 最优$(5\sim60)\times10^4$	地层、断裂带充填物	断裂活动年龄区间，样品形成年龄

续上表

方　　法	测定对象	可测年限	地质条件	成果分析和应用
电子自旋共振（ESR）	碳酸钙类、石英、火山岩、石膏	$(1000\sim100)\times10^4$	地层、断裂带充填物、断裂破碎物	断裂活动年龄区间，最晚一次强烈活动近似年龄，生成年龄
石英表面显微结构	石英	中新世～全新世	断裂带破碎物、地层	断裂最晚一次强烈活动近似年龄

c.地震迹象。进行古地震调查，寻找古地震遗迹，如地震断层、地裂缝、岩石崩塌、滑坡、地震湖、河流改道以及砂土液化等。

d.物探与钻探。应用合适的物探方法可以确定隐伏断裂的具体位置。结合野外调查，进行必要的钻探或开挖探槽、探井，可了解断裂的新活动。

②发震断裂的鉴别。

发震断裂应在全新活动断裂勘察的基础上，根据近期历史地震遗迹予以鉴定。

③构造性地裂的鉴别。

构造性地裂可根据其重复性规律，推论在未来强震作用下出现的可能性。

(6)强震的发生与断裂的关系。

强震常常发生在以下地段及部位：

①深大全新活动断裂带。

a.两组或两组以上活动断裂的交汇或汇而不交的部位。

b.全新活动断裂的拐弯突出部位。

c.全新活动断裂端点及断面上不平滑处。

d.发生过破坏性地震的地段。

②新断陷盆地。

a.断陷盆地较深，较陡一侧的全新活动断裂带，尤其是断距最大的地段。

b.断陷盆地内部的次一级盆地之间或横向断裂所控制的隆起两侧。

c.断陷盆地内多组全新活动断裂的交汇部位。

d.断陷盆地的端部，尤其是多角形盆地的锐角区。

e.复合断陷盆地中的次级凹陷处等。

日本松田时彦得出的活动断裂与发震的几项规律如下：

a.在活动断裂活动时，会发生6.5级左右的大地震。

b.发震断裂产生地震的震级与该断裂的错动长度之间存在着对数关系。

c.发震断裂产生大地震的规模及其发震时间间隔，大体决定于该断裂本身。

d.在分支断裂繁多的断裂体系中，不会发生大地震。

(7)断裂的地震效应评价。

①全新活动断裂。

全新活动断裂的地震效应评价，应根据其基本活动形式区别对待：

a.对断裂两翼只有微量位错或蠕动且无有感地震，可按静力作用下地基产生的微小相对位移考虑。

b.对深埋的全新活动断裂(一般指埋深超过100m),震级大于或等于5级且地面不产生构造性裂缝的场地,可按《建筑抗震设计规范》(GB 50011—2010)的规定采取抗震措施。

c.对可能产生明显位错或地面裂缝的全新活动断裂,宜避开断裂带,其避开距离应考虑活动断裂的等级、规模、区域地质环境、地震烈度、覆盖层厚度以及工程的重要性等因素确定。

②发震断裂。

发震断裂的地震效应评价宜符合下列规定:

a.发震断裂的场地可视为强震震中或极震区。

b.发震断裂的活动形式,取决于其所处基岩的埋深和上覆土层的性质。当一次强烈地震在基岩中产生相对位错 D_L 时,其可能的活动形式与覆盖土层的关系为:

(a)当覆盖土层厚度 $h<(15\sim25)D_L$ 时,可能发生地表错动。

(b)当覆盖土层厚度 $h>(15\sim25)D_L$ 时,地表可能只有震动而无错动。

③构造性地裂与非全新活动断裂。

a.构造性地裂处建筑物的破坏形式多似静力破坏,当无法避开时可采取局部结构(地梁、基础栅格)的补强措施或箱形基础、筏式基础等。对于非构造性地裂,宜采取场地地基加固处理措施。

b.对非全新活动断裂可不考虑抗震问题,当断裂破碎带发育时宜考虑不均匀地基的影响。

4.3.8 强震区地震效应与抗震设计

1)抗震设防的基本原则

抗震设防的基本原则是“小震不坏,大震不倒”,具体体现为抗震设防的三个水准烈度,见表4.3-11。

抗震设防的水准烈度 表4.3-11

水准烈度	名称	与基本烈度相比	建筑物的变形与损坏情况
第一水准烈度	众值烈度	低于基本烈度	一般不损坏,处在正常使用状态
第二水准烈度	基本烈度	—	产生一定的非弹性变形与损坏,但控制在可修复的范围内
第三水准烈度	罕遇烈度	基本烈度为6度时为7度强 基本烈度为7度时为8度 基本烈度为8度时为9度弱 基本烈度为9度时为9度强	可以有较大的非弹性变形和损坏,但应控制在规定的范围内,以免倒塌

2)建筑物的抗震重要性分类

建筑物的抗震重要性是按建筑物受地震破坏时产生的后果如何而划分的,后果可从经济上、政治上和社会影响上予以估量。

(1)甲类建筑:特别重要的建筑物,指地震后果是不可挽回的严重损失,如产生放射性物质的污染,剧毒气体的扩散,大爆炸和其他政治、经济、社会的重大影响等。

(2)乙类建筑:重要的建筑,包括城市生命线系统的建筑物和地震时救灾需要的建筑,诸如救护、医疗、广播、通信、交通枢纽、供电供气、消防等。根据城市抗震防灾规划规定或由有关部门批准确定。

(3)丙类建筑:大量的一般工业与民用建筑。抗震计算和抗震措施均按地震的设防烈度考虑。

(4)丁类建筑:抗震上不重要的建筑。抗震计算按地震的设防烈度,而抗震措施则比一般建筑物降低一度考虑。

3)重大工程的抗震设防烈度

重大工程包括上述规定的甲类建筑物及部分乙类建筑物。

(1)设计地震的评价:重大工程的设防烈度应在设计地震的基础上确定。设计地震可根据今后一定时间和空间内可能发生的地震强度和频度的概率水平,结合工程设计的具体条件和要求进行评价。

(2)设计地震评价的主要内容。

①根据区域地震地质背景,预测未来一定年限内工程场地可能遭遇的最大震级或烈度。

②根据历史地震资料,特别是近场的实际地震记录或选用近似于本工程场地条件的强震记录,分析工程场地的地震运动特征,包括对应于某一震级下的前震、主震和余震的幅值、频相和持续时间等。

③推算地震加速度,包括可能出现的地面峰值加速度和加速度的年超越概率水平。

④测定和分析判定场地卓越周期。

⑤提出工程场地距震中或距可能发生强震的断裂的最小距离。

4)抗震设计的思路

(1)抗震设计的原则:在地震活动区,为了使工程有一定的抗震能力,以减少发生地震时造成损失和人员伤亡,同时又要避免过高的设防标准造成浪费。

(2)抗震设计的思路框图如图 4.3-1 所示。

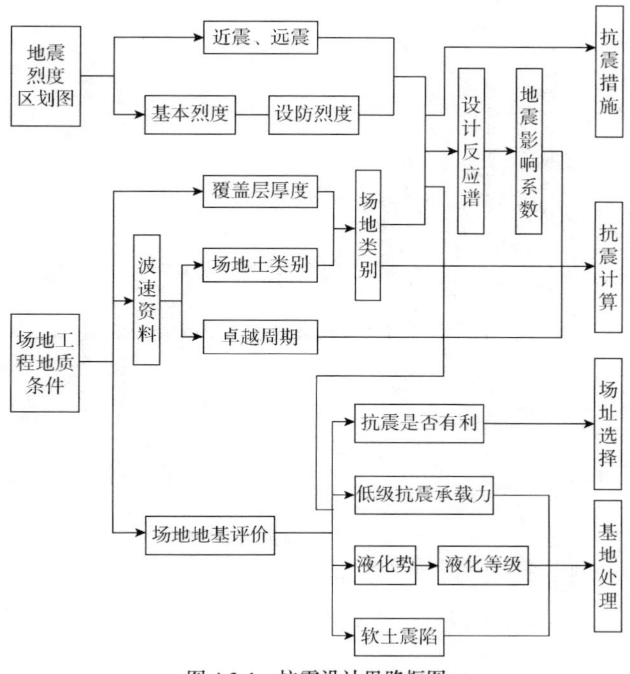

图 4.3-1　抗震设计思路框图

5）强震区建筑场地的选择

在强震区选择建筑场地时，宜选择对建筑抗震有利的地段，避开不利的地段，当无法避开时，应采取适当的抗震措施。不宜在危险地段建造甲、乙、丙类建筑物。各地段可按下列原则划分：

（1）有利的地段，包括开阔平坦的坚硬场地土或密实均匀的中硬场地土地段。

（2）不利的地段，包括软弱场地土，易液化土，条状突出的山脊，高耸孤立的山丘，非岩质的陡坡，采空区，河曲凸岸和岸边斜坡及地貌单元边缘地带，平面分布上成因、岩性明显不均匀的土层（古河道、断层破碎带、暗埋的塘、浜、沟谷及半填半挖地基）等地段。

（3）危险的地段，是指地震时可能发生滑坡、崩塌、地陷、地裂、泥石流等地段及全新活动断裂或发震断裂带上地震时可能发生地表错位的地段。

6）抗液化措施

（1）液化等级。

地基的液化等级根据液化指数，按表4.3-12确定。

地基液化等级 表4.3-12

液化等级	液化指数 I_{iE}	地面喷水冒砂情况	对建筑物危害程度旳描述
轻微	0~5	地面无喷水冒砂，或仅在洼地、河边有零星的喷冒点	液化危害性小，一般不致引起明显的震害
中等	5~15	喷水冒砂可能性大，从轻微到严重均有，多数属中等喷冒	液化危害性较大，可造成不均匀沉降和开裂，有时不均匀沉降可能达到200mm
严重	>15	一般喷水冒砂都很严重，地面变形很明显	液化危害性大，不均匀沉降可能大于200mm，高重心结构不能产生不容许的倾斜

液化指数可按式（4.3-1）计算：

$$I_{iE} = \sum_{i=1}^{n}\left(1 - \frac{N_i}{N_{cri}}\right)d_i\omega_i \qquad (4.3\text{-}1)$$

式中：I_{iE}——地基的液化指数；

N_i——饱和土层中 i 点的实测标准贯入锤击数；

N_{cri}——N_i 深度处的临界标准贯入锤击数；

n——每个钻孔内15m深度范围内饱和土层中标准贯入点总数；

d_i——i 点所代表的土层厚度（m），可采用与该标准贯入试验点相邻的上、下两标准贯入试验点深度差的一半，但上界不小于地下水位深度，下界不大于液化深度；

ω_i——i 土层考虑单位土层厚度的层位影响权函数（m^{-1}），当该层中点深度不大于5m时采用10，等于15m时采用零值，为5~15m时应按线性内插法取值，当 $1-\frac{N_i}{N_{cri}}$ 为负值时取零。

（2）可液化地基处理。

一般情况下，应避免用未经加固处理的可液化土层作为天然地基的持力层。根据基的液化等级，结合具体情况，可按表4.3-13选择适当的抗液化措施。

抗液化措施的选择原则　　　　表 4.3-13

建筑类别	地基的液化等级		
	轻微	中等	严重
甲类	(一)	(一)	(一)
乙类	(二)或(三)	(一)或(二)+(三)	(一)
丙类	(三)或(四)	一般应采用(三),亦可考虑其他更高的措施	一般采用(二),亦可采用(二)+(三)、(二)、(三)
丁类	(四)	(四)	(三)或其他经济的措施

注:1.表内措施未考虑倾斜场地和严重不均匀可液化土层的影响。
2.(一)表示全部消除地基液化沉降的措施,如采用桩基、深基础、深层处理至液化深度下界或挖除全部可液化土层等。
3.(二)表示部分消除地基液化沉降的措施,如加固或挖除部分可液化土层等。
4.(三)表示基础结构和上部结构采取的构造措施,一般包括减小或适应建筑物不均匀沉降的各项措施。
5.(四)表示可不采取措施。

4.4 水系与交通运输的关系

水系的类型与其连续性是地质判读的基础,由于水系的发育与地貌、岩性、地质构造的关系密切,一定的水系反映了一定的岩性和地质构造。水系的分布形式、密度和类型等是判断岩性、地质构造等交通工程地质情况的基础之一,水道本身可以作为水运交通的通道,沿河(溪)是陆路交通布线的优先考虑走向。此外,水系景观及其与岩层、地质构造的关系,也是地学科普教育和交通旅游的良好场所。

4.4.1 水系的密度

水系由主流、支流、支沟等多级组成,或称为水文网。各地区水文网的密度不一,有大有小。北京大学提出了水系密度的参考数值,见表 4.4-1。

水 系 密 度　　　　表 4.4-1

密度	支沟间距(m)	特　征
密度大	<100	地表径流发育,岩、土透水性弱,反映该区岩性多为易侵蚀的软弱岩石,断裂构造发育,降水量丰沛
密度中等	100~500	岩层透水性较弱,地面具有一定的坡度
密度小	>500	地表径流不发育,岩层透水性强,岩石较硬,水系长而稀疏,细小支流不发育

4.4.2 水系的均匀性

水系分布均匀,反映出地层岩性均一稳定、地质构造简单;反之,则反映出构造及岩性复杂。

4.4.3 沟谷的形态

沟谷形态与岩性有关,黏性土地区沟谷的横断面多呈 U 形,黄土地区沟谷的横断面多呈箱形；较坚硬岩石地区沟谷的横断面多呈 V 形。

4.4.4 水系的类型

水系的类型是指水文网的平面形态，水系类型与岩石成分、构造特征，岩层产状、气候条件及侵蚀基准面等主要因素有关。水系类型一般分为下列几种。

1）树枝状水系

水系的所有支流均以锐角流入主流，并向自由方向发展。树枝状水系多出现在地面平缓倾斜、地质构造简单、岩性分布比较均匀，一般在页岩、砂岩及花岗岩地区比较常见（图 4.4-1）。

2）格状水系

支流与小支流彼此平行而成直角相交。格状水系受垂直交叉的断裂、裂隙所控制，在平面上形成方格状。在板岩、片岩及砂岩地区最常见（图 4.4-2）。

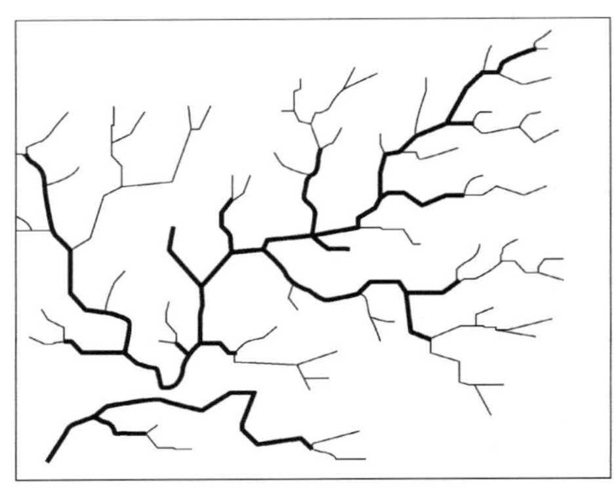

图 4.4-1　树枝状水系

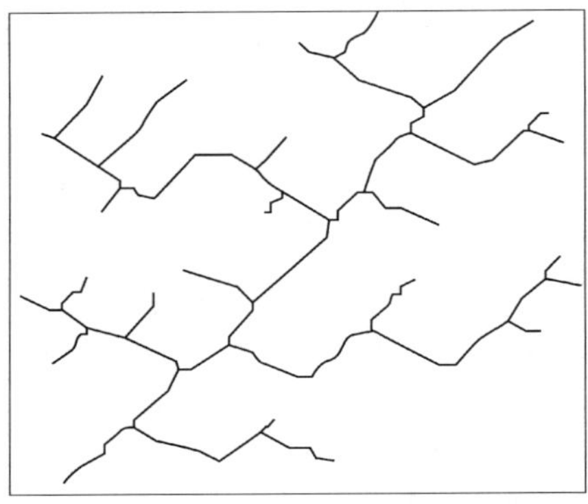

图 4.4-2　格状水系

3）羽毛状水系

羽毛状水系的特点是支沟短而密，主流、支流长而稀，支流与支沟的交汇角较大，近似于直角相交（图 4.4-3）。

4）平行状水系

主流与支流大致平行，在单斜山一侧最为常见。主要的集水河流常存在着大断裂或破碎带（图 4.4-4）。

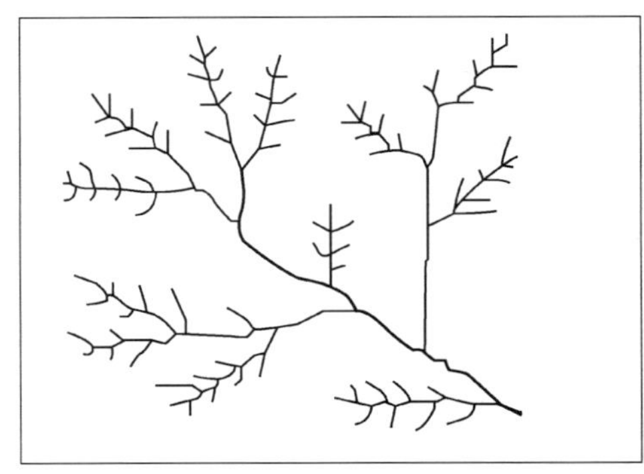

图 4.4-3　羽毛状水系

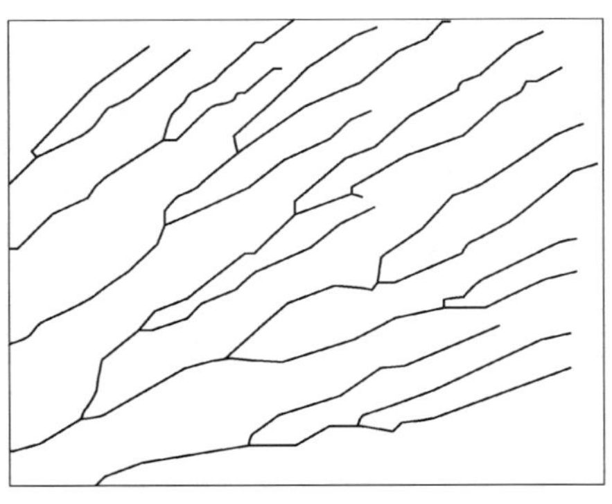

图 4.4-4　平行状水系

5)放射状水系

河流围绕隆起区的四周分布,呈放射状由中心向外扩散。一般分布在火山、孤山和穹隆构造地区(图 4.4-5)。

6)环状水系

环状水系形成条件与放射状水系形成的条件基本相同,但其主要集水河流环绕隆起区的坡底通过,故在穹窿构造区较为发育(图 4.4-6)。

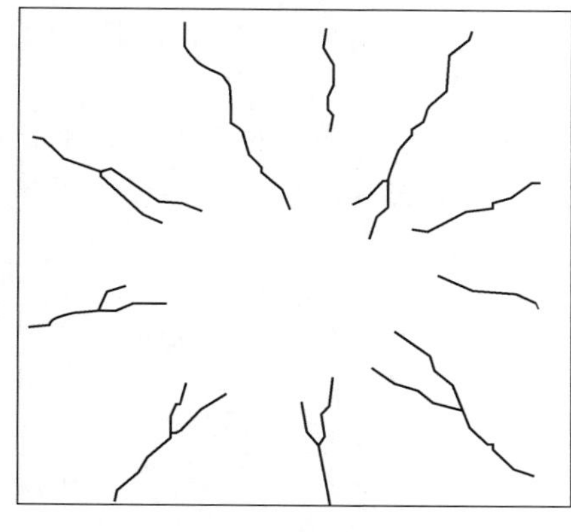
图 4.4-5 放射状水系

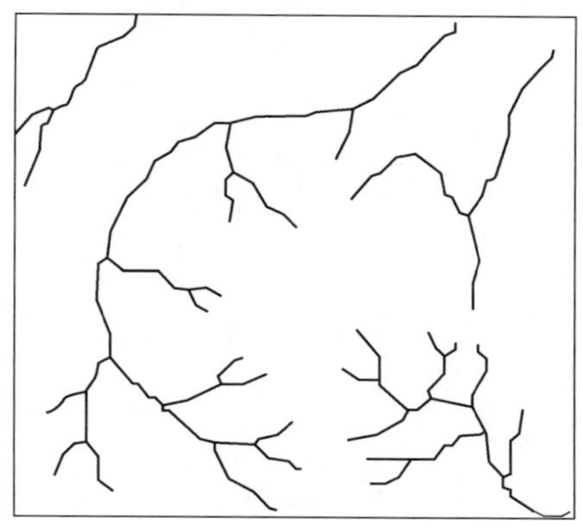
图 4.4-6 环状水系

7)向心水系

发育于盆地或局部沉陷地区,是放射状水系的变种。水流由四周流向中心(图 4.4-7)。

8)倒钩状水系

由于构造运动影响,产生河流袭夺现象。水流流向多呈反向,称为倒钩状水系(图 4.4-8)。

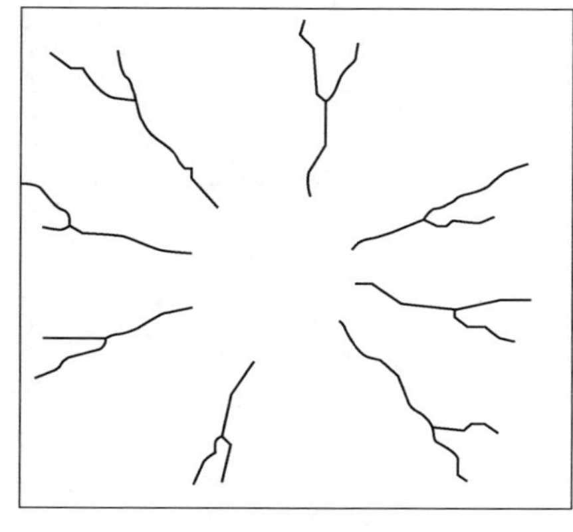
图 4.4-7 向心水系

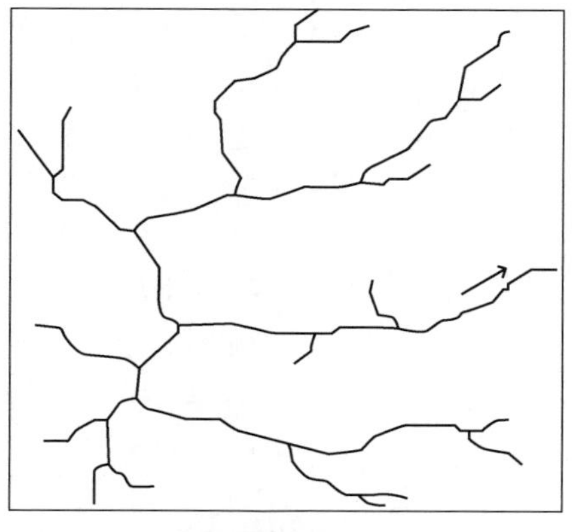
图 4.4-8 倒钩状水系

9)扇状水系

扇状水系发育在三角洲及洪积扇地区,具有扇状形态(图 4.4-9)。

10)菱形格状水系

菱形格状水系是格状水系的变种,菱形格状水系受两组互相平行的断裂、裂隙所控制,在平面上呈菱形(图 4.4-10)。

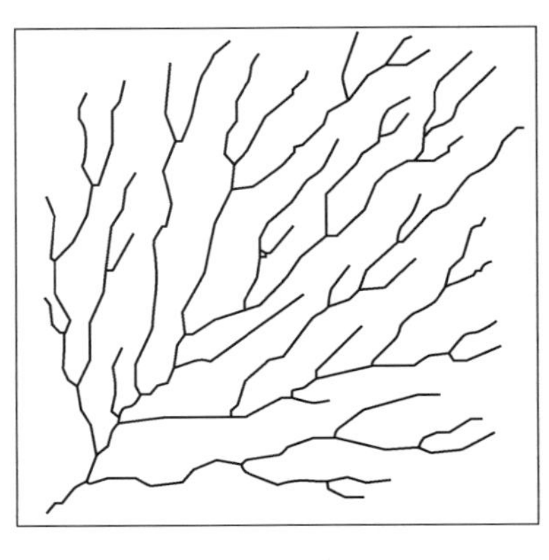
图 4.4-9 扇状水系

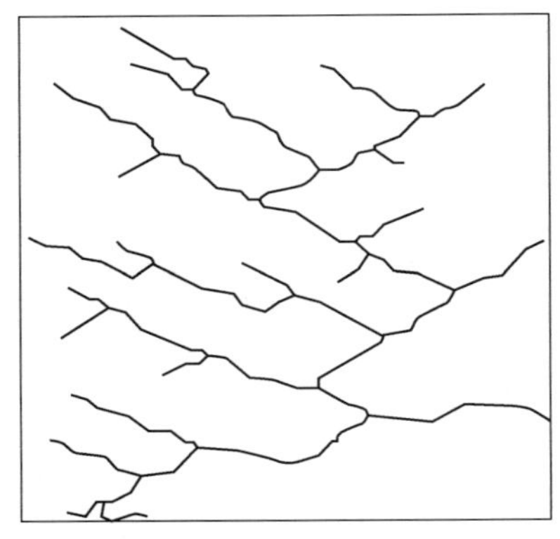
图 4.4-10 菱形格状水系

11）钳状沟头树枝状水系

在上游沟头多呈钳状，为树枝状水系的变种。在花岗岩或基性侵入岩等块状岩石分布地区最为常见（图 4.4-11）。

12）紊乱的水系

在河流下游平原地区，水网纵横交错，河流蜿蜒曲折，并有废弃河道、牛轭湖、叉流交织形成的水系（图 4.4-12）。

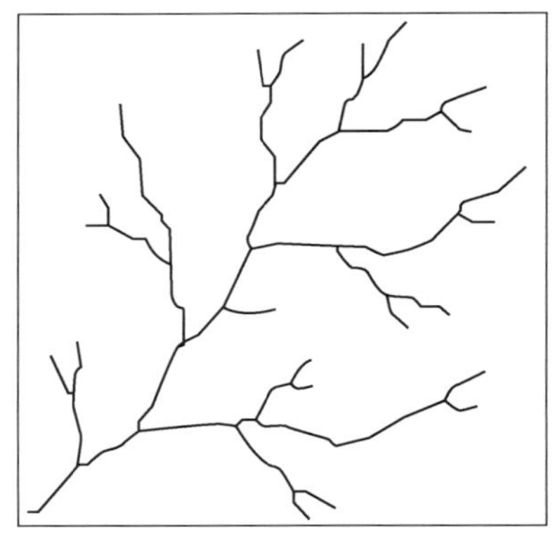
图 4.4-11 钳状沟头树枝状水系

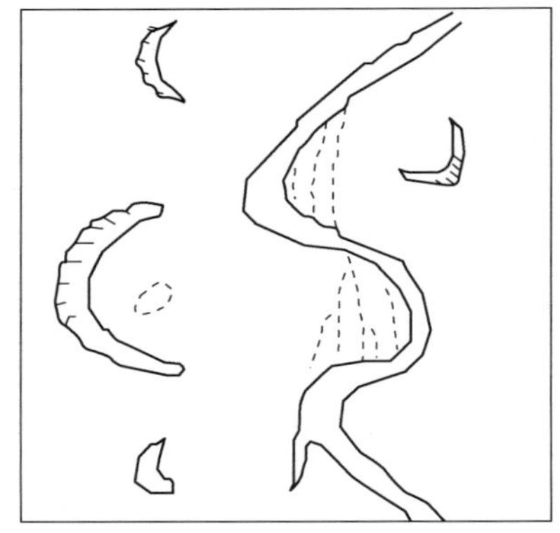
图 4.4-12 紊乱水系

4.5 气候的相关特征与交通运输的关系

交通运输（特别是公路运输）属于气象高度敏感行业，气象灾害会对道路基础设施造成不同程度的损毁，同时严重影响车辆和船舶的安全行驶。

4.5.1 气候对行车和结构设施的影响

首先，气候影响行车安全。道路交通安全虽然取决于人、车、路和环境的共同作用，但天气也是不容忽视的因素。相当多的道路交通事故是与雨、雪、雾、高温、大风、低温等恶劣天气有关的。在影响交通安全的诸多不利天气条件下，最常见的是降雨天气，雨天导致交通事故增多的原因主要是路面滑,使汽车的制动距离增长,侧滑可能性增大,方向控制失灵等,这些都会危及行车安全;雨天路面积水在行车作用下产生水雾,水雾会使后面车辆的驾驶员视线不良,给行车安全带来严重威胁。路面结冰作为一种常见的冬季气象灾害已经成为交通事故的主要诱因之一,路面结冰后,摩擦力变小,车辆易发生打滑或空转,从而发生交通事故。降雪是影响冬季公路交通安全的主要天气,雪后事故多,是由于路面积雪,经车辆压实或结冰后,路面摩擦力变小,车辆易发生空转或打滑,从而发生危险。雾也会影响交通安全,有雾时,能见度低,驾驶员和行人都难以及时判明前方的路况,继而引发事故。

其次,气候会导致道路损坏。如道路沥青路面会存在高温车辙、低温裂缝和水稳定性等;沥青路面会产生温度膨胀与收缩、翻浆冒泥、接缝填料缺失等;路基会出现冻土膨胀和融化沉降、边坡滑动、崩塌与泥石流等;混凝土结构产生冻胀破坏、结构物的风荷载等,气候对交通设施的影响和破坏随时随地都会出现。

全球气候有一定的分布规律,但地形地貌会影响气候分布规律,产生局地气候和小气候。道路不仅跨越的地貌单元多,而且频繁跨越不同的气候带,各气候带特征差异性明显,如局部区域的冰冻积雪、雨雾、沟谷横风、团雾等,变化的区域局部气候除是交通工程条件突变影响交通行车节奏的主要因素外,也是导致交通事故和不同工程气候病害的主要原因。

4.5.2 气候的形成与差异

根据气候的区域差异性,可以分为大气候、地方气候和小气候三种。大气候决定于太阳辐射、大气环流、海陆分布、洋流、大地形和广大冰雪覆盖等,其气温的水平差异和垂直梯度都比较小。地方气候决定于范围比较小的气候形成因素,如大片森林、湖泊、中等地形、城市等,其气温和湿度的水平梯度和垂直梯度超过相应的大气候梯度许多倍。小气候是指近地面 1.5~2.0m 以下的贴地层和土壤上层的气候,其温度和湿度的垂直梯度更大。

1)气候差异形成的原因

太阳辐射分布的不均匀性是造成各地气候差异的根本原因。由于地球是一个球体,不同纬度带上太阳照射角度不同,因此所得到的太阳辐射能量(热量)也不同。一般来说,纬度越高太阳照射角越低,所得到的太阳辐射也就越少,温度就越低;纬度越低得到的太阳辐射就越多,温度就越高,这就使得相同或相近纬度带上各地气候具有一定的相似性,但不同纬度带上的气候就有很大的差异。

地球在自转的同时也绕太阳公转,由于地轴和地球公转轨道面保持一定的夹角(约 23.5°),所以当地球绕太阳公转时,地球表面上的太阳直射点就在南北回归线之间来回移动,使得任一地区一年中得到的太阳辐射量发生变化,从而形成气候的季节变化。气候的季节特征在中高纬地区比较明显,多数地区四季分明,而极地地区由于得不到太阳直射,终年严寒;热带地区由于在赤道附近,太阳直射或近乎直射,终年炎热。

海陆分布与地理条件对形成气候有重要影响。海洋占地球表面总面积的 71%,陆地仅占 29%。海洋不仅面积远大于陆地,而且和陆地具有不同的热力学特性。海水热容量大,接收到的太阳辐射大部分被海水吸收,热量被储存在海洋内部,升温缓慢但降温也慢。陆地热容量相对海洋小得多,没有储存大量热量的能力,增温快降温也快,因此形成冬冷夏热的气候。

海陆热力学特性的差异还是形成季风气候的原因之一。夏季,大陆温升比海洋剧烈,大陆比海洋暖,在大陆上为热低压,海洋上温暖湿润的空气吹向大陆;冬季,大陆迅速冷却,大陆比海洋冷,形成冷高压,寒冷干燥的空气由大陆吹向海洋。这种季节性转变的盛行风就是季风,受季风影响的地区就形成了季风气候。

另外,海洋与陆地表面空气中所含水汽的多少也有不同。一般来说,在海洋或者近海地区,降水比较丰富,降水的季节变化也比较均匀,气候多雨湿润;而在远离海洋地区则完全相反,降水少且不均匀,气候干燥。

地形地势对局部气候的形成也有重要作用。在高大山地和高原地区,气温随海拔增高而降低,气候垂直变化显著,辐射强,气温的年较差小,而日较差大,形成高原山地气候。山地的迎风坡对气流产生抬升作用,暖湿气流在抬升过程中气温降低,易凝结致雨,而在山地的背风坡,盛行下沉气流,降水较少。

大气环流是大气中热量、水分输送和交换的重要方式,对气候的影响十分显著。由于纬度的不同和地球表面海陆分布的不均,地球表面接收到的太阳辐射存在明显的差异,热力差异引起的气压差以及地球的自转运动等形成了大气的运动,称为大气环流。大气环流既有全球性的环流运动,也有局地性的环流运动;有水平方向和垂直方向的,有低层大气的也有高层大气的,有缓慢推进的也有急速流动的。

2)全球风带

在水平方向上,南北半球各存在4个气压带和4个风带。以北半球为例,4个气压带即赤道低压带、副热带高压带、副极地低压带和极地高压带,4个风带即赤道无风带、低纬信风带(东北信风)、中纬西风带和极地东风带。在垂直方向上,南北半球各有3个闭合环流圈,即低纬环流圈(也称“哈得来环流”)、中纬环流圈(也称“费雷尔环流”)和极地环流圈。水平方向也就是东西方向的环流称为纬向外流,垂直方向即南北方向的环流称为经向环流。

3)气候的季节性变化

在北半球,夏季气温高,冬季气温低,年最高气温出现在7月或8月,年最低气温出现在1月或2月。一年中最热月的平均气温与最冷月的平均气温之差值,称为气温的年较差。气温年较差的大小随纬度、地表性质、形态、海拔高度而异。一般地说,随纬度增高,气温年较差增大:赤道地区,一年中,太阳高度变化小,热量收支相差不大,气温年较差仅1~3℃,随着纬度增高,冬夏热量收支差异增大,气温年较差也随之增大。中纬度地区气温年较差为20~30℃,高纬度地区则达30℃以上。同一纬度,海洋上的年较差较陆地小,沿海地区比内陆小,植被覆盖地区比裸露地区小,凸出的山峰比凹陷的谷地小,云雨多的地区年较差小。年较差还随海拔高度的增加而减小。

气温还会由于大规模的气流交替而发生变化。这种变化的时间和幅度视气流的冷暖性质和运动状况而不同,没有一定的周期,称非周期性变化。实际上,一个地方的气温变化,是周期性变化和非周期性变化共同作用的结果。

4)气温带的划分

根据气温水平分布的特点,以等温线为标准,将全球划分为七个气温带。

(1)热带:年平均气温20℃等温线之间的地带。

(2)南北温带:年平均气温20℃等温线与最热月10℃等温线之间的地带,南北半球各有一个。

(3)南北寒带:最热月10℃等温线与最热月0℃等温线之间的地带,南北半球各有一个。

(4)南北永冻带:最热月0℃等温线以内的地带,南北半球各有一个。

季风对天气气候有重要影响。冬季季风盛行时,气候寒冷、干燥和少雨;夏季季风盛行时,气候炎热、湿润、多雨。

5)局地环流

在小范围的局部地区,还有空气受热不均匀而产生的环流,称为局地环流,也称地方性风系,它包括海陆风、山谷风和焚风等。

(1)海陆风。

沿海地区,由于海陆热力性质的不同,风向发生有规律的变化。白天,陆地增温比海洋快,陆地上的气温比海洋高,因而形成局地环流(图4.5-1),下层风由海洋吹向陆地,称海风;夜间,陆地降温快,地面冷却,而海面降温慢,海面气温高于陆地,于是产生了与白天相反的热力环流,下层风自陆地吹向海洋,称为陆风。这种以一天为周期而转换风向的风系,称海陆风。

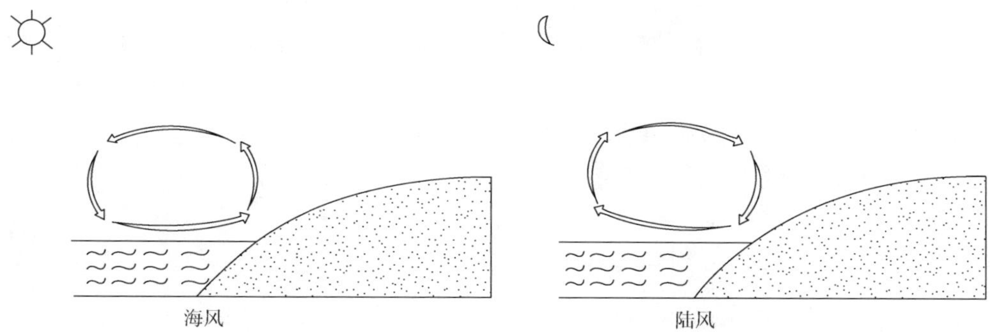

图4.5-1 海陆风环流

(2)山谷风。

在山区,白天日出后,山坡受热,其上的空气增温快,而同一高度的山谷上空的空气因距地面较远,增温较慢,于是暖空气沿山坡上升,风由山谷吹向山坡,称谷风。夜间,山坡辐射冷却,气温迅速降低,而同一高度的山谷上空的空气冷却较慢,于是山坡上的冷空气沿山坡下滑,形成与白天相反的热力环流,下层风由山坡吹向山谷,称山风。这种以一日为周期而转换风向的风,称山谷风(图4.5-2)。

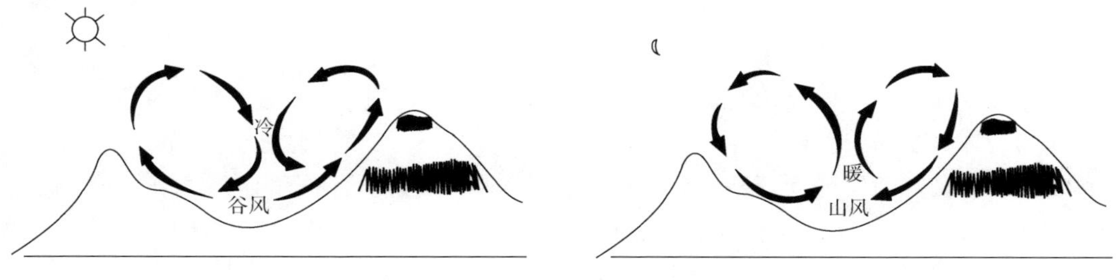

图4.5-2 山谷风环流

(3)焚风。

焚风是一种翻越高山,沿背风坡向下吹的干热风。当空气翻越高山时,在迎风坡被迫抬升,空气冷却,起初按干绝热直减率(1℃/100m)降温。空气温度达到饱和时,按湿绝热直减率(0.5~0.6℃/100m)降温,水汽凝结,产生降水,降落在迎风坡上。空气越过山顶后,沿背风坡下降,此时,空气中的水汽含量大为减少,下降空气按干绝热直减率增温,以致背风坡气温比山前迎风坡同高度上的气温高许多,湿度显著减小,从而形成相对干而热的风,称焚风(图4.5-3)。

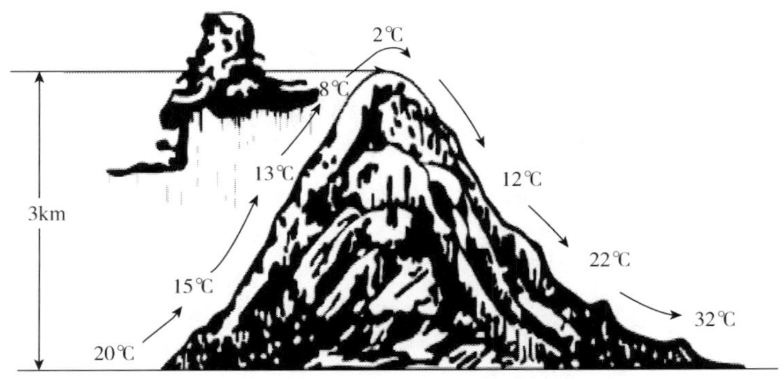

图4.5-3 焚风形成示意图

无论隆冬还是酷暑,白昼还是夜间,焚风均可在山区出现。它有利也有弊,初春的焚风有利于消除路面积雪和结冰,但强大的焚风容易引起森林火灾。

6)局地地面特性与气候

处于大气层之下的地面,包括土壤表面、水面、冰雪面、植被面等各种自然的暴露表面以及人工修造的道路、建筑物等下垫面。它们能不断地吸收太阳辐射,同时又与周围进行辐射和热量交换,从而引起温度的变化,调节空气层和下垫面表层的温度。由于下垫面性质、密度、结构、水分、色泽等不同,其热力特性如反射率、吸收率、净辐射、热容量、导热率、导温率等都不同,因此具有不同的热量平衡和水分平衡,从而调节近地层和下垫面表层的温度,影响近地层气候。

在同一纬度带,相同的天气条件下,到达地面的总辐射不仅因局部地形、方位、坡向而异,还因组成物质、湿润状况、地面粗糙度、色泽、植物郁闭度等表面性质的不同而具有不同的反射率,有效辐射也不同,因而净辐射各异,而且有明显的日变化。在近地气层中,由于地面的影响,以及湍流输送的结果,气象要素无论在时间还是空间上的变化都很大,形成各具特征的小气候。

(1)森林气候。

森林覆盖地区的特殊局地气候称为森林气候。森林除了能影响大气中二氧化碳的含量以外,还能够影响附近相当大范围地区的气候条件和形成独具特色的森林气候。

森林地区具有两层活动面:一层是林冠,一层是林下地表。林冠能大量吸收太阳入射辐射,用以促进光合作用和蒸腾作用,使其本身气温增高不多;林下地表在白天因林冠的阻挡,透入太阳辐射不多,气温不会急剧升高。夜晚因有林冠的保护,有效辐射不强,所以气温不易降低。因此,林内气温日(年)较差比林外裸露地区小,气候的大陆度明显减弱。

森林树冠可以截留降水,林下的疏松腐殖质层及枯枝落叶层可以蓄水,减少降雨后的地表径流量,因此森林被称为“绿色蓄水库”。雨水缓缓渗入土壤中使土壤湿度增大,可供蒸发的水分增多,再加上森林的蒸腾作用,导致森林中的绝对湿度和相对湿度都比林外裸地大。

森林可以增加降水量。当气流流经林冠时,因受到森林的阻隔和摩擦,有强迫气流上升的作用,并导致湍流加强,加上林区空气湿度大,凝结高度低,因此森林地区降水机会比空旷地多,雨量亦较大。森林区空气湿度可比无林区高15%~25%,年降水量可增加6%~10%。

森林有降低风速的作用。当风吹向森林时,在森林的迎风面,距森林100m左右的地方,风速就发生变化。在穿入森林内,风速很快降低,如果风中挟带泥沙的话,会使流沙下沉并逐渐固定。穿过森林后在森林的背风面在一定距离内风速仍有减小的效应。在干旱地区森林可以减小干旱风的袭击,能防风固沙。在沿海大风地区,森林可以防御海风的侵袭,保护农田。

森林根系的分泌物能促使微生物生长,改善土壤结构。森林覆盖区气候湿润,水土保持良好,生态平衡良性循环,有计划地大规模营造森林是改善气候的有效措施之一。

(2)农田气候。

农作物生长的高度一般不超过2m,其生长受人工的强烈影响。所以,农田小气候一方面具有其固有的(自然的)特征,属于低矮植被的气候;另一方面又是一种人工小气候。

①农田辐射状况。白天,太阳总辐射量在中午较大,辐射差值中午最大。农田中近地层辐射差值较小,上部辐射差值较大。而且辐射差最大值的高度随着太阳高度的增大而下降。其主要原因可能是由于植被上部入射辐射削弱较小,而下部的反射受植株影响而出不去。在夜间,农作物的辐射差额廓线都呈现递增的趋势,辐射差值从植株上部向下逐渐增加。农田中不同高度上都有明显的辐射差值日变化,其变化趋势与裸地一样,只是其变化幅度从植被上部到下部迅速减小。

②农田的温度状况。农作物的存在,改变了农田中的热状况与温度分布。在比较稠密的植被中,白昼由于农作物减弱了太阳辐射使温度较裸地低;夜间农作物田中,土壤表面温度高于裸地。农田温度的垂直廓线也具有鲜明的特点:白天的最高温度和夜间的最低温度均不出现在地面上;最高温度出现在太阳辐射最强而湍流交换最好的高度;最低温度出现在长波散热较大、冷空气下沉聚集的高度上。

③农田的蒸发和湿度。农田的总蒸发包括植物蒸腾和土壤蒸发两项。对于不是充分湿润的地区,农田的总蒸发量总是比休闲地大。

农田中的湿度状况主要决定于总的蒸发量和空气温度。通常农田中由于总的蒸发增大,且湍流交换减弱,地面和植物表面蒸发的水汽不易散出,空气湿度总要比裸地大一些。农田与裸地空气湿度的差异发生在蒸发强烈且温度差异最大的日间。夜间,由于蒸发减弱,温度下降,农田内外的温差已不大,所以无论绝对湿度或相对湿度差别都比白天要小。农作物间空气湿度的铅直分布一般为干型分布。绝对湿度是随离地高度而减小,在日间递减率最大,夜间在一定高度以上递减率很小。

(3)城市气候。

城市气候是在区域气候背景下,经过城市化后,在人类活动影响下而形成的一种特殊局地气候。因此,各地的城市气候既具有当地气候的基本特点,又由于城市下垫面性质的改变、空气组成的变化、人为热等的影响，表现出明显的与郊区不同的城市气候的特征。其主要表现在城市热岛效应、城市干岛和湿岛效应等方面。

①城市热岛效应。

城市气温比其四周郊区高，在气温的空间分布上，形成等温线呈闭合状态的高温区，称为城市热岛。这是城市气候最典型的特征之一。世界上大大小小的城市，无论其纬度值、海陆位置、地形起伏有何不同，都能观测到热岛效应。城市热岛的形成有多种因素，其中城市特殊的下垫面、大量的人为热和温室气体的排放及天气条件是主要因素。

城市热岛强度与城市的规模、结构、天气有着十分密切的关系。此外，城市热岛强度还有明显的日变化和年变化。通常城市的规模越大、人口越密集、人为热越多，城市热岛强度越大。在高压系统控制下，天气晴好，层结稳定，风力较弱和静风时，城市热岛强度较大；相反，在大风或层结极不稳定时，热岛强度较小，甚至消失。在晴天稳定的天气条件下，城市热岛强度大多是夜晚至凌晨强，白昼午间弱。在我国通常是冬季大，夏季小。在西欧有些国家，其城市热岛强度最大值出现在夏季。

②城市干岛和湿岛效应。

由于城市的下垫面性质和城市的热岛效应，城市的相对湿度比郊区小，有明显的干岛效应，这是城市气候中普遍的特征。在暖季（4—11 月）有明显的干岛与湿岛昼夜交替的现象，其中尤以 8 月为最突出。“城市干岛”与“城市湿岛”昼夜交替出现的现象在欧美许多城市大都经常出现于暖季。

白天在太阳照射下，对于由下垫面通过蒸散过程而进入低层空气中的水汽量，城区小于郊区。特别是在盛夏季节，郊区农作物生长茂密，城郊之间自然蒸散量的差值更大。城区由于下垫面粗糙度大，又有热岛效应，其机械湍流和热力湍流都比郊区强，通过湍流的垂直交换，城区低层水汽向上层空气的输送量又比郊区多，这两者都导致城区近地面的水汽压小于郊区，而形成“城市干岛”。到了夜晚，风速减小，空气层结稳定，郊区气温下降快，饱和水汽压减低，有大量水汽在地表凝结成露水，存留于低层空气中的水汽量小，水汽压迅速降低。城区因有热岛效应，其凝露量远比郊区小，夜间湍流弱，与上层空气间的水汽交换量小，城区近地面的水汽压乃高于郊区，出现“城市湿岛”。这种由于城郊凝露量不同而形成的城市湿岛，称为“凝露湿岛”，且大都在日落后若干小时内形成，在夜间维持。日出后因郊区气温升高，露水蒸发，很快郊区水汽压又高于城区，即转变为“城市干岛”。

③城市混浊岛效应。

城市混浊岛效应主要表现在四个方面。首先，城市大气中的污染物质比郊区多，污染物质的平均浓度是郊区的几倍。其次，城市大气中因凝结核多，低空的热力湍流和机械湍流又比较强，因此其低云量和以低云量为标准的阴天日数（低云量≥8 的日数）远比郊区多。再次，城市大气中因污染物和低云量多，使日照时数减少，太阳直接辐射（S）大大削弱。而因散射粒子多，其太阳散射辐射（D）却比干洁空气中为强。在以 D/S 表示的大气混浊度（又称混浊度因子）的地区分布上，城区明显大于郊区，呈现出明显的“混浊岛”。最后，城市混浊岛效应还表现在城区的能见度小于郊区。这是因为城市大气中颗粒状污染物多，它们对光线有散射和吸收作用，有减小能见度的效应。同时，由于城市的凝结核增多，使得城市的雾日增多。

④城市的风。

城市下垫面粗糙度大，有降低平均风速的效应。就城市整体而言，其平均风速比同高度的开旷郊区风速小，风向也较乱。在城市内部，风速、风向的局地差异很大。有些地方成为“风影区”，风速很小；有些地方风速又较大，如在巷弄里，由于狭管效应，出现较大风速，即所谓“弄堂风”。

在大范围气压梯度小的晴稳天气形势下，特别是晴夜，由于城市热岛的存在，在城区形成一个弱低压中心，并出现上升气流。郊区近地面的空气从四面八方流入城市，风向热岛中心辐合。由热岛中心上升的空气在一定高度上又流向郊区，在郊区下沉，形成一个缓慢的热岛环流，又称城市风系。这种风系有利于污染物在城区集聚形成尘盖，并利于城区低云和局部对流雨的形成。我国上海、北京、广州等城市都曾观测到此类城市热岛环流的存在。

⑤城市雨岛效应。

针对城市对降水的影响问题，国际上存在不少争论，但多数人认为城市有使城区及其下风方向降水增多的效应。城市影响降水的机制主要有：a.城市热岛效应，空气层结较不稳定，有利于产生热力对流；b.城市阻隔效应，城市粗糙度大，不仅能增加机械湍流，而且对移动滞缓的降水系统可使其减慢，延长降水时间；c.城市凝结核效应。上述因素的影响，会“诱导”暴雨最大强度的落点位于市区及其下风方向而形成雨岛。

7）高山气候

在高山地带，随着高度的增加，气候诸要素也随着发生变化，导致高山气候具有明显的垂直地带性，这种垂直地带性又因高山所在地的纬度和区域气候条件而有所不同，其特征如下。

（1）山地垂直气候带的划分因所在地的纬度和本身的高差而异。在低纬山地，山麓为赤道域，热带气候，随着海拔的增加，地表热量和水分条件逐渐变化，垂直气候带依次发生。这种变化类似于低地随纬度的增加而发生的变化。如果山地的纬度较高，气候垂直带的分异就减少。如果山地的高差较小，气候垂直带的分异也就较小。

（2）山地垂直气候带具有所在地大气候类型的“烙印”。例如，赤道山地从山麓到山顶都具有全年季节变化不明显的特征，珠穆朗玛峰和长白山都具有季风气候特色。

（3）湿润气候区山地垂直气候的分异主要以热量条件为垂直差异的决定因素；而干旱、半干旱气候区，山地垂直气候的分异与热量和湿润状况都有密切关系。这种地区的干燥度都是山麓大，随着海拔的增高，干燥度逐渐减小。

（4）同一山地还因坡向、坡度及地形起伏、凹凸、显隐等局地条件不同，气候的垂直变化各不相同。山坡暖带、山谷冷湖即为一例。山地气候确有“十里不同天”之变。

（5）山地的垂直气候带与随纬度而异的水平气候带在成因和特征上都有所不同。

4.5.3 气候变化

地球上各种自然现象都在不断变化之中，气候也不例外。据地质考古资料、历史文献记载和气候观测记录分析，地球上的气候一直不停地呈波浪式发展，冷暖干湿相互交替，变化的周期长短不一。现在为科学界所公认的有：①大冰期与大间冰期气候，时间尺度为100万~1亿年；②亚冰期与亚间冰期气候，时间尺度为10万年；③副冰期与副间冰期气候，时间尺度约为1万年;④寒冷期(或小冰期)与温暖期(或小间冰期)气候,时间尺度为100~1000年;⑤世纪及世纪内的气候变动,时间尺度为1~100年。

1)近代气候变化

从19世纪末到20世纪40年代,世界气温曾出现明显的波动上升现象,这种增暖现象在20世纪40年代达到顶点。此后,世界气候有变冷现象。进入20世纪60年代以后,高纬度地区气候变冷的趋势更加显著,进入20世纪70年代以后,世界气候又趋变暖,到1980年以后,世界气温增暖的形势更为突出。

威尔森(H·Wilson)和汉森(J·Hansen)等应用全球大量气象站观测资料,将1880—1993年逐年气温对1951—1980年的平均气温求距平值。计算结果与全球年平均气温从1880—1940年这60年中升高0.5℃,1940—1965年降低了0.2℃,然后从1965—1993年又升高了0.5℃。北半球的气温变化与全球形势大致相似,升降幅度略有不同。1880—1940年年平均气温升高0.7℃,此后30年降温0.2℃,从1970—1993年又升高0.6℃。

20世纪以来,我国气温的变化与北半球气温变化趋势基本上亦是大同小异,即前期增暖,20世纪40年代中期以后变冷,20世纪70年代中期以来又见回升,所不同的只是在增暖过程中,20世纪30年代初曾有短期降温,20世纪40年代中期以后的降温则比北半球激烈,至20世纪50年代后期达到低点,20世纪60年代初曾有短暂回升,但很快又再次下降,而且夏季比冬季明显。20世纪70年代中期后又开始回升,但20世纪80年代的增暖远不如北半球强烈。在20世纪80年代,南、北半球和全球都是20世纪年平均气温最高的10年,而我国1980—1984年的平均气温尚低于20世纪60年代的水平。从19世纪末到20世纪40年代,我国年平均气温升高0.5~1.0℃,20世纪40年代以后由增暖到变冷,全国平均降温幅度在0.4~0.8℃之间,20世纪70年代中期以后逐渐转为增暖趋势。

综上所述,全球地质时期气候变化的时间尺度在22亿年到1万年以上,以冰期和间冰期的出现为特征,气温变化幅度在10℃以上。冰期来临时,不仅整个气候系统发生变化,甚至导致地理环境的改变。历史时期的气候变化是近1万年来,主要是近5000年来的气候变化,变化的幅度最大不超过2~3℃,且大都是在地理环境不变的情况发生。近代的气候变化主要是指近百年或20世纪以来的气候变化,气温振幅为0.5~1.0℃。

2)我国气候带的变化

随着20世纪80年代以来全球变暖,我国气候的总体格局虽然没有发生明显变化,但某些气候区的边界线出现了一定程度的移动。根据1981—2010年我国气候标准值数据集重新编制的我国气候区划,将我国划分为12个温度带、24个干湿区,与之前根据1951—1980年资料所得到的气候区划相比,我国亚热带北界与暖温带北界均出现了北移,寒温带和中温带面积减小,暖温带、北亚热带、中温带、南亚热带以及热带面积增大,北方地区的半湿润与半干旱分界线也出现了不同程度的东移与南扩。其中,北亚热带北界东段平均北移1个纬度以上并越过淮河一线,中亚热带北界中段则从江汉平原南沿移至江汉平原北部,青藏高原亚寒带范围缩小、高原温带范围增加,东北温带地区的湿润-半湿润东界东移,大兴安岭中部与南部的半湿润-半干旱界线北扩。这些变化在我国农业生产和种植制度的变化上得到了印证,小麦、水稻和玉米三大粮食作物种植北界持续北推,黑龙江地区已大面积扩种水稻。未来随着全球气候继续变暖,我国大部分气候带可能会继续北移,一些粮食作物的种植北界

也将继续北推，北方森林或草原的面积会有所减少。

3）气候变化对交通运输的影响

气候变化对交通运输工程影响是巨大的，例如从20世纪80年代中期以来至20世纪90年代后期，新藏公路（新疆段）沿线大部分地区温度上升，气候变暖，部分地区暴雨明显增多，导致冰雪消融，冰川退缩，多年冻土退化，局部形成大规模的暴雨洪水和泥石流灾害。

4.5.4 太阳照射随季节变化的规律

太阳照射会影响驾驶员的视线，降低行车的安全性，根据太阳照射情况合理确定行车时间和路线，可以提高驾驶的安全性。

1）日出、日落方位的变化规律

（1）二分日时，全球太阳从正东方升起，正西方落下。

（2）夏半年时，全球（除极昼、极夜地区）太阳从东北方升起，西北方落下；极昼地区（除极点）太阳从正北方升起，正北方落下。

（3）冬半年时，全球（除极昼、极夜地区）太阳从东南方升起，西南方落下；极昼地区（除极点）太阳从正南方升起，正南方落下，如图4.5-4所示。

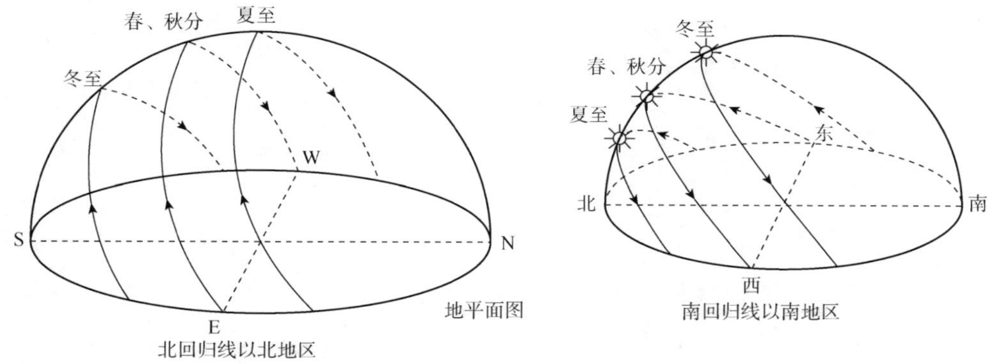

图4.5-4 日出、日落方位的变化

2）正午太阳方位的变化规律

不同纬度太阳照射有如下规律：

（1）北半球中高纬地区，一年四季正午太阳始终在正南方。

（2）温带和寒带地区，一年中只朝向一个方向，北温带和北寒带太阳一直朝南，而南温带和南寒带太阳一直朝北。

（3）北回归线以北地区，正午时太阳始终位于正南方；南回归线以南地区，正年时太阳始终位于正北方。

（4）北回归线上，夏至日正午太阳位于天顶，其他日期正午太阳位于正南方；南回归线上，冬至日正午时太阳位于天顶，其他日期正午太阳位于正北方。

（5）太阳互射的区域，互射那天正午太阳位于天顶，其他日期正午太阳位于正南方或正北方。

（6）春分昼夜等长；夏至昼长夜短；冬至相反。

(7)正东升正西落,则直射点在赤道上,为春秋分日;东北升西北落,则直射点在北半球,为夏半年;东南升西南落,则直射点在南半球,为冬半年。

图 4.5-5 为不同纬度地区正午太阳方位的变化示意图,其中 a 代表夏至日太阳光线,b 代表秋分日太阳光线,c 代表冬至日太阳光线。

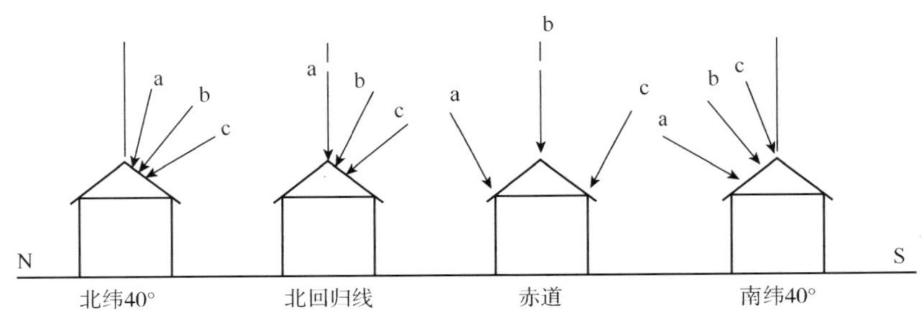

图 4.5-5 不同纬度地区正午太阳方位的变化示意图

4.5.5 世界气候类型及分布规律

1)世界气候类型

(1)热带气候类型。

①热带雨林气候:降水量大约在 2000mm 以上,全年高温,降水较多。

②热带草原气候:降水量在 750~1000mm 之间,降水主要集中在 6、7、8 月,降水较少。

③热带沙漠气候:全年降水在 125mm 以下,全年降水少。

④热带季风气候:年降水量在 1500~2000mm 之间,降水主要集中在 6、7、8 月,降水较多。

(2)亚热带气候类型。

①亚热带季风气候:年降水量在 750~1650mm 之间,降水集中在 6、7、8 月。

②地中海气候:年降水量在 300~1000mm 之间,降水主要集中在 12、1、2 月。

(3)温带气候类型。

①温带季风气候:年降水量在 500mm 以上,降水主要集中在 6、7、8 月。

②温带大陆性气候:年降水量在 400mm 以下,降水主要集中在 7、8 两月。

③温带海洋性气候:年降水量在 700~1000mm 之间,全年降水分布比较均匀。

(4)亚寒带气候类型:年降水量小于 100mm。

(5)寒带气候类型:年降水量小于 100mm。

①苔原气候:降水略多,最热月气温大于 0℃,小于 10℃。

②冰原气候,降水主要以降雪为主,降水很少,最热月气温在 0℃以下。

2)以纬线定带

从低纬度到高纬度气温逐渐降低,气候类型也随着纬度的变化而变化。

(1)热带气候类型:分布在南北回归线之间(23.5°N~23.5°S)。

(2)亚热带气候类型:大概分布在北回归线到 35°N、南回归线到 35°S 之间。

(3)温带气候类型:分布在 35°N 至北极圈(66.5°N)、35°S 至南极圈(66.5°S)之间。

(4)寒带气候类型:位于 70°N~90°N、70°S~90°S 之间。

3)以风带定型

(1)30°纬度高空盛行下沉气流,近地面形成副热带高气压带,所以形成降水少的沙漠气候。由于副热带高压带是随着季节的变化而南北移动的,所以在南北纬30°~40°附近形成了夏干冬雨的地中海气候。

(2)赤道附近盛行上升气流,全年降水较多,形成了热带雨林气候。

(3)中纬度地区近地面盛行西风,所以在中纬度地区的大陆西岸形成了温带海洋性气候,内陆地区不受海洋湿润气候的影响,降水较少。

(4)南北纬60°附近的近地面副热带高气压与极地高气压相遇时,暖而轻的气流爬升到冷而重的气流之上,在近地面形成副极地低压带,形成亚寒带气候类型。

(5)极地地区地面附近受下沉气流的影响,形成寒带的气候类型。

4)气候类型分布、成因及特征

气候类型分布、成因及特征见表4.5-1;气温与气候类型的关系见表4.5-2。

气候类型分布、成因及特征 表4.5-1

	气候类型	分布规律	成因	气候特征
热带	热带雨林	南北纬10°之间	赤道低气压控制,盛行上升气流	全年多雨,全年皆夏
	热带草原	南北纬10°~20°之间	赤道低压、信风带交替控制	
	热带季风	北纬10°~25°之间,大陆东岸	海陆间热力性质差异和气压带风带的季节移动,冬夏季风交替控制	雨季集中,旱雨季分明,风向随季节变化非常明显,夏季多雨,冬季少雨
	热带沙漠	南北纬20°~30°大陆内部和西部	副热带高压和信风控制	全年干旱少雨
亚热带	亚热带季风或亚热带季风性湿润气候	南北纬25°~35°大陆东岸	海陆间热力性质差异,冬夏季风交替控制	夏季高温多雨,冬季温和干燥
	地中海	南北纬30°~40°大陆西岸	副热带高压和西风带交替控制	夏季受副热带高压控制炎热干燥,冬季受西风带控制温和多雨
温带	温带季风	北纬35°~50°大陆东岸	海陆间热力性质差异,冬夏季风交替控制	夏季高温多雨,冬季寒冷干燥
	温带海洋	南北纬40°~60°大陆西岸	全年西风带控制	温和多雨
	温带大陆性	南北纬40°~60°大陆中部	深居内陆大陆气团控制	冬寒夏热,干旱少雨
亚寒带	针叶林	北纬50°~70°	极地大陆(海洋)气团控制	冬寒长,夏短暖
寒带	苔原	南北半球极地附近临海	极地大陆气团控制	全年严寒
	冰原	南北半球极地附近内陆	极地气团控制	全年酷寒

气温与气候类型的关系 表 4.5-2

项目	气温带					
	热带型	亚热带型	温带型	亚寒带型	寒带型	
气温指标	最冷月气温>15℃	最冷月气温0℃~15℃	最冷月气温<0℃ 最热月气温>15℃	最热月气温>10℃, 最冷月<0℃	最热月气温0℃~10℃	最热月气温<0℃
气温变化	终年高温	冬暖夏热	冬冷夏热	冬寒夏凉	终年严寒	终年酷寒
气候类型	热带雨林 热带草原 热带季风 热带沙漠	季风和季风性湿润气候,地中海气候,温带海洋性气候	季风气候,大陆性气候	大陆性气候 (针叶林气候)	苔原气候	冰原气候

4.5.6 我国气候特征和分布特点

1)我国地形地势对气候的影响

我国地势西高东低,大致呈阶梯状分布。地势的第一级阶梯是青藏高原,平均海拔在4500m以上。其北部与东部边缘分布有昆仑山脉、祁连山脉、横断山脉,是地势一、二级阶梯的分界线。地势的第二级阶梯上分布着大型的盆地和高原,平均海拔在1000~2000m之间,其东面的大兴安岭、太行山脉、巫山、雪峰山是地势二、三级阶梯的分界线。地势的第三级阶梯上分布着广阔的平原,间有丘陵和低山,海拔多在500m以下。

第一阶梯上有青藏高原和柴达木盆地两个地形区。

第二阶梯上有塔里木盆地、准噶尔盆地、内蒙古高原、黄土高原、四川盆地和云贵高原六个地形区。

第三阶梯上有东北平原、华北平原和长江中下游平原三个地形区。

山地、高原和丘陵约占陆地面积的67%,盆地和平原约占陆地面积的33%。

我国地处欧亚大陆东部和太平洋西岸,西南地区又有被称为“世界屋脊”的青藏高原,独特的地理位置和地形特点使得我国的气候类型复杂多样,呈现季风气候和大陆性气候并存的特点,尤以季风气候最为显著。季风气候造成我国四季分明,降水集中,气候随区域、季节和年际差异大。冬季我国气温主要随纬度升高而逐渐降低,夏季气温主要随海拔高度升高而逐渐降低;气温日变化和年变化均比较大。在我国的大部分地区,雨热同季,但气候资源的时空分布不均匀。太阳能资源夏季比冬季丰富,西部多于东部,干燥地区多于湿润地区,高原地区多于平原地区;降水资源东南多、西北少,夏季多、冬季偏少。我国年均降水量自东南沿海向西北内陆逐渐减少,降水量季节变化和年际变化大。

我国气候类型复杂多样,多种多样的温度带和干湿地区是其重要的标志。我国南北跨越约50个纬度,覆盖各种气候带,存在显著的区域气候差异。根据新的气候区划,我国气候可划分为12个温度带,分别是寒温带、中温带、暖温带、北亚热带、中亚热带、南亚热带、边缘热带、中热带、赤道热带、高原亚寒带、高原温带和高原亚热带山地;每个温度带又根据实际情况分为湿润区、半湿润区、半干旱区、干旱区;全国一共划分为24个干湿区,56个气候区。

我国具有完全不同的干燥大陆气候和湿润季风气候。从沿海向内陆有湿润地区、半湿润地区、半干旱地区和干旱地区。秦岭—淮河以南地区年降水量普遍在900mm以上,东南沿海超过2500mm。大兴安岭—榆林—兰州—拉萨一线以西以干旱半干旱为主,柴达木盆地、塔里木盆地和吐鲁番盆地年降水量在50mm以下。水热配合类型多也增加了气候的复杂多样性,加上我国地形复杂,山脉纵横,气候垂直变化显著,更增加了我国气候的复杂性。

我国是一个具有典型季风气候的国家,拥有冷干的冬季和暖湿的夏季。根据不同纬度带和地理位置,我国季风气候可以划分为3种类型,即热带季风气候、亚热带季风气候和温带季风气候。影响我国的三支夏季风气流,一是印度洋西南季风,二是流过东南亚和南海的跨赤道气流,三是来自西北太平洋的东南季风。冬季风以源于西伯利亚,盛行北半球的北风最显著,在东亚及南亚产生很强的北风和东北风。

冬季,黑龙江最北部的漠河平均气温在-20℃以下,海南三亚的气温在20℃以上,平均气温的0℃等温线在秦岭—淮河一线。我国大部分地区降水季节分配极不均匀,主要集中在夏季,全国平均4—9月降水量约占全年的80%。我国东部地区主要雨带随着季节进程南北移动,夏季风的进退决定着主要雨带的位置,平均而言,4、5月,主要雨带在华南地区;5月下旬,南海季风爆发,华南前汛期降水进入盛期;6月中旬,雨带北跳到长江中下游地区;7月中下旬再次北跳,华北和东北进入雨季;此后,随着北方冷空气势力逐步加强,夏季风南撤,我国开始受冬季风控制。

我国气候具有较强的大陆性特点,突出表现为气温年较差大、降水集中在夏季、降水的强度和变化幅度大。夏季,除青藏高原等地势高的地区外,全国普遍高温,南北气温差别不大;冬季,我国南方温暖、北方寒冷,南北气温差别大;因此,我国具有典型的大陆性季风气候。夏季是主要雨季,降水量丰富且通常强度大。降水空间分布差异巨大,由东南沿海向西北内陆递减,距海越远,降水越少。1月是我国最冷的月份,也是南北气温差异最大的时段,南北温差超过50.0℃。除沿海和岛屿外,7月是全国大部分地区最热的月份,东部地区平均气温基本都在20.0℃以上,最南端的珊瑚岛7月平均气温为29.0℃,而最北端的漠河也达到18.0℃左右,南北温差小。西部地区气温空间差异大,新疆吐鲁番盆地平均气温超过25.0℃,而青藏高原的五道梁仅5.4℃。我国气温年较差北方大于南方,内陆大于沿海,平原大于山地、高原。在沿海地区及岛屿,因受海洋的调节,冬暖夏凉,则气温年较差比同纬度的内陆地区要小一些。西北内陆为极端干燥气候,青藏高原则为高寒气候。全国平均气温7月与1月的差值为26.9℃;全国平均降水量7月可达1月的11.4倍。

我国山脉按照走向可分成东—西、东北—西南和南—北三类,也对气候起着不同的作用。通常,东—西走向的山脉是主要气候区划的重要边界。例如,新疆中部的天山山脉构成中温带和暖温带的分界线;祁连山被看作中温带和副热带的分界线。大兴安岭山脉、太行山脉、长白山、辽东半岛和山东半岛的山丘,以及我国东南沿海地区的山地呈东北—西南走向,成为东南季风气流到内陆地区渗透的障碍,因此暴风雨容易发生在这些山脉的迎风坡。在我国西南地区,著名的横断山脉呈从北向南的方向排列,平均海拔为4000~5000m。在两个山脉之间则为激流峡谷,往往在不大的水平范围内由于高度不同,气候相差很大,是我国气候最复杂的地区之一。青藏高原的面积占我国整个陆地面积的四分之一,它显著地影响我国气候,甚至世界气候。冬季,青藏高原的气温比周边地区低,空气从高原流到其周围地区,加强向下的气流，并且逐步建立冬季风环流；夏季，与周边较冷的自由大气相比，青藏高原是相对热源，高原上大气的上升运动变得比邻近地区强，因此它加强了夏季风环流。

2）我国的主要气候特征

我国大部处于季风气候区，冬、夏气温分布差异较大，冬季气温普遍偏低，南热北冷，南北温差大，超过50.0℃；夏季大部分地区（除青藏高原外）都比较炎热，南北之间的温度差远较冬季小。气温的年变化幅度（年较差）随着纬度的增加由南往北逐渐增大，南端的三沙、台湾及云南南部年较差最小。

我国除台风外，风速总的分布特点是北方风大，南方风小；沿海风大，内陆风小；平原风大，山地风小；高原风大，盆地风小。我国大风天气分布广，北方地区冬半年，尤其春季，经常出现寒潮大风，南方夏半年多台风和雷雨大风，西北、华北北部、东北中南部是我国风速较大的地区，四川盆地、鄂西、贵北等地是我国小风气候区。云南东部和贵州西部维持东南风，而云南西部维持西南风。

一般来讲，海拔高的地方气温低，云雾多，相对湿度山顶较山麓湿。但不同季节也有差异，春夏季山顶比山麓湿，秋冬季则相反。

根据1981—2010年30年平均干湿气候等级分布可见，我国北部和西部大部分地区为干旱区（包括半干旱区、干旱区和极干旱区），东部和南部大部分地区为湿润区（包括亚湿润区、湿润区和极湿润区）。气候干湿分界线从东北向西南贯穿齐齐哈尔—大庆—双辽—阜新—朝阳—赤峰—张北—北京西部—大同—吕梁—榆林—固原—定西—青海尖扎县—都兰县—格尔木市—那曲班戈县—拉萨市，沿线以北地区为气候干旱区，占我国国土面积的47.2%。该区域降水量少，降水变化率大且年内季节分配不均，空气干燥，地表蒸发量大。极干旱区主要分布于新疆东部和南部、内蒙古西北部、甘肃河西走廊西部和青海柴达木盆地西部，多为沙漠戈壁地貌，面积约为87.8万km^2（占9.1%）；干旱区主要分布于新疆准噶尔盆地以及南疆西部和北部、西藏西北部、青海西部、甘肃西部、内蒙古中西部、宁夏北部，面积约为193.2万km^2（占20.1%）；半干旱区则主要分布于内蒙古中东部、黑龙江西部、吉林西部、辽宁西北部、河北北部和东南部、山东西北部、山西西部和北部、陕西北部、宁夏中部、甘肃中部、青海中部、西藏中部及新疆的天山山脉和阿尔泰山脉一带，面积约为172.2万km^2（占17.9%）。因气候干旱的中心区在西北，故习惯称西北干旱区。年降水量大于450mm的地区主要在我国东部地区，称为东部湿润区。由于我国东部属于大陆性季风气候区，冬、夏干湿季节转换明显，虽然属于湿润区，但存在着明显的季节性干旱。

3）我国气象灾害概况与特征

我国气象灾害种类多，主要有台风、暴雨（雪）、寒潮、大风、龙卷、沙尘暴、低温、高温、干旱、雷电、冰雹、霜冻、大雾、霾等；次生灾害主要包括强降水引发的江河洪水、山洪、城市内涝、地质灾害、积（渍）涝以及风暴潮和海浪等海洋灾害、森林（草原）火灾、空气污染等。

我国暴雨具有季节性突出、强度大、持续时间长、群发范围广等特征。暴雨主要集中在夏季，其次为春、秋季节，冬季发生概率小。我国夏季降水和暴雨主要受东亚夏季风的影响，每年东亚夏季风自南向北推进，经历2次北跳和3次停滞，相应形成3个具有区域特征的雨季，即华南前汛期雨季、江淮梅雨季和华北东北雨季。华南地区受台风活动的影响，还形成后汛期雨季。上述各个雨季都是暴雨频发的集中时期，也是洪涝灾害的多发期。

洪水主要发生在珠江、长江、淮河、黄河、海河、辽河流域及松花江中下游平原和四川、关中盆地等地区。

干热风可分为高温低湿型、雨后热枯型、旱风型,一般出现在4—8月。

我国雨凇日数空间分布特点是南方多于北方,潮湿地区多于干旱地区,山区多于平原地区。雨凇主要出现在湖南和贵州大部、云南东北部、四川东南部、江西东北部和西部、湖北东部、安徽南部、河南东南部、陕西中部、甘肃东部、新疆西北部等地的部分地区,年雨凇日数一般在1d以上,其中贵州南部、四川东南部和湖南东南部的局部为5~15d,贵州西南部为多发区,达15~25d。四川峨眉山平均每年出现127.2d,为全国最多;其次是湖南南岳,为62.0d;第三位到第五位依次为贵州威宁(45.7d)、安徽黄山(44.6d)、江西庐山(43.3d)。北方雨凇最多的地方是甘肃通渭华家岭,多年平均为24.4d,陕西华山为16.2d,宁夏六盘山为14.9d,新疆温泉和甘肃乌鞘岭为8.9d。

从我国年降雪日数分布可以看出,其具有高山高原多、低地平原少、北方多、南方少的特点。年降雪日数除南岭以南大部和云南南部不足1d或全年无降雪外,全国其余大部地区普遍有1~30d,东北大部、青藏高原大部及内蒙古中东部、河北西北部、山西东北部、甘肃中东部、新疆天山及以北地区等地年降雪日数在30d以上,长江及黄河源区年降雪日数达50~100d。

冰雹灾害多发生在某特定的地段,特别是青藏高原以东的山前地段和农业区域、云贵高原的部分地区。

年雾日数大致为东部多、西部少。华北东南部、黄淮大部、江淮东部、江南大部、四川盆地及湖北大部、福建中北部、海南大部、贵州、云南南部等地年雾日数一般在20d以上,四川东部、重庆西部、云南南部、福建中部等地可达50~70d,云南南部局部超过100d,如云南屏边(140.9d)、沧源(138.8d)、勐腊(114.1d)等。

雾日变化特征明显,不同类型的雾,日变化略有差异。我国的雾大多属于辐射雾。通常开始于20时至次日8时,结束于8~12时,持续时间一般不超过10h。雾的日变化,以日出前最浓,日出后随气温升高而消散。平流雾、平流辐射雾和锋面雾在一天内的任何时间都可以发生,辐射因子则使得这些雾在夜间和清晨变得更浓。

霾主要发生在冬季,秋季和春季发生频率相当,夏季则较少出现霾。霾发生时的天气条件是气团稳定、较干燥,冬季满足这种天气条件的日数多。我国大部分地区,夏季为多雨期,局地对流强烈,雨水较其他季节充沛,雨水对空气中的灰尘等污染物起冲刷作用,不利于霾天气的形成。

4.5.7 气候与自然及人文环境的关系

1)气候与地形

地形是形成局地气候的重要因素之一,而气候也能够重塑地形。风、降雨形成的流水、降雪形成的积雪和冰川等都说明气候在地理环境的形成和演变中起着非常重要的作用,长期稳定的气候对应一定的地形地貌,形成诸如雅丹地貌、沙丘沙垄、冲积平原、侵蚀峡谷等。在山地丘陵多以流水侵蚀为主,平原盆地则以沉积为主;干旱气候以风力侵蚀、沉积地形为主;高寒气候区则以冻融、冰川地形为主。

2）气候与水文

不同气候条件下的降水量、降水形态均不同，表现出的水文特征也不同。我国北方属于半湿润、半干旱或干旱气候，降水少，地形以高原山地为主，形成的河流湖泊少，河水流量普遍偏小；又因一年中降水时段集中且汛期较短，因此水位季节变化大，河流含沙量大。南方地区多属于湿润半湿润气候，降水多，地形以平原丘陵为主，河网密布、湖泊众多，水量大；且南方雨季长，四季降水分配相对均衡，因此水位季节变化较小，加上植物较茂盛，河流的泥沙含量也少。我国西北地区降水稀少，主要水源是高山冰雪融水和山地降水，河流水量偏小且与季节密切相关。夏季气温高，冰雪融水量多，山地降水也较多，水量丰富；冬季降水少，冰雪冻结，河流断流。

3）气候与植被

地球上不同植被类型的分布基本上取决于气候条件，主要包括热量和水分等。终年湿润多雨的热带气候区年平均温度为25~30℃，年降水量为3000~4000mm或更多，空气中相对湿度达90%以上，分布着热带雨林；亚热带季风气候区年降水量达1000mm以上，全年较湿润，年平均温度为16~18℃，夏季炎热潮湿，最热月的平均温度达24~27℃，冬季稍干寒，最冷月的平均温度为3~8℃，是常绿阔叶林的主要分布区；大陆性气候区，气候干燥，降水少、变率大且集中在夏季，夏季温暖、冬季寒冷而漫长，气温年较差大，形成草原植被。

4）气候与农业

200mm年降水量等值线是我国干旱区与半干旱区的分界线，200~400mm降水量区域，耕地以旱地为主，自然植被是温带草原，是我国最重要的牧区；年降水量小于200mm的干旱区，自然景观是半荒漠和荒漠，只在有水源的地区有绿洲农业，局部地区有牧业。400mm年降水量等值线是我国半干旱区和半湿润区的分界线，大体从大兴安岭向西南，经张家口、兰州、拉萨一线，此线与“胡焕庸线”大致重合，是我国农耕区与牧区、森林植被与草原植被的分界线。400~800mm降水量区域是我国主要的旱地农业区，自然植被为落叶林和草原。800mm年降水量等值线是我国半湿润区与湿润区的分界线，大致为秦岭—淮河线以南为湿润区，是我国以水田为主的农业区，自然植被为非落叶的各类森林。

4.5.8 地形对气候的影响

地形对气候的影响是多方面的、错综复杂的。首先，地形本身多种多样，有高原、山地、平原等，同一地形又可分为突出地形和凹下地形以及凹凸部分，并且还有坡向和坡度的不同。其次，地形还存在大小尺度的差异，不仅海拔高度不同，而且地形的大小、长短的变化也很大。地形的复杂性，使气候往往在极短的距离内呈现出显著的差异。

宏大高峻的山地高原以其特有的垂直分异、热力差异及对大气环流的阻挡摩擦作用，对世界大范围气候产生深远的影响。高大山脉不仅本身具有特别的气候特征，而且还影响邻近地区的气候，在山脉两侧的气候可以出现极大的差异，往往成为气候区域的分界线。

1）地形对宏观气候的影响

（1）形成独特的高山高原气候区。如青藏高原、天山山脉由于海拔高，形成了独特的高山高原气候区。

(2)导致非地带性气候区形成。如位于赤道地区的东非高原本应该形成热带雨林气候,但由于海拔较高,气温较低,气流对流运动减弱,从而形成了热带草原气候;马达加斯加岛东侧本应该是热带草原气候,但是由于来自海洋的东南信风受地形抬升多地形雨,加上沿海暖流增湿作用,最终形成了热带雨林气候。

(3)形成雨影效应。如南美洲巴塔哥尼亚高原干旱环境的形成,西风气流受到了西部高大的安第斯山脉的阻挡。

(4)影响大气环流。如北美南北向的落基山脉阻挡了西风深入,而东西向的阿尔比斯山脉利于西风深入;北美中央大平原贯穿南北利于冷空气南下和暖空气北上,而我国东西向的阴山、秦岭、南岭等对冬季风的阻挡明显。

(5)在干旱地区山地易形成"雨极"。如我国祁连山、天山降水多于周围地区,是西北地区的"雨极"。

(6)影响气候类型的分布及走向。如美洲西部的气候多呈现长带状分布,主要是受科迪勒拉山系的影响。

2)青藏高原对气候的影响

冬季,太阳直射点南移,北半球普遍降温。青藏高原海拔高,空气稀薄,冰川和积雪面积大,地面保温效应非常弱,地表迅速降温,成为亚洲除西伯利亚外的又一个冷源地,形成青藏冷高压。两者相互叠加增强了亚洲冬季风的势力。夏季,太阳直射点北移,北半球普遍升温。青藏高原海拔高,空气稀薄,大气对太阳辐射的削弱作用弱,太阳辐射强,地表迅速升温成为亚洲除印度外的又一个热源地,两者相互叠加强化了印度低压和亚洲夏季风,使得亚洲成为世界最典型的季风气候区。

青藏高原的隆起,迫使西风带北撤,并在北部形成强大的蒙古—西伯利亚高压。冬季,蒙古—西伯利亚高压每隔一定时间表现为寒潮的侵袭。寒潮南下过程中,遇到青藏高原的阻挡,便折向东,直驱华北以至华南,使我国东部气温低于世界其他同纬度地区。由于青藏高原的大幅抬升,喜马拉雅山脉便成了阻止印度洋气流北上的主要障碍,使喜马拉雅山脉以北地区,尤其是藏北高原的气候变得干燥少雨。这种变化影响到整个西北地区。

没有青藏高原的隆升,就没有东亚季风,且只有青藏高原隆升到足够的高度,东亚季风才能得以维持,而且还使得南亚季风进一步加强,并导致高原季风的形成与发展。西南地区受到东亚季风、南亚季风及高原季风三大季风的共同影响,东亚夏季风使得西南地区呈现温暖湿润的特征;南亚夏季风携带了大量的水汽进入西南地区,使得该区湿润气候得以形成;高原季风进一步加强了西南地区冬夏季干冷与湿润的变化。

青藏高原本身的气候特点如下:

(1)夏季气温低。海拔高,空气薄,保温差,气温低。

(2)气温日较差大。昼间气温高,夜间气温低。

(3)气温年较差小。夏季气温低;冬季气温较高。

3)地形对局部小气候的影响

(1)地形影响局部气温。

①海拔高度会影响气温,一般而言,海拔越高,日照越强,气温越低,气压越低。在高山顶上还有冰雪覆盖,从而形成山地的垂直气候分布。如云南省昆明市东川区山脚处的新村,

海拔 1254.1m,年平均气温 20.3℃,≥10℃积温 6821.3℃,霜期 1 个月左右,属南亚热带气候;山腰处的汤丹,海拔 2252.4m,年均温 13.1℃,≥10℃积温 3560.7℃,霜期 3 个多月,属暖温带气候;山顶附近的落雪,海拔 3227.7m,年平均气温 7.1℃,≥10℃积温 762.6℃,霜期在半年之上,属寒温带气候类型;最高处气候更寒冷。

②山体的阴坡和阳坡会影响气温,同一海拔条件下,山体阳坡的气温一般高于阴坡。

③山体迎风坡和背风坡会影响气温,同一海拔条件下,迎风坡气温一般低于背风坡。

④山脉垭口会影响气温,当暖空气通过垭口时,垭口后方气温一般较高;当冷空气通过垭口时,垭口后方气温一般较低。

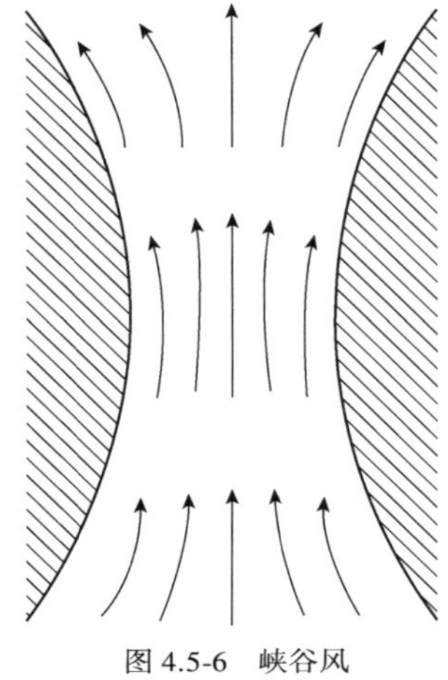
图 4.5-6 峡谷风

当空气由开阔地区进入到山地峡谷口时,气流的横截面积减小,空气在峡口处堆积,气流加速前进通过峡谷,从而形成强风,这种风被称为峡谷风,如图 4.5-6 所示。

⑤河谷地形会影响气温。一般而言,河谷地形水汽较多且不利于散热,气温高于同纬度其他地区气温。

⑥地形对气候日较差和年较差的影响如下:

a. 山地比附近平原气温日较差小;山顶比山谷气温日较差大;高原比平原气温日较差大。

b. 同一纬度的高原高山地区,气温年较差较小(夏季由于海拔高,气温低;冬季由于海拔高,寒冷气流影响不到,所以气温不是很低)。

(2)地形影响局部降水(地形雨)。

就同一山体而言,从山麓到山顶,降水量一般先增加后递减。降水量最大的地方在山腰处,且空气越干燥地区,地形雨出现的位置海拔越高;山体的迎风坡降水远多于背风坡。地形雨的形成对山体高度有一定的要求,一般要求相对高度高于 500m、就同一地区不同山体而言,海拔高的山体降水量较大,如图 4.5-7 所示。其原因一是山地上气温低,水汽容易达到饱和,凝结为雨;二是空气与较高地方的寒冷地面接触,容易冷却致雨;三是暖湿气流遇到山地,被迫沿山坡上升,由于绝热冷却,水汽容易凝结致雨。

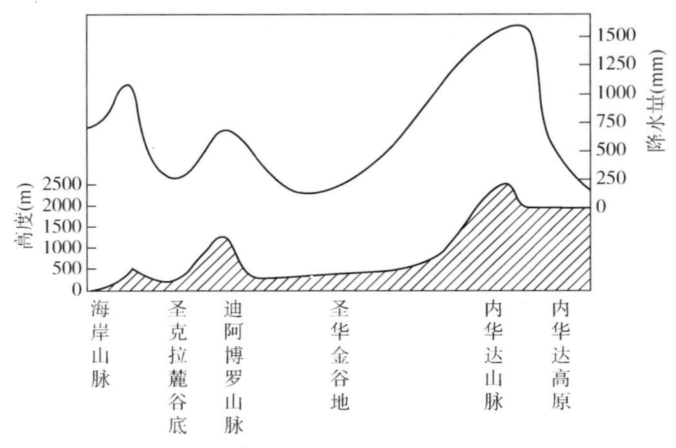

图 4.5-7 北加利福尼亚的年平均降雨量与地形之间的关系

(3)地形影响风速及气温。

山脉与风向大致垂直,可降低风速;山脉与风向平行,对风速影响作用较弱;山脉隘口可增加风速。

焚风一般发生在背风坡地区,使气温比山前异常变高。

(4)地形对光照的影响。

海拔高的地方,空气稀薄,大气削弱太阳辐射较少,光照强。

4)盆地与气候

(1)外流盆地。外流盆地地形四周高中心低,但它一般有一个开口,即有一侧地势相对低些。这样当此区域降水量足够大时就有水外流,经长期侵蚀下切形成;也有可能是地壳运动由原来的湖泊发育而成,如四川盆地。

(2)内流盆地。内流盆地是指一个其中没有任何水体与外界水体相连的区域。在内流盆地中,降水完全通过蒸发或渗漏离开地表,不与外界水系相连。内流盆地中一般均具有内流湖,但该湖泊往往易于干涸,并且盐度很高,如准噶尔盆地、塔里木盆地。

两种类型的盆地的气候情况如下。

(1)盆地与光照。外流盆地,由于受来自海洋的暖湿气流的影响,降水丰富,多云雾天气,太阳辐射弱。内流盆地,由于深居大陆内部,四周远离海洋,暖湿气流难以到达,降水少,多晴朗天气,太阳辐射丰富。

(2)盆地与气温。外流盆地,冬季风受周围高山阻挡,不易侵入,气温相对较高;夏季热量不易扩散,气温较高,热量充足。内流盆地,寒冷冬季风下沉堆积,不易扩散,导致气温更低;夏季,热空气堆积,不易扩散,使得气温更高。

(3)盆地与降水。外流盆地由于受来自海洋的暖湿气流在盆地内堆积,受地形抬升,降水丰富,加之地形闭塞,空气不易流动,多云雾天气。内流盆地由于深居大陆内部,四周远离海洋,暖湿气流难以到达,故降水少。

(4)盆地与风。外流盆地四周都是高山,对风力具有明显的阻挡削弱作用,风速较小。内流盆地由于盆地内部面积广阔,盆地内部风力较大,风速较大。

5)山地(丘陵)与气候

(1)山地(丘陵)与降水。当风与山脉垂直时,暖湿气流的迎风坡地形雨丰富,背风坡降水少,如横断山区的西南季风背风坡一侧山麓地带是干旱的河谷地带。当风与山脉平行时,会使暖湿气流长驱直入,从而造成大范围降水。

山地降水量随海拔增高而增多,但有一个最大降水量高度,超过此高度,山地降水量便不再随高度递增。最大降水高度因气候干湿而异。湿润气候区,最大降水高度低,降水量也大;干燥气候区,最大降水高度大,降水量少。例如,喜马拉雅山最大降水高度为1000~1500m,阿尔卑斯山为2000m,中亚地区为3000m。在同一气候条件下,不同山脉,或同一山脉不同坡向,不同季节最大降水高度也不同。

山地多夜雨。山地多夜雨主要是指凹洼的河谷或盆地,以夜雨为主。因为夜间,地面辐射冷却,密度大的冷空气沿山坡下沉谷底,汇聚后被迫抬升,如果盆地中原来空气比较潮湿,则抬升到一定高度后即能成云并致雨。另外,河谷或盆地中,形成云之后,由于云顶的辐射冷却,下沉的冷气又增强了河谷内的上升气流,因而地形性的夜雨较多,如我国四川盆地著名的巴山夜雨。拉萨、日喀则、西昌等地夜雨也较多。但突出的地形仍以日雨为主,且多对流雨。

(2)山地(丘陵)与风。风与山脉垂直,有利于削弱风速,改变风向;风与山脉平行,有利于加大风速,会使风加速前进,寒冷空气会造成大范围降温。

6)平原与气候

(1)平原与气温。平原相对周围地势较低,水网密布,热量不易散失,夏季气温较高,形成高温闷热的“桑拿”天气。冷空气容易长驱直入,带走热量,冬季气温较低。

(2)平原与降水。平原由于缺乏地形的有效阻挡,降水比周围山地降水少。

(3)平原与雾。平原地势低平,水网密布,气温低时容易形成雾。

7)高原内部降水量随海拔增高而递减

因为海拔增加,大气中水分含量相对减少。所以在辽阔的高原内部,降水量一般较少,例如青藏高原内部,年降水量仅70~80mm。

4.5.9 气候与交通运输

1)古代交通与气候

在古代,交通几乎完全取决于气候和地理条件,因此形成了一个地区交通工具旳特殊性,如雪原用雪橇、河流多的地方有船、旱路地方用车、沙漠地区有骆驼、草原地区以马代步等。在我国,历史上形成的“南船北马”的交通方式,就是气候影响最直接的结果。我国南方降雨多,加之地形的作用,形成多江河湖泊的地理环境,水上交通便利又发达,因此有“南人善舟”的说法。北方降雨少,气候干燥,河流少,以陆路交通为主;在广袤的草原多以车马代步,故“北人善骑”。

2)暴雨洪涝对交通的影响

洪水灾害主要指由于强降雨原因引起的江河湖泊水量增加、水位上涨导致泛滥以及山洪、泥石流、滑坡所造成的灾害。暴雨洪涝会引起的江河洪水泛滥,冲毁或淹没道路、桥梁、城镇等交通工程及其设施、车辆等,造成路基软化、路面沉降和变形破坏等,造成交通设施及其财产损失和人员伤亡。

我国暴雨具有季节性突出、强度大、持续时间长、群发范围广等特征。暴雨主要集中在夏季,其次为春、秋季节,冬季发生概率小。雨季是暴雨频发的集中时期,也是洪涝灾害的多发期。

3)低温冷冻害及雪灾对交通的影响

冷空气活动过程中,尤其是寒潮,往往会引发低温冷害、霜冻、冻害、冰冻及雪灾等,导致路滑、线路阻断等,给交通运输、电力等行业以及人们生命财产造成严重的危害和影响。

4)冰冻对交通的影响

冰冻灾害主要包括雨凇、雾凇等,雨凇、雾凇是形成电线积冰的主要原因,对电网安全隐形威胁大。冰冻会导致路面摩擦因数降低,造成制动失灵、车辆侧翻,以及路面收缩变形甚至开裂损坏。

5)雪灾对交通的影响

雪灾可分为强降雪型和落雪成冰型,一方面是对交通造成影响,另一方面是对人们生活造成影响。东北大部、内蒙古中东部、新疆北部、华北中北部、藏北高原至青南高原一带、西藏南部、川西高原北部、湖北西南部等地的部分地区为公路交通雪害高发区。

6)雷电对交通的影响

雷电是自然大气中的一种超强、超长的瞬时放电现象,通常可以分为云闪和云地闪。雷电灾害是因雷雨云中的电能释放直接击中或间接影响到人体或物体,使得人类生命财产遭受严重损害的一种气象灾害。雷电不仅严重危及飞机飞行安全,还干扰无线电通信,击毁建筑物、输电和通信设备等,引发火灾,而且可直接击死、击伤人畜。如,1989 年 8 月 12 日 9 时 55 分,我国石油总公司管道局胜利输油公司黄岛油库 2.3 万 m^3 原油储量的 5 号混凝土油罐遭雷击起火,并引发相邻油罐爆炸,造成 19 人身亡,100 多人受伤,直接经济损失 3540 万元。

7)冰雹和大风对交通的影响

冰雹是从积雨云中降落到地面的固体降水,直径一般在 5mm 以上,具有局地性和突发性强、持续时间短、发生时间集中、频次高等特点,冰雹常常对交通运输以及人民生命财产造成损害。大风是指瞬时风速达到或超过 17m/s 的风,一年四季均可发生,大风常常对电力、交通、建筑和大气环境等造成危害。龙卷风是从积雨云底伸展至地面的漏斗状云产生的强烈旋风,其中心风速可达 100~200m/s,直径一般在几米到数百米之间,龙卷形成后,一般维持几分钟到几十分钟,其袭击范围很小,但破坏力大,会导致交通中断。

冰雹发生时,常常伴随雷雨、大风、龙卷等,冰雹会砸坏房屋、玻璃和汽车等设施;狂风能吹倒房屋、吹折树木,刮断电杆、电线,造成交通阻塞、人员触电或停电事故;大风还会对交通运输造成严重影响或事故,冰雹、大风袭击航行的船只会造成船只损坏、沉没甚至人员伤亡。

8)雾和霾对交通的影响

雾和霾均会使能见度降低,对民航、公路交通、海洋航运来说都是危险天气。陆上交通(尤其是高速公路)往往因浓雾而完全陷入停顿,甚至引发交通事故,造成人员伤亡。随着社会经济的发展,特别是近年来交通运输业的快速发展,高速公路和机场增多,汽车量猛增,飞机航班起落架次也明显增多,雾和霾对交通的影响越来越明显。

沙尘暴对公路、铁路和航空的交通运输危害极其严重。沙尘暴发生时,能见度非常差,影响人们的视线,列车、汽车被迫停运,机场关闭;风蚀路基破坏路基的稳定性;流沙掩埋路面,导致交通中断或者增加行车危险性。

9)地理-气候条件对海洋交通的影响

对海上航线来说,必须考虑地球上盛行风带的分布和季风的方向。热带气旋(台风)会产生狂风暴雨,对船舶航行和港口水面干扰严重。一般海水在-2℃时结冰,严重影响船舶航行和港口作业。

10)气候为交通运输服务

(1)交通路网规划选址。

a.铁路(公路)线路规划。根据铁路(公路)工程气候分区标准,不同气候区的铁路(公路)建设需要采用不同的设计原则和建设方案。如青藏铁路(公路)位于青藏高原腹地,由于全球变暖和道路工程对冻土退化的双重影响,冻土环境问题成为影响青藏道路建设工程质量和未来安全运营的重大难题。气候专家评估了不同排放情景下青藏铁路沿线未来温度和降水的变化,为青藏铁路的建设和安全运营提供了科学依据。在青藏铁路的修建过程中,铁道部门的专家们充分考虑了气候变暖的影响,根据气候学家的预测,并参考其他高纬度国家的类似经验与教训,加强了冻土保护措施,即使气候变暖更快、更显著,也会有应对措施,可保证铁路长期安全运营。

b.机场建设选址。首先,在选址初期,需要科学地进行气候论证和气象评估,对不利飞机起降的气象因素要充分重视;其次,机场建设立项之后,要开展一年以上的气象观测,采集风速、风向、风频、云高、大雾、雷暴等气象资料,进一步开展气象评估;再次,在机场建设过程中,需要依据临时气象观测站的资料统计分析,优化跑道方向。如果机场位置发生变更,哪怕是变更1km,也需要重新进行气象观测,对采集到的气象资料重新进行气象评估。2013年1月,因为大雾,万名乘客滞留昆明长水机场;2013年11月,又因为大雾,万名乘客再次滞留长水机场。河南郑州的新郑机场,每年少则十多天,多则一个多月,飞机因大雾无法正常飞行。

c.港口选址和运营。风、浪、海冰、风暴潮等对船只、港口设施和海岸水力系统的设计和运行起着决定性作用。我国沿海自然条件错综复杂,分析评定自然条件对港口运营的影响状况,确定不同类型港口对自然条件的敏感性,对明确港口选址、建设所重点考虑的自然环境因素,以及评价现有港口竞争力及运营状况具有参考价值,对港口进一步发展具有指导作用。

(2)交通调度。

根据气候监测预测信息提供远洋导航服务是气候服务在交通调度方面的完美体现。海洋气候导航的基本原理是根据短、中、长期天气和海况预报,结合船舶特性和船舶运载情况,选择一条尽量能避开大风浪,特别是可能造成船舶危害的顶头浪和横浪等不利因素,又能充分利用有利的风、浪、流等因素的航线,达到既安全又经济的目的。海洋气象导航的主要服务产品有推荐航线、跟踪导航和航线评估分析等。

根据气候预测预警信息,及时调整交通运量、改变交通运输方式、变更交通运输时间能够有效地规避灾害风险、降低经济成本。冬季,交通部门根据暴雪和低温冰冻灾害的预测预警信息,及时做好线路检修保障、路面除冰消雪措施和铁路降速慢行等来有效地降低暴雪和低温冰冻灾害的影响;夏季,暴雨洪涝、雷暴大风和台风等灾害性天气频发,远洋货轮、旅游游轮等提前下锚停靠或进港避险,公路出行时可避免容易出现内涝积水的路段,交通部门也可提前做好雷暴闪电的应急准备。除此之外,充分的灾害性天气气候特征分析,能够为交通调度提供有力的依据。如山西省气象部门根据本省高速公路沿线17个气象站气候资料,分析了大雾的地域分布及其天气气候特征,并在此基础上将各路段的大雾天气划分为不同的预报服务期和不同的预报服务路段,为大雾高发期及时的交通调度提供了气候依据。

4.5.10 公路的气温效应及病害与防治

1)沥青混凝土路面的高温效应及其病害

沥青混合料的特点是强度和抗变能力随温度的升降而发生变化。高温时,黑褐色的沥青混合料具有较强的吸热能力,从而使整个路面构成了一个巨大的高温场。由于热量的大量聚集、蓄积,使得路面温度不断上升,并且热量难以从沥青路面中散发,沥青路面长时间处于高温状态,而沥青材料的温度敏感性大,具有高温软化的特性,再加上车轮碾压的反复作

用,沥青材料黏滞度降低,在荷载作用下,可能使路面表面泛油,也可能沥青材料与矿料一起被挤动而引起面层车辙、推挤、波浪等破坏;持续高温和长时间日照,易使沥青材料严重老化,高温性能锐减,导致其抗变形能力和耐久性较差,易引起脆裂。

夏季高温时,在停车地点(平面交叉路口、停车站、停车场、收费站等)和行车变速的路段,路面车辙一般发生在轮迹带上,而此处往往是路面病害最集中的地方,会引起网裂和龟裂等现象,影响路面的结构使用性能。而对于山区公路,由于长大上坡路段、弯道等的影响,使得推移、拥包更为突出。车辙变形不仅使路面平整度降低,服务性质下降,同时还可能诱发其他病害,导致严重的后续路面损坏,影响公路结构安全和路面的使用寿命。

在绝大多数情况下,泛油均发生在行车道上,而且呈间断式的片状分布。连续式的泛油很少,超车道泛油的现象更少。高温季节的雨水侵入沥青混凝土内部,如沥青与矿料的黏结力不足,沥青会从集料表面剥落并向上移动,产生更严重的泛油现象。

在高温情况下,沥青路面产生的较大剪切变形,形成车辙、拥包。这类病害大多是由于所用的沥青黏度偏低、用量偏多,或因混合料中矿料级配不好,细料偏多而产生面层较薄,以及面层之间及其与基层的黏结力较差,也易产生推移、拥包。另外,在沥青表面处治和沥青贯入式路面中,由于沥青用量偏多或沥青黏度太低或表面嵌缝料散失过多;或是表面层和中面层没有压密实,空隙率过大;或是中面层在施工中摊铺不均匀,造成细集料堆积在一起,没有形成嵌密式结构,均会导致沥青路面产生较大的剪切变形。

一些公路设计的长大纵坡路段较多,当重载车辆在爬坡路段行驶时,必须以行车速度的降低来换取爬坡能力,行车速度的降低使车辆对路面产生的剪应力增大,在气温高的地区和季节易出现较深的车辙。

2)沥青混凝土路面的低温效应及其病害

温度降低时恰好相反,沥青的黏度增大,因而强度增大,沥青材料会因收缩作用而产生脆裂破坏,变形能力因刚性增大而降低。气温下降,特别是急剧降温时,沥青混合料受基层约束而不能收缩,将会产生很大的温度应力,若累计温度应力超过混合料的极限抗拉强度,路面便产生开裂。路面开裂大致可分为两类:一是路面从上向下开裂,是由于温度下降而造成沥青混合料的体积收缩;另一类路面从下向上开裂,是属于路基或基层收缩与冰冻共同作用而产生裂缝。路面裂缝影响路面的结构安全和使用寿命。低温裂缝的类型主要有以下几种。

(1)横向裂缝。低温收缩开裂的表现形式以路面横向裂缝为主,其他还有大块状裂缝或者纵向裂缝。裂缝大小和覆盖范围根据路面沥青的质量、面层的混合材料和基础材料的特性不同而变化。横向裂缝有的横向贯穿整个路面,有的则是路面边缘处开始的不贯穿裂缝,边缘处裂缝宽度大,向路面中间延伸逐渐变窄直至消失;还有的路面中间裂缝,由中间向边缘处的裂缝宽度逐渐变窄。

(2)变形开裂。冬季气温骤降,造成公路路基低温冻结,路面扯裂或冻胀隆起;随着天气气温转暖,路基土层颗粒之间冰晶融化,由浅土层开始融化,深土层继续冻结,冻结层变成不透水层。不透水层造成浅土层中的水分不能及时排出,水分的增多使得土壤变得松软,路基强度骤降,承载力下降,在外部行车负荷下,公路路基发生变形,并导致路面下沉开裂,严重时甚至形成翻浆。变形开裂的表现形式为路面下沉,形成路面凹坑、开裂或者网状开裂。当路基变形程度较轻时，主要表现为路面整体下降，但沉降量较小，路面基本平整，有时会有小凹坑。当路基变形程度严重时，路基沉降量大，引起沥青层面开裂或隆起，随着负载外力的反复作用和内力的时延，造成开裂严重形成网裂。

(3)剪切开裂。寒旱地区路面的剪切开裂发生在陡坡路段的概率较大。在行车外力作用下，沥青面层底部弯拉开裂和路基的剪切滑移破坏容易造成公路路面的剪切开裂。此外，沥青路面老化造成的沥青面层稳定性差、抗剪切强度弱，所以沥青面层与路基黏结力不足，在外部车辆加速或者紧急制动时容易对公路路面形成剪切开裂。剪切开裂的表现形式是沥青面层变形，路面结构层裸露出路面。剪切开裂通常呈现方向性，在下坡路段，裂缝端部指向车辆行驶方向；在上坡路段，裂缝端部指向车辆行驶相反的方向，公路路面左右两侧的剪切开裂也会呈现不同的形式。

(4)反射开裂。反射开裂会在三种情况下产生：一是在公路混凝土路面需要补强时，要在旧路面上加盖一层沥青罩面。如果下层旧混凝土位移产生的弯拉应力超出上层沥青罩面的抗拉强度时，新铺的沥青罩面就会产生裂缝，这是反射裂缝的形式之一。二是路面铺设时半刚性基层材料上需要加铺沥青面层，半刚性基层对于温度和湿度变化敏感，在其强度形成过程中，需要在其上层进行施工、碾压，所以半刚性基层容易产生低温收缩裂缝和干缩裂缝，这些裂缝扩展到沥青路面面层会形成反射裂缝。三是半刚性基层在行车荷载的作用下产生弯拉应力，当弯拉应力超出上层沥青罩面的抗拉强度时，半刚性基层底部会发生开裂。随着行车碾压反复作用，裂缝会扩展到沥青罩面层，形成反射开裂。此外，在寒旱地区，气温会发生骤变，容易导致半刚性基层的低温收缩裂缝；寒旱地区空气湿度小，容易产生干缩裂缝。沥青面层反射开裂的表现形式主要为横向裂缝，裂缝在沥青面层的某位置产生，然后向两侧延伸，大裂缝伴有支缝，裂缝间距较均匀。

(5)疲劳开裂。沥青路面内部各结构层都有空隙，在行车荷载的反复作用和温湿度的循环作用下，沥青路面结构内部的温湿度应力会发生变化。当温度应力小于沥青混合料的抗拉强度时，会对路面产生撕扯力，但是初期不会导致路面开裂，只是当温湿度应力循环产生的累积效应达到一定程度，超过疲劳强度时，会在路面结构薄弱的部位产生疲劳开裂，并由公路内部的空隙产生的微裂缝，在荷载和温湿度作用下逐渐严重。疲劳开裂的表现形式在初期表现为行车轨迹沿线的平行纵向裂缝，而宽度细微；随着公路运营时间日久和车辆载荷反复作用，在纵向裂缝上会再出现横向或者斜向上的裂缝，严重时会形成网状裂缝。

寒旱地区温度骤变，气候干旱，导致温湿应力变化大。同时，寒旱地区气候恶劣，导致沥青路面过早老化，混合料的抗疲劳性能差，也容易导致疲劳开裂。

影响低温开裂的因素很多，其中主要的因素是路面所用沥青的性质、当地的气温状况、沥青的老化程度、路基的种类和路面层次的厚度等。此外，路面面层与基层的黏着状况、基层所用材料的特性、行车的状况对开裂也有一定的影响。使用黏度低、温度敏感性低的沥青，可以减少或延缓路面的开裂。

在高寒地区，气温低、空气稀薄、大气干燥、太阳辐射异常强烈的气候特点致使沥青老化速度加速，使沥青材料针入度、短时间内快速下降；沥青混合料运输、摊铺中降温快，致使压实温度过低，从而影响混合料的工后空隙率，使沥青路面产生松散、冻胀等水害现象；养护条件艰苦、养护不及时加重了路面破坏程度。

3)水泥混凝土路面的温效应及其病害

夏季气候炎热高温,太阳辐射强烈,热胀时导致相邻两块混凝土板拱起或挤碎、胀缝中填料被车辆带走,雨水容易入渗,在行车荷载作用下产生冲刷、翻浆冒泥、断角、断块等破坏。

当气温降低时,混凝土面板会产生收缩,混凝土面板中间低、四角翘起,甚至出现错台,面板接缝缝宽变大,雨(雪)水容易入渗,导致行车平稳性变差,甚至引发安全事故。

4)路基和结构物的低温效应及其病害

低温冻胀是路基路面及其结构物产生变形破坏的主要原因。

在冻土地区,由于下伏冻土的融化固结变形,路基内会发生很大的变形和位移,路基内冻融界面附近剪应变和纵向应变均较大,边坡坡脚下应变也较大,从而使公路面层和基层中部产生了较大的应力集中,会导致路基路面的变形破坏。路基内热非对称条件导致路基内应力、应变及位移分布的非对称,会诱发路基在公路阳坡侧发生较为明显的沉降变形以及水平位移,引起相应的拉裂破坏,从而产生纵向裂缝等病害。

在地下水丰富或多风和强风的高海拔地区极易产生短时冻融岩土现象,每年冬春季经常出现路基边坡浅层大面积的表层剥落、溜方、局部溃坡、淤埋边沟及路面的现象,严重影响交通通畅及运营安全。

在高寒地区修建桥涵基础时,由于基坑开挖、砌筑基础圬工等作业,改变了原地层的水热平衡,造成基底冻土融化,人为上限下移,从而降低了地基的承载能力,导致桥梁浅基础不均匀沉降并产生竖向裂缝,引发涵洞基础、洞身、洞口开裂和变形。另外,由于桥涵的通风作用使小桥涵中部多年冻土上限上升,而涵端和洞口多年冻土上限下移,致使沿墩、台身方向的冻胀融沉不均匀程度加剧,使小桥涵的两端和洞口产生开裂下沉等病害。

高寒气候对泥石流的形成具有显著效应,主要分 3 个方面:①受气候影响,寒冻风化强烈。岩体白天暴晒膨胀,夜晚寒冻收缩,反复热胀冷缩导致其产生微裂纹,从而为雪水渗透创造了条件,加剧寒冻风化速率;岩体崩解碎落,形成较多的块碎石,为泥石流的形成提供丰富的物源条件。②高寒气候地区,年平均温度低,再加上降雨稀少,基岩裸露,导致植被生长困难,这不仅有利于雨季产流和汇流的形成,而且失去了植被的固坡作用,使散粒体更加容易启动。③夏季日照强,气温高,融雪快速,促使水源丰富,易暴发泥石流。

5)提高沥青混凝土路面高温稳定性的方法

目前用于提高沥青混合料高温稳定性的方法主要有以下 4 类:①改良级配。充分发挥粗集料的嵌挤作用,如采用 SMA 间断级配。②提高沥青黏度,使用改性沥青。③纤维增强。④遮热涂层。

6)提高沥青混凝土路面低温稳定性的方法

(1)选择高标号的改性沥青、黏附性好的集料,以提高路面的抗低温性能。

(2)采用密级配类型的矿质混合料,必要时应该掺入抗脱落剂,提升路面的抗疲劳和抗弯拉能力。

(3)在沥青面层下设置中间层,以抵抗反射裂缝。

(4)寒冷地区的施工应该保证温度,低温条件下施工应按照规范进行每一层的保温处理。

(5)对于寒区最佳沥青用量,采用上限与平均线之间的沥青用量。

(6)在高速公路和一级公路施工气温低于10℃,其他等级公路低于5℃时,不宜摊铺热拌沥青混合料。

(7)在冰冻地区的基层应具有一定的抗冻性,高级路面下的半刚性基层应具有较小的收缩(温缩和干缩)变形和较强的抗冲刷能力。

7)寒区应设置防冻层

季节性冰冻地区的中湿、潮湿路段,可能产生冻胀的路段应设置防冻层。

4.5.11 多雨潮湿地区公路病害与防治

1)多雨潮湿地区沥青路面病害

在多雨潮湿地区,路面水损害的现象表现为:①磨耗层的松散;②沥青混凝土面层的松散、坑槽;③基层顶层的冲刷和唧浆泛浆;④路基地下水丰富造成路基的顶层软化。沥青路面水损害特征如下:

(1)水损害一般在行车道破坏严重。

(2)水损害现象一般只是发生在路面上的局部区域,或者某些路段。

(3)水损害之初一般都先有小块的网裂,然后使路面材料松散形成坑槽。

(4)沥青路面许多初期的水损害是从上往下发生的,往往局限于表面层发生松散和坑槽。

啃边病害在多雨地区的公路中是比较常见的。其产生的原因主要是雨水冲刷路面边缘及路肩,在路肩与行车道之间形成冲沟,路面高,路肩低,在行车荷载下,造成路面啃边病害。

2)多雨潮湿地区水泥混凝土路面病害

在湿热环境下,水泥混凝土路面主要典型病害类型依次为断板、脱空、唧泥、错台、沉陷、接缝剥落、填缝料损坏磨光、拱起等几大类,病害以断板、唧泥、脱空为主。

在降雨和连绵的雨季,一般重交通、中等交通公路水泥混凝土路面绝大部分是由唧泥脱空诱发断板逐渐丧失使用功能的,唧泥和脱空是诱发路面板过早出现断板的重要原因。唧泥现象起始于板边缘的局部范围或者板角,随着重型车辆荷载的反复作用,范围进一步扩大,甚至贯穿整个板内。唧泥发生后,随即会产生错台,并由于板底脱空而引发断裂。

3)多雨潮湿地区路基病害

在多雨潮湿地区,原地面多为含水率过大的过湿土,甚至伴有淤泥;地下水位高,影响路基稳定。

强烈的降雨会造成边坡冲刷严重,冲刷破坏常发生在大纵坡较低部位和凹曲线的低凹部位,还有新旧路面的连接处、各构造物的连接处等。强烈的降雨会直接导致边坡坍塌、路基基础沉陷、淘空、承载能力下降等系列危害,甚至导致出现路基局部产生差异沉降或造成路面破坏的情况。

在多雨潮湿地区,路基上边坡的病害相当严重,主要表现为:①路基上边坡表层坍塌,坍塌后的边坡形成凹形状;②坡面泥石流,泥石流多发生在上边坡较长的凹形坡面上,坡口不断向外蚕食,上边坡泥石流会流到下面的路面上,破坏道路的排水系统,阻断交通。

4)多雨潮湿地区交通事故多

降雨使公路路面出现水雾、水漂现象,给行车安全带来严峻考验。另外,在地形复杂、地质变化大、松散物质多的地区,一旦降雨特别是连续降雨,会有泥石流、滑坡发生,给过往车辆和道路设施带来危害。

5)多雨潮湿地区路面设计

多雨潮湿地区主要是防止雨水表面冲刷和滞流,减少雨水入渗和入渗雨水尽快排除,以提高沥青与集料的黏结力。针对多雨潮湿地区道路病害的主要措施有:①提高沥青与集料的黏结力;②提高基层材料的耐冲刷能力;③尽快排除路表水;④设置路面内部排水系统;⑤中央分隔带排水;⑥设置抗滑表层提高行车安全性。

6)多雨潮湿地区路基设计

在多雨地区,地表和地下水丰富,为了防止地表水和地下水对公路的危害,首先要把进入路基范围内的地表水和地下水尽量阻止在路基范围之外,或者是将进入路基范围内的地表水和地下水尽快排出路基。应建立完善的排水系统,采用截水沟、排水沟、排水边沟、涵洞等截流和排除进入路基范围的雨水;采用排水孔、排水渗沟、渗井、截水渗沟等措施排出进入路基范围内的地下水。

4.5.12 积雪地区公路病害与防治

1)公路雪害的类型

公路雪害有积雪和雪崩两种主要形式。积雪包括自然降雪积雪和风吹雪。其中,自然降雪积雪是指在风力较弱或无风的情况下,降雪在公路上形成的均匀雪层。这种积雪超过一定厚度,或下雪同时结冰时,使得摩擦因数减小,汽车在上面行驶很易滑入路旁的山沟,将影响行车速度和交通安全。自然降雪积雪通常可通过除雪、融雪等养护办法解决,一般不致对公路造成严重危害,只当降雪量很大、积雪过厚时,才可能阻断交通。

降雪时或降雪后,风力达到一定强度时,吹扬雪粒,随风运动,形成风雪流。被风雪流搬运的雪在风速减弱的地方堆积起来,形成吹集雪。从风雪流到吹集雪的全过程称为风吹雪。风雪流强烈时,能见度极差,通行条件恶劣,极易发生行车事故。厚度很大的吹集雪则可阻断交通,埋没车辆。在我国,风吹雪比较严重的地区有东北地区、青藏高原及新疆等地。

雪崩是指在重力影响下,山坡积雪的崩塌。大量的雪崩不仅能掩埋公路、阻断交通,还能击毁路上的行车和建筑物。在我国,雪崩多见于新疆及西藏的山区。

风积雪是季冻区常见的一种气流混杂雪粒的湍流运动,灾害发生时,雪粒飞舞,路面能见度急剧降低,驾驶员无法正确判断路面行驶状况,极易引发交通事故;路面、路侧产生大量的积雪,轻则阻塞交通,重则交通线路直接瘫痪,造成巨大的经济损失;除雪过程再次加重了交通的拥堵,而且会对路面、路面设施造成明显损坏,影响路面使用寿命,降低安全系数。2003 年,一场超强的暴风雪突然降临到美国境地,沿途席卷了大半个美国。这场暴风雪导致许多地区交通瘫痪,大量机场停运、学校停课。1983 年,暴风雪席卷黑龙江,导致多条交通道路拥堵,而且引发电力中断,大庆油田停止生产。

风积雪灾害对公路造成的影响主要有以下几点。

(1)阻断交通。

风积雪灾害来临时,公路能见度下降,导致视距缩短,影响驾驶员驾驶时的判断;路面产生大量积雪,使得车辆无法行驶,交通阻塞。日本专家研究得到,风积雪灾害导致公路视距降到小于 50m 时,便会发生堵车;降到小于 30m 时,交通将会中断。2004 年,黑龙江鹤大公路 K115~K160 段产生严重的积雪,整个路段右侧基本上被雪埋住,深度达 1.2m,恢复交通整整花了 4d。

(2)危害交通安全。

风积雪灾害产生时,驾驶员的视野很可能在短时间内从清晰的视野变得一片模糊,极可能发生追尾等交通事故。如果积雪严重,除雪机械效率变得很低,长时间除雪作业的进行会再次增加公路交通事故的发生概率和阻塞程度。风积雪会使交通标识设施变得模糊、影响交通指挥,从而恶化对交通车辆的疏导,影响驾驶员判断。积雪冻融,雪水下渗,容易导致冻胀、翻浆等公路病害,影响公路行驶的安全性。除雪使用大量的融雪剂时,对路面、路侧设施产生极大的腐蚀性,降低了其使用寿命和安全系数。积雪覆盖的路面,摩擦因数变小,车辆极易打滑,制动距离变长,即使道路通畅的情况下也很容易发生事故;积雪覆盖不均匀,产生小雪丘,而纯白的路面使得驾驶员难以发现前方的障碍,导致车辆很容易碰上雪丘,碰上后,光滑的路面又使得驾驶员不好作出及时的调整,事故发生概率高。据统计,美国怀俄明州 10 年以来的交通事故里,风积雪灾害期数量占到 36%。

(3)增加道路运营与管理成本。

风积雪灾害导致道路拥堵,车辆行驶缓慢,道路工作效率低下,无形中造成了很大的经济损失;风积雪灾害导致交通事故发生时,交通阻塞,可能引发二次事故,因此需要安排人员、车辆进行事故抢救、处理,以及现场的疏导;风积雪灾害严重时,需要安排人员、除雪机械进行道路除雪,降低灾害影响。这些都无形中增加了道路的运营与管理成本。

(4)间接影响公路周边自然环境。

风积雪灾害发生后,交通拥堵导致大量车辆的废气产生,加剧了空气污染程度;交通事故极可能使车辆对路侧设施和周边环境造成破坏;除雪时使用的大量除雪剂也会对路面和周围自然环境造成破坏。这些都不利于公路环境和交通的可持续均衡发展。

2)风吹雪的形成条件及类型

由于风吹雪的影响因素复杂、多变,所以防雪设施要在公路竣工后,根据现场的具体情况,经过相当长的时间,逐步完善。如要提前设置这类设施,则需依靠有丰富经验的人员,并加强调查研究工作。

(1)风吹雪的形成条件与堆积类型。

①形成条件。

形成风吹雪必须具备下列三个条件:

a.有丰富的雪源(降雪、积雪);

b.有一定能量的风力(积雪的起动风速为 4~5m/s);

c.有能使风速减弱或发生涡旋的地形或地物。

②堆积类型。

堆积在公路上的风吹雪,基本上可分为五种类型。

a.背风堆积。

如图 4.5-8 所示,风雪流从山坡上吹下来,进入上边坡坡顶后,由于气流急剧扩散,产生

涡旋减速,雪粒便沉积在边坡上,并常以雪檐或雪包的形式向前推进。

b.迎风堆积。

如图 4.5-9 所示,风雪流从山坡下吹上来,进入路基台口后,由于气流急剧扩散,产生涡旋减速,雪粒便沉积在迎风一侧的路肩上,并逐渐向路基全宽延伸。

c.绕流堆积。

如图 4.5-10 所示,当公路绕山丘转弯时,风雪流沿公路运行,在内侧产生水平涡旋,风速减弱,使雪粒堆积。弯道半径越小,风速减弱越快,积雪越严重。

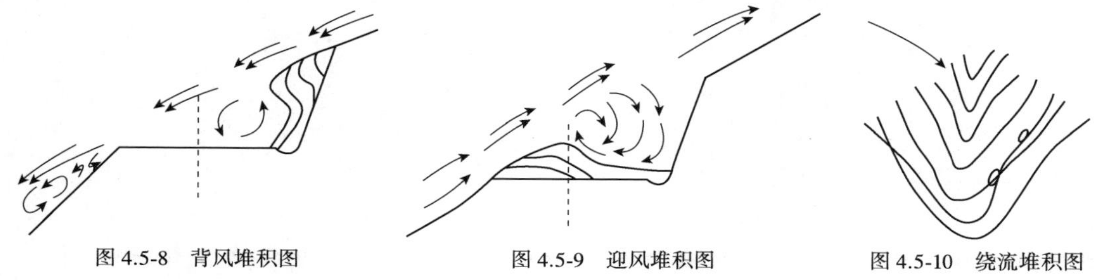

图 4.5-8 背风堆积图　　图 4.5-9 迎风堆积图　　图 4.5-10 绕流堆积图

d.辐散堆积。

风雪流从山谷进入开阔平地时,由于辐散减速,使雪粒堆积;风雪流从深长路堑吹出时,由于辐散减速,雪粒也会沉积下来。

e.屏障堆积。

风雪流遇到路堤、山丘等屏障物时,在屏障物前后一定范围内均出现减速区,而在前、后坡脚处减速至最低值。在减速区内,当风速降低至起动风速以下时,便会产生程度不同的积雪,而以前、后坡脚处最重。

在一定的地区内,由于冬季的主导风向比较稳定,因此,风吹雪总是沿着主导风向在固定的路段上堆积。每年由于风力、降雪的大小不同,风吹雪虽有轻重程度的不同,但形成风吹雪的路段及其堆积类型,则基本上是不变的。

(2)风吹雪与地形、地物的关系。

①风吹雪与地形的关系。

a.开阔平坦地区。

风雪流不受或很少受地形的影响,风速变化不大,一般不致形成风吹雪的堆积,但如路线设计或养护不当,也会造成严重积雪。例如,在不填不挖地段,不仅边沟很快会被风吹雪填平,而且如果路面积雪形成车辙,也可导致风吹雪的不断堆积,以致中断交通。

b.山地及丘陵地区。

山地及丘陵地区路线经过下列几种地形时,积雪都比较严重:

(a)路线位于山脊背风侧,如图 4.5-11 所示。

(b)上风侧是开阔平缓地坡地或台地,路线紧靠背风坡下,如图 4.5-12a)所示。如果下风侧还有突出的障碍物使风速进一步减弱,则积雪更为严重,如图 4.5-12b)所示。

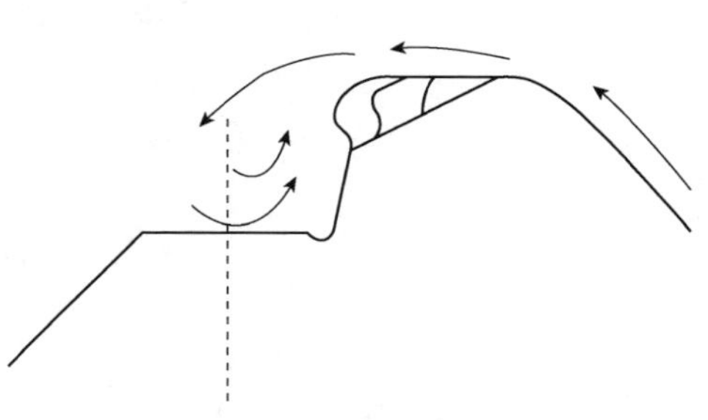

图 4.5-11 路线位于山脊背风侧

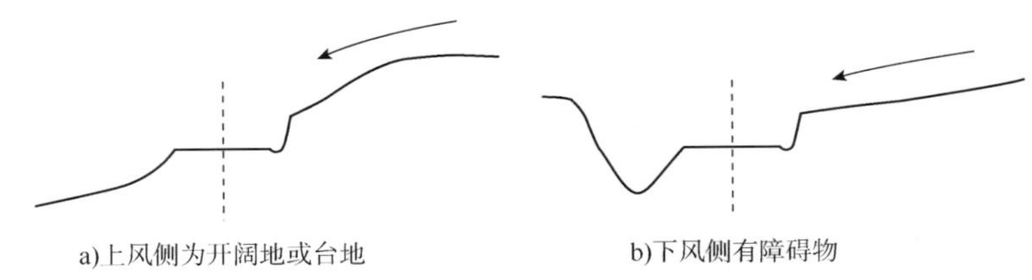

a)上风侧为开阔地或台地　　b)下风侧有障碍物

图 4.5-12　路线紧靠背风坡下

(c)路线位于背风坡或迎风坡的坡脚,地形有明显凹坡的路线,如图 4.5-13 所示。

(d)当路线与风向的交角较小,在路基上风侧或下风侧有导致积雪的凸出山嘴或土坎时,积雪在路基上会延续很长的距离,如图 4.5-14 所示。

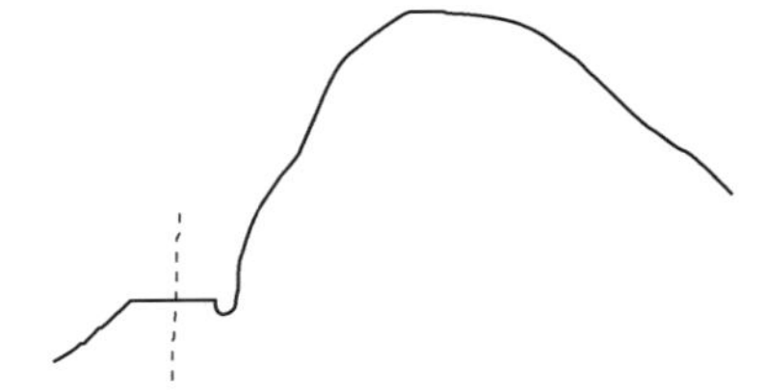

图 4.5-13　路线位于背风或迎风坡的坡脚

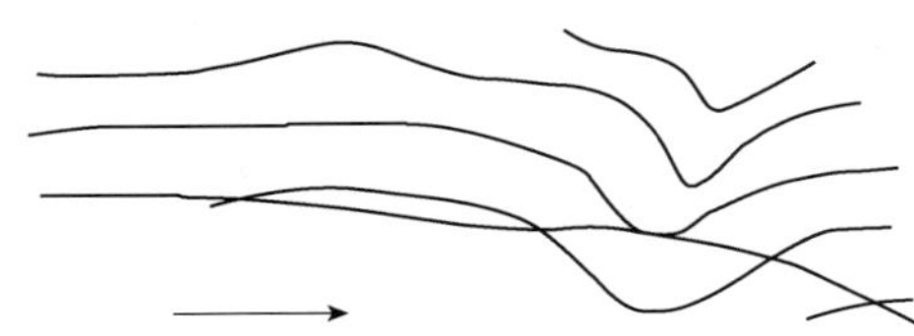

图 4.5-14　风向与路线的夹角较小,当遇到突出山嘴或山坎时

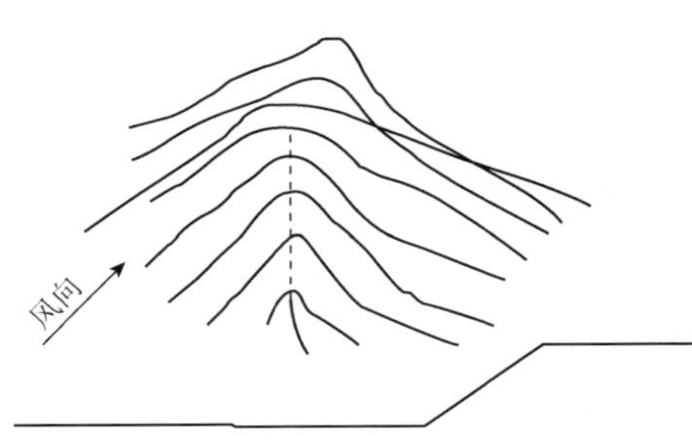

图 4.5-15　圆心在山沟外侧

(e)在圆心位于山内侧的弯道上,当风向与路线大致平行时,在弯道后半部,由于水平绕流和背风影响,积雪较严重;当路线绕过小山嘴或低而平缓的山坡时,积雪则更严重。

(f)在圆心位于山外侧的弯道上,特别是当公路绕进较深的山坳时,沿路吹移的风雪流被前方山坡所阻,会形成严重的迎风积雪,如图 4.5-15 所示。

c.沟谷地区。

在比较狭窄陡峻的沟谷中,除风向与沟谷方向一致者外,一般风力均较弱,风吹雪影响不大,但应注意雪崩危害。

②风吹雪与地物的关系。

a.路线通过森林地区,一般不会发生风吹雪现象。

b.路线上风面建筑物稠密时,由于建筑物的阻挡,路基上一般不会发生风吹雪现象。

c.路基两侧的灌木丛、草墩、小土丘、乱石堆等都能使风雪流减速,形成路基积雪。

(3)风吹雪与路基横断面形式的关系。

①路堤。

当路线与风向平行时,路堤上一般是不积雪的。当路线与风向斜交或正交时,路堤上堆雪与否,取决于路堤的高度及边坡坡度:

a.沿风向的路堤边坡缓于 1∶4 时,风雪流可以不减速地越过路堤,此时就不积雪,如图 4.5-16 所示。

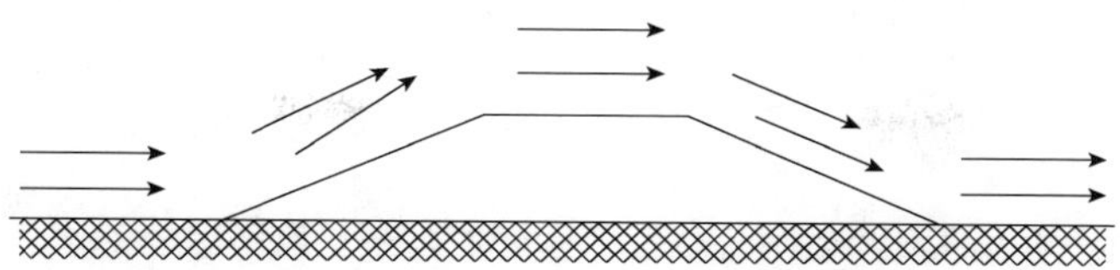

图 4.5-16 路堤边坡缓于 1∶4 时不积雪

b.对于高度大于 1.0~1.5m 的路堤(不考虑积雪深度),由于风雪流以较高速度通过路堤顶面,因此,在一般情况下,路面可以避免积雪,如图 4.5-17 所示。

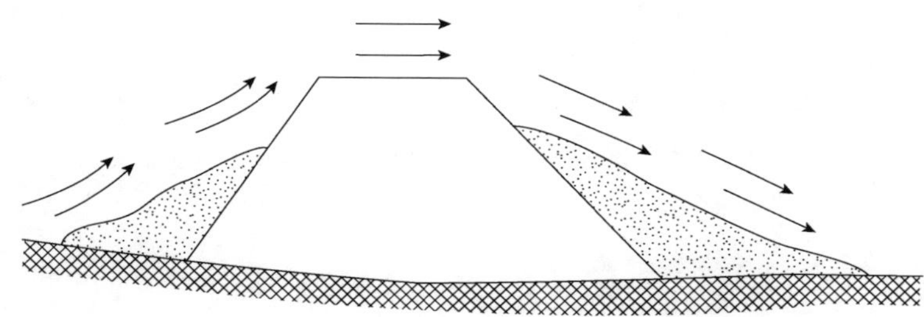

图 4.5-17 高度大于 1.0~1.5m 的路堤的积雪情况

c.高度小于 1.0m 的路堤,由于路堤对风雪流的增速作用小,同时易受路侧微地形或地物的影响,所以容易发生积雪现象,如图 4.5-18 所示。

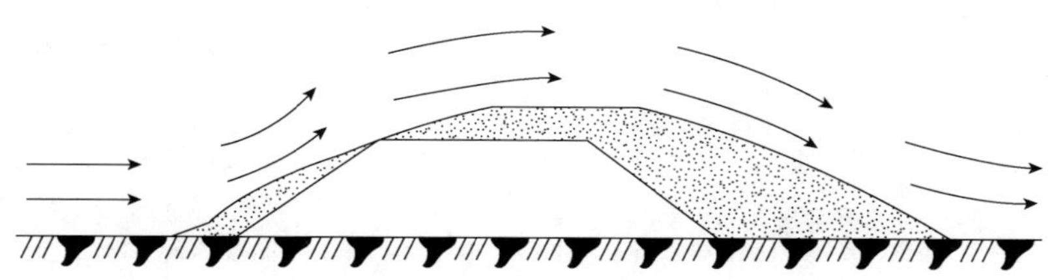

图 4.5-18 高度小于 1.0m 的路堤的积雪情况

②路堑。

a.当风向与路线正交或斜交时,在较浅的路堑内一般都会形成积雪,如图 4.5-19 所示。

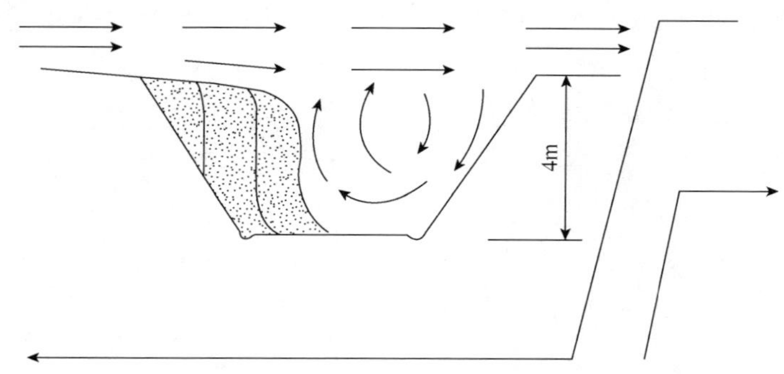

图 4.5-19 深度小于 4m 路堑的积雪情况

b.在较深的路堑中,容易形成较强的旋风,可以减轻积雪现象,如图 4.5-20 所示。

c.深度较小的浅路堑,如采用敞开式断面,则可以防止积雪,如图 4.5-21 所示。

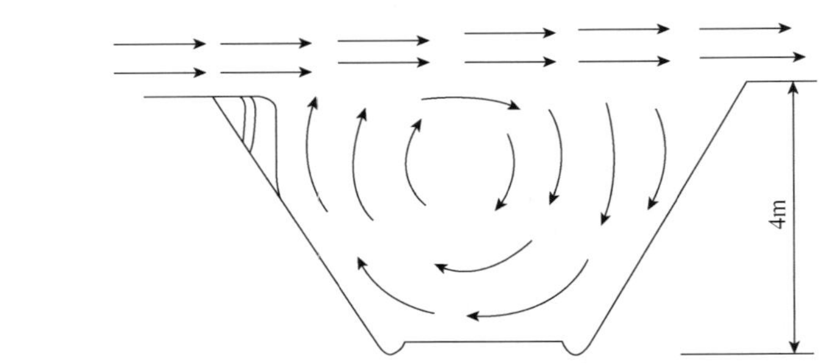

图 4.5-20　深度大于 6m 路堑中风的流动情况

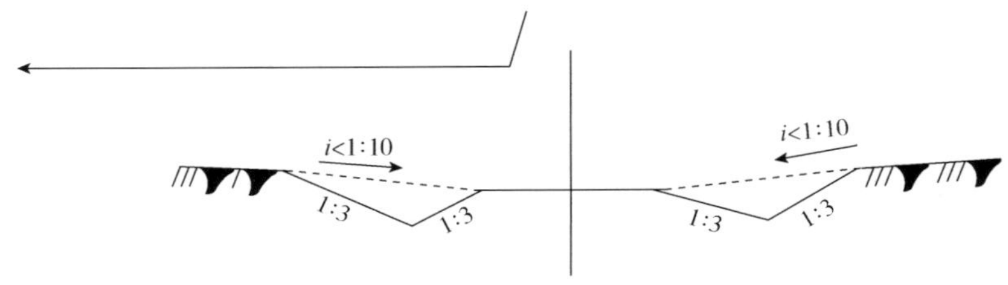

图 4.5-21　敞开式浅路堑

3)积雪地区路线及路基设计的一般原则

由于风吹雪地区的公路设计有许多特殊要求,工程量大,投资多,因此,在测设时须进行深入细致的调查工作,慎重选定路线。路基设计则应根据不同的积雪类型,提出相应的防治措施。

(1)风吹雪地区选线及路基设计。

①路线通过山地、丘陵时,应尽量利用四面通风的开阔地、台地、山梁、陇岗等有利地形。对于可能严重积雪的地段,应注意避让,当必须通过时,则应在设计中采取相应的防治措施。

②如有可能,应尽量使路线走向与风雪流的主导方向平行或交角小于 30°。

③展线地段宜将路线拉开,避免上下线重叠。回头弯路段宜采用高填方,否则须将上下线之间的"孤岛"削平,使弯道全部敞开。

④应尽量少设路堑,多设填方。设置路堑时,浅路堑可考虑放缓边坡、把路基敞开;一般路堑则须考虑结合地形采用储雪场、整修内侧山坡等防雪措施。

⑤尽量避免高路堤和深路堑相连接。

⑥填方路堤的取土坑可用作储雪场。在背风坡上的路线,取土坑应设在路线的上风面;在迎风坡上的路线,取土坑应设在下风面。

⑦在平坦开阔地区,路基最小高度应比当地最大积雪深度高出 0.5～1.0m(积雪浅或风向与路线平行时用低限),并清除路基两侧 15～20m 范围内突出的障碍物,如乱石堆、小土丘、草墩、灌木丛等。

⑧在有条件的地方,应尽可能将路堤迎风面的边坡放缓,使其沿主导风向的坡度等于或小于 1:4。

⑨路线纵坡要尽量设缓,最大纵坡不宜大于 7%,路拱不宜大于 2%,弯道的超高横坡度

不宜大于4%。

⑩平曲线半径应尽量加大,对一些小山包、石嘴要大胆切削,不宜绕行;绕进山坳的路线最好采用高路堤跨沟通过。

⑪位于平地或下坡的长直线段尽头的平曲线应尽量采用较大的半径。

⑫三级路路基宽度不宜小于8.5m,四级路路基宽度不宜小于7m,以便错车。

(2)一般积雪地区选线及路基设计。

①在平坦开阔地区,路基最小填土高度应比当地最大积雪深度高出30~50cm。在山地丘陵地区,应避免零填方和路堑。

②越岭或沿河路线一般宜设在阳坡上。

③对路线纵坡、平曲线半径、超高及路基宽度的要求与风吹雪地区相同。

4)防止风吹雪的措施

各种防止积雪的措施一般均应综合运用,工程措施必须与机械或人工除雪相结合,不宜单一使用。此外,有些简易措施,例如采用防雪杖(用树枝或玉米秸等编成)或利用收割的庄稼秸秆防止积雪等,也能收到一定效果。防止风吹雪的措施如下:

(1)改善路基平面和纵、横断面以及路侧地形。这是一项带有永久性的防雪措施,但要注意工程量和可能产生的其他病害等问题。主要措施有:①提高路基,放缓边坡;②设置储雪场;③修缮边坡;④整修路侧。

(2)栽植防雪林。防雪林是防止风吹雪的比较有效的设施。在气候、土壤、用地等条件适宜的情况下,应尽量栽植防雪林,对防风、防沙、绿化造林、调节气温,减除干旱以及保护农田,都能起到重要作用。防雪林占地较多,当占用耕地时,应和当地政府协商,并结合防风、防沙、绿化的规划统一安排。防雪林的类型和树种的选择及其布置,应根据当地积雪程度、土壤、气候条件及植物生长情况等自然因素决定。

(3)设置防雪设备。防雪设备有防雪栅栏、防雪堤(墙)和导风板三种,选用时,应按就地取材、因地制宜的原则,力求经济适用、效果良好。防雪设备主要包括:①防雪栅栏;②防雪堤(墙);③导风设备。

5)雪崩的类型及其防治措施

山坡上的积雪达到一定厚度便可能发生雪崩。在季节性积雪的山区,只有冬、春季才会发生雪崩;在永久积雪的高山地区,全年均可能发生雪崩。我国雪崩比较严重的地区有天山西部和阿尔泰山、西藏东南部山区;其次有新疆西南部、西藏西南部高山区、四川西部、云南北部高山区、青藏高原山区、祁连山及天山东部等地。

(1)形成雪崩的主要条件及影响因素。

形成湿雪崩的最小坡度为15°,形成干雪崩的最小坡度为22°,形成破坏性雪崩最常见坡度为30°~50°。当山坡坡度大于50°时,雪随降随崩,不易酿成大的雪崩。

吹雪可产生两种危险情况:①在分水岭背风处形成悬挂的雪檐,雪檐崩落,引发下部山坡雪崩;②形成表面坚硬而下部几乎悬空的雪板,在外界因素影响下雪板开裂,引起雪崩。

温度变化可能导致雪崩的三种情况如下:①雪层在冬季持续低温时,形成温度梯度,引起水汽由下向上扩散,在下部形成晶体脆弱的深霜,使雪的内聚力减小,从而降低山坡积雪的稳定性;②在春季气温较高时,雪层发生融化,融水下渗;由于深霜的透水性好,融水很易渗至雪层底部,加速湿雪崩的发生;③天气突然变化时,雪面温度急剧降低,使处于临界应力状态的雪面产生寒冻裂隙,有可能形成雪崩。

(2)雪崩的分类。

雪崩可按雪的性质、雪崩的运动特点、含水量和滑动面性质进行分类,见表4.5-3。

雪崩的分类　　表4.5-3

<table>
<tr><th>分类原则</th><th colspan="6">图示及说明</th></tr>
<tr><td>雪的性质</td><td colspan="3">雪板雪崩 </td><td colspan="3">松雪雪崩 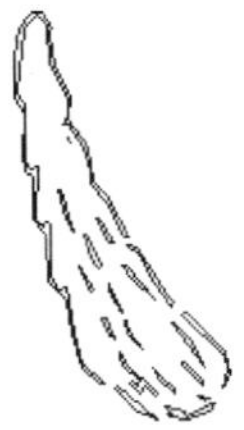</td></tr>
<tr><td>雪崩的运动特点</td><td colspan="2">腾空雪崩 </td><td colspan="2">地面雪崩 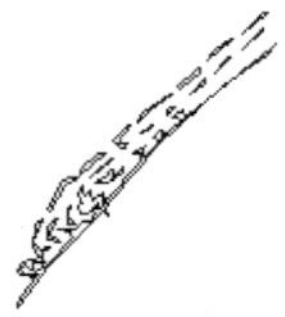</td><td colspan="2">混合雪崩 </td></tr>
<tr><td>含水量</td><td colspan="2">干雪崩(无水)</td><td colspan="2">湿雪崩(少量水)</td><td colspan="2">雪流(可见剩余水)</td></tr>
<tr><td>滑动面性质</td><td colspan="3">层面雪崩 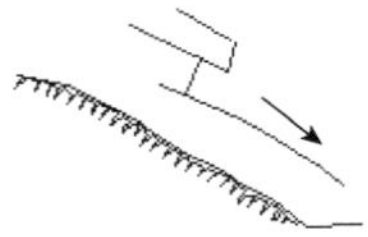</td><td colspan="3">全层雪崩 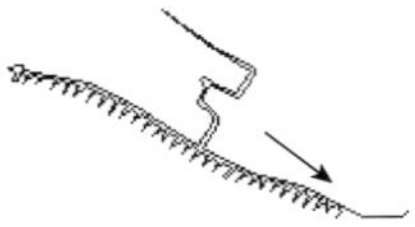</td></tr>
</table>

按雪的性质不同,雪崩划分为如下两类。

①雪板雪崩:由风吹雪形成的雪板,由于负荷、温度变化等原因,表面产生裂隙,沿等高线方向迅速扩大,使整块雪板沿下垫雪面或坡面滑落。这种雪崩由于雪板密实、坚硬,摧毁力很大。

②松雪雪崩:当干的新雪超过其极限厚度时,首先在坡度较大处崩塌,在运动中引起雪的连锁反应,使雪的体积越来越大。在坡度陡、坡面长、雪量大的情况下,可形成很大的规模,且常伴随有气浪,但破坏作用不如雪板雪崩大。

按雪崩的运动特点不同,雪崩划分为如下三类。

①腾空雪崩:雪崩在运动途程上遇到陡坎、悬崖,雪崩雪体腾空而起,以自由落体的速度崩塌下来,冲击力很大。这种雪崩易产生强大的雪崩风,可造成很大范围的破坏。

②地面雪崩:紧贴地面滑动,能卷起草皮和土,雪呈深色,密度大,因此也称“土雪崩”。这种雪崩运动速度较小。

③混合雪崩:上部干雪发生腾跃、形成雪云,下部雪层仍沿地面滑动。这种雪崩发生在

不大的陡坎处。

按含水量不同,雪崩划分为如下三类。

a.干雪崩:发生于冬季,雪层干燥、无水,经常与松雪雪崩联系在一起。

b.湿雪崩:发生于春季融雪初期,雪层含有水分,经常与“土雪崩”联系在一起。

c.雪流:如雪层中饱和融雪水,在坡度较小时,可发生雪流,其运动特点与结构性泥石流相似。

按滑动面性质不同,雪崩划分为如下两类。

a.层面雪崩:雪崩滑动面在雪层中,滑动面以下的雪层比较坚实。这种雪崩的规模一般不大,往往与降雪有关。

b.全层雪崩:以地面为滑动面,整个雪层都发生运动,规模大,往往与融雪有关。

此外,还可按雪崩运动途程地貌特点、雪崩集雪区地貌形态等进行分类。

按雪崩运动途程地貌特点不同,雪崩划分为如下三类。

a.坡面雪崩:雪体顺着整个滑面滑塌,没有固定的运动路线,运动速度不大,冲击力小,崩塌量不大,但阻塞公路的长度大。

b.沟槽雪崩:雪崩沿着固定的沟槽运动,运动速度快,冲击力大,崩塌量多,破坏力大,而且堆积在路上的积雪不易清除。

c.跳跃雪崩:当雪崩运动路线上遇到陡坎、悬崖或急转弯时,雪崩雪发生跳跃,腾空而起再以自由落体崩落下来。这种雪崩运动速度大,容易引起气浪,因此破坏力很大。

按雪崩集雪区的地貌形态不同,雪崩划分为如下三类。

a.侵蚀沟:雪崩源头陡窄,每次崩塌量小,破坏力不大,但雪崩发生频繁,对行车安全影响大,累计崩塌的雪体亦不少。

b.剥蚀漏斗:雪崩源头为漏斗状盆地,集雪区面积大,崩塌雪量较大,能形成较大规模的雪崩。这种类型的雪崩在中山地带最为常见。

c.变形冰斗:雪崩源头成圈椅状的大型盆地,三面环山,一面朝向河谷,后壁陡峻,盆底坡度平缓,一般只有十几度,是由古代冰川冰斗地形经流水侵蚀而成的。一般年份不易发生雪崩,但在特大积雪年份,冰斗底部积累的大量雪体一旦倾盆而下,崩塌量可达数十万至上百万立方米,运动路程可达数千米,会产生极严重的破坏作用。

(3)雪崩痕迹的辨认。

雪崩活动对山区自然界会产生深刻的影响,留下许多痕迹,为调查工作提供了很好的线索。

①雪崩集雪区。

雪崩集雪区有三种地貌形态:雪侵蚀沟、剥蚀漏斗及变形冰斗。它们分布在不同高度的分水岭附近,有不同程度的风吹雪堆积。当山坡积雪均已融化后,在上述集雪区内仍可见斑点雪堆。如雪堆已消失,原来雪堆所在部位的土则比较潮湿,生长喜湿、喜冷的植物群落。

②雪崩沟槽。

雪崩沟槽与洪水侵蚀沟谷在形态上有很大区别。一般雪崩沟槽的底部横断面都比较平坦、宽广、西侧较陡,呈 U 字形;纵向较平直,少弯曲。在雪崩沟槽的中下部,特别是在纵坡变缓处,往往有较厚的、分选度很差的碎石堆积,透水性好,夏季缺少地面径流。由于雪崩运动时破坏了槽后的植被和土壤层,因而槽后中无多年生的树,且往往基岩暴露。偶有一些灌木,也由于雪崩的影响,向下坡方向弯曲或折断,但因槽谷内较潮湿,故可生长很茂密的草。在槽壁裸露的新鲜基岩上,可以发现许多擦痕,这是雪崩夹带的石块在谷壁上刻蚀出来的,称为雪崩擦痕。在一些较大的雪崩槽中,还可以见到顺槽谷两侧堆积的石垄,这是夹有大量石块的雪崩,在运动时首先将较重的石块堆积于两侧而形成的。

③雪崩堆积锥。

坡面雪崩一般无明显的堆积地形,但在经常发生雪崩的山坡上,可以形成堤状地形,称为滑雪堤。

经常发生雪崩的沟槽,在雪融化以前,可见到雪崩残留的锥状积雪。积雪呈黄色,多夹有树枝、枯草、土壤、石块等杂质(称为雪崩碴);雪中无层理,雪体混乱,密度在 $0.4g/cm^3$ 以上,根据这些特点,很容易将雪崩雪与风吹雪相区别。雪堆融化以后,雪崩雪中的杂质在原地沉积,杂乱堆积,缺乏分选,石块相对位置也很不稳定,有些大的雪崩可以冲到河谷对岸,将河床中的冲积物翻起,形成雪崩鼓丘。

④雪崩区的植物特点。

在针叶林带,雪崩槽和雪崩堆上无树林,或只生长阔叶树,有些大的雪崩槽数十年才发生一次大雪崩,在堆积锥上有可能夹杂一些细小的针叶树,通过这些树木的年轮可以确定最后一次大雪崩的时间。

受到雪崩打击的阔叶树,枝杈折断,树干弯曲或倒伏,灌木丛匍匐生长;林中有残雪或雪崩带来的石块等;在雪崩气浪作用的范围内,针叶树的树冠可能完全或部分被折断,出现断头树和半边树(旗树)。

根据以上所述雪崩痕迹,不但可以识别有无雪崩,还可以初步确定雪崩的规模、频率、最大抛程、作用范围及雪崩的其他一些特征。例如,变形冰斗及大而缓的沟槽,反映发生的雪崩规模大,但只有特大积雪年份才活动。小而陡的侵蚀沟槽,反映雪崩规模小,但发生频繁。雪堆附近的半边树、断头树等均可用于确定雪崩气浪的影响范围。经常有雪崩雪堆的地方,植物群落会发生变化等。

(4)访问群众。

长期居住在雪崩区的群众,熟悉山区雪崩的分布,发生时间、特点、规模及危害情况,又有与雪崩作斗争的丰富经验。访问和调查的主要内容有:该地区是否有雪崩现象,发生在哪些地点,雪崩的影响范围,一般年份和大雪年份雪崩的规模,最大雪崩的年代,雪崩发生的时间,发生前的天气及其他特殊情况(如山崩、地震、泥石流等),雪崩造成的后果(人、畜损失,树木破坏,河水堵塞,冰雪洪水等),防雪崩经验等。

(5)选线原则。

①路线应尽可能绕避严重雪崩地段。在森林区,路线应注意靠森林较多、较密的一侧通过。

②沿溪线应全面比较两岸雪崩、积雪及其他病害情况,注意阴坡与阳坡、向风坡与背风坡、陡坡与缓坡的各种利弊,在综合考虑的基础上确定路线走哪一岸比较合理。

③当路线必须通过雪崩的沟槽时,如果河谷较宽,应尽可能从雪崩堆积区的外侧通过。

当路线必须从雪崩堆积区或运动区通过时，应结合防治雪崩的工程措施，选择合理的位置。如采取缓阻雪崩或导雪措施时，路线应尽可能从堆积区的下方通过；如采用防雪走廊时，路线应尽量靠近陡坡。

④越岭线展线地段应避免多次经过同一雪崩沟槽，弯道应尽可能设在无雪崩危害的安全区。山坡上的路线不宜采用路堑，路堑容易积雪，且不易清除，开挖路堑也容易引起坡面雪崩。路线翻越垭口时，如雪害严重，对重要公路可考虑以隧道通过。

(6)路基设计原则。

①应根据公路的等级、用途、使用期限及雪崩的规模、频率等条件，因地制宜地选择雪崩防治措施。

②在适宜植树的地区，尽量采用植树造林、水土保持措施，并注意合理开发森林。

③在雪崩规模不大而又不经常发生的地区，较低等级的公路可用机械清雪措施。

④在经常发生较大规模雪崩的地区，对于较高等级的公路应采用以工程治理为主、机械清雪为辅的措施，逐步扩大植树造林，个别地段人工引发等综合治理措施。

⑤在采取工程措施时，应利用山坡地形、山嘴等条件选择经济有效的防护构造物。

⑥雪崩治理工程应尽可能就地取材，多用土石方工程。在少数坡度陡、土层薄、土石方工程艰巨的地段，可设置永久性栅栏、消能楔等。在个别雪崩频繁而又紧靠公路的山坡，则应考虑修建遮蔽建筑物。

⑦对于雪崩特别严重或特别复杂而又不能绕越的地段，可采取多种工程的综合治理措施。如在源头采取防止吹雪堆积以及稳雪的措施；在运动区采取缓冲雪崩运动的措施；在堆积区采取导雪或阻雪的措施等。

(7)防治雪崩的措施。

①预防措施主要有：a.植树造林；b.人工引发雪崩。

②工程措施主要有：a.防止雪崩源头风吹雪的措施；b.稳定山坡积雪的措施（属于这类措施的有稳雪墙、水平台阶、水平沟、地桩障、篱笆障及各种结构的稳雪栅栏、防雪网、防雪桥和防雪塔等）；c.缓冲雪崩运动的措施（设置在雪崩的运动路线上，其作用是分割雪崩，使雪块互相碰撞，消耗其动能，减缓雪崩运动速度，减小雪崩抛程，并阻拦部分雪体，如设置楔、土丘）；d.导雪措施（设在雪崩沟槽的一侧，目的是将雪崩雪导至预定的堆积场所，不使雪体到达公路，主要有导雪堤及破雪堤两种，适用于防治坡度较陡的大沟槽雪崩）；e.遮蔽建筑物（遮蔽建筑物可以使雪崩从公路顶上通过，属于这一类工程的有防雪檐、防雪走廊及隧洞等）；f.人工清雪。

6)终年积雪的条件和判别

终年积雪是指该地域常年积雪或有永久性半永久性冻土层。终年积雪多位于山巅、南北两极。由于山上海拔高，空气稀薄，虽然太阳辐射强，但山顶温度低于0℃时，山顶的积雪就不会融化；如果终年低于0℃，就会形成山岳冰川，终年不化。

海拔每上升1000m，气温相对下降6℃，要判断山体上是否可能终年积雪，就要看该山的山脚下一年的最高气温（或最热月气温）是多少。比如某个地区一年中最高气温为36℃，那么该地区的山至少要6000m高才有可能形成终年积雪。当然，这只是理论上的结果，对迎风坡、背风坡、纬度不同导致的大气高度不同等因素忽略不计。

4.5.13 寒冻地区交通危害与公路病害

我国北方地区，尤其是东北地区和内蒙古北部地区，常常出现道路结冰现象。而我国南方虽无严寒冰雪地区，但在雨雪时气温较高，雨雪后气温降低，也会产生很大的温差。在这样的天气条件下，路面极易形成薄冰，且薄冰不易被发现，并不能引起驾驶员注意，使其降低车速。因此，车辆打滑、追尾甚至冲出车道的交通事故时有发生，尤其是在桥梁、隧道、上下纵坡、弯道和风口等特殊路段。

在所有不利气象因素中，路面结冰是使路面摩擦因数降低最明显的因素。道路结冰会导致路面的抗滑能力显著降低，增加汽车制动距离，造成车辆打滑、空转和侧翻，进而引发交通事故。道路结冰影响行车安全，导致公路交通事故、道路阻塞，甚至部分道路封路、路产损失，路面结冰导致的事故是干燥路面的10倍以上。

公路上的桥梁均处在风口处，气温较低，且为悬空结构，储温效果差，容易结冰。综合分析认为当道面存在积水（雪）且道面温度低于0℃时，道面将产生结冰，但对于不同类型的路面存在很大的差异。目前路面结冰状态的预警和实时监测主要通过在路侧安装六要素传感器（气温、湿度、气压、降水量、风速、风向）及摄像头的方法实现，通过路面结冰历史数据总结路面结冰条件的变化规律，而对不同道路气象条件下的路面冰点进行预测分析，实现路面结冰预报。现在判断高速公路的路面是否结冰仍然依靠人的视觉，由于地面结冰情况随时间、位置不同，消冰状况存在很大差异（车轮经过的地方首先消冰、两车道间隔的中间路面最后消冰，高架和桥梁特别难以消冰），因此，依靠视觉确定行驶速度只能在明显的结冰状态下引起注意，而出现的暗冰和局部冰层仍会导致意想不到的事故发生。

预防路面结冰，可在路面结冰前喷洒融雪剂，降低路面冰点，防患于未然。喷洒融雪剂系统可布置在山区桥梁、隧道进出口、高海拔背阴、长大纵坡和超高急弯等容易结冰的事故黑点路段，确保冬季道路出行安全。

路面除雪的常规思路是在雪后撒融雪剂。现代发明的一种除雪方法，即把融雪剂添加到沥青混合料里直接铺在路上，则是反其道而行，遇到下雪天气，无须再额外撒融雪剂，路上车碾压过去自动会把融雪成分析出，无须人力，便可起到自动融雪的效果。

海拔3200m以上的山区以寒冻风化为主，冻融作用十分频繁。岩石寒冻风化崩解的速度极快，在天山废弃公路海拔3600～4000m三个不同地段计算，岩石风蚀速率平均为0.0229m/年，山坡平均后退速率为9.6mm/年。中纬度高寒山区寒冻风化十分强烈，基岩崩解速度快，大量风化碎屑使得边坡极不稳定，很多路段需用挡墙拦护以防止风化碎屑落在路面上，寒冻风化石块不断向下运动使挡墙变形坍塌，碎屑在很小的外力作用下就会大面积地向坡下滚动，砸坏公路和挡墙，甚至将挡墙埋没，每年春季频繁的冻融作用和融水使挡墙埋没。

为了减少冰冻危害，应根据冰冻线选线。如G85云南境内的待功高速公路，为避开冰冻灾害的影响，将路线高程降至冰冻线以下，确定采用图4.5-22所示的新建69.865km高速公路方案。新建高速公路路线最高点——中良子特长隧道海拔2410.20m，低于冰冻线89.80m，规避了冰冻灾害对交通运行的影响。

图 4.5-22　气候环境选线示意图

4.5.14　雾霾的成因及危害

雾和霾对民航、公路交通、海洋航运来说都是危险天气。雾导致能见度变差,使车辆行速减慢,造成旅途时间延长,容易引起交通事故,造成人员伤亡。随着社会经济的发展,特别是近年来交通运输业的快速发展,高速公路和机场增多,汽车量猛增,航班起落架次也明显增多,大雾和霾对交通的影响越来越明显。

1)云的成因及类型

云是气块上升过程绝热冷却降温,使水汽达到饱和或过饱和发生凝结而形成的。自然界的上升绝热过程有热力对流、动力抬升(系统性抬升,强迫上升)、波状运动等。这些上升运动的形式及规模各不相同,所形成的云状、云高、云厚也不一样。一般地,由于对流运动而形成的云,主要是积状云;由于系统性上升运动形成的云,主要是层状云;由于波状运动而形成的云,主要是波状云;地形作用形成的云比较复杂,既有积状云,也有层状云和波状云,它们通称地形云。

自然界的云千姿百态,变幻无穷,按云体的温度可分为冷云和暖云;按云的相态可分为水成云、冰成云和混合云。根据云的形成高度并结合云的形态特征、结构、成因,将云分成 3 族 10 属 29 种。

2)雾的成因及类型

从本质上说,雾与云没有区别,都是由水汽凝结(凝华)而成的细小水滴或冰晶组成的可见集合体。雾与云的形成条件差不多,都需要充沛的水汽、有利的冷却条件和有凝结核。但对形成云来说,降温是主要的,而且以绝热降温为主;而对形成雾来说,降温与增湿同样重要,而且大气层结要稳定,便于水汽积存于近地气层,又要风力微和、乱流适中,使冷却作用扩展到较厚的气层和支持悬浮的水滴,不至于使上层热量下传妨碍下层空气冷却。根据空气冷却过程的方式不同,可将雾分为辐射雾、平流雾、蒸发雾、锋面雾、上坡雾等,其中最常见的是辐射雾和平流雾。

辐射雾是由于地面辐射冷却,使近地层空气变冷,水汽凝结形成的雾,一般多出现于秋冬季节无云的夜间。因为晴空的有效辐射大,有利于地面辐射冷却,加之微风条件下气层稳定,故有“十雾九晴”的谚语。低凹的盆地、谷地、山坡处,冷空气沿坡面下沉形成辐射雾,日出后地面增温,乱流加强,雾从下而上逐渐减弱消散或抬升为低云。

平流雾是由于暖湿空气流到冷的下垫面上,冷却降温,水汽发生凝结形成的雾。形成平流雾的有利条件是:空气湿度大,空气与流经下垫面之间的温度差异大,风速适宜,气层稳定。平流雾常在以下几种情况下形成:冬季热带暖湿气团向高纬寒冷地区移行时;春夏季大陆暖气团移行到较冷海面上时;秋、冬季海洋暖湿气团移行到较冷的陆地时,海洋上暖湿空气移行到冷海面;冷暖洋流交汇时,因冷暖温差大,风力适中(2~7m/s),能形成一定强度的乱流,又能不断输送暖湿空气,便容易生成平流雾。

一般地说,平流雾比辐射雾范围广,厚度大,持续间长,但日变化不如辐射雾明显。平流雾多出现于沿海地区、海面、冷暖流交汇处。

沿海地区多云,中高纬度地区西风带,向海岸云量增大,向内陆云量减少,我国东南沿海、西南山地云量大,向西北内陆减少。

海上雾日多,且以平流雾为主。因为海上空气潮湿,只要有适当的平流将暖湿空气吹到较冷的海面,下层空气变冷,便极易达到饱和而凝结成平流雾。海雾全年皆有出现,以春夏相对较多,维持时间较长,尤其是冷洋流表面及其迎海风的沿岸地带。大陆内部雾少,以辐射雾为主,多见于秋冬季,夜间或清晨出现,日出后逐渐消散。沿海地区多平流辐射雾。

3)雾的级别

按照最小能见度(V)的大小,将雾分为三个等级:当 $0.5\text{km} \leqslant V < 1.0\text{km}$ 时,为雾;当 $0.1\text{km} \leqslant V < 0.5\text{km}$ 时,为大雾;当 $V < 0.1\text{km}$ 为浓雾。

4)地形地貌对雾的影响

地形地貌对雾的主要影响如下:

(1)山区地表凹凸不平,形成粗糙的下垫面,加之森林植被的保湿作用以及高大山脉的阻挡,容易造成近地面水汽的滞留和不易扩散流失,从而保障了雾形成所需充足的水汽条件。

(2)粗糙地表面较平滑地表面的有效辐射大。山区有效辐射强、散热迅速,使近地面气层降温多,更有利于水汽凝结。

(3)当空气层结稳定时,空气的动量下传较小。山区复杂的地形更有利于乱流混合。地面辐射冷却所及气层的厚度与乱流有关,乱流混合能使水汽垂直输送到一定高度,从而形成一定的湿层厚度,对雾的形成最为有利。

(4)特殊地形,如喇叭口地形、峡谷、迎风坡地,更易造成水汽的堆积和动量上传。

(5)山区晴朗无云或少云的夜间更有利于辐射逆温层结的形成,一般情形是辐射冷却随着夜深逐渐加强,黎明时达到最盛;而在山区,由于冷却的空气还会沿斜坡流入低谷和盆地,常常会使谷底和盆地的辐射逆温得到加强,因此山区较平原、丘陵地区更易形成雾。

5)霾的成因

我国气溶胶质量浓度水平在世界范围内较高,与人为污染源排放量大密切相关。1980年之前,我国霾日比较少;20世纪80年代之后显著增加,到21世纪我国东部大部分地区霾日数几乎都超过100d。霾日显著增加的地区主要分布在我国东部和南部,包括华北、黄淮、江淮、江南、江汉、华南以及西南地区东部等经济相对发达地带。

4.5.15 沙尘暴的成因及危害

沙尘暴是沙暴和尘暴两者兼有的总称,是指强风把地面大量沙尘物质吹起并卷入空中,使空气特别浑浊,水平能见度小于 1km 的严重风沙天气现象。沙尘暴发生时,能见度非常差,影响人们的视线,列车、汽车被迫停运,机场关闭;风蚀路基,破坏路基的稳定性;流沙掩埋路面,导致交通中断或者增加行车危险性。

沙尘暴主要发生在冬春季节,且多发生于午后傍晚。沙尘暴的形成需要三个条件:①地面上有沙尘物质;②大风;③有不稳定的空气状态。

我国西北地区是沙尘暴频繁发生的地区,主要源地有古尔班通古特沙漠、塔克拉玛干沙漠、巴丹吉林沙漠、腾格里沙漠、乌兰布和沙漠和毛乌素沙漠等。

4.5.16 冻土区与交通运输

1)冻土的成因及类型

在极地高纬及高山高原的地下,当地温终年处于 0℃以下时,被冻结的含冰的岩(或土)层称为冻土。我国冻土面积为 215 万 km^2,占我国面积的 22.3%,主要分布于北纬 48°以北的黑龙江省北部和我国西部海拔 3500m 以上的高原(青藏高原、帕米尔高原)和高山地区。冻土地貌对于公路、铁路、厂房的工程建设等均有重大影响。

根据冻土时间等,可将冻土分为如下类型。

按冻结时间分。

①季节性冻土。

季节性冻土是冬季冻结、夏季全部融化,呈周期性冻结、融化的土。季节性冻土在我国的华北、西北和东北的广大地区均有分布。季节性冻土根据其结构形式,又可分为:

a.整体结构。整体结构冻土是由于温度骤然降低,冻结较快,土中水分来不及移动即冻结,冰粒散布于土颗粒间,肉眼甚至看不见,与土粒呈整体状态。融化后土仍保持原骨架,建筑性能变化不大。

b.层状结构。地表温度不很低,且有变化,土中水分冻结一次,融化一次,又冻结一次,则形成层状结构冻土。这种土融化后整个骨架遭受破坏,对建筑性能影响较大。

c.网状结构。由于地表不平,冻结时土中水分除向低温处移动外,还受地形影响,使水分向不同方向转移,而形成冰呈网状分布的冻土,这种土一般含水、含冰率较大,融化后呈软塑或流塑状态。

d.扁豆体和楔形冰结构。由于季节性冻结和融化,土中水分向表层低温处移动,往后在冻层上限冻结成扁豆体状冰层,当冻土层向深度发展,扁豆体状冰层即夹于冻土层之中。

当岩层或土层具裂隙时,水即在裂隙中成冰楔体。此类结构的冻土,承受荷载时易沿冰体滑动。

②多年冻土。

多年冻土是冻结状态持续多年(一般是三年以上)不融的冻土。多年冻土常存在地面下的一定深度,其上部接近地表部分,往往亦受季节性影响,冬冻夏融,此部分常称为季节冻融层。因此,多年冻土地区常伴有季节性冻结现象。多年冻土根据其垂直构造、水平分布和冻结发展趋势,又可分为下列几种类型。

a.按垂直构造分。

(a)衔接多年冻土:冻土层中没有不冻结的活动层,冻层上限与受季节性气候影响的季节性冻结层下限相衔接。

(b)不衔接多年冻土:冻层上限与季节性冻结层下限不衔接,中间有一层不冻结层。

b.按水平分布分。

(a)整体多年冻土:在较大的地区内呈整体分布。

(b)断续多年冻土:在冻土层中有岛状的不冻层分布。

(c)岛状多年冻土:呈岛状分布在不冻土区域内。

c.按冻结发展趋势分。

(a)发展型冻土:由于地质、气候等因素的影响,多年冻土的厚度和分布范围仍在断续发展。

(b)退化型冻土:由于上述因素的影响,多年冻土的厚度和分布范围在退化减小。退化的规律是先地势高处后低处,先阳坡后阴坡,先粗粒土后细粒土。

d.按冻结状态分。

(a)坚硬冻土:土中未冻水含量很少,土粒为冰牢固胶结,土的强度高、压缩性小,在荷载作用下,表现脆性破坏,与岩石相似,当土的温度低于下列数值时,易呈坚硬冻土:粉砂——0.3℃,粉土——0.6℃,粉质黏土——1.0℃,黏土——1.5℃。

(b)塑性冻土:虽被冰胶结但仍含有较多未冻结的水,具有塑性,在荷载作用下可以压缩,土的强度不高。当土的温度在零度以下至坚硬冻土温度的上限之间、饱和度小于或等于80%时,常呈塑性冻土。

(c)松散冻土:由于土的含水率较低,土粒未被冰所胶结,仍呈冻前的松散状态,其力学性质与未冻土无多大差别。砂土和碎石土常呈松散冻土。

③冻土地貌。

在冻土地区会存在如下地貌。

a.石海与石河。

石海是在平坦的山顶或缓坡上,平铺着大片由冻融风化而崩解的大块砾石,这种由砾石组成的地面,称为石海。

石海的生成条件,首先是组成地面的岩石要坚硬,如花岗岩、玄武岩和石英岩等,而且节理发育,容易进行冻融风化。砾石产生后,由于透水性能好,所以很难再进一步分裂,加上地面平缓,故不易被搬走,能长期保存下来。软弱岩石如页岩、片麻岩等,冻融风化后,容易形成细粒碎屑物被融水移走,不能产生石海。其次要有严寒而温差大的多年冻土气候。这样冻融风化作用才能深入地下,产生大块的砾石。

石河发育在多年冻土区具有一定坡度的谷地中。山坡上由冻融风化而产生的大量碎石汇集于谷地后,在重力作用下石块沿着湿润的下垫面或永冻层的顶面,整体向下缓慢移动。其中,冻融作用可使石河碎屑物孔隙中的水分反复冻结和融化,促进石块的下移,导致整体膨胀和收缩,石河运动速度很慢。

b.泥流阶地。

泥流阶地是冻融泥流在向下移动中,遇到障碍或坡度变缓时产生的台阶状地貌。阶地面平缓，略向下倾斜，有时呈舌状伸出，宽4～5m，前缘有一坡坎，高度一般为0.3～1m。

c.石环。

平面上，石环是一种以细粒土或碎石为中心，边缘为粗砾所围绕的圆形地貌。石环的直径，在极地高纬地区一般达到数十米，而在中、低纬及高山高原地区，一般由数十厘米至数米不等(图4.5-23)。石环的形成必须要有一定比例的细粒土，一般不少于总体积的25%～35%，而且土层要有充足的水分。石环多发育在较平坦而湿润的地形部位，如河漫滩、洪积扇边缘地带等。

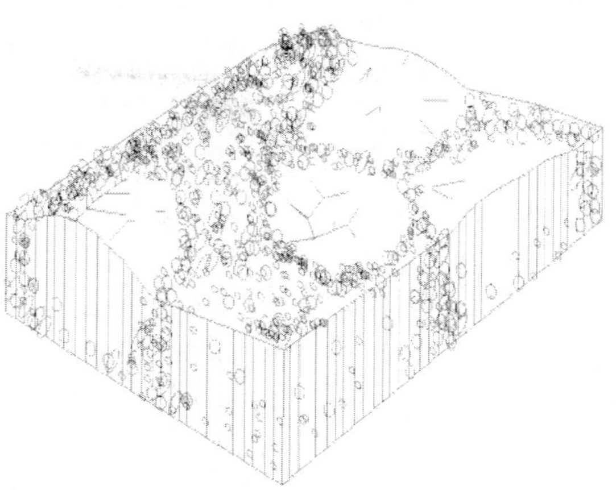

图4.5-23　石环

d.冻胀丘和冰丘。

冻胀丘是活动层内的地下水，在冬季汇聚并冻结膨胀时所隆起的小丘。结构上表层为冬冻的泥沙层，中间是纯冰透镜体，基底为永冻层。冻胀丘可发生在湿地、干涸的湖床上或山坡上。如果融土层中的地下水补给丰富，丘体会更加高大。夏季冻胀丘因冰核融化而消失，地面下沉变形，引起道路翻浆等危害。

冰丘是结冰的小丘，其形成过程与冻胀丘相似，但不同的是地下水的承压力很大，以至超过表土层的抗压强度，致使地下水冲破表土层，溢出地面结冰，形成锥状冰丘体。当地下水再次得到补充，承压力再次增大时，就发生第二次甚至许多次的喷发，形成的冰丘也就有多层结构。春末以后，冰丘消融，冬季在山坡的地下水流路上，可能出现串珠状的冰丘。

冰丘有一年生和多年生两种。当承压水突破地表，冻结堆积后，即形成冰锥。承压河水突破封冻的河面，则形成河冰锥。冰丘、冰椎大多见于山麓、沟底、山间洼地、洪积扇前缘、河谷阶地、河漫滩及平缓的山坡和分水岭地带。河冰锥则分布于沿河地带。冰丘、冰锥可掩盖道路，堵塞桥涵，使构造物发生严重变形。

我国兴安岭和青藏高原地区多年冻土地区的自然条件及冻土特征见表4.5-4。

兴安岭和青藏高原地区多年冻土地区自然条件及冻土特征　　表4.5-4

自然条件、冻土特征地区		兴安岭地区	青藏高原地区
自然条件	地理特点	高纬度	高海拔
	气候	寒温带	寒带
	植被	森林地带为主	荒漠、草原与草甸为主
	全年平均气温	-2～-7℃	-27℃
	1月平均气温	-18～-31℃	-14.5～-17.4℃
	7月平均气温	16～22℃	6.5～8.1℃
	年最低气温	-33～-60℃	-34～-41℃
	年最高气温	32～37℃	23℃左右
	年平均气温较差	46～53.5℃	23～26℃

续上表

自然条件、冻土特征地区		兴安岭地区	青藏高原地区
自然条件	年降水量	400~600mm	<400mm
	年蒸发量	1000mm左右	1400~1800mm
	积雪量	10~50cm	<10cm
	平均地温	0~-2.5℃	-1.0~-5℃
冻土特征	平面分布	以非整体冻土为主,边缘地带宽广	以整体冻土为主,边缘地带很窄
	剖面构造	以非衔接冻土为主	以衔接冻土为主
	上限深度	0.3~4.0m	1.2~4.0m
	冻、融深度	大部分地区一年内融化深度大于冻结深度	大部分地区一年内冻结深度大于融化深度
	稳定情况	不够稳定	比较稳定
	季节冻融过程	融化较快	融化较慢
	物理地质现象	沼泽、冰丘、冰锥多	厚层地下冰多,沼泽少,但沼泽化湿地多

注:表中所列青藏高原地区的气象资料主要是青藏公路沿线的数据。

2)冻土地区的交通病害

(1)冻土地区道路的病害类型。

①季节性冻融翻浆。

冻融翻浆现象主要发生于我国东北各地和南方的季节性冰冻地区。潮湿地段的路基在冰冻过程,土中水分不断向上移动,路基上部含水率大增,春季或春夏间,气温逐渐回升,由于土基上层首先融化,强度急剧降低,甚至失去承载能力,在行车作用下形成弹簧、松软、裂缝、鼓包、冒泥等翻浆现象。

②融沉。

融沉是多年冻土地区路基的主要病害之一,一般多发生在含冰率大的黏性土地段。当路基基底的多年冻土上部或路堑边坡上分布有较厚的地下冰层时,由于地下冰层较浅,在施工及运营过程中各种人为因素的影响下,使多年冻土局部融化,上覆土层在土体自重和外力作用下产生沉陷,造成路基的严重变形。这种变形表现为路基下沉,路堤向阳侧路肩及边坡开裂、下滑,路堑边坡溜坍等。

③冻胀。

土体冻胀是指土中水冻结成冰引起的体积膨胀,足够的负温总量、路基填土为冻胀敏感性土以及土体内含水率大或有外来水分的补给是易形成冻胀病害的条件。由于冻胀受土质、水分、冻结等条件的影响,冻胀一般是不均匀的,它是多年冻土区路基变形的主要原因之一。受其影响,路基往往发生隆起、扭曲变形等不良现象,严重影响公路行车安全。

④路基裂缝。

由于路基存在阴阳坡的现象,导致路基温度场冻土上限横向不对称,产生不均匀沉降,在多年冻土路基表面、路肩等部位往往出现纵向裂缝,裂缝宽度在几毫米甚至几十毫米,长度在几米甚至几十米,对路基稳定性影响很大。

⑤路基交界处不均匀变形。

由于路堤与路堑、路堤与桥梁之间的结构形式、几何尺寸均不同,路基交界处的温度场受

到不同程度的影响，土体中含有的冰晶体发生融化，在车辆荷载的作用下容易产生不均匀变形。

⑥路基边坡坍滑。

多年冻土的路堑经人工开挖后，冻土的埋藏深度将变浅，甚至完全暴露于大气中，土层中原有的热力平衡被打破，出现热融现象，冻土中的固态冰融化，含水率增加，土体强度急剧下降，导致路堑边坡开裂下滑。

⑦冻土填筑路基的危害。

使用冻胀性土的路段，当有水分供给时，在冬季负气温作用下，水分连续向上聚流，在路基上部形成冰夹层、冰透镜体，导致路面不均匀隆起，产生柔性路面开裂、刚性路面错缝或折断的现象。在春融期间，土基水分过多、强度急剧降低，在行车作用下路面发生弹簧、裂缝、鼓包、冒泥等现象。

⑧桥涵基础破坏。

多年冻土多呈岛状不连续分布，对桥涵的危害主要表现为由冻胀引起的桥涵基础破坏。桥涵的一些冻融病害包括铺砌冻融破损、墙身冻融开裂及不均匀沉降等。桥涵内的水容易发生冻融循环，长期反复冻融将导致混凝土表皮剥落、强度降低等不利影响。浆砌卵石铺砌的破损即是受冻融循环的影响。

⑨冻土沼泽。

在多年冻土地区，在排水不畅的地带，由于冻土层形成大面积的隔水层，使地表长期过湿、沼泽植物繁育并泥炭化，即形成冻土沼泽。冻土沼泽多见于洼地，也见于平坦的分水岭或缓坡上。在沼泽分布地带，由于草墩及泥炭层覆盖，多年冻土上限很浅，容易产生不均匀冻胀和热融沉陷。

⑩冰丘、冰锥。

冬季冰锥上路会阻碍交通并可能引起交通事故；春季气温回升，冰锥融化，冰雪融水积在路面或沿路面裂缝渗入基层，会引起道路翻浆，而且会在一定程度上破坏植被。

(2)沥青路面结构引发的问题。

由于沥青路面强烈的吸热作用和减少蒸发的能力，导致修筑沥青路面后表面温度升高，增大了土体温度的年较差，进而影响其下部土体温度的变化。多年冻土区修筑沥青路面后显著增加了夏季土体的温度，这种地温状况导致工程所依附的多年冻土层热量年总收入大于年总支出，造成多年冻土迅速升温及融化，在路基内形成软弱的融化盘或融化夹层，是使路基产生不均匀变形的直接原因。

(3)青藏公路路面病害规律。

对于青藏公路路面病害的发生规律，有以下认识：

①长期低温和高辐射使面层过早老化和开裂，多年冻土融化沉陷导致路面起伏；

②如果沥青用量偏少，则沥青黏结力、抗老化能力差；

③水泥混凝土类路面受低温条件影响，强度形成困难，面板破坏严重；

④低温和材料及施工等方面问题致使水泥稳定天然沙砾基层强度较低或呈松散状，导致路面病害加剧；

⑤地基密实度低，主要是冻土融化造成的，融化过程仍在继续，固结尚需时间，因此路面沉陷还将继续发生；

⑥纵向裂缝的发生和分布与路基高度密切相关,随着全线路基加高和时间的推移,纵向裂缝发生的数量和规模都将逐渐加大。

(4)冻土地区隧道病害。

高海拔寒冷地区的公路隧道普遍面临着冻害威胁,极易产生衬砌开裂、边墙挂冰、路面结冰等严重影响隧道正常使用和隧道结构安全的病害现象。

3)冻土地区的工程评价

(1)冻胀、翻浆的分级。

①冻胀。冻胀性土的分类,通常是在土质分类的基础上,按强弱等级可将冻胀性土分为以下4类:轻冻胀、冻胀、重冻胀、特重冻胀。

②翻浆。翻浆分类,根据水分来源导致的翻浆可将其分为以下5类:地面水类、地下水类、气态水类、土体水类、混合水类。根据翻浆高峰时的路面变形程度,可将翻浆路段分为3级:轻型、中型、重型。

(2)冻胀与翻浆影响因素分析。

①土质因素。土质可分为粉质土、粉质黏土、砂质土;其中粉质土具有很强的冻胀性,非常容易形成翻浆。这种类型的土的毛细水上升速度较快且上升水位较高,在负温度的作用下水分容易迁移,若在水源供给充足的情况下能形成特别严重的冻胀,而且在春融时期由于承载能力的急剧下降,也特别容易形成翻浆。

粉质黏土的毛细水上升虽高,但速度慢,在水源供给充足且冻结速度较慢的情况下,才会形成比较严重的冻胀和翻浆。当粉质土和粉质黏土含有较多的易溶盐和较多的腐殖质时,更易形成冻胀和翻浆。一般情况下,砂质土不易形成冻胀和翻浆,因其毛细水聚冰少、上升高度小,且在水分充足时也能保持一定的强度,但若砂质土中粉黏粒含量较多,也能形成冻胀和翻浆。

②温度。温度是形成冻胀和翻浆的重要因素,只有在一定的冻结指数[冻结指数是指在一个冻结期内,日平均气温为负值度数(℃)的逐日累积值]或冻结深度下才能形成冻胀和翻浆,而在冰冻指数和冻结深度相同的条件下,负温作用的特点和冻结速度是影响冻胀和翻浆形成的重要因素,如在初冬季节或冷暖交替变化较频繁时,气温在0℃左右停留的时间较长,则冻结线停留在土基的上部,致使大量水分聚流至离地面较近的地方,从而形成比较严重的冻胀和翻浆,反之,若温度一开始就很低,则冻结线下降很快,水分不能向上迁移,则在土基的上部聚冰较少,冻胀和翻浆的现象就比较轻。此外,春融期间的气温变化和解冻速度对翻浆也有影响。如在解冻时,天气急剧变暖,土基融化速度过快,则会形成较严重的翻浆。

③水分。水分是影响冻胀与翻浆的重要因素,冻胀与翻浆的过程,实质上是水在路基中迁移渐变的过程。路基的地表积水及较浅的地下水所提供的充分水源是形成冻胀和翻浆的重要条件。雨水和灌溉都会使路基的含水率增加,导致地下水位升高,从而形成冻胀与翻浆。

④路面。冻胀和翻浆的现象都是由路面的破坏变形而表现出来的,路面的类型对冻胀与翻浆同样有着影响,如黑色的沥青路面受到太阳辐射,温度迅速升高,路基环境温度改变使路基出现融化沉陷而破坏;在潮湿土的地基上铺筑沥青路面,水分不能从沥青路表面通畅地蒸发,只是水分的聚集,聚冰量加大,从而引起冻胀和翻浆;同时路面的厚度也对冻胀和翻浆有影响,厚度大的路面可减轻冻胀,或避免翻浆。

⑤行车荷载。路面的翻浆是在形成荷载的作用下最后引发的，即使路基有冻胀，春融时水分充足，若无荷载的作用，也是不会形成翻浆的。因此，在其他条件相同的情况下，交通量越大，行车荷载越重，翻浆也将越严重。

(3)季节性冻土的工程性质评价。

①工程性质。冻土作为建筑物地基，在冻结状态时，具有较高的强度和较低的压缩性或不具压缩性。但冻土融化后则承载力大为降低，压缩性急剧增高，使地基产生融陷；相反，在冻结过程中又产生冻胀，对地基均为不利。冻土的冻胀和融陷与土的颗粒大小及含水率有关，一般土颗粒越粗，含水率越小，土的冻胀和融陷性越小；反之则越大。

②季节性冻土按冻胀性分类。季节性冻土的冻胀性按不同土质、天然含水率和冻结期间，地下水位低于冻深的最小距离来划分冻胀类别，见表4.5-5。

季节性冻土的冻胀性分类 表4.5-5

<table>
<tr><th>土壤名称</th><th>天然含水率ω(%)</th><th>冻结期间地下水位低于冻深的最小距离(m)</th><th>冻胀类别</th></tr>
<tr><td>岩石、碎石土、砾砂、粗砂、中砂、细砂</td><td>不考虑</td><td>不考虑</td><td>不冻胀</td></tr>
<tr><td rowspan="6">粉砂</td><td rowspan="2">$\omega<14$</td><td>>1.5</td><td>不冻胀</td></tr>
<tr><td>≤1.5</td><td rowspan="2">弱冻胀</td></tr>
<tr><td rowspan="2">$14\leqslant\omega<19$</td><td>>1.5</td></tr>
<tr><td>≤1.5</td><td rowspan="2">冻胀</td></tr>
<tr><td rowspan="2">$\omega\geqslant19$</td><td>>1.5</td></tr>
<tr><td>≤1.5</td><td>强冻胀</td></tr>
<tr><td rowspan="7">粉土</td><td rowspan="2">$3\leqslant\omega\leqslant19$</td><td>>2.0</td><td>不冻胀</td></tr>
<tr><td>≤2.0</td><td rowspan="2">弱冻胀</td></tr>
<tr><td rowspan="2">$19<\omega\leqslant22$</td><td>>2.0</td></tr>
<tr><td>≤2.0</td><td rowspan="2">冻胀</td></tr>
<tr><td rowspan="2">$22<\omega\leqslant26$</td><td>>2.0</td></tr>
<tr><td>≤2.0</td><td rowspan="2">强冻胀</td></tr>
<tr><td>$\omega>26$</td><td>不考虑</td></tr>
<tr><td rowspan="7">黏性土</td><td rowspan="2">$\omega\leqslant\omega_p+2$</td><td>>2.0</td><td>不冻胀</td></tr>
<tr><td>≤2.0</td><td rowspan="2">弱冻胀</td></tr>
<tr><td rowspan="2">$\omega_p+2<\omega\leqslant\omega_p+5$</td><td>>2.0</td></tr>
<tr><td>≤2.0</td><td rowspan="2">冻胀</td></tr>
<tr><td rowspan="2">$\omega_p+5<\omega\leqslant\omega_p+9$</td><td>>2.0</td></tr>
<tr><td>≤2.0</td><td rowspan="2">强冻胀</td></tr>
<tr><td>$\omega>\omega_p+9$</td><td>不考虑</td></tr>
</table>

注：1.表中碎石土仅指充填物为砂土或硬塑、坚硬状态的黏性土或饱和度不大于0.5的粉土，充填物为其他状态的黏性土或粉土时，其冻结性应按黏性土或粉土确定。

2.表中细砂仅指粒径大于0.075mm颗粒超过全重90%的细砂，其他细砂的冻胀性应按粉砂确定。

3.ω_p为土的塑限。

(4)多年冻土的工程性质评价。

①按融陷性分级和评价。多年冻土根据土的类别、总含水率和融化后的潮湿程度进行融陷性分级及评价,见表4.5-6。

多年冻土融陷性分级 表4.5-6

多年冻土名称	土壤类别	总含水率 ω_n(%)	融化后的潮湿程度	融陷性分级及评价
少冰冻土	粉黏粒含量≤15%(或粒径小于0.1mm的颗粒≤25%,下同)的粗颗粒土(粗砂、中砂,下同)	$\omega_n \leqslant 10$	潮湿	(Ⅰ)不融陷
	粉黏粒含量>15%(或粒径小于0.1mm的颗粒>25%,下同)的粗颗粒土、细砂、粉砂	$\omega_n \leqslant 12$	稍湿	
	黏性土	$\omega_n < \omega_p$	半干硬	
多冰冻土	粉黏粒含量≤15%的粗颗粒土	$10 < \omega_n \leqslant 16$	饱和	(Ⅱ)弱融陷
	粉黏粒含量>15%的粗颗粒土,细砂、粉砂	$12 < \omega_n \leqslant 18$	潮湿	
	黏性土	$\omega_p < \omega_n \leqslant \omega_p + 7$	硬塑	
富冰冻土	粉黏粒含量≤15%的粗颗粒土	$16 < \omega_n \leqslant 25$	饱和出水(出水量小于10%)	(Ⅲ)中融陷
	粉黏粒含量>15%的粗颗粒土、细砂、粉砂	$18 < \omega_n \leqslant 25$	饱和	
	黏性土	$\omega_p + 7 < \omega_n \leqslant \omega_p + 15$	软塑	
饱冰冻土	粉黏粒含量≤15%的粗颗粒土	$25 < \omega_n \leqslant 44$	饱和大量出水(出水量为10%~20%)	(Ⅳ)强融陷
	粉黏粒含量>15%的粗颗粒土、细砂、粉砂		饱和出水(出水量小于10%)	
	黏性土	$\omega_p + 15 < \omega_n < \omega$	流塑	
含土冰层	碎石土、砂土	$\omega_n > 44$	饱和大量出水(出水量为10%~20%)	(Ⅴ)极融陷
	黏性土	$\omega_n > \omega_p + 35$	流塑	

注:1.碎石土及砂土的总含水率界限为该两类土的中间值,含粉黏粒少的粗颗粒黏性土比表列数值小,细砂、粉砂比表列数值大。

2.黏性土总含水量界限中的+7、+15,+35为不同类别黏性土的中间值,黏砂土比该值小,黏土比该值大。

②冻土的工程性质划分。

Ⅰ类土:为不融陷土,除基岩之外为最好的地基土。一般建筑物可不考虑冻融问题。

Ⅱ类土:为弱融陷土,为多年冻土较良好的地基土。融化下沉量不大,一般当基底最大溶深控制在3.0m之内时,建筑物均未遭受明显破坏。

Ⅲ类土:为中融陷土,作为建筑物地基时,一般基底融深不得大于1.0m。因这类土不但有较大的融陷量和压缩量,而且冬天回冻时,应采取专门措施,如深基、保温、防止土基底融化等。

Ⅳ类土:为强融陷土,往往会造成建筑物的破坏。因此,原则上不容许地基土发生融化,宜采用保持冻土的原则设计或采用桩基等。

Ⅴ类土：为极融陷土，因含有大量的冰，所以不但不容许基底融化，还应考虑它的长期流变作用，需进行专门处理，如采用砂垫层等。

(5)冻胀与道路翻浆的关系。

一般情况下，冻胀大的路段，土基聚冰多，春融期水分多，容易翻浆或翻浆较重；反之，冻胀小或不冻胀的路段，土基聚冰少，春融期水分少，不易翻浆或不翻浆。但也有时冻胀大的路段并不翻浆，这可能是由于聚冰层位于土基下部或路面较厚等。又如，有时冻胀小或不冻胀的路段反而翻浆，其原因可能是聚冰层虽薄但位于土基上部、聚冰下挤没有表现为冻胀、路面过薄或结构不合理等。

不同路面翻浆有不同的反映：

①高级路面对变形特别敏感，容易出现开裂、错缝、折断等冻胀破坏；由于路面厚、安全系数大，一般较少出现翻浆破坏。

②中、低级路面由于路面薄、安全系数低，较多出现翻浆破坏；由于可允许较大变形，故很少出现冻胀破坏。

③次高级路面介于高级路面与低、中级路面之间，既有冻胀破坏，也有翻浆破坏，但常以翻浆破坏为主。

因此，在设计时，对高级路面要着重考虑冻胀问题；对中、低级路面主要考虑翻浆问题；对次高级路面则两者都要考虑。

(6)冻胀与道路翻浆分区。

①分区考虑采用两级区划系统。

a.一级区划。

考虑冻结作用的不同，划分为季节冻结区(Ⅱ)与多年冻土区。

季节冻结区(Ⅱ)：以冻深为指标，划分为重冻区($Ⅱ_1$，冻深大于100cm)、中冻区($Ⅱ_2$，冻深50~100cm)与轻冻区($Ⅱ_3$，冻深小于50cm)。

多年冻土区：先根据地理分布划分为兴安岭多年冻土区(Ⅰ)、西部高山多年冻土区(Ⅲ)与青藏高原多年冻土区(Ⅳ)，再根据多年冻土类型划分为衔接多年冻土与不衔接多年冻土两个类型，分别以$Ⅰ_1$、$Ⅰ_2$、$Ⅲ_1$、$Ⅲ_2$、$Ⅳ_1$、$Ⅳ_2$表示。

b.二级区划。

考虑湿度影响，以И·Н伊万诺夫的年计算湿润系数K为指标，划分出五个湿度等级：A过湿区($K>1.0$)、B中湿区($K=1.0\sim0.6$)、C半干区($K=0.6\sim0.3$)、干旱区($K=0.3\sim0.05$)与E过干区($K<0.05$)。

因此，全国共有$Ⅰ_1$A、$Ⅰ_2$A、$Ⅰ_2$B、$Ⅰ_2$C、$Ⅱ_1$C、$Ⅱ_1$B、$Ⅱ_1$C等17个二级区。其中$Ⅲ_1$B、$Ⅲ_1$C、$Ⅲ_2$B、$Ⅲ_2$C为西部高山多年冻土区，主要包括天山、祁连山与喜马拉雅山3个亚区，其界限随高度而变化，应根据实地调查资料确定。

②各区特点。

对于上述17个二级区，将其情况相近者加以归并，可得6个各具显著特点的冻胀与翻浆分区，见表4.5-7。

根据地下水的来源不同，翻浆分类见表4.5-8；按翻浆高峰时期路面变形破坏程度，将翻浆路段分为三级，见表4.5-9。

冻胀与翻浆分区 表4.5-7

<table>
<tr><th colspan="3">翻浆分区</th><th rowspan="2">气候特点</th><th rowspan="2">冻胀与翻浆特点</th></tr>
<tr><th>编号</th><th>名称</th><th>范围</th></tr>
<tr><td>1</td><td>湿润的中重季节冻结区</td><td>$Ⅱ_1$A、$Ⅱ_1$B、$Ⅱ_2$A</td><td>气候湿润，为过湿区及中湿区，年降水量500～1200mm，冻前降雨较多。
气候寒冷，为重冻区及中冻区，主要为重冻区，冻深80～280cm，冻结时间长，有利于负温作用下的聚流</td><td>冻胀与翻浆很严重、很普遍，成为路基路面的主要病害。
排水不畅的平原，特别是表层为粉性土，下层为透水性较差的黏性土地段；丘陵区洼地和坡腰地带；山区的冲积扇；背阴山坡的坡积层等均易发生冻胀和翻浆。
冻胀与翻浆的水源以地面水及地下水位多，常连续大段出现。
春融时期如气温上升快或遇雨、雪则翻浆加重</td></tr>
<tr><td>2</td><td>半干的中重季节冻结区</td><td>$Ⅱ_1$C、$Ⅱ_2$C</td><td>气候较干，为半干区，年降水量300～600mm。
气候寒冷，为重冻区及中冻区，冻深50～250cm</td><td>冻胀与翻浆区不如Ⅰ区那样普遍和严重，只在水文地质条件不利的情况下零星出现，但在不利年份也可能比较严重</td></tr>
<tr><td>3</td><td>干旱的中重季节冻结区</td><td>$Ⅱ_1$D、$Ⅱ_1$E、$Ⅱ_2$E</td><td>气候干旱，为干旱区或过干区，年降水量50～300mm。
气候寒冷，为重冻区及中冻区，冻深50～250cm</td><td>冻胀与翻浆区很少见，主要发生在绿洲、灌区、盐滩、湖滨、河畔和沼泽地等局部地段，但在上述地段，冻胀土翻浆往往很严重、很普遍，常连续大段出现。
冻胀与翻浆水源多为地下水，但气态水所占比重较大；土多为盐渍土</td></tr>
<tr><td>4</td><td>中湿的轻季节冻结区</td><td>$Ⅱ_1$D、$Ⅱ_2$B</td><td>气候较湿，为中湿区，年降水量500～1000mm。
气候较暖为轻冻区，冻深10～50cm</td><td>为冻胀、翻浆地区与不冻区、不翻浆地区的过渡地带。冻胀与翻浆很少、很轻，延续时间很短，且只在不利年份才出现</td></tr>
<tr><td>5</td><td>兴安岭多年冻土区</td><td>$Ⅰ_1$A、$Ⅰ_2$A、$Ⅰ_2$B、$Ⅰ_2$C</td><td>气候湿润，主要为过湿区及中湿区，年降水量400～600mm。
气候严寒，积雪10～50cm，冬季非常冷，夏季较暖</td><td>冻胀与翻浆严重而普遍</td></tr>
<tr><td>6</td><td>青藏高原多年冻土区</td><td>$Ⅳ_1$C、$Ⅳ_2$B、$Ⅳ_2$C</td><td>气候较干，主要为半干区，年降水量小于400mm，积雪小于10cm。
气候严寒，冬季最低气温较兴安岭为高，夏季气温较兴安岭低</td><td>冻胀与翻浆都很严重，但由于气候较干、土质较粗，远不如兴安岭那样普遍，只在湖滨沼泽化湿地，潮湿的山麓缓坡等地段出现，由于暖季气温低，融期长，多雨年份翻浆延续期长</td></tr>
</table>

翻浆分类 表4.5-8

翻浆类型	导致翻浆的水分来源
地下水类	受地下水的影响，土基经常潮湿，导致翻浆。地下水包括上层滞水、潜水、层间水、裂隙水、泉水、管道漏水等。潜水多见于平原区，层间水、裂隙水、泉水多见于山区
地面水类	受地面水的影响，使土基潮湿，导致翻浆。地面水主要指季节性积水，也包括路基、路面排水不良而造成的路旁积水和路面渗水

续上表

翻浆类型	导致翻浆的水分来源
土体水类	因施工遇雨或用过湿的土填筑路堤，造成土基原始含水率过大，在负温度作用下使上部含水率显著增加，导致翻浆
气态水类	在冬季强烈的温差作用下，土中水主要以气态形式向上运动聚积于土基顶部和路面结构层内，导致翻浆
混合水类	受地下水、地面水、土体水或气态水等两种以上水类综合作用产生的翻浆。此类翻浆需要根据水源主次定名，如地下水、地面水类等

翻浆分级 表 4.5-9

翻浆等级	路面变形破坏程度
轻型	路面龟裂、湿润、车辆行驶时有轻微弹簧
中型	大片裂纹、路面松散、局部鼓包、车辙较浅
重型	严重变形、翻浆冒泥、车辙很深

对于翻浆地区，路基排水更为重要，因此，必须保证路基填土高度和对压实度的要求。高速公路、一级公路除考虑强度因素外，还需考虑冻胀对路基、路面的影响。

4）冻土地区交通病害的预防及处治

（1）选线原则。

①路线通过山坡时，宜选择在平缓、干燥、向阳的地带。这里的多年冻土埋藏较深，埋藏的冰较少，稳定性好。在积雪地区，路线应选择在积雪轻微的山坡上。

②沿大河河谷，宜选择在阶地或大河融区。但应避免在融区附近的多年冻土边缘地带定线，当路线必须穿越冻土时，则应以较短的距离通过多年冻土地带。

③路线宜选择土质良好的地带通过，并应尽量靠近取土地点，以及砂、石和保温材料产地。

④路线应尽可能避免通过不良地质地段。如必须通过时，在厚层地下冰和冻土沼泽地段，路线宜从较窄、较薄且埋藏较深处通过；在热融滑坍、冰丘、冰锥地段，路线宜在下方较高处通过。在热融湖（塘）地段，路基高度要考虑最高水位、波浪侵袭高度及路堤修筑后的壅水高度等因素。

⑤多年冻土地区路基应尽量采用填方，尽可能避免挖方、零断面或低填浅挖断面。受条件限制时，亦要缩短零断面、半填半挖及低填浅挖路段的长度。在饱冰冻土和厚层地下冰地段，应避免以挖方通过。

（2）冻土地区路基设计。

采用破坏多年冻土的措施处理冻土危害时，可以采取预融或挖除的方式完全或部分破坏路基下冰层。当采用预融的方式时，在路基填筑前，应完全清干冻土融化的水分。保护多年冻土可采取保持多年冻土处于冻结状态的方式，控制多年冻土的融化速度，即在路基使用年限内，将多年冻土融化速度和融化深度控制在路基稳定所允许的变形范围内。

①一般规定。

a.多年冻土地区路基设计，应查明沿线多年冻土的分布、类型、冻土层上限及水文地质等情况。在冻土沼泽、冰丘、冰锥、热融湖(塘)地段修筑路基,应详细调查其范围、规模、发生原因及发展趋势。

b.冻土沼泽(沼泽化湿地)、热融湖(塘)地段,应以路堤通过,路堤高度应在沼泽暖季积水水位加毛细水上升高度加有害冻胀高度的基础上再加0.5m,且满足保温厚度的要求;通过较大的热融湖(塘),还需考虑波浪壅水的影响。

c.路基填料设计应考虑冻结层上水的发育情况及填料的冻胀敏感性,有条件时应优先采用卵石土或碎石土作填料。严禁使用塑性指数大于12、液限大于32%的细粒土和富含腐殖质的土及冻土。保温护道填料,应就地取材,可采用泥炭、草皮、塔头草或细粒土。

d.按工程环境特点和工程建设不同阶段,采用区段设计和场地设计相结合的原则;根据冻土的类型及年平均地温,采用保护、一般保护和一般路基的设计原则。

e.路基位于少冰冻土、多冰冻土地段,可按一般路基设计;位于富冰冻土、饱冰冻土、含土冰层地段,以及冰丘、冰锥、多年冻土沼泽、热融湖(塘)、地下水路堑地段,应进行特殊设计。

f.路基设计应与路面结构设计综合考虑,减少路基过大变形或不均匀沉降引起的路面结构性破坏。

②高含冰率冻土地段路基。

a.路堤的设计应计算地基的融化沉降量和压缩沉降量,并按竣工后的沉降量确定路基预留加宽与加高值。

b.按保护或一般保护多年冻土的原则设计时,路堤最小填土高度不仅要满足防止冻胀翻浆的要求,而且必须保证冻土上限不下降。路堤也不宜过高,以防止路堤纵裂等次生病害。

c.路堤较高时,可采用土工格栅或土工格室等加强措施。

d.路堤高度不能满足保护冻土上限不变的最小高度时,可设置工业保温材料层。

e.填挖过渡段、低填方地段应进行基础换填,换填厚度经热工计算确定,换填基底与挖方地段换填基底应顺接。采用卵砾石作为换填材料时,应在地面上设置复合土工膜防渗层,防止地表水渗入,防渗层顶面横坡不应小于4%。

f.路堑边坡、基底根据冻土层的分布、坡面朝向、地温情况及填料的来源采用全部或部分换填处理,换填厚度应通过计算确定,边坡坡度不宜陡于1∶1.75。

路堑堑顶应采用包角式断面形式,堑顶包角高程一般高出原地面0.8m,宽度为1.0m,外侧边坡坡度为1∶1.75,内侧边坡坡度与路堑边坡一致。

g.当填方基底为饱冰细粒土或含土冰层,且地下冰层较厚时,可在边坡坡脚设置保温护道及护脚,并在填方基底设置保温层。保温设施可利用当地苔藓、草皮、塔头草、泥炭或黏质土等材料。

h.不稳定多年冻土区的路基应根据冻土的分布、填料、路基填挖及地温的情况采用冷却地基、设置保温层等措施综合处理,保温层设置应根据热工计算确定。

高含冰量冻土厚度较小、埋藏较浅的地段,经技术经济比较后,也可采用清除高含冰量冻土的措施。以上措施仍不能保证路基稳定时,宜采用桥梁代替填土路基。

i.不稳定多年冻土地段高含冰量冻土路基,宜采用土工合成材料加筋结构。

③不良冻土工程地质路段路基。

a.位于冰锥、冻胀丘下方地段的路堤，应在其上方设排水沟，以截排冰锥、冻胀丘附近涌出的水流。属常年性融区，并有较大的地下水流处，应设保温渗沟，将地下水引到路堤以外，必要时设桥通过。

b.位于冰锥、冻胀丘上方地段的路线通过方案应慎重采用。必须通过时，应在路堤上方坡脚外不小于20m处，设较深的排水沟和冻结沟。若存在冻结层下水，应设保温渗沟将地下水引排至路基以外。若积冰量很大，或有大量地下水横穿路基，且截排有困难时，宜设桥通过。

c.路基通过融穿性湖塘，当湖塘面积不大时，可抽干积水，换填沙砾或抛石挤淤；若湖塘面积较大，可设围堰抽干水，挖除基底松软土层，换填透水性材料。路堤宽度与高度应考虑预留沉落量，沉落量除考虑路基本体填土压实影响外，还需考虑基底土层压密沉降的影响。

路基通过高含冰率冻土地段的湖(塘)，应根据路基基底地层含冰情况，按上述第②条的要求办理。

d.沼泽地段的路堤，应根据沼泽特点、积水深度、多年冻土类型，按照保护多年冻土的原则，并应采取加强排水、预留沉降、消除冻害的综合措施。

④路基排水。

a.高含冰率冻土地段应避免修建排水沟、截水沟，宜修建挡水埝。挡水埝断面尺寸应通过计算确定，并采取防渗和保温措施，必要时应采取加固措施。

b.在高含冰率冻土地段设计排水沟、截水沟时，应充分考虑冻土及冰层的埋藏深度，采用宽浅的断面类型，断面尺寸按计算确定。富冰冻土、饱冰冻土地段，排水沟、截水沟、挡水埝内侧边缘，至保温护道坡脚或堑顶或路堤坡脚(无保温护道)的距离不得小于5m；含土冰层地段不得小于10m。

c.应根据地下水类型、水量、积水和地层情况，采用冻结沟、积冰坑、挡冰堤、挡冰墙或渗沟等措施，排除对路基有危害的地下水。

采用渗沟排除地下水时，渗沟及检查井均应采取保温措施。出水口的位置应选在地势开阔、高差较大、纵坡较陡、向阳、避风处，并采用掩埋式椎体或其他形式的保温措施。

路堑边坡有地下水出露时，必须将水引排，并应在边坡上采取保温措施。

⑤取土坑和弃土堆。

a.取土坑(场)应符合多年冻土地区环境保护要求，适当远离路线，分段集中取土。取土坑(场)的设置应考虑减少取土后取土坑对周围地层的热平衡影响，避免造成天然上限下降，引起热融沉陷与滑坍等新的不良地质病害，影响路基稳定。

b.取土坑(场)应选择在路堤上侧植被稀疏的少冰、多冰冻土山坡或融区、河滩谷地。饱冰、富冰冻土及含土冰层地段不得取土。

c.路堑挖方为高含冰冻土时，不得作为路基或保温护道填料。

⑥路基设计的一些具体措施。

防止季节性冰冻地区路基冻胀和翻浆的主要措施有：做好路基排水、提高路基填土高度、倾填片石、保温措施(如热棒、隔热、遮阳、硅藻土护道及片石路基等)、隔温措施(如用选择炉渣、矿渣、碎砖等填筑，厚度一般为20~50cm)、路面加宽、设置隔离层、换填土、降低地下水(横向盲沟降水、管渗沟等降水、土工布排水)、改善路面结构层、以桥代路技术等,根据实践经验汇总形成防治翻浆措施(表4.5-10)。

各种防治翻浆措施选择参考表 表4.5-10

编号	措施种类	适用的翻浆类型	翻浆等级	适用地区或条件	使用说明
1	路基排水	①、②、⑤	轻、中、重	平原区、丘陵区、山区	适用于一切新、旧道路
2	提高路基	①、②、⑤	轻、中、重	平原、洼地、盆地	新、旧路均可使用,必要时也可与3、4、5、6、7、9任何一类组合应用
3	砂(砾)垫层	①、②、③、⑤	中、重	产砂、砾地区	新、旧路均可用,主要做垫层可与2、4类组合应用
4	石灰土结构层	①、②、③、④、⑤	轻、中、重	缺少砂、石地区	新、旧路均可用,做基层或垫层可与3、5类措施组合应用
5	煤渣石灰土结构层	①、②、③、④、⑤	中、重	缺少砂、石地区,煤渣供应有保证时	新、旧路均可用,做基层或垫层,可与4类措施组合应用
6	透水性隔离层	①、②、⑤	中、重	产砂、石地区	适用于新路
7	不透水隔离层	①、②、④、⑤	中、重	沥青、油毡纸、塑料薄膜、不透水土工布供应有保证	多用于新路
8	盲沟	①、⑤	轻、中、重	坡腰或横向地下水出露地段,地下水位高的地段	新、旧路均可使用
9	换土	①、②、③、⑤	中、重	产沙砾或水稳性好的材料地区	适用于新、旧路

注:①-地下水类;②-地面水类;③-土体水类;④-气态水类;⑤-混合水类。

富冰冻土、饱冰冻土及含土冰层地段的路堑,一般多采用基底部分或全部换填,以及坡面保温等措施。

以桥代路是解决高原多年冻土施工这一世界性筑路难题的有效措施之一。随着全球气温变暖,多年冻土的年平均地温也会有一定幅度的升高,高温极不稳定多年冻土及高温不稳定多年冻土区的含土冰层和饱冰、富冰冻土可能发生融化。迄今为止,还没有任何的路基工程措施可以抵御这样的破坏。因此,采用以桥代路技术措施,可以保证交通工程的安全性和可靠性。此外,在线路无法绕避的不良地质现象也可用以桥梁形式通过,如冰幔、冰锥、冻胀丘、冻融泥流、热融滑塌和热融湖(塘)等,以确保工程安全。

对规模较大的冰丘群,路线宜尽可能绕避,对规模较小的冰丘,路线宜在其下方以路堤通过。当含水层不厚,埋藏又浅,其下又为不透水层,则可于路堤的上方设置冻结沟以截断地下水,使冰丘远离路基。

冰锥的破坏力相当大,路线宜尽可能绕避。如果规模很小,也可在其下方通过,并采用冻结沟、防冰堤、聚冰坑、保温盲沟以及渗井等措施。

热融湖(塘)地段的路堤处理措施如下:

a.无论通过季节性有水或常年有水的热融湖(塘)的路堤,其水下部分必须以渗水土填筑,渗水土的填筑高程应高出最高水位 0.5m。

b.当基底有地下冰或松软层时,路堤两侧应设护道加固。

c.无论通过季节性有水还是常年有水的热融湖(塘)的路堤,在预留沉落量时,必须结合热融湖(塘)的基底土质、地下冰情况、上限深度等因素,综合考虑基底的沉落量。

d.路堤两侧的水,最好不要排入路堤所通过的热融湖(塘)中,以免提升热融湖(塘)的水位。

e.通过热融湖(塘)的路堤,其断面形式、施工要求等,可结合多年冻土地区的特点,参照非多年冻土地区河滩路堤要求办理。

热融滑坍地段的路基处理措施如下:

a.热融滑坍按发展阶段和对工程的危害程度,可分为活动的热融滑坍和稳定的热融滑坍两类。稳定的热融滑坍是指那些由于自然作用或人为作用,使滑坍范围不再扩大的热融滑坍。热融滑坍发展到厚层地下冰的边缘时,也将形成稳定的热融滑坍。

b.当路基在滑坍体下方通过时,路堤、路堑均应在上侧山坡设置挡水埝及截水沟,并根据热融滑坍体上的泥流、水流的大小适当加大挡水埝及截水沟的断面尺寸。

c.当路基设在滑坍体上时,应注意以下各点:

(a)挖除基底下滑坍体的松软土层并予以换填。

(b)对于路基上侧的滑坍体部分,视具体情况(如路基在滑坍体断面上的位置,滑坍体下卧冰层的厚度及地面坡度等)须设置支挡建筑物或坡面保温层。

(c)对于路基下侧滑坍体部分,一般可放缓边坡;如可能产生新的滑坍时,则须设置坡面保温层或支挡建筑物。

(d)当路线在滑坍体上方通过时,在滑坍体溯源处冰层暴露的外侧,应采取确保整个滑坍体稳定的保温措施。

⑦严禁在滑坍体上取土,取土坑应远离滑坍体。

(3)抗冻混凝土。

为提高构造物混凝土抗冻融能力,可采用在混凝土中添加纤维和防冻剂的方法,但纤维和防冻剂都有其最佳添加量,纤维最佳添加量为 4%,防冻剂最佳添加量为 3.5%。

青藏高原多年冻土区的年平均地温大多在-2.5~-0.5℃之间,多年冻土地区桥梁灌注桩基础混凝土养生温度基本为稳定的负温度。多年冻土中的钻孔灌注桩,在桩身混凝土温度达 0℃以前,如果混凝土的强度能达到临界抗冻强度,在随后的时间里,即使混凝土温度降至较低的负温度,其强度仍能继续增长至设计值,采用负温混凝土 30d 达到 80%的强度即可以加载,采用普通混凝土需要 70~80d 才可以加载。据试验,青藏高原多年冻土区桥梁灌注桩基础混凝土可不考虑早期抗冻性、抗冻耐久性的影响,这样可以减少或避免采用防冻剂等,间接减少桩长。

(4)高海拔冻土区隧道排水。

水是寒区隧道冻害产生的根源,寒冷地区排水系统是隧道建设、正常使用及安全运营过程中的关键环节。

国外的寒区隧道往往采用供暖加热的方式来保证隧道排水系统的正常运行,例如挪威的一些隧道在排水系统中设置加热电缆,以防水沟被冻;俄罗斯的一些隧道除了在水沟内使用隔热材料外，往往也采用热水、蒸汽对水沟进行加温。美国的一些隧道针对排水系统采取的防冻措施主要有使用保温材料和电力加热等。

当隧道穿越不同类型冻土区时，排水系统的设置也不相同。王星华等认为全多年冻土隧道内设一般排水沟即可，主要功能是承接多年冻土围岩暖季融化渗出的少量孔隙水和裂隙水。黄双林等认为严寒地区隧道地下水一般比较发育，并有较广泛的补给来源，对于防排水的处理应采取“以排为主”的措施；而多年冻土隧道，无论寒季还是暖季，大环境为负温，排水设施穿过的地层在寒季均为冻土，在暖季处于冻土融化或冻结的交替变化中，并且不断受到周边负温能量的影响，因为排水沟的水极易冻结，排水很难通畅，解决水的问题只能采取“以防为主”的治理措施。

针对隧道穿越单一的多年冻土或非冻土区的情况，此时可以沿隧道全长布置同一形式的排水系统；而当隧道既穿越多年冻土区又穿越非冻土区（洞身中部为非冻土区，两端为多年冻土区）时，则情况较为复杂，既要在多年冻土段保护多年冻土，减小排水设施对多年冻土的扰动，又要在非冻土段保证排水设施不受冻，还要使两端的排水系统合理衔接，将地下水顺利排出洞外。

（5）涵洞处治。

当地区多年冻土弱融沉土融化后基础沉降量超过容许值时，则采用人工预先融化压密或挖除换填等措施进行处理。

（6）冻土地区沥青路面设计。

若冻土地区沥青混合料的沥青用量发生变化，则沥青混合料路用性能将发生明显变化，主要规律有：

①随着沥青用量的增大，空隙率减小，水稳定性和抗长期老化性能改善。

②随着沥青用量的增大，沥青混凝土的低温抗裂性能增强，但增加到一定程度之后改善效果不再明显。

③对于疲劳寿命，存在最佳沥青用量，该用量比马歇尔法确定的沥青用量大 0.5%～1.0%，空隙率是多年冻土地区路面沥青混合料设计的重要参数，根据有关研究得出空隙率为 2%～3%时，混合料各方面性能均较好。

④混合料组成设计中，应选用黏度较低、温度敏感性低、抗老化能力强的沥青，在沥青中掺入橡胶等高聚物，也能大大提高混合料的低温抗裂性能。

5）冻土地区的交通环境问题及交通环境保护

我国现有的寒区线性工程主要分布在青藏高原多年冻土区。1954 年青藏公路建设初期，由于对冻土环境认识不足，大规模开挖等简单的施工措施严重破坏了天然地表和沿线植被，由此造成了地面沉陷、积水洼地、热融湖塘、冻融泥流等冻融灾害。1975 年以后，前后 3 次改建沥青路面，但施工过程依然缺少保护性措施，大范围取土、破坏植被现象普遍存在，进一步破坏了冻土环境和生态环境。

1978 年，格尔木—拉萨输油管道建设过程中，管沟开挖时大量铲除地表植被，基坑开挖后随意暴露，自运行以来，差异性冻胀、融沉问题已经造成多次露管现象，泄漏事故发生 30 余次，仅 2004 年的改线和改造就耗资约 3.3 亿元。

交通运输的发展不可避免地会使多年冻土地区的生态平衡遭到不同程度的破坏，该地区生态平衡的破坏加速了冻土的退化,而冻土的退化直接导致道路病害的产生,这是一个恶性循环的过程。为了将这种破坏所造成影响降至最低,必须增强环境保护意识,维护交通运输沿线的生态平衡。

青藏高原属寒旱气候区,生态结构简单,植物生长期短,受干扰易退化,且自然恢复过程慢,具有独特、原始、脆弱的特点,生态修复难度大。交通工程建设和运营过程中,会不可避免地进行挖方、填方施工,在路域形成工程创面,易引发一系列冻土工程和环境问题。

在高原多年冻土地区,受交通工程建设扰动的区域(取土场、护坡道、边坡和路肩等),可以逐步实现“自然恢复”。当海拔低于5000m,年均温高于-5.6℃,0℃以上积温在450℃以上,年降水量不低于262.0mm,土壤pH值不高于8.8,含盐量不超过0.13%时,通过人工播种,可以建立人工植被,实现“人工恢复”;而且人工植被一旦建立,就可以保持相对稳定。

交通工程建设一定要遵循“不破坏是最大的保护”原则,最大限度地降低对沿线天然植被的破坏。而对于那些不得不破坏的地段,要采取措施最大限度地恢复植被。在植物种类选择时,一定要坚持“因地制宜、适地适草”“乡土植物优先”和“繁殖容易、种源易得、管养粗放”等原则。因此,在青藏高原有分布的、繁殖容易的、种子产量高的植物种类,如垂穗披碱草、老芒麦、星星草和冷地早熟禾等,可作为多年冻土地区植被恢复的植物种。

根据青藏高原铁路路域自然环境特征,研究人员开发并采用了植生袋、厚层基质喷附和三维网三种生态环境工程保护新技术。实践证明,应用此类新技术在青藏铁路多年冻土区沿线进行生态工程建设可大大降低对沿线自然环境的破坏,同时可有效解决该区域生态环境修复所面临的技术问题。

4.5.17 寒区输油管道的环境及保护问题

原油管道建设对环境的影响分为施工期和运行期两种情况,施工期间对环境的影响主要来自各种施工活动,如开挖管沟、建设施工便道活动中施工机械、车辆、人员践踏等对土壤的扰动和植被的破坏,工程占地对土地利用类型以及对农牧业生产的影响;河流等穿跨越对地表水体的影响;隧道穿越等产生的弃渣可能引起的水土流失等。此外,施工期间产生的各种固体废物、管道试压产生的废水等,也将对环境产生一定的影响。运行期对环境的影响主要指非正常事故,一旦发生,对环境的影响程度往往较大。

1)对冻土的影响及防护

管道与冻土相互进行热交换的过程可引起管道周围形成周期性的冻融圈,威胁管道的整体稳定性,特别在斜坡地段,冻融侵蚀病害增多,影响斜坡管道稳定性。

管道线路选择时应尽量避绕高含冰率的冻土,无法绕避时,通常采用挖除融化不稳定型冻土,并用融化稳定性好的沙砾石回填;其次,增加管道壁厚度以增加管道的允许变形量;最后,采用热管和隔热层以减小融化圈规模或减缓融化速率。防治因管道差异位移造成的病害主要在于减少管道的融沉或冻胀,对于评定为良好、较好的冻土地段,可以采用传统管道埋设方案,对于评定为不良和极差工程地质地段应通过换填等措施减少因水分富集可能会导致的较为强烈的冻胀、融沉工程病害,穿越不同岩性土层的交界地段、冻土与融区的过渡地段,可以考虑在换填的基础上增设保温材料,将岩土热状况及变形控制在可承受的范围内。

防治融沉的大原则是保护、预先融化和控制融化多年冻土；而冻胀防治则需切断导致冻胀的3个主导因素：低温（冻融循环和持续低温条件）、水分补给和冻胀敏感性土（粉土、细砂土、黏土，黏粒含量较高的沙砾石土）。在冻土区的融区地段，自然环境的季节性降温和管道负温油流常常会使管道周围土体冻结而产生强烈冻胀。防治冻胀可采取预防低温冻结（如深埋、热管）和防水分迁移，防治水分迁移主要针对水源和冻胀敏感性土，可采用导流、高管基、管道基础防水措施使地表水体和地下水远离管道基础；而冻胀敏感性土的处理主要采用非冻胀敏感性土（砾石、块石、粗砂等）的换填等；另外，在设计过程中应充分考虑的常温管道油温对周围土体的影响半径，以便采取合理措施降低油温变化对管道的影响。

2）对生态系统的影响

管道工程走廊需要清除地表植被，管道施工改变植被及局部微地貌的环境与条件；改变地表水文过程，清除地表植被可直接打破下伏冻土的水热条件，对多年冻土的季节融化深度、地温等性状造成一定影响；而后，管沟周边可出现冻土沉陷、冻土管基的支撑力降低等一系列问题，同时可能进一步诱发其他生态环境问题，如湿地萎缩、水土流失加剧，这种情况在沼泽、坡脚冻土带更为显著，需重点做好对上述地带的植被防护和工程防护。

从施工角度来讲，需合理控制和减轻管沟开挖及临时施工便道建设对地表植被和土壤的破坏而造成的水土流失，在做好工程防护措施的同时，还需及时整治取、弃土场以及开挖后裸露的地表，做好植被恢复。另外，工程会造成景观破碎从而对野生动物造成影响，输油管道和施工便道、伴行路将成为林区一条硬性隔离带，切割、阻隔野生动物周期性活动和迁移路线，或者在一段时间里缩小野生动物的习惯性活动范围。因此，管道走线设计还应深入调查野生动物的迁移和活动路线，合理设置，尽量避免对野生动物的活动和繁殖带来明显的影响。某种程度上，由于埋地式管道的地面平坦，可适度降低对野生动物的采食和迁移路线的负面扰动。

3）对自然保护区的影响

管道穿河时开挖河床、河流改道，这不但直接干扰流域野生鱼类的活动场所、食物基地及其迁徙路线；而且施工期间泥沙扰动和各种废弃物也会影响河流水质。此外，管道潜在的原油泄漏将可能影响到珍稀濒危——冷水鱼赖以生存的环境。

管道保护区内应执行更加严格的环境标准，注重选线、保护性施工技术和生态恢复各个方面，在这些领域，应编制严格的设计规范和运行规范，执行有效的保护措施。首先，选线需在掌握冷水鱼类生活规律和场所的基础上，合理布设施工临时占地和永久占地场址，尽量避绕冷水性鱼类产卵场水域，以保证物种的正常繁衍。采用大开挖方式穿越河流施工必须避开产卵繁殖季节，尽可能不采用爆破作业，并减少对河水的扰动强度和时间。由于冷水鱼的生存、繁殖与水质关系密切，所以还应加强穿越点下游和管道影响较为显著的区段水质的长期监测。此外，定期进行鱼类种群及质量情况评估，可在流域建冷水性鱼类增殖站，定期放流，以便补充保护区的冷水性鱼类资源。

4）对湿地的影响

管道破坏沼泽的浓密植被、有机土层以及薄层水体，进而增强进入冻土的太阳入射辐射、削弱蒸散发耗热和对流换热，沼泽湿地遭受破坏可引起冻土沼泽退化、地表水文改变、管基失去稳定性等一系列问题。

管道工程地质勘察和设计需要特别注意沼泽冻土区穿越沼泽湿地的管道，须以最短距离通过，对于局部沼泽化严重、难以形成管沟的地段，可采取如加强排水、冻胀非敏感性土换填、保温，甚至架设热管桩和主动冷却等技术，以保证管基的稳定性。施工宜选择在寒季，以减小对沼泽植被层及其依附的草炭和泥炭层的整体撕裂和扰动，藓被层和泥炭层等表层应分层铲起、堆放，后按序回填以利于湿地恢复。由于沟槽开挖断面的大小将决定工程施工对沼泽湿地的直接影响范围，故应严格控制施工作业带、施工便道宽度和埋管深度，同时控制污(废)水、垃圾排放，及早进行工后植被恢复，修饰湿地地形或景观，恢复湿地天然状态。

5)防火设计

管道在林区穿行，管道或者周边林带的火灾会相互影响，威胁管道的安全。需按照“预防为主，积极消灭”方针对待管道走廊地带的森林大火。设计过程中，林区管道必须满足森林防火隔离带的距离要求，临时占地范围按管道轴线左右各10m宽考虑，管道应距离居住区、村镇、公共福利设施100m，同时设置防火带。林区管道建成后，征地范围内只做浅根植被恢复，不再种植深根植物，以减少管道附近的可燃物。场站属于重点防火区，其内部的绿化率不能高于15%。在草、树种的选择上，要避免选择防火期内易燃草、树种。对于大规模森林火灾，还需借助地面、空中和卫星监测系统，以判定林火对管道的危害程度。

施工期间，林区大临工程必须配备足够的消防沙箱、灭火毯、灭火器具等消防设施，重点注意对施工营地内、管道沿线泵站用火点等易发生火灾隐患区域的消防。管道运行后，管道防火重点在大型泵站的原油储罐，其附近都应设置防火堤，首末两端防火主要依赖固定和移动泡沫和水消防系统，在大型油管和泵站形成一个环状的消防网络。离市区消防站较远的地方或存在供水不足的问题，通常只配备烟雾防火系统，但这些泵站的任何一个厂房和车间必须配备足够的常规防火装置和设备，以便能够及时控制火势。

6)泄漏风险及应急对策

输油管道可能存在管道泄漏、站场泄漏、断管、露管、塌陷、沿途森林火灾及火灾爆炸等事故风险隐患，寒区输油管道可因设计、(差异性)融沉和冻胀变形、冻胀力作用及腐蚀等原因而发生漏油事故，尤其是在冻土区管道商业运行前期和后期，泄漏事故的频率较高，泄漏原油不仅可严重影响土壤、植被、地表水和地下水的水质及沿岸生态环境，还能影响水生环境中的浮游动植物种群数量、结构和代谢活性。泄漏油污一旦形成火灾，将对过火范围内植物和管道自身安全带来不利影响。石油泄漏影响的严重程度和持续时间在很大程度上取决于油料的泄漏量和组分，以及处理方式与被污染土壤的类型。

应设计管道运行期间的各种突发事件的应急方案，根据不同区段的地质、地貌、地形情况和管道环境风险情况，由设计方、施工方、运行和维护各方代表组成，包括工程、环境、冻土、管道等多个领域的专家制订分项(如泄漏、断管、露管、塌陷、火灾)和分级的抢修预案。例如，一旦有突发泄漏事故，首先迅速准确地定位泄漏点，对事故现场进行前期控制，并及时上报告事故发生的准确位置、时间、经过，已采取的措施，事故类别，人员伤亡和现场情况，调度中心可据此启动相应级别的抢险方案，及时合理地启动后续补救措施，如紧急疏散、工程抢修、环境污染治理、生态修复与恢复等，把事故风险降低到合理的范围和程度之内。

为提高对各段管道和沿线站场事故险情的快速反应能力，管道项目设置维抢修中心(队)，负责一般性维护、例行维修、计划性检修和事故抢险。为保证维修点的物资供应，各维修站点都将建立物资储备库,配备管道维修专业设备。除了加强基本硬件建设,还需打造一支训练有素的抢修队伍,提高复杂情况下寻找、封堵和控制油污源头的能力,队员们须熟悉管段内的基本设备情况和运行原理,能熟悉使用各种工具,例如起重机、推土机、挖掘机、铲雪车、履带式雪地抢修管用车、快速伐木机、清障机具等,提高现场紧急机动作业能力。

此外,对管道运行状况的实时监测非常重要。在施工期间布设探头来监测冻土工程地质不稳定、环境敏感区段的冻土、管道的各种变形,采用数据采集与监控系统,实时监测管道全线的压力、流量和进出管流量平衡状况,如果有异常可及时预警,并有助于确定泄漏地点。在整个应急抢险过程中,现场与指挥部门的通信系统要保持畅通,确保巡检人员在第一时间能与调度控制中心、就近的站控室取得联系,各环节与调度中心的信息交换、信息传递可采用电信公网、移动电话和卫星电话等多种方式,必要时可以紧急调用林区消防直升机,快速掌控事故险情。

4.5.18 涎流冰与交通运输

在寒冷气候条件下,地下水或地面水漫溢到地面或冰面上,从下而上逐层冻结,形成涎流冰。涎流冰主要分布在我国北方寒冷地区和南方高寒山区以及青藏高原。

涎流冰病害依据成冰原因可分为河流冰壅塞上路、冰水沟冰壅塞上路和内侧山坡地下泉水结冰漫流上路 3 种类型。

发生涎流冰的季节,一般是冬季和初春,持续时间一般为 4~5 个月。在冬季封冻前后,气温逐渐降低,涎流冰开始形成;随后气温继续下降,涎流冰不断蔓延加厚并发展到高峰阶段,冬末春初气温回升,在日照及昼夜温差的影响下,涎流冰在白天消融,夜间冻结,处于冻融交替阶段;到春季以后,气温逐渐升高,涎流冰开始融化并逐渐消失。公路上的涎流冰面积一般有数平方米到数千平方米,有的可达数万平方米,厚度一般为数厘米到数米。

涎流冰覆盖道路,会造成行车道光滑、不平或形成冰坎、冰槽等,轻则阻塞交通,重则容易出现翻车事故;涎流冰堵塞桥涵会阻碍融雪洪流在桥下顺畅通过,造成路基与桥涵的水毁;涎流冰消融,水分下渗,还可引起公路翻浆、路基下沉、边坡滑坍等病害。

1)涎流冰的分类

(1)山坡涎流冰。

①由山坡出露的地下水形成的涎流冰。

②由路基挖方边坡上出露的地下水形成的涎流冰。

(2)河谷涎流冰。

①沿沟谷漫流的泉水、溪水、地面水和融雪水形成的涎流冰。

②沿河流浅滩或已冻结的河面上,由承压的或无压的河水形成的涎流冰。

2)涎流冰形成原因及规律

涎流冰多出现在地下水露头或泉眼的下方。在同样的地形和气候条件下,当水源较近、丰富、洁净、水温高时,出现的涎流冰较严重,尤其是上升泉和温泉更为严重,反之则较轻。一般情况下,当沟谷汇水面积大时,涎流冰蔓延的范围也较大且厚。

涎流冰主要见于山岭区及重丘陵区。一般是山坡下部比山坡上、中部多,阴坡比阳坡多。在坡脚、洼地、沟谷、河流附近,以及冲积、坡积、洪积等地下水丰富的地层中,涎流冰最多。

东北林区在落叶松林和灌木林交界处，多有涎流冰出现，原因是落叶松林下有一层保温层；在良好的落叶层下，下渗的地面水在落叶层覆盖下沿着不透水的地面流动，流到覆盖层不发达的灌木林处，水就露出地表，冻结形成涎流冰。

有些埋藏较浅的含水层，冻前虽不渗出地面，但在冬季由于冻结线的下降，使泄水断面减小，当水压达到一定程度时，就可能从覆盖层薄弱处溢出地表，形成涎流冰。

夏秋多雨，尤其是秋末降雨水多的年份，补给涎流冰的水源丰富，再加上冬季气温低，负温度持续时间长，涎流冰则较严重，反之则较轻。降雪对涎流冰的生成也有影响，如在封冻前后，降雪早而厚时，对土层起保温作用，可使地下水从不冻层流走，涎流冰将较轻；如冬末春初降雪多、日照强时，融雪水多，涎流冰也会加重。

3）涎流冰的防治

（1）防治原则。

涎流冰地区的路基设计，必须以预防为主，防治结合。在新建和改建公路时，应全面进行地质和水文地质调查，在选线中应注意避让涎流冰严重的地段。当必须通过涎流冰地段时，首先应考虑采用填方或浅挖方断面，尽量不切割含水层；如不能避免涎流冰发生，应采取排、挡、截等防治措施进行治理。

（2）防治措施。

①修建桥涵。

a.在跨越河水流量较大而冬季有涎流冰的河谷时，可修建桥涵跨过涎流冰。

b.为保证水流通畅和防治河滩涎流冰，还可采用加深和清理河道等辅助措施。

②对地面排水构造物进行保温。

该方法适用于一般寒冷地区，以及水源距涵管较近、洞顶填土厚度大于当地冰冻深度的情况。设置保温措施，可以防止水流在涵管进、出口及水源到洞口的排水沟中冻结，确保冬季排水畅通。

③修建地下排水设施。

地下排水设施主要由集水渗池（或渗井）和排水暗管（或盲沟）两部分组成。必要时在暗管与渗池接头处可设置窨井兼作检查井，在出口处可设置保温措施或出口集水井。

④修建聚冰沟与聚冰坑。

聚冰沟多用于冲积扇沟口处的泉水涎流冰和地势较缓的山坡涎流冰，用以排引涎流冰水源并拦截侵向路基的涎流冰；聚冰坑多用于水量较小、边坡不高的堑坡涎流冰，用以积聚冬季涎流冰，不使其上路。

⑤修建挡冰墙。

挡冰墙适用于涌水量不大的山坡涎流冰和挖方边坡涎流冰，用以阻挡和积聚涎流冰，防止上路。

⑥修建挡冰堤。

挡冰堤适用于地势平坦涌水量不大的山坡涎流冰和径流量不大的小型沟谷涎流冰，修筑在路基外，山坡地下水露头的下侧或沟谷内桥涵的上游，用以阻挡涎流冰，减少蔓延的范围。

⑦修建挡冰栅栏。

沟谷涎流冰，在已建成的桥涵受到涎流冰的威胁时，可沿沟谷设置挡冰栅栏，拦截漫流的涎流冰,使之冻结在上游沟谷中。

⑧修建冻结沟。

冻结沟适用于防治山坡较平缓、含水层和覆盖层都不厚,而且涌水量、动水压力不大的山坡涎流冰。在覆盖层中挖掘冻结沟,可使含水层袒露于负气温下冻结,使水源封冻在路基以外的地方。

⑨提高路基。

为了防止涎流冰上路,对通过大段河谷涎流冰的路段或地势低洼的路段,当取土不困难、地下涌水量不大时,可采用提高路基的办法。

4.5.19 山地雪线的判断方法

终年积雪区的下部界线称为雪线(也称平衡线)。雪线不是几何学上的“线”,而是一个带。在这个带内,年平均固体降水量恰好等于年融化量和蒸发量。雪线以上年平均降水量超过年融化量和蒸发量,固体降水才能不断积累。雪线以下气温较高,全年冰雪补给量小于消融量,不能积累多年冰雪,只能是季节性积雪区。

1)影响雪线的因素

首先,雪线的高度与气温成正比,温度越高雪线也越高,温度低雪线也低。雪线的高度从赤道向两极减低,如赤道非洲雪线为5700~6000m,阿尔卑斯山为2400~3200m,挪威在1540m左右,北极圈内则雪线已低至海平面附近。

其次,降水量与雪线高度关系密切。降水量越大,雪线越低;降水量越少,雪线越高。因为,在降雪量很少的条件下,要达到降雪量与消融量的平衡,必须有较低的年平均温度(即雪线位置必然较高),以使消融量和蒸发量减到很少;而降雪量很大的情况下,必须有较高的年平均温度(即雪线必然较低)方能融化大量的积雪,以保持降雪量与消融量的平衡。例如,我国的天山—祁连山一线,水汽来源主要受西风带控制,所以由天山西段向东,降水量递减,雪线升高,到天山东段雪线达5000m以上,再向东到祁连山东段,由于来自太平洋的水汽增多,雪线反而降低。

再次,雪线高度也受地形影响。其影响有两个方面:一是坡度影响,陡坡上固体降水不易积存,雪线较高;缓坡或平坦地区降雪容易积聚,雪线较低。二是坡向影响,在北半球,雪线在南坡比北坡高,西坡较东坡高,这是因为南坡和西坡日照较强,冰雪能损较大,因而雪线较高。不过,有些高大的山地,由于对气流产生阻挡,从而影响降水的变化,也影响了雪线的高度。如喜马拉雅山南坡是向风坡,降水量充沛,雪线在4000m高度,而北坡雪线却高达5800m以上。

2)雪线的季节变化

一个地方的雪线位置不是固定不变的,季节变化就会引起雪线的升降。夏季气温较高,雪线上升;冬季气温降低,雪线下降。这种临时界限叫作季节雪线。只有夏季雪线位置比较稳定,每年都恢复到比较固定的高度,由于这个缘故,雪线高度都是在夏季最热月中进行测定的。雪线可分为以下两种:

(1)气候雪线,即夏季中高山上成片雪层的最低高度。

(2)地形雪线,即夏季中雪以孤立分片形式滞留在地表最低高度。

雪线的高低影响道路线位和隧道进出口高度的确定。为了避免积雪造成路面湿滑产生交通安全问题,应尽量把道路线位和隧道进出口布置在雪线以下,尽量布置在积雪时间短甚至是没有积雪的高度以下。

4.5.20 工程气候可行性研究的必要性

天气气候条件的变化,如温度的波动、降水量多少以及极端天气气候事件的突发,都有可能对重大工程的设施、辅助设备等产生影响,从而进一步影响工程的安全性、稳定性、可靠性和耐久性,通过开展重大工程与气候条件密切相关的气候影响分析和评估,能够避免或减轻项目实施后可能受到的气象灾害、气候的影响,也可预判或评估重大工程实施后可能对局地气候产生的影响,从而合理开发、利用重大工程的气候资源。

气候可行性论证是对与气候条件密切相关的规划和建设项目进行气候适宜性、风险性以及可能对局地气候产生影响的分析、评估活动。其目的是合理开发利用气候资源,尽可能避免或者减轻规划和建设项目实施中可能受到来自气象灾害和气候变化的影响,或者源自项目建设造成的对局地气候的可能影响。

中国气象局于 2008 年 12 月 1 日发布的《气候可行性论证管理办法》规定,与气候条件密切相关的规划和建设项目应当进行气候可行性论证。

近年来,极端天气气候事件明显增多,重大气象灾害及其次生、衍生灾害频发,造成的灾害损失严重。在全球气候变暖的背景下和经济社会快速发展的过程中,国家各类规划和建设越来越受到气象灾害特别是恶劣天气的影响。开展气候可行性论证工作对于科学应对气候变化,避免或减轻规划和建设项目可能受到气象灾害、不利气候因素的影响,提高规划和建设项目的科学性、安全性以及投资预算的合理性,以最大限度地减轻灾害所带来的后果,保障经济社会的正常运行等具有重要意义。

许多重大工程的建设运行过程对天气、气候的敏感性表现为多个方面,如大气环境、天气、气候直接影响建筑原材料的质和量,施工、运输过程以及劳动力价值和附加价值。建筑材料和经常性的运行维持,必须考虑天气、气候条件及其变化规律,充分利用气象环境资源进行控制和调节。如果重大投资项目不进行充分的气候可行性论证工作,气象灾害可能给重大投资项目造成严重的经济损失及环境破坏。通过论证使得项目能考虑到当地气候可能出现的一些气象灾害或极端气候事件,避免对工程可能造成的危害或留下安全隐患。另外,大型工程建设对局地气候也可能会产生一些影响,通过论证须事先采取措施,避免周围环境遭到破坏。

青藏铁路修建于对温度十分敏感的特殊冻土环境之上,而多年冻土是气候条件控制的特殊地质体,气温升高和降水条件变化都会对青藏铁路沿线的多年冻土产生深刻影响。青藏铁路在修建之前充分参考了气候分析结果,特别是冰川融水总量将处于增加状态,进行气候可行性论证在工程建设和运行保障中起到了至关重要的作用。例如,根据青藏铁路的运营期限和运营特点对不同时间段的气温变化趋势作出了预测,根据温度变化幅度和不同季节变化特点,对冻土的影响程度和影响效果作出科学分析,在气候变化背景条件下对青藏铁路冻土区建设中工程设计原则的合理性、工程结构和工程措施的可靠性作出了评价。

4.6 水文的相关特征与交通运输的关系

水文是指自然界中水的变化、运动等的各种现象。水文要素包括流量、流速、水位、泥沙含量以及相关的水化指标(如酸碱性、污染物含量等)。

水文变化造成的洪水会导致道路设施的冲刷破坏和路面沉陷;或雨水渗入地下,导致土体含水率增大,土体单位重量加大,打破土体平衡条件,形成山体滑坡和塌方等灾害。道路沿河段的河道内由于道路修建、工业废渣、生活垃圾的随意倾倒会导致河道堵塞,甚至有些地方侵占河道,造成河槽断面减小,或是桥梁位置压缩河床等,这些都会进一步加剧水流对道路工程的冲刷,加剧对道路的毁坏程度。

依据水毁发生的部位,可将水毁分为坡面水毁、路面水毁和河流水毁 3 种类型。坡面水毁主要表现为降雨及冰雪融水产生的坡面径流冲刷公路内、外侧边坡面松散堆积物,形成坡面流泥、流石,淤埋边沟及路面;路面水毁主要表现为坡面雨水及冰雪融水径流上路以及公路横穿山前泥石流扇地、洪水扇时,水流上路,冲刷路面及路基;河流水毁主要表现为公路受沿途河流左右摆荡及洪水冲刷、淘蚀路基及下边坡、桥涵基础等,使之悬空、坍塌、断裂甚至被洪水卷走。水毁危害形成的主要原因是道路沿线的大江大河或者支流河的河岸在雨季遭到冲刷;泥石流爆发,岸坡塌滑束流,导致江河水势的流态发生改变等。

山洪是发生在山区溪流中快速、强大的地表径流现象,是特指发生在山区流域面积较小的小溪沟或周期性流水的荒溪中的地表径流现象,同时也是历时较短、暴涨暴落的地表径流现象。山洪灾害具有以下特点:来快去速,陡涨陡落,历时短,流速大,常夹带泥沙和乱石,冲刷破坏力大,极易造成沟岸冲刷,冲坏农田、道路、桥梁、输电线路等基础设施,并且造成严重的水土流失。

酸性水体可能导致腐蚀钢结构、混凝土等。

为防止水文变化对交通运输带来的影响,路面应高出江、河、湖(水库)常水位一定高度;浸水路基应考虑水对路基的软化;江、河、湖(水库)沿岸的道路应尽量避免塌岸和水毁灾害的发生;对腐蚀性水体,应对道路结构采取防腐措施。

4.6.1 水位的确定

水位是指自由水面相对于某一基面的高程,而水面离河底的距离称为水深。计算水位所用基面可以某处特征海平面高程作为零点水准基面(称为绝对基面),常用的是黄海基面;也可以用特定点高程作为参证计算水位的零点,称测站基面。水位是反映水体水情最直观的因素,它的变化主要是由水体水量的增减变化引起的。洪水位是汛期内河流超过滩地或主槽两岸地面时急剧上升的水位,多因流域内降雨或融雪而引起。也有依据历年观测资料确定某一历时的水位作为下限,超过此限的水位即称“洪水位”。

目前洪水计算研究主要有两种方法:一是根据现代气候、地形、地貌等条件,用气象学和水文学的方法计算出一种可能最大降雨,然后换算成可能最大洪水。然而,可能最大洪水毕竟不一定是事实,其中掺杂着许多想象、假定的因素,更何况还受到天气学、气候学等学科发展水平的制约,有许多不可预知的因素,计算结果精度有不可靠的成分。另一种计算方法就

是根据实测的水文资料，推算出百年、千年、万年一遇的设计洪水，这要求有足够多的水文观测资料。但由于历史等种种原因，对大多数河流来说，这是相当困难的，用有限的资料去推求稀遇的设计洪水是频率计算中最为棘手的难题。

洪水调查就是补充观测资料系列不足而进行的工作，其所得成果可作为设计洪水的补充资料或延长实测系列的重要依据。洪水调查方法有：①对历史及近年洪水可到现场进行实地访问调查；②结合历史文献考证及水文考古进行，历史文献如地方志及水利专著等，均有对历史洪水水情灾害的描述；③借助碑记、石刻、古建筑的兴废、民谣等来研究历史洪水的大小及其重现期。

洪水位调查一般通过洪迹查认来确定，较可靠的洪痕一般分布于老屋、碑石、桥梁、岩壁等老建筑物上。此外，也可以台阶、炕沿、房梁等来认证洪痕。

历史洪水位和洪水频率可以利用古洪水来推测流域洪水发生的最大水位，并计算出洪水发生频率。例如，根据同次洪水中沉积物在河段中不同位置的分布，可以估算出该次洪水的水面比降，同时修正未达到最高沉积层顶面的洪水高程，借此推估古洪水最大流量。由河段中多次洪水沉积物高程推求的古洪水量，组成古洪水系列，与历史调查洪水、实测洪水组成两个不连续的洪水系列，以供频率计算。

山区河流古洪水产生的平流沉积在沉积层理、沉积体形状、颜色等沉积构造和粒度、分选性、矿物组合等沉积结构方面具有可识别的标志。在洪泛平原区，可以通过对古溃口扇、古漫滩沉积和河道内古平流沉积的识别来确定古洪水事件。

1）*考古学证据*

（1）文化遗存和古洪水现场。由洪水破坏所留下的古文化遗存或古洪水现场，作为古洪水事件的判定证据。

（2）文化中断。一个地区的古文化间断也可能是由洪水所致。对一个地区，在自然环境没有发生变化的情况下，不同时期的文化层应该是连续沉积的。朱诚在对长江三峡及江汉平原地区全新世环境考古与异常洪涝灾害的研究中发现，该区有些文化遗存存在文化层缺失现象，且上下两个文化层之间普遍夹有一厚度不等的淤沙、淤土层，分析认为：这些古文化层的缺失是由洪水所致。再如史前成都平原古城遗址分布十分密集，而其中有些古城历史出现突然中断，这与当时成都平原洪水泛滥是有关的。

（3）文物上的古洪水遗迹。在保留下来的许多古代楼堂庙宇等建筑及岩壁上，残存有古洪水冲刷或浸漫的痕迹，这些洪水痕迹可以作为古洪水事件发生的证据，例如长江幕府山、燕子矶岸段岩壁上保存的水位痕迹可以与现代水文记录和历史文献中的区域洪水事件对比，这样的古洪水遗迹在其他地方也有发现。

2）*山区河流的平流沉积*

Barker 认为古平流沉积和古平流沉积标志物是研究古洪水的重要方法之一，平流沉积是在洪水期，河流两岸达到最高水位且流速近乎为零的状态下逐渐沉积下来的，平流沉积物常保留在岸边的洞穴、凹壁或支流的回水末端等河岸附近，尤其是低频特大洪水，在洪水过后相当长时期内水位不会到达平流沉积物形成的地方。因此，它们往往不会被破坏，而是被附近的坡积物所掩埋。

（1）平流沉积物的颜色。由于平流沉积物常被当地的坡积物所掩埋，因此，来自河流上游区的平流沉积物与该地坡积物在颜色上往往有明显的区别,例如长江三峡三斗坪处的褐红色(沉江泥)。

(2)平流沉积物的沉积构造特征。由于平流沉积是在特殊的水动力条件下形成的,它在沉积层理、沉积体形状、颜色等方面具有明显的特点:①在沉积层理上,平流沉积物是在流速近于零的条件下形成的,常形成极微薄的水平层理或因受到波浪等的扰动而形成微薄的波状层理。这种层理的厚度往往只有1~2mm,且由于颗粒细,形成时间长,其结构非常紧密。在平流沉积物以下则是漫滩沉积物,有明显斜层理或交错层理。②在沉积体形状方面,由于沉积体是在最高洪水水位时形成的,在山区河流中,洪水一般在河流谷坡的较高处的缓倾斜台地上形成平流沉积,由于厚度不一造成的不等量压实作用以及受地形的影响,沉积体常具有末端翘起的现象。

(3)平流沉积物的沉积结构。洪水平流沉积物是在接近静水环境下形成的,因而其粒度较细,沉积物中含沙成分相对较少,悬移质成分多,在偏态系数上可能较多地出现负偏现象,在累积概率曲线图上也具有多悬移质的特征。另外,平流沉积物形成的特殊水动力条件决定了这种沉积物具有很好的分选性。

(4)平流沉积物的重矿物组合规律。与正常河流沉积物相比,平流沉积物中的重矿物含量偏低,且重矿物的种类较单调。

由于平流沉积的形成对河流的地貌部位有特殊要求,在有些地区,利用平流沉积来判定古洪水往往会有困难。

3)洪泛平原的洪水沉积识别

洪泛平原古洪水沉积调查需解决两个关键问题:①对于漫过河堤或决口的洪水所形成的沉积物的识别;②河道内正常河流沉积相与洪水沉积相的区别。

(1)古溃口扇。现代洪水决堤时往往在河道以外形成溃口扇,在平原区,它具有纵剖面(为一底面平坦,顶面倾斜的楔状体地貌形态以及二元结构)。同时,由于洪水形成过程的水文变化,溃口扇下部为紊流形成的清楚的粗粒、缓倾斜平行层理,上部为近静水形成不太清晰的细粒叶片状薄层理。此外,在洪泛平原区,洪水决堤后在河道以外的沼泽区形成的沉积物中多跃移质成分,往往出现席状沙层。

(2)漫流沉积。洪水漫过河堤后会在河道以外的局部地区形成漫流沉积,这些沉积物具有分选好、颗粒细的特点,并呈平板状,发育极微薄的近水平层理或微波状纹理。在沉积层的层面上常发育龟裂构造,这些沉积物发育在沼泽沉积之上,其沉积物粒度特征显示出多悬移质的特点。

(3)沉积速率。由于洪水在短时期内会给河道带来大量的沉积物,导致河流沉积物在沉积速率上表现出明显的脉动现象。

4)古生物学标志

在古洪水沉积物中往往保留有一些古生物化石,这些化石的个体或总体分布特点也可用来判别古洪水事件。

(1)埋藏古树。在某些河流沉积层中的突然集中分布可能与古洪水事件相关。从古树的完好程度可以确定其搬运距离的远近。在判断研究河段的古洪水事件时,若相同层位分布大量的古树,则由洪水导致的可能性较大。

(2)泥炭。在一些山区河流中,洪水期的水位较高,往往会淹没谷坡高处相对平洼的地方,使这些地方的植物受洪水浸没而死亡,最后会形成泥炭层,在识别这些泥炭层的基础上,结合沉积学方法的研究将有助于确定古洪水事件。

(3)孢粉。对于洪泛区,当没有洪水发生时,河湖周围往往处于一个相对单纯的环境中,其植物花粉的种类有限。当有洪水时,大河可能会把广阔的流域范围内的多种花粉带到沼泽地带,从而使这一时期的植物花粉种类增多,也可能带来很多与该地区环境不相适应的孢粉种类。

5)地球物理学和地球化学标志

(1)磁化率。沉积环境中凡能影响含铁矿物形态变化的各种因素,都可能改变沉积物的磁化率数值,表层土壤中的铁磁性矿物含量丰富,行洪期间洪水可以将这些铁磁性矿物带入河流,可能会使某些地区河流沉积物的磁化率有所上升。另外,在洪泛区,洪水漫出河堤,在低洼的地方,由于洪水长期潴积而形成还原环境,从而出现磁化率值较低的沉积。

(2)磁组构。溃口扇沉积物的磁化率各向异性度(P)和磁面理度(F)均小于正常河流沉积物,而磁线理度(L)和磁基质颗粒度(q)则明显高于正常河流沉积物。同时还发现溃口扇、心滩、边滩和漫滩沉积物的磁组构参数值的频率统计值和磁化率各向异性量值椭球主轴方位特点各不相同。

(3)地球化学标志。在洪泛平原地区,非洪水期在河道两侧的滩地或阶地上存在许多相对独立的洼地,这些洼地具有相对独立的生态系统。在洪水期,由于洪水的注入,不可避免会使这些洼地的生态系统受到影响。因此,在洪泛区通过有机质含量的变化来寻找古洪水发生的信息也是可行的。

4.6.2 地形对河流及道路的影响

地形影响河流走向。如我国地势西高东低,大部分河流自西向东流;亚洲地势中间高四周低,使河流呈放射状流向海洋。

地形会影响河流的流域面积和水系形状。如巴颜喀拉山脉—秦岭是长江流域和黄河流域的分界线,南岭是长江流域和珠江流域分界线;盆地多为向心状水系,平原多树枝状水系(羽毛状水系)。

地形影响河流的流速。一般而言,山区河流流速较快,平原区河流流速较慢。

地形会影响河道剖面。山区河流多呈 V 字形,平原区河流多呈 U 字形。

地形影响河流的航运条件。一般而言,平原、盆地地形河流航运条件较好,山地、丘陵河流航运条件较差。

河流一般是构造运动形成,但区域的地形地貌主要是河流流水侵蚀、搬运和沉积作用的结果,该作用主要受流速、流量和含沙量的控制,了解该作用对公路工程建构的工程措施和公路路线线位的选择则是至关重要的。沟谷往往是山区公路选择的最佳走廊,而沟谷的产生、发展往往又与岩性、气候、植被密切相关,沟谷深度是随沟谷的不断下蚀而加深,沟头的位置是随沟谷的不断逆源侵蚀而后退发展的,多呈 V 字形,当然河流的下蚀并非无限,下蚀到某一水平面往往失去侵蚀的能力,从而形成多级阶地,且阶地不一定对称于两岸。河流、沟谷的弯曲是因为两岸的岩性差异而致,凹岸地质相对于凸岸差,风化破碎相对严重,地形横坡随着凹岸河床的淘蚀,岸坡的崩塌逐步变陡,凸岸则相反。当淘蚀到一定水平面时,岸坡崩塌到基岩出露,基本形成自然稳定状态。沿河(溪)线最好布设在流水下蚀留下的阶地上,流水下蚀留下的阶地上地形平坦,地质稳定,工程简单。当路线经过凹岸时,必须调查研究沟谷河流流水淘蚀的发展趋势,分析预测发展的程度,凹岸沟谷河流床基岩石裸露坚固,岸坡虽陡但岩石出露,因此工程的稳定性和安全性问题不大;当凹岸沟谷河流床基下蚀,岸坡岩石土体松散时,则必须引起高度重视,工程将存在较大的安全隐患,或换岸,或加强工程措施,或统筹工程措施与河谷治理等。

干热河谷除流水下蚀的作用外,还具有特殊的立体气候特征,垂直地带性规律非常明显。干热河谷河床以上一定高差内气候炎热,干燥少雨,蒸发量大于降雨量,裸露的岩石坡面覆盖稀稀疏疏的草灌植物,具有稀疏草原的特点;而上升到一定高度后,气温的垂直递减规律导致降雨逐步丰富,森林茂密,植被较好,雨水的侵蚀会加剧岩石坡体的风化,使坡体的稳定性更差。如云南元阳—绿春二级公路从元江边的元阳县城升坡 20km(相对高差 860m)、蛮耗—金平二级公路从元江边的蛮耗升坡,到麻子河电站段 16.4km(相对高差 600m)、香德二级公路从金沙江边的奔子栏升坡到松山寺段 30km(相对高差 1100m),挖方边坡基本稳定,基本不需要进行工程防护,而以上的挖方边坡总体上稳定性差,部分边坡出现多次坍塌。三条公路的挖方边坡稳定性分界线与草灌和森林的分界线吻合。

4.6.3 内河航道的地理问题

内河航道与海上航道的区别在于:①河床走向和尺度对航道的限制;②有较明显的水位季节变化,引起航行或大或小的季节性;③河水自上游至下游定向流动,一般只有在流速为 9km/h 以内,船舶上溯才是可能或经济的。

河床在天然状态下,很少有直线形,绝大部分是弯曲的,平面上是一个接一个的反向弯道,这是水与河床相互作用的结果。河流的流水作用,在上游以侵蚀为主,中游以搬运为主,下游以堆积为主。河床的深槽永远处于凹岸一方,浅滩则处于凸岸一方。主流线的转移,使得顺主流线的航道其弯曲程度较河床大。河流航道的最浅水深一般以两个深槽之间的沙脊上的水深来确定,为使天然航道能在不同河段、不同年份和季节通行一定吃水的船舶,往往需要进行人工整治。

天然内河航道一般的河床整治方法如下:①挖泥疏浚,即用人工或机械除去航道的沉积物;②浅槽冲深,即用丁坝、顺坝等水工建筑物减小河流过水断面,以便以水攻沙,加深河槽;③裁弯取直,即将过分迂回的河道以新挖河槽连通,缩短总距离,并加大水流冲刷能力,多用于河流中、下游;④塞支强干,即在分岔河段用堵塞支汊的办法使水流集中,加大冲刷能力并提高航道深度,此法多在河口三角洲使用。有时为了根本性解决航行的要求,需要修筑人工航道,包括闸化河流、水库及通航运河。

4.6.4 道路侵蚀

道路引起的径流汇集及道路侵蚀的不断演化常常是加剧沟蚀的诱因,未铺装路面上形成的侵蚀沟及坡面侵蚀来沙在路面上的堆积,也会严重影响正常的交通运输。

道路网系的存在等于在已有土地利用格局的基础上叠加了一种线状或网状的利用方

式,而道路路面组成物质的物理性质与农地或荒坡地有着明显的差异。特殊的物理性质导致发生在道路路面上的土壤侵蚀过程和方式有别于农地,同时,道路网系的存在会改变区域内径流泥沙的自然汇集过程,常常使径流集中下泻,致使径流挟沙力倍增,沟谷侵蚀加剧,最终导致更为剧烈的水土流失。道路使流域洪峰流量显著增加,如在美国北卡罗来纳州林区,有近90%的河流泥沙来自道路,在我国黄土高原塬区道路平均侵蚀模数高达$4\times10^4 t/km^2$。道路排水也是沟蚀发生和扩展的重要诱因,由于道路排水的影响,澳大利亚新南威尔士州调查流域的沟谷密度在24年间增加了6%。径流沿道路集中下泻,常常引起路面沟蚀。由于道路对坡面的切割,上坡侵蚀泥沙也会在路面堆积,这些问题不仅影响流域产流产沙,而且也会严重影响正常的交通运输。

从道路的功能和特征分析,道路侵蚀至少可分为自然道路型侵蚀和公路型侵蚀。自然道路型的侵蚀过程主要表现在路面硬化而导致的产流产沙过程的改变;公路型的侵蚀过程则比较复杂,既包括路面侵蚀过程,又涉及填土方的路基边坡以及挖土方的临空面。由于公路型侵蚀对自然地形扰动和改变很大,因此其对自然侵蚀过程的影响也大于自然道路型侵蚀。

与农地土壤侵蚀比较,路面比较坚硬,因此入渗减弱,产流强度增加,但可蚀性显著减小。路面产生的径流常常下泻集中冲刷道路下端或路基边坡。同时,由于路面光滑,在相同流量和坡度条件下,径流速度会远大于农地,径流挟沙力也大增。道路本身呈线状,但在区域上又会形成网络状的分布,道路网叠加于自然水系网之上,不仅会对自然汇流产生重要影响,同时也常常是沟蚀发生的诱因。由于道路对自然地形条件的改变,形成了路面、填土坡和挖土坡等不同的侵蚀产沙单元,而每个单元的下垫面性状差异很大,导致路域不同部位的侵蚀特征差异显著。

相对于未受扰动的坡面,道路将增大地表径流量和土壤侵蚀。据统计,新建公路经过第一次暴雨后,河流泥沙含量是没有扰动情况下的250倍,9周以后降至9倍。道路建设对河流的增沙作用达到2倍到几千倍。由公路引起的滑坡、重力侵蚀可能超过长期的路面侵蚀量,不过这种情况一般只在极端暴雨条件下发生。

道路不仅本身会造成剧烈的水土流失,而且会对流域水系及水文过程产生重要影响。由于公路路面的产流、截流以及导流等特点,公路往往会引发切沟和滑坡等严重侵蚀。有公路的坡面产生沟头所需的汇水面积小于没有公路的坡面,公路还可能引起滑坡以及通过增加汇流流路长度而影响当地的侵蚀过程。

4.6.5 岩溶洼地洪涝灾害

岩溶地区发育着众多的地下河系,它们以当地的地表江河为排泄基准面。每年枯水期,地下河水以地下河、泉的形式排入地表河;汛期,地下河流量大增,但因岩溶管道断面所限,排泄受阻,地下水位迅速上升,于是通过岩溶洼地中的天窗、落水洞溢出,从而淹没洼地中的农田、村镇和公路。如果此时地下河流因上游降雨来水而上涨,淹没了地下河出口,水体就会顺着地下河倒灌,顶托地下河的排泄,在洼地发生滞洪现象,使涝灾更加严重。岩溶洼地的涝灾有周期性和突发性之分。周期性涝灾历史较久,岩溶管道断面基本固定,每年5—8月为汛期,有可能出现1次或数次,危害性强。突发性涝灾是指本来当地并无内涝历史,但由于岩溶管道某个部位突然被固体物质堵塞而减少过水断面造成的涝灾。如果堵塞物被冲开,岩溶管道的排水能力得以恢复,涝灾便不再发生。突发性涝灾难以预测。

从地貌上看,岩溶洪涝主要分布在岩溶峰丛洼地中,其次分布在溶丘洼地和峰谷地中,这些岩溶地貌的负地形为洪水汇集提供了场所。从时间上看,岩溶涝灾大多发生在5—10月,与强降水同步;受淹期短者3d左右,大多数为7~15d,个别可达数月。岩溶涝灾严重时还可淹没洼地边缘的村镇和通过洼地的交通设施如公路、铁路等,造成住房毁坏、交通中断的严重后果。

防治岩溶灾害的措施基本都是围绕降低岩溶盆地、岩溶洼地汛期的水量和疏通或扩大岩溶管道几个方面展开,包括:

(1)保护好原有植被和扩大林草覆盖率,陡坡地退耕还林。

(2)增加落水洞和岩溶管道断面的排泄量,排除岩溶管道系统中的人为堵塞物。

(3)开挖排水隧洞。选择有利地形开挖排水隧洞是治理岩溶洪涝灾害的有效措施。

(4)修建蓄水工程以及水土保持工程。在洼地上游修建小型水库,一方面可以减弱洼地的汇水量避免涝灾,另一方面在旱季还可用来灌溉农田,修建水土保护工程避免水土流失,减少岩溶管道堵塞物的来源。

(5)加强环境保护,尤其要对固体废物、塑料垃圾等进行回收处理,做好落水洞、地下河的维护工作,禁止向落水洞中倾倒废物。

4.6.6 山区沿河道路水文地质选线

山区公路沿河(溪)线是山区公路选线、布线空间较为自由,限制和制约因素相对较少,平纵指标较高,路线线形顺畅,沿线风光秀丽,自然资源丰富,人文景观众多,历史文化悠久,经济发达,工程建设条件较好,工程单元投资较省的特征路段,往往被公路选线工程技术人员所钟情。顺山沿河、方向明确的优质沿河走廊资源被各行各业,特别是公路、铁路、电力、管道等线性带状工程所争夺。山区河流溪谷往往也是构造活动频繁、岩体风化破碎的地带和水土流失较严重的区域,常言道"十沟九断"。

沿河(溪)道路频频集中发生边坡坍塌,路基沉陷等病害较多。公路、铁路边坡处治力度最大、投资最多的主要路段中,90%以上的均集中于河道凹岸,即水文流态曲线外侧,并且水文流态曲线越圆顺、曲率越小、转角越小(<45°),道路病害规模越大,出现的概率越大;水文流态曲线越曲折、曲率越大、转角越大(>45°),道路病害规模越小,出现的概率越低。

河道曲线外侧(凹岸)地形相对较陡,岩体相对风化破碎,工程地质条件相对较差;内侧(凸岸)地形相对较平坦,岩体相对坚硬完整,工程地质条件相对较好。根据水文流态进行"水文地质选线",应遵循以下原则:

(1)河流溪谷宽阔、台地相对宽平、水文流态曲线长而圆顺路段,尽量选择凸岸,即水文流态曲线内侧总规模大(曲线长)、支流较少的一岸,路线总体线形拟合平行于水文流态曲线,以充分利用凸岸地形平缓和工程地质条件较好的有利条件。

(2)河流溪谷相对较窄、台地规模小、水文流态曲线比例较大、公路等级高、换岸跨越桥梁工程小的地段,按反水文流态曲线的方式选择线位,于水文流态曲线拐点、起讫点附近适当增设跨岸工程,换岸布线;尽量布设于凸岸。

(3)河流溪谷较窄、水文流态曲线蜿蜒曲折、流速较大的路段,两岸工程地质条件差异相

对较小,但两岸地形较陡、可充分利用反复换岸跨越、工程综合投资较省的有利条件,按穿越两相邻水文流态曲线拐点实现工程水文地质选线。

(4)路线不得已布设于水文流态曲线曲率小、曲线规模大的凹岸时,尽量将公路曲线拟合近似平行于水文流态曲线,在考虑水流超高等基础上,路线尽量少挖少填,适当吊空增设桥梁和防护工程。

(5)路线布设于水文流态曲线曲率较大、曲线规模较小的凹岸时,或拟合近似平行水文流态曲线的路线,尽量挖填挡相结合;或拟合与水文流态相反的曲线,挑凸岸;或移水让道(改沟、改河)开挖凸岸填筑旧河道,避开凹岸的不良影响。

(6)路线布设于河道曲折、水文流态曲线曲率大、规模小的蜿蜒地段,遵循"裁弯取直"的原则,"挖为主,填为辅;跨为主,绕为辅";或拟合反水文流态曲线,或移水让道处治弃方,退耕还田;若是高速公路,也可以顺水建桥,以减小对河流断面的挤压。

4.6.7 河滩与沿河路基设计

1)河滩及沿河路基的特点

(1)填方边坡和坡脚容易受到水流的冲刷和淘刷。

(2)有时还会遇到软弱的地基,处理不当则会造成路基沉陷。

(3)路堤填料受水浸后强度下降。

(4)水位骤然降落会使路堤受到附加的渗透动力压力,降低路堤边坡的稳定性。

2)沿河路基位置的选择

沿河路基的位置正确与否,对路基稳定性及工程造价的影响很大。一般在比较狭窄的河谷中,当线位过于靠山时,虽然可以减少防护工程,但必然要增大路基土石方数量,同时废方也可能引起河道壅塞、河床改道,以致冲毁对岸农田村舍,高边坡的挖方路基也容易发生坍方、滑坡等现象;当线位占河过多时,虽然可以减少路基土石方数量,但仍需加强防护工程,也会发生防护工程被破坏、路基被冲垮等水毁现象。因此,对沿河路基位置的选择,是靠山还是占河,要结合现场具体情况确定。原则上对于水流较急,又是当冲的路段,山坡岩石整体性又比较好,路基则可适当靠山;对于山坡岩石比较破碎,占山容易造成路基坍方,防护工程地基情况较好的路段,路基则可适当占河;陡壁下的当冲路段,既不能靠山又不能占河时,则可按设置半边桥的要求来确定沿河路基的合理位置。

3)沿河沿岸路基的设计高程

沿河及受水浸淹路段的路基边缘高程,应在路基设计洪水频率的设计水位加壅水高、波浪侵袭高的基础上,再加安全高度0.5m。各级公路路基设计洪水频率见表4.6-1。

路基设计洪水频率 表4.6-1

公路等级	高速公路	一级公路	二级公路	三级公路	四级公路
路基设计洪水频率	1/100	1/100	1/50	1/25	按具体情况确定

4)路堤断面类型与填料选择

(1)断面类型。

河滩路堤的断面类型,按水位及填料的情况而定。

①路堤高程由洪水位控制的地段,断面类型如图 4.6-1 所示(图中 h 为壅水高+波浪侵袭高,后同)。

②高路堤,填料均一的地段,断面类型如图 4.6-2 所示。一般情况下,可不设护道。当路堤很高、水深较大时,根据边坡稳定的需要可设置 1~2m 宽的护道。

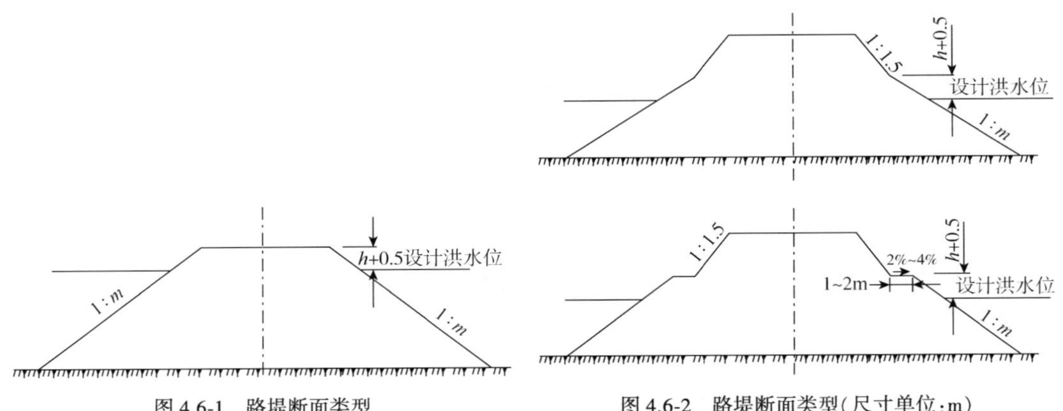

图 4.6-1　路堤断面类型　　图 4.6-2　路堤断面类型(尺寸单位:m)

③使用不同的土填筑路堤,其断面类型可参考图 4.6-3 选用。当两部分填料的颗粒尺寸相差较大时,应在其间加设反滤层,以防上部土颗粒混入下部填料中,引起路堤下沉。反滤层可采用砂及砾、碎、卵石等材料,并按两部分填料的粒径差别情况,分别做成一层或多层,每层厚度为 0.1~0.15m。

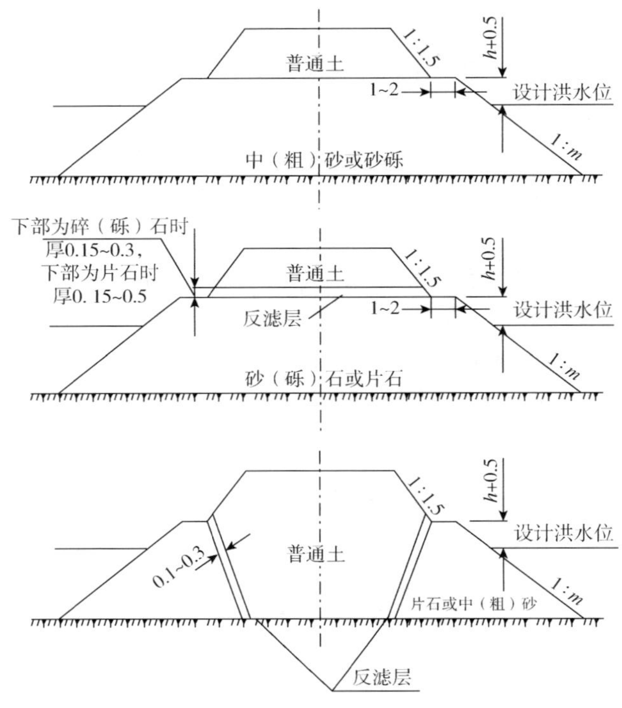

图 4.6-3　路堤断面类型(尺寸单位:m)

河滩路基半填半挖断面,其中挖方部分的设计与一般路基设计相同,填方部分的设计与河滩路堤设计相同。

(2)填料选择。

河滩路堤的填料,应按就地取材的原则和路堤浸水的条件选择。

路堤的浸水部分或受水位涨落影响的部分,宜尽可能选用渗水性较好的材料,如具有天然级配的沙砾,卵石、粗、中砂,石质坚硬不易风化的片、碎石等。这类材料浸水后强度变化不大,当堤外水位变化时,堤身内的水可以自由渗出,不致产生渗透压力而影响边坡稳定。若就近无渗水材料,也可用黏性土填筑,但最好用黏土。黏土的渗水性小,堤外水位变化对路堤内部的影响较小;采用黏性土作填料时,应严格控制填土在最佳含水率时的压实度,压实度要求达到0.90~0.95。

重黏土、浸水后容易崩解的岩石(如泥灰岩、泥质胶结的细砂岩等)、风化的石块、盐渍土及其他不宜用作填筑一般路堤的土,均不宜用作河滩路堤的填料。当必须采用时,则须采取特殊措施。

5)路堤边坡

河滩路基不受水流影响的填土部分,其边坡坡度与一般路堤的边坡相同。河滩路基浸水部分的边坡,除了考虑土体自重和行车荷载的作用外,还要考虑水的浮力和渗透动水压力的不利影响。应通过稳定性验算确定其坡度,一般可较普通边坡放缓一级。

6)边坡防护

(1)流水的作用。

河滩与沿河路堤的边坡防护,首先应考虑流水对边坡的破坏作用,根据流水破坏作用的性质与大小,对路堤边坡进行防护与加固设计。

流水对边坡的作用主要有:冲刷作用、推移力作用、凹岸冲刷及水位变化的影响、冰压力的作用等。

(2)边坡防护。

边坡防护的高度为路基设计洪水位+壅水高+波浪侵袭高+安全高度(0.5m)。边坡防护设计如下。

①一般规定。

a.沿河地段路基当受水流冲刷时,应根据河流特性、水流性质、河道地貌、地质等因素,结合路基位置,选用适宜的防护工程、导流或改河工程。

b.冲刷防护工程顶面高程,应为设计水位加上波浪侵袭、壅水高度及安全高度。基底埋设在冲刷深度以下不小于1m处或嵌入基岩内。当冲刷深度较深、水下施工困难时,可采用桩基、沉井基础或适宜的平面防护。

c.设置导流建筑物时,应根据河道地貌、地质、水流特性、河道演变规律和防护要求等设计导治线,并应避免农田、村庄、公路和下游路基的冲刷加剧。在山区河谷地段,不宜设置挑水导流建筑物。

②植物防护。

a.植物防护适用于允许流速小于1.2~1.8m/s的季节性水流冲刷,用于冲刷防护的植物防护应符合规范的有关规定。经常浸水或长期浸水的路堤边坡,不宜采用种草防护。

b.在沿河路基外的河滩上植造防护林带，树种应具有喜水性。

③砌石或混凝土护坡。

a.砌石或混凝土护坡适用于允许流速为2~8m/s的路堤边坡。用于冲刷防护的干(浆)砌片石(混凝土块)护坡应符合规范的有关规定。

b.浆砌片(卵)石护坡厚度应按流速和波浪的大小等因素确定，并应不小于350mm。护坡底面应设厚度不小于100mm的反滤层。

④护坦。

护坦防护适用于沿河路基挡土墙或护坡的局部冲刷深度过大、深基础施工不便的路段。

⑤抛石。

a.抛石适用于经常浸水且水深较大的路基边坡或坡脚以及挡土墙、护坡的基础防护。抛石一般多用于抢修工程。

b.抛石边坡坡度和选用石料粒径应根据水深、流速和波浪情况确定，石料粒径应大于300mm，坡度不应陡于所抛石料浸水后的天然休止角，厚度不应小于所用最小石料粒径的2倍。

⑥石笼。

a.石笼防护适用于受水流冲刷和风浪侵袭，且防护工程基础不易处理或沿河挡土墙，以及护坡基础局部冲刷深度过大的沿河路堤坡脚或河岸。

b.石笼内所填石料，应采用重度大、浸水不崩解、坚硬且未风化石块，粒径应大于石笼的网孔。

⑦浸水挡土墙。

a.浸水挡土墙适用于允许流速为5~8m/s的峡谷急流和水流冲刷严重的河段。

b.浸水挡土墙设计应符合规范的有关规定，并应注意浸水挡土墙和岸坡的衔接。

⑧土工膜袋。

a.土工织物软体沉排、土工膜袋适用于允许流速为2~3m/s的沿河路基冲刷防护。

b.土工膜袋可用于替代干砌块石、砂浆块石等修建堤坡、堤脚，构筑丁坝、堤坝主体，还可以用于堤坝崩塌、江河崩岸险情的抢护。

⑨丁坝。

a.丁坝适用于宽浅变迁性河段，用以挑流或减低流速，减轻水流对河岸或路基的冲刷。

b.丁坝长度应根据防护长度、丁坝与水流方向的交角、河段地形、水文条件及河床地质情况等确定，垂直于水流方向上的投影长度不宜超过稳定河床宽度的1/4。

c.用于路基防护的丁坝宜采用漫水坝或潜坝，丁坝与水流方向的交角以小于或等于90°为宜。

d.当设置群坝时，坝间距离不应大于前坝的防护长度。丁坝间的河岸或路基边坡所能承受的允许流速小于水流靠岸回流流速时，应缩短坝距，或对河岸及路基边坡采取防护措施。

e.丁坝的横断面类型和尺寸应根据材料种类、河流的水文特性等确定，坝顶宽度根据稳定计算确定。

⑩顺坝。

a.顺坝适用于河床断面较窄、基础地质条件较差的河岸或沿河路基防护，用于调整流水

曲度和改善流态。

b.顺坝与上、下游河岸的衔接,应使水流顺畅,起点应选择在水流匀顺的过渡段,坝根位置宜设在主流转向点的上方。

c.坝顶宽度应根据稳定计算确定,坝根应嵌入稳定河岸内不小于3m。漫溢式顺坝,应在坝后设置格坝。

7)管涌现象的防治

河滩路堤两侧水位差过大,会使路堤土体内及基底土内产生渗透现象,当渗透水流足以使土粒移动时,就有一部分土粒被水流带走,这种冲移现象逐渐扩大,就产生了管涌现象。管涌发展将导致路堤坍塌破坏。

管涌现象的防治措施如下:

(1)放缓下游一侧边坡,以延长渗水流的通路,减小水流坡降,从而保持边坡土粒的稳定;或在下游边坡的水下部分设置滤水趾,并设置反滤层,以防止路堤中的细小颗粒被渗透水流带走,如图4.6-4所示。

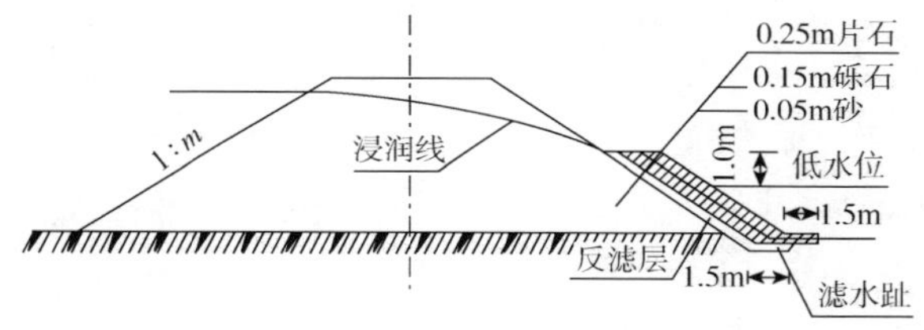

图4.6-4　管涌防治措施

(2)若路堤土体渗透性小,而基底土层的渗透性大,则渗透水流就会通过基底土层渗出,也可能产生管涌现象。在路堤下游坡脚以外的基底土层上铺设滤水护坦,或在上游铺设黏土隔渗层及在坡脚或基底下设置隔渗墙、止水幕等,都可以延长渗透水流的通路,降低渗透水头的压力。

8)改移河道的适用条件

(1)沿河路基受水流冲刷严重,或防护工程艰巨,以及路线在短距离内多次跨越弯曲河道时可改移河道。主河槽改动频繁的变迁性河流或支流较多的河段不宜改移河道。

(2)改移河道起点和终点的位置应与原河床顺接。为防止水流重归故道,宜在改移河道入口处加陡纵坡并设置拦河坝或顺坝。新河槽断面应按设计洪水频率的流量设计。

(3)改移河道河段的防护设计应参照规范的有关规定进行。

4.6.8　水库地区路基设计

水库地区路基是指沿水库边缘修筑的路基以及跨越水库支流修筑的受库水浸泡的路基。设计水库地区路基时,应根据水库的特点,考虑水位升降、波浪侵袭、水流冲刷、坍岸、淤积和地下水壅升引起的湿陷等的影响,采取相应的防护、加固措施。

1)影响水库坍岸的因素

(1)水位变化。岸壁岩石受到水位变化的干湿影响,就容易产生风化破碎现象,致使岩石破坏而坍落。水位涨落幅度越大,岸壁受破坏的范围也越大。

(2)波浪作用。岸壁岩石受到风浪的冲击与淘刷而坍落,坍落物堆积下来就形成浅滩。随着岩石的坍落,边岸不断扩展,浅滩也逐渐增长,直至波浪所具有的能量,经过浅滩的摩擦消耗殆尽,波浪再无力冲击岸壁与坍落物时,坍岸作用即宣告终止。

(3)地质情况。边岸的地质情况对于边岸的破坏影响很大,其中,岩石成分、岩性、裂隙及风化程度等都是形成坍岸的主要原因。

(4)边岸的形态结构。边岸高度、陡度及岸线的切割程度,都直接影响坍岸的形成及其最终宽度。库岸如为突出的岸嘴,由于受到多面风浪的影响,坍岸宽度会较大;凹岸和平直岸段则较轻。库岸前水较深,而且水下岸坡较陡,浅滩不易形成时,坍岸速度则较快。

(5)边岸的位置。边岸的部位不同,坍岸的情况也不同,一般以库首区和库腹区的坍岸较为严重。受季节性风浪影响较大的边岸,坍塌也较严重。

(6)淤积影响。淤积速度快的库区坍岸宽度一般均较小,黄土地区则更为明显。

(7)蓄水时间。蓄水初期的3~4年,坍岸速度最快。如黄土地区某水库,在4年内坍岸宽度占蓄水后最初10年坍岸总宽度的90%~95%。

在一年之内,涨水时、强风期、解冻时和开始冻结时,比较容易发生坍岸。

2)路基设计原则及要求

(1)水库路基应具有一定的高度。

路基高度除应满足设计洪水频率水位的要求外,尚应满足关于地下水位及地表积水对路基高度的要求。

(2)防止坍岸,确保路基边坡的稳定。

①破坏库岸路基边坡的因素很多,但主要是在水库水位变幅带内受到风浪的侵袭、冲击和淘刷引起路基的坍塌或崩塌。在库岸地质不良地段,为了保持路基边坡完整,对水位变幅带内的边坡必须加以防护。

②若库边水面有封冰情况,则防护下限必须根据封冰时的水位及冰盖层的厚度来确定。在水库的上游地段,当边坡按水流的冲刷作用进行防护时,其防护下限要考虑基础脚下的冲刷深度。

③当库岸逐渐坍塌,最后将会影响到路基的稳定时,须预先对这部分库岸进行防护,或将路基设在坍岸范围以外的一定距离处。

(3)防止路基沉落,保证路基强度。

①严格掌握填土的含水率和密实度,保证施工质量。

②对湿陷性或软弱基底,应尽可能在事前进行处理。

③对可能发生沉落的路堤,经过分析研究,可预留适当的沉落量。

3)浸水路基设计

浸水路基是指被设计水位浸淹的沿河路基、河滩路堤以及穿越池塘等地段的路堤。沿河路基是指公路走向与河流基本平行,且受设计水位浸淹的路基;河滩路堤是指公路走向与河流基本垂直,且横跨河滩的路堤。池塘路堤一般只是受静水浸泡,水位涨落缓慢,除填料抗剪强度因浸水有所降低外,受其他因素如流速、动水压力等的影响甚微。沿河及河滩路基则不同,除受水浸淹使土体抗剪强度降低外,还受水流的冲刷和水位涨落时路基内形成的渗透动水压力以及管涌等因素的影响。

(1)浸水路基断面形式及填料要求。

①路堤应按浸水路基的要求设计，当边坡高度较大时宜采用台阶性断面，边坡坡度在设计水位以下不宜陡于 1∶1.75；当路堤边坡较高时，边坡坡度应经稳定性检算。

②路基应采用压缩变形小、水稳定性好的渗水性填料。当渗水性材料较为缺乏时，路堤受库水位浸泡的部位宜用渗水性材料填筑，库水位以上的部位可用细粒土填筑。

③对于用细粒土填筑的路堤，当渗透速度和渗透压力较大而可能发生冲蚀时，除放缓边坡外，宜在低水位一侧设置排水设施。

(2)路堤和库岸稳定性分析。

①进行路堤稳定性分析时，应考虑上下游水头差在堤内产生的稳定渗流及水位骤然下降在堤内产生的不稳定渗流对路堤边坡产生的渗透压力和冲蚀作用，土质路堤应按路堤内渗流的最不利情况进行检算，必要时应进行流网计算。

②土的强度参数按地下水位高度(浸润曲线以上加地下水壅升高度)以上和以下分别采用夯后快剪和夯后饱和快剪试验值，物理参数也应按地下水位以上和以下分别取值。

③在封冰和流冰地区，应考虑冰荷载作用。在水库的上游地段，若流速较大，还需考虑水流的冲刷作用。

④稳定安全系数不应小于 1.25。当考虑水位升降变化并同时考虑地震的作用影响时，稳定安全系数不应小于 1.05～1.15。

(3)路基边坡防护。

路基边坡防护类型应根据水库类型、波浪力大小、路基所处位置等因素，按有关规定予以确定，并应做好防渗反滤层。由于浸水等原因而影响路基稳定时，可采用挡土墙、副堤等形式进行加固。各种防护工程应与周围环境景观相协调。

水库坍岸危及路基稳定时，应根据线路的位置、库岸土质、库岸高度和坡度、浸水深度、水库淤积等情况，对库岸采取适当的防护措施。水库坍岸的防护类型可根据波浪的破坏作用和地形地质等情况，合理选用。水库坍岸的防护长度范围应根据公路路基所在库岸边坡受波浪作用影响的地段确定，防护工程两端应有适当的安全距离，并应嵌入库岸或路基边坡内。

4.6.9 道路水毁及防治措施

道路水毁是道路、桥梁等交通基础设施遭到暴雨与洪水破坏的一种严重自然灾害。道路水毁包括：①边坡坍塌、路基边坡滑移、路基沉陷、路基整体坍塌和路基冲断；②桥台破坏、桥墩破坏、拱圈开裂、桥梁上部附属结构物破坏和桥梁整体滑移或坍塌；③拱涵拱脚、拱圈破裂、盖板涵进口处沟床基础裸露、盖板涵出口处垂裙裸露以及涵洞整体倒塌等。

公路水毁涉及区域地质、地形地貌、水文气象和水文地质条件、公路标准、公路设施与河流、边坡、冲沟之间的关系，以及公路水毁防治结构物的设置等诸多因素。

公路水毁的治理应坚持“以防为主、防治结合”的原则，认真分析水毁产生的原因，结合公路状况、地理位置等实际情况制定防治措施。常见的道路水毁防治措施如下。

1)汛前检查

为了确保道路在汛期能够安全畅通，在每年汛期到来之前，应该派专人对道路及沿线设施进行全面的防洪防汛检查,对检查中发现的病害和问题及时进行处理。

(1)检查道路桥涵的防排水系统。在汛期期间检查公路桥涵的防排水设施是否良好,对于设施存在病害和缺陷的及时维修完好,保证其功能正常,并及时清理干净各种堵塞、淤积,保证河道及排水设施的泄洪能力。对于因环境变化等原因引起的防排水系统不能适应实际排水情况的,应该及时修改和完善防排水系统的不足之处,确保防排水系统能够合理有效地使用。

(2)检查道路边坡、挡墙和路基的稳定性。对挡墙等构造物存在裂缝、膨胀等病害的要及时处理,防止其坍塌;对边坡和路基等可能发生位移、滑动的,要及时处治并清理上边坡松散危石;对于易受水毁的路段应做好记录并加强观察,以便在发生险情时可以及时有效地进行处治。

(3)检查桥涵稳定性和泄洪能力。尤其应检查三、四、五类桥和大型桥梁的墩台、基础等构造物是否损坏,确保桥涵的安全性能;检查桥梁上下游是否有堆积物,河道是否稳定,有无采砂等情况,确保桥涵的泄洪能力。

(4)进行必要的水文观测,密切关注水流动态,并与气象、水文等相关部门密切联系,及时掌握天气变化、水库泄洪等相关情况,以便对可能产生的各种突发状况作出准确的判断,采取相应的措施将损失降至最低。

2)沿河路基水毁的防治

(1)在易受到洪水冲顶和淘刷的路段,应设置丁坝、浸水挡土墙等必要的防护构造物来保护公路路基不受或少受洪水的危害。

(2)设置必要的排水设施,防止地面排水不良导致路面、边沟渗水严重,或局部出现管涌现象而引起路基坍塌。

3)桥梁水毁的防治

(1)清理河道淤积,保证桥梁能够正常泄洪;加固桥梁构造物及各类防护构造物。

(2)在稳定、次稳定河段上修建调治构造物时,应根据桥位形式和位置、桥下滩流是否对称、河床冲淤分布等实际需要以及水流流向等情况分别选择修建直线形导流堤、曲线形导流堤、梨形堤和短丁坝群。

(3)在不稳定河段上,可以根据桥梁位置、河岸条件、河床地貌以及桥孔位置等情况分别修建封闭式导流堤、分水堤、漫水隔坝等构造物。

(4)为防止桥梁墩台基础冲刷,可以根据桥梁跨径大小、墩台基础埋置深度等情况,合理增设桥梁基础防护构造物。当河床比较稳定且冲刷范围较小时,比较适宜采用立面防护措施;而当河床稳定、冲刷范围较大时,宜采用平面防护措施。

4)路基水毁病害的防护措施

路基防护按其部位和功能分为坡面防护和冲刷防护两类。

(1)坡面防护。常用的防止路基两侧坡面的暴雨淋洗和洪水冲刷,以及岩石风化、崩塌、脱落等坡面破坏而采取的防护措施,有植物防护(植草、铺草皮、植树等)和灰浆防护(抹面、捶面、喷浆喷锚、勾缝、灌浆等)。

(2)冲刷防护。冲刷防护是指沿河路基、河滩路基、桥头引道等临水面边坡的防护。根据防护形式的水流结构和机理,冲刷防护可分为直接防护和间接防护。直接防护是直接

加固路基边坡的坡脚或基础，提高其自身的抗冲能力；间接防护是通过改变河道水流结构，使水流偏离被防护的河岸，墩台或将冲刷段变成淤积段，达到防护的目的，如顺坝、丁坝等。

5）水毁的抢修恢复

（1）在汛前成立防汛抗洪领导小组，制定行之有效的防汛抗洪保畅应急预案，一旦发生汛情能够立即启动应急预案，将灾害影响降至最低。

（2）配备专门的抢险救援人员、机械设备以及准备充足的抢险救灾物资，确保在出现汛情时能够以最快的速度赶到事故现场，排除险情、清除障碍，保证道路畅通无阻。

（3）在汛期加强对管养路段的巡查工作，对危险路段重点防护，各养护部门要 24h 坚守岗位，各负其责、责任到人。发现问题时及时向主管部门报告，以利尽快决策、处治水毁，保证公路畅通。

（4）对发生的水毁进行全力抢修恢复时，一方面应及时采取措施防止灾害的进一步扩大，另一方面要及时设置警示标志标牌指示车辆绕行。

（5）在进行水毁抢修过程中，应该尽可能使抢险与修复相结合，使恢复路段在今后可以继续使用，避免二次修复，造成浪费。

（6）在洪水退后，应该迅速组织人力、物力清除路面塌方等障碍物，及时恢复交通。

（7）对边坡、路基坍塌较轻的地方应迅速修补；对于严重的造成断交的路段，应及时根据实际情况修建临时便道，疏导交通。

（8）全面认真地调查道路水毁情况，根据线路、水毁程度等情况做好道路修复计划。对于部分因设计不合理而导致水毁的路段进行有计划的改造和改建。

4.7 地下水的相关特征与交通运输的关系

地下水会软化路基路面，使其产生变形和翻浆冒泥，会导致边坡滑动和变形，有的地下水还会腐蚀公路结构设施。掌握地下水渗流规律并排除和处理有害地下水，对公路建设和运行是非常有意义的。

4.7.1 地下水赋存形式及类型

1）岩土的水理性质

岩土的水理性质是指岩土与水相互作用时岩土显示出来的各种性质，主要有以下几种。

（1）容水性。岩土的容水性是指常压下岩土孔隙中能容纳一定水量的性能，以容水度表示。容水度即为岩土孔隙中能容纳水量的体积与该岩土总体积之比。当岩土的孔隙全部被水充满时，则水的体积即等于孔隙的体积。

（2）持水性。饱水岩土在重力作用下排水后仍能保持一定水量的性能称为岩土的持水性，以持水度表示。持水度是指饱水岩土在重力作用下释水后，所能保持水量的体积与该岩土总体积之比。

按保持水形式的不同，持水度可分为分子持水度和毛细水持水度。分子持水度是指岩土所能保持的最大薄膜水量与岩土体积之比；毛细水持水度是指岩土的毛细孔隙被水充满时，岩土中所能保持的水量与岩土体积之比。

(3)给水性。指在重力作用下饱水岩土从孔隙中能自由流出一定水量的性能，以给水度表示。给水度指常压下饱水岩土在重力作用下流出来的水体积与该岩土体积之比。各类岩土的给水度见表4.7-1。

各类岩土的给水度　　表4.7-1

岩土名称	给水度	岩土名称	给水度
砾砂	0.30~0.35	粉砂	0.10~0.15
粗砂	0.25~0.30	亚黏土	0.10~0.15
中砂	0.20~0.25	黏土	0.04~0.07
细砂	0.15~0.20	泥炭	0.02~0.05

(4)毛细管性。毛细管性指松散岩土中能产生毛细管水上升现象的性能，通常以毛细管水上升高度、毛细管水上升速度和毛细管水压力来表示。松散岩土毛细管水上升最大高度见表4.7-2。

松散岩土毛细管水上升最大高度 h_c　　表4.7-2

岩土名称	粗砂	中砂	细砂	粉土	粉质黏土	黏土
h_c(cm)	2~4	12~35	35~120	120~250	300~350	500~600

(5)透水性。透水性指在水的重力作用下，岩土容许水透过自身的性能，通常以渗透系数表示。各类岩土的渗透系数参考值见表4.7-3。

岩土的渗透系数参考值　　表4.7-3

岩土名称	渗透系数		岩土名称	渗透系数	
	(m/d)	(cm/s)		(m/d)	(cm/s)
黏土	<0.005	$<6\times10^{-6}$	粗砂	20~50	$2\times10^{-2}\sim6\times10^{-2}$
粉质黏土	0.005~0.1	$6\times10^{-6}\sim1\times10^{-4}$	均质粗砂	60~75	$7\times10^{-2}\sim8\times10^{-2}$
粉土	0.1~0.5	$1\times10^{-4}\sim6\times10^{-4}$	圆砾	50~100	$6\times10^{-2}\sim1\times10^{-1}$
黄土	0.25~0.5	$3\times10^{-4}\sim6\times10^{-4}$	卵石	100~500	$1\times10^{-1}\sim6\times10^{-1}$
粉砂	0.5~1.0	$6\times10^{-4}\sim1\times10^{-3}$	无充填物卵石	500~1000	$6\times10^{-1}\sim1\times10^{0}$
细砂	1.0~5.0	$1\times10^{-3}\sim6\times10^{-3}$	稍有裂隙岩石	20~60	$2\times10^{-2}\sim7\times10^{-2}$
中砂	5.0~20.0	$6\times10^{-3}\sim2\times10^{-2}$	裂隙多的岩石	>60	$>7\times10^{-2}$
均质中砂	35~50	$4\times10^{-2}\sim6\times10^{-2}$			

岩土渗透性的强弱首先决定于岩土孔隙的大小和连通性，其次是孔隙度的大小。松散岩土的颗粒越细，越不均匀，则其透水性越弱。坚硬岩土的透水性可用裂隙率或岩溶率来表示。同一岩层在不同方向上也往往具有不同的透水性。

岩土透水性的强弱可根据岩土的渗透系数(k值)，按表4.7-4划分。

透水性按渗透系数 k 分类 表 4.7-4

类别	强透水	透水	弱透水	微透水	不透水
k(m/d)	>10	10~1	1~0.01	0.01~0.001	<0.001

2)水在岩土中的存在形式

自然界岩土孔隙中赋存着各种形式的水,按其物理性质的不同,可分为气态水、吸着水、薄膜水、毛细管水、重力水、固态水等。

(1)气态水。气态水是指呈气体状,与空气一起充填在非饱和的岩土孔隙中的水。它可由湿度相对大的地方向湿度相对小的地方移动。岩土温度降低到露点时,气态水便凝结成液态水。

(2)吸着水。吸着水是指被分子力吸附在岩土颗粒周围形成极薄的水膜,其吸附力高达10000个大气压力,故又称为强结合水。该水的密度比普通水大一倍左右,可以抗剪切,但不传递静水压力,-78℃时仍不结冰。在外界土压力作用下,吸着水不能移动,但在105℃温度下将土烤干保持恒温时,可将吸着水排除。黏性土仅含吸着水时呈现为固体状态,砂土也可含有极微量的吸着水。

(3)薄膜水。薄膜水是指受分子力的作用包围在吸着水外面的一薄层水,也称为弱结合水,其厚度大于吸着水的厚度。薄膜水在外界土压力下可以变形,可以由膜相对厚处向相对薄处移动,其抗剪强度较小。因蒸发薄膜水可由土中逸出地表,故薄膜水可被植物根吸收。

黏性土的一系列物理力学性质都与薄膜水有关,砂土由于颗粒的比表面积较小以及其他原因,薄膜水含量甚微,可忽略不计。

(4)毛细管水。毛细管水是指由于毛细管力支持充填在岩土细小孔隙中的水。它同时受毛细管力和重力的作用,当毛细管力大于水的重力时,毛细管水就上升。因此,地下水面以上普遍形成一层毛细管水带。毛细管水能垂直上下运动,能传递静水压力。

(5)重力水。重力水是指在重力作用下能在岩土孔隙中运动的水,即常称的地下水。它不受分子力的影响,可以传递静水压力。

毛细管水和重力水又统称为自由水,它们均不能抗剪切,但可传递静水压力。

(6)固态水。固态水是指常压下当岩土体温度低于零度时,岩土孔隙中的液态水(甚至气态水)凝结成冰(冰夹层、冰锥、冰晶体等)的水。固态水在土中起到胶结作用,形成冻土,提高土体强度。岩土孔隙中的液态水转变为固态水时其体积膨胀,使土的孔隙增大,结构变得松散,故解冻后的土压缩性增大,强度降低。

3)地下水的类型和特征

地下水可分为包气带水、潜水和承压水三种基本类型。

(1)包气带水。包水带水是指存在包气带(地面以下潜水面以上的地带)中的地下水,主要以气态、吸着水、薄膜水和毛细管水的形式存在,当降水或地表水下渗时,可暂时出现重力水。

(2)潜水。潜水是指埋藏在地面下第一个稳定隔水层之上的地下水,具有自由表面,大气降水和地表水可渗入地下补给潜水。

(3)承压水。承压水是指充满于上下两个隔水层之间的含水层中,具有承压性质的地下水。

各类地下水的主要特征见表4.7-5。

各类地下水的主要特征 表4.7-5

基本类型	主要种类	成因	水头性质	动态特征	地下水面	
					特征	示意剖面图
包气带水	(1)土壤水、沼泽水、上层滞水; (2)沙漠及滨海沙丘中的水; (3)基岩风化壳中季节性存在的裂隙水; (4)多年冻土区的冻融层水	主要为渗入,局部可能凝结	无压水	受当地气候影响很大,一般为季节性存在的暂时性水	随局部隔水层的起伏而变化	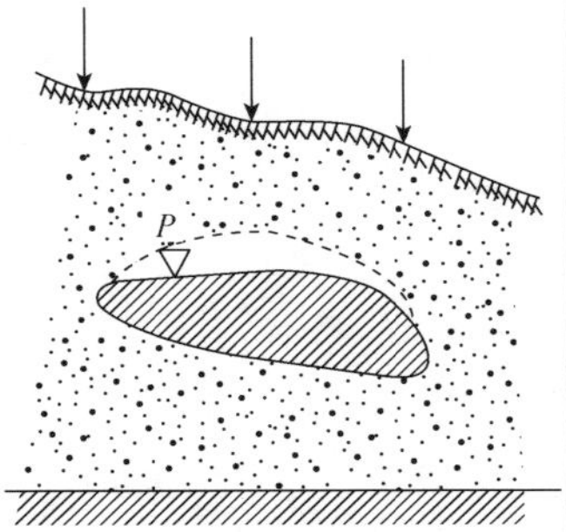
潜水	(1)冲积、洪积、坡积、湖积、冰碛层中的孔隙水; (2)基岩裂隙中的层状或脉状潜水; (3)岩溶岩石中的层状或脉状溶洞水和裂隙岩溶水		常为无压水	水位、水温、水质等随当地气象因素影响而相应敏感变化	潜水面形状随相对隔水层的出现、含水层厚度及隔水底板的起伏而变化	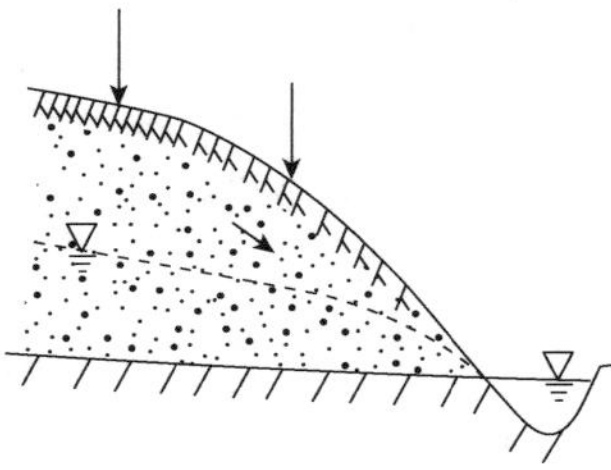
承压水	(1)松散岩层构成的自流盆地、单斜和山前平原自流斜地中的水; (2)构造盆地或向斜、单斜岩层中的层状裂隙承压水; (3)构造盆地或向斜、单斜岩溶岩层中的层状或脉状溶洞水	渗入和海洋	承压或自流	受当地气象影响不显著,水位升降决定于水压的传递	承压水面为虚构的平面,当含水层被揭穿时才显现出来	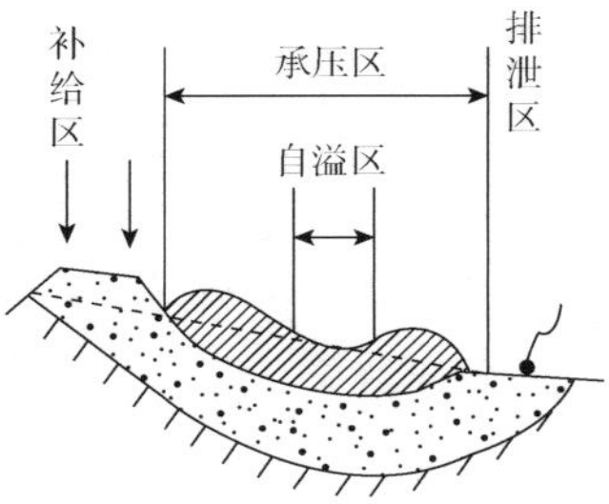

4)泉水的类型和特征

泉是地下水涌出地表的天然水点。按泉水的补给来源和成因,可将泉水分为下降泉和上升泉两大类。

(1)下降泉。下降泉由上层滞水或潜水补给,泉的流量、水温、水质随季节而变化,且多与气象要素变化一致。下降泉可再分为悬挂泉、侵蚀泉、接触泉和溢出泉四种。

(2)上升泉。上升泉由承压水补给,泉的流量、水温、水质较稳定,随季节变化小。上升泉可再分为自流斜地泉、自流盆地泉、断层泉和接触上升泉四种。

各种泉水的特征见表4.7-6。

各种泉水的特征 表 4.7-6

类型		出露条件	图示
下降泉	悬挂泉	上层滞水受切割而出露,多分布于裂隙发育的基岩陡坡和河谷阶地前缘陡坎上,多为季节性出露	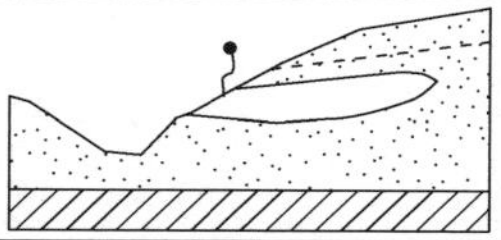
	侵蚀泉	沟谷侵蚀下切至潜水面而形成,多分布于沟谷、沟坡或坡脚处	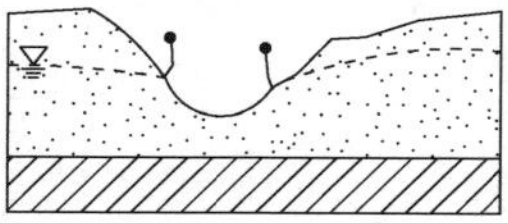
	接触泉	隔水层底板被切隔而成,多分布于不同透水性岩层的接触带上	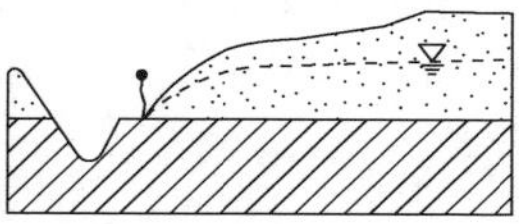
	溢出泉	隔水层底板隆起,或受相对隔水层的阻挡,使潜水面抬高出地表而形成	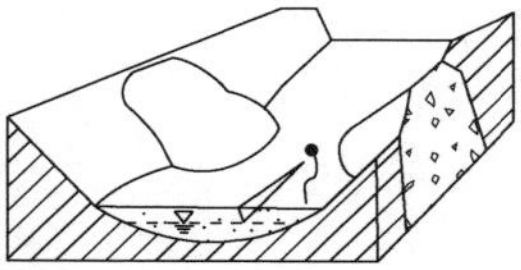
上升泉	自流斜地泉	具有承压水的单斜含水层被切割或于泄水区出露而形成	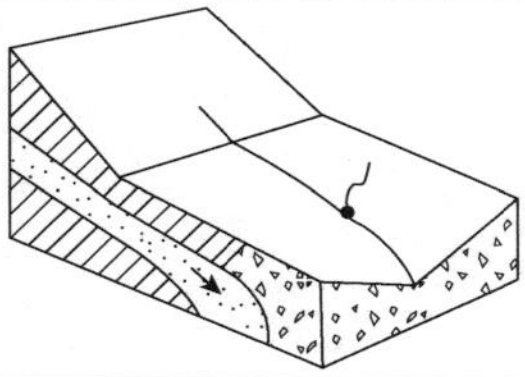
	自流盆地泉	具有承压水的向斜或构造盆地的含水层被切割,使承压水涌出地表而形成	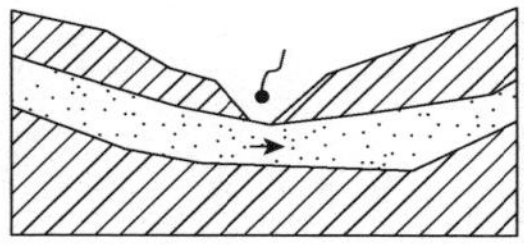
	断层泉	承压含水层被断层所切割,地下水沿断层破碎带上升涌出地表而形成	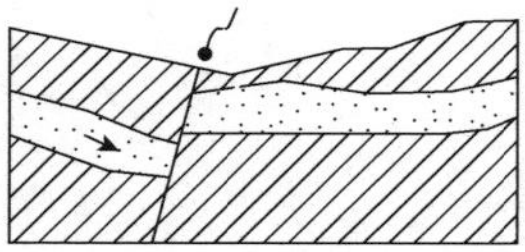
	接触上升泉	承压水受岩脉或侵入体的阻挡,沿接触带的裂隙上升涌出地表,呈线性分布于接触带上	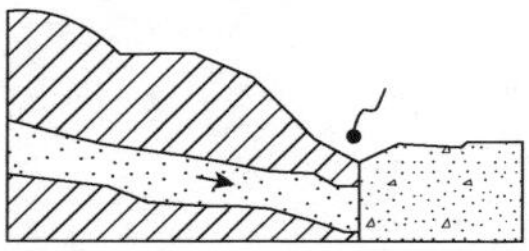

4.7.2 地下水的性质及其分析

地下水的性质

(1)物理性质。

地下水的物理性质,主要包括颜色、气味、口味、透明度或浑浊度、温度、密度,导电性和放射性等。

①颜色。一般地下水是无色的。但根据水中化学成分及悬浮杂质含量不同,地下水可呈现出不同的颜色,见表 4.7-7。

水中存在物质与颜色的关系　　表 4.7-7

存在物质	硬水	低价铁	高价铁	硫化氢	锰化合物	腐殖酸盐	硫细菌
颜色	浅蓝	淡灰	锈色	翠绿	暗红	暗黄或灰黑	红色

②气味。一般地下水是无气味的。当地下水含有某种化学成分时,则有特殊气味。如水中含硫化氢时,有臭鸡蛋气味;含腐蚀性细菌时,有鱼腥味或霉臭味等。

③口味。地下水的口味由水中的化学成分决定。

④透明度或浑浊度。地下水的透明度或浑浊度决定于水中固体和胶体悬浮物的含量。

⑤温度。地下水按温度分类见表 4.7-8。

地下水按温度分类　　表 4.7-8

类别	非常冷的水	极冷的水	冷水	温水	热水	极热的水	沸腾的水
温度(℃)	<0	0~4	4~20	20~37	37~42	42~100	>100

⑥密度。地下水密度的大小决定于水中所溶解的盐分和其他物质的含量。

⑦导电性。地下水的导电性决定于水中含有电解质的性质及含量,通常以电导率 K 表示。一般地下淡水的 K 值为 $33\times10^{-6}\sim33\times10^{-3}$S/cm。其中,S 为西门子。

⑧放射性。地下水的放射性决定于水中放射性物质含量。地下水中常见的放射性物质有镭(Ra)、铀、锶、氡及氢、氧同位素。一般地下淡水 226Ra 的含量<3.7×10^{-2}Bq/L,矿泉及深井水 226Ra 的含量为 $3.7\times10^{-2}\sim3.7\times10^{-1}$Bq/L。其中,Bq 为贝可。

(2)化学成分。

地下水是一种复杂的天然溶液,存在于地壳中的 87 种稳定元素在地下水中已发现 70 多种。地下水的化学成分中包括多种气体成分、各种离子、有机化合物、有机和无机化合物、微生物、胶体及放射性元素、同位素等,上述物质溶解或活动于地下水中。

4.7.3　环境水对建筑材料腐蚀的评价方法和判定标准

1)混凝土腐蚀的环境类型和腐蚀分类

(1)环境分类:详见表 4.7-9。

环 境 分 类　　表 4.7-9

环境类别	环 境 特 征
Ⅰ	(1)高寒山区(海拔 3000m 以上),干旱区、半干旱区,混凝土直接临水或处于强透水的含水层中,并受干湿交替或冻融交替作用; (2)混凝土一面与土层中的水相接触,另一面处于大气蒸发状态; (3)混凝土单侧受有静水压力,最大作用水头与混凝土壁厚之比大于 5
Ⅱ	(1)湿润区、半湿润区:混凝土直接临水或处于强透水的含水层中,并受到干湿交替或冻融交替的作用; (2)各气候区中,混凝土处于弱透水的含水层中,并受到干湿交替或冻融交替作用
Ⅲ	各气候区中,混凝土处于弱透水含水层中,且不受到干湿交替或冻融交替作用

注:强透水层指细砂及颗粒大于细砂的土层;弱透水层指粉砂及颗粒小于粉砂的土层。

(2)腐蚀分类:详见表4.7-10。

腐蚀分类 表4.7-10

腐蚀分类	腐蚀特征
分解类腐蚀	矿化度极低的水,硬度<1.5mmol/L的软水,水中氢离子、二氧化碳、游离碳酸及某些盐类的含量处于极限值时,使混凝土碳酸化,或导致水泥石水解,使水泥石中的$Ca(OH)_2$被中和或CaO、$Ca(OH)_2$及其他成分被溶解流失,降低了混凝土的碱度,同时引起混凝土强度的降低
结晶类腐蚀	水中含有某些一定量的盐,与混凝土接触,并渗入混凝土内部,使水泥石水化,或与混凝土成分起化合作用,形成水化物及稳定的含水结晶体,由膨胀引起胀裂破坏,影响混凝土的耐久性
结晶分解复合类腐蚀	水中含有某些一定量的化学成分,与混凝土成分、水泥石产生化学反应,分解类腐蚀与结晶类腐蚀兼而存在。往往由阴离子产生结晶类腐蚀,阳离子产生分解类腐蚀;水中不同的盐与水泥石产生化学作用,有的产生分解类腐蚀,有的产生结晶类腐蚀

2)对混凝土腐蚀的评价标准

混凝土腐蚀的评价标准详见表4.7-11~表4.7-13。

结晶类腐蚀评价标准 表4.7-11

腐蚀等级	SO_4^{2-}在水中的含量(mg/L)		
	Ⅰ类环境	Ⅱ类环境	Ⅲ类环境
无腐蚀	<250	<500	<1500
弱腐蚀	250~500	500~1500	1500~3000
中等腐蚀	500~1500	1500~3000	3000~5000
强腐蚀	1500~3000	3000~5000	5000~10000

分解类腐蚀评价标准 表4.7-12

腐蚀等级	酸型腐蚀		碳酸型腐蚀		微矿化水型腐蚀	
	弱透水土层	强透水土层	弱透水土层	强透水土层	弱透水土层	强透水土层
	pH值		侵蚀性CO_2(mg/L)		HCO_3^-(mg/L)	
无腐蚀	>6.0	>6.5	<30	<15		>1
弱腐蚀	6.0~5.0	6.5~6.0	30~60	15~30		1.0~0.5
中等腐蚀	5.0~4.0	6.0~5.0	60~100	30~60		<0.5
强腐蚀	<4.0	<5.0	>100	>60		

注:1.表中的强透水土层包括混凝土直接临水的情况。

2.酸型、碳酸型、微矿化水型三型腐蚀共存时,以腐蚀等级高者作为分解类腐蚀的评价结论。

结晶分解类腐蚀评价标准 表4.7-13

腐蚀等级	Ⅰ类环境		Ⅱ类环境		Ⅲ类环境	
	$Mg^{2+}+NH_4^+$(mg/L)	$Cl^-+SO_4^{2-}+NO_3^-$(mg/L)	$Mg^{2+}+NH_4^+$(mg/L)	$Cl^-+SO_4^{2-}+NO_3^-$(mg/L)	$Mg^{2+}+NH_4^+$(mg/L)	$Cl^-+SO_4^{2-}+NO_3^-$(mg/L)
无腐蚀	<1000	<3000	<2000	<5000	<3000	<10000
弱腐蚀	1000~1500	3000~5000	2000~3000	5000~8000	3000~4000	10000~20000

续上表

腐蚀等级	Ⅰ类环境		Ⅱ类环境		Ⅲ类环境	
	$Mg^{2+}+NH_4^+$ (mg/L)	$Cl^-+SO_4^{2-}+NO_3^-$ (mg/L)	$Mg^{2+}+NH_4^+$ (mg/L)	$Cl^-+SO_4^{2-}+NO_3^-$ (mg/L)	$Mg^{2+}+NH_4^+$ (mg/L)	$Cl^-+SO_4^{2-}+NO_3^-$ (mg/L)
中等腐蚀	1500~2000	5000~8000	3000~4000	8000~10000	4000~5000	20000~30000
强腐蚀	2000~3000	8000~10000	4000~5000	10000~20000	5000~6000	30000~50000

注:1.表中阳离子($Mg^{2+}+NH_4^+$)的腐蚀与阴离子($Cl^-+SO_4^{2-}+NO_3^-$)的腐蚀共存,而腐蚀等级不同时,以两者中腐蚀等级高者作为结晶分解复合类腐蚀的评价结论。

2.当水的 pH>10.0 时,表中阳离子应按($Mg^{2+}+NH_4^++Na^+$)计算;阴离子应按($Cl^-+SO_4^{2-}+NO_3^-+OH^-$)计算。

3)环境水对混凝土结构物腐蚀性的评价结论

结晶类、分解类和结晶分解复合类等三类腐蚀中,只要有一类具有腐蚀时,则按该类腐蚀等级作为评价结论。若有两类或三类均具腐蚀时,以具有较高腐蚀等级者作为综合评价结论,但在报告书中应注明各类的腐蚀等级。

4)环境水对金属结构物腐蚀的评价标准

(1)环境水对钢结构物腐蚀的评价标准见表 4.7-14。

(2)环境水对铅结构物腐蚀的评价标准见表 4.7-15。

(3)环境水对铝结构物腐蚀的评价标准见表 4.7-16。

环境水对钢结构物腐蚀的评价标准 表 4.7-14

腐 蚀 等 级	水 质 指 标
中等腐蚀	pH=3~11;[Cl^-]+[SO_4^{2-}]≤500(mg/L)
强腐蚀	pH=3~11;[Cl^-]+[SO_4^{2-}]>500(mg/L)
强腐蚀	pH<3;[Cl^-]+[SO_4^{2-}]为任何浓度

注:表中水质指标指环境水及能自由溶入结构物的水质。

环境水对铅结构物腐蚀的评价标准 表 4.7-15

水 质 指 标	腐 蚀 等 级		
	弱腐蚀	中等腐蚀	强腐蚀
pH	6.5~7.5	5.0~6.4	<5.0
		7.6~9.0	>9.0
总硬度(me/L)	>5.3	5.3~3.0	<3.0
有机质(mg/L)	<20	20~40	>40
NO_3^-(mg/L)	<10	10~20	>20

环境水对铝结构物腐蚀的评价标准 表 4.7-16

水 质 指 标	腐 蚀 等 级		
	弱腐蚀	中等腐蚀	强腐蚀
pH	6.0~7.5	4.5~5.9	<4.5
		7.6~8.5	>8.5
CL^-(mg/L)	<5	5~50	>50
Fe^{3+}(mg/L)	<1.0	1.0~10.0	>10.0

5)环境水对金属结构物腐蚀的评价结论

水质腐蚀指标中,金属结构物受环境水腐蚀时,只要有一项已具腐蚀,则按该项相应的腐蚀等级作为评价结论;若两项或两项以上具有同一腐蚀等级,则在评价结论中应提高一个腐蚀等级;若两项或两项以上均具腐蚀时,以具有较高腐蚀等级者作为评价结论的腐蚀等级,但在报告书中均应注明各项的腐蚀等级。

必要时,应取金属建筑材料在场地环境及相应条件下进行专门腐蚀试验,根据腐蚀率和局部腐蚀程度作出环境水腐蚀性评价结论。

4.7.4 地下排水设计要点

地下排水的目的是提供稳定的路基和坡体,提高路堤基底的承载能力。

1)需设置地下排水的场合

通常,在以下情况下需考虑采用地下排水设施:

(1)路堑开挖截断了坡体内的含水层;或是山坡路堤的基底范围内有含水层出露。为此,需沿着挖方或填方边坡坡脚设置渗沟,将含水层内的地下水拦截在路基范围外,并排引出路堑或路堤。

(2)填挖交替路段,接近路堑的路堤基底遇有含水层出露。此时,需在填挖交替处设置横越路堤的渗沟,以拦截含水层内的地下水,并排出路界。

(3)地下水位高,而路堤填土高度又受到限制;或者,路堑开挖后的基顶高程离地下水位很近。为降低路基湿度,提高其承载能力,可沿两侧边沟设置渗沟。

(4)土质路堑边坡坡体的含水率很大而容易产生坡体滑动时,可设置条形、分岔形或拱形边坡渗沟,以疏干边坡坡体。

(5)在滑坡路段,为配合滑坡体稳定性处理措施,可采用拦截含水层地下水或疏干滑坡体的各种地下排水措施。

2)地下排水设施

(1)暗沟或暗管。

山区或丘陵区的小股泉水露头出现在路基基底范围内时,应在外涌处设置暗沟或暗管,将泉水引排至路堤坡脚外或路堑边沟内。

(2)管式渗沟。

为拦截含水层的地下水或降低地下水位,可设置管式渗沟。渗沟的埋置深度按地下水位的高程、(为保证路基或坡体稳定)地下水位需下降的深度以及含水层介质的渗透系数等因素考虑确定。用于拦截地下水时,渗沟的迎水一侧有渗流流入;而用于降低地下水位时,渗沟的两侧均有渗流流入。

(3)洞式渗沟。

在盛产石料地区,也可采用石砌的洞式渗沟在路基范围外拦截地下水。在渗沟底部,以片石浆砌成矩形排水槽,槽顶覆盖水泥混凝土条形盖板,形成排水洞。

(4)边坡渗沟。

为疏干潮湿的土质路堑边坡坡体和引排边坡上局部出露的上层滞水或泉水,以减轻其重量,增加坡体的稳定性,可采用边坡渗沟。由于渗沟主沟垂直嵌入坡体内,故能起到一定支撑坡体的作用。

(5)仰斜式排水孔。

仰斜式排水孔用于引排边坡内的地下水。仰斜式排水孔的仰角不宜小于6°,长度应伸至地下水富集部位或潜在滑动面,并宜根据边坡渗水情况成群分布。

4.7.5 环境水对混凝土腐蚀性的防护建议

受腐蚀混凝土结构物的防护建议

根据评价结论,综合考虑混凝土结构物的环境类别和腐蚀等级,合理进行防护。

(1)若腐蚀性指标有两类(项)均达到同一腐蚀等级者,防腐等级应提高一级。

(2)若某一腐蚀性指标值超过了强腐蚀的界限值,则应采用特种防腐。

(3)防护建议中,被采用的水泥要考虑如下两个要点:

①合理选择水泥品种,包括熟料、集料、掺合料、外加剂的性质及适宜的配比。

②合理确定混凝土的工艺,包括配料、拌和及养护等环节。

(4)受腐蚀混凝土结构物的防护等级见表4.7-17。

混凝土受化学腐蚀的防护等级 表4.7-17

保护等级	适用于防护等级	水泥品种	水泥标号(软练)	水灰比(W/C)	最小水泥用量(kg/m^3)	C_3A(%)	保护覆盖层(mm)
常规	无腐蚀	常用水泥	325~525	0.75~0.60	240~300	12~8	
一级	弱腐蚀	普通硅酸盐水泥,矿渣硅酸盐水泥,火山灰质硅酸盐水泥,粉煤灰硅酸盐水泥	425~525	0.60~0.55	300~340	8~6	10~35
二级	中等腐蚀	普通硅酸盐水泥,矿渣硅酸盐水泥,火山灰质硅酸盐水泥,粉煤灰硅酸盐水泥	>525	0.55~0.45	340~400	7~5	>35
		普通抗硫酸盐水泥	425~525	0.55~0.45	340~400	<5	≥30
三级	强腐蚀	普通硅酸盐水泥,矿渣硅酸盐水泥,火山灰质硅酸盐水泥,粉煤灰硅酸盐水泥	>525	≤0.45	380~425	<6	≥45
		高抗硫酸盐水泥	>525	≤0.45	380~425	<3	≥40
特种	超(多种)强腐蚀	采用高抗硫酸盐水泥或特种水泥,并与良好的混凝土工艺配合。混凝土表面可采用沥青类或树脂类等稳定抗腐蚀物质做保护层,厚0.2~10mm,受应力腐蚀时可更厚。尚可综合考虑防治,如地基土改良、地基土换土、场地降水(排水)等其他防治方法					

注:1.C_3A指水泥矿物相中的铝酸三钙($3CaO\cdot Al_2O_3$)。

2.保护覆盖层是指混凝土或预应力钢筋混凝土基体之外另加的混凝土保护层。

3.$W/C\times C$得出混凝土加水量(L/m^3),其值在170~190L/m^3之间。

4.在选择水泥品种时,应考虑熟料中化学成分含量,矿物相含量和掺合料含量符合抗腐蚀性能。

5.混凝土防护等级应与混凝土结构物所处的环境分类综合考虑,Ⅰ类环境中的混凝土采用防护性强的指标,Ⅲ类环境中的采用防护性弱的指标,按实际情况进行调整。

为了避免混凝土工程施工过程中混凝土受腐蚀的可能,拌制和养护混凝土用水的水质应符合规定。

①一般工程中混凝土用水的水质要求见表 4.7-18。

②专门工程中混凝土用水的水质要求见表 4.7-19。

拌制和养护混凝土天然矿化水的水质标准 表 4.7-18

水的化学成分	经常位于水下的混凝土,少钢筋混凝土和钢筋混凝土结构;混凝土结构的水上混凝土和水位变化区的混凝土	钢筋混凝土和少钢筋混凝土结构的水上混凝土和水位变化区的混凝土
总的含盐量(mg/L)	<3500	<5000
SO_4^{2-} 离子含量(mg/L)	<2700	<2700
pH	>4	>4

注:1.本表适用于硅酸盐水泥、火山灰质硅酸盐水泥和矿渣硅酸盐水泥所制的混凝土。采用其他水泥时,矿化水是否适用,要根据矿化水与饮用水分别制作的砂浆(或混凝土)强度对比试验来确定。

2.采用抗硫酸盐水泥时,水中 SO_4^{2-} 离子含量允许加大到 10000mg/L。

专门工程中混凝土用水的水质要求 表 4.7-19

水的化学成分	主要工程	次要工程钢筋混凝土	次要工程承受静荷载的素混凝土
总含盐量(mg/mL)	≤2.0	≤5.0	≤35.0
SO_4^{2-} 含量(mg/mL)	≤1.5	≤2.7	≤2.7
高锰酸钾含量(测有机物)(mg/mL)	≤0.02		
浑浊度(测悬浮微粒)(mg/mL)	≤2.0		
pH 值	4~9	>4	>4

4.8 地貌的相关特征与交通运输的关系

4.8.1 地貌的成因与分类

1)地貌的分类

地貌分为 2 个大类,12 个亚类(表 4.8-1),其中陆地地貌分 8 个亚类。

地貌类型系统表 表 4.8-1

地貌等级	Ⅰ	Ⅱ	Ⅲ	Ⅳ	Ⅴ
地貌类型及名称	陆地地貌	平原地貌 台地地貌 高原地貌 丘陵地貌 低山地貌 中山地貌 高山地貌 极高山地貌	流水地貌 喀斯特地貌 湖成地貌 冰川地貌 干燥地貌 冰缘地貌 风成地貌 海成地貌 黄土地貌 火山地貌	130 种 (具体名称略)	47 种 (具体名称略)

续上表

地貌等级	Ⅰ	Ⅱ	Ⅲ	Ⅳ	Ⅴ
地貌类型及名称	海底地貌	大陆架 大陆坡 大陆架 深海平原			

2)地貌单元的分类

在工程勘察中,可能遇到的地貌表4.8-2。

地貌单元分类　　表4.8-2

成因	地貌单元		主导地质作用
构造、剥蚀	山地	高山	构造作用为主,强烈的冰川刨蚀作用
		中山	构造作用为主,强烈的剥蚀切割作用和部分的冰川刨蚀作用
		低山	构造作用为主,长期强烈的剥蚀切割作用
	丘陵		中等强度的构造作用,长期剥蚀切割作用
	剥蚀残山		构造作用微弱,长期剥蚀切割作用
	剥蚀准平原		构造作用微弱,长期剥蚀和堆积作用
山麓斜坡堆积	洪积扇		山谷洪流洪积作用
	坡积裙		山坡面流坡积作用
	山前平原		山谷洪流洪积作用为主,夹有山坡面流坡积作用
	山间凹地		周围的山谷洪流洪积作用和山坡面流坡积作用
河流侵蚀堆积	河谷	河床	河流的侵蚀切割作用或冲积作用
		河漫滩	河流的冲积作用
		牛轭湖	河流的冲积作用或转变为沼泽堆积作用
		阶地	河流的侵蚀切割作用或冲积作用
	河间地块		河流的侵蚀作用
河流堆积	冲积平原		河流的冲积作用
	河口三角洲		河流的冲积作用,间有滨海堆积或湖泊堆积
大陆停滞水堆积	湖泊平原		湖泊堆积作用
	沼泽地		沼泽堆积作用
大陆构造-侵蚀	构造平原		中等构造作用,长期堆积和侵蚀作用
	黄土塬,梁、峁		中等构造作用,长期黄土堆积和侵蚀作用
海成	海岸		海水冲蚀或堆积作用
	海岸阶地		海水冲蚀或堆积作用
	海岸平原		海水堆积作用
岩溶(喀斯特)	岩溶盆地		地表水、地下水强烈的溶蚀作用
	峰林地形		地表水强烈的溶蚀作用
	石芽残丘		地表水的溶蚀作用
	溶蚀准平原		地表水的长期溶蚀作用及河流的堆积作用

续上表

<table>
<tr><th>成　　因</th><th colspan="2">地 貌 单 元</th><th>主导地质作用</th></tr>
<tr><td rowspan="9">冰川</td><td colspan="2">冰斗</td><td>冰川刨蚀作用</td></tr>
<tr><td colspan="2">幽谷</td><td>冰川刨蚀作用</td></tr>
<tr><td colspan="2">冰蚀凹地</td><td>冰川刨蚀作用</td></tr>
<tr><td colspan="2">冰碛丘陵、冰碛平原</td><td>冰川堆积作用</td></tr>
<tr><td colspan="2">终碛堤</td><td>冰川堆积作用</td></tr>
<tr><td colspan="2">冰前扇地</td><td>冰水堆积作用</td></tr>
<tr><td colspan="2">冰水阶地</td><td>冰水侵蚀作用</td></tr>
<tr><td colspan="2">蛇堤</td><td>冰川接触堆积作用</td></tr>
<tr><td colspan="2">冰碛阜</td><td>冰川接触堆积作用</td></tr>
<tr><td rowspan="5">风成</td><td rowspan="3">沙漠</td><td>石漠</td><td>风的吹蚀作用</td></tr>
<tr><td>沙漠</td><td>风的吹蚀和堆积作用</td></tr>
<tr><td>泥漠</td><td>风的堆积作用和水的再次堆积作用</td></tr>
<tr><td colspan="2">风蚀盆地</td><td>风的吹蚀作用</td></tr>
<tr><td colspan="2">沙丘</td><td>风的堆积作用</td></tr>
</table>

3)构造、剥蚀地貌

(1)山地。

①山地按构造形式分类。

a.断块山。由于断裂作用上升的山地称为断块山。断块山最初形成时,具有完整的断层面和明显的断层线。断层面成为山前的陡崖,外形一般为三角形;断层线则是崖底的轮廓线。但是由于断块山的不断上升,经过长期的风化和剥蚀,断层面被破坏并向后退却;崖底的断层线也被巨厚的风化碎屑物所掩盖。

b.褶皱断块山。褶皱断块山是在构造形态上具有被断裂作用分离的褶皱岩层,曾经是构造运动剧烈和频繁的地区。

c.褶皱山。褶皱山是具有背斜或向斜构造的山地。它在构造形态上并不复杂,除了简单的背斜或向斜褶曲外,有时还有次生的小褶曲。山脉的走向与褶皱轴的方向常相一致。在向斜构造的褶皱山区,河流常沿向斜轴部发育而成狭长的槽沟地形;在背斜构造的褶皱山区,由于背斜轴部张节理发育,容易遭受风化剥蚀,同样也容易产生狭长的槽沟地形。

②山地按地貌形态分类。

山地按地貌形态分类见表4.8-3。

山地按地貌形态分类　　表4.8-3

<table>
<tr><th colspan="2">山 地 名 称</th><th>绝对高度(m)</th><th>相对高度(m)</th><th>备　　注</th></tr>
<tr><td colspan="2">最高山</td><td>>5000</td><td>>5000</td><td>其界线大致与现代冰川位置和雪线相符</td></tr>
<tr><td rowspan="3">高山</td><td>高山</td><td rowspan="3">3500~5000</td><td>>1000</td><td rowspan="3">以构造作用为主,具有强烈的冰川刨蚀切割作用</td></tr>
<tr><td>中高山</td><td>500~1000</td></tr>
<tr><td>低高山</td><td>200~500</td></tr>
</table>

续上表

山地名称		绝对高度(m)	相对高度(m)	备注
中山	高中山	1000~3500	>1000	以构造作用为主,具有强烈的剥蚀切割作用和部分的冰川刨蚀作用
	中山		500~1000	
	低中山		200~500	
低山	中低山	500~1000	500~1000	以构造作用为主,受长期强烈剥蚀切割作用
	低山		200~500	

(2)丘陵。

丘陵是经过长期剥蚀切割、外貌成低矮而平缓的起伏地形。其绝对高度小于500m,相对小于200m。丘陵地区基岩一般埋藏较浅,顶部常直接裸露,风化一般严重,有时表层为残积物所掩盖;谷底堆积有较厚的洪积物、坡积物或冲积物,有时还有淤泥等;在边缘地带常堆积有结构松散的新近堆积物。丘陵地区地下水的分布较复杂,一般丘顶部无地下水,边缘和谷底常有上层滞水或潜水型的孔隙水。

(3)剥蚀残山。

低山在长期的剥蚀过程中,极大部分的山地都被夷平成为准平原,但在个别地段形成了比较坚硬的残丘,称剥蚀残山。一般常成几个孤零屹立的小丘,有时残山与河谷交错分布。

(4)剥蚀准平原。

剥蚀准平原是低山经过长期的剥蚀和夷平,外貌显得更为低缓平坦,具有微弱起伏的地形,其分布面积一般不大。由于长期受到剥蚀,因而基岩常裸露地表,有时低洼地段覆盖有不厚的残积物、坡积物、洪积物等。剥蚀准平原的地下水一般埋藏较深,或只有一些上层滞水,地下水位随地形的起伏而略有起伏。

4)山麓斜坡堆积地貌

(1)洪积扇。

山区河流自山谷流入平原后,流速降低,形成分散的漫流,流水挟带的碎屑物质堆积,形成由顶端开始(山谷出口处)向边缘缓慢倾斜的扇形地貌,如图4.8-1所示。

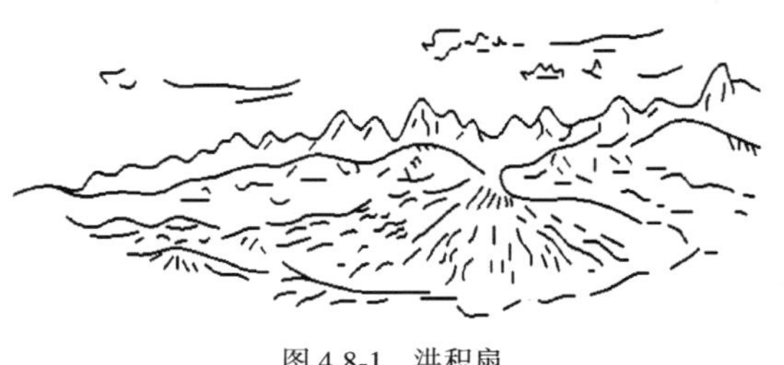

图4.8-1 洪积扇

洪积扇的顶部堆积物的颗粒粗大,且多呈亚角形;中部颗粒较细,多为块石、碎石、圆砾、角砾及砂等,尾部颗粒更细,多为细砂、粉砂、粉土和粉质黏土等,有时还有淤泥等软土。

洪积扇的地下水位在顶部埋藏较深,向中部及尾部变浅,在尾部及边缘地带常出露地表,形成条带状的沼泽地。

(2)坡积裙。

坡积裙是由山坡上的面流将风化碎屑物质携带到山坡下,并围绕坡脚堆积,形成的裙状地貌。坡积裙的物质组成直接来源于山坡,因此,一般分选性差,细小和粗大的颗粒相互夹杂在一起。有时由于重力作用,粗颗粒堆积在紧邻山麓,细颗粒则堆积得稍远一点。

(3)山前平原。

在干旱、半干旱的气候条件下,暂时水流在山前堆积了大量的洪积物,这些洪积物和山坡上面流所挟带下来的坡积物汇合起来,便形成了宽广平坦的山前平原。

山前平原的规模大小不一。从外貌上看,环绕着山前地带成一狭长地形,靠近山麓地形较高。由于山前平原是由无数个大小不一的洪积扇所组成的,因而形成高低起伏的波状地形。

山前平原堆积物的岩性和山区岩层的分布有密切关系,如山区岩层中有煤系地层分布时,在山前平原上则广泛分布着夹杂煤屑的粉质黏土层。

在新构造运动上升的地区,洪积扇向山麓的下方移动,因此山前平原的范围不断扩大,如果山区在上升过程中曾有过间歇,在山前平原上就产生了高差明显的山麓阶地。

(4)山间凹地。

被环绕的山地所包围而形成的堆积盆地,称为山间凹地。山间凹地由周围的山前平原继续扩大所组成,凹地边缘颗粒粗大,一般呈亚角形,凹地中心颗粒逐渐变细,地下水位浅,有时形成大片沼泽洼地。

5)河流侵蚀堆积地貌

(1)河谷。

①河谷的分类。

a.侵蚀河谷:由地表水流所切割成的河谷。

b.构造河谷:由地壳错动所产生的低地,后来又经流水作用所形成的河谷。

c.火山河谷:分布在火山裂隙处的河谷。

d.冰川河谷:经过冰川活动所形成的河谷。

e.岩溶河谷:在岩溶地区地表水、地下水活动所形成的河谷。

f.风成河谷:由风力作用所形成的河谷。

②河谷内各地貌单元的特征。

河谷的组成如图4.8-2所示。

a.河床。河床是谷底河水经常流动的地方。河床由于受河流的侧向侵蚀作用而弯来弯去,经常改变河道的位置,因此,河床底部的冲积物就复杂多变。一般来说,山区河流河床底部大多为坚硬的岩石或者是大块的碎石、卵石,但由于侧向侵蚀的结果常带来大量的细小颗粒,并可能有软土存在。特别是当河流两旁有许多冲沟支岔时,这些冲沟支岔带来的细小颗粒往往和河流挟带来的粗大颗粒交错在一起,使河床下的堆积物复杂化。

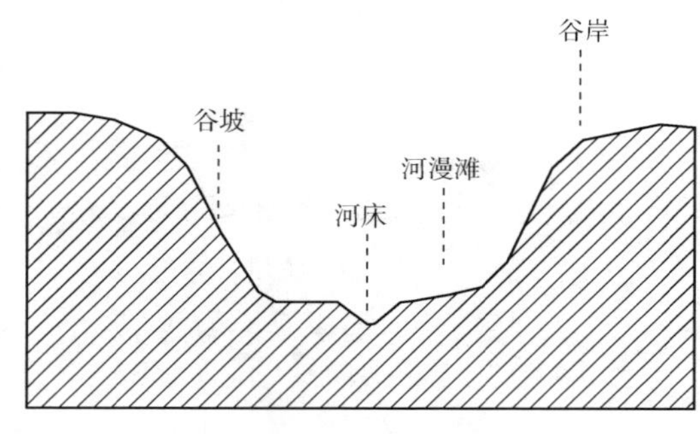

图4.8-2 河谷的组成

山区河流河床底部的堆积物本身也往往是不固定的,当下一次较大的洪水下来时,原来堆积的物质被搬运走了,而又堆积下来新的物质。平原地区河流的河床,一般是由河流自身堆积的细颗粒物质。

b.河漫滩。河漫滩是分布在河床两侧,经常受洪水淹没的浅滩。河流上游,河漫滩往往由大块碎石所组成,但它是不稳定的,再一次洪水到来时可能把它冲走。河流中游,河漫滩一般由砂土组成;河流下游,河漫滩一般由黏性土组成。河漫滩的地下水位一般较浅,在干旱地区往往形成盐渍地。由于河流挟带的碎屑物不断堆积在河床的两侧,这样有时靠河床一侧的河漫滩地势较其他部分高,河漫滩上的低洼部分则逐渐形成河漫滩湖泊或河漫滩沼泽地。

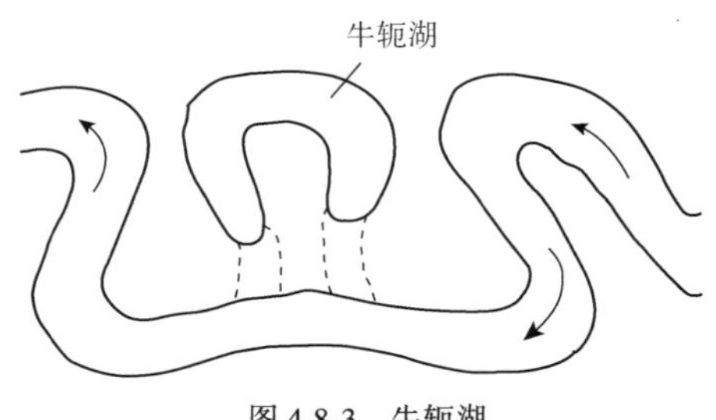

图 4.8-3　牛轭湖

c.牛轭湖。牛轭湖是河流产生蛇曲的结果,如图 4.8-3 所示。当河流弯曲得十分厉害时,一旦河流弯曲的河道淤塞,就形成了牛轭湖。在枯水和平水期间,牛轭湖内长满了水草,渐渐淤积成为沼泽。在洪水期间,牛轭湖有时就和河流相接成为溢洪区。牛轭湖一般是泥炭、淤泥堆积的地区。

d.阶地。阶地是地壳上升、河流下切形成的地貌,如图 4.8-4 所示。上升过程中有几次停顿的阶段,就形成几级阶地。阶地由河漫滩以上算起,分别称为一级阶地、二级阶地等。阶地越高,形成的时代越老,这样,高阶地上土的密度就比较大,压缩性也比较低。但是,高阶地靠山坡的一侧也可能有新近堆积的坡积层、洪积层,其压缩性高,结构强度反而低。在低阶地上,土的密度就较高阶地小,地下水位也较浅。特别要注意低阶地上地形比较低洼的地段,这些地方有时积水,会生长出一些水草,这里往往曾是形成河漫滩湖泊和牛轭湖的地方。有时河漫滩湖泊或牛轭湖的堆积物埋藏很深,成为透镜体或条带状的淤泥。

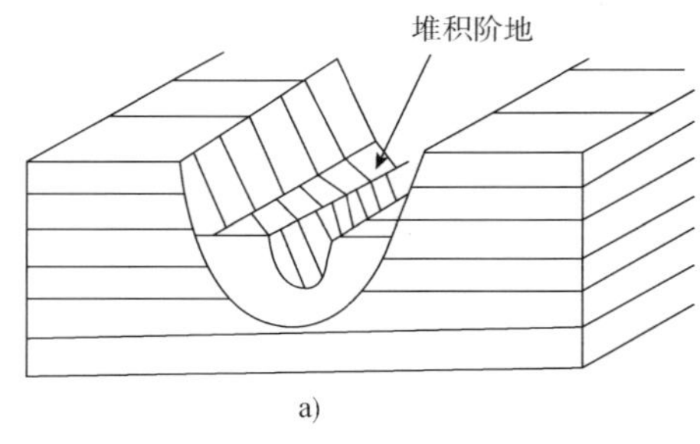

a)

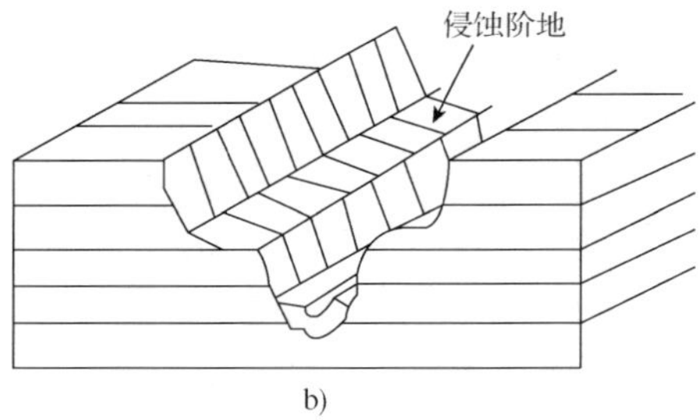

b)

图 4.8-4　阶地

阶地根据地貌形态可分为横阶地和纵阶地。

横阶地:垂直于河流方向的阶地。高度相差很大,一般位于谷底有坚硬岩石的地区,也往往产生在构造变动的地方。河水从高阶地上往下流形成了巨大的瀑布、跌水或急滩。

纵阶地:平行于河流方向的阶地。阶地面比较平缓,呈狭长的条带形,呈台阶式,每一级阶地都有前缘、阶坡、阶地面和后缘。前缘或后缘冲沟一般较发育,常有滑坡分布。

其中,纵阶地又可根据其成因分为侵蚀阶地和堆积阶地。

侵蚀阶地:岩石面上切割出来的阶地,称为侵蚀阶地,如图 4.8-5 所示。这种阶地只有在山区河流中才能见到。

堆积阶地:河流最早切割成为广阔的河谷,再在其上进行堆积,待地壳上升时,河流在堆积物中所切割出来的阶地,称为堆积阶地。

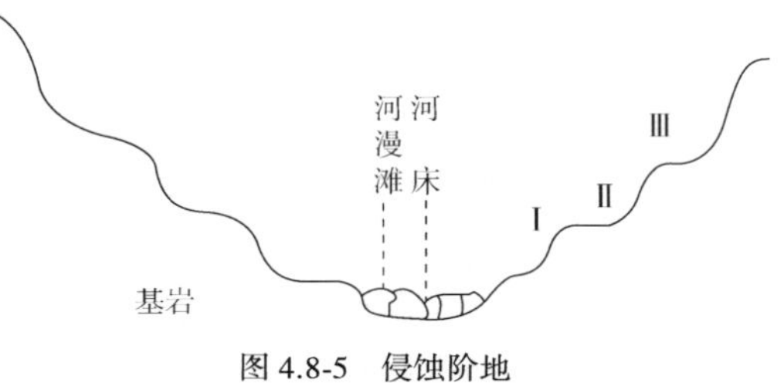

图 4.8-5　侵蚀阶地

其中,堆积阶地根据堆积的形式又可分为上叠阶地、内叠阶地和基座阶地。

上叠阶地:河流在切割河床堆积物时,切割的深度逐渐减小,侧向侵蚀也不能达到它原有的范围,这种形式的阶地称为上叠阶地,如图 4.8-6 所示。

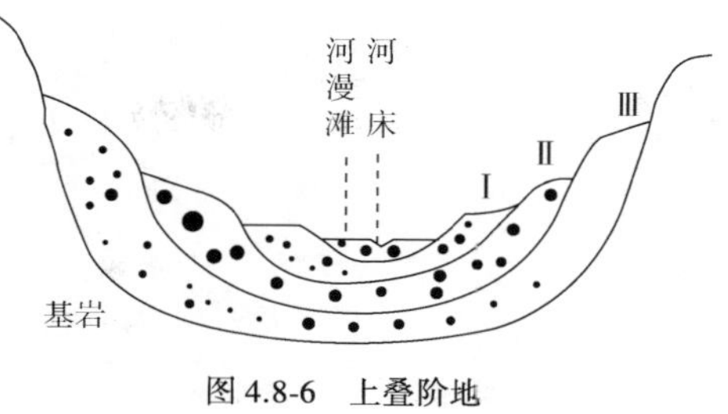

图 4.8-6 上叠阶地

内叠阶地:河流切割河床堆积物时,切割的深度超过了原有堆积物的厚度,甚至切割了基岩,这种形式的阶地称为内叠阶地,如图 4.8-7 所示。

基座阶地:岩石面上切割出来的阶地,其上又覆盖着河流的堆积物,这种成因的阶地称为基座阶地,如图 4.8-8 所示。

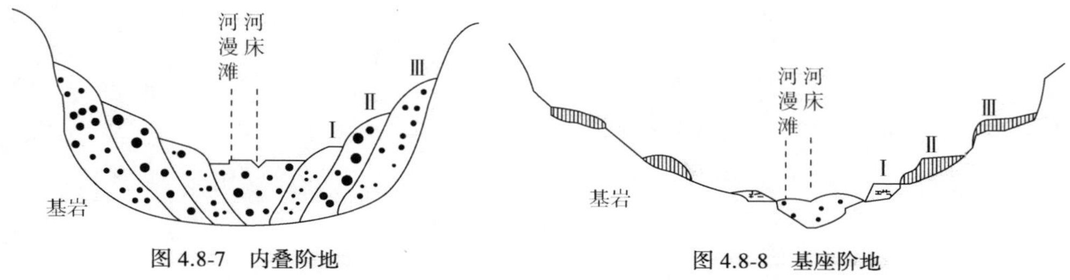

图 4.8-7 内叠阶地

图 4.8-8 基座阶地

(2)河间地块。

河谷相互之间所隔开的广阔地段,称为分水岭。在山区,分水岭通常是峻高的山脊;在平原地区,分水岭常表现为较平坦的地形,外表上不很明显,水仅从一个微高的地段流向两侧不同的河流,这种分水岭称为河间地块。河间地块本身的地质构成可能是多种多样的,有的原先是构造平原,受相反方向两条河流的切割而成为剥蚀准平原类型;有的原先是洪积扇或阶地,为几条支流同时切割而成了河间地块。河间地块的地表水分别流入各自的河流,地下水也分别补给各自的河流,地表水的分水岭常和地下水的分水岭相一致(岩溶地区除外),地下水位随地形的起伏而起伏。

(3)古河道。

古河道地面低洼,常呈现出河曲及牛轭湖的图形。古河道含水量丰富,一般具深色色调。在地震区的古河道常出现裂缝状的喷水冒砂迹象。

6)河流堆积地貌

(1)冲积平原。

巨大河流的中下游,河谷非常开阔,堆积作用十分强烈。每当雨季,洪水溢出河床,流速降低,堆积大量碎屑物,在两岸逐渐形成了天然堤。当洪水继续向河床以外广大面积上淹没时,流速越来越小,堆积更为细小的物质,形成一片广阔的冲积平原。或是当河流的阶地达到非常大的面积时,这个具有平缓的微微切割的广大地区也称为冲积平原。

冲积平原上岩石埋藏一般很深,第四纪堆积物很厚,细颗粒多,地下水位浅,地基土的承载力较低。在冲积平原上,凡是地形比较低洼或水草茂盛的地方,过去一般曾是河漫滩、湖泊或牛轭湖,常有较厚的带状淤泥分布。冲积平原上有时被风成沙所掩盖,形成了复杂的沙丘地貌。

(2)河口三角洲。

河流在入海或入湖的地方堆积了大量的碎屑物,构成了一个三角形的地段,称为河口三角洲,由于河口三角洲是河流的最末端,入海处经常受到海浪或潮汐的顶托,流速几乎为零,使淤泥等最细小的颗粒能全部堆积下来,形成巨厚的淤泥层。河口三角洲地下水位一般很浅,地基土的承载力比较低,常为软土地基。

新构造运动上升的地区,海岸线不断往海域方向扩张,河口三角洲的面积日益扩大;反之,则渐趋缩小。

在河口三角洲形成的时期,流速迅速减小,产生了大量的分流,形成一个复杂的水系网,小的分流往往成为许多纵横交错的小河沟,这些小河沟后来又被河流冲积物所掩盖,成为暗浜或暗沟。

7)大陆停滞水堆积地貌

(1)湖泊平原。

由于地表水流将大量的风化碎屑物带到湖泊洼地,使湖岸堆积、湖边堆积和湖心堆积不断地扩大和发展,形成了大片向湖心倾斜的平原,称为湖泊平原。

湖泊平原由于是在静水条件下堆积起来的,故淤泥和泥炭的总厚度很大,其中往往夹有数层很薄的水平层理的细砂或黏土夹层,很少见到圆砾或卵石。土的颗粒由湖岸向湖心逐渐变细。湖泊平原上地下水位一般都很浅,土质也软弱。

(2)沼泽地。

湖泊洼地中水草茂盛,大量有机物在洼地中积聚,久而久之产生了湖泊的沼泽化。当喜水植物渐渐长满整个湖泊洼地,便形成了沼泽地。

在平原上河流弯曲的地段,容易产生沼泽地,这些地段大多曾是形成河漫滩湖泊或牛轭湖的地方。此外,当河流流经沼泽地时,由于沼泽地的土质松软,侧向侵蚀强烈,河道往往迂回曲折,有时形成许多小的牛轭湖。

在山区较平缓地段,因地表水排泄不畅或由于地下水的出露,亦可形成沼泽地。

8)大陆构造-侵蚀地貌

(1)构造平原。

由于地壳的缓慢上升,海水不断退出陆地,形成了向海洋微微倾斜的平原,称为构造平原。构造平原分布极广,依照其所处的绝对高程的高度,可分为洼地、平原和高原。

①洼地:位于海面以下的平展的内陆低地,这种低地为荒漠或半荒漠地区的内陆盆地,表面切割微弱。

②平原:绝对高程在200m以下的平展地带。

③高原:绝对高程在200m以上的顶面平坦的高地。

(2)黄土塬、黄土梁、黄土峁。

由黄土覆盖的高原称为黄土高原。黄土高原地形平坦,但常被冲沟切割得支离破碎,这种被冲沟切割后还保持大片平缓倾斜的黄土平台,称为黄土塬。

当黄土塬上受两条平行的冲沟切割而成条状的高地时,称为黄土梁。

当黄土梁进一步受冲沟的切割而成孤立的或连续的馒头状的高地或者由于古地面的影响而成单个孤立的丘陵时,称为黄土峁。

黄土具有垂直的节理,因此能保持高耸的直立陡壁。黄土塬、梁上部地形平坦,但边缘常为冲沟或河流切割而成深邃的黄土峡谷,边坡常不稳定。

由于黄土浸水后具有湿陷性,在自重湿陷性地区地表常有漏斗、碟形洼地、天生桥、黄土柱等特殊地貌景观。

(3)海岸平原。

海岸平原是新的沙堤随着海岸线的下降而扩展成的。海岸平原的地形开阔平坦,缓缓倾向大海。海岸平原上常有许多沙丘,有时微呈波状地形。

海滨沼泽再进一步也会形成海岸平原。这种类型的海岸平原在外表上看来呈一碟形洼地,洼地的底部为泥炭和淤泥堆积。

9)岩溶(喀斯特)地貌

(1)岩溶盆地。

岩溶盆地是一种漏斗状或盆状的凹地,常以较高、较陡的悬崖与周围相隔离。盆地的规模大小不一,形态上变化也很大,有时由数个岩溶盆地串通而成狭长形的带状凹地。

岩溶盆地的底部比较平坦(底部低洼部分常有软土、淤泥存在)。地表河流或地下暗河流经其中,常有漏斗、竖井、落水洞等分布,如图 4.8-9 所示。盆地边缘常有石灰岩的风化残积物(红黏土)及悬崖崩塌物的堆积。

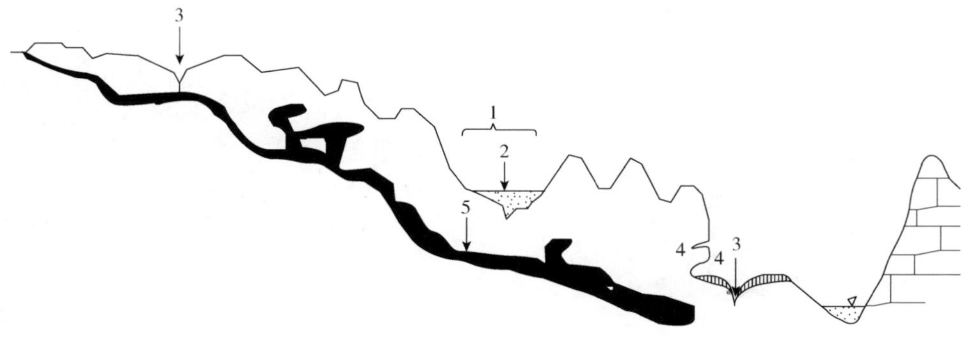

图 4.8-9　部分岩溶地貌

1-岩溶盆地;2-漏斗;3-竖井;4-溶洞;5-地下暗河

岩溶盆地的周围常有各种形式的岩溶下降泉出露,地表水及周围的下降泉均由无数的落水洞或暗河所排泄。当洪水期间,这些落水洞或暗河被堵,排泄不畅时,则形成暂时积水,淹没盆地底部或成为一个季节性的岩溶湖泊。

岩溶盆地常一连串地沿着断层线、褶皱轴或主要节理方向上发育,因这些构造形迹的存在,使岩溶盆地更易发育。

(2)落水洞、竖井。

落水洞、竖井是由于地表水沿着石灰岩凹地、高倾角节理、裂隙密集交叉处溶蚀扩大而成,起着近代地表水流入地下的通道作用者称落水洞;不起近代地表水流入地下通道作用者,称竖井或天然井。

(3)漏斗。

漏斗为倒圆锥状或漏斗状的低洼地形,由于水的侵蚀并伴随着塌陷而成。

(4)溶洞、暗河。

以岩溶水的溶蚀作用为主,间有潜蚀和机械塌陷作用而造成的近于水平方向延伸的洞穴称溶洞。当溶洞中有经常性的水流,而流量又较大(大于50L/s)时,称为暗河。

(5)峰林地形。

岩溶盆地的边缘进一步受到溶蚀破坏,使连续的石灰岩悬崖切割分离而成柱形或锥形的陡峭石峰,就形成了峰林地形。

许多石峰分布在一起的称峰丛或峰林。当峰林地形形成后,由于地表河流的侧蚀作用和进一步的溶蚀作用,石峰的高度降低,相互间的距离增大,形成了孤立挺拔的孤峰,有时称为残峰。在厚层水平的石灰岩地区,当垂直节理发育时,经强烈的溶蚀作用而成密集壁立的石峰称为石林。

峰林地区的地面常崎岖不平,常有石芽发育,并有漏斗、竖井、落水洞、暗河等分布。

峰林往往顺岩层走向排列,在背斜的轴部峰林最易形成,而且发育也较完善。在产状平缓、层厚、质纯的石灰岩地区,峰林则常呈星点状分布。

(6)石芽残丘。

当地表水沿石灰岩的表面或裂隙流动时,常将岩石溶切成很深的槽沟,其长度小于5倍宽度者,称为溶沟;大于5倍宽度者称为溶槽。溶沟之间凸起的石脊,称为石芽。石芽分布在石灰岩裸露的地面上,成为石芽残丘。

石芽的形态表现多种多样,有山脊式、棋盘式和石林式;或裸露于地面,或隐伏于地下。石芽之间溶沟底部的红黏土,一般含水率较大且土质较软。

(7)溶蚀准平原。

岩溶盆地经过长期的溶蚀破坏,形成比较开阔的平原称溶蚀准平原。其上常有稀落低矮的残峰分布,地表为河流冲积层或石灰岩的风化残积物(红黏土)所覆盖,河流两旁或河床底部有时有灰岩出露,地面分布着漏斗或落水洞,或有石芽出露地表。暗河时出时没,常见有地表塌陷及造成塌陷的土洞。

10)冰川地貌

(1)冰蚀地貌。

图4.8-10所示为冰蚀地貌。

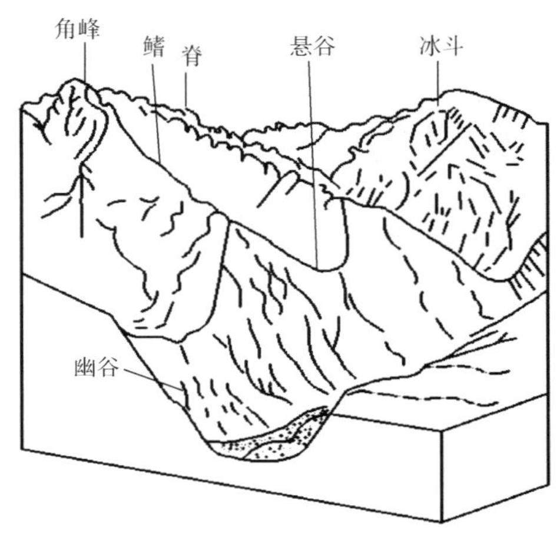

图4.8-10　冰蚀地貌

①冰斗。

在山谷或山坡低洼的地方,当气候变为严寒时,可能形成冰窝,经过冰川的刨蚀和冻胀作用,造成三面为陡崖包围的簸箕状的凹地,称为冰斗。

当气候变暖,冰窝中的冰川消失时,这时冰斗便积水成湖,称为冰斗湖。在高山地区,冰斗湖往往称为天池。

当冰斗湖渐渐被三面陡崖的风化碎屑物所填充时,变成平坦的低湿地,有时形成沼泽地。

②幽谷。

冰川移动的山谷称为幽谷。冰川的底蚀和侧

蚀力量很强烈，因而幽谷两壁陡立，横剖面呈U字形，且具有明显的冰川擦痕及磨光面等特征。纵剖面往往为台阶式，坚硬的岩石则成为羊背石。

幽谷有主谷和支谷，由于冰川刨蚀力大，主谷加深的速度大于支谷。这样，主谷中的冰川就将支沟的尾部切去，形成高悬的支谷，叫作悬谷。

冰蚀后的山脊常呈尖鳍状，称为鳍脊；顶峰呈尖角状，称为角峰。

③冰蚀凹地。

由于冰川具有强大的挖掘能力，常在冰川移动的幽谷中挖掘成凹地，称为冰蚀凹地。冰川退缩后，凹地中就潴水成了冰川湖。有时冰川在前进的道路上沿途挖掘，形成一连串的凹地，称为串珠湖。

(2)冰碛地貌。

①冰碛丘陵、冰碛平原。

当冰川退缩时，冰碛物全部堆积下来，成为底冰碛。底冰碛的厚度可达数十米。当冰碛物堆积于冰期以前的丘陵上时，就形成了冰碛丘陵。当冰碛物的分布面积很广时，就形成了坡度缓和呈波浪起伏的冰碛平原。

②终碛堤。

在冰川尽头的地方，所有冰川搬运的物质全部堆积下来，形成堤坝状的堆积物，称为终碛堤。终碛堤的构成是很复杂的，当冰川退缩时，终碛堤可能有数条，长度可达数百千米，其高度不超过数十米。终碛堤有时横越谷地，将谷地堵塞，在终碛堤和后退的冰川之间，形成了冰碛湖盆地。

③冰前扇地。

从冰川末端往外，由冰川中融化所成的冰下水挟带了大量的泥砾和冰川研磨所形成的细泥，堆积在终碛堤的边缘，形成了向外扩展的、坡度越向外越平缓的扇形地，叫作冰前扇地。冰前扇地具有宽广的平面，有时有大片的沙土覆盖，形成无数沙丘。冰前扇地上基岩埋藏不深，地下水很浅，河流在切割很浅的河谷中流动，水量很少，往往形成一片沼泽地。

④冰水阶地。

大量的由冰川中融化所成的冰下水沿着深谷以巨大的流速奔腾，又一次切割原先堆积的冰碛物，形成冰水阶地。谷地中，冰水阶地常分为好几层。河流流出谷地后，冰水阶地的形态常不清楚，只有在出口的地方较为明显。

⑤蛇堤。

蛇堤是冰川接触堆积作用所形成的一种狭长形的高地。蛇堤常沿冰川流动方向延伸，具有对称的外形，顶部平缓而狭窄，宽、高各数十米，而长达数百米至数十千米。在丘陵地区，蛇堤分布在高地斜坡上，外形上很像阶地。蛇堤常沿它的伸展方向形成个别的小丘。

⑥冰碛阜。

绝大多数冰碛阜是在冰川边缘内侧的凹地中形成的，有些冰碛阜产生在为冰水堆积物所覆盖的大片冰面上。当大片冰面融化后，冰碛物塌陷，分裂为小丘，在小丘之间形成了洼地。冰碛阜上常有因冰块融化而塌陷成的锅穴，甚至还有尚未塌陷而保留的空洞。

4.8.2 地形与自然和人文环境的关系

1)影响地形地貌的因素

(1)岩石因素。

岩石是形成地貌的物质基础,不同的岩石,其矿物成分、结构和构造等物理性质与化学性质都不同,而且都会影响到岩石的软、硬和抗蚀程度,从而进一步影响到地貌形态。如坚硬结晶质的花岗岩、重结晶的石英岩、矿物硬度高的石英砂岩等,抗蚀力都很强,多造成高山峻岭;软弱的岩石如页岩、泥岩、泥灰岩等,抗蚀力差,只能形成低矮的丘陵和平原。此外,可溶性强的碳酸盐类岩石(如石灰岩)、硫酸盐类岩石(如石膏岩)、卤盐类岩石(如盐岩)等则造成特殊的喀斯特地貌。由于岩性不同而造成的地貌,又称为岩石地貌。

(2)地质构造因素。

地质构造是反映地壳运动和岩石构造的地质体。它的规模有大小之分,在性质上有活动与稳定之别。不同的构造对地貌发育影响甚大。例如板块构造的边界,是活动的构造带,地貌上多出现庞大的褶皱山系(汇聚型)或大裂谷(分离型)。而板块的内部,构造较稳定,地貌上多为平原、台地或低山丘陵。又如岩层紧密褶皱的地区,地貌上多成为高山深谷,而岩层平缓的地区,多成构造台地或丘陵。由不同构造所成的地貌,又称为构造地貌。

2)地形对植被、土壤、地质灾害的影响

(1)山地的坡向会影响植被分布,阳坡一般为喜阳植被,如马尾松;阴坡—般为喜阴植被,如冷杉。山地海拔高度也会影响植被分布,如珠穆朗玛峰南坡从山麓到山顶的植被的变化过程为常绿阔叶林→落叶阔叶林→针阔混交林→针叶林→草甸草原→荒漠。

(2)地形影响土壤的厚度、肥力、酸碱性等。在植被一定的情况下,山地、丘陵等地形区水土流失较严重,土壤肥力会逐渐下降,如喀斯特地貌区土层薄,肥力差,极易出现石质荒漠化;平原区泥沙会逐渐沉积,有利于土壤肥力的保持。

(3)滑坡、泥石流、塌方等地质灾害与地形关系密切,山地、丘陵多滑坡、泥石流,陡崖、块状山,坡度较大的山地多塌方。

3)地形对气候及其灾害的影响

自然界中最明显的地域分异规律之一就是随山地的海拔高度不同,气候条件差异而产生的垂直地带性。由气候原因引起的各种自然灾害随山地海拔高度的增加、气候条件的变化,其发生分布也产生相应的变化,形成山地特有的自然灾害垂直带谱。

山区的规律性和特点是:随海拔高度的不同,气温和降水量也由此不同,因此形成不同的自然灾害。一般山前戈壁滩灾害小,以洪水毁路为主;中低山区多发生降水引起的泥石流、塌方;中高山区发育涎流冰和热融沉陷;高山地带以寒冻风化和雪害为主。

4)地形对工农业生产的影响

(1)对农业的影响。

首先,地形会影响农业生产的类型,在气候条件允许的情况下,平原区适合发展种植业,丘陵、山地因坡度大小和海拔高低有所不同。一般而言,坡度小于25°可修建梯田发展种植业,坡度大于25°发展成林业或养殖业;从山麓到山顶可依次发展种植业、果园、毛竹(或经济林)、薪柴林和原始林(或次生林)。

其次，地形会影响农业的机械化水平，平原区农业机械化水平较高，山区农业机械化水平较低。

(2)对工业的影响。

地形对工业的影响较小，大气污染严重的工厂不应布局在盆地或谷地中，而要布局在通风良好的地区，以免污染物难以扩散而造成污染事故；有些工业部门对环境有特殊的要求，如电子、感光器材、精密仪表、航天工业等，需要建立在空气比较洁净的地区；地形会通过对人口分布的影响，来影响工业的分布，如劳动密集型工业。日本是一个多山的国家，平原分布在沿海地区，其工业分布以关东平原最为集中。

5)地形对人口、聚落、旅游的影响

(1)地形影响人口的分布。

一般而言，海拔越高，人口数量越少，人口密度越小；热带地区人口分布在海拔较高的地区；平原、盆地、丘陵的人口密度较大；山区、高原的人口密度较小。

(2)地形影响聚落形态。

平原地区多为群居式，聚落规模较大，呈带状(河流较多的平原区)和多边形(河流较少的平原区)；山区聚落多为散居式，聚落规模较小，多分布于河流阶地、洪(冲)积扇和河漫滩平原、河谷。

(3)独特的地形地貌本身就是旅游资源。

如云南的路南石林、九乡溶洞等属喀斯特地貌；断块山华山以陡峻著名。我国的名山众多，有"仁者乐山"的名言。

4.8.3 地形地貌与交通工程的关系

1)地形对交通工程布设的影响

(1)地形影响交通运输的走向与形状。丘陵、山地交通运输线一般分布在地势相对和缓的山间盆地和河谷地带，形态上一般呈"之"字形；平原地区交通运输线呈网状分布。

(2)地形影响交通运输方式的选择。山区交通运输方式多以公路为主，其次才是铁路。

(3)地形影响交通运输建设成本。一般而言，平原地区交通工程建设成本低于山区。

(4)地形影响交通运输网的密度和分布格局。山区交通网密度小，平原区密度大。

(5)位于大地形单元交界处易形成交通要道。如西北地区和华北地区的交通联系几乎都是经过河西走廊；大型山脉的垭口也易形成交通要道，如西藏地区的几条国道、中尼公路、中巴公路均经过多个垭口。

2)地形对交通运输造价的影响

从云南20多年来4000多千米高速公路建设的统计分析看，无论是"九五"还是"十二五"，即使不考虑技术指标高低，横断山区技术指标较低的高速公路每千米造价均比云贵高原地区技术指标较高者高2~3倍。比如前后半年通车的26m宽的昆石高速公路造价仅是21.5m宽的大保高速公路的80%，大保高速公路的造价是24.5m宽的砚平高速公路造价的2.5倍，即地形、地质等自然地理环境条件对工程造价来说，几乎是决定性的影响因素。

3)地形对交通运输安全定线的影响

针对下坡交通事故多于上坡交通事故的特征，应用能量守恒定律，为避免下坡车辆降坡势能的积累影响车辆制动效能,路线布设中应结合沿线地形、地势和水文地质条件,分析云保高速公路车辆连续下坡10多千米制动衰减至丧失效能,设计按路线连续下坡6~9km设置一段反坡,通过该段反坡让车辆制动性能得到一定的恢复;同时利用车辆爬越反坡段消除从上一坡顶下坡过程运动产生的势能,避免车辆下坡运动势能的积累,为长下坡段安全运行提供了安全保障。按能量守恒选线思路,云南待功高速公路从起点待补以1.97%的平均坡升坡6.1km后,以1.69%的平均坡降坡10.95km,以1.18%的平均坡升坡6.4km后,以2.31%的平均坡降坡16.13km,以0.67%的平均坡升坡15.15km后,以-1.32%的平均坡降坡13.51km至止功山点,采取三次累计27.35km的反坡,分段消除降坡势能累积,并且按从制高点往最低点反坡高差逐级减小(逐级反坡高差120.24m、75.85m、102.71m),反坡坡段逐级加长(逐级反坡长6.1km、6.4km、15.15km),完成云南待功高速公路68.20km连续下坡,克服高差374.31m,总坡降0.55%,高速公路制高点至最低点62.11km克服高差494.55m,总坡降0.80%,并且呈三个反坡、坡顶陡坡脚缓的布局,实现公路安全运行保障。

4)地形影响交通运输形式及走向

一般情况下,平原地区适合多种运输方式,而山岳地区的交通运输线主要以公路为主,其次才是铁路。因为在山岳地区修建交通运输干线,不仅成本高,难度也比较大。为了降低修建成本和难度,在山岳地区,人们通常优先建造成本较低、难度较小的公路,然后才是铁路。

陆地运输受自然条件的影响比较大。首先,运输的基本走向一般是根据产品生产和销售的分布情况来确定的。其次,地形的起伏变化、不同的地形单元(平原、丘陵、山地等)对公路、铁路的走向影响最大;在不同的地形单元上,修建相同技术标准的铁路或公路,其线路的弯曲程度、施工难度、工程造价和总长度都会有很大的差异。比如从路线角度来讲,山坡稳定性高,坡度平缓,对布设交通线路无疑是有利的。坡度平缓不仅便于回头,而且可以拉大上下线之间的水平距离,既有利于路基稳定,又可减少施工时的干扰。但平缓的山坡通常有厚度较大的坡积物和其他重力堆积物分布,再加上坡面径流容易在此汇聚,一旦这些堆积物与下伏基岩的接触面因开挖而被揭露后,遇到不良水文情况,很容易引起滑坡,造成交通破坏及环境恶化。

平原地区地面高度变化微小,偶尔有轻微的起伏和倾斜。由于地势平坦,路线纵坡等容易达到技术标准。平原地区除泥沼、盐渍土、河谷漫滩、海边滩涂等外,一般多为耕地,分布有各种建筑设施,居民点较密;在天然河网地区,多有水塘、河汊、沟渠等,地基条件复杂;平原地区人口较为密集,行车速度较快,车流量较大,对路面的负载能力的要求较高,这对公路养护工作提出了更高的要求。

在山区修建道路要避开地形、地质、水文条件复杂区,尽量在交通量最大、线路最短、占有耕地最少之间寻求平衡。山区道路为了降低坡度,一般以“之”字形修建。山区线路多沿河谷分布。另外,交通线路建设应避开断层和泥石流、滑坡多发区,隧道建设应从背斜面穿过。

4.8.4 地形地貌与交通工程病害

1)山区道路边坡的病害

山区地质灾害非常频繁,并以与边坡相关的滑坡、泥石流、危岩落石等最为常见。路堑

边坡越陡和坡角越大，越可以有效减少开挖过程中涉及的土石方量，但路堑边坡越陡，安全问题也愈发突出，并表现为受外力作用而易发生崩塌、倾倒、坍塌、落石、滑塌、错落等病害。

(1)松弛张裂。

松弛张裂是当边坡的侧向应力削弱后，由于卸荷回弹而出现张开裂隙的现象。这种裂隙通常和原始坡面平行。随着开挖深度的加大，卸荷裂隙逐渐向深部和更大范围发展，从而使裂隙顶部的累积变形越来越宽。当边坡岩体为相对的均质岩层时，这种卸荷裂隙和坡面(原始坡面)大多相互平行，有时卸荷裂隙呈多层状发育。

(2)滑动。

滑面的形成状况决定了滑动的形态。按照滑面的形成机制，可将滑动破坏分为下列几类：①滑面受最大剪应力面控制的滑动；②滑面受已有软弱结构面控制的滑动破坏；③滑面受软弱层控制的滑动。

(3)崩塌。

崩塌是在坡度较陡的地方，边坡上部的岩块在重力作用下突然以高速脱离母岩而翻滚坠落的急剧变形破坏现象。经自由坠落脱离母岩的岩块有时直接坠落堆积于坡脚处，有时会在斜坡上滚动、滑动并相互碰撞破碎后堆积于坡脚处。

(4)塌滑。

塌滑是介于滑动和崩塌之间的变形破坏形式，其特征是：由于下部坡体的迅速变形位移，引起上部坡体解体而滑落崩塌。坡体在解体后不做整体运动，岩块和土体之间产生相对位移，但位移量不一样，垂直位移一般大于水平位移，表面可能出现岩(土)块的滚动，但一般没有坠落现象。塌滑常见于土质边坡或严重破碎的岩质边坡。

(5)倾倒。

倾倒是指边坡中的岩块，以某一点(或棱线)为转动轴心，绕其向外侧临空面转动的现象。

(6)蠕动。

蠕动是边坡岩体的长期缓慢变形，主要包括两种情况：①脆性材料的岩体沿已有滑面或绕一定的转点长期缓慢地滑动或转动；②塑性材料的岩体在一定荷载的长期作用下变形的一种时间效应，荷载大小虽然不变，但随着时间的延长，材料将发生变形。

(7)剥落。

剥落是边坡表层岩体由于物理风化作用而出现的碎裂解体形成岩屑或小岩块的现象，在泥质易风化岩体中表现较为显著。产生剥落的原因是温度和湿度的变化，破坏了岩石结构。剥落后表层岩石一般呈碎屑状，甚至呈散粒状，多停积于边坡的表部。较陡山坡岩石的剥落，也可能沿边坡滚下堆积于坡脚处而形成岩堆。

(8)流动。

流动是边坡表层的松散碎屑物质，在流水和重力作用下，沿边坡向下流动的现象。通常是表层碎屑物质被暴雨、融雪的水所饱和，水挟带碎屑物向下流动。规模小者，仅见于边坡的局部地段；规模大者，可形成来势凶猛的泥石流。快速的泥石流有时挟带巨大岩块，具有极大的破坏力。在已经发生滑坡的高陡边坡地段，暴雨以后也可以出现短暂的泥石流。缓慢的流动也可以形成“土溜”。在我国西北和西南山区,泥石流发生频繁,是某些地段边坡变形破坏的主要形式。

2)山区长大上坡路段容易出现车辙

长大上坡路段由于车行速度慢,荷载作用时间长,沥青路面容易导致车辙。

3)山区填挖交界面的不均匀沉降与开裂

半填半挖路基填筑体的填筑压实很难,土基压实度不够,填筑体的强度较低,可压缩性较大,容易产生不均匀变形,导致结合部位存在应力突变和集中现象,弯拉应力大而结合界面强度较低,会在该处开裂形成错台。填挖交界段路基常常沿路面横向或纵向产生裂缝或错台,裂缝深度往往贯穿至路床,容易造成路表水渗入,雨雪水容易从裂缝中渗入,若不及时补修裂缝,地表水沿裂缝下渗后,在车辆荷载作用下,板下产生唧泥,将导致路面的进一步破坏,形成明显的下凹或错台。断开的路面进一步破坏后,裂缝呈网状,甚至产生积水、坑槽等,影响行车安全和舒适性。

4)零填、低挖路段路基病害

在冰冻地区和高寒山区,无论是沥青路面还是水泥混凝土路面,路面承载能力受水温条件影响比非冰冻地区严重得多,特别是对于零填、低挖路段。

5)山区构造物台背处路基病害机理

路面在桥梁、涵洞等构造物台背处路基出现差异沉降,车辆通过台背处便会产生“跳车”现象。特别在季节性冻土地区,在冻胀作用下,路基含水率变化很大导致沉降变化很大,“跳车”现象也就尤为严重。桥头跳车不但影响行车安全,而且桥头“跳车”对桥涵结构的冲击作用也加速了结构的老化,降低了公路的使用寿命。

根据桥涵台后的土基破坏特征表现的不同形式,可将路基病害分为以下几种类型。

(1)路基整体滑移。

①路基整体侧向滑移。

路基的整体侧向滑移主要是由于路堤边坡过陡或是受到破坏后,在上部重复荷载作用下形成纵向裂缝或沿坡裂面整体下滑。

②路基整体向桥台方向滑移。

对于桥台,台前土体基本处于无侧限受压状态。当锥坡受到破坏后,在自重和车辆的冲击荷载作用下,土体有向桥内移动的趋势,形成横向裂缝或整体下滑,使得桥头部位的路基、路面产生较大的竖向位移,从而引起桥头跳车。

(2)路基与桥台间形成台阶。

在台背与过渡段接合处,最大沉降深度距离桥台背很近;或者是路基相对路面设计高程整体下沉,当桥台与过渡段结合处的差异沉降超过规范值时,产生跳车。这种破坏模式的特征是:台背回填材料不均匀沉降较大;最大沉降差值产生在靠近桥涵台背处,最终造成路面凹陷。

(3)路面凹陷。

路堤或地基的不均匀沉降会引起路面凹陷,造成路基沉降不均匀,路面破坏严重、凹凸不平。路面凹陷的主要特征是:过渡段内的路基沉降不均,局部沉降较大,路面出现凹陷,沉降的最大值距桥台有一定的距离。

(4)搭板与路堤形成纵向坡度差。

设置搭板在防止跳车方面虽有很大的优势,被大量使用,但当其中台背填土路堤沉降过大、搭板断裂或搭板较短,搭板与路堤形成纵向坡度差超过一定的范围时,就会在搭板与路堤的衔接处产生一定的角度,当车辆通过该处时同样会产生“二次跳车”。此病害的主要特征是:路基过大沉降且搭板较短,搭板段路基处治较好,下沉量较小。搭板末端路基整体或靠近搭板处路基沉降变形较大,很难使桥台与路基间的差异沉降形成平稳过渡。

6)山区挖方路基的裂隙水病害

挖方路段裂隙水的水损害破坏普遍较填方路段严重,主要原因是挖方破坏了山体的水力平衡,使路基下方出现水压力而向上涌,加之有些地方本来就有泉水,因而使病害更加严重。

7)平原地区的道路病害

平原地区人口较为密集,车流量较大,负载大,道路容易出现变形、破坏等问题。此外,平原地区除泥沼、盐渍土、河谷漫滩、海边滩涂等外,在天然河网地区,多有水塘、河汊、沟渠等,路基沉降大,路面开裂出现的概率较大。

4.8.5 高原交通安全与人类身体健康

1)高原交通安全

高原地区因其特殊的地理位置、低压缺氧的气候、恶劣的自然条件、复杂的地质条件和脆弱的生态环境,使得道路行车安全性极差,极易发生重特大事故。高原地区人烟稀少,交通安全保障设施不足,导致发生交通事故后常常得不到及时的救援,造成人员伤亡,加剧交通事故的严重程度;高原无人区的部分路段线形差,路侧多山峰也易造成严重交通事故;高原地区海拔高,驾驶员容易缺氧,易疲劳,也成为影响交通安全的重要因素。随着海拔的升高,含氧量降低,会对驾驶员的身体状况产生影响,降低人的反应能力和汽车的动力性能,继而引发事故。

2009—2013 年各省(自治区、直辖市)一次性死亡 10 人以上的重特大道路交通事故数据表明,西部地区无论是事故数量还是伤亡人数均多于中、东部地区。整体趋势上,伤亡人数随着海拔的上升而增加。说明交通事故的严重程度随着海拔的增加而加剧。

2)高原交通与人类健康

高原空气稀少、氧气含量偏低。若驾驶员长时间疲劳驾驶,伴随沿线海拔增加,空气越来越稀薄,一些人员由于食欲不佳或者空腹行车,极易发生急性高原反应。冬季无风天气时,高原地区氧含量不足 50%,刮风时为 30%左右,而夏秋季阳光充沛,绿色植物释放氧气增多,不刮风天气,氧含量可达陆地平原的 60%左右,急性高原反应发生率会有所降低。

高原气压低,水的沸点为 70℃左右,要杀灭细菌须长时间加热滚开,因此高原交通沿线食品安全成为卫生防卫难题。此外,高原地区太阳辐射强烈、日照时间长、气温低;年温差小,昼夜温差大,需注意防寒保暖。

人进入高原会产生急性高原反应(低压缺氧环境中短时间出现头昏、头痛、嗜睡、失眠、发绀、胸闷等症状),多数人会在进入高原后 4~5h 发病,并在第 2~3d 达到发病高峰。急性高原反应有的是暂时性的，在有足够适应时间或返回富氧环境后，人体机能即恢复正常。

针对进入高原人员机体不适的问题，可以协助其参加各种预适应训练，强化体能和提升耐氧能力，在适应训练的同时还可以辅以药物干预，提高效率，更快应对高原低氧环境。此外，可同时开展针对进入高原人员的健康教育，使其对高原的环境特点、人体对高原环境的习服、人体对高原不适反应的症状、如何预防高原病有更多了解，缓解心理负担，做好心理准备与心理疏导工作，做到心中有数，消除精神上不必要的恐惧感。在进入高原前，提前用药或者降低体力输出，可以大大提升预防效果。

4.8.6 地貌学与地植物学结合的工程地质判断

地貌和植物的状况是一些工程地质情况的表现，可根据地貌的形态特征，推断其形成原因及条件，评价其工程地质条件；可根据植物群落的种属、分布及其形态特征，推断当地的气候、土质及水文地质条件等。

例如，某隧道附近左侧为山脊，右侧10m左右为一冲沟，在这个位置附近的隧道开挖过程中，发现隧道左侧为中风化砾岩，右侧为强风化砾岩。在该段变更处，隧道右侧地表处于一凹谷中，且地形较陡峻，地表杉木发育，其他位置是杂草较发育，红砂岩地区地下水贫乏，主要为基岩裂隙水。发生变更的沟谷地，杉木长势良好且密集，说明该处地下水丰富，即岩体破碎，裂隙发育。在隧道的实际开挖中发现岩体裂隙发育，部分掌子面坍塌。隧道右侧沟谷地有地下水出露，可知在地下水出露附近的岩体裂隙较为发育，且相互贯通，岩体较为破碎。

从该隧道附近的地貌和植物状况可知，在隧道工程地质调查中，因在丹霞地貌区地下水是较为贫乏的，而杉树是一种喜温喜湿、怕风怕旱的树种，由此可知右侧沟谷地的岩体具有杉树良好生长的环境，即该处沟谷地地下水较为丰富，此处地下水主要为基岩裂隙水，因此该处沟谷地岩体破碎，裂隙发育，且已贯通，形成了一个地下水渗流通道，该段岩体应比周围岩体差。

4.9 地质灾害的相关特征与交通运输的关系

广义的地质灾害包括火山喷发、地震、滑坡、崩塌、泥石流、地裂缝、地面塌陷、土地沙化、黄土湿陷等多种类型。滑坡特别是由暴雨诱发的滑坡，在一定条件下会促进泥石流和崩塌的发育和发展。滑坡等地质灾害具有群发性和链式特征，这在一定程度上加剧了各类地质灾害的危害和影响范围。

各种类型地质灾害的频繁发生，不仅对当地人民群众的生命和财产安全造成严重威胁，而且影响灾区的交通、电力、通信和工农业生产，如果滑坡体和崩塌体阻塞河道，甚至会产生洪涝等次生灾害。

4.9.1 地质灾害特征和分布规律

受多种因素的制约，地质灾害孕育形成的过程复杂。如降雨是滑坡、泥石流等地质灾害的主要诱发因素，特别是由局地暴雨引发的滑坡和泥石流等灾害分别占这类灾害总数的

90%和95%以上。受东南季风和西南季风的影响，我国大部分地区降水集中分布在夏季和秋季，且雨带从南向北逐渐推进，汛期为5—9月。大雨、暴雨的发生，导致滑坡、崩塌、泥石流等地质灾害高发期为5—8月，并伴随雨带的移动表现出明显的季节性，7月常常是一年中灾害数量最多的时期，夏季是滑坡等地质灾害的多发季节。但也存在一些地区差异，如新疆在5月由于冰雪融水形成的春汛易诱发地质灾害。

我国地质灾害分布遍及全国，东北地区以滑坡为主要类型；华北地区以崩塌、滑坡和地面塌陷为主要类型；华东和中南地区以滑坡和崩塌两种类型为主；西南和西北地区以滑坡、崩塌和泥石流为主。地质灾害以中南地区与西南地区分布最为集中，占比高达60%。西南和西北地区均以滑坡、崩塌和泥石流为主要类型，其中滑坡占比均大于60.0%，三者合计占比均超过92.0%，其中西南地区泥石流的发生数量多于西北地区，西北地区崩塌的发生数量多于西南地区。

频繁发生的滑坡、泥石流等地质灾害是我国西部地区道路安全运行的重大安全隐患。道路路基施工过程中的大量填挖是导致滑坡发生或者古滑坡复活的重要因素之一；工程弃渣如果处置不当，则极有可能成为泥石流灾害的固体物质源；同时由于一些地区暴雨频率高、强度大，为地质灾害的发生提供了条件。

泥石流、滑坡等地质灾害是山区公路安全行车的严重威胁。泥石流、滑坡等地质灾害往往发生在地势险恶、地质条件复杂的地段。控制和影响这些地质灾害的自然因素（如地形、地质构造、地层岩性、气象水文等）不可能在短时间内发生根本性的变化，所以，它们的发展趋势将主要取决于人为因素的变化（如工程扰动、植被破坏等）。

地质灾害之间有些时候是相互联系的，如地质很可能造成滑坡、崩塌、落石等地质灾害，而滑坡、崩塌、落石等地质灾害为泥石流大发生提供了物质基础。如2008年发生的汶川8.0级地震，在大约110000km^{2}的区域内，诱发了超过197000处崩滑地质灾害，而崩塌和滑坡又为后期泥石流活动提供了丰富的松散固体物质，在强降雨作用下导致大量的松散堆积物转化为泥石流，给灾区人民生命财产安全带来严重的二次灾害。截至2010年底，汶川地震灾区已经先后发生不同规模泥石流灾害440余起。

此外，地震造成的崩塌、滑坡，改变了沟道流通条件及流水径流条件，造成沟道堵塞。如2014年8月3日云南鲁甸发生6.5级地震之后，牛栏江位于昭通市鲁甸县红石岩村上游河段发生双侧严重山体垮塌，造成牛栏江堵塞形成堰塞湖，导致该河段水位急剧上涨，致使5个村民小组800余人的生命财产安全受到严重威胁。

地质灾害的发生，可能引发生态变化。如对2008年汶川8.0级地震重灾区之一的四川龙溪—虹口国家级自然保护区内3种不同滑坡程度（重度、中度、轻度）生境和未受滑坡影响生境中的小型兽类进行调查表明：①物种数量、捕获率和多样性指数均以无滑坡生境最高，重度滑坡生境最低，但重度生境均匀度指数最高；②群落相似性指数随着滑坡影响从无到重逐渐减小，重度与其他3类生境相似性最低；③在受地震滑坡影响的生境中，小型兽类捕获率与残留乔木郁闭度、灌木和草本植物的覆盖度呈显著正相关（$P<0.05$）；④物种数与残留乔木郁闭度呈极显著正相关（$P<0.01$），与无滑坡生境相比较，中度和轻度滑坡体生境的小型兽类群落多样性已得到了一定程度的恢复，但重度滑坡生境的多样性还较低；⑤在滑坡生境中，残留乔木郁闭度越大，灌木和草本植物的盖度越高，小型兽类群落的种类和数量就越多。

4.9.2 滑坡特征与交通

滑坡是山区道路的主要病害之一。滑坡常使交通中断,影响道路的正常运输。大规模的滑坡,可堵塞河道、摧毁道路、破坏厂矿、掩埋村庄,对山区建设和交通设施危害极大。西南地区是我国滑坡分布的主要地区,不仅滑坡规模大、类型多,而且分布广泛、发生频繁、危害严重。我国其他地区的山区、丘陵区,包括黄土高原,也都有不同类型的滑坡分布。

1)滑坡的类型及其产生条件

(1)滑坡的分类。

根据滑体的物质组成、形成原因及滑动形式等,滑坡的分类见表4.9-1。

滑坡的分类　　表4.9-1

划分依据	名称类别	说　明
滑坡物质组成成分	堆积层滑坡	各种不同性质的堆积层(包括坡积、洪积和残积),体内滑动或沿基岩面的滑动。其中,坡积层的滑动可能性较大
	黄土滑坡	不同时期的黄土层中的滑坡,并多群集出现,常见于高阶前缘斜坡上,或黄土层沿下伏第三纪岩层滑动
	黏性土滑坡	黏性土本身变形滑动,或与其他土层的接触面或沿基岩接触面滑动
	岩层滑坡	软弱岩层组合物的滑坡,或沿同类基岩面,或沿不同岩层接触面以及较完整的基岩面滑动
滑动面通过各岩层情况	同类土滑坡	发生在层理不明显的均质黏性土或黄土中,滑动面均匀光滑
	顺层滑坡	沿岩层面或裂隙面滑动,或沿坡积体与基岩交界面及基岩间不整合面等滑动,大都分布在顺倾向的山坡上
	切层滑坡	滑动面与岩层面相切,常沿倾向山外的一组断裂面发生,滑坡床多呈折线状,多分布在逆倾向岩层的山坡上
滑动体厚度	浅层滑坡	滑坡体厚度在6m以内
	中层滑坡	滑坡体厚度在6~20m之间
	深层滑坡	滑坡体厚度超过20m
引起滑动的力学原因	推移式滑坡	上部岩层滑动挤压下部产生变形,滑动速度较快,多具楔形环谷外貌,滑体表面波状起伏,多见于有堆积物分布的斜坡地段
	牵引式滑坡	下部先滑使上部失去支撑而变形滑动。一般速度较慢,多具上小下大的塔式外貌,横向张性裂隙发育,表面多呈阶梯状或陡坎状,常形成沼泽地
形成原因	工程滑坡	由于施工开挖山体引起的滑坡。此类滑坡还可细分为: (1)工程新滑坡,即由于开挖山体所形成的滑坡; (2)工程复活古滑坡,即久已存在的滑坡,由于开挖山体引起重新活动的滑坡
	自然滑坡	由于自然地质作用产生的滑坡。按其发生相对时代早晚又可分为: (1)老滑坡,即坡体上有高大树木,残留部分环谷、断壁擦痕的滑坡; (2)新滑坡,即外貌清晰,断壁新鲜的滑坡
发生后的活动性	活滑坡	发生后仍在继续活动的滑坡。后壁及两侧有新鲜擦痕,体内有开裂、鼓起或前缘有挤出等变形迹象,其上偶有旧房遗址,幼小树木歪斜生长等
	死滑坡	发生后已停止发展,一般情况下不可能重新活动,坡体上植被较盛,常有居民点

续上表

划分依据	名称类别	说　明
滑体体积	小型滑坡	<5000m^3
	中型滑坡	5000~50000m^3
	大型滑坡	50000~100000m^3
	巨型滑坡	>100000m^3

(2)滑坡要素。

一个发育完全的滑坡,一般都有下列要素(图 4.9-1)。

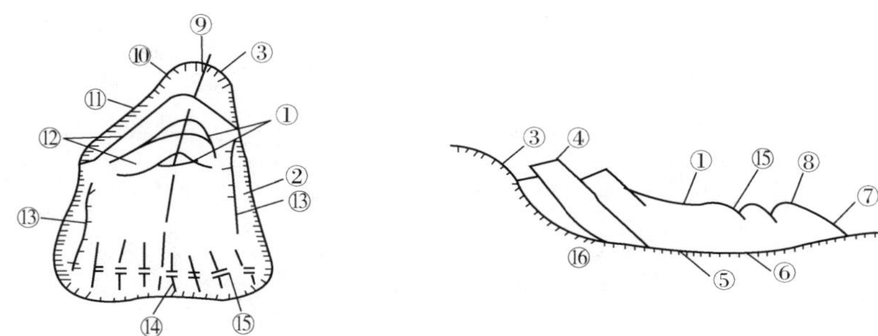

图 4.9-1　滑坡要素

①滑坡体:滑坡的整个滑动部分。

②滑坡周界:滑坡体和周围不动体在平面上的分界线。

③滑坡壁(破裂壁):滑坡体后缘和不动体脱开的暴露在外面的分界面。

④滑坡台阶和滑坡埂:由于各段土体滑动速度的差异,在滑坡体上面形成台阶状的错台称滑坡台阶。台阶如因旋转发生倾斜,使台阶边缘形成陡窄的长埂,称滑坡埂。

⑤滑动面和滑坡床:滑坡体沿不动体下滑的分界面称滑动面。滑动时依附的下伏不动体称滑坡床。

⑥滑动带:滑动面上部受滑动揉皱的地带(厚数厘米至数米)。

⑦滑坡舌(滑坡头):滑坡体的前缘形如舌状的部分。

⑧滑动鼓丘:滑坡体前缘因受阻力而隆起的小丘。

⑨滑坡轴(主滑线):滑坡体滑动速度最快的纵向线。它代表整个滑坡的滑动方向,一般位于推力最大、滑床凹槽最深(滑坡体最厚)的纵断面上。

⑩破裂缘:滑坡体在坡顶开始破裂的地方。

⑪封闭洼地:滑动时滑坡体与滑坡壁间拉开成沟槽,当相邻土楔形成反坡地形即成四周高中间低的封闭洼地。

⑫滑坡裂缝:按受力状态分成下列四种:

a.拉张裂缝,位于滑坡体上部,多呈弧形与滑坡壁方向大致平行。通常将其最外一条(即滑坡周界的裂缝)称滑坡主裂缝。

b.剪切裂缝,位于滑坡体中部的两侧,此裂缝的两侧常伴有羽毛状裂缝。

c.鼓张裂缝,位于滑坡体下部,其方向垂直于滑动方向。

d.扇形裂缝,位于滑坡体中下部,尤以滑舌部分为多,呈放射状。

⑬剪切裂缝:滑坡体在滑动过程中在滑坡体两侧产生的剪切缝。

⑭扇形裂缝:位于滑坡体前沿的扇形(大致平行于主滑线)裂缝。

⑮鼓胀裂缝:位于滑坡体前沿因滑坡体鼓胀形成的横向(大致垂直于扇形裂缝)裂缝。

⑯滑坡床:滑坡体之下没有滑动的岩土体称为滑坡床。

(3)滑坡形成的条件。

①地质条件。

a.岩性。

(a)在岩土层中,必须具有受水构造、聚水条件和软弱面(该软弱面也是有隔水作用)等,才可能形成滑坡。

(b)在硬质岩地层中,发生滑坡的可能性较小,但岩体内夹有软弱破碎带或薄层风化层,倾角较陡且有地下水活动时,岩层可能沿软弱面(带)滑动。

(c)在软质易风化岩层中,干燥时,岩层风化成散粒碎屑(碎片),当受水潮湿后,容易形成表面溜滑。

(d)在黏性土层中,一般上部地层较松散(如膨胀土在干旱时表层收缩裂缝),易渗水;下部比较致密,起隔水作用。当水下渗后,在其分界处构成软弱滑腻面,常使上层土体沿此软弱面而滑动。坡积黏性土,当其含水率较大时,抗剪强度显著降低,易沿下伏基岩顶面滑动。

b.地质构造。

岩体构造和产状对山坡的稳定、滑动面的形成、发展影响很大,一般堆积层和下伏岩层接触面越陡,其下滑力越大,滑坡发生的可能性也越大。由于地质构造形成滑坡现象有如下两种。

(a)上层土体或岩体沿着两个不同地质的分界面或沿已有的构造面滑动,如坡积、残积层沿基岩面滑动。其形成条件往往是下卧层面受水软化,具隔水作用,形成滑动面;滑动层易受水,同时在层间又具供水条件,如下卧层顶面为地下洼槽,易受水、聚水。

(b)在断层破碎带或节理裂隙密集带处,由于抗剪强度显著降低,构成软弱面,呈与坡向一致而又位于斜坡底部时,易沿此面发生滑坡。

②气候、径流条件。

a.气候条件。

(a)夏季炎热干燥,使黏土层龟裂,遇暴雨时,水沿裂缝渗入土体(滑坡体)内部,促使滑动。

(b)雨季开挖边坡,山坡土湿化,黏聚力降低,重度增大,不利于山坡稳定。

(c)气候变化促使岩土风化,减小黏聚力和结合力,尤以亚黏土或夹有黏土质岩层,当雨水渗入较多时,易发生浅滑或表土溜滑。

b.地表水作用。

(a)地表水下渗增加山坡土体的含水率,使土体强度和土体的稳定性降低。当水渗入不透水层上时,使接触面润湿,减少摩擦力和黏聚力,促使边坡失去稳定而下滑。

(b)水库、河道水体冲刷及潜蚀坡脚,削弱山坡的支撑部分,引起山坡下滑。

(c)河水涨落引起地下水位的升降,以致造成滑坡。

c.地下水作用。

(a)地下水量的增加,使土体含水率减小,导致滑动面上的抗滑力减少而下滑。

(b)地下水位的增高,使土体的重度增大,浸湿范围加大,浸湿程度加剧,降低了山坡土体的黏聚力。在黏性土层中,最易沿此层发生滑动。

(c)地下水流速的加快,加剧土的潜蚀作用,破坏了山坡的稳定性而产生滑动。

(d)地下水动水压力和静水压力都是助长滑动的因素。

③地形及地貌。

从局部地形可以看出,对于下陡中缓上陡的山坡和山坡上部呈马蹄形的环状地形,当汇水面积较大时,在坡积层中或沿基岩面易发生滑动。

④其他因素。

a.地震、爆破及机械振动等可能增加下滑力;振松土体结构,使土体易于渗水,同时也减小了土体内抗剪强度。

b.由于切坡不当,破坏了山体的支撑部分,使山体失去平衡而下滑。

c.人为破坏山坡表层覆盖,会引起渗水作用加强,从而促进了山坡活动。

d.人为破坏了自然排水系统,如设计的排水设施布置不当,或泄水断面太小,引起排水不畅或漫溢乱流,使坡体被浸湿等。

e.人为浸水,如将滑坡外的地表水引入滑坡区内作为灌溉之用,或高位水池排水管道、渠道漏水,都可能加速滑坡的活动。

f.堆载,如在山坡上修造建筑物,施工中的弃土堆放在坡顶附近,都可能破坏山坡的平衡,造成滑坡。

(4)容易发生滑坡的地带特征。

①地貌。

a.山坡或河谷谷坡上的圈椅地貌是比较容易发生滑坡的地方。圈椅地貌是指背后靠山,左右两侧为两条山梁,中间围出一块缓坡地,外形像圈椅状的一种地貌。圈椅地貌中的缓坡地多由坡积物组成,也是地表水和地下水汇集之处。

b.在较陡的大段河谷谷坡中间,夹一段台地状的缓坡地,有时坡面被冲沟切割成鸡爪形山梁,这种缓坡或山梁往往容易发生滑坡。

c.平整的山坡面,没有地下水出露,一般是比较稳定的。坡面杂乱无规则的山坡,则可能是不够稳定的山坡,山坡上有“醉林”“马刀树”出现,则表明是已经发生过滑动的山坡。

d.在沿河圆顺的凹岸中,突然有一小部分河床中凸出,凸出地段并见有大块孤石堆积,这种现象就有可能是由古滑坡舌部的残留物形成的。

e.双沟同源地形,如沟谷不深,沟间距离数十米至数百米,沟源相连呈钳形,沟间山坡多呈上、下陡而中部缓的鼻形斜坡地形,也容易发生滑坡。这种地形,往往是由于山坡曾经发生过位移,水流沿周围侵蚀发育的结果,是古滑坡错落残留的痕迹。

②岩层。

页岩、泥岩、泥灰岩、千枚岩、滑石片岩、云母片岩,以及其他容易风化、遇水软化的岩石及黏性土、黄土及各种成因的堆积层,都比较容易发生滑坡。

③构造。

断层面、节理面、褶曲两翼的倾斜面、不整合面,以及倾角较陡、倾向山外、走向与路线交角小于45°的基岩层面,都容易构成滑坡的滑动面。

④水。

地表水不易排出，甚至形成积水；斜坡水文地质条件不良，地下水发育，在缓坡后缘、前缘、坡脚或坡面等地形突然变化处，有泉水或湿地分布；河水掏蚀、冲刷坡脚；灌溉水或其他水渗漏等，都会促成滑坡的发生。

(5)滑动面的确定方法。

确定滑动面的方法有直接观察法、工程地质对比法和几何图法三种，其中常用的是直接观察法和工程地质对比法。

①直接观察法。

直接观察法主要是观察滑动面的各种滑动特征。

a.滑带土、石由于受到挤压作用，所以扰动比较严重，常含有夹杂物质，力学强度也低。当滑带为黏性土时，在滑动剪切作用下，产生光滑面，且被挤压成鳞片状，有擦痕、黄土或黏性土中的滑动面不甚明显。

b.滑动面(带)通常是沿着基岩顶面，下伏剥蚀面，含水层的顶、底面，软质岩层及其夹层等地质分界面滑动。

c.构成滑动面(带)的物质多为云母、滑石、蒙脱石、高岭土、各种黏性土及各种风化严重的泥质页岩、千枚岩、云母石片岩滑石片岩、绿泥石片岩等。

根据上述特征，可以直接观察到滑面的位置。如滑面已部分暴露或埋藏不深，可用挖深的方法确定滑面位置。

②工程地质对比法。

工程地质对比方法如下。

a.地层的分析对比。有些地层及其风化物很容易形成滑动面，如高灵敏的海相黏土，裂隙黏土，第三系、白垩系、侏罗系的砂、页、泥岩，侏罗系、二叠系的煤系地层，古生界的泥质变质岩系等。

b.地质构造的分析对比。埋藏在斜坡内部，倾向与斜坡一致的软弱岩层及夹层、构造断裂面、基岩顶面、古地貌剥蚀面等都可能成为滑动面。

c.地貌形态的分析对比。滑坡体表面的微地貌形态与滑坡面的变化是密切相关的。滑坡体表面地形鼓起的地方，滑面形态则呈洼槽形(滑坡在纵向上是分级的)；滑坡在纵向的陡坎地段，滑面在相应地段坡度亦陡，反之则缓；滑坡体上出现较高的陡坎时，滑坡可能被分成上下两级；滑体下部出现隆起地形时，往往是滑面变缓或滑面呈反坡的地段。

d.滑坡裂缝的分析对比。滑坡裂缝的形状和性质同滑坡各部位受力的情况有关。滑坡两侧雁形状裂缝常是滑面两侧的边界；滑坡下部的鼓胀裂缝地段，滑面坡度也相应变缓或呈反坡；拉张裂缝地段滑动面一般变陡；滑坡体在纵向上分级的滑坡，在其分级衔接处往往出现有弧形拉张裂缝；滑坡区内出现两组呈八字形状的裂缝时，滑坡则被分成两个独立部分。

e.钻孔岩心与钻进现象的分析。对比滑坡在滑动后，其内部的地层结构、构造是否发生了变化，如：地层的重复、缺失，裂缝的增多、变宽，岩层压碎，节理和层理产状的变陡、变缓，岩石矿物成分和颜色有变化等。由于滑带土、石软弱破碎，故在钻进过程中常发生钻孔涌水、漏水、掉块、卡钻、孔壁坍塌、钻进速度增快或减慢、套管变形等现象。

f.滑坡水文地质条件的分析对比。滑坡区内地下泉水的出露，多是滑面被切割或暴露的部位；滑舌下部泉水出露的位置，往往是滑面的下缘（滑舌被阻、地下水位抬高者例外）；两级滑坡衔接处，常有泉水、湿地和喜水植物出现；滑坡往往沿含水层的顶、底面滑动；黄土滑坡的滑面有的就在含水层中；滑坡体内存在几个含水层，其滑面也有几个。

上述几项特征，可作为寻找和判断滑面位置、形状、数目的参考。滑坡的地质条件是复杂的，在应用时，应认真综合分析，不应只根据某一特点就得出结论。

（6）滑坡稳定性的判断。

判断滑坡的稳定性，国内铁路、公路等部门均采用以地质、地貌为主的综合分析判断方法，即从滑坡的地貌形态演变、斜坡地质条件对比、滑动前迹象观测、分析滑动因素的变化、斜坡平衡核算、斜坡稳定性计算、坡脚应力与强度对比、工程地质比拟计算等方面进行分析判断。

①滑坡滑动前的迹象。

a.斜坡中地下水的水位和水质发生显著变化，有些干泉突然流出浑水，斜坡坡脚附近湿地增多且范围扩大。

b.斜坡上部出现弧形裂缝，坡脚附近土、石被挤紧并出现大量鼓张裂缝，斜坡中部被纵、横裂缝所分割。

c.斜坡上部不断下陷，其上树木开始倾斜，建筑物开裂并变形。

d.斜坡下部的路基不断上拱，斜坡前缘土、石零星下落。

e.大规模岩石滑坡滑动之前，由于岩层面错动挤压会发出声响。

②滑坡体缓慢滑动的迹象。

a.路基和行道树逐年下移。

b.山坡上的农田变形、水田漏水，水田变为旱地，或大块田变为小块田。

c.斜坡上一些灌溉渠道不断破坏或逐年往下移动。

③稳定滑坡与不稳定滑坡的区别见表4.9-2。

稳定滑坡与不稳定滑坡的区别 表4.9-2

滑坡类型	稳定滑坡	不稳定滑坡
特征	（1）滑坡后壁较高，长满了树木，找不到擦痕和裂缝	（1）滑坡后壁高陡，未长草木，常能找到擦痕和裂缝
	（2）滑坡台地宽大且已夷平，土体密实，无陷落不均现象	（2）滑坡台地尚保存台坎，土地松散，地表有裂缝且陷落不均
	（3）滑坡前缘的斜坡较缓，土体密实，长满草木，无松散坍塌现象	（3）滑坡前缘的斜坡较陡，土体松散，未生草木，不断产生少量坍塌现象
	（4）滑坡两侧的自然沟谷切割很深，谷底基岩出露	（4）滑坡两侧多是新生沟谷，切割较浅，沟底多松散物质
	（5）滑坡体较干，地表多无泉水和湿地，滑坡舌部泉水清澈	（5）滑坡体湿度很大，地面泉水和湿地较多，滑坡舌部泉水流量不稳定
	（6）滑坡前缘舌部有河水冲刷的痕迹。滑坡舌部有些土石已被冲走，残留一些大块孤石	（6）滑坡前缘处在河水冲刷的条件下

2)判断滑坡的标志

(1)地物地貌标志。

滑坡在斜坡上常造成环谷(如圈椅、马蹄状地形)地貌,或使斜坡上出现异常台坎及斜坡坡脚侵占河床(如河床凹岸反而稍微突出或有残留的大孤石)等现象。滑坡体上常有鼻状凸丘或多级平台,其高程和特征与外围阶地不同。滑坡体两侧常形成沟谷,并有双沟同源现象。有的滑坡体上还有积水洼地、地面裂缝、醉汉林、马刀树和房屋倾斜、开裂等现象(图 4.9-2)。

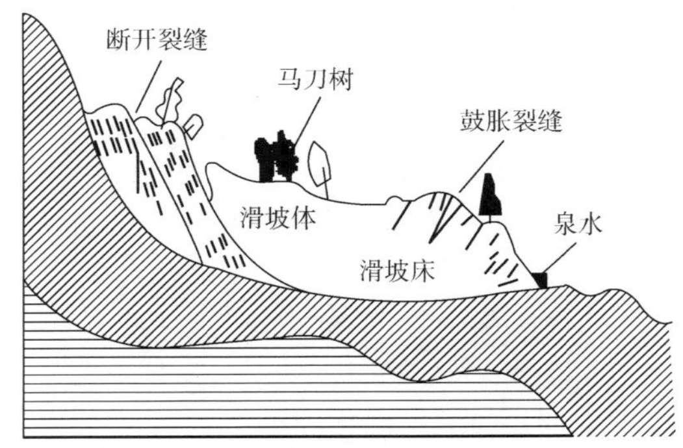

图 4.9-2　滑坡特征

(2)岩、土结构标志。

滑坡范围内的岩、土常有扰动松脱现象。基岩层位、产状特征与外围不连续,有时局部地段新老地层呈倒置现象,常与断层混淆,其区别见表 4.9-3。滑坡范围内常见有泥土、碎屑充填或未被充填的张性裂缝,且普遍存在小型坍塌。

基岩滑坡与倾向坡脚的断层主要区别　　表 4.9-3

类型	基岩滑坡	倾向坡脚的断层
特征	(1)滑坡改变岩体结构(层位、产状及断裂特征),范围不大	(1)断层改变岩体结构,范围大,一般顺走向延伸较远
	(2)滑坡床面上的岩体常具松动破坏迹象(折扭、张裂、充泥等)	(2)断层上盘有时也可较下盘破碎,但常由有规律的节理切割而成
	(3)滑坡床产状有起伏波折,其总体有向下凹的趋势	(3)断层产状较稳定
	(4)滑坡塑性变形带的物质成分较杂,厚度变化大,所含砾石磨光性强,而挤碎性差	(4)断层带构造岩特征与滑坡塑性变形带物质特征相反
	(5)滑坡擦痕方向与主滑方向一致,且只存在于黏性软塑带中或基岩表面一层,痕槽深浅及方向可随不同部位稍有变化	(5)断层擦痕与坡向或滑坡体方向无关,且常深入基岩呈平行的多层状,痕槽深浅及方向性规律甚强

注:当滑坡借用断层面作滑坡床时,可据下列特点判别:

(1)滑坡地貌特征。

(2)滑坡床一般只部分地借用断层面,必然还有一部分与断层面分开。

(3)顺坡向的滑坡擦痕叠在断层原有擦痕之上。

(4)在滑坡范围内,滑坡位移改变断层两盘原有断距关系和岩体松动程度。

(3)水文地质标志。

斜坡含水层的原有状况常被破坏,使滑坡体成为复杂的单独含水体。在滑动带前时有成排的泉水溢出。

(4)滑坡边界及滑坡床标志。

滑坡后缘断壁上有顺坡擦痕,前缘土体常被挤出或呈舌状凸起;滑坡两侧常以沟谷或裂面为界;滑坡床常具有塑性变形带,其内多由黏性物质或黏粒夹磨光角砾组成;滑动面很光滑,其擦痕方向与滑动方向一致。

3)滑坡稳定性分析

(1)根据地貌特征分析。

根据地貌特征,可参照表4.9-4判别滑坡的稳定性。

根据地貌特征判别滑坡稳定性 表4.9-4

滑坡要素	相对稳定	不稳定
滑坡体	坡度较缓,坡面较平整,草木丛生,土体密实,无松塌现象;两侧沟谷已下切深达基岩	坡度较陡,平均坡度在30°左右,坡面高低不平,有陷落松塌现象,无高大直立树木。地表水泉湿地发育
滑坡壁	滑坡壁较高,长满了草木,无擦痕	滑坡壁不高,草木少,有坍塌现象,有擦痕
滑坡平台	平台宽大,且已夷平	平台面积不大,有向下缓倾或后倾现象
滑坡前缘及滑坡舌	前缘斜坡较缓,坡上有河水冲刷过的痕迹,并堆积了漫滩阶地,河水已远离舌部;舌部坡脚有清冽泉水	前缘斜坡较陡,常处于河水冲刷之下,无漫滩阶地,有时有季节性泉水出露

另外,也可利用滑坡工程地质图,根据各阶地高程联结关系,滑坡位移量和与周围稳定地段在地物、地貌上的差异,以及滑坡变形历史等分析地貌发育历史过程和变形情况来推断发展趋势,判定滑坡整体和各局部的稳定程度。

(2)工程地质及水文地质条件对比。

将滑坡地段的工程地质、水文地质条件与附近相似条件的稳定山坡进行对比,分析其差异性,从而判定其稳定性。

①下伏基岩呈凸形的,不易积水,较稳定;相反,下伏基岩呈勺形,且地表有反坡向地形时,易积水,不稳定。

②滑坡两侧及滑坡范围内同一沟谷的两侧,在滑动体与相邻稳定地段的地质断面中,详尽地对比描述各层的物质组成、组织结构、不同矿物含量和性质、风化程度和液性指数在不同位置上的分布等,借以判断山坡处于滑动的某一阶段及其稳定程度。

③分析滑动面的坡度、形状、与地下水的关系、软弱结构面的分布及其性质,以判定其稳定性及估计今后的发展趋势。

(3)滑动前的迹象及滑动因素的变化。

分析滑动前的迹象,如裂缝、水泉复活、舌部鼓胀、隆起等,以及引起滑动的自然和人为因素如切方、填土、冲刷等,研究下滑力与抗滑力的对比及其变化,从而判定滑坡的稳定性。

4)滑坡防治原则和方法

防治滑坡应当贯彻“早期发现,预防为主;查明情况,对症下药;综合整治,有主有从;治早治小，贵在及时；力求根治，以防后患；因地制宜，就地取材；安全经济，正确施工”的原则，才能达到事半功倍的效果。防治滑坡的措施和方法有如下几种。

(1)避让。

选择场址时，通过收集资料、调查访问和现场踏勘，查明是否有滑坡存在，并对场址的整体稳定性作出判断，对场址有直接危害的大、中型滑坡，应避开为宜。

(2)消除或减轻水对滑坡的危害。

水是促使滑坡发生和发展的主要因素，应尽早消除或减轻地表水和地下水对滑坡的危害，其方法有：

①截。在滑坡体可能发展的边界5m以外的稳定地段设置环形截水沟(或盲沟)，以拦截和旁引滑坡范围外的地表水和地下水，使之不进入滑坡区。

②排。在滑坡区内充分利用自然沟谷，布置成树枝状排水系统，或修筑盲洞、支撑盲沟和布置垂直孔群及水平孔群等排除滑坡范围内的地表水和地下水。

③护。在滑坡体上种植草皮或在滑坡上游严重冲刷地段修筑丁坝，改变水流方向，和在滑坡前缘抛石、铺石笼等以防地表水对滑坡坡面的冲刷或河水对滑坡坡脚的冲刷。

④填。用黏土填塞滑坡体上的裂缝，防止地表水渗入滑坡体内。

(3)改善滑坡体力学条件，增大抗滑力。

①减与压。对于滑床上陡下缓，滑体头重脚轻的或推移式滑坡，可在滑坡上部的主滑地段减重或在抗滑地段加填压脚，以达到滑体的力学平衡。对于小型滑坡可采取全部清除的方式。减重后应验算滑面从残存滑体薄弱部分剪出的可能性。

②挡。设置支挡结构(如抗滑片石垛、抗滑挡墙、抗滑桩等)，以支挡滑体或把滑体用锚杆、锚索锚固在稳定地层上。由于能比较少地破坏山体，有效地改善滑体的力学平衡条件，故是目前用来稳定滑坡的有效措施之一。

(4)改善滑带土的性质。

采用焙烧法、灌浆法、孔底爆破灌注混凝土砂井、砂桩、电渗排水及电化学加固等措施，改变滑带土的性质，使其强度指标提高，以增强滑坡的稳定性。

(5)滑坡防治措施。

①排水工程。

a.排水工程设计应在滑坡防治总体方案的基础上，结合工程地质、地下水及降雨条件，制定排水方案。

b.地表排水工程应在滑坡后缘的稳定地层上设置环形截水沟，滑坡范围较大时，应在滑坡体范围内设置树枝状排水沟。排水沟通过裂缝处应采取防裂措施，对有明显开裂变形的坡体，应及时用黏土或水泥浆填实裂缝，整平积水坑、洼地，使地表的雨水能迅速向排水沟汇集排泄。

c.地下排水工程应视滑动面状况、滑坡所在山坡流域水文地质条件及地下水动态特征，选用渗沟、仰斜式排水孔或者隧洞等排水方案。

d.渗沟。

(a)适用于排除或疏干滑坡体内浅层地下水。必要时，可与抗滑支挡结构结合设置。

(b)渗沟的设计应符合相关规范的规定。

(c)截水渗沟平面布置应垂直地下水流的方向,并修建在滑坡范围 5m 以外的稳定土体上。渗沟的迎水面应设反滤层,背水面应设隔渗层。

e.暗沟适用于排除滑坡体内外的封闭积水或地下出露泉水,设计应符合相关规范的规定。

f.仰斜式排水孔适用于疏干、排泄滑坡体内赋存的深层地下水。仰斜式排水孔的设置位置和数量应视地下水分布情况和地质条件而定,并符合相关规范的规定。

g.排水隧洞。

(a)排水隧洞适用于引排深层地下水。

(b)排水隧洞四周应设置若干渗井或渗管,将水引入洞内。隧洞的埋深取决于主要含水层的埋藏深度,并应埋入稳定地层内,顶部应在滑动面(带)以下不小于 0.5m。洞底排水纵坡不应小于 1%。

(c)隧洞断面应根据地下水涌水量计算确定,结构设计应符合《公路隧道设计规范》(JTG 3370.1—2018)的规定。

②减载与反压措施。

a.推移式滑坡或由错落转化的滑坡,宜采用滑坡后缘减重、前缘反压措施。

b.滑床具有上陡下缓形状,滑坡后缘及两侧的地层相当稳定,不致因减重开挖而引起滑坡向后缘和两侧发展时,宜采用减重措施。

c.滑坡前缘有较长的抗滑段,宜利用减重弃方反压;路基位于滑坡前缘时,应采用路堤通过。在滑体或滑带土具有卸载膨胀开裂的情况下,不应采用减重措施。

d.减载时,必须考虑清方后滑坡后部和两侧山体的稳定性,防止后缘产生新的滑动。

e.采取填土反压措施应防止堵塞滑坡前缘地下水渗出通道,并且要考虑基底的稳定性,必要时应进行地基处理。

③抗滑支挡工程。

a.抗滑挡土墙。

(a)抗滑挡土墙宜设置在滑坡前缘。必要时,可与排水、减重、锚固等措施联合使用。

(b)抗滑挡土墙应根据滑坡剩余下滑力和库仑土压力两者之中的较大值设计,其高度和基础埋深应防止滑体从墙顶滑出或从基底以下土层滑移的可能。

(c)抗滑挡土墙结构设计应符合相关规范的规定。

(d)抗滑挡土墙基础埋深较大、土体稳定性较差时,应采取临时支挡措施,其施工必须分段进行,以保证滑坡在施工期间的稳定和施工安全。

b.抗滑桩[含锚杆(索)抗滑桩]。

(a)抗滑桩宜布置在滑坡体厚度较薄、推力较小,且嵌岩段地基强度较高地段。必须防止滑体从桩顶滑出或从桩底产生新的深层滑动的可能。

(b)抗滑桩宜以单排布置为主,当滑坡推力较大时,可对滑坡进行分段阻滑。若弯矩过大,应采用预应力锚杆(索)抗滑桩。

(c)抗滑桩桩长宜小于 35m。对于滑带埋深大于 25m 的滑坡,应充分论证抗滑桩阻滑的可行性。

(d)抗滑桩结构设计应符合相关规范的规定。

c.预应力锚固。

(a)预应力锚杆(索)锚固段必须置于滑面以下的稳定地层中。

(b)预应力锚杆(索)承压结构应根据滑坡体岩土性质和承载力确定,宜采用钢筋混凝土框架或地梁,其坡面应采取防止表土被雨水冲刷、局部溜塌的措施。

(c)可采取高压旋喷桩或注浆改良滑动带岩土的措施,提高滑动带岩土抗剪强度,增强滑坡稳定性。

(d)滑坡体前缘受河水冲刷时,应采取防护措施。

(6)植被护坡技术的环境适应性。

植物的存在对于有效防治坡面水土流失、浅层滑坡,降低边坡土体龟裂程度,减少边坡表层土体流失,增加边坡表层土体稳定性等方面起着重要作用。植物固土护坡作用主要表现在:植物茎叶对降雨的阻挡作用可有效减轻雨水对边坡土体冲刷溅蚀,根系以及枯枝落叶腐殖质可起到有效降低地表径流对边坡表层土体冲刷和侵蚀作用,植物通过截留、蒸腾、渗透作用可有效降低边坡土体孔隙水压力,从而有助于坡体稳定;植物通过根系加筋作用可有效增强边坡浅层土体的抗剪强度,同时通过深层根系的锚固作用和水平根系的牵引作用可提高边坡整体稳定性。因此与工程护坡相比,植物护坡的优点主要表现在以下几个方面:①植物护坡可有效协调边坡工程建设与生态环境保护的关系;②植物护坡可有效改善植物生长区周边小气候,降低地表风速从而起到减轻风对坡面侵蚀作用和美化环境的作用;③植物护坡对于坡体的稳固能力随着植物生长而逐渐提高;④植物护坡成本相对低廉。

各类植被护坡方法的环境要求见表4.9-5。选配植物遵循的原则主要有:①适地适树原则;②乡土植物优先原则;③边坡稳定原则;④根系发达、抗逆性强的原则;⑤先锋性原则;⑥生物多样性与景观多样性相结合。植被护坡方法在适宜的条件下,可以综合考虑草、花、灌、乔等多种类植物,将深根植物与浅根植物有机结合,充分发挥深根的锚固作用与浅根的加筋作用,以促进多样性、稳定性的坡面植物群落的迅速建立,起到植物护坡的功能。

植被护坡首先要求边坡处于稳定状态,同时,变形也要满足要求。这就需要将植被护坡与传统的边坡加固技术有机结合,建立既稳固又有生态效应的防护结构体系,并且应考虑植被护坡方式的环境适应性。在边坡植被防护设计时,所选植物除考虑景观效果外,还要兼顾经济效益。

各类植被护坡方法的环境要求 表4.9-5

植被护坡方法	适用边坡坡度		边坡类型
	常用坡度	上限值	
铺草皮护坡	1∶1.0	1∶0.75	土质、强风化岩质边坡
三维植被网护坡	1∶1.5	1∶1.25	土质、强风化岩质边坡
植生带护坡	1∶1.5~1∶2.0	1∶1.25	土质、土石混合边坡
香根草篱护坡	≤1∶1.0	1∶1.00	土质边坡
液压喷播植草	1∶1.5~1∶2.0	1∶1.25	经处理后的土质、土石混合边坡
挖沟植草护坡	1∶1.0~1∶1.25	1∶0.75	土质、泥、页岩等软岩边坡

续上表

植被护坡方法	适用边坡坡度		边坡类型
	常用坡度	上限值	
土工格室植草	1∶1.0	1∶1.00	泥岩、灰岩、砂岩等岩质边坡
浆砌片石骨架植草	1∶1.0~1.50	1∶1.00	土质、强风化岩质边坡
客土喷播护坡	≤1∶0.3	1∶0.30	地质环境恶劣的石质、质地密实坚硬的土质边坡
钢筋混凝土框架植生护坡	≥1∶0.5	1∶0.30	超高、浅层稳定性差且难以绿化的贫瘠边坡
蔓藤植物护坡	≥1∶0.3	—	已修建挡土墙等构造物的边坡

4.9.3 崩塌、岩堆特征与交通

崩塌可能会影响安全行车，阻断交通；岩堆的变形破坏可能会导致通过的道路发生变形破坏，在道路设计施工时应给予以高度重视。

1）崩塌、岩堆的定义及影响

在比较陡峻的斜坡上，岩体或土体在自重作用下，脱离母岩，突然而猛烈地由高处崩落下来，这种现象称为崩塌。崩塌不仅发生在山区的陡峻山坡上，也可以发生在河流、湖泊及海边的高陡岸坡上，还可以发生在公路路堑的高陡边坡上。规模巨大的山坡崩塌称为山崩。由于岩体风化、破碎比较严重，山坡上经常发生小块岩石的坠落，这种现象称为碎落。一些较大岩块的零星崩落称为落石。小的崩塌对行车安全及路基养护工作影响较大；大的崩塌不仅会损坏路面、路基，阻断交通，甚至会迫使放弃已建成道路的使用。

经常发生崩塌、碎落和落石的山坡坡脚，由于崩落物的不断堆积，就会形成岩堆，在高山地区，岩堆常沿山坡或河谷谷坡呈条带状分布，连续长度可达数十千米。在不稳定的岩堆上修筑路基，容易发生边坡坍塌、路基沉陷及滑移等现象。

2）崩塌产生的条件

（1）地貌条件。崩塌多产生在陡峻的斜坡地段，一般坡度大于55°、高度大于30m以上，坡面多不平整，上陡下缓。

（2）岩性条件。坚硬岩层多组成高陡山坡，在节理裂隙发育、岩体破碎的情况下易产生崩塌。

（3）构造条件。当岩体中各种软弱结构面的组合位置处于下列最不利的情况时易发生崩塌：

a.当岩层倾向山坡、倾角大于45°而小于自然坡度时；

b.当岩层发育有多组节理，且一组节理倾向山坡、倾角为25°~65°时；

c.当两组与山坡走向斜交的节理（X形节理）组成倾向坡脚的楔形体时；

d.当节理面呈弧形弯曲的光滑面或山坡上方不远有断层破碎带存在时；

e.在岩浆岩侵入接触带附近的破碎带或变质岩中片理片麻构造发育的地段，风化者形成软弱结构面，容易导致崩塌的产生。

（4）昼夜的温差、季节的温度变化，促使岩石风化；地表水的冲刷、溶解和软化裂隙充填物形成软弱面，或水的渗透增加静水压力；强烈地震以及人类工程活动中的爆破、边坡开挖过高过陡，破坏了山体平衡，都会促成崩塌的发生。

3）崩塌的防治

路基设计应避免高填、深挖并远离崩塌物堆积区。对于中、小型崩塌地段，采取遮蔽、拦截、清除、加固等工程措施进行综合治理。崩塌的防治措施如下：

（1）边坡或自然坡面比较平整、岩石表面风化易形成小块岩石呈零星坠落时，宜进行坡面防护，以阻止风化发展，防止零星坠落。

（2）山坡或边坡坡面崩坍岩块的体积及数量不大，岩石的破碎程度不严重时，可采用全部清除并放缓边坡。

（3）岩体严重破碎，经常发生落石路段，宜采用柔性防护系统或拦石墙与落石槽等拦截构造物。拦石墙与落石槽宜配合使用，设置位置可根据地形合理布置。拦石墙墙背应设缓冲层，并按公路挡土墙设计，墙背压力应考虑崩坍冲击荷载的影响。

（4）对在边坡上局部悬空的岩石，但岩体仍较完整，有可能成为危岩石的，可视具体情况采用钢筋混凝土立柱、浆砌片石支顶或柔性防护系统。

（5）易引起崩坍的高边坡，宜采用边坡锚固。

（6）当崩坍体较大、发生频繁且距离路线较近而设拦截构造物有困难时，可采用明洞、棚洞等遮挡构造物处理。遮挡构造物应有足够的长度，洞顶应有缓冲层，并应考虑堆积石块荷载和冲击荷载的影响。

4）岩堆地段选线原则及防治措施

岩堆地段的选线原则如下。

（1）对处于发展阶段的岩堆，若上方山坡可能有大、中型崩塌，则以绕避为宜。如有条件，也可及早提坡，让路线从上方山坡的稳定地带通过。

（2）对趋于稳定的岩堆，如地形条件允许，路线宜在岩堆坡脚以外适当距离以路堤通过；如受地形限制，也可在岩堆下部以路堤通过。

（3）对稳定的岩堆，路线可选择在适当位置，以低路堤或浅路堑通过。

（4）对临河的岩堆，应注意河水对岩堆下部的冲刷，要在路线外侧留有适当余地，以使路基荷载应力分布线不致伸进临河陡坎，并便于设置防护与加固建筑物。

（5）对基底倾斜较陡的岩堆，为便于采取防止滑移的加固措施，路线宜选择在基础条件较好的部位。

岩堆的防治措施如下。

（1）处于发展中的岩堆地段路基，应尽量减少开挖，采取挡土墙、坡面封闭等防护措施。也可采用拦石墙与落石槽或修建明洞、棚洞等遮挡构造物。

（2）岩堆地段路基，应采取下列处治措施：

①位于岩堆上部时，宜采用台口式路基，并放缓边坡或沿基岩面清除路基上方的岩堆堆积物。

②位于岩堆中部时，挖方边坡应设置挡土墙。

③位于岩堆下部时，宜采用填方路基通过岩堆。

④对活跃的岩堆补给区，应根据其面积、岩体类型和规模，采取拦截或加固工程措施。

⑤岩堆地段路基稳定性不足时，宜设置抗滑挡土墙或抗滑桩。

4.9.4 溜砂坡特征与交通

道路经过溜砂坡时,可能会因为溜砂导致交通阻塞,甚至是交通事故和交通工程的损毁。

1)溜砂坡及其组成要素

溜砂坡是指高陡斜坡在风化作用下形成的砂粒和碎屑,由于重力作用而发生溜动,并在坡脚堆积形成锥状斜坡。它是在特定地形、地质和气候条件下演化而成的重力侵蚀的一种特殊灾害类型,主要分布在干旱、半干旱的高寒山区,如我国西部的川西、藏东、新疆、甘肃等地。

典型溜砂坡的形成一般经历碎屑和砂粒的产生、溜动以及坡脚堆积3个过程,相应地将碎屑和砂粒经历的区域划分为砂源区、溜动区和堆积区。砂源区一般位于高陡斜坡上部易风化岩体出露处,是产生碎屑和砂粒的区域。溜动区是碎屑和砂粒发生运动的区域,碎屑和砂粒的运动形式有溜动、滚动、跳跃以及多种复合运动方式(如跳滚式、溜滚式)等。堆积区一般位于高陡斜坡底部,坡度较缓。

2)溜砂坡线路灾害形态

针对线路交通而言,溜砂坡灾害是复合型灾害,主要形态表现如下。

(1)溜砂灾害。溜砂(岩屑、块石)滑动或滚动进入线路,掩埋路面,阻碍交通。尤其遭遇大风时,会吹动砂粒,污染环境,袭击行人和车辆,严重时还会酿成车毁人亡的交通事故。

(2)溜砂坡灾害。溜砂坡组成的物质胶结性较差,位于峡谷河段的溜砂坡又很容易扩展至河边甚至延伸至河床,溜砂坡的坡脚极易遭洪水冲刷而崩塌、滑坡,从而掩埋线路。如遇到堵溃洪水,线路交通损失就更为严重。此外,在峡谷河段穿行的线路,线路在溜砂坡的中、前部通过,线路的开挖施工作业横切溜砂坡,极易造成线路内边坡失稳破坏。

3)溜砂坡形成条件

许多因素在溜砂坡的形成中发挥着作用,而物质条件、地形条件、堆积条件是溜砂坡形成的基本条件。

(1)物质条件。

溜砂坡形成的首要条件是物质来源。物质来源即风化碎屑物,多半为分布在斜坡中上部陡崖易风化、裂隙较为发育的岩体。这些岩体通常为花岗岩、泥质砂岩、粉砂岩、千枚岩、泥岩以及玄武岩等,加之岩体裂隙发育,一经剥落解离后即可形成风化碎屑物,风化产物不断增加,为溜砂坡的形成奠定了物质基础。

(2)地形条件。

砂粒的溜动与其天然休止角有关,当斜坡的坡度大于砂粒的休止角时(一般为34°~38°),风化产物产生溜动,在斜坡处形成溜砂坡;反之,当斜坡的坡度小于砂粒的休止角时,则不能形成溜砂区,碎屑产物就堆积在风化岩体周围,不能在坡脚处堆积,也无法形成溜砂坡。

(3)堆积条件。

高陡斜坡具备了溜砂坡形成的物质条件和地形条件后,仅能使风化碎屑产物发生溜动。风化碎屑产物经过溜动区后,如果没有堆积区域,会直接冲入河床并被河水带走,无法堆积,也无法形成溜砂坡。位于山间的线路路基为碎屑和砂粒的堆积提供了良好的空间。

另外,气候因素也会影响溜砂坡的形成。溜砂坡比较集中分布在以下两个气候带:①干旱、半干旱的山区河谷两岸,如陕、晋、黄河深切河谷两岸及金沙江、岷江和藏东南高山深切峡谷两岸;②高寒山区雪线以上的山脊两侧,如新疆、内蒙古等地。这两种气候带可加速岩体的物理和化学风化,是岩体表面节理裂隙形成发育的有利条件,同时也是机械破碎流失、岩土物理力学指标降低和溜砂坡形成的有利气候环境。

4)*溜砂诱发因素*

溜砂的诱发因素主要有以下几种。

(1)地表水。

地表水对溜砂的发生有以下作用:①当少量地表水渗入砂坡后使砂的含水率增加,使砂坡的天然休止角增大,从而使砂坡更趋于稳定;②随着地下水的不断增多,由于水的动力,促使砂产生溜动,当地表水形成地表径流后,水砂掺在一起形成泥沙水。

(2)地下水。

地下水丰富时,水对砂有浮托力和静水压力,当地下水运动时,将产生动水压力,直接破坏砂坡的完整性与稳定性,从而可诱发溜砂。但溜砂坡多分布在干旱、半干旱以及高寒山区,地下水含量丰富的地区分布很少,所以地下水诱发溜砂的情况并不多见。

(3)河流冲刷。

河流不断冲刷坡脚,坡脚处的堆积物不断被淘蚀而影响坡体的稳定,上部的砂势必要下溜,从而导致已趋稳定的砂坡重新活动。

(4)动荷载作用。

动荷载包括地震作用与人为动荷载作用两种。通常指向坡面的水平地震力对砂坡的影响最大;而交替指向坡内和坡外的水平振动,以及震中区发生的上下交替振动的垂直地震力使坡体更加松散,破坏坡体的整体性,有利于砂坡发生溜砂。另外,人为动荷载作用下的爆破作业、机械振动以及行车产生的动荷载均可使坡体变得松散,加之砂之间的黏粒含量较低,颗粒间的胶结程度差,更易诱发溜砂。

(5)风作用。

大风可以扬起砂坡表面上的细颗粒而形成沙尘暴,微弱风的方向与坡向一致时,极易诱发坡面的物质下滑。

(6)植被。

植被对于溜砂的发生也起着两种作用:①植被的根系盘结坡面的表土结构,能固定住表面的砂向下滑溜;②植被又能消减砂层湿度,使砂干裂,并且遇大风容易连根拔起。但植被对固砂以及砂坡的稳定所起的积极作用大于消极作用。因此,人为或牲畜破坏砂坡表层植被,导致坡面植被数量减少,也会引起稳定砂坡的重新活动。

(7)冻融作用。

冻融作用只发生在高纬度地带和高寒地带。冻胀可以使砂间的孔隙增大,破坏砂坡的完整性,冰融会增大孔隙水压力,冻胀和冰融无疑会加速溜砂的发生。

(8)人为因素。

人为因素主要表现在由于修建公路、铁路过程中在坡脚路堑的不合理开挖,以及支护挡墙不当,从而破坏砂坡的稳定,引起溜砂。在众多溜砂灾害区中,绝大多数都分布在公路、铁路边。

溜砂的诱发因素有多种,通常大多数溜砂的诱发因素并不是单个因素所控制,而是两个或是更多因素共同作用的结果。

4.9.5 地表沉陷特征与交通

1)地面沉降的含义

地面沉降系指地壳表面在自然营力作用下或人类经济活动影响下造成区域性总体下降运动。其特点是以向下的垂直运动为主体,而只有少量或基本上没有水平向位移,其速度和沉降量值以及持续时间和范围均因具体诱发因素或地质环境的不同而异。目前国内外工程界所研究的地面沉降主要是指由抽吸液体(以地下水为主,也包括油、气)所引起的区域性地面沉降。

2)地面沉降的危害

地面沉降作为一项公害,其主要特点有:①一般发生得比较缓慢而难以明显感觉;②一旦发生了地面沉降,即使除掉产生地面沉降的原因,沉降了的地面也是几乎不可能完全复原的。

地面沉降的工程危害主要有:①对环境的危害,如潮水越堤上岸,地面积水等;②对建筑工程的危害,如路基路面及桥墩下沉,桥下净空减小,码头、仓库地坪下沉,地下管道坡度改变,深井管和桩基建筑物的勒脚相对上升,建筑物倾斜等。

3)地面沉降的形成和机理

国内外所关注的地面沉降主要着重于因抽吸地下水、油、气所引起的区域性地面沉降问题,是由于孔隙水(油)压力降低和气压降低引起土层中颗粒间有效应力增加,从而使地层压密而导致地面沉降。广义地面沉降的诱发因素见表4.9-6,地面沉降的地质环境模式见表4.9-7。

广义地面沉降的诱发因素 表4.9-6

诱发因素		地面沉降特点
自然动力地质因素	地壳近期的断陷下降运动	运动速率较低,但具有长时期的持续性,在某些新构造运动活跃的地质构造单元中,沉降速率个别可达到几毫米/年
	地震、滑坡或火山活动	可以导致地面的陷落或下沉,但不会导致长期持续下降的结果
	地球气候变暖引起海平面相对上升	沿海地区的地面相对呈现降低现象,海洋基准面变化使水准测量成果带来系统误差
	自重湿陷性黄土的湿陷	与水的作用有关,地面常呈现局部的凹地和碟形盆地
	欠压密土的固结	与地层沉积后的地质历史有关,一般来说沉降速率和沉降量都不大

续上表

诱发因素		地面沉降特点
人类经济活动因素	建筑物的静动荷载或地面堆载	局部范围内的地基变形
	大面积开采地下水(包括油、气)	是产生大面积、大幅度地面沉降的主要因素,具有沉降速率大(年沉降量达到几十到几百毫米)和持续时间长(一般将持续几年到几十年)的特征
	开采地下固体矿藏形成大面积采空区	在矿区产生塌落或地面沉降裂缝

地面沉降的地质环境模式 表 4.9-7

模式	地层构成	地区举例
冲积平原	河床沉积土:以下粗上细的粗粒土为主 泛原沉积土:以细粒土为主的多层交互沉积结构 土层的厚度一般与河床最大深度及各旋回中的沉积韵律有关	黄淮海平原 长江下游平原 松花江中下游平原
三角洲平原	海陆互相沉积,具有多个含水系统并为较厚的黏性土层所交错间隔	长江三角洲 海河三角洲
断陷盆地	冲积、洪积、湖积以及海相沉积物所组成的粗、细粒土交错沉积层,其厚度及粒度受构造沉降速度、沉积韵律等因素的控制	近海式:台北盆地,宁波盆地 内陆式:汾渭盆地

4)地面沉降的防(整)治

(1)已发生地面沉降的地区。

基本措施是进行地下水资源管理,整治方法有:

①压缩地下水开采量,减少水位降深幅度。在地面沉降剧烈的情况下,应暂时停止开采地下水。

②向含水层进行人工回灌,回灌时要严格控制回灌水源的水质标准,以防止地下水被污染。要根据地下水动态和地面沉降规律,制定合理的采灌方案。

③调整地下水开采层次,进行合理开采,适当开采更深层的地下水。

(2)可能发生地面沉降的地区。

基本措施是预测地面沉降的可能性及其危害程度,防治方法有:

①估算沉降量,并预测其发展趋势。

②结合水资源评价,研究确定地下水资源的合理开采方案。在最小的地面沉降量条件下抽取最大可能的地下水开采量。

③采取适当的措施。如避免在沉降中心或严重沉降地区建设一级建筑物。在进行房屋、道路、管道、水井等规划设计时,预先对可能发生的地面沉降量作充分考虑。

4.9.6 泥石流特征与交通

泥石流是由于降水(暴雨、融雪、冰川)而形成的一种挟带大量泥沙、石块等固体物质的

特殊洪流。其特点是爆发突然，运动快速，历时短暂，它比一般洪水具有更大的破坏力，能在很短的时间内冲出数万至数百万立方米的固体物质，能将数十至数百吨的巨石冲出山外，冲毁道路、桥涵、房屋、村镇或淹没农田，堵塞河道，给道路交通、工农业生产和人民生命财产造成严重危害。

泥石流主要通过堵塞、淤埋、冲刷、撞击等方式对路基、隧道、桥涵及其附属构造物产生直接危害；也可通过压缩、堵塞河道使水位壅升，以致淹没上游沿河道路；或者迫使主河槽的流向发生变化，冲刷对岸道路，造成间接水毁。

我国是世界上泥石流活动最多的国家之一。我国的泥石流主要分布在西南、西北及华北的山区，如四川西部山区、云南西部和北部山区、西藏东部和南部山区、甘肃东南部山区、青海东部山区、祁连山地区、昆仑山及天山地区；黄土高原、太行山和北京西山地区、秦岭山区、鄂西及豫西山区等。此外，在东北西部和南部山区、华北部分山区以及华南、台湾、海南等地山区也有零星分布。

典型泥石流可根据它的形成、流动和沉积特点分为三个区(图 4.9-3)。

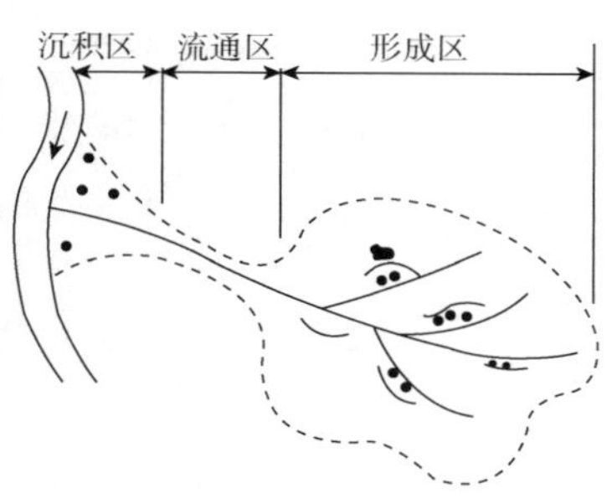

图 4.9-3　泥石流流域分区示意图

形成区：一般位于上中游地段，地形多为高山环抱的盆地，山坡陡峻，沟槽纵坡大。区内岩层破碎，风化严重，山坡不稳，水土流失严重，常有崩塌、岩堆、滑坡发育，松散堆积物储量丰富，坡面水流与松散固体物质主要在这里汇聚。区内岩性剥蚀作用的强度与规模直接影响泥石流的性质、规模和发展过程。

流通区：一般位于流域的中下游地段，多为沟谷地形，沟道较窄，沟床比较顺直，纵坡较上游为缓，两侧山坡比较稳定。冲淤近于平衡，如无基岩控制，则略有下切。泥石流从此通过，直泄山外。

沉积区：位于流域的下游，多在沟谷的出口处，当谷口外地形比较开阔时，就容易形成规模较大的洪积扇。

以上几个分区，常难以明显区分。有的流通区也伴有沉积；有的形成区就是流通区；有的直接排泄进入大河，被河水带走而无明显的沉积区。

1)泥石流的形成条件及分类

(1)泥石流的形成条件。

①地形条件。

a.山高沟深，地势陡峻，沟床纵坡大，流域的形状便于水流的汇集。

b.上游形成区的地形多为三面环山、一面出口的瓢状或漏斗状，地形比较开阔，周围山高坡陡，山体破碎，植被生长不良。

c.中游流通区的地形多为狭窄陡深的峡谷，谷床纵坡大，使泥石流得以迅猛直泻。

d.下游堆积区的地形为开阔平坦的山前平原或河谷阶地。

②地质条件。

a.地质构造。地质构造复杂，断层褶皱发育，新构造活动强烈，地震烈度较高的地区，一般对泥石流的形成有利。这些因素容易导致地表岩层破碎，滑坡、崩塌、错落等不良地质现象发育,为泥石流的形成提供了丰富的固体物质来源。

b.岩性。结构疏松软弱、易于风化、节理发育的岩层,或软硬相间成层的岩层,易遭受破坏,碎屑物质来源丰富。

③水文气象条件。

a.水是泥石流的组成部分,又是搬运介质的基本动力。泥石流的形成是与短时间内突然性的大量流水密切相关。突然性大量流水包括:

(a)强度较大的暴雨;

(b)冰川、积雪的强烈消融;

(c)冰川湖、高山湖、水库等的突然溃决。

b.水的作用。水的作用在于浸润饱和山坡松散物质,使其摩阻力减小,滑动力增大,以及水流对松散物质的侧蚀掏挖作用产生滑坡、崩塌等,增加了物质来源。

④其他条件。

其他条件如人为地滥伐山林,造成山坡水土流失;开山采矿、采石弃渣堆石等,往往提供大量物质来源。

上述条件概括起来为:有陡峻便于集水、集物的地形;有丰富的松散物质;短时间内有大量水的来源。形成泥石流、此三者条件缺一不可。

(2)泥石流的分类。

①根据流域特征分类。

a.标准型泥石流流域。流域呈扇形,能明显地分出形成区、流通区和堆积区。沟床下切作用强烈,滑坡、崩塌等发育,松散物质多,主沟坡度大,地表径流集中,泥石流的规模和破坏力较大。

b.河谷型泥石流流域。流域呈狭长形,形成区不明显,松散物质主要来自中游地段,泥石流沿沟谷有堆积也有冲刷搬运,形成逐次搬运的“再生式泥石流”。

c.山坡型泥石流流域。流域面积小,呈漏斗状,流通区不明显,形成区直接与堆积区相连,堆积作用迅速。由于汇水面积不大,水源一般不充沛,多形成重度大、规模小的泥石流。

②根据物质特征分类。

a.按物质组成分类。

(a)泥流:以黏性土为主,砂粒、石块少量,黏度大,呈稠泥状。

(b)泥石流:由大量的黏性土和粒径不等的砂粒、石块组成。

(c)水石流:以大小不等的石块、砂粒为主,黏性土含量较少。

b.按物质状态分类。

(a)黏性泥石流:含大量黏性土的泥石流或泥流,黏性大,固体物质占40%~60%,最高达80%。水不是搬运介质,而仅是组成物质,石块呈悬浮状态,爆发突然,持续时间短,破坏力大,堆积物在堆积区不散流,停积后石块堆积成“舌状”或“岗状”。

(b)稀性泥石流:水为主要成分,黏性土含量少,固体物质占10%~40%,有很大分散性。水为搬运介质,石块以滚动或跃移方式前进,有强烈的下切作用,堆积物在堆积区呈扇状散流,停积后似“石海”。

c.按泥石流的发育阶段分类,见表4.9-8。

泥石流按发育阶段分类 表4.9-8

指标发育阶段	发展期	旺盛期	衰退期
流域内的沟谷形态	山坡冲沟开始发育,多细沟等形式,下切深度较小	沟谷严重下切,断面呈V字形,两岸滑坡、崩塌严重	支沟已趋稳定,沟谷断面呈U字形,上游沟床已多为基岩
不良物理地质现象	沟岸有少量崩塌、滑坡	以深层滑坡、大型崩塌及错落为主	滑坡、崩塌渐趋稳定,以局部坍塌、滑溜为主
泥石流性质	黏性或稀性	以黏性为多	稀性
扇形地发展情况	开始发育,扇面较小	扇面大,淤高快,改道频繁	冲出物大部堆积在扇顶部,逐渐向沟内回淤,洪积扇顶部有固定沟床

d.按《岩土工程勘察规范》(GB 50021—2001)的规定分类。

根据泥石流暴发频率划分为高频率泥石流沟谷和低频率泥石流沟谷,又根据破坏严重程度划分为三个亚类,见表4.9-9。

泥石流工程分类 表4.9-9

类型	泥石流特征	流域特征	亚类	严重程度	流域面积(km^2)	固体物质一次冲出量($\times10^4m^3$)	流量(m^3/s)	堆积区面积(km^2)
高频率泥石流沟谷Ⅰ	基本上每年均有泥石流发生。固体物质主要来源于沟谷的滑坡、崩塌。泥石流爆发雨强小于2~4mm/10min。除岩性因素外,滑坡、崩塌严重的沟谷多发生黏性泥石流,规模大;反之,多发生稀性泥石流,规模小	多位于强烈抬升区,岩层破碎,风化强烈,山体稳定性差,滑坡、崩塌发育,植被差。沟床和扇形地上泥石流堆积新鲜,无植被或仅有稀疏草丛。黏性泥石流沟中、下游沟床坡度大于4%	$Ⅰ_1$	严重	>5	>5	>100	>1
			$Ⅰ_2$	中等	1~5	1~5	30~100	<1
			$Ⅰ_3$	轻微	<1	<1	<30	
低频率泥石流沟谷Ⅱ	泥石流爆发周期一般在10年以上。固体物质主要来自沟床,泥石流发生时"揭床"现象明显。暴雨时坡面产生的浅层滑坡往往是激发泥石流形成的重要因素。泥石流爆发雨强一般大于4mm/10min。泥石流规模一般较大,性质有黏有稀	分布于各构造区的山地。山体稳定性相对较好,无大型活动性滑坡、崩塌。中、下游沟谷往往切于老台地和扇形地内,沟床和扇形地上巨砾遍布。植被较好,常常是"山清水秀",沟床内灌木丛密布,扇形地多已辟为农田。黏性泥石流沟中、下游沟床坡度小于4%	$Ⅱ_1$	严重	>10	>5	>100	>1
			$Ⅱ_2$	中等	1~10	1~5	30~100	<1
			$Ⅱ_3$	轻微	<1	<1	<30	

注:1.表中流量对高频率泥石流沟指百年一遇流量;对低频率泥石流沟指调查历史最大流量。

2.泥石流的工程分类宜采用野外特征与定量指标相结合的原则;定量指标满足其中一项即可。

e.道路泥流病害的类型及影响。

(a)路堑边坡泥流:路堑边坡泥流指由于持续强降雨影响,道路路堑边坡发生浅层溜坍、滑坡等病害,在坡面及山体的汇水条件下,发生的泥流病害。在路堑边坡中此类病害经常发生,地质上以坡体浅层岩体为坡残积层和全风化层的土质边坡、二元结构边坡为主;结构上通常以边坡建设时未采取主动加固和防护的边坡为主,一般为绿化生态防护。此类泥流产生的规模、体量相对较小;其主要固体物质以土、小灌木及草等为主,道路应急处理时易清理。

(b)山体泥流:山体泥流指由于持续强降雨等影响,道路线外的山体(未经人工改造过的山体)发生浅层的溜坍、滑坡,在坡面汇水作用下,发生的泥流病害。此类病害发生的山体地形地貌上一般有较大汇水面积或位于沟谷中,坡度以10°~40°居多,坡面植被发育;地质上,山体的岩体坡残积层和全风化层较深厚,浅层岩体结构松散,地表水下渗较容易。此类泥流产生的规模、体量往往较大,影响的范围较广;其主要固体物质以泥土、灌木、树木及少量碎石等为主。道路应急处理时,需动用大型机械设备,对道路安全通行影响严重。

(c)泥流对道路设施的影响:泥流病害对道路设施的影响主要以隧道口、道路路基、线路服务区及道路涵洞、河道堵塞最为严重。隧道口的泥流病害,多发生于存在高大山体及沟槽的隧道进出口处。泥流病害存在突发性,其泥流冲出,堵塞隧道口、进入隧道,对雨季期间的道路安全运营影响极大,且易堵塞交通。

2)泥石流的识别

能否产生泥石流可从形成泥石流的条件分析判断,已经发生过泥石流的流域可通过下列几种现象来识别:

(1)中游沟身常不对称,参差不齐,往往凹岸发生冲刷坍塌,凸岸堆积成延伸不长的“石堤”,或凸岸被冲刷凹岸堆积,有明显的裁弯取直现象。

(2)沟槽经常大段地被大量松散固体物质堵塞,构成跌水。

(3)由于多次规模不同泥石流的下切淤积,沟的中下游常有多级阶地,在较宽阔地带常有垄岗状堆积物。

(4)下游堆积扇的轴部一般较高耸,稠度大的堆积物其扇角小,呈丘状。

(5)堆积扇上沟槽不固定,扇体上杂乱分布着垅岗状、舌状、岛状堆积物。

(6)堆积的石块均具尖锐的棱角,无方向性,无明显的分选层次。

上述现象不是所有泥石流地区都具备的,调查时应多方面综合判定。

3)泥石流的评价

泥石流地区在表4.9-9工程分类的基础上,其建筑适宜性评价应符合下列要求:

(1)I_1类和II_1类泥石流沟谷不应作为建筑场地,各类线路工程宜采取避绕方案。

(2)I_2类和II_2类泥石流沟谷不宜作为建筑场地,当必须建筑时应采取治理措施。线路工程通过这两类泥石流地区时,应作方案比较。线路应避免直穿洪积扇,宜在沟口设桥(墩)通过。桥位应避开河床弯曲处,并宜采用一跨或大跨度跨越。

(3)I_3类和II_3类泥石流沟谷可利用其堆积区作为建筑场地,但应避开沟口。线路可在洪积扇通过,但不宜改沟、并沟,宜分段设桥,做好排洪、导流等防治措施。

(4)当沟口上游大量弃渣或进行工程建设改变了沟口的原有供排平衡条件时,应重新判

定产生新的泥石流的可能性。

4) *泥石流的防治原则*

(1)选线原则。

选线是泥石流地区道路设计的首要环节。选线恰当,可避免或减少泥石流危害;选线不当,可导致或增加泥石流危害。线路平面及纵面的布置,基本上决定了泥石流防治可能采取的措施,所以,防治泥石流首先要从选线考虑。

①高等级公路最好避开泥石流地区。在无法避开时,也应按避重就轻的原则,尽量避开规模大、危害严重、治理困难的泥石流沟,而走危害较轻的一岸,或在两岸间迂回穿插。如过河绕避困难或不适合时,也可在沟底以隧道或明洞穿过。

②当大河的河谷很开阔,洪积扇未达到河边时,可将道路线路选在洪积扇淤积范围之外通过。这时路线线形一般比较舒顺,纵坡也比较平缓,但可能存在以下问题:洪积扇逐年向下延伸淤埋道路;大河摆动,使道路遭受水毁。

③在大河峡谷段,如支沟泥石流有可能暂时堵塞河道而使水位升高时,应注意把线路选在较高的位置,以免被淹没。

④跨越泥石流时,首先应考虑在流通区沟口建桥跨越的方案。因这里一般沟道较窄、沟床较稳定、冲淤变化不大,有利于建桥跨越。但应注意,这里的泥石流搬运力及冲击力最强;还应注意这里有无转化为堆积区的趋势。因此,要留足桥下排洪净空。

⑤当需跨越洪积扇定线时,要注意防治淤积、漫流、冲击和冲刷四种病害,特别是淤积病害。由于各种病害随洪积扇部位不同而异,基于利弊分析,定线常争取在扇缘跨越,只在特殊情况下才考虑在扇顶或扇腰部位通过。

⑥在山坡型泥石流集中发育地段,线路应避免选在山脚的变坡点上,因为这里坡度很陡的洪积锥经常会堵塞桥涵的进口。最好把线路选在山坡上,以利泥石流排泄。如山坡陡峻或不够稳定时,则宜选在远离山脚处,并以高路堤通过,以便设置宣泄泥石流的桥涵。

(2)路基设计的一般原则。

路基抵御泥石流危害的能力不如桥涵,因此应尽量避免使路基遭受泥石流的危害。凡暴露在泥石流威胁下的路基,应有必要的防护加固工程。

①泥石流地区的路基设计应全面考虑跨越、排导、拦截以及水土保持等措施,注意总体规划,采取综合防治措施。

②在泥石流影响范围内的河滩路堤,应有足够坚固的防护工程或导流设备,并使之与桥涵连成整体。路堤防护宜作浆砌或干砌护坡,河岸防护宜作护岸或顺坝,不宜作丁坝。

③泥石流范围内的路堤,应充分考虑路堤两侧冲淤变化以及洪水淹没等情况,尽可能采用水稳性的渗水土或很难渗透的黏性土填筑。如路堤两侧水位相差悬殊,则应按土坝设计。

④受泥石流危害的沿河路基应注意:如主河床急剧淤高,则设计高程应考虑河床的淤高;如对岸泥石流挤压主河槽,持续冲刷本岸,则不宜沿河设河滩路堤;如两岸泥石流犬牙交错分布,主槽淤荡激烈,在加强防护的条件下,可设河滩路堤。

⑤在泥石流地区修筑路基,应尽量避免采用管涵。采用涵洞时,应适当加大净高与跨径。桥梁应有足够的净空和长度,同时在桥的上下游应设置必要的导流和防护构造物,以免因桥下淤积或主流改道而危及路基。

⑥在处于活动阶段的泥石流洪积扇上，一般不可采用路堑或半路堑，路堤设计应考虑泥石流的淤积速度及公路使用年限，慎重确定路基高程。

(3)泥石流的防治措施。

①水土保持。

a.植树造林、封山育林。

在分水岭、山坡、洪积扇上以及沟谷内植树造林，可起到控制水土流失和稳定山坡的作用。要合理放牧，禁止砍伐林木。

b.平整山坡、修筑梯田。

在泥石流形成区，采用平整山坡、填洼补缝、修台阶、造梯田、筑土埂、挖鱼鳞坑等方法，也可起到控制水土流失、防止滑坡发展的作用。

c.修筑排水及支挡工程。

修筑截水沟、边坡渗沟等排水工程，设置支挡工程或加固沟头、沟坡、沟底都可起到稳定山坡的作用。

d.水土保持方法应注意的问题。

(a)水土保持是根治泥石流的一种方法，但需具备一定的自然条件，收效时间也较长，往往还需要其他工程措施的配合和保护。

(b)水土保持牵涉范围较广、工作量大、管理也较复杂，因此需要与当地农田基本建设相结合，根据全面规划拟定整治方法，分工负责，共同治理。

(c)在泥石流发育初期，采用生物措施效果较好；对于进入旺盛期的泥石流，完全采用生物措施来防治已有一定困难。

(d)由于生物措施受自然条件的限制，见效慢，工作量大，牵涉问题多，因而目前在交通部门尚少使用。

②跨越措施。

a.桥梁。

一般宜选在流通区沟口或流通区，这里沟槽深且稳定，可以以桥跨越。当需通过洪积扇时，如自然沟槽稳定，相距较远，且不串通，则应逢沟设桥，并在原沟设桥；如自然沟槽摆动频繁，互相串通，则宜设长桥跨越。对后一种情况，如经过综合治理或控制流路不十分困难时，也可一沟一桥，但须慎重从事。

设计流通区的桥梁孔径时，不宜压缩沟床和在沟中设墩。设计在洪积扇上的桥梁孔径时，是否压缩沟床应视沟床特征、泥石流特性及危害情况等确定。对黏性泥石流，一般以不压缩为宜，对稀性泥石流可适当压缩。

b.涵洞。

采用涵洞跨越泥石流，涵洞容易遭受堵塞和淤埋，一般应避免采用。在活跃的泥石流洪积扇上应禁止使用涵洞。只在下述情况下可考虑采用涵洞：

(a)上游有良好的拦挡坝，固体物质基本上已被拦截，仅有水流通过。

(b)泥石流规模小，固体物质含量少，不含较大石块，有固定而顺直的沟槽且纵坡陡直。

涵洞设计应注意：用大跨单孔，不用多孔；孔径宁大勿小，为保证机械清淤，一般不应小于2m；应有足够的净空，最低要考虑一年的淤积量；涵洞平面应与上、下游沟槽顺直衔接；涵

洞及其下游纵坡应不缓于上游沟床纵坡，涵前、涵后不设消能设施以免造成淤积；涵洞进出口及下游须有足够的防护措施。

c.过水路面。

在泥石流通过时，过水路面上不能通车，即使泥石流结束后，如不清理整修，也很难通行车辆。因此，采用过水路面跨越泥石流仅限于：低等级公路、交通量不大并允许有限度地中断交通时；稀性泥石流尚需进一步调查、观测，暂缓建桥时。

过水路面应高出沟底，以减少淤积厚度，并便于清淤和减少阻车时间。通过稀性泥石流沟，如过水路面较高时，也可修建带小桥涵的过水路面。

d.隧道。

对高等级公路，以下情况可考虑采用隧道：线路穿过规模很大、危害严重的大型或多条泥石流沟，无适当方案进行处治时；因受对岸大型泥石流严重威胁，将线路内移到稳定的山体内以隧道通过。

e.明洞。

采用明洞穿过泥石流有两种情况：

(a)通过密集的山坡型泥石流群，这种明洞常一侧承受土压力，因而多采用单压式拱式明洞或用墙式、刚架式棚洞。

(b)通过泥石流洪积扇，这种明洞土压力大部分为对称式，因而多采用拱式明洞，只在埋深不够时才采用棚式明洞。

f.渡槽。

泥石流渡槽是一种架空的急流槽或排洪道，由连接段、槽身、出口段三部分组成，适用于穿过流量不大于 $30m^3/s$ 的小型泥石流。当地形条件能满足渡槽设计纵坡及行车净空要求，路基下方有停淤场地或宣泄下来的固体物质能及时为河水带走，不致从下方回淤淹埋路基时，可考虑采用渡槽。

③排导措施。

a.排导沟。

泥石流排导沟设计，要求通过洪峰流量时不发生淤积，也不出现冲刷。由于泥石流的流量和组成不仅每次变化很大，而且在一次泥石流的全过程中其流态也是变化的，因此要求排导沟在任何情况下都不出现淤积是不可能的。黏性泥石流不管沟床纵坡有多大，在泥石流过后沟床上总留有残留层；稀性泥石流在退水时能量减小，大石块容易落淤，因此排导沟出现少量淤积是必然的。对排导沟的设计要求，不是任何情况下都不产生淤积，而是在使用期间不出现危害建筑物安全的累积性淤积和大冲、大淤的破坏。

排导沟应与沟岸稳定的流通区或山口直接连接，并顺应沟口流势布设成直线或大半径曲线。如直接连接流通区或山口需建排导沟过长时，可考虑采用在山口处修建八字形进口坝的连接办法，但这将导致进口坝上游泥石流的大量淤积。

b.急流槽。

急流槽是用增大纵坡和压缩断面的办法，使泥石流形成急流下泄的工程建筑物，多用以防止桥涵的淤塞和堵塞。为了防止冲刷和利于排泄固体物质，急流槽槽底及两侧边坡均须采用石砌加固。急流槽的首尾连接处，设计时应注意上下两端的衔接。

c.导流堤。

导流堤的作用主要是改变泥石流的流向和流速,一般是修建在洪积扇上或路基受泥石流影响的范围内,使泥石流能顺利排走,以确保路基的安全。

④拦截设施。

将一部分泥石流拦截在公路上游,使通过公路的泥石流重度减小、流量减小、流速降低的工程设施,称为拦截设施。拦截设施主要有拦挡坝及停淤场两种类型。

4.10 植物的相关特征与交通运输的关系

在古代,茶马古道沿线地理环境险恶,大多位于亚热带草木繁盛地区,甚至有些地区赶马人必须先赶在马帮前面用刀砍掉草木,马帮才能通行。现代,植物也会影响行车视线,阻挡路基路面排水,倒伐的树木会阻拦车辆通行,也需要进行道路范围内的植物修剪整枝以免影响交通。当然植物也能使道路建设破坏的环境得到恢复,起到净化空气、防止水土流失、边坡加固和美化环境的作用及其旅游观赏价值。

植物类型及其生长态势会受到其生长环境的影响和控制,通过植物的类型和生长态势、产量、形态等的指示性作用就能判断工程地质和气候状况,从而降低工程地质勘察费用和周期,进行交通气候环境的判断,并可以根据植物习性进行交通植物绿化的品种选择。

4.10.1 植物的类型、形态和结构

不同的环境,塑造了不同类型的植物群落,植物群落本身形成了许多与环境相适应的特点。人们在观察和区别植物群落时,首先关注的是群落中占优势的生活型、季相和植物类型。

1)生活型

植物的生活型是植物对一定生活环境长期适应结果所反映的形式。瑙基耶尔根据植物在不同生长季节中,其幼嫩部分(芽和嫩枝)离地面高度和受保护的程度和方式,将全部高等植物分为五大生活型类群。

(1)高位芽植物。这类植物在度过一年中不良季节时,其芽或嫩枝着生在植物体上离地面较高的部位,包括乔木和灌木。

(2)地上芽植物。这是一类小灌木、半灌木或草本。其嫩枝在条件不好的时候死去,它们非常矮小,高度不超过25cm,芽紧贴地面,冬季能被雪覆盖,包括许多北极和高山寒冷气候下的植物,温带也有。

(3)地面芽植物。冬芽位于土壤的最表面,在冬季所有地上部分都死去,紧贴地面半露之芽常为枯枝落叶层所覆盖,温带草本植物大多数属于地面芽植物。

(4)隐芽植物。越冬器官——芽,隐藏地下或水中,冬天不仅所有地上部分死去,而且一部分地下茎也死去。所有的隐芽植物都是草本植物。

(5)一年生植物。冬季地上与地下器官均死去,只留下种子越冬,凡能在一个生长季内从萌发至种子成熟完成其生活史者的均属于此类型。

2)季相

植物群落外貌随季节的更替而发生变化的现象叫作季相。季相变化的主要特点是周期

性。在正常情况下,周期性可年复一年地重复出现。四季分明的温带地区,群落外貌的周期性变化最为显著。如落叶阔叶林,以优势种落叶乔木为背景,春季萌芽抽枝,夏季枝叶繁茂,秋季叶色转黄后逐渐脱落,秋季休眠,枝丫高举。而热带和亚热带的森林,由于林冠终年常绿,其乔木优势种的季相变化却不甚明显,反映了那里气候炎热多雨比较稳定,只是在花期或果期,才略有变化。

3)植被类型

植被类型的出现,主要决定于气候条件,由于世界陆地各主要气候带,具有不同的生态地理条件,与此相应,也有不同的植被类型。

(1)热带植被。热带植被主要有热带雨林、热带季雨林、热带稀树草原和红树林等植被类型。

(2)亚热带植被。亚热带植被包括常绿阔叶林、硬叶常绿林和荒漠三种类型。

(3)温带植被。最具代表性的温带植被类型有夏绿阔叶林、针阔叶混交林、泰加林和草原。

(4)寒带植被。寒带植被主要指冻原,是由微温的北极和北极高山成分的苔藓、地衣、小灌木和多年生草本植物组成的群落。

(5)隐域植被。隐域植被包括如下类型:

①草甸。草甸分为典型草甸、草原化草甸、沼泽化草甸、盐生草甸和高寒草甸。

②沼泽植被。根据群落特点和环境,沼泽植被可分为三种类型:木本沼泽、草本沼泽、苔藓沼泽。

③水生植被。就其种类组成来说,包括低等和高等水生植物。就其所在水域的水质来说,包括淡水和咸水两大类。按其形态和生活习性,分为沉水、浮水和挺水三类生活型。

4.10.2 植物的工程地质、环境指向及其应用

有些植物,它所能适应的环境条件范围比较狭小,它的生长分布对于环境具有特别严格的选择性。例如铁芒箕、马尾松只能生长在酸性土上;碱蓬、盐爪爪只分布在盐碱土上;蜈蚣草、甘草只长在钙质土中。又如三叶橡胶、椰子只分布在热带范围内;柑橘、柚子仅限于湿热的亚热带气候区内。这些植物对于土壤条件、气候条件有很大的选择性,对于研究植物的指示现象有较大意义,叫作指示植物。

植物的指示现象可以从一个植物的分布及其生长发育状况、形态、产量等的表现来研究。因为同一种植物在不同环境中的生长发育状况、形态、产量都有差异。譬如茶树在酸性土上栽培,其生长发育很正常,产量也高;如果把茶树栽植在碱性土中,就不能生长。又如杜鹃花,在华南地区通常是3月中旬便开花,而在四川盆地是到4月初开花,但到贵州高原北部则还要推迟半个月到一个月才开花。因此,从茶树的分布便可以判断土壤的酸性;研究杜鹃花的开花季节就可以了解到当地的气候特征。

1)植物学方法在水文地质调查中的应用

(1)植物对地下水的一般指示。如地下水的地层涌现地区和构造涌现地带植物的密集和发生很容易发觉,如图4.10-1、图4.10-2所示。同时地下水的丰盛程度也决定植被发育情况,如地下水为季节性涌现,则草本植物发育,或草本低层季节性丰茂。干旱草原、沙漠地区

植物的成片密生常标志着高地下水位或透镜体上层滞水。

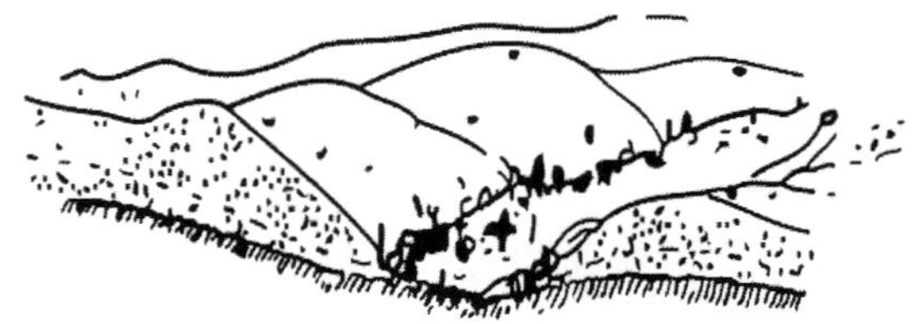
图 4.10-1 黏土岩系上地下水涌现地带植物茂密呈带状分布

图 4.10-2 地下水的断层涌现,同时也是断层的标志

(2)植物群落外貌对地质及水文地质的指示意义。在不同的土壤-基岩上和不同的水文地质条件下,植被往往呈现出外貌上的差异,如我国西南部石灰岩上以稀疏的落叶树和柏木、藤灌簇为主,而砂岩上以茂密的常禄阔叶树、马尾松为主,地下水丰盛地区有多层植被,干旱地区只有稀疏的灌溉或季节性的草本植物,这种关系在干旱地区最显著。为了确定植物和地下水的直接关系,最好在干季进行,以除去土壤水的干扰。

在地下水丰富的地区往往出现喜水或喜潮湿植物,如柳树、马兰、狼尾草、黄花菜、竹、鸡骨香等植物。灯芯草、木贼、水芹菜等喜水植物在地下水丰富地区常成群出现。多年生蕨类铁线草具有"缺水变干枯,水分充足时变为白色并往横向抬头蔓延"的特点。在寒冷或干旱季节会凋谢大量叶子的阔叶常绿乔木榕树在有大量地下水地区落叶甚少。在桂中地区,多年生落叶阔叶乔木山桐子是春分至清明期间开花,而在地下水丰富地区,山桐子在春分前十几天便开花。

若地面以下 10m 内有丰富地下水,与较干燥地区相比,柳树、榆树、桃树等植物回春快,萌芽可提前 10d 左右,同时成荫快、葱绿、落叶迟。柳树、榆树、禾本科谷类在地下水丰富地区都具有"吐水"现象,叶面尖端或边缘具有与植物体内运输水分及养料的管道相通的水孔,当地下水丰富时,植物根系吸收的多余水分通过水孔排出,形成小水珠,这也是寻找地下水打饮水井的可靠方法。

(3)植物叶片指示地下水深度。随着地下水埋深的增大,胡杨叶片厚度、表层厚度、栅栏组织厚度、栅海比(栅栏组织厚度/海绵组织厚度)、叶脉密度、主脉导管直径、气孔密度都呈现显著增加趋势,气孔面积则呈显著减小趋势,表明胡杨叶片在受到水分胁迫下通过改变形态解剖结构和水分传输效率来适应干旱。

2)植物方法在工程地质中的应用

植物指示方法可以下列形式服务于工程地质工作。

(1)岩性指示。土壤和母岩对植物分布的影响是很普遍的,岩石的化学成分和机械性质是支配植物的重要因素,对基岩风化深度、节理研究等方面也有帮助。如以黑龙江省多宝山成矿区为例,Cu、Zn 在红松、白桦、胡枝子、羊胡子草中含量较高,Ag 在蒙古栎和胡枝子中含量大于其他植物,Mo 在灌木和草本植物中含量明显高于乔木,Co、Pb 在红松和羊胡子草中含量较高。

在岩溶地区往往生长着一批很有特色的植物,此类植物往往属于典型的嗜钙植物,并且适生于偏碱性环境,可称为岩溶植物。典型的岩溶植物有肥牛树、香椿、擎天树、鸡尾木、黄

连木、石山樟、马见喜、石山花椒、滇桂米仔兰等。

根据植物呈现出的不同景观现象,归纳总结植物区别岩性的四种差异模式。

①植被的一般生态外貌的差异模式(A 地区与 B 地区的植物景观差异巨大)。

在不同岩层上相互有显著不同的占优势植物的基本生活型,比如在一种岩层上以木本植物群落占优势,在另一种岩层上,则为草本植物组成的群落等。

②植物种属之间的差异模式。

两个岩层的植物景观差异较小,在外貌上没有显著的不同,有一定的量的相同植物种属,但组成的优势群落有差异。属于这种差异类型有下列情况:在不同性质的岩层上发育着不同植物种属组成相互不同的植物群落,其中大部分显域植物在不同岩层上都有分布,这种差异是普遍存在的一种。

③同种属植物生活强度的差异模式。

和一定岩层或一定水文地质条件有密切关系的各个种和种内变型的差异,这些差异的产生和某些岩层上形态形成过程与种的形成过程有紧密的联系。比如 I 植物在 A 岩层地区可能生长为乔木类的高大树木群落,在 B 岩层地区则生长为矮小的灌木类型。即不同岩层上植物种生活强度的差异,由于生长在不同岩层区同一种植物处于非常不同的条件下,它们的生活强度有显著的变化。

④同种植物发育节奏的差异模式。

在不同岩石和水文地质条件下植物发育节奏的差异,这种是很难观察的一种现象。比如 I 植物在 A 岩层上一年一开花,在 B 岩层上不仅开花慢,而且还一年两开。

(2)对地质构造的指示。有的地区植物明显地标识出基岩层线,可以直接读解地质构造,尤其新构造运动,断裂线上往往破坏植物根系,形成植物夭折,如现代地震断裂,有时沿断层面地下水上涌,形成带状植物茂密。

断层活动会使得地下气体向断层带上方土壤运移和富集,如气氡具有明显的峰值异常显示。张慧等人指出倾角较缓的逆断层上方气氡、气汞异常值较高,异常宽度较大,最高可达 270m;而倾角较大的正断层上方气汞异常值相对较低,异常宽度较小,一般为 10~30m。汞作为极毒的重金属元素,植物体内汞含量过高可导致植物生长发育受阻,甚至枯萎死亡,因此在汞含量过高的断层带附近可肉眼观察到大量衰老死亡的植物,但也生长着一些耐汞生态型植物。这些耐汞污染的生态型植物中,主要以草本为主,乔木、灌木较少。如蔷薇科植物悬钩子、菊科植物艾蒿不仅具有很强的耐汞能力,还有很强的汞富集能力,可在汞含量高的地区大量繁殖并生长。

3)在地质灾害调查中的应用

"马刀树"指坡面上的树木跟随滑坡体滑动并在滑动结束后又竖直生长,形成下弯上直,类似马刀的树干;"醉汉林"现象指在坡体不稳定或滑坡堆积体再次滑动的情况下,生长时间不同的树木因微小位移出现东倒西歪的情况,这些现象都可以作为边坡是否滑移、滑坡时间和范围的判断方法。其他内容可以查阅相关章节的有关内容。

4)植物在生态环境污染调查中的应用

(1)丛藓科湿地藓属植物对环境的指示。

①植物体重金属含量。

由表 4.10-1 可知,丛藓科湿地藓属植物尖叶湿地藓、花状湿地藓、芽孢湿地藓对 Pb、Cu、

Cd、Zn有较强的吸收能力,植物体内重金属元素含量较高,对重金属元素具有指示作用。湿地藓属植物植株内不同的重金属元素含量有一定的差异,铅的总平均含量最高(287.98mg/kg),而镉最低,为0.634mg/kg。同一种植物对同金属离子的累积能力有显著性差异,不同植物体内同一种金属离子的含量不同。尖叶湿地藓体内Zn的含量最高(387.83mg/kg),花状湿地藓体内Pb、CA的含量最高(403.13mg/kg、1.037mkg/kg),芽孢湿地藓体内Cu的含量最高(67.41mg/kg)。造成上述现象的主要原因是不同种苔藓植物对重金属污染敏感度及富集能力不同。

湿地藓属植物体和土壤重金属含量及其比值 表4.10-1

类别	Zn			Cd			Pb			Cu		
	植物体(mg/kg)	土壤(mg/kg)	比值	植物体(mg/kg)	土壤(mg/kg)	比值	植物体(mg/kg)	土壤(mg/kg)	比值	植物体(mg/kg)	土壤(mg/kg)	比值
坚叶湿地藓	387.83	157.91	2.46	0.497	0.274	1.81	262.87	214.62	1.25	64.96	57.39	1.13
芽孢湿地藓	175.45	155.27	1.13	0.368	0.255	1.44	197.95	199.34	0.99	67.41	63.28	1.07
花状湿地藓	360.30	161.02	2.24	1.037	0.293	3.53	403.13	211.06	1.91	66.52	69.37	0.96
平均	307.86	158.07	1.94	0.634	0.274	2.26	287.98	206.67	1.38	66.30	63.35	1.05

②植物体与土壤重金属含量的关系分析。

将4种重金属元素在植物体及土壤中的含量进行对比,进行富集能力的研究,表明丛藓科湿地藓属植物具有明显的重金属富集能力,其体内的平均含量为土壤含量的1~3倍。此外,对同一种苔藓而言,不同的重金属元素在体内的富集效果也不同,总体看来Cd的富集能力最强,Cu的富集能力最弱。

不同植物体对同一种金属离子的累积能力也不同。花状湿地藓对Cd的富集能力最强,不同种苔藓植物对重金属污染敏感度及富集能力不同,即使在同一块样地内,不同种类的苔藓植物体内所富集的重金属物质含量也有一定区别。生长基质能够影响苔藓植物对环境污染物的敏感度及富集能力。一般来讲,从基质状况来对大气污染敏感度强弱进行分类,其敏感度从土生到石生再到树干附生呈递增趋势。苔藓植物对于生长基质中的元素具有一定的吸收和同化作用,而生长基质对于苔藓植物监测的敏感性和富集污染物的能力也存在一定影响。苔藓植物富集重金属的能力还与雨水径流、植物生物量、生长速率、pH值变化、生长季节等因素有关。

(2)植物对大气污染的指示和监测。

①利用叶片典型症状指示大气污染。

暴露在大气环境中的敏感植物受污染物质影响,叶片表现为伤害症状。如果污染物浓度很高,且暴露时间很短,那么植物表现为急性症状,如叶片坏死、颜色由绿变黄、变白等;当污染物浓度较低而暴露时间较长时,则表现为慢性伤害,如叶片由绿变棕黄、脱绿和早熟落叶。这两种症状均为典型症状,不同植物对于不同的污染物反应不同。利用典型症状尤其是急性症状可以指示大气中某种污染物的存在。

许多植物在自然及实验状态下受SO_2影响出现典型伤害症状,叶脉之间以及叶的边缘变成白色,组织脱水,叶组织死亡、焦枯,早期脱落。

②利用地衣苔藓指示大气污染。

欧洲从20世纪50年代就注意到城市污染和地衣分布的关系,英国的Gilbert首次发现市中心已成为地衣类荒漠,以后他又调查发现了苔藓有同样的规律。LeBlanc等人研究了地衣对SO_2的指示性,其中利用了生物量、叶绿素含量、颜色变化、种的覆盖度、频度、丰度、叶体症状、种类总数及植物体内S含量等指标。Gilbert、Hawksworlh等人成功地利用地衣植物绘制了大气SO_2污染图,并半定量地指出某种地衣消失时大气中SO_2的浓度。

③利用树皮指示大气酸度的研究。

Johnson和Sochting研究了哥本哈根地区落叶树皮与大气酸度的关系,并测定了树皮中S的含量。Grodzinska研究了波兰5种落叶树树皮的pH值及缓冲容量,指出利用树皮可很好地指示大气SO_2、氮氧化物影响的酸度变化。

5)植物对光的敏感性(阴性植物、阳性植物)

不同植物对光需要的程度不同。有些植物,例如生于林下的草本植物酢浆草等,生长于非常阴暗的条件下,森林采伐以后,当它们的叶子暴露于明亮的阳光下时,由于叶绿素被破坏而呈现淡黄色,最后死亡,这类植物叫阴性植物。相反,另外一些植物,例如马尾松以及大多数草原和荒漠植物,则在明亮的阳光下发育得很好,而在遮阴条件下却引起死亡,这类植物叫阳性植物。在自然界中,绝对的阴性植物为数并不多,大多数植物在明亮的阳光下发育很好,但也能够忍受一定程度的荫蔽,这类植物叫耐阴植物。

从树冠的结构特征可以容易判断树木的耐阴性。忍耐低光强度能力较高的树种,具有枝叶浓密的树冠,活枝条在树干上着生的位置较低,如云杉、冷杉、山毛榉等。阳性植物的树种,如落叶松、桦木、栓皮栎等则与前者相反,反而是枝叶稀疏、树冠透光、活枝条着生较高等特征(表4.10-2)。

阳性植物、阴性植物的特征 表4.10-2

植物特征	项目	阳性植物	阴性植物
形态结构	叶片厚度	厚	薄
	叶肉细胞层数	多	少
	叶绿体	小	大
	气孔/面积	较大	较小
	叶柄椎管形成	增加	减少
	叶表面角质层	厚	薄
生理特征	光补偿点	高	低
	光饱和点	高	低
	光抑制	无	有
	暗呼吸	高	低

6)植物对水的敏感性(旱生植物、湿生植物、水生植物)

旱生植物是能忍受长期干旱而维持水分平衡的植物。在草原和荒漠地区,旱生植物的种类特别丰富。

湿生植物是生长在过度潮湿地点的植物。这种过度潮湿的生境或是由于土壤中充满了水分,或是由于在土壤足够湿润的情况下空气中充满了水汽面形成的。前一情况见于沼泽化的草甸、河湖等淡水水体沿岸;后一情况见于潮湿区的林冠下。中生植物是生长在中等湿度地方的植物。植物体全部或部分沉没于水中的植物,叫水生植物。

在水生植物中,有些是长期沉没在水面以下,或仅在开花时才把花柄、花朵伸出水面的,例如苦草、眼子菜、金鱼藻、车轮藻、海带等,这类植物叫作沉水植物。有些是着生在水底的泥土上,但其茎和叶都伸出水面的,如睡莲、慈姑、茭荀等,这一类植物叫作挺水植物。还有一类水生植物是根不固着在地面而在水中自由漂浮,如水浮莲、凤眼莲、浮萍等,称为浮水植物。

野外常见的极干型(一般土壤含水率在5%左右,也有极个别的恶劣条件,在旱季甚至含水率降到2%)土壤植物见表4.10-3,野外常见的干燥型(土壤含水率在10%左右)土壤植物见表4.10-4,野外常见的潮润型(土壤含水率一般在20%左右)土壤植物见表4.10-5,野外常见的润湿型(土壤含水率一般在30%左右)土壤植物见表4.10-6,野外常见的潮湿型土壤植物见表4.10-7。

野外常见的极干型土壤植物 表4.10-3

分类	乔木	灌木	草本植物
举例	侧柏、油松、樟子松、黄榆、山杏	木地肤、麻黄、华北驼绒藜、小叶锦鸡儿、酸枣、百里香、荆条、本氏木兰、河朔荛花、小叶鼠李	瓦松、草沙蚕、三出叶委陵菜、麻麻花、白羊草、星毛委陵菜、长芒草、大针茅、达乌里芯芭、贝加尔针茅、卷柏、冷蒿、芸香、草原石头花、火绒草

野外常见的干燥型土壤植物 表4.10-4

分类	乔木	灌木	草本植物
举例	侧柏、油松、臭椿、黄榆、栓皮栎、刺槐、野皂角、合欢、小叶朴、小叶白蜡、暴马丁香	山花椒、杠柳、花木兰、三桠绣绒菊、刺榆、薄皮木、对节刺、楔叶茶藨、多花胡枝子、细叶胡枝子	多叶隐子草、丛生隐子草、兴安胡枝子、细叶胡枝子、委陵菜、黄背草、白头翁、木本蒿、华北鸦葱、岩青兰

野外常见的潮润型土壤植物 表4.10-5

分类	乔木	灌木	草本植物
举例	椴木、色木槭、桦木、千金榆、鹅耳枥、花曲柳、山桃、侧柏、油松、刺槐、桧木、桑木、栾树、枣树、板栗、大叶朴、楸树、花椒、柘木、构树	榛子、胡枝子、土庄绣线菊、苦参、榆叶梅、锦带花、蒙古荚蒾、暖木条荚蒾、大花溲疏、杭子梢、水栒子	大油芒、远东芨芨草、野青茅、拂子茅、黄芩、柴胡、悬钩子、铜芸、地榆、牡蒿、龙胆、歪头菜、茜草

野外常见的润湿型土壤植物 表4.10-6

分类	乔木	灌木	草本植物
举例	胡桃楸、水曲柳、红松、云杉、冷杉、栲叶槭、椴树、水榆、花楸、赤杨、柳树	刺五加、短梗五加、刺龙芽、东北山梅花、鸡树条荚蒾、六道木、接荚、五味子	东北天南星、柳兰、水金凤、紫芒、大叶樟、白屈菜、兰尊香茶菜、野凤仙花、马尾参、黄精、四叶参、鹿蹄草、球子蕨、猴腿蹄盖蕨、中华蹄盖蕨、二叶舞鹤草、木贼

野外常见的潮湿型土壤植物 表 4.10-7

分类	乔木	灌木	草本植物
举例	柳树、赤杨、水杉、油桦	红皮柳、杞柳、细叶沼柳、粉枝柳、小叶樟、越桔柳、珍珠梅、柳叶绣线菊	蚊子草、水芹、鸭跖草、独活、千屈菜、朝鲜碱茅、茭白、狼巴草、两栖蓼

7)植物对土壤 pH 的敏感性

在自然界中,不同植物种类对土壤 pH 的要求不同。根据各种植物对土壤 pH 的适应范围,可将植物分为酸性土植物(pH<6.5)、碱性土植物(pH>7.5)、中性土植物(6.5<pH<7.5)三大类。

(1)酸性土植物。酸性土植物是生长在酸性较大土壤上的植物。国内常见的酸性土植物见表 4.10-8。

国内常见的酸性土植物 表 4.10-8

土壤酸性强度	举 例
强酸土壤植物(4.0<pH<5.5)	里白、杜鹃、彩叶草、紫鸭跖草、花楸、山茶、红枫、白兰、含笑、栀子、八仙花、棕榈类、茉莉、海棠类、秋海棠类、广玉兰、金花茶、樱花、五针松、米兰、罗汉松、珠兰、金橘、佛手、玳玳、红掌、石楠、天竹、竹类、君子兰、茶梅、梅花、香樟、兰科、水杉
弱酸土壤植物(5.5<pH<6.5)	秋海棠、朱顶红、仙客来、山茶、茉莉、米兰、含笑、五针松、棕榈科植物、樱草、大岩桐、白兰、桂花
微酸土壤植物(6.5<pH<7.0)	菊花、文竹、月季、天门冬、一品红、君子兰、水仙、蒲包花、倒挂金钟、贴梗海棠

(2)碱性土植物。大多数草原和荒漠植物属于碱性土植物。如生长在我国荒漠的珍珠猪毛菜、戈壁藜、尖叶盐爪爪。

(3)中性土植物。中性土植物指生长在接近中性土壤上的植物。中性土一般结构良好,微生物活动强烈,肥力较高。如红三叶草、猫尾草等以及阔叶林的许多植物多属于中性土植物。

(4)盐生植物。盐生植物是一类特殊植物生态类群,分布与易溶盐类的盐渍化基质相联系。

(5)碱土植物。碱土植物大多是茎枝坚硬的植物,它们的叶或者深裂成小裂片,常覆盖着白色或灰色毛被,或者叶小针粒通常有很深的根,这些根抵达潮湿的含盐层。

盐碱地等级划分及植物群落见表 4.10-9,国内常见的盐碱土植物见表 4.10-10。

盐碱地等级划分及植物群落 表 4.10-9

等 级	土壤含盐量	常见指示植物群落
极强度盐渍化土壤	2.0%以上	海滩翅碱蓬、极少的翅碱蓬、匙叶矶松、蒙古鸦葱等
强度盐渍化土壤	0.9%~1.9%	翅碱蓬、匙叶矶松、蒙古鸦葱等
中度盐渍化土壤	0.5%~0.8%	马绊草、翅碱蓬、芦苇等
轻度盐渍化土壤	0.2%~0.4%	地肤、滨蒿、紫丹等
极轻度盐渍化土壤	0.2%以下	狗尾草、虎尾草、藜、滨蒿、紫丹等

国内常见的盐碱土植物　　表 4.10-10

分类	盐碱土植物
举例	海韭菜、牛毛草、马牙头、芦疙瘩草、扎屁股草、芨芨草、砂钻、药地瘤、蓑草、三棱草、水葱子、剪刀股、匾竹叶、尖叶落藜、麻落藜、碱灰草、海蓬子、盐爪爪、碱蓬棵、盐吸、碱蓬、盐蓬、金戴戴、水葫芦、羊辣辣、野大料、海豌豆、海枣、海蔓荆、黄花苍蝇架、华蔓荆、喇叭花、后藤、砂参、驴耳朵、羊角草、灯澈花、窝食、海乳草、红海榄、木榄、茄藤、白骨坏树、海榄雌、老鸦企、老鸦爪、死孩子扣

8）喜（嫌）钙植物

喜钙植物是喜欢在含钙丰富的土壤中生长的植物。嫌钙植物是在缺钙的土壤中生长的植物，如杜鹃属和松属的某些种。有些植物既能在含钙丰富的土壤中生长，也能在钙贫乏的土壤中生长，例如铃兰。国内常见的钙质土植物见表 4.10-11。

国内常见的钙质土植物　　表 4.10-11

分类	钙质土植物
举例	麻黄、南天竹、野花椒、蒺菜、枸杞、百里香、小叶锦鸡儿、细叶锦鸡儿、狼毒、草芸香、兔唇花、大针茅、戈壁针茅、沙生针茅、甘草、梭梭、无芒隐子草、念珠藻、糙毛鳞蕨、蜈蚣草、车辐状凤尾蕨、岩凤尾蕨、中华蕨、粉背蕨、铁线蕨、有尾铁线蕨、溪凤尾蕨、单侧铁角蕨、萨氏铁角蕨、肿足蕨、镰狗脊、象牙乌毛蕨、耳蕨、华北耳岩、厚叶柳叶蕨、贯众、福氏贯众、大齿叉蕨、肋毛蕨、折裂线蕨、亨氏线蕨、甘草、南天竺、棕竹、黄连木、野花椒、马甲子、杜松、蒺藜、圆叶乌桕、枸杞、马料草、花儿三轮草、野红米草、铁包茅

9）山区自然气候环境指示判断方法

可利用植物群落的特征，来说明和决定自然地理和气候区带的界限。群落的主要类型，如冻原、泰加林、草原、稀树草原、热带雨林等，可作为大气候主要类型的指标。

一个地区的气温遵循垂直递减规律（海拔每增高 100m 气温降低 0.65℃ 的垂直梯度），当海拔高到一定程度时，将出现森林在某一海拔戛然而止，变成矮曲林，继而矮曲林消失，呈现高山草地，从而形成一条明显的界线的现象，此界线称为林线。另外，降雨量和气温（包括地温）是树木生长的另一自然障碍，当降雨量小于 400mm，或者树木生长期气温（包括地温）低于 7°时，树木会戛然而止，形成林线。在道路工程选择越岭垭口或者隧道高程时，林线就是判断冰冻线的标示，进一步寻找郁闭林、矮曲林和旗树、种树的位置就是规避冰冻线的最经济位置。

一定的植物群落在某一地点上生存，不但决定于现代的土壤和气候，而且决定于当地历史、人类影响以及同其他群落的相互作用。因此，利用植物群落作为环境条件指示不应绝对化，必须辩证地对待植物群落与环境间的相互关系，给予恰当的评价。

10）植物与土层厚度的联系

植物根系的发育和伸入土壤深度与地表植物呈现出的外观如冠幅、树高等具有一定的联系，乔木和灌木的深根一般为半灌木和多年生草本植物的 4~6 倍，在温带至热带气候条件下，粗质地和细质地的土壤比中质地土壤的根系深度更深，在寒冷地区（如北极）则不可能出现深根系植物，土壤质地和土壤水分在一定程度上决定了植物的根系发育，从而在一定的气候和岩性条件下造就了不同的地表植物自然景观。

在研究对象为土壤厚度时，应当考虑植物外观的变化，在一定气候环境和岩性条件下发育的土壤，植物根系发育的一般规律是乔木类>灌木类>多年生草本类>一年生草本类>苔藓植物，在地表外观上的一般表现也服从此规律，故土层厚度薄、往往无法生长高大的乔木，即使满足了足够的矿物营养和水分条件，也只能生长一些发育不良的小乔木和灌木类型；同时土层越厚，植物多样性越好。

在一定的气候岩性环境下，利用地表植物呈现出的景观现象可以指示不同的土层厚度，这一点在岩溶发育的地区特别明显。一些野外常见的深、浅根系植物见表 4.10-12。

野外常见的深、浅根系植物 表 4.10-12

分类	浅根系植物	深根系植物
举例	白皮松、油松、黑松、杨梅、核桃、枫杨、薄壳山核桃、板栗、麻栎、白榆、榔榆、榉树、朴树、桑科、香樟、枫香、杏树、银杏、台湾相思、紫藤、国槐、臭椿、黄连木、七叶树、栾树、无患子、枣树、葡萄、木棉、梧桐、油茶、茶树、木荷、柽柳、柿树、桧柏、毛白杨、白蜡、金钱松、肉桂、朴树	雪松、构树、刺槐、华山松、红松、冷杉、臭冷杉、侧柏、杉松、云杉、红皮云杉、白杄、鱼鳞云杉、侧柏、柏木、柳杉、东北红豆杉、南方红豆杉、无花果、榕树、大叶榕、菩提榕、高山榕、橡胶榕、八角、杜仲、大山樱、樱花、桃树、李树、玫瑰树、黄槐、枸橘、雀舌黄杨、漆树、火炬树、南酸枣、沙枣、沙棘、油橄榄、君迁子、洋白蜡、泡桐、广玉兰、柳杉、凤凰木

11）根据植物状况进行选线

通过对区域本土主要植物的调查，利用植物对气候的适应性关系，作为判断区域气候条件的根据，指导道路通道选择，从而避开不利于道路建设和道路交通运输安全的路段，提高道路的抗灾防灾能力和服务水平，减少给国家和人民造成的巨大损失和不便是一条非常直接的途径。在路线方案选择时，可根据植物生长状况进行选线，其应遵循以下基本原则：

（1）植被（植物）较差地区，说明气候条件差，降雨量少，植物难以生长，自然环境自我恢复能力较差，应该尽可能减少对环境的破坏，加强生态保护工程措施。

（2）道路应该尽可能避开多雨雾路段，布置于向阳面，尽可能布置在冰冻线以下，以提高道路的抗灾防灾能力和服务水平。

（3）植被植物种类较多，空间呈立体分布，乔藤灌多种植物交织共生，植物以阔叶林为主，坡面植被基本一致，坡面植被立体变化不明显的区域，往往气候条件好，多雨多雾且潮湿，地下水丰富，覆盖层较厚，并且团雾往往集中在地势低凹地段，在选择道路通道时除应认真比较之外，还应加强路基排水。

（4）植被植物种类单一，植物以针叶林为主，坡面植被基本一致，坡面植被立体变化不明显的区域，降雨量较适中，覆盖层相对较薄，但岩石风化严重，地下水少，空气较干燥，对交通运输影响小。但山体开挖后，岩体风化开裂严重，应加强边坡防护。

（5）植被植物种类单一，多以灌木和草为主的区域，往往气候干燥，覆盖层较薄，对道路建设和交通运输的主要影响是冰冻问题。

12）污染土壤的植物修复

土壤污染对人类的危害性极大，不仅直接导致粮食减产，而且通过食用生长于污染土地上的植物及其产品影响人体健康，此外还通过对地下水的污染以及污染物的转移构成对人类生存环境多个层面上的不良胁迫和危害。因此，受污染的土壤迫切需要修复、治理。

植物修复是利用植物本身特有的利用污染物、转化污染物，通过氧化还原或水解作用，使污染物得以降解和脱毒的能力，利用植物根系圈特殊的生态条件加速土壤微生物的生长，显著提高根系圈微环境中微生物的生物量和潜能,从而提高对土壤中有机污染物的分解作用的能力,以及利用某些植物特殊的积累与固定能力去除土壤中某些无机和有机污染物的能力。

(1)重金属的植物修复。

常用的植物修复方法有以下几种。

①植物提取。

利用重金属超积累植物的高吸收、高富集特性吸收土壤中的重金属或者放射性元素,并在地上部位大量富集,用常规的农业生产技术收获植株,从而达到清除污染的目的。重金属污染土壤的植物修复主要依靠超积累植物来完成。超积累植物一般应具有以下几个特性:a.即使在污染物浓度较低时也有较高的积累速率,尤其在接近土壤重金属含量水平下,植株仍有较高的吸收速率,且有较高的运输能力;b.能在体内积累高浓度的污染物,地上部分能够较普通作物累积10~500倍以上某种金属的植物;c.最好能同时积累几种金属;d.生长快,生物量大;e.具有抗虫、病能力。

②植物挥发。

植物挥发是将污染土壤中吸收到体内的重金属转化为可挥发的形态,从叶片等部位挥发到大气中,从而消除对土壤的污染。通过这一途径修复污染土壤目前只限于汞等挥发性重金属污染。C.L.Rugh等研究表明,细菌体内的汞还原酶可以在拟南芥中表达,并表现出良好的修复潜力。沈振国等认为,富硒的植物很多,如紫云英、窄叶野菜、豌豆、双槽毒野豌豆、帝王羽状花及印度芥菜等,一些农作物如水稻、花椰菜、卷心菜、胡萝卜、大麦和苜蓿等也具有较强的吸收并挥发土壤中硒的能力。

③植物固定。

植物固定主要是对采矿及废弃矿区、冶炼厂污染土壤、清淤污泥和污水厂污泥等重金属污染现场的复垦。植物通过某种生化过程使污染基质中金属的流动性降低,生物可利用性下降,从而减轻有毒金属对植物的毒性。

植物固定修复并没有从土壤中将重金属去除,只是暂时将其固定,在减少污染物重金属向四周扩散的同时,也减少其对土壤中的生物的伤害。

(2)重金属的植物修复应用。

导致土壤污染的重金属主要包括As、Cd、Co、Cr、Cu、Hg、Mn、Ni、Pb、Zn等,多为几种重金属的复合污染,它们大多可以通过植物提取技术加以修复。目前,国际上报道的超积累植物已有500多种。我国目前发现的超积累植物有:As超积累植物——蜈蚣草和大叶井口边草;Zn超积累植物——东南景天;Cd超积累植物——油菜、宝山堇菜、龙葵和东南景天;Pb超积累植物——土荆芥;Mn超积累植物——商陆。一些超积累植物及其积累重金属的能力见表4.10-13。

某些超富集植物及其金属含量(以干重计)　　表4.10-13

植物种类	重金属	金属含量(mg/kg)
蒿莽草属	Co	10200
天蓝葛兰菜	Zn	51600

续上表

植物种类	重金属	金属含量(mg/kg)
圆叶葛兰菜	Pb	8200
灯芯草	Cd	8670
九节木属	Ni	47500
高山甘薯	Cu	12300

(3)有机污染物的植物修复。

植物降解有机污染物的途径主要有:①将有机物吸收到植物体内,再将其降解;②通过根系分泌物和酶的作用,直接和间接地在根部将其降解;③植物和根际微生物的联合代谢作用。

①植物直接吸收污染物。

某些化合物被植物吸收后,有的以一种很少能被生物利用的形式束缚在植物组织中;也有某些有机污染物进入植物体内后,其代谢产物可能黏附在植物的组分如木质素中。环境中大多数苯系化合物(BTEX)、有机氯化剂和短链脂肪族化合物都是通过植物直接吸收的途径去除的。

有机化合物被植物吸收后,植物可将其分解,并通过木质化作用使其成为植物体的组成部分,也可转化成无毒性的中间代谢物,储存在植物体内,或完全被降解并最终被矿化成二氧化碳和水,达到去除有机污染物的目的。

②植物分泌物和酶的降解作用。

植物分泌物包括糖类、氨基酸、有机酸、脂肪酸、甾醇、生长素、核苷酸、黄烷酮及其他化合物,这些化合物能改变土壤的理化条件。某些能降解有机污染物的酶类不是源自微生物而是源自植物。植物根系释放到土壤中的酶可直接降解有关污染物,致使有机污染物从土壤中的解吸和质量转移成为限速步骤,植物死亡后酶释放到环境中,还可以继续发挥分解作用。

③植物与根际微生物的转化。

植物能以多种方式刺激微生物对有机污染物进行转化,根际微生物在生物降解中起着重要作用。土壤中由于植物根系的存在,增加了微生物的活动和数量。植物根系土壤中的微生物数量和活性比无根系土壤中微生物数量和活性增加了5~10倍,有的高达100倍,这些微生物可以加速许多有机农药及三氯乙烯和石油烃的降解,甲基硫类物质和某些杀虫剂也能被几种根际微生物所降解。

有机污染物的植物修复技术最初用于清除军用物资如三硝基甲苯(TNT)的污染,近年来很多研究已达到野外实际应用的水平,修复的对象有石油碳氢化合物(TPH)、多环芳烃(PAHs)、杀虫剂、氯化剂、五氯苯酚(PCP)和表面活化剂等。

4.10.3 道路绿化植物的选择与建构

1)绿化设计原则

考虑到道路的特点,路堑边坡绿化应综合考虑统一与变化、舒适与安全、融合与协调、视觉与比例、保护与发展等因素。在边坡生态防护模式、植物选择与配置方案中,应以“安全、实用、美观”为宗旨,主要应遵循交通安全性、景观协调性、生态适应性、生物多样性、经济实用性等原则。

2)生态防护植物的选择要求

生态防护所选植物应满足以下要求:适应当地气候,生存能力强;根系发达、扩展性强,固土效果好;对土质要求不高,耐瘠薄、耐粗放管理;种子丰富,发芽力强,容易更新;生长快,绿期长,多年生,对地表覆盖能力强;育苗容易并能大量繁殖;播种栽植的时期较长;价格低,当地较常见,无须养护或便于养护;全部采用当地物种或归化物种作为绿化植物;结合气候特点,尽量考虑乡土常绿植物;不会在当地恶性生长,造成生态危害。

3)生态防护植物的配置原则

边坡生态防护植物物种的配置,需综合考虑边坡的坡度、土壤理化性质、土壤结构、土壤厚度,当地降雨和气温,除此之外还需要考虑如下生态学原则:①遵从植物生态习性,因地制宜;②保持物种多样性,建立自然群落结构;③遵从生态位原则;优化植物配置;④遵从互惠共生的原理,协同植物之间的关系;⑤以水土保持为主,兼具生态景观效果;⑥坚持生物多样性,多科属结合。

生态护坡植物种类主要有草本植物、灌木、藤本植物以及乔木等。如果道路边坡高陡,不宜选择乔木。根据边坡特点和防护目的,边坡生态防护植物应以草本植物为主,草、灌、藤、花有机结合,局部栽植少量小乔木。

单纯的草本植物用于道路边坡的绿化显得人工痕迹过重,与自然景观不协调,且固坡护坡效果较差,养护费用较高。灌木与草本植物有机错落,可形成较稳定的植物群落,景观效果好,与自然协调。可以采用灌木与草本植物混播的方式栽植灌木,但应通过限制草本植物株数和采用含氮量少的肥料类型来限制草本植物的生长,以保证灌木早期正常生长。藤本植物主要应用于坚硬岩石边坡或土石混合边坡的垂直绿化,垂直绿化是道路边坡生态防护的特殊形式。

4)道路绿化设计

(1)道路绿化设计按功能分为保护环境绿化和改善环境绿化两类。

(2)保护环境绿化是指通过绿化栽植以降噪、防尘、保持水土和稳定边坡。保护环境绿化分为如下三类。

①防护栽植。在风大的道路沿线或多雪地带等,有条件时宜栽植防护林带。

②防污栽植。在学校、医院、疗养院、住宅区附近,宜栽植防噪、防气体污染林带。

③护坡栽植。道路路基、弃土堆、隔声堆筑体等边坡坡面应绿化,保持水土且稳定边坡。

(3)改善环境绿化是指通过绿化栽植以改善视觉环境,增进行车安全。改善环境绿化分为如下七类。

①诱导栽植。在小半径竖曲线顶部且平面线形左转弯的曲线路段,应在平曲线外测以行植方式栽植中树或高树。

②过渡栽植。可在隧道洞口外两端光线明暗急剧变化段栽植高大乔木予以过渡。

③防眩栽植。在中央分隔带、主线与辅道或平行的铁路之间,可栽植常绿灌木、矮树等,以隔断对向车流的眩光。

④缓冲栽植。在低填方且没有设护栏的路段或互通式立交出口端部,可栽植一定宽度的密集灌木或矮树。

⑤遮蔽栽植。对道路沿线各种影响视觉景观的物体宜栽植中低树进行遮蔽;道路声屏障宜采用攀缘植物予以绿化和遮蔽。

⑥标示栽植。当沿线景观、地形缺少变化,难以判断所经地点时,宜栽植有别于沿途植被的树木等,形成明显标志,预告设施位置。

⑦隔离栽植。在道路用地边缘的隔离带内侧,宜栽植刺燕、常绿灌木及攀缘植物等,防止人或动物进入。

(4)道路绿化应与沿线环境和景观协调,并考虑总体环境效果。不同地带的处理方法如下。

①通过林地、果园时,除因影响视线、妨碍交通或砍伐后有利于获得视线景观者外,应充分保留原有树木。

②通过草原、绿地或湿地时,宜选择当地植物进行绿化。

③道路绿化应结合当地区域特征,分段栽植不同的树种,但应避免不同树种、不同高度、不同冠形与色彩频繁替换而产生视觉景观的混乱。

④互通式立交区及服务区范围内,有条件时宜作景观绿化设计。

(5)道路绿化常用树种应根据气候、土壤、防污染要求等因素进行选择,一般应符合以下要求:

①满足绿化设计功能。

②具有较强的抗污染和净化空气的功能。

③具有苗期生长快、根系发枝性好、能迅速稳定边坡的能力。

④易繁殖、移植和管理,抗病虫害能力强。

⑤具有良好的景观效果,能与附近的植被和景观协调。

5)不同环境条件植物绿化的植物种类

根据以上原则,在不同道路环境及运行要求下,对于植物品种选择的要求和倾向必然是不同的,不同的植物对于周围环境条件的适应性也各不相同,所以选择合适的植物用于道路绿化是非常有必要的。在特定的道路环境下选择合适的植物,不仅可以降低建设投资成本,还可以降低后期养护的工作量,节约运营维护费用。

(1)考虑不同环境的植物选择。

适于各地区的树种见表4.10-14,适于各种环境的树种分类见表4.10-15。

适于各地区的树种 表4.10-14

地区	平原(包括盆地及河谷地)		山　　地	
	一般地区	水分较多地区	土层较厚	土层浅及石质山
华北、西北东南部、东北南部	毛白杨、加拿大杨、洋槐、香椿、桑、榆、槐、白蜡、楸、臭椿	柳、箭杆杨、加拿大杨、杞柳	核桃、板栗、梨、苹果、柿、枣、油松、洋槐、青杨	山杏、侧柏、元宝、枫、油松、紫穗槐
东北	小叶杨、大青杨、水曲柳、落叶松、榆、槲	柳、水曲柳	落叶松、红松、油松、水曲柳、黄波罗、槲	蒙古栎

续上表

地区	平原(包括盆地及河谷地)		山　地	
	一般地区	水分较多地区	土层较厚	土层浅及石质山
华东、华中、贵州东南部	桑、樟、麻栎、梓、泡桐、香椿、重杨木、法桐、三角枫、楸、银杏	柳、枫杨、拣、乌柏、赤杨、水杉	杉木、擦树、栓皮栎、麻栎、锥栗、楠木、油茶、油桐、茶、核桃、板栗、棕榈、杏、杨梅、柑桔	马尾松、枫香、麻栎
四川、贵州北部	楠木、樟、香椿、柏木、桉树、喜树、梧桐、泡桐	柳、枫杨、桤木	杉木、柏木、楠木、华山松、油桐、油茶、核桃、棕榈、柑橘、苹果	马尾松、柏木、麻栎、栓皮栎
云南、贵州西南部	杨、冲天柏、桉树、滇楸	杨、柳、水冬瓜、乌柏	华山松、楠木、滇楸、柏木、梨、桃	云南松、油松
华南	樟、桉树、红椿、楝榕树、石栗、凤凰树	木棉、水松、重阳木、岛柏	柑橘、乌榄、橄榄、荔枝、龙眼、樟、酸枣、杉木	马尾松、相思、木荷、枫香
内蒙古、西北西部	榆、小叶杨、胡杨、杏	柳、柽柳	榆、柽柳	山杏
西南高原高山	杨树、槭树	柳、榆、核桃	落叶松、云杉	冷杉

适于各种环境的树种分类　　表4.10-15

树种分类	树种名称
最耐水湿的树种	河柳、旱柳、垂柳、夹竹桃、栀子花、石榴、其次为金银花、凌霄、毛白杨、水竹、乌柏等
比较耐水的树种	白杨、枫香、白蜡、喜树、枫杨、重阳木、南天竹、洋玉兰、水杉、落叶松、枇杷、樟树、水冬瓜、朋红、侧柏、三角枫、法桐、柑橘等
最不耐水的树种(一般渍水2~3d可死亡)	杨树、泡桐、女贞、刺槐、苦楝、臭椿、梧桐、马尾松、雪松、梅花、银杏、碧桃、丁香等
最耐干旱和瘠薄土壤的树种	马尾松、苦楝、乌柏、臭椿、黄山松、黑松等
比较耐旱和瘠薄土壤的树种	青冈栎、刺槐、紫穗槐、化香、胡桃、枣、榆、棠梨、构树、紫藤、紫荆、石楠、丝兰、猫儿刺、麻叶绣球等
耐盐碱的树种	中槐、柳、侧柏、刺槐、加拿大杨、毛台杨、柽柳、紫藤、合欢、水曲柳、洋槐、椿树、木麻黄、黑松等
能耐旱而怕渍水的树种	刺槐、梧桐、泡桐等
能耐旱且耐水湿的树种	夹竹桃、石榴、乌柏等
最能抗烟的树种	臭椿、加拿大白杨、中国槐、白蜡、石榴、夹竹桃、紫穗槐、榕树等
较能抗烟的树种	柳、榆、桑树、银白杨、洋槐、苦楝、杨树、胡桃、八角枫、芙蓉、香椿、枫杨等
防火能力较强的树种	油茶、海桐、女贞、大叶黄杨、楠木、悬铃木等
不耐火的树种	各种松类、柏类、芳香类树木等
抗风力强的树种	黑松、金钱松等
严冬需要保护幼苗的树种	在-5℃以下:桉树、楠木等; 在-10℃以下:樟树、海桐、夹竹桃、柑橘等

对植物来说，道路环境是一个相对恶劣的环境，故选择植物的时候，应该考虑植物对环境的适应能力。比如在北方的冬天，室外温度往往都在0℃以下，这种情况下对于道路绿化植物的选择，就要考虑植物能否安全越冬的问题，故耐寒植物就是重点考虑对象。比如有些土壤是非常贫瘠的，如果在这种土壤上选择一些富养植物进行绿化，不仅会导致植物生长发育不良甚至死亡，并且后期养护费用极高，此时选择一些耐瘠薄的植物进行绿化才是经济合理的。一些适用于道路绿化的耐旱、耐寒、耐瘠薄植物见表4.10-16。

对不利环境适应的道路绿化植物 表4.10-16

类型	植物种类
耐旱植物	紫穗槐、柠条、馒头柳、雪松、黑松、湿地松、火炬松、侧柏、棕榈、大叶黄杨、夹竹桃、桂花、火棘、枸骨、凤尾兰、毛白杨、加杨、栾树、白蜡树、槐树、刺槐、枣树、臭椿、重阳木、丝棉木、紫叶李、野牛草、构树、西府海棠、木槿、榆叶梅、金钟花、葎草、连翘、紫叶小檗、蜡梅、迎春花、南蛇藤、火炬树、黄栌、胡枝子、马棘、紫藤、忍冬、爬墙虎、凌霄、结缕草、早熟禾、山荞麦
耐寒植物	大叶黄杨、雪松、白皮松、柠条、馒头柳、侧柏、广玉兰、棕榈、桂花、凤尾兰、小蜡、刚竹、紫竹、紫穗槐、淡竹、旱柳、栾树、枣树、三角枫、臭椿、鹅掌楸、丝棉木、西府海棠、榆叶梅、连翘、紫叶小檗、红梗木、迎春花、火炬树、黄栌、胡枝子、荆条、马棘、爬墙虎、常春藤、红花酢浆草、鸢尾、高羊茅、结缕草、早熟禾、山荞麦、扶芳藤、南蛇藤、垂枝桦
耐瘠薄植物	剪股颖、白皮松、黑松、湿地松、火炬松、侧柏、大叶黄杨、火棘、凤尾兰、旱柳、加杨、栾树、山荞麦、合欢、白蜡树、槐树、楝树、重阳木、构树、木槿、连翘、黄栌、胡枝子、马棘、紫藤、爬墙虎、结缕草、早熟禾

道路常处于不同的光照条件下，特别是山区道路，光照常沿着山体不同坡向分布。应该根据不同的坡向、不同的光照条件来选择。比如一些喜光的物种，需要强烈的光照条件才能够进行生命活动，特别是阳性植物，对于光照需求非常高，如果在北坡（阴坡）选择这种植物，明显是不合适的。从植物组合的角度来说，有些阳性植物生长速度不如其他植物，因此很容易被其他生长迅速的灌木遮蔽在下层，从而导致阳性植物生长发育不良，甚至死亡。故在选择道路绿化植物时，要充分考虑植物对于阳光需求的问题。对阳光需求不同道路绿化植物见表4.10-17。

对阳光需求不同的道路绿化植物 表4.10-17

类型	植物种类
喜光植物	紫穗槐、白皮松、黄杨球、柠条、枸骨、馒头柳、雪松、黑松、侧柏、大叶女贞、枇杷、棕榈、大叶黄杨、珊瑚树、石楠、火棘、枸骨、凤尾兰、金叶女贞、小蜡、小叶女贞、旱柳、二球悬铃木、栾树、合欢、枫杨、胡桃、马尾松、白蜡树、南蛇藤、三角枫、鹅掌楸、重阳木、紫叶李、构树、西府海棠、垂丝海棠、紫薇、榆叶梅、垂柳、金钟花、连翘、桂花、臭椿、紫叶小檗、蜡梅、直立黄耆、红梗木、迎春花、月季、黄栌、马棘、荆条、紫藤、忍冬、野蔷薇、爬墙虎、凌霄、扶芳藤、麦冬、白三叶草、红花酢浆草、鸢尾、葱兰、美人蕉、夹竹桃、狗牙根、结缕草、黑麦草、早熟禾、山荞麦
阳性植物	毛泡桐、槐树、柿树、枣树、水杉、乌桕、臭椿、楝树、紫荆、月季、火炬树、野蔷薇、云南松、落叶松、侧柏、油杉、冬青、黄连木、蓝桉、滇杨、大叶柳、圆柏、泡桐
耐荫植物	雪松、枸骨、棕榈、珊瑚树、石楠、冷杉、桂花、南天竹、枸骨、凤尾兰、忍冬、爬墙虎、香叶树、南蛇藤、凌霄、云南樟、常春藤、扶芳藤、早熟禾、蛇葡萄、滇青冈、山荞麦、铁杉、云杉

汽车排出的尾气以及道路周边的一些工厂释放的污染气体，都会严重影响道路生态环

境，由于不同的植物对于污染气体的敏感性不同，一些植物对污染具有很强的抗性，这种时候选择利用这些植物进行道路绿化，特别是在恶劣的道路环境中，是具有非常大的生态环境保护意义的。比如对于SO_2污染来说，通常三碳植物（三碳植物，光合作用中同化CO_2的最初产物是三碳化合物3-磷酸甘油酸的植物）比四碳植物（四碳植物，光合作用中CO_2同化的最初产物是四碳化合物苹果酸或天门冬氨酸的植物，如玉米、甘蔗、高粱、苋菜等）抗性弱，草本植物比木本植物抗性弱；木本植物中针叶树比阔叶树抗性弱，阔叶树中落叶的比常绿的抗性弱。一些既适于道路绿化，同时又对一些污染气体具有抗性的植物见表4.10-18。

对污染气体具有抗性的道路绿化植物 表4.10-18

污染气体	植物种类
SO_2	瓜子黄杨、野牛草、加拿大杨、白皮松、臭椿、胡颓子、栀子花、侧柏、广玉兰、海桐、夹竹桃、火棘、香石竹、小叶女贞、垂柳、栾树、无花果、厚皮香、合欢、刺槐、臭椿、龙柏、凤仙花、龙柏、丝棉木、紫薇、黄栌、槐树、丁香、山茶、桧柏、棕榈、罗汉松、桂花、印度榕、高山榕、扁桃、枣树、枸骨、梧桐、构树、冬青、月桂、细叶榕、美人蕉、枫香、菊花、八角金盆、蜡梅
HF	香樟、忍冬、桧柏、地笋、胡颓子、木槿、楠木、垂枝榕、肖蒲桃、白皮松、国槐、拐枣、柳树、杜松、滇朴、山楂、海州常山、天目琼花、连翘、紫茉莉、水杉、山茶、糖槭、乌桕、悬钩子、银杏、木麻黄、侧柏、野牛草、桂花、水仙、小葵子、香水月季、天竺葵、栓皮栎、枇杷、接骨木、华山松、红皮云杉、海桐、杜仲、桑树、刺槐、文冠果、臭椿、蓝桉、紫薇、柳杉、水杉、石栗、蝴蝶果
Cl_2	木槿、桧柏、狗牙根、银杏、黄葛榕、柽柳、紫穗槐、桂香柳、枣树、紫藤、刺槐、臭椿、银桦、桑树、石栗、丁香、美人蕉、小叶女贞、皂角、白蜡树、侧柏、早熟禾、慈姑、丝棉木、女贞、假槟榔、海桐、海南红豆、阴香、细叶榕、蒲葵、枇杷、瓜子黄杨、香樟、山桃、无花果、紫薇、玉兰、枸杞、月季、槐树、重阳木、夹竹桃
HCl	合欢、龙柏、夹竹桃、大叶黄杨、栀子、枣树、茶花、小叶女贞、罗汉松、丝兰、黄杨、木芙蓉、臭椿、白榆、枫杨、丝棉木、怪柳、黑松、加杨、朴树、无花果、沙枣、槐树、加杨、锦带、丁香、地绵

同时，还应该考虑土壤理化条件。例如，道路的建设过程中，往往会遇到不同性质的土壤，有很多植物对于土壤条件的适应性是很强的，能够适应恶劣的土壤环境，如黏性重的土壤、砂质土壤、强酸或盐碱土壤等。又如，湿地松不仅耐涝还可以适应强酸性土壤，香樟在黏重的土壤上依然能够正常地生长发育等；但有些植物对于土壤的要求很严格，在黏性稍重一些的土壤上种植发育会非常差，甚至会大面积死亡。一些适应不同土壤环境的道路绿化植物见表4.10-19、表4.10-20。

适应不同土壤质地的道路绿化植物 表4.10-19

类　　型	植物种类
适应砂质土的植物	柠条、臭椿、栀子、枇杷、石楠、白蜡树、云杉
适应黏质土的植物	香樟、紫叶李、垂丝海棠、木槿、野蔷薇、鸢尾、美人蕉、雪松
不耐黏质土的植物	臭椿、馒头柳、桂花、刚竹、槐树、枣树、臭椿、蜡梅、黄栌、麦冬

适应不同土壤化学性质的道路绿化植物 表4.10-20

类　　型	植物种类
喜酸性条件	湿地松、枇杷、枸骨、水杉、火炬松、日本晚樱、野蔷薇、凌霄、鸢尾、高羊茅、云杉、铁杉
喜钙质条件	栾树、白蜡树、臭椿、构树、连翘
耐轻度盐碱条件	紫穗槐、剪股颖、侧柏、棕榈、毛白杨、合欢、白蜡树、槐树、枣树、乌桕、楝树、火炬树、狗牙根、葎草、山荞麦、扶芳藤

有些植物根系发达，利用其固坡和保持水土是很有效的；有些植物是属于怕风的类型，这种植物如果种植在强风的区域，效果是非常差的；有些抗风能力强的植物可以用于防风固沙；有些萌蘖性强的植物，就不适合选择作为行道树；还有一些植物是不耐水淹的，若遇暴雨，低洼的地方一旦积水，这些植物就会死亡。一些生长发育特性不同和对风、水环境适应性不同且符合道路绿化的植物见表4.10-21～表4.10-23。

生长快、萌蘖性强及耐修剪的道路绿化植物 表4.10-21

类型	植物种类
生长快、萌芽力强的植物	臭椿、桧柏、海桐、珊瑚树、石楠、火棘、凤尾兰、刺槐、金叶女贞、小叶女贞、毛白杨、垂柳、银杏、枫杨、枫杨、三角枫、臭椿、紫叶李、构树、连翘、蜡梅、迎春花、黄栌、胡枝子、紫藤、凌霄、常春藤
萌蘖性强的植物	紫穗槐、栀子花、黄杨球、馒头柳、黑松、凤尾兰、毛白杨、旱柳、银杏、栾树、枫杨、槐树、刺槐、枣树、丝棉木、构树、木槿、紫薇、棣棠、紫荆、金钟花、紫叶小檗、蜡梅、迎春花、火炬树、黄栌、紫藤、忍冬、凌霄、黑麦草、山荞麦、扶芳藤
耐修剪的植物	海桐、珊瑚树、石楠、火棘、金叶女贞、小蜡、小叶女贞、三角枫、构树、扶芳藤、木槿、紫荆、紫叶小檗、蜡梅、爬墙虎、高羊茅

适应不同大风环境及根系发达的道路绿化植物 表4.10-22

类型	植物种类
抗风能力强的乔灌木	紫穗槐、黑松、湿地松、广玉兰、香樟、旱柳、栾树、胡桃、乌桕、丝棉木、重阳木
怕风的植物	雪松、淡竹、二球悬铃木、合欢、刺槐、枣树、蜡梅、美人蕉、泡桐
根系发达	狗牙根、紫穗槐、直立黄耆、马尾松、广玉兰、珊瑚树、垂柳、槐树、枣树、三角枫、水杉、丝棉木、榆叶梅、金钟花、连翘、火炬树、黄栌、胡枝子、忍冬、山荞麦、垂枝桦

适应不同水环境条件的道路绿化植物 表4.10-23

类型	植物种类
耐一定水淹的植物	紫穗槐、湿地松、棕榈、凤尾兰、垂柳、旱柳、乌桕、重阳木、木槿、火炬树、忍冬
不耐水淹的植物	雪松、白皮松、柠条、臭椿、栀子花、马尾松、桧柏、夹竹桃、桂花、臭椿、鹅掌楸、西府海棠、连翘、垂丝海棠、日本晚樱、紫薇、榆叶梅、紫荆、金钟花、紫叶小檗、蜡梅、迎春花、黄栌、紫藤、野蔷薇、爬墙虎、凌霄、早熟禾

一些常见的道路绿化植物的减噪功效见表4.10-24。

部分道路绿化植物减噪功效 表4.10-24

降噪能力	4～6dB	6～8dB	8～10dB	10～12dB
植物种类	红瑞木、鹿角桧、金银木、忍冬、白桦	叉分茶子、洋丁香、枸骨叶冬青加拿大杨、毛叶山梅花	中东杨、西洋接骨木、欧洲莱莲、山枇杷、大叶椴	假铜槭、金钟连翘、杜鹃花、心叶椴、高加索枫杨

(2)考虑不同污染环境条件下的植物选择。

①中央分隔带的污染及植物选择。

a.中央分隔带的污染。

中央分隔带由于其位置特殊，尤其是高速公路上的中央分隔带，其旁边的车道均是超车道，行驶的车速较快，将大量灰尘携带至中分带绿化植物，滞留在植物叶片表面，对植物毛孔造成堵塞，减弱其呼吸作用，同时也遮挡了阳光，对光合作用造成了不利影响，而光合作用是植物生长的能量来源。由于高速公路车流量大，汽车尾气的排放量也较大，中央分隔带距离车道较近，因此汽车尾气在该部位密度较大。可以说，中央分隔带受到空气污染、灰尘污染最为严重，其中，尾气中含有的硫氧化合物会促进酸雨的形成。有专家学者研究表明，有尾气中有 100 种以上的成分，主要污染物包括一氧化碳、二氧化碳、碳氢化合物、氮氧化合物、硫氧化合物以及铅等固体悬浮微粒。此外，对向车辆的前照灯光的眩光会对驾驶人员的视觉产生影响，造成视觉污染。

b.中央分隔带的植物配置。

(a)植物配置影响因素。

种植环境：中央分隔区的绿化植物的种植环境恶劣。一方面，土壤层比较薄，大部分只有 30~40cm 厚，缺乏养分，不够肥沃，对于某些深根系植物是不利的。另一方面，中央分隔带普遍较为狭窄，两侧均使用沥青混凝土，这限制了绿化植物根系的横向生长。

污染严重：中央分隔带绿化植物在车道中间，周围污染气体密度大，高速公路过往车辆多，尾气排放量大，受尾气、灰尘污染最严重。

风速影响：市区之外的高速公路，受到风速的影响较大，因为其周围无建筑物遮挡，风速大于城镇的道路，再加上川流不息的车辆，由于气压的存在，车速较快，所造成的瞬时风速也较大。有研究表明，大型车辆通过时所形成的瞬时风速可以达到 25m/s，如此大的风速会折断植物。

气候因素：我国的大多数道路都是柏油路，容易吸收阳光和热量，形成温度高的道路。高速公路中央分隔带被高温道路包夹着，所以造成中央分隔带的温度大于其他区域的温度。在夏季，温度可以高达 40℃，有些局部地区温度可以达到 50℃以上。这将导致土壤中水分的加速蒸发并降低空气湿度，使中央分隔带处于水分缺失的状态，植物缺水会影响其生长发育，严重时将会影响其存活。

(b)中央分隔带的植物选择。

上述中央分隔带的污染情况，主要为空气污染(铅、硫氧化合物造成的污染)、灰尘污染和眩光污染。在选择绿化植物的时候主要选择抗铅、抗硫氧化合物，以及滞尘能力强的植物，防眩主要通过植株高度和种植密度来实现。

(c)滞尘植物的筛选。

滞尘能力是指植物对灰尘的阻滞和吸附使其具有不同滞尘能力。当灰尘和植物接触时，一些枝叶会将部分灰尘阻挡，使其降落，未降落的灰尘会滞留在叶片表面。那些降落的灰尘又再次被矮小的植物阻挡一部分，另一部分又接着降落，这样往复循环下去，最终灰尘落到土壤之上。然而那些滞留在植株叶片上的灰尘，会被风吹走或者降雨冲刷掉，这样一来植物又可以重新滞尘了。由于叶片形状尺寸不同，不同植物个体的滞尘能力也存在着差异。张灵艺等学者对植物的滞尘能力进行了研究，得出以下结论。

ⓐ对于不同类型的植物，从单位叶面积滞尘能力上来看，滞尘能力最强的是草本植物，其次是灌木植物，接着是乔木植物。从植物单位叶面积滞尘量来看，具有滞尘能力的各类植物见表 4.10-25(表中植物按滞尘能力由强到弱排列)。

具有滞尘能力的各类植物(基于植物单位叶面积滞尘量)　　表 4.10-25

植物类型	植物学名
乔木类	广玉兰、银杏、侦楠、香樟、木芙蓉、小叶榕、桂花、黄葛树、天竺桂、重阳木、加杨、羊蹄甲
灌木类	小叶黄杨、金叶假连翘、红花继木、海桐、夏鹃、毛叶丁香、春鹃、黄花槐、细叶十大功劳
草本类	细叶结缕草、麦冬、韭莲、葱莲

ⓑ从植物单株叶片滞尘总量来看,具有滞尘能力的各类植物见表 4.10-26(表中植物按滞尘能力由强到弱排列)。

具有滞尘能力的各类植物(基于植物单株叶片滞尘总量)　　表 4.10-26

植物类型	植物学名
乔木类	小叶榕、黄葛树、广玉兰、重阳木、香樟、桂花、银杏、天竺桂、桢楠、木芙蓉、羊蹄甲
灌木类	金叶假连翘、小叶黄杨、红花继木、海桐、夏鹃、毛叶丁香、春鹃、黄花槐、细叶十大功劳

由以上两表可知,在乔木中,广玉兰的单位叶面积滞尘量最大,但是广玉兰的单株叶片滞尘总量却不是最大的,单株叶片滞尘总量最大的是小叶榕。在灌木类植物中也存在这一现象。

(d)抗铅植物的筛选。

黄连木、构树、小叶女贞、法国冬青、蚊母、光皮树、香樟和乌桕这八种植物具有良好的抗铅能力,可以作为绿化备选植物。此外青杨、桑树、银杏、梧桐和桉树也具有较强的吸铅能力。

(e)抗硫氧化合物植物的筛选。

我国各地区抗硫氧化合物的绿化植物见表 4.10-27。

我国各地区抗硫氧化合物的绿化植物　　表 4.10-27

地区	抗硫氧化合物的植物学名
华北地区	加拿大杨、杜松、侧柏、加拿大杨、银杏、国槐、构树、小叶白蜡、紫穗槐、紫藤、大叶黄杨、连翘、金银花、毛白杨、垂柳
东北地区	刺槐、加拿大杨、银杏、美国白蜡、紫杉、榆树、枫杨、银白杨、黑松、冷杉、旱柳、锦带花、侧柏、榆叶梅
西北地区	国槐、白蜡、刺槐旱柳、洋槐、连翘、牡丹、紫丁香、榆叶梅、钻天杨、白榆、梨树、桧柏
华东地区	茶花、大叶黄杨、桂花、木芙蓉、棕榈、卫矛、珊瑚树、夹竹桃、罗汉松、石楠、柳杉、桧柏、扁柏、花柏、龙柏、垂柳、海桐、广玉兰、七叶树、蜡梅、白玉兰、丁香、黄连木、金银花
华南地区	高山榕、红叶榕、苦楝、古巴牛乳树、黄花夹竹桃、仙人掌、竹柏、含笑、天竺桂、黄槿
西南地区	海桐、大叶黄杨、油樟、夹竹桃、油茶、榕树、木麻黄、水杉、女贞、臭椿、白蜡、梧桐、樟树、泡桐、刺槐、国槐、罗汉松、珊瑚树、芭蕉、柚子、石榴、棕榈、桑树、木槿、榆树、桂花

②路侧污染与植物选择。

a.路侧的污染情况。

道路工程的建设及其投产运行会对道路两侧的土壤环境产生一定的影响，导致一定程度的土壤退化，具体表现包括土壤侵蚀增加、土壤肥力降低以及土壤中重金属的积累。汽车排放的尾气不仅会造成空气污染，还会污染道路两侧的土壤，表现为重金属的积累。绝大多数汽车使用汽油作为燃料，所使用的汽油中重金属铅的含量较大，会在道路两侧造成铅污染，而交通污染源的主要污染物也是铅。在车辆行驶过程中，车轮与地面发生摩擦会使一些重金属（铅、铬、镍等）留在路面上，经过风的扬尘作用，或是雨水冲刷进入土壤中造成重金属污染。除此之外，道路交通也会带来噪声污染，影响道路沿线居民的生活，栽种行道树可以有效地减弱噪声的影响。

b.行道树的配置。

（a）行道树的选择原则。

在选择行道树时，需要考虑以下几个原则：不选花粉和飞絮多的树种；不选果实硕大的树种，防止落果砸到行人，此外，其掉落在地上会造成污染，不好清洁；在城镇植树，应选择落叶乔木，而在城郊地区，则是选取方便种植、耐瘠薄、易于修剪、抗污染能力强的树种。

（b）行道树的选取。

抗铅植物的筛选。在行道树中，落叶树的吸铅能力是大于常绿树的，常用的抗铅植物有梧桐树、枫树杨、垂柳、木兰、无花果、芦笋、香樟、珊瑚树、棕榈、乌桕、女贞和黄连木。其中，吸铅力以落叶阔叶树悬铃木和常绿阔叶树广玉兰为最强。

降噪植物的筛选。蒋春等人通过实验得到降噪效果较好的树种，其品种及生长习性见表4.10-28。

各品种降噪植物的生长习性 表4.10-28

品种	学名	生长习性
常绿灌木	珊瑚树	喜光，较耐寒，耐修剪，发芽力强，耐二氧化硫、氯气和其他有毒气体
	夹竹桃	喜光，喜欢温暖潮湿的气候，不耐寒，不耐水湿，也能适应较阴的环境，萌蘖力强，树体受害后容易恢复
	海桐	对气候具有很强的适应性，抗寒和抗旱，对土壤的适应性强，抗二氧化硫，抗氯气，抗氟化氢
	蚊母	喜暖热气候、喜湿润，对有毒气体具有抵抗力，较耐寒，亦耐阴，对土壤要求不高
	石楠	喜光，深根性，对土壤适应性强，但最适合肥沃、潮湿的深层土壤以及排水良好、微酸性的沙质土壤。萌芽力强，耐修剪，抗烟尘和有毒气体
	桂花	适于亚热带气候地区。喜温暖，湿润。抗逆性强，耐旱也耐寒，抗氯气、二氧化硫、氟化氢等有害气体，吸滞粉尘能力强
落叶灌木	木槿	喜光，喜温暖、潮湿，对环境具有很强的适应性，更耐干旱，适于在各种土壤生长，稍耐阴、喜温暖、湿润气候，耐修剪、耐热又耐寒，萌蘖性强
	小叶女贞	喜光照，稍耐阴，较耐寒，抗二氧化硫、氯气等有毒毒气；耐修剪，萌发力强
	紫薇	喜光，喜温暖湿润气候，耐干旱，适于肥沃的土壤，萌蘖性强，还具有较强的抗污染能力，对二氧化硫、氟化氢及氯气的抗性较强

续上表

品种	学名	生长习性
常绿乔木	香樟	喜光,不耐寒,喜温暖湿润。适于在中性或酸性的土壤生长。由于其根系发达,具有一定的深根性,抗倒能力强
	柏树	喜光,但幼苗、幼树有一定耐阴能力。一般生长在山的阴面。较耐寒,抗风力较差。耐干旱,喜湿润,但不耐水淹。耐贫瘠,可在微酸性至微碱性土壤上生长
	雪松	喜光,在气候温和凉爽的酸性土壤上、排水良好的深层土壤中旺盛生长
	广玉兰	喜温暖湿润气候,抗污染,不耐碱土,耐寒,在肥沃的酸性或中性土壤中生长较好。根系深而宽,抗风能力强,能抵抗病虫害
落叶乔木	意杨	喜温暖环境和湿润、肥沃、深厚的沙质土,对杨树褐斑病和硫化物具有很强的抗性
	法国梧桐(也称悬铃木)	喜光,喜欢温暖和潮湿的气候,耐寒。适用于排水性良好、抗风性差的弱酸性或中性土壤。根系分布浅,能生长迅速,易于生存,并且耐修剪;具有很强的抵抗空气污染的能力,并且叶子具有吸收有毒气体和积聚灰尘的功能;它对二氧化氯和氯等有毒气体具有很强的抵抗力
	银杏	喜光,耐寒,喜温凉湿润气候,对土壤无过多的要求。不耐水涝,根深
	垂柳	适于种植在湿地,特别是河岸边等湿地,短期水淹及顶不致死亡,对高燥地及石灰土壤也能适应

在选择行道树时,应当注意落叶树种。由于它们冬季落叶而仅留下树枝,故在冬季降噪效果会大幅降低,如紫薇和木槿等。还有一些树种,因为分枝点太高,分枝点以下的间隙太大,降噪效果不理想,因此这些树种不适合单行纯林带,但是可用于混合林带。通常情况下,为了使树木在一年中有一定的变化,可以共同种植常绿乔木和落叶乔木以使景观多样化。在植物的播种上,落叶树木与常绿树木通常是按 7∶3 配置。对于一般的绿化设计,需要结合当地的各种条件来进行。行道树通常栽种在不小于 3m 的人行道上,可以供行人遮阴,对于人流量小、空间较小的道路,种植间距一般为 5~7m,一个街区通常选用同一树种,以保持同一树型、色彩。对于人流量大、人行道一侧为商业用户的街区,可以考虑交错种植两个树种,最小种植间距为 4m。常使用的树种有法国梧桐、广玉兰、榕树、槐树、银杏树、杨树、柏树、枫树等。

对于车道与人行道或者非机动车道的分隔带,其宽度一般在 2m 以上,可以采用混交林带的绿化方式,可以选用香樟+珊瑚树+麦冬、广玉兰+夹竹桃+小叶女贞、广玉兰+桂花、广玉兰+珊瑚树等方案。这些方案降噪能力很强,常绿乔木与常绿灌木进行组合,降噪效果比较好,因为常绿乔木增加了常绿灌木的高度,常绿灌木弥补了常绿乔木分枝以下的空隙。

除此之外,可以选用具有层次感的标准模式,该模式在垂直结构上具有 5 个层次,从贴近路侧的一层到外依次为:草本层(麦冬、结缕草、狗牙根)、常绿矮灌木层(金丝桃、杜鹃)、常绿大灌木层(珊瑚树、石楠、桂花、夹竹桃)、常绿乔木层(香樟、女贞、广玉兰)、高大落叶乔木层(杨树、悬铃木、栾树),此模式较为复杂。

③道路边坡的污染与绿化。

a.道路边坡的污染情况。

道路工程的建设改变了土壤结构和周围环境的气候条件。施工造成原始植被的破坏,植被覆盖率低，岩石裸露，削弱了整个地区的生态保护功能，严重破坏了生态环境，直接破坏了沿线的风光，导致了景观的视觉污染。边坡是自然灾害频繁发生的地区，例如滑坡、泥石流、错落、崩塌、冲刷、巨石滑落等灾害，有些灾害会影响道路通车，严重的还会威胁到人们的生命。边坡重要的污染是降雨的径流污染，具体表现为土壤侵蚀和水土流失。在高速公路中，不仅机动车的数量多，而且车速也较快，其所排放的尾气量大，对道路两侧造成的尾气污染也较为严重。

b.边坡的植物配置。

(a)植物配置原则。

为了减轻降雨对边坡造成的土壤冲刷、土壤侵蚀和水土流失，合理配置边坡植物可以发挥重要作用。有些植物配置可以减少的土壤侵蚀量高达95%，这种配置条件较为苛刻，首先需要植物无人养护，且能够自我繁衍，并具有良好的抗性，最终建立起植物群落，与周围环境和谐共生。道路边坡的植物配置有以下原则。

ⓐ因地制宜，就地取材。尽可能选择该地区的本地植物，这些植物易于在该地区生存和生长，绿化效果也更好。

ⓑ根系发达，抗性强。一般而言，所选植物的根系发达，坡度固定效果好。该植物具有一定的抗旱能力，并且具有良好抗逆性的植物具有顽强的生命力，在后期无须养护的情况下仍然可以繁衍。

ⓒ持续稳定性好。为了防止径流冲刷边坡，对于贫瘠的土壤，应使用先锋豆科植物进行固氮，以培养土壤养分，提高土壤肥力。然后，选择一些适应性强、生长快的植物进行覆盖。随着时间的流逝，后续栽种的植物将生长得更好，从而替代先前种植的先锋豆科植物。

ⓓ多样性原则。在选择植物时，必须注意生物的多样性，实现多种植物类型的结合，使它们更加具有层次感，促进稳定而复杂的植物生态系统的形成。此外，选择常绿植物或开花的地被植物，可以为人们提供良好的观赏性。

(b)植物配置。

通常用于边坡绿化的植物类型为草本、灌木、藤本三类，现如今在我国使用较多的是草本植物，其优势在于费用成本低廉，种植方法不烦琐，较为简便，且根系生长快速，在初期由于其生长快就能起到一定的护坡效果，有利于恢复道路建设造成的地表植被破坏，但是其不足在于生成的根较浅，护坡效果不够理想。对于灌木植物而言，其优点是根系深，具有一定的韧性，坡面不易崩塌，固坡效果较好，也可以加速被破坏土壤环境的恢复。但是灌木植物也有美中不足的地方，它经济成本较高，若采用播种的形式，生长周期较长，植物的早期覆盖面积就比较小了，致使其早期没有良好的护坡效果。藤本植物经济成本较低，投资、占地少效益高，一般是用于垂直绿化，多用于全岩石边坡和土石混合边坡。

此外，在草本植物中，普遍使用的是豆科和禾本科两类植物。其中，豆科植物有着优良的固氮效果，在开花期花色较为鲜艳，有较好的景观效果，这一类植物也较耐瘠薄，无须后期的养护，可以进行粗放式管理，但是这类植物的缺点是其初期生长较为漫长，这期间护坡效果较差。禾本科植物的优点是生长期较短，根系较为深厚发达，在初期就能拥有一定的护坡效果，然而这类植物的缺点是对土壤的肥力有要求，所以一般需要施较多的肥，养护较为烦琐。通常情况下，草本植物分为暖季型和冷季型，冷季型的植株较为耐寒，但不耐热耐旱；而

暖季型的植株较为耐热耐旱,但不耐寒。我国使用较多的护坡绿化植物见表 4.10-29。

我国使用较多的护坡绿化植物 表 4.10-29

植物种类	植物名称	
草本名称	冷季型	野牛草、小糠草、野牛草、羊茅、草熟禾、苔草、小冠花、白三叶
	暖季型	狗牙根、结缕草、地毯草、百喜草、假俭草
灌木植物	紫穗槐、六道木、多花木兰、柠条、沙棘、黄栌、胡枝子、坡柳	
藤本植物	爬山虎、常春藤、地锦、蛇葡萄、葛藤、扶芳藤、紫藤。	

对于道路边坡的绿化形式,大体上可以分为 6 种,分别是乔灌草型、地被型、草坪型、灌草型、灌木林型和藤本型。根据边坡的土质成分不同,所选取的绿化植物也不同。若是进行绿化的边坡为土质边坡,绿化植物就有较多的选择,选择绿化植株时可以考虑乡土植株,能够相辅相成地结合成生物群落,大多数地区选择的绿化植物有盐肤木、马棘、狗牙根、马尾松等。如果边坡是石质边坡,就需要优先选择藤本植物,如爬山虎、常春藤、扶芳藤、紫藤等,选择这类植物,能够有效地对一些岩石进行遮盖,确保观赏性和整体的景观建设。

④道路附属区域的污染及植物选择和绿化设计。

a.交叉路口。

交叉路口是道路交通的重要"枢纽",汽车排放的尾气相对较多,对在路口等待过马路的人也造成了一定的影响。

在选择绿化植物时,对于由汽车尾气会造成光化学烟雾、二氧化硫等污染,因此可选择抗光化学烟雾强和抗二氧化硫性强的植物作为绿化树种,如夹竹桃、女贞、刺槐、冬青、侧柏、桧柏、垂柳、泡桐等。此外,由于交叉路口车流量大、人流量大,为避免造成交通事故,树木的选择不能对驾驶人员视线造成干扰和影响,同时需要确保植物种植通透性,提前预留足够的安全视距。在贴近交叉路口的区域,宜选择低矮的灌木植物,而不宜选择高大的乔木,避免给驾驶人员带来视野盲区,造成安全隐患。

进行绿化设计时,可在交叉路口四周种植低矮灌木,结合五彩斑斓的花卉和草本植物形成宽大的绿化带,四周绿植环绕,排列整齐,具有良好的视觉冲击,对于驾驶人员来说,可以起到积极的作用。

b.收费站。

收费站一般距离市区较远,通常还会建设供员工住宿的场所以及食堂、办公楼、车库等附属设施,以满足工作人员的生活需求。车辆得通过收费站要停车缴费,然后才可通行。发动车辆的时候会排放大量的尾气,造成的空气污染也相当严重。此外,道路交通造成的噪声污染也会影响工作人员的休息。

在收费站四周,通常选择种植常绿乔木,种植方式为行列式种植,这种方式较为整洁,可以阻挡大风、降低噪声、吸收有害气体。办公楼与收费站之间要保证视线的通透,以便管理人员监控收费站的实际情况。绿化时可以采用乔灌结合的方式,可选择对尾气吸收能力强的常绿乔木,如广玉兰、雪松、国槐、柏树、香樟、桂花、云杉等;也可以选择乡土植物,例如对于云南的一些收费站,就可以选择云南松、翠柏、云南樟等。常绿灌木有大叶黄杨、珊瑚树、铺地柏等。

收费站入口景观区是进入收费站必经之路，是收费站各个位置视线的焦点。可以在收费站各条道路之间的分离带上采用护栏花钵种植植株，进行垂直美化。护栏花钵安置间距在1.5m左右较为合适，可采用乔、灌、花卉的多样化结合的绿化方式，其中花卉可以选择吊兰、天门冬等时令花卉。

c.服务区。

服务区是供人们停留和休息的地方，包括停车场、加油站、饭店和超市。服务区良好的生态绿化环境建设可以让人们感受到温馨和放松，可以提高驾驶员的休息质量，缓解疲劳。在选择绿化植物时，应考虑滞尘植物和降噪植物。服务区经常选用的植物有山茶花、月季、杜鹃花、桂花、红花檵木、栀子花、含笑、圆柏、红叶李、女贞、马尼拉草和其他时令草花。

在进行绿化设计时，还应考虑是否容易种植、修剪和维护等，如果人们停留时间长，还可以选择美丽的花卉植物，吸引更多的人欣赏。服务区景观绿化设计包含自然植被种植区、隔离带、停车区等。在自然植被种植区，可选择一些具有当地代表性的植物类别，在植物配置方面坚持多样性原则，提高植物高低层次变化；在隔离带方面，需要重视对原有植被的应用和保护，在确保安全的情况下适当种植乔灌木植物，增强其观赏性。在停车区，绿化设计应注意车流的引导性，将车辆与人的活动空间有效隔离，同时可种植一些高大常绿乔木，方便对车辆进行遮阴。

6）利用植物进行道路工程地质灾害防治

选择植物时进行地质灾害防治时，需综合考虑当地气候条件、地质条件等因素，具体要求如下：对土质要求不高，耐酸、碱，耐高温，耐严寒，耐旱，耐贫瘠；根系发达，茎叶茂密，生长迅速，四季常青；成活率高，生根性强，涵水固土能力强；成本低，可粗放管理，无病虫害。

（1）不同类型植物的防治作用。

①草本植物防治的优点与不足。

草本植物防治的优点：播种方便，成本较低；生长迅速，早期防治效果明显；有利于表土层的生成，这也是防治道路工程地质灾害时广泛利用草本植物的原因。

草本植物防治的不足：草本植物的根系分布单一，锁固风化土层效果差，巩固的坡面易发生崩塌；草本植物易衰退，草花植物更是如此，持续生存能力差，会导致坡面裸地再现，需持续性管理；单纯的草本植物不易与自然景观协调，环境的改善达不到要求。

②木本植物防治的优点与不足。

木本植物防治的优点：涵水固土能力强，治理的坡面稳定性强，不易发生崩塌；生长的根系对土壤的加固作用逐年增强；易与自然景观协调；不易衰退，利于生态系统的恢复，可粗放管理；木本植物树体高大，结构层次立体，能够较好改善周边环境。

木本植物防治的不足：在风的作用下，高大的木本植物会对土体产生不利荷载；不可控制生长的木本植物根系在增多、变粗长的同时会深入表层岩体裂隙中产生根劈作用，破坏表层岩体。

（2）防治滑坡的植物。

防治滑坡可采用挡土墙，具有施工方便、就地取材、稳定滑坡见效快等优点。挡土墙适用于正在整治的浅层滑坡和由于开挖而引起的牵引式滑坡。适用于挡土墙的植物类型有草本及藤本。其中草本植物主要有如下几类。

①香根草。香根草属禾本科植物,是草类顶级演替植物,在环境极恶劣地区可作为首选。香根草根系发达,一般可达地下2~6m,在年降雨量300~6000mm范围内可正常生长,因兼具旱生、水生植物的组织结构而极其耐旱、耐水淹。香根草生长迅速,可3个月成"植物栅栏",成本较低,鲜有病虫害,可粗放管理。

②狗牙根。狗牙根属禾本科多年生草本植物,具有良好的耐践踏性和恢复能力,生长期长,再生能力强,耐旱,耐热,但晚秋时会休眠发黄,需防治病虫害。狗牙根适用于华北、西南、西北等地区。

③孔雀草。孔雀草属菊科一年生草本植物,喜阳,生长迅速,耐移栽,适应性强,花期7~9个月,观赏性强。孔雀草适用我国西北、西南等地区。

适用于挡土墙的藤本植物主要有如下几类。

①长春油麻藤。长春油麻藤属豆科常绿藤本植物,长达25m,喜光,喜温暖湿润气候,适用于西南地区。适应性强,生长快,观赏性较强,耐寒,耐阴,耐旱,对土壤要求不高。

②三叶木通:三叶木通属落叶木质藤本植物,易种植,喜阴湿,耐寒,在微酸的黄土壤中生长良好,适用于华北、华东地区。但需防治病虫害并长期维护。

由于草本、藤状植物本身的一些缺陷,其根系对挡土墙整体稳定的提升作用有限。因此,利用植物防治滑坡只能作为辅助措施,实际工程中还需要根据滑坡的类型、规模、地形地貌等具体工程条件与排水设施、锚索抗滑桩、隧道等结合使用,达到减少工程投资和改善生态环境的目的。

(3)防治泥石流的植物。

根据泥石流的形成条件及特点,利用植物防治可以采取林业、农业和牧业等生物措施和挡土墙、护坡等工程措施。

①林业措施。

利用植物防治泥石流时,林业措施的治理效果最好,具有最大的生态平衡调节作用。在泥石流地区营造的森林可按其目的和作用分为水源涵养林、水土保持林、护床防冲林和护堤固滩林四大类型。

a.水源涵养林。水源涵养林一般布设在泥石流的集流形成区,采用乔木、灌木、草木结合的方式进行。在混交林的覆盖下,15%~30%的降雨量首先被林冠截留,5%~10%的降雨量在林内蒸发,50%~80%的降雨量被林地枯枝落叶层所吸收并下渗,变成地下径流。营造水源涵养林时需严禁乱砍滥伐、过度剔枝修丫,保护地面枯枝落叶层。

水源涵养林宜选用树形高大、枝叶繁密、根系发达、耐旱、耐瘠薄的树种,如华北落叶松、刺楸、香樟等。一般情况下,针叶树的株、行距为1.0m×1.5m或1.0m×2m;阔叶树的株、行距为2.0m×2.0m或2.0m×3.0m。

b.水土保持林。水土保持林一般布设于泥石流的形成区和流通区,同样采用多层次的乔木、灌木、草本的针阔叶混交林。水土保持林宜选用固土能力强、根蘖性强、蔓生性强的树种。一般情况下,在立地条件较好地段播种阔叶树种,株、行距为1.0m×1.0m或1.0m×1.5m;立地条件较差地段播种针叶树种,株、行距为1.0m×1.0m或更小。

水土保持林又可分为沟头水土保持林和沟坡水土保持林。沟头水土保持林的主要作用是拦截坡面径流、防止溯源侵蚀,树种以栽植为主,灌木种优先,草本植物栽植密度较大。沟坡水土保持林的主要作用是防止沟坡滑塌、沟道侵蚀,选用根幅宽、覆盖面大的草本、藤木和灌木植物。

c.护床防冲林。护床防冲林旨在促进泥沙淤积、减缓纵坡坡度。选用生长速度快(防遭淤埋致死)、根蘖性强(淤埋后可蘖生枝条)的乔、灌木树种,一般株、行距较小,为 0.5m×0.5m 或 0.5m×1.0m。

d.护堤固滩林。护堤固滩林一般修建在泥石流的堆积区,既可防风固沙,又可变荒滩为良田,恢复植被。可采用草、灌、乔结合的结构,也可以采取林、果(苹果、桃、李等)、药(桂皮、花椒、杜仲等)的结构,成带状种植,高约 10m 的带间距,护堤林每带 1~3 行,护滩林每带 3~5 行。

②农业措施及牧业措施。

防治泥石流的农业措施中,等高耕作、免耕种植是根本,立体种植是需要。立体种植时,一般可采取禾本科与豆科作物轮作,高秆与矮秆作物套种,林粮、林药、林菜等作物间作,在生态位上增大植物覆盖度,充分利用资源,减缓耕地侵蚀,从而控制或减少泥石流的组成成分。

牧业措施中,在适度放牧或改放牧为圈养的基础上可以选择水土保持性强的牧草,如白喜草、宽叶雀稗、杂交狼尾草、香根草等草种。另外,种植营养好、生长迅速的豆科、禾本科植物,以供常年饲草储备。

③工程措施——护坡+植物防护。

在防治泥石流的工程措施中,挡土墙和护坡措施可以利用到植物。利用植物护坡时,主要以草本、藤本、灌木、乔木组合的方式进行,根据不同立地条件进行草、灌、乔或草、藤、灌结合。护坡常用植物见表 4.10-30。

护坡常用植物 表 4.10-30

植物类型	植 物 名 称
草本类	紫花苜蓿、小冠花、沙打旺、高羊茅、多年生黑麦草、野菊花、草地早熟茅、野牛草、香根草、结缕草、二月蓝、常夏石竹、百三叶等
藤本类	葛藤、爬山虎、蛇葡萄、金银花、凌霄、常青藤、山荞麦、金樱子、络石、何首乌、紫藤、木通、叶子花、五味子等
灌木类	紫穗槐、胡枝子、柠条、沙棘、锦鸡儿、沙地柏、胡颓子、丁香、枸杞、酸枣、杞柳、木槿、山胡椒、杜鹃花、多花木兰、四季桂、迎春花等
乔木类	榆树、刺槐、臭椿、油松、侧柏、山桃、山杏、银合欢、相思树等

草种的混播可根据土壤情况、当地气候环境,选择 4~5 种冷暖季配合、深浅根互补、根茎型与丛生型搭配的草籽放置于植生带中,同时额外掺入与草籽生长相适宜且经过催芽处理的灌木草籽。

适用于我国中西部适中气候的草本植物搭配为:高羊茅 15g/m^2、紫花苜蓿 6g/m^2、狗牙根 5g/m^2、结缕草 4g/m^2。高羊茅与紫花苜蓿都属于冷季型草本植物,高羊茅能够抵抗夏季过渡时所发生的多种病虫害,抗旱,耐阴,耐践踏。草坪型紫花苜蓿适应性极强,抗寒,能够在我国西北地区健康越冬。狗牙根与结缕草都是暖季型草本植物。结缕草种子萌芽需较高

温度，所以混播时间应该选在晚春或初夏。高羊茅可在第一年成坪覆盖，后来居上的结缕草能够在高羊茅的保护下越冬，次年生长。四种植物的搭配有效增加了草种的丰富性和竞争力。

同理适用于西北、东北较寒冷地区的组合为：扁穗冰草 12g/m^2、紫花苜蓿 6g/m^2、黑麦草 6g/m^2、沙打旺 4g/m^2 等。

7）*植物坡面防护措施*

利用植物进行固坡，防治水土流失和景观绿化时，可以采取以下措施。

（1）植物坡面防护的一般规定。

①草种选用应根据防护目的、气候、土质、施工季节等确定，宜采用易成活、生长快、根系发达、叶茎矮或有匍匐茎的多年生草种。

②种子的配合、播种量等的设计应根据选用植物的生长特点、防护地点及施工方法确定。

③铺草皮适用于需要快速绿化，且坡度缓于 1∶1 的土质边坡和严重风化的软质岩石边坡。草皮应选择根系发达、茎矮叶茂耐旱草种，不宜采用喜水草种，严禁采用生长在泥沼地的草皮。

④植树适用于坡度缓于 1∶1.5 的边坡，或在边坡以外的河岸及漫滩外。树种应选用能迅速生长且根深枝密的低矮灌木类。道路弯道内侧边坡严禁栽植高大树木。

（2）三维植被网防护。

三维植被网适用于沙性土、土夹石及风化岩石且坡度缓于 1∶0.75 的边坡防护；三维植被网中的回填土采用客土或土、肥料及含腐殖质土的混合物。

（3）湿法喷播。

湿法喷播适用于土质边坡、土夹石边坡、严重风化岩石且坡度缓于 1∶0.5 的路堑和路堤边坡及中央分隔带、立交区、服务区及弃土堆绿化防护。

（4）客土喷播。

①客土喷播适用于风化岩石、土壤较少的软质岩石、养分较少的土壤、硬质土壤、植物立地条件差的高大陡坡面和受侵蚀显著的坡面。

②当坡度陡于 1∶1 时，宜设置挂网或混凝土框架。

（5）骨架植物防护。

①浆砌片石或水泥混凝土骨架植草护坡：框架内采用植物或其他辅助防护措施。

②多边形水泥混凝土空心块植物护坡：空心预制块内应填充种植土，喷播植草。

③锚杆混凝土框架植物防护：框架内宜植草。

4.11 动物的相关特征与交通运输的关系

动物是人类的朋友，是大自然和人类社会不可分割的组成部分，曾经是很重要的交通动力和交通工具。道路的修建和运营，会影响动物的安全和生存，因此在交通工程建设和运营过程中，应对动物给予保护，同时也要防止动物对交通运输安全造成影响。

4.11.1 动物的类型、分布及影响因素

根据动物的热能代谢特征,把动物分为恒温动物、变温动物和异温动物三种类型。陆栖动物依照其对湿度变化范围的适应程度,可分为广湿性和狭湿性两种类型。广湿性动物能适应湿度较大范围的变化,例如许多的昆虫、爬行类、鸟类和哺乳类;栖息地多种多样,分布的地域比较广大。狭湿动物只能忍受较小的湿度变化幅度,其分布范围不如广湿动物广。狭湿动物又可分为两类:喜湿动物和喜干动物,前者如大多数的软体动物(蜗牛、蠕虫)、环节动物、两栖类和部分哺乳动物(水牛、河马等);后者如生活于干旱地区的一些昆虫、爬行类和部分哺乳类(旱獭、沙鼠、羚羊、骆驼等)。

一般来说,湿润地带的动物类群组成较丰富,单独一种动物的个体数量不多;干旱地带的动物类群较贫乏,但单一种群的数量可能较大。

动物在一年中表现出的生理和行为有周期性变化。如在温带和寒带地区,大部分的哺乳动物和鸟类都有随季节换毛和换羽的现象,美洲兔夏季皮毛为褐色,冬季为白色。

风对许多陆栖动物,尤其是小型动物的迁移和地理分布具有直接的影响。大量的昆虫(幼虫或成虫)和其他微小动物被风携带到大气中而称为空气浮游生物。

风的强度也影响到动物类群的地理分异。在经常有强风的地区,飞行动物的种类较少,只有不飞行或飞行能力特别强的动物适应生存。如在海洋沿岸和岛屿,草原、荒漠和高山、苔原、极地地区,有翅昆虫很少见,占优势的是无翅昆虫。

如果没有水的流动,水体透光层的有机养料将迅速消耗殆尽,水生植物的生产将受限制,以此为基础的水生动物也将难以维持。水的垂直流动可以把底部的营养物质带到表层,又可把表层丰富的氧向下层输送。水的平面流动为水生动物在广泛范围内的生存提供了良好的条件。如河流不断地将大量营养物质带入海洋,不仅使河口区养料丰富,各种生物大量繁衍,而且水平海流还可以将这些营养物质输送到广大海区,使大面积的海洋维持较高的生物产量。没有水的流动,无机盐类、氧气、温度等水生动物的生存条件也都会受到限制。水流可把水生动物的卵或幼虫带到很远的地方,使许多运动器官弱小的水生动物和适应底栖生活及固着生活的水生动物也有广阔的地理分布。

根据水生动物对水环境盐分含量的耐性以及进行水盐代谢和渗透压调节的适应性,可以把它们分为两大类,即狭盐性动物和广盐性动物。狭盐性动物不能忍受水中盐分含量的变化,通常生活于含盐量比较稳定的水环境中,大多数的淡水和海洋水生动物都属于这种类型。广盐性动物能生活于含盐量变化较大的水环境中,甚至能适应从海水到淡水或相反的生境改变,包括一些洄游性鱼类和部分水生无脊椎动物。

各种水生动物对水的 pH 值也有一定的要求。据此可以将动物分为狭酸碱性动物和广酸碱性动物。大多数的淡水动物和几乎所有的海洋动物都属于狭酸碱性类型。淡水动物主要生活于中性~微硬性环境,海洋动物都生活于碱性环境。酸性水体中的动物类群较为贫乏,可能与酸性环境中某些化学物质的有害性增加有关。广酸碱性的动物较少。

按照食物的性质,动物可以分为食植动物、食肉动物、食腐动物、杂食动物、寄生动物等类型。按照取食的方式,可分为滤食性动物、碎屑食性动物、啮食性动物和捕食性动物。按照食物成分的多少,可以将动物分为单食性动物、狭食性动物、广食性动物和泛食性动物。

许多动物的分布，与其所吃食物(植物和动物)的分布相关联。突出的例子是科罗拉多马铃薯甲虫，这种甲虫天然见于落基山东麓地区，以野生的喙茄为食。当人类从安第斯山区将其同属近缘种马铃薯广泛引种栽培后，科罗拉多甲虫利用该食物资源，分布区迅速扩展，横越北美洲，甚至到了欧洲的许多地区。

陆地动物的生态地理群落主要是根据植被类型进行区分的，并且基本上与气候的分布相一致。陆地动物的生态地理群落主要有热带森林动物群落、热带草原动物群落、荒漠动物群落、温带森林动物群落、温带草原动物群落、苔原动物群落和水域动物群落(水域动物群落又可分为淡水动物群落、海洋动物群落)。

4.11.2 动物与交通运输

动物与交通运输存在如下关系：

(1)动物曾经、现在均是一种交通运输工具。牛、马、骆驼、骡子、鹿、毛驴、牦牛等具有运输的功能，在现代运输工具运用前，人们基本上是使用骡、马、牛、骆驼、牦牛等来驮运货物。现在在一些交通不发达的地区，还在使用牛、马、骆驼、骡子、牦牛等作为运输工具。

(2)交通运输可能对野生动物造成伤害。交通工程施工期间，可能对野生动物造成惊吓，破坏野生动物的栖息环境或捕猎野生动物等。在交通工程运行期间，过往车辆可能对野生动物造成碾压伤害，导致动物的伤亡。再如，船舶行驶中，螺旋桨会对鱼类造成伤害，污染物(如塑料、漏油)等影响鱼类的生存等，噪声会影响鱼类的正常生活等。因此，交通工程需要设置动物通道以及隔离措施，如思小公路设置大象迁徙通道、青藏铁路设置藏羚羊迁徙通道等。

(3)野生动物也会影响交通运输。如在云南西双版纳、普洱市思茅区，大象经常上路，破坏高速公路护栏，堵塞交通，对过往车辆和行人造成伤害等。

(4)在交通运输旅途中可以观赏野生或家养动物。

4.12 交通与自然生态环境的关系

4.12.1 交通对生态的影响

交通对生态环境的影响可分为两个阶段：一是施工期间对自然环境造成的非污染性破坏，因施工机械的使用及大量的开挖取土破坏了土体原有的自然结构和水循环路径，相应地改变了生物生存环境，影响其生长、活动的规律，阻碍生态系统蔓延。二是工程运营后，分割了生物的生存空间，使道路附近的动物容易被车辆撞伤、压死，而且，由于运营产生的废气、噪声、有害物质会使生物栖息的生态环境(空气、水、土壤)逐渐恶化，引起生物发育不良，繁殖机能减退，疾病增多，抗病能力下降，从而造成种群数量减少(特别是珍稀物种)，有时可能会影响整个生物群落。

交通对生态环境的影响具体表现在以下几个方面：

(1)大气污染对植物产生不良影响的主要途径是通过叶部发生作用，也可通过土壤、水体污染后间接影响植物，使植物生育不良以致减产和降低对病虫害的抵抗能力。

(2)污水中含有重金属铅,植物通过根部吸收导致农作物污染。由于土壤侵蚀结果,降低土壤渗透性,影响作物的根系生长,使产量降低。

(3)由于工程施工建设使自然景观短期内发生变化,从而对野生动物的种群数量产生影响。

(4)环境污染使野生动物的栖息发生变化。动物直接摄入较高浓度的污染物,会影响其正常的生长、繁殖机能,产生疾病甚至死亡。一种动物数量的减少,可能会涉及对整个生物群落的影响。

(5)施工期土地裸露,增加水土的冲刷量,造成河流浊度增加及排水系统的沉积。同时由于道路修建截断了丘陵和山地地区的浅水层,影响了地表水和地下水,因此对原有水分循环路径的阻隔,可能造成下游地区来水减少,引起下游生态环境的改变,从而对天然水循环时空变化产生影响。工程项目的用水量增加也会对水资源缺乏地区水资源的供需平衡产生一定影响。同时,路线经过的河道可能形成上游冲刷、下游淤积或积水、漫淹、损害农田。

(6)车辆排出的污染物进入大气后沉降或随雨水冲刷到当地水源,造成水质的变化;装载石油产品及其他化学品的货车的溢出物可能对水源产生潜在影响等。

(7)道路建设中深挖路堑、高填路堤和处理工程和水文地质不良路段,可能会引起塌方、滑坡和沉降等地质病害,对环境造成影响。

(8)路基边坡削方过大,弃土过多,会毁坏大量植被和生态,破坏旅游景观和环境。

(9)隧道的开挖大量疏干地下水,造成泉水枯干、河水断流、植被枯萎、人畜饮水困难、农业减产,引发一系列的环境和人文问题。

4.12.2 生态环境保护措施

1)一般规定

道路应绕避生态环境中所列的保护对象。道路对生态环境中的保护对象产生干扰时,应结合受保护对象的特性提出保护方案,将不利影响降至最低。有条件时,宜进行环境补偿。

2)生物及其栖境的保护

(1)道路中心线距省级以上自然保护区边缘宜不小于100m。当道路必须进入自然保护区时,应遵照国家有关规定执行。

(2)道路通过林地时,应严格控制林木的砍伐数量,严禁砍伐道路用地范围之外不影响视线的林木。

(3)道路用地范围内,应按绿化设计要求进行栽植。有条件时,填方边坡的植被覆盖率在秦岭、淮河以南地区应达到70%以上;秦岭、淮河以北地区应达到50%以上。

(4)道路经过草原时,应注意保护草原植被。取、弃土场地应选择在牧草生长差的地方。

(5)道路进入法定保护湿地时,工程方案应避免造成生态环境的重大改变。施工废料应弃于湿地之外。

(6)在有国家级保护的野生动物出没路段,应设置预告、禁止鸣笛等标志,并为动物横向过路设置兽道。

3)水资源、自然水流形态的保护

(1)应调查和搜集道路中心线两侧各200m范围内的地表水资源分布、容量以及水体的主要功能。

(2)路面径流不得直接排入饮用水体和养殖水体。

(3)不得占用居民集中地区的饮用水体;当路基边缘距饮用水体小于100m、距养殖水体小于20m时,应采取绿化带或者其他隔离防护措施。

(4)道路在湖泊、水库等地表径流汇水区通过时,应采取措施防止道路对地表径流的阻隔。

(5)道路经过瀑布上游、温泉区等特殊水体时,应符合国家现行的有关规定,确定避让距离。

(6)在作饮用水的地下水水源保护区设置的排、渗水构造物可能造成地下水水质污染时,应采取措施隔离地表污水。

(7)应注意保护自然水流形态,做到不淤、不堵、不留工程隐患。跨越溪、河、沟的桥涵的过水断面,应保证泄洪能力。道路跨越山谷时,应根据山谷宽、深及汇水面积等选择通过方式,有条件时宜优先采用桥梁跨越。工程废方弃置应作出设计,避免阻塞河道水流或造成水土流失。

4)水土保护

(1)应充分调查沿线的工程地质、地形地貌、气候条件、植被种类及覆盖率、水土流失现状等,综合采用生物防护和工程防护措施,做好水土保护工作。

(2)在山区道路地质病害地段,当采取生物防护措施进行水土保持时,应考虑当地区域水土保护规划。

(3)山区、丘陵区道路应尽可能与原有地形、地貌相配合,减少开挖面、开挖量,注意填挖平衡。

(4)弃土场应做好排水防护设计,以避免成为新的水土流失源。

(5)取土点宜选择荒山、荒地。

(6)暴雨强度较大、岩体风化严重、节理发育的石质挖方边坡或松散碎(砾)石土填挖方边坡地段,宜采用植物与工程综合防护措施。

(7)做好道路综合排水设计,应充分利用地形和天然水系将路界范围内地表径流引入自然沟中。各种排水沟渠的水流不应直接排放到水源、农田、园林等地。

(8)应注重道路绿化设计,选用适合当地生长的花草、灌木、乔木等植物,对路堤边坡、弃土等进行绿化,防止水土流失。

4.13 公路工程的自然区划

4.13.1 公路工程自然区划的定义和作用

公路自然区划主要为路基、路面的设计、施工和养护服务,在可能条件下兼顾到勘测选线、规划设计的要求。

公路直接暴露于大自然中,是一个穿过不同地理区域的土工结构物。公路建成后,便成为一种新的人工地貌,是周围自然环境的一部分,并不断遭受各种环境或景观因素的影响。自然条件的差异对于确定公路的技术标准和投资有密切关系。公路自然区划的任务是为了区分不同区域的筑路差异性,以便为各分区选择路面的合理结构类型、规定路基路面的不同设计参数和有关材料规格要求。

我国现有区划共分三级。一级区主要为全国性的公路总体规划、设计服务;二级区的目的是为因地制宜、就地取材地为各地公路的路基路面设计、施工、养护提供较全面的地理-气候依据和有关工程参数,如土基含水率、路面强度(弹性模量)、路基边坡度、最小填土高度、压实度等;三级区便于各省(自治区、直辖市)按照不同的具体地理-气候条件,在筑路工程和选线中运用。

一级区和二级区都是地理上连片的区域,三级区则是可重复出现的地域类型。三级区划应该能够同二级区划充分地结合,从公路三级自然区划的服务角度看,是因地制宜、更具体地服务于公路建设的勘测和路基路面建设,以及公路的养护、运营,其重点还是在指导勘测设计方面。三级区划应能反映出公路建设中地形条件、气候水热特征、筑路材料、病害情况等几方面的异同性,主要包括两个方面的内容:一方面是与公路建设密切相关的设计参数;另一方面是描述公路自然区自然特点的环境特征值和指标。通过这两方面的叙述,可以完整地掌握各自然区的自然条件、基本建设情况、筑路特点、建设主要工程问题等多方面内容。

我国现行《公路自然区划标准》(JTJ 003—1986)对三级区划仅提出了指导性方法,其只涉及二级自然区划,区划深度还不足,不能充分反映筑路条件明显不同的各个地方公路工程筑路特点,为公路的规划、设计、施工、养护提供较为全面、具体可靠的基础资料。

公路自然区划应通过分析区域地形地貌、气候、水文和地质等条件对公路工程的影响程度,剖析和解释自然地理环境与公路建设之间的内在规律和相互关系,重点服务于公路建设的勘测设计和施工等前期工作。公路自然区划遵从“综合性、实用性、服务性”的原则,结合公路建设实际研究情况,综合考虑各影响因素,遵循主导性原则构建的公路自然区划体系结构,如图 4.13-1 所示。

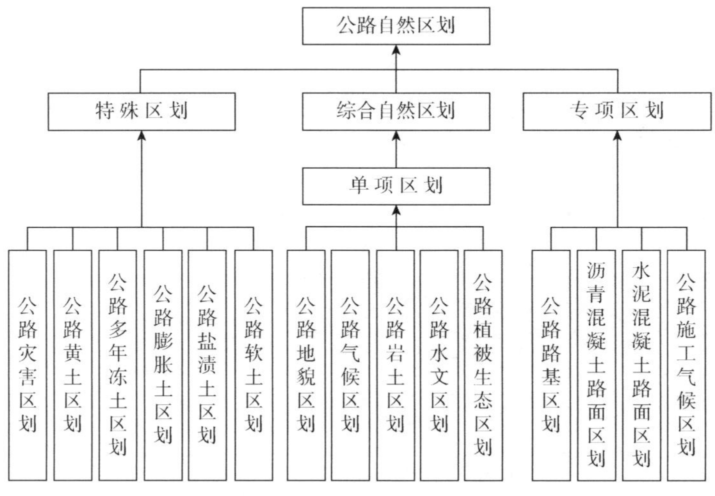

图 4.13-1　公路自然区划体系结构

公路自然区划应满足以下要求。

1)规划方面的要求。

(1)给予投资者以投资程度的心理准备。公路建设项目的投资大小主要决定于公路的等级和公路所经过区域的地理环境。地理环境包括的重要因素有地形、地貌、地质和生态环境等。

(2)让规划者了解公路通过区域的环境承受能力。现在的公路建设在充分地考虑技术经济之外,还要充分地考虑公路大规模的建设对公路所通过的区域环境的影响程度。在此基础上,规划阶段给予重视,统筹兼顾,既考虑一定区域内的社会经济的发展,又考虑此区域及更大范围内的环境,特别是生态环境的保护。

2)设计方面的要求

设计之前(现场勘测之前),"自然区划"可提供相关资料,如路线通过区域的影响公路稳定性、耐久性的主要自然因素,给予设计者对不同区段内公路必要的、先知性的指导。

3)施工方面的要求

施工前指导施工单位在施工中应重视及注意的影响施工环节及进度的一些主要的相关的自然因素(最高、最低气温、雨量、土质、洪水的发生频率及洪峰流量的大小等)及施工的条件,以避免不必要的损失。

4)养护方面的要求

为养护部门提供本区段内公路使用年限内主要的自然因素,并提供一些相关的养护方面的不同地域性的评价方法,指导养护部门有重点、有方向地提前准备。

4.13.2 公路自然区划的原则和方法

1)公路自然区划的原则

区划研究的原则和方法应与区划研究目的相适应。

(1)总体区划研究原则。

①服务性原则。

无论综合性、专项性或单项性公路自然区划都必须坚持为公路建设服务的宗旨。

②实用性原则。

公路自然区划在充分反映自然综合体特征的前提下,一方面要从公路建设的实际出发,研究各自然要素对公路建设的影响,即找出对公路建设有利和不利的各项要素;另一方面由于公路建设中公路网规划、路线设计、路基、路面、桥梁、隧道、防护工程的施工、养护等都有很大的不同,制订区划时要充分考虑这些不同点,要具有针对性和实用性。

③辩证性原则。

在自然界中,各种自然地理要素,如地貌、气候、水文、水文地质、岩土、植被等是相互联系的、相互制约的,它们构成一个有内在联系的整体即自然综合体,自然区划就是按照地表自然综合体的相似性和差异性,探讨和揭示其特征及规律,并进行区域划分。另外,自然地理环境是由一些大小不同、等级高低、复杂程度各异、相互联系、特征有区别、分布范围彼此有交错重叠的地域单位组成的复杂和多等级的镶嵌体系,公路自然区划一方面要通过等级系统将它们区分开来,即采用一级、二级、三级分区;另一方面,公路建设的需要(也是自然区划本身的需要)按不同的类型体系区划,即综合性自然区划、专项性或单项性自然区划。

(2)区划划分(分区)原则。

公路自然区划(包括自然专项和单项区划)将具体采用如下区划划分原则。

①发生统一性原则。

任何自然区作为一个历史自然体都必须具有最基本和最本质的产生和发展历史,必然导致其整体自然特征的相同或近似,且不同等级区域的发生统一性程度应有所区别。本原则要求把具有共同发展历史的地域划作一个自然区,反之应划为另一个自然区。

②相对一致性原则。

要求划分区域时,必须注意区域内部的一致性,这种一致性是有条件的、相对的,而且不同等级分区、不同类型区划应各有其一致性标准。相对一致性原则既适合"自上而下"顺序划分,又适合于"自下而上"的逐级合并。

③区域共轭性原则。

该原则要求每个具体的区划单位是一个连续的地域单位,不能存在着独立于区划之外而又属于该区的单位。该原则决定了区划单位永远是个体的,不存在一个区划单位的分离部分。另外,由于行政区界的影响,出现一个自然区被分割,从而在空间上出现不连续的现象,在特殊的情况下允许出现。

④综合性和主导因素相结合原则。

对公路自然区划、专项和部分单项区划必须综合性、全局性考虑对公路建设产生最不利影响的各种自然因素,但是在分区时又不能将这些因素都作为分区的指标,必须在许多要素中寻找主导因素。

⑤区域区划与类型区划相结合的原则。

区域区划符合共轭原则,而类型区划不符合共轭原则,目前许多区划均采用此原则。

⑥区内相似与区际差异性原则。

该原则是任何区划都必须遵守的最基本原则。在区划划分过程中,从高级向低级过渡区内的相似性逐渐增加,而差异性逐渐减小,反之亦然。在高级(一级)区划中区际差异是大差异、宏观差异,而在低级(二、三级)区划中区际差异是小差异、微观差异,而且差异因素、内容和性质随区划等级降低或升高而发生变化。

⑦主导指标与辅助指标相结合的原则。

采用此原则可避免出现因主导指标划界时某些区段界线难以确定的问题,而导致人为主观随意性。这一方面使区划的界线更客观、更符合实际,另一方面也降低了寻找和选取主导指标的难度,使主导指标定义更明确、更具有针对性和指导性。

⑧定性指标与定量指标相结合的原则。

在区划研究的初、中期对高级分区(一级区)多采用定量指标,而低级(二、三级)分区多采用定性指标,而且随着区划分级的降低,分区指标数量也相应地增加。但从区划研究的规律来看,许多区划不可能全部采用定量指标,比如地貌、岩土等区划目前仍需采用定性指标。

⑨保证行政界线完整性原则。

以省(自治区、直辖市)行政区域作为区划研究的对象时,必须保证行政界线的完整性,首先在遇到与其他行政划界线衔接问题时,应与相邻行政界线协商解决。

⑩公路工程特征相似性原则。

该原则对确定分区指标、等级单位系统等都是基本的准则。公路工程特征是指在自然地理要素作用和影响下,产生的最主要,并带有普遍性、全局性的公路工程特征。

(3)确定分区指标和指标体系原则。

确定区划分区指标和指标体系是任何区划研究中最重要的核心内容。

①差异性原则。

差异性原则包含:一是在分区内,当选定要素类型后,应寻找和确定对公路建设具有决定影响、全局影响的要素进行分析;二是在不同等级分区之间寻找影响较大,而且具有全局性的资源要素。

②客观性原则。

在确定分区指标,特别是确定定量指标时所采用的数据,依据一定要真实可信、客观有效。

③本质特征原则。

分区指标和指标体系一方面能有效反映和揭示自然地理的区域分异规律及本质特征,另一方面又能充分有效地表示和说明公路本质需求;层次分明,即各指标应有不同的关注点和不同的针对性;结构清晰,即指标和指标体系推理的逻辑正确合理,既能有效反映和揭示自然环境要素的本质特征,又能充分体现公路建设的需求。

④可操作性原则。

区划分区指标应简单、含义明确、便于理解、便于实现,即数据易于获得、便于分析、便于评价等。

⑤指导性原则。

在确定区划分区指标和指标体系时,应特别注意确定的指标对公路网规划、设计、施工、养护、运营管理、防灾减灾等具有较明确的宏观指导作用。

⑥层次性原则。

在确定区划分区指标时,指标必须要有层次性。

2)公路自然区划方法

每一个区划原则都必须通过相应的方法加以贯彻,区划划分(分区)方法如下。

(1)成因分析法。

成因分析法或称古地理法,该方法根据地质历史及古地理资料,探讨研究区域分异产生的原因和过程,并根据自然区域逐级分异产生的历史过程的相对一致性,划分出不同性质和不同等级的区域单位。发生统一性原则一般需要通过成因分析法来贯彻。

(2)自下而上法。

自下而上法或称类型制图法、合并法。这种方法是从划分最低级的区域单位开始,然后根据其共轭性或相对一致性原则把它们依次合并为高一级单位。

(3)相关分析与图层叠置相结合的方法。

在区划划分时首先进行相关分析,如在编制公路地貌形态图时,先进行海拔高程和地面坡度分析,根据公路建设的要求确定海拔高程图和平均地面坡度图,然后对此两图进行叠置,再根据高程分类数据和坡度分类数据编制公路地貌形态图。

(4)图层叠置与指标划分相结合的方法。

该方法是先确定应做的基础图件类型,然后结合公路建设的相关规定和具体要求,确定分类指标和指标区间,编制单项分类图,最后依据单项分类图和其他一些参考图件叠置共同寻找和确定各类专项区划图,最终的综合区划图也采用此种方法。

(5)自上而下的方法(顺序划分法)。

所谓自上而下或顺序划分法,首先是指在具体区划划分中采用此种方法,如各类专项区划和综合区划。其次,该方法是指先确定和划分一级分区,在一级分区的基础上划分二级分区,最后在二级分区的基础上再划分三级分区。该方法的核心是确定各分区区划差异指标,高级分区大差异,低级分区小差异。

(6)指标与指标图相结合的方法。

用指标直接进行分区时,具体的界线有时很难划定,如用指标图同时参与确定区划分区界线就比较容易确定。

4.13.3 我国公路工程自然区划

我国《公路自然区划标准》(JTJ 003—1986)分为3个层次。

1)一级区划

以两条均温等值线(全年均温-2℃等值线和1月均温0℃等值线)及两条等高线(1000m和3000m)作为一级区划的标志,将全国分为7个一级自然区。7个一级区划的名称和特征见表4.13-1。

一级区划名称和特征 表4.13-1

代号	一级区名	平均温度(℃)	平均最大冻深(cm)	潮湿系数(K)	地势阶梯	土质带
Ⅰ	北部多年冻土区	全年小于0	>200	0.50~1.00	东部1000m等高线两侧	棕黏性土
Ⅱ	东部湿润季冻区	1月小于0	10~200	0.50~1.00	东部1000m等高线以东	棕黏性土、黑黏性土、冲积土、软土
Ⅲ	黄土高原干湿过渡区	1月小于0	20~140	0.25~1.00	东部1000m等高线以西、西南3000m等高线以东	黄土
Ⅳ	东南湿热区	1月大于0 全年14~26	<10	1.00~2.25	东部1000m等高线以东	下蜀土、黄棕黏性土、红黏性土、砖红黏土、软土
Ⅴ	西南潮暖区	1月大于0, 全年14~22	<20	1.00~2.00	东部1000m等高线以西、西南3000m等高线以东	紫黏土、红色石灰土、砖红黏性土
Ⅵ	西北干旱区	全年小于10; 山区垂直分布	东部100~250; 西部40~100	东部0.25~0.5; 西部小于0.25	东部1000m等高线以西、西南3000m等高线以北	栗黏性土、沙砾土、碎石土

续上表

代号	一级区名	平均温度(℃)	平均最大冻深(cm)	潮湿系数(K)	地势阶梯	土质带
Ⅶ	青藏高寒区	全年小于10;1月小于0	除南端外 40~250	0.25~1.50	西南3000m等高线以西以南	沙砾土、软土

2)二级区划

二级区划以潮湿系数为主要分区标志,在7个一级区划内进一步分为33个二级区和19个副区(亚区)。潮湿系数K为年降水量(mm)和年蒸发量(mm)的比值。按区内的K值大小分为6个等级,见表4.13-2;各二级区的名称和特征见表4.13-3~表4.13-5。

潮湿系数*K*值分级 表4.13-2

区名	过湿区	中湿区	润湿区	润干区	中干区	过干区
K	>2.00	2.00~1.50	1.50~1.00	1.00~0.50	0.50~0.25	<0.25

二级区划的名称和特征(一) 表4.13-3

二级区名(包括副区)	水热状态						土质和岩性
	潮湿系数(K)	年降水量(mm)	雨型	多年平均最大冻深(cm)	最高月平均地温(℃)	地下水埋深(m)	
$Ⅰ_1$连续多年冻土区	0.75~1.00	400~600	夏、秋雨	>300	<30	1~3	棕黏性土、砂性土,粗粒岩
$Ⅰ_2$岛状多年冻土区	0.5~1.00	400~600	夏、秋雨	230~300	<30	1~3	以黏性土和砂性土为主,粗粒岩
$Ⅱ_1$东北东部山地润湿冻区	0.75~1.50	600~1200	夏雨	80~250	<30	一般大于3.0,洼地、谷地1~1.5	棕黏性土、砂性土,粗粒岩
$Ⅱ_{1a}$三江平原副区	0.75~1.00	600~800	夏雨	150~200	<30	<1	内陆软土
$Ⅱ_2$东北中部山前平原重冻区	0.25~1.25	400~600	夏雨	120~240	<30	一般大于3,谷地1~3	黑黏性土、内陆软土
$Ⅱ_{2a}$辽河平原冻融交替副区	0.75~1.25	600~800	夏雨	80~120	<30	一般1~2,海滨小于1	冲积土、沿海软土
$Ⅱ_3$东北西部润干冻区	0.50~0.75	200~600	夏雨	100~240	<30	一般1~3,山前大于3	栗黏性土、冲积土、沙砾土,粗粒花岗岩、流纹岩
$Ⅱ_4$海滦中冻区	0.50~0.75	400~800	夏、秋雨	40~100	30~32.5	一般1~4,海滨小于1	冲积土、沿海软土
$Ⅱ_{4a}$冀北山地副区	0.75~1.00	600~800	夏、秋雨	100~120	<30	一般大于3,谷地2~4	冲积土,粗粒岩和细粒岩

续上表

二级区名(包括副区)	水热状态						土质和岩性
	潮湿系数(*K*)	年降水量(mm)	雨型	多年平均最大冻深(cm)	最高月平均地温(℃)	地下水埋深(m)	
$Ⅱ_{4b}$旅大丘陵副区	0.75~1.00	600~800	夏、秋雨	60~80	<30	>3	棕黏性土、粗粒岩
$Ⅱ_5$鲁豫轻冻区	0.50~1.00	600~800	夏、秋雨	10~40	30~32.5	一般2~3,海滨小于2	冲积土
Ⅱ5a山东丘陵副区	0.75~1.25	600~1000	夏、秋雨	30~50	<30	一般大于3,谷地、海滨小于3	棕黏性土、沙砾土,粗粒岩和可溶岩
$Ⅲ_1$山西山地、盆地中冻区	0.5~1.00	400~600	夏、秋雨	40~100	25~30	一般大于3,盆地1~3	黄土、黄土状土,粗粒岩、可溶岩
$Ⅲ_{1a}$雁北张宜副区	0.5~0.75	400~600	夏、秋雨	100~140	25~30	一般大于3,盆地1~3	黄土状土,粗粒岩、可溶岩
$Ⅲ_2$陕北典型黄土高原中冻区	0.5~1.00	400~600	夏、秋雨	40~100	25~30	河谷小于3,塬大于20	黄土、黄土状土
$Ⅲ_{2a}$榆林副区	0.50~0.75	400~600	夏、秋雨	100~120	25~30	河谷小于3,塬大于20	黄土、黄土状土和沙砾土
$Ⅲ_3$甘东黄土山地区	0.25~0.75	200~600	夏、秋雨	80~100	25~30	河谷小于3,塬大于20	黄土、黄土状土,山区为细粒岩
$Ⅲ_4$黄渭间山地、盆地轻冻区	0.50~1.00	600~800	夏、秋雨	15~40	30~32.5	一般大于3,河谷小于1.5	黄土状土、黄土粗粒岩

二级区划的名称和特征表(二) 表4.13-4

二级区名(包括副区)	水热状态							土质和岩性
	潮湿系数(*K*)	年降水量(mm)	雨型	最高月*K*值	最大月雨期长度(天数)	最高月平均地温(℃)	地下水埋深(m)	
$Ⅳ_1$长江下游平原润湿区	1.00~1.50	1000~1400	春雨、梅雨	2.0~3.0	2.5~3.5	30~35	一般为1~2,海滨湖滨小于1	沿海软土和内陆软土、冲积土
$Ⅳ_{1a}$盐城副区	1.00~1.40	930~1150	夏秋雨	1.8~2.2	—	31.5~32.8	一般为1~2,海滨湖滨小于1	沿海软土和内陆软土、冲积土
$Ⅳ_2$江淮丘陵、山地润湿区	1.00~1.50	1000~1600	夏秋雨、梅雨	1.5~2.5	3.0~3.5	30~35	一般大于3,丘陵间盆地1.5~2.0	黄棕黏性土、下蜀土,粗粒岩

续上表

二级区名（包括副区）	水热状态							土质和岩性
	潮湿系数（K）	年降水量（mm）	雨型	最高月K值	最大月雨期长度（天数）	最高月平均地温（℃）	地下水埋深（m）	
Ⅳ$_3$长江中游平原中湿区	1.25~1.75	1200~1800	春雨、梅雨	2.5~4.0	3.6~4.0	32.5~35	一般1~2，湖滨小于1	冲积土和内陆软土，局部为下蜀土
Ⅳ$_4$浙闽沿海山地中湿区	1.00~2.00	1400~2200	台风暴雨	2.0~3.5	3.0~4.5	30~35	谷地1~3，山岭大于5	红黏性土，局部为沿海软土，粗粒岩
Ⅳ$_5$江南丘陵过湿区	1.5~2.25	1400~2000	梅雨、秋雨伏旱	3.5~5.0	4.0~4.5	≥35	谷地2~3	红黏性土，细粒岩
Ⅳ$_6$武夷南岭山地过湿区	1.5~2.25	1400~2000	春、夏雨	3.0~4.5	3.5~5.5	30~35	谷地2~3，山岭大于5	红黏性土，粗粒岩、细粒岩，可溶岩
Ⅳ$_{6a}$武夷副区	1.75~2.25	1800~2600	梅雨、夏雨	3.0~4.5	4.0~5.0	25~32.5	>5	红黏性土，粗粒岩
Ⅳ$_7$华南沿海台风区	0.75~2.0	1600~2600	夏雨和台风暴雨	2.0~3.0	2.5~4.5	30~32.5	一般大于3，海滨小于1	砖红色黏性土、沿海软土，粗粒岩
Ⅳ$_{7a}$台湾山地副区	1.50~2.75	2000~2800	夏雨和台风暴雨	>3.0	2.5~3.0	≤30	>3	北部为红黏性土、南部为砖红黏性土，细粒岩、粗粒岩
Ⅳ$_{7b}$海南岛西部润干副区	0.50~0.75	800~1600	台风雨	<3.0	<3.0	32.5~35	1~3	砖红黏性土
Ⅳ$_{7c}$南海诸岛副区	—	1600~2000	对流雨、台风雨	—	—	32.5~35	—	砖红黏性土
V$_1$秦山地润湿区	1.00~1.50	800~1400	夏、秋雨	2.0~3.0	3.0~3.5	25~32.5	埋深不定	黄棕黏性土，以粗粒岩为主
V$_2$四川盆地中湿区	1.25~1.75	1000~1400	夏雨、秋雨	2.0~3.0	3.5~4.5	30~32.5	丘陵大于2，谷地、成都平原1~2	紫黏性土，以细粒岩为主
V$_{2a}$雅安、乐山过湿副区	1.75~2.75	1200~2200	全年多雨，秋雨量多	3.0~4.5	4.0~5.5	<30	—	紫黏性土，细粒岩、粗粒岩
V$_2$三西、贵州山地过湿区	1.50~2.00	1000~1400	全年多雨	2.5~4.0	4.0~5.0	20.0~32.5	埋深不定	红黏性土，红色石灰岩、可溶岩

续上表

二级区名（包括副区）	水热状态							土质和岩性
	潮湿系数（K）	年降水量（mm）	雨型	最高月 K 值	最大月雨期长度（天数）	最高月平均地温（℃）	地下水埋深（m）	
V_{3a} 滇南、桂西润湿副区	1.0～1.50	1000～1600	夏雨、秋雨	1.5～3.0	3.0～4.0	25～30	谷地 2～4，山岭大于 5	砖红黏性土，可溶岩
V_4 川滇黔高原干湿交替区	0.5～1.00	600～1000	夏雨、秋雨	1.5～2.5	4.5～5.0	25～30	—	红黏性土，粗粒岩
V_5 滇西横断山地区	1.00～2.00	1200～1600	夏雨	2.0～5.0	5.0～12.0	20～30	—	粗粒岩、细粒岩、可溶岩
V_{5a} 大理副区	1.00～1.50	800～1800	夏雨	2.0～4.0	4.0～5.5	20～30	—	砖红黏性土，细粒岩、粗粒岩

二级区划的名称和特征（三） 表 4.13-5

二级区名（包括副区）	水热状态						土质和岩性
	潮湿系数（K）	年降水量（mm）	雨型	多年平均最大冻深（cm）	最高月平均地温（℃）	地下水埋深（m）	
VI_1 内蒙古草原中干区	0.25～0.50	150～400	夏雨	140～240	<30	一般 2～4，谷地洼地 1～2	栗黏性土和沙砾土，粗粒岩
VI_{1a} 河套副区	<0.25	150～200	夏雨	100～140	<30	<1.5	黏性土和砂性土
VI_2 绿洲—荒漠区	<0.25，其中塔里木至甘西小于 0.05	<150，其中塔里木至甘西不大于 50	夏雨或“无雨”	<100	30～40	绿洲不大于 3，荒漠不小于 5	沙砾土为主，绿洲为黏性土和沙砾土，粗粒岩、细粒岩
VI_3 阿尔泰山地冻土区	0.25～0.50	200～400	夏雨	≥150	<30	>3	粗粒岩
VI_4 天山—界山山地区	0.25～1.00	200～600	夏雨	100～150	≤30	≥5	以沙砾土和黏性土为主，局部有黄土，粗粒岩为主
VI_{4a} 塔城副区	0.25～0.50	≤200	夏雨	≤100	<30	3～5	以黏性土为主，砂性土和黄土状土为次，粗粒岩为主
VI_{4b} 伊犁河谷副区	0.5～0.75	200～400	夏雨	50～100	>30	<3	黏性土和砂性土
VII_1 祁连—昆仑山地区	0.25～0.50	100～400	夏雨	—	<30	山地大于 5，山前洪积扇 3～5	粗粒岩、细粒岩

续上表

二级区名（包括副区）	水热状态						土质和岩性
	潮湿系数（K）	年降水量（mm）	雨型	多年平均最大冻深（cm）	最高月平均地温（℃）	地下水埋深（m）	
Ⅶ$_{2}$柴达木荒漠区	<0.25	<50	夏雨或“无雨”	100～200	—	西部荒漠3～5，东部盐沼不大于3	以沙砾土为主，局部为内陆软土，细粒岩
Ⅶ$_{3}$河源山原草甸区	0.5～1.50	200～600	夏秋雨	—	<30	一般不小于3洼地小于1	以粉性土和变质岩为主
Ⅶ$_{4}$羌塘高原冻土区	<0.5	<200	夏秋雨	有多年冻土存在，北部呈连续分布，南部呈岛状分布（以安多为界）	<30，年平均温度低于-4	冻结层上水发育，在河谷平原一般小于1.0，最高仅0.2～0.3，呈片状连续分布	以细粒岩、可溶岩为主
Ⅶ$_{5}$川藏高山峡谷区	0.75～1.50	400～1000	春雨、夏雨	—	<30	>3	以粉性土和变质岩为主
Ⅶ$_{6}$藏南高山台地区	<0.50	200～600	夏雨	—	<30	阶地3～5	粗粒岩和细粒岩，河谷为沙砾土
Ⅶ$_{6a}$拉萨副区	0.25～0.75	400左右	夏雨	—	<30	>3	粗粒岩和细粒岩，河谷为沙砾土

3）三级区划

三级区划是二级区划的进一步细分，由各地根据当地的地貌、水文和土质类型等具体情况进行划分。

5 交通运输与经济地理的关系

经济是价值的创造、转化与实现;简单地说,经济就是人们生产、流通、分配、消费一切物质精神资料的总称。交通设施的建成通车,将激活沿线区域间的交流活动,加速产业要素的流动与转移,增强城市吸引、辐射能力,高新技术产业相应也会得到较快发展,产业结构重构、空间结构重组,使区域整体经济实力增强。地方财力增强,又使区域信息、公路及铁路、交通网络体系、环境保护等基础设施建设进一步完善,从而带来生产规模扩大,产业结构升级,产业间、地区间关联度增强,形成分工合作的产业群体、统一发达的市场和完善的信息体系;同时国内外资金技术、智力资源支持流入量加大,继而形成具有特定内在联系和功能的带状高等级开放经济系统。

经济社会环境条件(包括社会建筑技术水平)决定交通工程设施的形式、规模,建筑水平和交通工程的经济服务对象、内容和地理分布。因此,经济地理需要研究交通运输服务的对象所需要的交通运输量及其发展需求、服务内容及其变化,以及服务经济对象的地理分布及其将来的变化。经济社会条件的不同决定交通工程建设的标准、规模及运输内容。

本章主要讨论交通运输与各相关经济地理因子的相互作用及影响机理、影响因子的鉴别、判识和相应的对策措施。

5.1 交通运输与经济的关系

交通建设的目的是服务国民经济发展,服务城市乡村建设,服务人民群众安全便捷出行。交通与经济两系统间是相互依赖、相互制约、相互促进的关系。“要致富、先修路”,这是人们对交通运输和发展经济之间密切关系的最原始、最朴实的共识,这也充分说明了交通运输对于经济发展的重要意义。交通运输基础设施的持续完善能推动区域间的经济交流与互动,是确保社会经济与物质文化发展的基本前提,对提升国家经济核心竞争力、提升城乡居民物质文化水平有着决定性的作用。

交通是区域经济及社会生产、生活的内部条件,同时又是区域经济系统中一个创造产值的物质生产部门。经济的发展与交通的发展相互促进又相互制约,密不可分,适度超前的交通建设可以通过基础设施建设的引导需求,拉动区域经济发展。此外,区域经济的发展影响人们对交通运输的需求,从而促使交通运输业的发展变化。

5.1.1 交通运输不同阶段的经济作用

交通经济就是与交通有关的经济,其内涵包括交通与经济相联系的各个方面。一是交通工程在建设期间,不但直接拉动着经济增长,还可带动工程建材、饮食服务、商贸运输、劳务用工等一系列产业的兴起和发展,促进当地经济繁荣。二是交通在工程竣工后短期内,随着大量车流、客流、物流、信息流的涌入,提高城市的运作效率,强化城市的区域地位,促进经济和城市的发展;促使第三产业迅速繁荣,带动旅游业发展,从而大大提升沿线品位,增加知名度和对外开放度;而发达的城市经济反过来又能促进交通设施的投入,改善城市的交通环境,使城市、经济、交通形成良性循环的互动关系。三是交通工程在建成的 2~3 年后,城镇化水平会得到显著提高,吸引大量资金流入。

5.1.2 交通运输的经济价值

社会生产力空间性的内部结构、部门结构、布局结构、生态结构和时间性的动态结构的优化,都与交通的媒介作用息息相关。一是从微观性的内部结构来看,马克思把一个生产企业内部包括仓库、道路、渠道、管道在内的勾连人财物与产供销的运输设备、灌溉设备、仓库设备、包装设备、物流设备等,称为生产力内部结构中的“脉管系统”。显然,没有布局合理、设置得当和衔接有序的脉管系统的维系,一个企业内部生产力的“骨骼系统”和“肌肉系统”(即生产工具系统)的相互衔接和协调运作是不可能的。二是对生产力部门结构的优化,一点也离不开交通的传媒。生产力部门结构反映的是农业、工业和服务业之间的关系和联系。从社会学维度看,三次产业中主要矛盾的磨合可以转换为城(工)乡(农)关系的协调。要协调城乡关系,舍弃交通的媒介则别无他途。交通运输的经济意义不仅是提供了运输,而且在于它打破农村的孤立状态和连接城市与乡村的利益方面所产生的便利和社会意义。三是对生产力布局结构的优化,也有赖于交通运输的传媒。生产力的布局结构是指各种类型的生产力在各个地区的分布和关系。四是对生产力生态结构的平衡。生产力生态结构反映的是生产力诸要素与环境间的关系和联系,而优化的生产力生态结构用中国式语言表达就是“天人合一”。“天险地阻”4 个字所表达的信息就是人的空间超越性与地理阻隔性间的紧张关系,是交通运输正成为消弭这种紧张关系并臻于动态平衡的利器。例如,遇山修路(洞)和遇水架桥,就极大缓解了人与自然相抗相争的关系。五是对生产力动态结构的提升,也得力于交通运输的牵引。生产力的动态结构是对生产力“历时性”演进的纵向考察,它揭示的是生产力诸要素,尤其是生产力三大实体性要素在历史展开过程中所表现出的客观的、确定性的联系。诚然,生产工具对提升生产力的品质具有决定性作用,但是交通运输作为由于物化层面的科学技术,在提升社会生产力的动态结构品质和促进社会发展中的作用也不可小觑。从这个意义上讲,由马车和大车组成的交通运输产生的是前现代的农耕文明的生产力;由“大规模的铁路建设和远洋航运带来的发展以及电报的支撑所形成的才是现代化的机器大工业的生产力”;而由高速铁路、高速公路、移动电话、多媒体和互联网等信息网络系统所支撑起的,才是后现代信息文明条件下的生产力。

社会生产关系在历时性上又表现为生产、分配、交换和消费4个前后相继的环节。其中,生产和消费是主要矛盾,解决这个矛盾的条件是分配和交换,而分配和交换得以实现的方式正是交通运输。

5.1.3 交通运输在联结市场、促进竞争和降低运输成本方面的作用

交通基础设施的改善有益于市场融合和促进贸易。Duranton 等(2014)验证了美国州际高速公路对贸易的促进作用,Donaldson(2010)发现印度铁路能够显著地促进区域之间的贸易与国际贸易,Faber(2014)发现高速公路网能促进贸易的融合,提高路网节点地区的工业化程度。此外,当企业的市场因基础设施的改善而扩大时,它们彼此之间的竞争会增强(Du等,2013)。

交通基础设施的改善能促进城镇化。Atack 等(2010)发现19世纪中期美国中西部地区的大规模基础设施投资带来了随后的快速城镇化,从而促进了经济结构转型和经济增长。Duranton&Turner(2012)发现,10%的交通基础设施存量增长在20年内能带来1.5%的区域内劳动力增长。

交通基础设施能降低企业的运输成本。Fernald(1999)通过考察行业数据发现,较为依赖交通运输的行业的生产率受交通基础设施投资变动的影响更大。Jacoby&Minten(2009)发现基础设施可以降低企业的交通以及贸易成本,促进贸易和经济增长。类似地,Donaldson(2010)发现印度铁路修建能够显著降低交通运输成本。张光南和宋冉(2013)的分析表明我国交通基础设施有利于降低我国制造业生产成本和要素投入。

首先,基础设施的改善有助于企业扩大市场规模,即促使企业“走出去”,增加产品需求。其次,交通基础设施可以促使企业“走进来”,加剧本地市场的竞争程度,压缩本地企业的市场份额,降低本地企业的市场规模,从而减少企业的库存需求。最后,交通基础设施可以降低运输成本,从而使企业原材料的前置期显著缩短。

交通基础设施加强了地域联结,有利于企业实现市场扩张。交通基础设施能够显著地促进本地市场竞争;产品运输时间越长,即运输成本越高,库存需求越大;本地交通基础设施翻一番,能够通过缩小运输成本降低企业库存约0.66%;邻近城市基础设施翻一番,能够降低本地企业库存约0.57%。交通拥挤程度越高,企业运输时间也越长,企业的库存需求也越大。

一般而言,通信类基础设施提供了市场信息,加强了市场联通度。

5.1.4 交通建设对区域经济发展的作用

(1)推动沿线产业、经济空间集聚。交通的发展带来了商贸流通业的繁荣,促进了商品、资金、技术、信息的流动和组合。交通建设过程就是经济中心和经济走廊形成发展过程。根据区域经济理论,当一个区域具备某种有利于经济发展的必要条件时,这个区域与其他区域的差异将形成一种优势,产生一种引力,有可能把相关企业和生产要素吸引过来,在利益的驱动下形成产业布局上的相对集中和聚集,从而促进区域经济的发展。交通建设创造了许多有利于经济发展的节点,在此基础上形成新的工业园区,并为资金、技术、人口向该地区集聚提供了条件。

(2)促进沿线城镇快速发展。交通对城镇化的贡献率非常大,工业化和城镇化是现代化的一个重要标志。交通的建设和发展会加快工业化和城镇化。随着交通条件的改善,大批新兴城镇发展壮大,为农村劳动力进入城市务工经商提供载体。

(3)加快沿线资源开发利用。交通提供的便捷运输条件必然加快其沿线地区资源的开发和利用。第一,交通促进矿产资源的开发和利用;其次,对旅游业的开发起到促进作用;再次,交通沿线的土地资源进入新的开发阶段,土地价格会上涨,农业资源也将进一步得到开发利用,农业集约化、产业化程度加快。除了以上资源,还有其他类型的资源也在交通的建设中得到开发。

(4)促进区域经济协调发展。交通基础设施是国民经济的重要部门,在经济社会发展中具有举足轻重的作用,交通与统筹协调发展之间有着密切的联系。交通的建设改变了落后地区的交通条件,将其能发挥地区的资源优势,并使它们能够推销到其他区域,从而利用所得到的资金建设本地区的基础设施和工程,形成乘数效应。对于发达地区,来自其他地区的产品也将使商品经济更加繁荣。经济之间的互补性减少了生产过程到销售之间的成本,能实现利润扩大化。同时,各个地区共同发展有助于社会的平衡和稳定,而稳定的环境可为经济建设提供发展的平台。

(5)推动沿线社会发展。交通本身是一个投资巨大的准公共产品,其最终的目的就是使整个社会得到快速发展,推动社会的进步。再者,交通产业是一个潜在的、长期性的经济增长因素所在,为社会经济的持续发展提供动力,能加速与外界的交流与联系,推动人们思想观念的进步。

5.1.5 交通并不是经济增长的唯一促进因素

从我国西部地区增长的影响因素分析得出:自从我国决定进行西部大开发战略决策以来,西部地区无论经济社会还是文化生态都得到了快速的发展,在经济收入增长的同时,西部地区各省(自治区、直辖市)也有了更雄厚的经济实力和财力加大投资建设西部交通基础设施,辅以中央对西部地区交通建设的重视和投入,西部大开发期间西部地区的经济增长促进了交通基础设施的投资。反过来,不断加大投资量的交通基础设施对西部地区的经济增长产生了巨大的促进作用。但是,格兰杰因果检验结果表明,交通基础设施投资并不是西部地区经济增长的原因,交通基础设施建设虽然促进了西部地区经济的发展,但是仅依靠交通基础设施的投资是不能进一步促进经济的发展的。经济增长不是受一个因素或几个因素制约,而是由众多因素共同的制约,其中包括劳动力、资本投入、技术甚至文化制度等,这同"木桶理论"一样,经济发展"这桶水"要靠众多影响因素共同作用,平衡发展,仅一个方面的因素是保持不了"这桶水"的稳定的。

5.1.6 交通沿线经济带构建对策

交通运输体系的合理与否对一个区域的发展至关重要,沿线地区交通运输体系应做到:一要保证区内产业要素流动畅通无阻;二要保证区内与区外产业要素流动能够有序对接。经济带交通运输体系应包括带内交通运输体系、经济带与其他区域(经济带、产业带)间的交通运输格局。

经济带构建的首要问题是统一规划,完善水陆空综合运输体系。针对带内断头路,各种运输方式间缺乏合理分工、各地区各自为政、相互脱节、缺乏统一规划等问题,应加强带内协作,从经济带的整体出发,集中力量建设一些强大的运输中心,运用高科技手段构建一个高效的交通运输网络系统。同时,还要加强与其他区域运输体系的对接,尤其是通过中心城市加强与国外交流,与国际运输体系连为一体。

根据"增长极"理论,为了增强交通沿线经济带的整体经济实力,必须选择一些区位条件优越、原有基础较好的地方优先发展,构建产业簇群,然后带动区位条件较差地区的发展,最终达到全面发展的目的。因此,除加强地域中心城市的龙头作用之外,还应着力培育次发达地区经济增长点,使其成为交通沿线经济带建设的"中坚"力量。同时,要选择条件成熟、区位适中的小城市培育成中等城市;创造条件使一些基础条件较好的城镇发展成为小城市。

增强小城镇活力,也是构建经济增长极的重要一环。小城镇发展的关键在乡镇企业。特别是分散在各乡镇村的有市场开拓前景的乡镇企业项目,要以交通沿线建设为契机,打破行政区划界限,实行相对集中布局。要运用优惠政策、法规约束、股份制改造等措施引导乡镇企业进入工业园区;工业园区要科学选址、科学规划,使其能够充分利用便利的交通在短时期内形成一定规模,促进小城镇经济实力进一步增强,使沿线经济得到尽快发展。

5.1.7 交通运输与经济发展关系的案例

1)案例1:茶马古道与沿线经济

茶马古道带动了藏族人士聚居地社会经济的发展。伴随茶马贸易,不仅大量的内地工农业产品被传藏族人士聚居地,丰富了藏族人士聚居地的物质生活,而且内地的先进工艺、科技和能工巧匠也由茶马古道进入藏族人士聚居地,推动了藏族人士聚居地经济的发展。例如因茶叶运输的需要,内地的制革技术传入藏族人士聚居地,使藏族人士聚居地的皮革加工工业发展起来;因商贸的发展,内地的淘金、种菜、建筑、金银加工等技术和技工大量经由此道输入,推动了藏族人士聚居地农作技术、采金技术和手工业的发展。同时,由于交易物品的扩展,藏族人士聚居地的虫草、贝母、大黄、秦艽等药材被开发出来,卡垫、毪子和民族手工艺品生产也被带动起来,有了很大的发展。据统计,宋代四川产茶1500万kg,其中70%经由茶马古道运往藏族人士聚居地。明代经由黎雅、碉门口岸交易的川茶达1.5万kg,占全川茶的80%以上。清代经打箭炉出关的川茶每年达700万kg以上。同时,大批的藏族人士聚居地土特产也经由此路输出。据1934年统计,由康定入关输向内地的有麝香2000kg、虫草1.5万kg、羊毛275万kg、毪子6万多根等,共值银400多万两。在这一贸易的带动下,藏族人士聚居地商业活动迅速兴起,出现了一批著名的藏商;出现了集客栈、商店、中介机构于一身的特殊经济机构——锅庄。西藏昌都由于是川藏茶马古道的交通枢纽和物资集散地,当地人受这种环境的熏陶,最早改变了重农轻商的观念,养成了经商的习惯。

2)案例2:湖南经济增长与高速公路的关系

湖南高速公路每增加1km,GDP将增加1.749亿元。此外,高速公路投资建设过程中对水泥、钢材、砂石等建材物资、工程机械的直接需要,也带来了短期的运输、劳动力、餐饮、零售的间接需求,进一步带动区域经济的快速增长。

湘西地区的矿产、林木、农产品、中医药、劳动力等资源向发达地区输送以及生活和工业

产品向湘西输入,将各区域的优势充分发挥出来,将资源转化为地区发展的动力,实现经济共同腾飞。湘西有旅游产业的优势,张家界、湘西少数民族风情、猛洞河漂流、植物生态园都是我国闻名甚至世界闻名的旅游景点,高速公路的建成对游客的吸引力增强,也为景区开发带来便利。在此基础上,交通改变人们对市场经济的认识和视野的开拓,增加老百姓的钱袋子。湘西是湖南最为贫困的地区,高速公路建设巨大的投资效益,使高速公路节点形成高速公路产业带,通过产业带的辐射作用,形成新型的工业化城镇,创造更多的就业机会,吸纳更多的农村人口,加速城镇建设速度。

加快环湖地区高速公路建设对环洞庭湖城市群经济发展的影响如下:其一,加快资源、商品的输出。环洞庭湖城市群物产丰富,产品的输出是本区实现经济发展的重点,高速公路的建设正好解决了这个问题。其区位优势日益凸显,现已形成石化电力、食品加工、机械制造、生物制药、循环产业等优势产业,使本区的产品销往发达地区甚至是国外有了便利的渠道,对充分发挥湖区区位、农业、生态、矿产等综合优势,加快推进新型工业化、新型城镇化和农业现代化"三化"融合发展,实现中部崛起具有重要作用。其二,高速公路可以加强与邻近区域的联系。环洞庭湖城市群是长株潭城市群的副翼,也是湖南省的第二级城市群,北有武汉都市圈,西临大湘西地区。加强与其他区域的联系,为本区的经济发展创造了更多更大的机会,高速公路将这些区域连成一片整合各自资源,在中部地区形成一个范围广大的经济发展区域。其三,高速公路和水路交通将同时影响本区运输和物流。岳阳的城陵矶港是湖南省最大的港口,高速公路的建成使其更好地与其他交通方式沟通起来,形成更加合理的交通运输方式,从而为运输业和物流产业发展提供更有力的支持。

3)案例3:高速铁路加速沿线城市带的形成

高速铁路加强了途经区域城市之间的有机联系,形成城市化发展的连锁效应,引发城市的重新定位,使城市从单体到群落,最终形成城市群、城市带的发展格局。如泛欧高速铁路网带动形成的以巴黎、柏林为核心的欧洲大陆城市密集带,日本东海道新干线催生的东京、神户、名古屋、大阪等太平洋沿岸城市密集带。

4)案例4:我国GDP和高速公路里程的相互关系

通过对1988—2012年我国GDP和高速公路里程的分析,得出两者正相关的结论。经济增长对高速公路发展的影响具有一定的滞后性,高速公路通车里程的增长对经济增长的贡献随着时间的推移而逐步增大;实际经济增长对高速公路建设的带动力较强。从短期看,高速公路基础设施的建设对实际经济增长的作用不突出;但从中长期来看,高速公路基础设施建设对实际经济增长贡献巨大,高速公路通车里程的增长对长期的实际经济增长变动解释力度达4成以上。

5.2 交通运输对区域分工与合作影响的机理

对于我国来说,由于我国幅员广阔,各地区的区位、资源、人口分布等存在较大差异,因而区域之间的经济发展差距较大,体现出比其他国家更为明显的非均衡性特征。交通运输可以把不同区位的资源、生产技术等生产要素联系起来,发挥各地域之间的特长,使得资源、人力和技术得到充分发挥。交通运输是大国经济发展过程中衍生出的需求,是受到交易需求的影响从而派生出来的需求,当大国内部某个区域发展到了生产要素存在瓶颈、要素间不能相匹配的时候,产品不能在区域内出售,那么就存在扩大其市场范围的动力。这种动力就会促进区域发展交通连接其他的区域,交通运输发展后,区域经济环境得到改善,将对大国的区域经济增长起到促进作用。

一些典型大国的经济发展史向我们展示了交通运输的发展促进了经济增长,而经济增长又促进了交通运输发展,两者之间的相互作用导致了一种正反馈现象,以及由此在相当长的一段时期内出现的报酬递增,并表现为经济在该时期的持续增长。

交通运输发展对大国经济增长的作用主要是通过两个路径体现:①直接效应。直接效应是指交通运输业作为一个产业的发展所造成的国民经济的发展,主要是通过投资于交通运输的建设,交通运输业发展带来的产值。②间接效应。交通运输的发展会导致区域生产要素的重新配置、产品结构变化和区域分工等结果,改变大国内的区域经济环境所带来的效应。

1)生产要素在区域间流动提高区域增长率

交通运输的发展会降低区域间的生产要素的流通成本或提高流通速度,会加快知识和技术的传播、劳动力的流动、资本的流动等,使生产要素在一个更大的市场范围内依据市场规则进行合理的分配,并在交流过程中获得技术进步。当与生产有关的要素能在不同区域间以很小的成本自由流通后(在这里主要考虑交通的成本),其相比原来的市场,无疑是一个更广、更复杂的市场。如A区域的是经济发达地区,表现在技术先进、资本剩余但劳力不足、劳动力成本高,那么A区域需要寻求一个新的市场进行投资,释放剩余的资本,同时希望能吸进劳动力,弥补劳动力不足。B区域是经济落后区,表现在技术落后、资本不足但劳动力剩余、工资低,那么B区域希望能引进外部资本,补充资本投入的不足,而希望能释放多余的劳动力,以便减轻就业压力。

2)交通运输会增强区域的优势发挥和社会分工与合作

当贸易的成本降低,所需要的成本低于贸易所带来的利润时,贸易将会发生,直到两者相等,贸易量才会停止增长。而贸易在不同区域间发生将深化各区域的分工。如A区域是经济发达地区,B区域是经济落后区,使用两种要素资本和劳动力,都生产两种产品(制造产品和农产品),制造产品是相对资本密集型产业,农产品是相对劳动密集型产业。在开始的时候,两个区域间由于交通运输的落后,经济间没有交流或交流很少,产品间的交易很少。假设某时刻交通运输得到了发展,不存在贸易壁垒,交易市场化和自由化,那么两个区域间的产品流通成本降低,商品市场就会迅速发展。

交通运输发展后,区域间发生了产品交易,由于产品上的差异及生产产品优势的不同,会造成区域内生产要素的重新配置及利用。由于能把剩余的生产要素释放出来投入到生产中,减少资源的闲置浪费,使有限的资源有可能得到充分利用,各个区域的产出比没有交通运输的情况更高。在产品交易的过程中,两个区域都发现了自己的比较优势,同时,两种产品的销售市场扩大吸引了更多的投入,造成区域间更注重于一种产品的生产,A区域投入更多的要素生产制造品,B区域投入更多的要素生产农产品,产生规模经济及专业化利益,进一步深化区域内的分工。

当在本区域生产的产品的成本加上交易成本大于在另外区域出售的价格时,就不能继

续增加要素投入来扩大生产。也就是说,企业的生产规模受到了限制,并不能充分发挥出其比较优势,那么区域间分工受到了一定限制,每个区域并没有完全只生产一种产品,而是同时还生产制造品和农产品,这是一种低级形式的分工状态。

例如,A 区域有剩余资本流入 B 区域,而 B 区域有剩余劳动力流向 A 区域。当 A 区域扩大生产制造品受到了要素供给的刚性和要素成本昂贵的限制,而这时劳动力的投入,使得 A 区域的限制条件得到缓解。要素成本的降低使得生产制造品的成本降低,区域 A 将扩大制造品的生产并大量出口到区域 B。生产规模的扩大,充分利用了 A 区域的生产能力,降低了产品的单位成本,并可能导致规模报酬递增。而规模经济会导致 A 区域继续增加制造品生产要素的投入。因为区域 A 生产制造品比 B 区域生产的制造品成本低,而且质量高,B 区域的消费者倾向于购买。B 区域的制造品没有竞争优势,如果两种制造品间的成本差异大于交通运输的交易成本,很可能造成 A 区域的制造品完全取代 B 区域的制造品。当然在这里没有考虑地方保护主义的因素及其他的进入壁垒。

A 区域的资本进入了 B 区域后对 B 区域的影响比较复杂,因为进入的资本可以投入到生产制造品中,也可以投入到生产农产品中。当 A 区域的工资与 B 区域的工资差额小于两区域间的运输费用时,在 B 区域进行生产制造品是有利的。但是,刚开始的时候,投入到农产品中来对投资更具有吸引力。因为 B 区域生产农产品具有优势,有比生产制造品更高的收益率。对于 B 区域来说,以前生产农产品的模式是劳动力密集,而资金投入量很少,采用农业工具设备也很落后,投入的资金将会改善农业的生产条件,使得单位产量更高,人均产量更高。由于 B 区域的劳力成本比 A 区域的劳力成本低,生产出的农产品在 A 区域里具有市场优势。那么,B 区域的农产品将占据 A 区域的农产品市场。大规模的种植及引进农业设备使得 B 区域的农产品生产具有规模经济,而规模经济会进一步促进 B 区域增加生产要素到农产品生产中来。

由于交通运输的发展,使得市场范围扩大,生产要素流通和产品贸易发展,基于比较优势及规模经济,最终导致了区域间的分工和专业化,区域间的分工导致区域产业结构的变化,并使两个区域一体化。当区域之间的生产要素趋于一致时,生产要素的边际产出趋于一致。发展到一定程度后,将会产生生产要素特别是劳动力不足的时候,或者存在产能过剩的情况,那么这个一体化后的区域将寻找新的市场,以满足其要素需求及产品的销售。正如杨格理论所表达的实质:市场规模扩大导致分工的深化,分工深化又进一步引致市场规模的扩大。交通运输的发展改变大国区域间的资源配置,使要素得以充分利用,产品市场得以扩大,促进区域分工,产生规模经济,导致区域间的产业结构变迁,从而加速经济的发展。

3)区域间统一交通规划的必要性

各地区、各种运输方式或部门以自我为中心各自规划、自成体系,会造成本应相互衔接的环节割裂、接口少、标准和规则不统一;不同地区间实行地方保护,设置障碍,限制运输要素的自由流动。这都会导致全国或区域内无法形成完整的运输网,产品和各种生产要素不能够充分流动,无法形成地区分工,地区经济差距会越来越大。为此,应坚持“地区统筹”和“城乡统筹”,建立区域交通运输一体化发展模式。

5.3 经济发展与交通运输建设耦合协调分析

5.3.1 区域经济与交通基础设施系统耦合协调发展的作用机理

1)交通基础设施对区域经济发展的推动作用

交通基础设施是地区生产力布局及区域经济开发的重要组成部分,交通基础设施建设会对其所在地区的经济社会发展及环境产生重大深刻的影响。这种影响表现在以下三个方面:①提高交通基础设施沿线各个地区、城市的可达性,提升区位优势;②引起空间不平衡和物质能量交换的频繁,引导产业带和发展轴线的形成,是区域经济空间发展的集聚轴;③便于各种“物质流”“资金流”以及“信息流”流动,加强区域产业间的联系强度,产生更大的关联度。

2)区域经济的发展对交通基础设施的拉动作用

区域经济的发展对交通基础设施建设的拉动主要体现在以下几个方面:①区域经济的发展诱导交通基础设施不断完善,以满足对其日益增长的联系需求;②区域经济的发展为交通基础设施建设提供足够的资金支持,进而加快其建设步伐;③区域经济的发展将促进区域内分工的发展和新技术的创新,交通基础设施是一个技术含量较高的产业,随着技术难关的突破,对交通基础设施建设将产生积极影响;④经济的发展促使市场机制进一步完善,诸如BOT(Build-Operate-Transfer,建设-运营-转让)方式、转让经营权方式、国际投资证券等新的投资模式的引进会提高基础设施建设的效率。

总之,交通基础设施与区域经济发展两者的作用是相互的,构成反馈环。当它们在规模、结构与功能等方面相互适应时,就可以形成相互促进的正反馈环,使双方协调发展,共同向更高水平演化;但如果不能相互适应时,两者向任何一方的发展都将制约于另一方,从而形成相互制约的负反馈环,阻碍交通基础设施与区域经济大系统向更高层次的协调发展。

5.3.2 经济发展与交通建设耦合机理

耦合关系的前提是作用对象之间必须存在一定的关联,其结果是这些对象的某些属性发生或增或减的变化。区域经济与区际交通之间是一种耦合关系。首先,本质上看交通是经济的重要组成。特别是作为加强区域间运输联系的重要载体,区际交通能够实现客货在不同区域之间的流动,进而有效加强了区域空间联系。同时这一联系还能加速生产专业化和分工协作区域化,为区域间形成各具特色的经济联系奠定基础。其次,区域经济是区际交通的发展基石。交通运输的需求源于不同区域之间客观存在的经济社会活动差异,而区际交通正是基于区域经济的发展不平衡现象,而体现出自身的多重意义。区际交通设施的完善也离不开所辖区域的统一规划和在资金、人力、技术等投入要素支持。因此,这里用耦合来描述区域经济与区际交通之间存在的高度关联现象。其中,一方的变化将会对另一方产生连锁反应,既包括双方的相互优化、提高,也包括反向牵制、阻碍。

耦合作用可以进一步从空间和时间两个层面理解。时间层面上,区际交通的存量与流量变化将对区域经济产生渐进式的空间作用,而区域经济内部的不断协调也会反过来影响区际交通的长期部署与建设;空间层面,由交通设施而带来的区域性布局与沿途区域的经济集散效应之间存在密切关系,综合交通运输方式的协调发展将极大调动人、物及其相关无形要素的流动,进而推进区域经济的发展。根据协同学的基本理念,序参量是决定系统相变过程的根本因素。系统相变的特征与规律主要取决于其内部序参量的协同作用,而耦合度正是对这种协同作用的度量。交通运输是加强区域间经济联系的重要手段,相应地,区际交通也是维系各子区域相互竞争与协作的重要纽带。随着交通基础设施的不断完善、技术装备的不断创新以及运输网络的不断健全,交通的区域影响力将不断提高,进而在主宰区域经济联系程度、支配区域协作与交流水平等方面也将不断加深。因此,区际交通是促进区域经济协同发展的重要序参量。为了明确区域经济与区际交通之间的耦合作用,基于其互动机制和关联,可构建相应的耦合系统(图 5.3-1)。

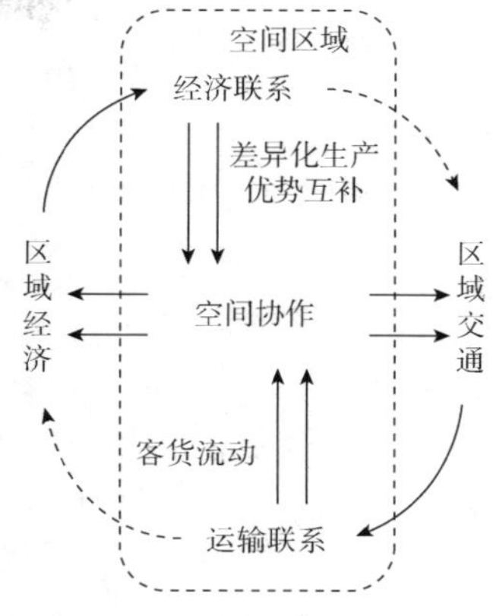

图 5.3-1 区域经济-区际交通耦合系统

这一系统包含了区域经济和区际交通两大子系统,并通过隐性作用于一定空间区域的经济联系和运输联系,形成了一个完整闭合的交互循环。这一循环能否顺利延续取决于各个子系统的耦合作用效果。即完善的区际交通建设能够通过便捷的客货运输,加强区域间运输联系的紧密程度,进而实现原材料和产成品的自由流动,形成基于资源要素合理配置的区域协作;而区域经济能够宏观考虑在资源供给和生产能力等方面的地域差异化和互补性,系统协调各子区域的经济联系,加强整体区域的空间协调程度。此外,区域空间协作能力还会影响到区域经济的协调发展能力和区际交通的运输能力。可见,区域经济与区际交通的耦合作用是在所辖地域的交通设施条件与经济社会发展环境的空间协作下形成并发展的。其中,系统耦合度度量了区域经济子系统和区际交通子系统交互作用的强弱程度,是子系统之间关联关系的量化表示。而协调度是对其中良性耦合关系的度量,体现了经济与交通之间的积极作用程度。耦合度的时间演变趋势也能反映出区域经济与区际交通之间在作用类型与依存强度上的变化情况。根据不同时期的耦合差异,可以采取针对性措施,确保各子系统的协作与互助。

5.3.3 耦合协调发展测度模型

1)系统综合评价函数

要求区域经济与交通运输系统的协调值,首先就要求出两个系统的综合发展指数。基于对原始数据的处理和指标权重的计算,通过构造区域经济综合评价函数和交通运输系统综合评价函数来完成。设正数 $x_1, x_2, \cdots, x_m$ 为描述区域经济的 m 个指标;正数 $Y_1, Y_2, \cdots, Y_n$ 为交通运输系统的 n 个指标。

$$E(X) = \sum_{i=1}^{m} a_i X_i \tag{5.3-1}$$

$$H(Y) = \sum_{j=1}^{m} b_i Y_i \tag{5.3-2}$$

式中：$E(X)$——区域经济综合评价函数；

$H(Y)$——交通运输系统综合评价函数；

a_i、b_j——指标权重；

X_i、Y_j——标准化后的数据。

2）区域经济与交通运输系统协同发展状况模型

（1）耦合理论及模型。

区域经济-交通运输系统的交互耦合关系是两者相互作用、相互影响非线性关系的总和，依据区域经济-交通运输系统交互作用的强弱程度，一般可以将其耦合的过程划分为低水平耦合、颉颃、磨合和高水平耦合四个阶段。

因所用指标的量纲不同，各指标数据之间不具可比性，因此在进行耦合协调度计算前，须对指标进行标准化处理。采用极差标准化处理方式，对原始数据作线性变换，使结果落到[0,1]区间内，转换函数如下：

$$x^* = \frac{x - \min}{\max - \min} \tag{5.3-3}$$

式中：x——原始数据值；

x^*——标准化后的数值；

max——样本数据的最大值；

min——样本数据的最小值。

借鉴物理学中的容量耦合概念及容量耦合系数模型，推广得到多个系统（或要素）相互作用耦合度模型，即：设变量 $u_i(i=1,2,\cdots,m)$、$u_j(j=1,2,\cdots,n)$ 分别表示系统，则推广得到多个系统相互作用的耦合度模型为：

$$c_n = n\left\{\frac{u_1 u_2 \cdots u_n}{\Pi(u_i u_j)}\right\}^{\frac{1}{n}} \tag{5.3-4}$$

当只有两个系统时，可以直接得到它们的耦合度函数，表示为：

$$c_n = 2\left\{\frac{(u_1 u_2)}{\Pi(u_i u_j)}\right\}^{\frac{1}{2}} \tag{5.3-5}$$

根据耦合度值的变化，模型可分为以下六种类型：①当 $c=0$ 时，交通运输系统-区域经济的耦合度极小，系统之间处于无关状态且向无序发展；②当 $c\in(0,0.3]$ 时，交通运输系统-区域经济处于较低水平的耦合阶段；③当 $c\in(0.3,0.5]$ 时，交通运输系统-区域经济的耦合处于颉颃时期；④当 $c\in(0.5,0.8]$ 时，交通运输系统-区域经济的耦合进入磨合阶段，两者间开始良性耦合；⑤当 $c\in(0.8,1.0]$ 时，交通运输系统-区域经济处于高水平的耦合阶段；⑥当 $c=1$ 时，交通运输系统-区域经济的耦合度最大，系统之间达到良性共振耦合且趋向新的有序结构。

（2）协调理论及模型。

协调是指为实现系统总体演进的目标，各子系统或各元素之间相互协作、相互配合、相互促进，所形成的一种良性循环态势。协调除了强调整体的和谐，还要求各子系统、各元素之间相互适应、相促进。

因此，区域经济-交通运输系统要协调发展，要在保持其各自内部协调的基础上，使两者

在整体上形成良性互动。此外,耦合协调度不仅能区别出由于区域经济-交通运输系统偏小带来协调度高的伪协调,而且能评判不同区的区域经济-交通运输系统耦合的协调程度,反映出区域经济-交通运输系统水平的相对高低,协调模型可表示为:

$$D(C \cdot T)\theta \tag{5.3-6}$$

$$T=a \cdot U_1+b \cdot U_2 \tag{5.3-7}$$

式中:D——耦合协调度 $D\in(0,0.09]$;

C——协调度;

T——反映交通运输系统与区域经济整体效益或水平综合评价指数;

a、b——待定参数,两个系统基本同等重要时一般取 $a=0.5$,$b=0.5$;

当 $D\in(0,0.09]=1/6$ 时其方差最小,故取 $D\in(0,0.09]=1/6$。

耦合协调度可分为以下 10 种类型:①$D\in(0,0.09]$时,为极度失调;②$D\in[0.1,0.19]$时,为严重失调;③$D\in[0.2,0.29]$时,为中度失调;④$D\in[0.3,0.39]$时,为轻度失调;⑤$D\in[0.4,0.49]$时,为濒临失调;⑥$D\in[0.5,0.59]$时,为勉强协调;⑦$D\in[0.6,0.69]$时,为初级调;⑧$D\in[0.7,0.79]$时,为中级协调;⑨$D\in[0.8,0.89]$时,为良好协调;⑩$D\in[0.9,1.0]$时,为优质协调。

5.3.4 促进经济与交通协调发展的建议

(1)协调发展型:主要为经济发展与交通建设良好协调和中级协调的区域,其经济与交通均具有较高发展水平,且协调度高。未来应在协调发展的前提下,进一步提升经济发展与交通建设水平,促进经济与交通耦合协调度的整体提高。

(2)失衡发展型:主要为经济发展与交通建设初级协调和轻度失调的区域,其某一系统的发展相对滞后,另一系统的发展相对发达,导致经济与交通的发展程度不协调,进而影响整体耦合协调度的提高,存在经济发展滞后型或交通建设滞后型。促进经济与交通耦合协调度提高的关键在于明确发展趋势,改善提升发展滞后的环节,从而实现协调发展。

(3)低速发展型:主要为经济发展与交通建设中度失调和严重失调的区域,其经济与交通综合水平都偏低。未来应在提高交通基础设施建设水平的基础上,以地区优势为出发点,开展具有特色的经济建设活动,全方位推动经济与交通耦合协调度的提升。

由于社会经济活动系统的复杂性,区域经济与区际交通并非两个独立子系统,除了经济联系和运输联系,还会同时受到其他因素的制约。

5.3.5 诱增理论

一地区经济的发展通常呈现出两种形式:一种是在经济发展固有的一般基础条件下所产生的规律性趋势增长,另一种是由于经济发展环境变化所引起的诱导性增长。重大交通基础设施的建设往往就对地区社会经济发展产生诱增效应。这一诱增效应包括由于运输条件的改善引起交通沿线地区市场变化、产业布局变化和经济结构变化,从而促进经济的增长;或是指一条或多条线路合理改善后对整个交通网络的影响,不仅使区域所产生的社会经济效益提高,还使区域客货流分配趋于合理,缓解部分交通紧张状况,使市场受压抑状况得以改善,生产潜力得以发挥的综合效应。

5.3.6 案例:苏南地区地域交通-经济耦合分析

1)指标体系构建

在经济系统中,宏观经济现象表现在多个方面。以国家法定统计指标为依据来确定的城市经济系统评价指标,主要包括:规模性指标包括全省生产总值、社会消费品零售总额、进出口总额、实际利用外资额;结构性指标包括第三产业占比;效益性指标包括人均生产总值、居民价格消费指数、商品价格消费指数。

根据江苏省统计局公开出版的《江苏省交通统计年鉴》中的统计指标,从规模、投资等不同的方面构建指标体系来反映交通系统的发展状态,每个方面又包括了若干个项指标,区域经济交通基础设施系统融合协调发展系统的指标体系如图 5.3-2 所示。

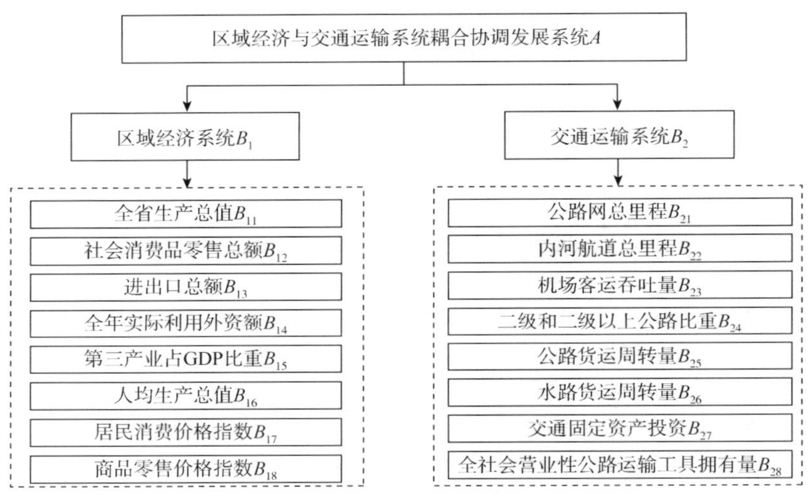

图 5.3-2 区域经济与交通基础设施耦合协调发展指标体系

2)数据选取

图 5.3-2 中第一层是目标层,作为协调发展的总水平层面,从总体上反映了区域经济和交通运输系统耦合协调发展程度;第二层为子系统发展水平层,将目标层进一步划分为区域经济和交通运输系统两个子系统,分别反映各行各业的综合发展水平;第三层为指标层,共由 16 个指标构成,这一层次是整个指标体系最重要的层次,因为它是整个评价体系的基础和依据。

鉴于层次分析法的特点,并结合数据的可获得性,选取 2011 年苏南五个地级市为样本,从空间维度方面对江苏省区域经济和交通运输系统耦合协调发展状况来进行研究、所用指标原始数据来自 2011 年《江苏省统计年鉴》、2011 年《江苏省交通统计年鉴》以及各个地级市的统计年鉴。

3)指标权重确定

根据层次分析法的基本原理,并结合图 5.3-2 的指标体系,聘请行业管理人员和专业学者针对各指标间的关系进行打分。同时,利用 Yaahp 软件进行层次分析,将目标层、准则层和方案层各指标两两比较,计算出相应矩阵的最大特征值、特征向量和一致性指标,在此基

础上进行了相应的一致性检验，结果见表5.3-1。

区域经济与交通运输系统耦合协调系统指标一致性检验表　　表5.3-1

相关检验系数	$A\text{-}B_i$	$B_1\text{-}B_{1j}$	$B_2\text{-}B_{2j}$
λ_{max}	2	8.9444	8.9033
C.R.	0.0000	0.0975	0.0915

由表5.3-1知，准则层判断矩阵的随机一致性比率C.R.为0.0000，即C.R.<0.1，同时，方案层各判断矩阵的随机一致性比率C.R.分别为0.0975和0.0915，均都小于0.1，说明各判断矩阵两两指标间的比率赋值合理，其一致性都符合要求，即具有满意的一致性。

表5.3-2中第2、3列分别为区域经济和交通运输系统各子系统指标权重；第4、5列则为区域经济和交通运输系统各子系统指标在综合系统中的权重。

区域经济与交通运输系统耦合协调发展系统指标权重　　表5.3-2

权重系数	$(A\text{-}B_i:W^2)$		$(A\text{-}B_i:W^2W^3)$	
$B_1\text{-}B_{1j}$:	B_1	B_2	B_1	B_2
	0.5	0.5		
B_{i1}	0.1734	0.1759	0.0867	0.0880
B_{i2}	0.0322	0.0322	0.0161	0.0161
B_{i3}	0.0529	0.0565	0.0265	0.0283
B_{i4}	0.0589	0.0589	0.0295	0.0295
B_{i5}	0.0272	0.0286	0.0136	0.0143
B_{i6}	0.104	0.0977	0.0520	0.0489
B_{i7}	0.0286	0.0293	0.0143	0.0147
B_{i8}	0.0228	0.021	0.0114	0.0105

注：W^2、W^3表示权重。

4）协调发展状况评价

（1）区域经济与交通运输系统综合发展水平计算。

区域经济与交通运输系统各指标原始数据经过归一化处理后，乘以各指标权重，得到各样本的区域经济综合发展水平和交通运输系统综合发展水平，如图5.3-3所示。图5.3-3中，镇江、无锡、常州、苏州的区域经济综合发展水平高于交通运输系统综合发展水平，南京呈现为区域经济综合发展水平略低于交通运输系统综合发展水平，且多数样本还表现为交通运输系统发展水平随区域经济发展水平的变化而变化，区域经济发展水平高的区域，交通运输系统水平也相对较高；同理，区域经济发展水平低的区域，交通运输系统水平也相对较低。

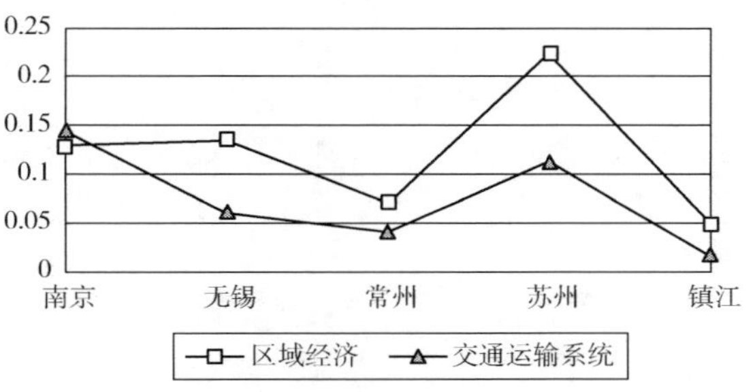

图5.3-3　区域经济和交通运输系统的综合发展水平

（2）区域经济与交通运输系统耦合度计算。

将各样本的区域经济与交通运输系统综合发展水平值代入耦合度模型计算

公式,得到各样本区域经济和交通运输系统的耦合度,见表5.3-3。

区域经济和交通运输系统的耦合度　　表5.3-3

地区	南京	无锡	常州	苏州	镇江
耦合度 C	0.999	0.929	0.967	0.944	0.897
耦合类型	高水平耦合	高水平耦合	高水平耦合	高水平耦合	高水平耦合

(3)区域经济与交通运输系统耦合协调度计算。

将各样本的区域经济与交通运输系统综合发展水平、协调度代入耦合协调度模型计算公式,得到各样本的综合评价指数和耦合协调度,见表5.3-4。

区域经济和交通运输系统的耦合协调度　　表5.3-4

地区	南京	无锡	常州	苏州	镇江
综合评价指标 T	0.138	0.100	0.057	0.170	0.034
耦合协调度 D	0.718	0.673	0.616	0.737	0.559
耦合协调类型	中级协调	初级协调	初级协调	中级协调	勉强协调

(4)结果分析。

2011年苏南五市区域经济和交通运输系统耦合协调发展状况的评价结果表明:除南京以外,苏南地区区域经济综合发展水平普遍高于该地区交通运输系统发展水平,但是由于两者综合评价指数不高,直接导致各地区区域经济和交通运输系统的耦合协调度不高,几乎没有优质协调的地区;镇江市则表现为勉强协调的特点,这说明在该地区区域经济发展对交通运输系统发展的带动作用不明显,而且比较依赖交通运输系统发展对其的推动作用。

5.3.7　交通-经济相关性分析

1)相关系数分析

相关系数 r 可以用来说明两个变量 X(如GDP)和 Y(如客运量或货运量)之间的相关程度,其计算公式如下:

$$r=\frac{n\sum X_iY_i-\sum X_iY_i}{\sqrt{n\sum X_i^2-(\sum X_i)^2}\cdot\sqrt{n\sum Y_i^2-(\sum Y_i)^2}} \tag{5.3-8}$$

相关系数 r 的取值在−1和+1之间。当 $r>0$ 时,Y 与 X 为正相关;$r<0$ 时,Y 与 X 为负相关。r 的绝对值越接近1,两个变量 X 和 Y 的相关程度越高:当 $r=0$ 时,称 Y 与 X 为不相关;当 $r=1$ 时,称 Y 与 X 为完全相关,此时,Y、X 之间具有线性函数关系;当 $|r|<1$ 时,X 的变动引起 Y 的部分变动,r 的绝对值越大,X 的变动引起 Y 的部分变动就越大;当 $|r|>0.8$ 时,称 Y 与 X 为高度相关;当 $|r|<0.3$ 时,称 Y 与 X 为低度相关;其他为重度相关。

将湖北省2000—2005年的GDP与这段时期的客运量、货运量分别用式(5.3-8)进行相关度计算,可以得出GDP与客运量的相关系数 r 为0.899,与货运量的相关系数 r 为0.894。可以发现,湖北地区生产总值与客运量和货运量均具有高度相关性,这就说明湖北经济的发展与交通运输业在数量上存在高度依存的关系。由此可以得到,随着湖北经济的快速发展,

必然对交通运输业提出更高的需求,与此同时也会带来客货运量的迅速增长,进一步促进交通运输业的发展。通过建设和改造铁路、完善高速公路网、加快水运基础设施建设、改建机场等,将会大幅提高运能,进一步促进湖北经济的快速发展。

2)灰色关联度计算

灰色关联分析的基本思想是根据序列曲线几何形状的相似程度来判断其联系是否紧密。曲线越接近,相应序列之间的关联度就越大,反之就越小。如湖北 GDP 与各种运输方式旅客周转量、货物周转量的折线图,如图 5.3-4 所示。从直观上看 GDP、旅客周转量和货物周转量的变化趋势,与 GDP 曲线相似的是铁路和民航的客货周转量曲线,其他两种运输方式的客货周转量曲线在几何形状上与 GDP 曲线差别较大。因此湖北省铁路和民航运输与 GDP 基本实现同步增长,其他运输方式增长幅度则变动较大。在旅客周转量中,2000 年铁路、公路、水运、民航比例分别为 58.24%、33.14%、2.22%、6.40%,2005 年其比例变化分别为 48.44%、44.53%、0.52%、6.51%,公路运输对客运市场的贡献逼近铁路运输。由此可知,公路运输不仅在短途运输中占据优势,在中长途运输中也对铁路运输形成了有力的挑战。在货物运输周转量中,2000 年铁路、公路、水运、民航比例分别为 74.36%、1.20%、24.37%、0.07%,2005 年其比例变化分别为 58.70%、14.92%、26.34%、0.04%,可以看出铁路运输占比明显下降,公路运输份额显著提升,水路运输份额也有所增长,铁路运输一枝独秀的局面已逐步被打破,初步形成铁路、公路、水路三种运输方式竞争的格局,运输结构总体实现区域优化。

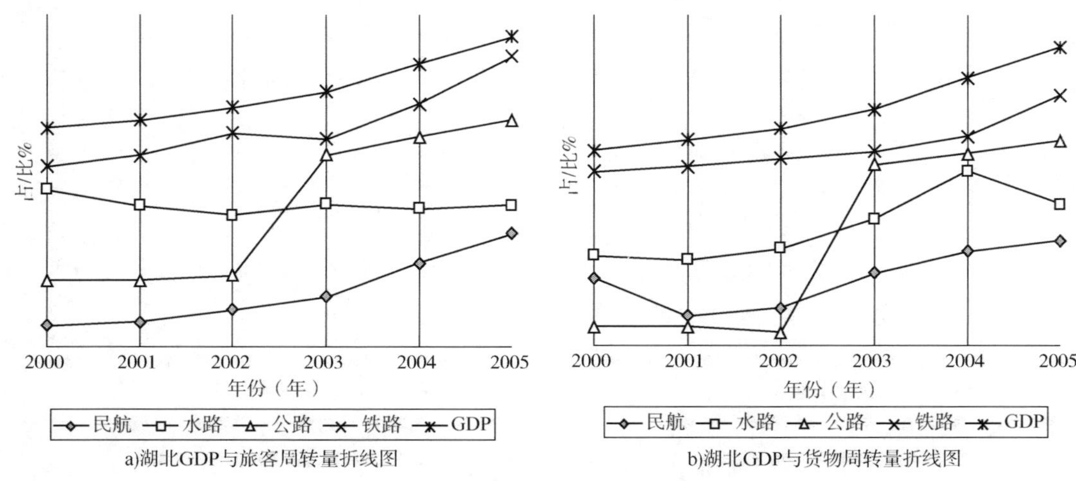

图 5.3-4 湖北 GDP 与旅客周转量、货物周转量的折线图

3)案例:江西经济与交通运输的关系

通过江西经济与交通运输 1997—2004 年的国内生产总值(X)与这段时期的客运量(Y)的相关度分析,发现江西国内生产总值与客货运量均具有高度相关性:国内生产总值与客运量的相关系数(r)为 0.927,国内生产总值与货运量相关系数(r)为 0.998,说明江西经济发展与交通运输业在数量上存在高度依存的关系。

由于江西经济发展与交通运输存在着高度相关性,随着江西地方经济的快速发展,对交通运输业提出更高的需求,将带来交通运输业的投入加大,同时带来了客货发送量的迅速增长,促进交通运输业的发展。

5.3.8 运输强度分析

运输强度是指一定时期内运输完成的客货换算周转量，与同期地区生产总值之比，因为客货换算周转量不仅包括了运输对象的数量，还包括了运输距离等因素的影响，因而能够全面地反映运输生产成果，是反映运输与经济规律中的常用分析指标。

运输强度计算公式为：

$$运输强度=\frac{客货换算周转量}{地区生产总值(GDP)} \tag{5.3-9}$$

$$客货换算周转量=货运周转量+(客运周转量\times客货换算系数) \tag{5.3-10}$$

其中，客货换算系数，取决于运输 1t · km 和 1 人 · km 所耗用人力和物力的多少，根据交通运输部的客货周转量换算系数计算，公路运输换算系数为 0.10，民航运输的换算系数为 0.09，最后计算单位统一为亿 t · km，地区生产总值（GDP）的单位为亿元。

运输强度大，代表单位 GDP 中客货换算周转量大，其反映一定时期内国民经济各部门对货物运输的需求大，以及运输部门为社会提供的货物运输工作总量大。

5.3.9 交通与经济社会发展的运输弹性分析

运输弹性是根据交通运输量增长速度与国民经济增长速度的比例关系——运输弹性系数，来判断交通与经济之间相互关系适应度的一种方法。随着经济的发展，运输需求量增大，运输量也会随之增加，运输弹性系数反映出社会经济对交通运输的发展要求，以及交通运输业是否适应社会经济的发展以及适应程度。运输弹性系数 E 计算式为：

$$E=\frac{r_1}{r_2} \tag{5.3-11}$$

式中：E——运输弹性系数；

r_1——交通运输指标增长率（%）；

r_2——经济运输指标增长率（%）。

运输弹性系数 E 可分为以下几种情况：

（1）$E>1$，经济发展与交通运输富有弹性，交通运输发展速度大于经济增长速度，经济发展对交通运输发展比较敏感，经济发展任一变动会对交通运输发展有较大影响，经济发展应优先于交通运输发展。

（2）$E=1$，经济发展与交通运输具有单一弹性，经济增长速度等同交通运输发展。

（3）$0<E<1$，经济发展与交通运输缺乏弹性，交通运输发展速度小于经济增长速度，经济发展的变动会对交通运输发展影响较小，交通运输发展应优先于经济发展。

（4）$E=0$，经济发展与交通运输完全无弹性，经济发展完全不影响交通运输发展。

（5）$E<0$，经济发展与交通运输具有逆向变动弹性，经济发展正向导致交通运输逆向发展。

5.4 跨区域经济系统与交通运输基础设施建设耦合协调发展

经济联系的不足在一定程度上导致了区域间因经济发展而形成的摩擦和趋同，而运输

联系通过各类运输方式的有效承载,可降低这一空间差异、实现区域间的一体化。作为实现运输联系的唯一方式,区际交通成为促进区域经济协同发展的重要手段。

区域经济是以区际交通为重要载体的空间经济形态。随着区域经济联系与运输联系的不断紧密,两者之间的关联关系也将逐步深化,特别是其中的正向促进作用将更加明显,从而加快区域与区域之间、区域经济与区际交通之间乃至不同的交通运输方式之间的协调发展。

1)运输成本对区域间贸易的影响

区域间运输成本对区域间贸易的阻碍作用,影响到各地区经济规模效应的发挥。Fujita等认为运输成本作为一种贸易壁垒,影响到空间经济联系,进而形成了区域经济差距。根据新经济地理学理论,经济活动和经济体之间的联系随着距离的增加而减弱。首先,距离较近的经济体形成较为紧密的空间需求联系,产生规模效应;其次,距离对经济活动影响的表现形式是运输成本。

运输成本是制约地区经济发展的间接因素,并制约地区经济的规模效应,改善非中心城市较落后的交通运输条件以降低区域间运输成本,是提高落后地区经济发展水平、充分发挥经济规模效应和缩小区域经济差距的合适政策选择。

2)区域间的经济影响力模型

城市群内等级结构合理、经济社会职能分工明确且城市间联系紧密,区域内各城镇之间存在着相互交流的强大作用力。交通是城市群形成和发展的重要条件,良好的交通规划能够引导城市群体的有序发展。

经济引力模型为:

$$F=K\frac{P_iV_i\times P_jV_j}{r^2} \tag{5.4-1}$$

式中:F——经济引力指数;

P_i、P_j——i、j 城市 GDP(亿元);

V_i、V_j——i、j 城市人口指数(亿人);

r——两城市间的经济距离(h),取两城市之间的最短时间;

K——引力调整系数。

隐性经济引力模型为:

$$F_{ij}=k_{ij}g\frac{(P_i^1+P_i^2)V_i\times(P_j^1+P_j^2)V_j}{r_{ij}^2} \tag{5.4-2}$$

式中:F——隐性经济引力指数;

P_i^1、P_i^2——i 城市 GDP(亿元)和潜在经济需求(亿元);

P_j^1、P_j^2——j 城市 GDP(亿元)和潜在经济需求(亿元);

V_i、V_j——i、j 城市人口指数(亿人);

r_{ij}——为两城市间的经济距离(h),取两城市之间的最短时间;

k_{ij}——引力调整系数,一般取 1。

3)我国省域边界地区的交通状况

我国跨省域边界地区多为集山地、资源丰富、交通闭塞、贫困等特点于一身的山区,也是我国集中连片脱贫攻坚区的主要分布区。这些地区由于地理位置偏远、地形复杂、省域中心与边界地区差异较大、交通建设难度大和投资少,交通网络发展水平均低于省域水平。同时,省域边界山区拥有天然的自然生态环境和浓郁的民族风情,大多是资源富集、资源特色鲜明、发展潜力比较厚实的“资源前沿区域”。

4)交通运输对区域间的综合影响

城市群内经济联系紧密,便捷、高效的综合交通运输体系是支撑城市群形成和发展的重要条件,通过发达的综合交通运输系统,区域内的各种人流、物流、信息流、资金流等有效地联系在一起,达到资源的优化整合。同时,各城镇之间也通过交通网络相互交织、协同发展,共同组成一个完善的城市群体系。

部分地市出现同类互补的现象,如温州市发送到福建省最多的货物是轻工、医药产品,而福建省发送到温州最多的货物也是轻工、医药产品。

5)沿路、沿江(海)经济带是形成经济带的传统

世界各国人口、城市和经济的地域分布,基本上呈现出沿江(湖)沿海(海湾)和沿路集聚的特点。世界上十大著名的经济带或都市连绵带,也大多是沿江或沿海布局的。但应在加快建设沿江航运通道的同时,要在整个区域乃至更大区域建设布局中,注意充分利用沿江干支流航道的功能,使航运成为这一区域内部运输的重要工具,促进区域经济一体化进程。要以完善跨省市交通干线和对外大通道为重点,构建以沿江干流、铁路干线和公路主干线为主轴的区域交通走廊和运输大通道,形成由铁路、水运、公路、民航和管道等多种方式所组成的,布局合理、发展协调、衔接配套、优势互补、高效便捷的区域现代化综合运输体系,为促进区域一体化经济和发展外向型经济,推进区域经济的合理分工和协作、建立统一大市场,增强商贸流通能力等,提供快捷、畅通和经济的交通运输保障。

内河水运是国家综合运输体系和水资源综合利用的重要组成部分,也是区域经济发展的优势所在。内河水运具有运输量大、占地少、能耗低、污染小、安全可靠等特点,是实现经济社会可持续发展的重要战略资源。

6)消除区域间的壁垒是形成经济一体化的手段

(1)各级地方政府应消除区域间的市场流通壁垒,建立“合作共赢,优势互补”的局面。

(2)经济带全域要加强纽带联系,共建区域间、城际间的公共基础设施,鼓励区域间典型企业的技术交流、经营推广和信息共享。

(3)政府牵头,落实政策,健全配套,建立流通产业信息化平台,实现区域经济带各省(自治区、直辖市)之间的资源互补和信息共享。加强企业“互联网+”流通理念,鼓励跨界流通和线上线下融合的流通新模式。

(4)建立综合立体交通网。合理布局、优化结构;协调水路、铁路、公路、民用航空和管道的发展;打造高效、顺畅的跨区域接入和城市之间的快速通道;实现农村与城市便捷联通,整体形成一个层次分明、覆盖面广和功能完善的综合交通网络。

(5)应建立三个方面的机制。一是建立资源共享、要素充分流动的生产要素配置机制。努力实现人力资本共享、土地及其他生产要素共享、基础设施资源共享、信息和科研资源共享等。二是建立以竞争为基础加强合作的经济运行机制。建立在市场经济基础上的区域竞争与合作机制,有利于区域发展。三是建立多层次的区域协调机制。在政府、民间企业以及

学术界等设立多个层面的合作与协调组织。特别是政府协调机构,充分发挥其协调解决市场运行与经济发展中的重大问题的能力,主要运用市场手段,在各自利益最大化的基础上实现区域利益最大化。

(6)共同制订和推动区域经济圈协调发展规划。为了推动其协调发展进程,在政府协作与发展取得共识的基础上,应落实到工作层面上来,对于事关多方或双方和能带来共赢的合作项目,应共同立项、共同研究、共同申报,共同制定和推动协调发展规划。如区域综合治理规划、相关流域综合治理规划、森林保护规划、旅游资源开发、旅游线路建设规划、相邻地区之间的矿产、水利资源开发规划、应急系统建设规划、信息网络规划建设、边境交易市场建设规划等,应由当事各方政府组织编制并相应地制定政策保证项目付诸实施。对需要国家支持的项目,如铁路、高速高等级公路、一般国道、大型能源项目等,相关政府就共同开展前期研究,积极争取国家相关部门支持,推动项目规划编制及立项。

(7)整合创新资源,加快公共技术平台建设,增强区域整体创新能力。在诸如科研、教育、技术、人才资源方面,应形成一大批产业集群。将这些创新主体的创新资源进行跨区域整合,构建区域创新平台,提升区域整体创新能力。

(8)加快产业的市场化整合,优化要素的空间配置,延伸产业链,做大做强优势特色产业。①加快市场培育,为要素的跨区流动和产业的跨区域整合营造良好的市场环境;②做好产业空间布局,实现要素的空间优化配置。

(9)坚持科学发展观,走新型工业化道路。①加强对老工业基地的改造步伐;②加强生态建设,搞好环境治理和保护,切实走可持续发展道路。

5.5 我国地域交通运输与经济的相互联系概况及分析

交通运输联系指在自然、社会、经济诸要素综合作用下,区域间通过运输设施进行旅客和货物交流产生的相互联系与作用。交通运输联系是经济联系的有机组成部分,从一个侧面反映了区域经济发展水平、区域内产业结构以及区际经济差异等特征,是区域空间结构特征和演化的重要方式。

对我国区域尺度运输生成、增长、交流特征进行分析显示,国家尺度空间运输联系呈现明显的分区差异特征:东部沿海地区面向全国的中心地位突出,运输联系呈现明显的区域化态势;中部地区受沿海经济中心吸引影响,运输联系处于离散状态;西南地区表现出与经济封闭性相对应的边缘且相互孤立的运输特征;全国层面呈现明显的以沿海为中心、以中部地区为主要腹地的大尺度物流运输特征。

5.5.1 国家尺度空间运输联系特征

1)沿海地区空间运输联系的区域化特征明显

交通物流成本提升、内需市场扩大、外出人口回流等影响因素加快了区域产业重组,经济活动从全球化转向区域化的趋势日趋明显。反映在交通运输特征上,主要体现在三个方面:①运输活动在部分区域高强度集聚,而且区域具有较强的开放性;②区域具备相对独立的全球化对外交流平台;③区域内部联系强度高,内部联系占主导地位。

(1)国家层面分区差异化运输特征。

从2000年以来分区域客货运特征变化看,沿海地区在国家经济中的主导地位不断增强,并呈现进一步强化的态势。

从客运特征看,东部客运量所占比例由2000年的39.7%增至2010年的47.5%,客运增长率远高于其他区域,2010年人均旅次远超过中西部地区和东北地区,并呈现更高的增长速度,反映出经济社会的高度发达带来东部地区更加旺盛的客运需求。

从货运特征看,经济的发展使各区域货运量均产生较大幅度增长,东部货运量仍显著领先于其他地区;中西部地区增速相对较高,尤其是中部地区,已超过东部,成为货运量增速最快的区域。从单位GDP货运量看,各地区均有较大幅度下降,尤以东北地区、东部地区明显,反映出东部沿海地区在经济发展水平和产业结构层次的领先地位,以及东北老工业基地产业结构调整的显著成效。同时,省际及区域间的经济开放性提升明显,相应带来客运区域化和货运分散化态势。客运距离方面,与其他地区增长态势相反,东部地区有所减小,且区域内城际间短距离需求增加明显,反映出围绕经济中心城市的一体化区域正在形成。陆路货运运距方面,各地区均有较大幅度增加,受沿海经济辐射和物流枢纽吸引,中部地区运距仍为各区域最高,达277km(铁路+公路),仅次之的东北地区运距达261km,东部地区的货运运距亦达到238km,反映出东部地区省际与邻近中部腹地间的产业协作加强,物流活动范围明显扩大。

(2)沿海地区全球化对外交流平台的区域化。

相对独立的对外开放体系和国际交流平台是区域化形成的重要条件之一,其中,门户机场、国际物流枢纽等交通要素资源是关键。2000年以来,伴随沿海地区经济的高速增长,沿海港口和枢纽机场也呈现高速增长态势,并呈现以长三角、珠三角、京津冀为核心的区域化格局。

航空方面,我国大陆对外航空联系的区域重心在东部,国际航空枢纽的层次性更加分明,北京、上海、广州作为内陆三大国际航空门户枢纽的地位得到强化,年国际旅客吞吐量超过700万人次,面向所有通航国家、全方位扇面辐射的航线网络更加完善。北京、上海和广州三大城市机场客运吞吐量、国际旅客吞吐量、货邮吞吐量分别占全国总量的30.7%、53.5%和73.6%。

港口方面,形成长三角、珠三角、环渤海三大港口群。2010年,上海、宁波—舟山、连云港、天津、大连、青岛、深圳、广州、厦门9大港口占全国国际航线集装箱吞吐量的91.4%,其中上海、宁波—舟山、深圳国际航线集装箱吞吐量大于1000万TEU(长20ft的集装箱)。

(3)沿海地区内部交通活动的区域化。

从省际货运联系强度特征看,沿海地区沪苏浙皖、京津冀、粤—湘南—桂东等三大区域省际联系强度显著高于其他地区,其中,沪苏浙皖是省际联系最为密切的区域。

进一步分析区域内部联系比例,沪苏浙皖的内部联系比例达60%左右,是区域内货运联系比例最高的地区;而京津冀晋区域次之,其内部联系比例也超过55%,考虑到晋冀间高比例煤炭运输的特征,京津冀间货运联系强度显著弱于沪苏浙皖区域;两广、川渝地区虽然客运联系强度较高,但货运联系强度和内部联系比例均不高。

2)全国层面的中心-外围关系和大尺度物流特征

在沿海三大城镇群显现区域化态势的同时,我国以沿海为中心、以中部地区为主要腹地的大尺度物流运输特征凸显。

(1)东部与中部呈现明显的与“中心—腹地”经济关系相吻合的货运特征。

反映在各省区货运的平均运距上,整体呈现“东部较低,中部、西北、东北较高,西南较低”的态势。同时,分省区货运内部出行比例分布呈现“东部经济中心地区较低,中部、西北、东北地区处于全国平均值,西南部各省(自治区、直辖市)和新疆较高”的格局。

东部各省(自治区、直辖市)既是制造业中心亦是消费中心,面向产业链环节和流通环节的物流距离相对较短、运输成本相对较低;而与邻近各省(自治区、直辖市)间经济活动区域化特征在逐步加强,尤其是沪苏浙皖地区,跨省货运比例较高。

受沿海经济中心吸引影响,河南、湖北、湖南、江西等中部省份运输联系处于离散状态,物流内聚力不强,平均运距较高。

沿海地区是中部各省对外联系的首位方向,中部四省相互间货运联系比例均不足对外联系总量的35%,均低于与东部沿海各省(自治区、直辖市)间的联系强度。

受对外运输条件和中心城市辐射能力的制约,重庆、四川、贵州、云南等西南各省(自治区、直辖市)经济活动具有较强的封闭性,运输联系处于边缘且相互孤立状态,内部运输比例较高,货运距离较低。三省一市对外联系总量不高,相互间的货运量占对外货运总量的比例为28%~45%,高于与东部沿海地区间的联系强度。而省际的产业分工与协作关系尚未建立,亟须从完善运输网络、降低物流成本入手,促进区域经济活动一体化。

(2)以长江为轴线,自东向西呈现“中心-外围”物流特征。

以长江为轴线自东向西各省(自治区、直辖市)平均运距呈较为明显的波浪式分布,长三角和川渝地区为较低的两端;各省(自治区、直辖市)内货运量比例则呈逐步升高、省际开放性逐步降低的特点。

以上海为核心,形成一个强烈向心的发展圈层,且长三角地区向中部辐射能级随着距离的增加而衰减;与中部其他各省(自治区、直辖市)不同,安徽与长三角的一体化态势明显,表现出与长三角间运输比例较高、运距较长的特征。

中部湖北、江西、湖南表现出腹地化的运输效应,运输距离显著高于两端的长三角和成渝地区,反映出中部地区在国家外源导向经济特征下,外向型经济发展动力不足并逐步成为东部发达地区腹地的现状特征。

西南川渝地区省际货运交流比例不高与滞后的对外运输条件不无关系,所呈现出的低运距,是受运输成本制约、产业在较小空间尺度上分散布局的结果。其代价是产业规模效应难以发挥和产业链区际整合难度大。此外,距东部制造业中心遥远以及对外运输条件不便在一定程度上保护了西南地区内部经济的相对独立性。

(3)大尺度物流特征。

以沿海地区为制造业中心,以全国为消费腹地的经济布局模式,使面向流通环节的物流活动半径很大,单边空载现象突出,消耗在流通环节的时间和费用较多。

我国是世界上除美国以外物流运距最高的国家之一。2010年国内陆路货运平均运距达301km。在美国横跨美洲大陆桥货运比例较高,而我国在东、中、西、东北地区人口分布相对均衡,物流运距过高,反映出产业布局与人口分布的严重不协调性。

5.5.2 空间运输联系特征的形成机理

在空间运输联系上,沿海的区域化和全国层面的中心-外围特征可从三方面解释。

1)外源导向的经济特征

我国东、中、西部交通运输不平衡发展格局现状的形成可以归结为三大因素。首先,在外需导向经济背景下,中西部地区呈现"边缘化"交通区位,1990—2000年沿海港口建设和东部高速公路率先发展,进一步确立了沿海地区的交通区位优势和制造业中心的地位;其次,中西部地区内部交通运输系统严重滞后,2000年我国高速公路通车里程56%集中在东部地区;最后,以沿海发达地区为目的地由西向东的大规模人口流动,使中西部地区城市人口增长缓慢、中西部地区制造业发展缺乏较强的需求支撑。

从2000年以来的发展态势看,在外源导向经济特征不变的情况下,现东、中、西的梯度格局难以很快扭转。2010年,进出口贸易90%以上集中在沿海地区,与2000年相比仅下降不足2%,其中长三角、广东、京津冀三大区域合计占77.3%,长三角地区的集中度有增无减,占全国进出口贸易总额的比例由2000年的27.0%增至2010年的36.6%。

2)距离约束下的中心-外围经济空间分异

在以外源为主、内需为次的经济特征下,新经济地理学将"中心-外围"模型应用在我国的城市体系中,可以解释中部地区的离散发展以及西南地区的封闭性特征。在外需导向型经济时代,到枢纽港口(上海港、香港港)和中心城市(上海、香港)的距离与我国城市经济增长率之间呈现出理论所预测的"∽"形曲线,即距离港口越近(200~300km以内),城市越靠近国外市场,市场潜力越大,越有利于经济增长;距离枢纽港口400~800km的城市,市场潜力被中心城市吸引而出现经济发展的洼地;但距离远到一定程度之后(1200~1600km),国外市场就不那么重要,距离港口远的城市更可能发展国内和区域贸易,增加本地市场潜力,从而有利于当地经济增长;城市到枢纽港口的距离继续增大之后,到达国内外市场的交通成本均增加,本地市场潜力较小,从而不利于经济长期增长。

依据"中心-外围"模型,在我国特有的空间尺度下,中部地区处于沿海地区辐射力的边缘,西南地区则因距离沿海地区遥远而自成一体。这种区域格局的改变有赖于内需市场的扩张和内陆国家中心城市的培育。

在内需规模扩张及内陆国家中心城市辐射能级扩大的趋势下,受运输成本约束,川渝、中三角(武汉—长沙—南昌)等城市群有望逐步摆脱沿海经济吸引的影响,引领生产要素区域化重组,成为支撑我国相对均衡发展的战略支点。

3)运输成本变动引发产业集聚和扩散

从区域层面看,当区域经济发展到一定阶段后,交通运输网络改善会引发运输成本降低,导致产业扩散效应,即在更大的空间范畴形成关联性很强的经济活动区域。换言之,降低中心城市产业集聚度、完善区域内专业化分工体系,也是降低区域整体运输成本的有效途径。近年来,沿海三大城镇群内部高速公路网、城际铁路网的建设,大大降低了区域运输成本,并通过城镇群内产业集聚与扩散、区域内专业化分工来影响城镇群空间结构的演化。

从国家层面看,随着国家运输网络逐步完善和区际运输成本降低,长三角、珠三角等沿海发达地区仍然是产业集聚区,但中西部交通走廊沿线地区逐步成为产业集聚的重要选择。2004—2007年,上海、江苏与广东的制造业转移与扩散,使我国制造业整体上表现为扩散趋势,而承接制造业扩散的各省(自治区、直辖市)恰恰是北部沿海地区与长江沿岸地区。其中,长江成为我国对外开放格局中的重要新兴轴线,除沿海各省(自治区、直辖市)外,2010

年对外进出口贸易总额大于200亿美元的省包括沿边的黑龙江及长江沿线的安徽、江西、湖北、四川。

因此,完善国家和区域层面交通网络、降低运输成本,是支撑国家和区域层面产业集聚和扩散的基础条件。首先,应形成区域化的对外开放门户体系,以及沟通人口、城镇密集地区的低成本运输通道;其次,区域尺度运输网络的完善也是区域内产业链衔接和商贸流通活动的重要依托。

5.6 经济发达地区未来交通发展分析——苏南地区和西方发达地区对比分析

我国经济社会飞速发展,一些地区逐步进入发达水平,很多地区很快进入发达水平。在这样的国情条件下,交通与经济社会耦合发展会遇到什么问题?如何针对这些问题疏解交通问题?下面以江苏南部地区和一些发达国家地区的对比分析来解析。

大城市的不断扩张和大量小城镇的发展,使得苏南各城市从原来的单中心、点状城市结构逐步发展成多中心的组团式城市结构,城郊边界逐渐模糊,城镇间距离逐渐缩短。整个苏南地区已逐步发展成由多个核心城市、若干个副中心城市以及大量卫星城市构成的城镇连绵区。区域空间格局的改变,必然对区域交通运输产生影响。目前,由于城镇快速扩张导致的干线公路穿城段城市化现象已经较为突出,未来随着苏南地区城镇连绵化、集约化的进一步发展,越来越多的区域干线公路将逐步被城市包围,公路在交通体系中的重新定位,公路和城市道路在建设标准、路网衔接方面的融合,是在苏南公路交通发展中需要思考和研究的。

5.6.1 土地、资源、环境等因素对公路交通发展的制约逐步凸显

当前,交通与资源环境的矛盾不断突出。一方面,用地紧张已成为苏南地区公路交通发展重要的制约因素。从江苏省对交通建设的土地供给看,2011年,前三季度交通运输用地23.98km^2,同比减少24.75%,全省划拨交通运输用地23.37km^2,同比减少24.24%;从土地供应总量区域特征看,三大区域中,苏南供地总量下降,为134.06km^2,同比减少7.09%。另一方面,节能减排已经成为江苏省交通发展的前沿工作,目前江苏省交通运输行业全年消耗汽柴油占到汽柴油消费总量的56%,节约能源,降低排放已经是江苏交通发展需要重点关注的问题。

在江苏省交通建设用地供给特别是苏南地区土地供给整体呈下降趋势的情况下,今后苏南地区的交通发展再不能走盲目扩张、粗放浪费、过度消耗土地资源的老路。在交通发展中,落实节约优先战略,进一步提高土地资源节约集约利用水平,降低交通发展对土地、能源的过度消耗,走集约式道路,是未来苏南公路交通的重要方向。

5.6.2 苏南地区交通需求特征分析

1)小汽车保有量持续上升,公路出行需求继续增加

在苏南地区以现代服务业为导向的第二次城市化进程的推进过程中,交通需求发生源在时间和空间上分布更加分散,交通工具选择更倾向于灵活机动的小汽车,加上人均收入的

普遍提高使得苏南地区居民的交通出行方式逐步以舒适、快捷为目标，促使苏南地区的小汽车保有量呈现显著上升趋势。2011 年苏南地区汽车保有量比 2010 年增长 18.97%。小汽车的不断普及，进一步催生了公路客运交通需求的增长，突出表现在人均出行次数的增加，2010 年苏南地区人均出行频率在 50 次/年，较 2000 年人均出行 29 次/年增长了近 1 倍。

尽管目前苏南地区的小汽车保有量增长迅猛，但通过对比发现，其增长仍有较大上升空间。以德国北威州为例，该地区每千人小汽车保有量达到 498 辆；再如其他发达国家，美国千人拥有量 823 辆，意大利 689 辆，法国 598 辆，日本 591 辆，英国 580 辆。而目前，苏南每千人小汽车保有量为 135 辆，尚远低于发达国家水平。

从发达国家公路出行规律看，小汽车的蓬勃发展和公路出行需求基本呈同步增长状态，未来一段时间内，公路出行仍将是苏南地区的客运主导的交通方式，并将呈现不断上升趋势。

2）制造业作为主导产业的地位保持不变，货运需求总量仍将维持较大规模

在地区服务业占比上升的同时，作为制造业基地的苏南地区，其工业总量仍在不断扩大，加上苏南地区沿江港口群的发展，导致未来苏南地区的货运需求在增速放缓的同时，总量仍将保持在较高水平。

北威州鲁尔区是世界著名工业区，目前已发展成以电子计算机和信息产业技术为龙头，多种行业协调发展的新型经济区，与苏南地区类似。但是由于庞大的制造业发展基础，从 1980 年至今，鲁尔区的铁路货运交通量和水路货运交通量呈逐步下降趋势，而高速公路货运交通量持续呈现增长趋势。可见，在未来很长一段时间内，尽管铁路和航道的建设可以为苏南地区货物运输分担一定压力，但公路在货物运输体系中的地位仍不可替代。如何为货物运输提供大容量、快速、安全的公路系统是苏南公路发展需要解决的问题。

3）人均出行距离缩短，城际快速短途客运出行需求显著上升

在苏南地区经济逐步一体化的进程中，城镇群内部由经济纽带形成的城市之间的短途、快速客运交通需求将逐渐凸显。在交通量快速增长的同时，人均出行距离呈现逐渐缩短趋势，2010 年苏南地区人均出行距离在 50km 左右，与 2000 年的 58km 相比缩短了近 8km。

与德国北威州对比发现，2008 年北威州从业人员通勤交通中，州内乡镇间的通勤交通流占到了 35%，出行距离在 10km 以内的比例占到 70%以上。可以预计，未来随着苏南地区城市群的进一步发展，这种城际间的短途交通需求仍将进一步上升。

4）出行多样化和复杂化

与德国北威州比较可以发现，苏南地区也有其特殊的发展情况。一是苏南地区人口密度在 1167 万人/km^2，远高于北威州，客运出行总量较之更大；二是苏南地区 50 万以上的城市和北威州相比要多，单个城市规模巨大，大城市之间点对点的客运交通需求更为强烈；三是苏南城市群仍然处于工业化阶段，发展水平相对较低，货运出行还处于高位水平。这些特征都会使得未来苏南地区的交通出行呈现较北威州更加多样化和复杂化的特征。

纵观全球几大城市群，东京都市圈以 2537 万人/km^{2}位居前列，由于国土面积较小，东京都市圈交通出行以轨道交通输送人流，以港口码头承载物流。其中，轨道交通占到东京都市圈交通出行的很大比例，东京都市圈每天上班上学的人中，乘坐轨道交通的乘客占到 86%，在高峰时段，这一比例更是高达 91%，居全球首位。

随着苏南地区人口规模的进一步膨胀,苏南地区的交通发展需要借鉴北威州的经验,同时结合东京都市圈的交通发展特点,走出一条属于苏南特色的交通发展道路。

5.6.3 苏南公路交通发展供给条件分析

1)路网发展水平和国外相比差距较大

虽然苏南地区的路网规模和密度在江苏省乃至全国都位居前列,但是通过和国外发达国家的横向比较可以发现,苏南地区公路交通发展离发达国家还有一定差距。

从路网规模以及等级看,2010 年,苏南地区干线公路(含高速公路、国省道、县道)总里程已达 11790km,其中国道 1765km、省道 2702km、县道 7323km。干线公路网密度以国土面积和人口计算,分别为 0.42km/100 万 km^2、5.0km/万人。二级及以上公路总里程达 14808km,其中高速公路 1616km,一级公路 4643km,二级公路 8549km,二级及以上公路网密度以国土面积和人口计算,分别为 0.53km/100 万 km^2、6.28km/万人。

德国北威州公路里程目前为 29552km(包括高速公路、联邦公路、州级公路、县级公路,不含自由公路),路网密度按面积和人口计分别为 0.87km/100 万 km^2、16.53km/万人,高速公路为 1.23km/万人,均远高于苏南地区。

从路网以及通道布局看,北威州的路网结构在鲁尔工业区和莱茵河带呈现高度密集状态;其中,杜塞尔多夫、奥伯豪森、多特蒙特 3 个城市之间内有 4 条高速公路的通道和数十条公路,且由于城镇高度连片密集,城市道路和地区公路呈现高度的衔接和融合,充分体现了公路运输的便捷特点。

另外,为了满足城际间短途交通需求,北威州构建了若干条城际高速公路,如杜塞尔多夫市和科隆市之间,除了有 A57、A32 条长距离高速公路外,还有 1 条短途的 A59 高速公路满足两市之间城际间交通需求。而苏南地区的路网布局和德国北威州相比比较注重通道型路网的建设,骨架路网功能复合特征较强。

2)单纯的城际快速公路系统尚不完善

目前苏南地区大中城市之间高速公路网已经形成,其快速高效的服务为社会经济发展作出了巨大贡献,但是随着苏南地区社会经济的发展,一些问题逐步显现。

(1)目前的高速公路布局基本上以通道型为主,单纯满足城际间交通需求的高速公路仍然凤毛麟角。随着城镇连绵化发展,短途快速客运需求的凸显,高速公路内区域长距离交通和短途城际交通混杂,使得城际间联系较强路段出现明显瓶颈,如沪宁高速公路苏州无锡段。

(2)单纯用于满足城际交通需求的高速公路,与城市路网体系缺乏高效衔接,利用率不高。以苏锡高速公路(环太湖高速公路)为例,其道路流量 2010 年为 3681pcu/d,相比之下,与之平行的京沪高速公路流量却达到了 80304pcu/d。其原因之一就在于苏锡高速的互通接口尚未实现与无锡、苏州两市内部城市快速路网的高效衔接。

(3)苏南地区的区域长距离高速公路,由于国情等方面的原因,在互通数量以及互通间距上和国外相比有很大不同。当时,苏南的高速公路互通数量达 200 多个,互通平均间距在 10km 左右。而德国北威州,很多高速公路近城段互通间距最小可在 2km 以内。互通间距相对较大,使得苏南地区高速公路在服务于沿线城镇快速化交通需求方面和国外相比有一定差距。

3)过境公路街道化现象严重,干线公路使用效率不高

现在苏南地区的国省干线公路大多沿线城镇密布,经过城市或集镇的路段,被日益膨胀的城市所包围,已经成为城镇的主干道,承担了大量城镇内部交通出行,使得过境干线公路在承担公路功能的同时,还承担了城镇道路功能,增加了道路交通压力,降低了道路运行车速和服务水平。以312国道为例,由于近几年来城市规模的不断发展,贯穿苏州、无锡、常州地区的312国道市区段既有过境交通流,又有城市区内出行的交通流,两者之间互相影响,从而造成了拥挤、堵车的现象,出行时间大大增加。另外,由于干线公路联系了大量的相邻乡镇,造成其开口增加,混合交通严重,使用效率不高。以104国道南京—宜兴段和312国道沪宁段为例,与乡村道路交叉数量占平面交叉总数量的70%左右。104国道交叉口密度约为2.1个/km,交叉口平均间距为476m。312国道交叉口密度约为2.3个/km,交叉口平均间距为435m,交叉口密度较高,间距小。干线公路由于其城镇化和使用效率的问题,无法满足城际间对交通出行快速化的需求,难以实现对高速公路的快速交通需求的分流分担。

4)城市路网和区域路网衔接不畅,建设标准差异较大

为了满足快速交通需求,苏南地区已经开展了部分快速干线公路的建设工作,但是一方面由于苏南各个城市之间的快速路网规划,均是以地市、县市为单位进行布局,主要考虑的是市域范围内各组团间的快速交通联系,对市域外城际间快速路网对接与协调考虑不足,例如南京"一带五轴"组团间的快速交通联系,对外基本上是直接与区域一般干线衔接,没有实现快速公路的区域联网,仅解决了南京组团内部的快速交通问题,其快速路的建设对于苏南区域间整体路网容量的提升贡献不大。在缺乏统一指导和考虑下,以各城市为单位建设快速公路的发展现状,容易造成资源的浪费和路网衔接的不足。

另一方面,由于江苏省干线公路网规划仅提出了快速干线的概念和规模,没有建设标准指导,使得各市在对快速干线的功能定位、与城市快速路的关系、快速干线建设标准等方面尚缺统一认识,导致城市路网与公路衔接问题较多,影响路网整体服务水平。

5)公路信息化仍处于起步阶段,公路网的运行效率和安全品质与国外比差距较大

近年来,江苏省的公路信息化相较以往有了长足的进步,基本实现了高速公路联网收费,路网调度指挥系统等也在逐步推行使用,但信息化整体水平还不能适应未来苏南地区现代交通运输业发展的需要,突出表现在:信息化发展尚未覆盖交通运输现代化建设全局,信息化与业务管理和服务的融合不足,信息资源开发利用程度不高,信息资源共享水平较低,动态信息采集能力相对薄弱,对交通行业发展的贡献程度不高。

相比之下,德国从道路基础设施建设到各种车辆的管理,以及各类交通网络的运行信息,已经形成一个智能化的组织管理体系,运行流畅,各种交通参与者的信息均在有效的控制和管理中。例如,德国不论是高速公路还是一般道路,各种交通信息提示牌随处可见,在较繁忙的高速公路上,平均每2km就有1个道路检测站,平均每50km有1个数据处理分中心,道路检测站每分钟收集1次数据,并发送至数据分中心。数据中心根据采集数据采用后台自动即时干预手段,如匝道限制流入、即时分流、短时开放紧急停靠带为行车道等措施,大大提高了道路的通行效率。德国科隆环线高速,双向4车道标准,年均日交通量可以达到约12万辆,远高于江苏省高速公路通行能力标准。

5.6.4 对苏南地区未来公路交通发展的相关建议

1)发挥各种运输方式比较优势

近10年来,江苏省交通发展基本明确了“多方式协调”“充分发挥各种交通运输方式比较优势”的发展模式,近年的发展也证明了这一模式适用于江苏地区,是未来苏南地区交通发展需要继续坚持的方向,即在客运层面,邻近城市的区域间交通以城际轨道和公路交通为主导;货运层面,以铁路、航道、公路交通为主导;长距离的运输逐渐以铁路、航空、航道为主;短途、门到门的快速运输以公路为主。

2)构建城际快速路网体系

苏南城市群连绵化发展带来的城际客运需求上升,促使苏南未来交通发展必须构建具备短途、大容量、快速化、便捷化的公路网络层次。从苏南现阶段公路网结构看,高速公路和一般干线路网之间的运行效率与服务水平差距较大,缺乏有序的过渡。为了使苏南地区公路交通出行更加畅通与安全,更便利、快速地服务满足出行时间、空间的需求,需要对路网层次进行细分,建设具有“承上启下”作用的快速干线公路。一方面,快速干线可以灵活机动地与城市道路有效衔接,满足交通出行对便捷化的要求;另一方面,快速干线由于采取了交叉口改造等技术措施,其道路通行速度和能力较一般干线公路有了很大的提升。干线公路通过快速化改造后,减轻了横向干扰,通行能力可提高30%~60%。

3)实现区域干线公路和城市道路的有效衔接

苏南地区高度城镇化以及城郊在空间上的界限模糊,需要打破现有管理体制束缚,对区域公路网和城市道路网的建设采用一体化的思维模式,实现“双网”融合。一是需要从区域路网布局,尤其是从高速公路路网布局角度出发,研究快速路与高速公路的衔接与布局;二是需要通过整合苏南各个地市的快速路建设规划,对现有各市快速路网的布局规划做进一步的协调,达到与相邻地区快速公路的良好衔接,形成覆盖苏南地区的整体快速路网体系;三是需要通过对苏南各中心城市道路网布局以及出入口的分析,优化和改善干线公路尤其是快速干线公路和城市道路的衔接方式和标准。

4)提高公路运行效率和安全品质

目前,城市道路、城市快速路、一般干线公路在功能定位和工程建设上已经有相关标准可以依据,但是公路穿镇段由于兼具了公路特性和城市交通特点,使其建设与改造在设计上究竟采取怎样的设计速度、断面类型以及交叉间距控制标准等,却尚未有相关标准可以参照。随着苏南地区城镇连绵区不断发展,该类型道路将逐渐增多,需要对公路穿镇段公路设计形成较透彻的认识,需要对干线公路穿镇段的特点和问题进行理论分析探讨,提出一套适合于苏南城镇连绵区的公路设计技术标准,从而为公路穿镇路段的通行能力和安全品质的提升提供可靠支持。

5)提升交通信息化、智能化水平

交通智能化是必然趋势,它在提高交通设施的安全与环保性能、提高交通运输系统的运行效率等方面,起着越来越重要的作用。未来苏南乃至江苏交通智能化建设需要采取以下一些措施:①明确各市路网管理中心与省路网管理中心的管理职能;②进一步加大道路基础信息采集设施的投入,通过科学的统筹规划,完善高速公路及重要国、省道交通量观测点(包括视频监控)的布局;③规范现有信息采集设备的维护与保养管理,建立长效发展机制;④加大数据处理分析工作,开发高效的数据分析软件,配足数据分析专业研究人员,提高数据的分析利用程度;⑤整合共享信息资源,加强交通拥堵的预警和诱导分流干预,对路网进行主动干预,确保安全高效运行。

5.7 数字经济下智慧交通发展及对经济社会的影响

数字经济的快速发展正深刻改变着人类的生产和生活方式。智慧交通作为数字技术与交通运输行业深度融合的产物,对经济社会发展产生了较大影响。其具体表现有:智慧交通的发展有助于提高资源配置效率,提高交通管理效率和行业效益,增加就业人数的同时产生新型劳动关系等。

作为数字经济与传统产业融合发展的重要领域之一,交通运输行业与数字技术的碰撞诞生了许多新业务、新模式,智慧交通的发展对实现交通运输传统产业向现代服务业的转型升级,带动综合交通、绿色交通、平安交通提质上档,改善交通运输管理水平等都具有重要意义,对经济社会也产生着深刻的影响。

5.7.1 智慧交通的运行模式

智慧交通是信息、管理等技术在交通运输领域的深度应用,是交通运输信息化发展的高级阶段,是一个采集、加工、处理、传输和开发利用信息资源的过程,在提供信息和知识方面具有很强的自学习、自判断、自处理、自适应能力,是信息化引领交通运输现代化的具体表现形式。其实质是数字技术对交通运输行业服务内容、服务特征、服务模式等方面的渗透、改造与提升。

1)智慧交通服务内容

当前,以在线购票、地图导航、网络预约租车、车联网等为代表的智慧交通业务,正深刻改变着人们的出行方式与出行习惯,其服务内容主要集中在以下五个方面。

(1)信息服务。智慧交通的信息服务是通过互联网技术、通信技术、卫星定位技术等实现车辆信息、路况信息、监控信息、娱乐信息等的实时搜集与反馈,帮助交通参与者及时准确地掌握整个道路的相关信息。智慧交通的信息服务内容主要包括:车辆位置、车速、路况等信息;导航服务和基于位置的服务;个人定制服务等。

(2)交通服务。交通服务是智慧交通的核心内容,通过地理信息技术、卫星定位技术、无线通信技术等,协助交通管理部门实现车辆监控、流动调度、事故管理等,是车辆高效、畅通运行的重要保障。智慧交通的交通服务内容主要包括车辆运行监控、指挥调度辅助、电子不停车收费、交通信号灯警告等。

(3)安全服务。智慧交通的安全服务是利用车辆与路边基础设施收集到的传感与状态信息,如事故、抛锚、紧急情况等,通过互联网提前告知驾驶员,建议驾驶员采取及时、恰当的驾驶行为,提高驾驶的安全性。智慧交通的安全服务内容主要包括辅助驾驶、驾驶员监控、碰撞预警、轮胎气压等车辆状态监控等。

(4)节能服务。智慧交通的节能服务是以互联网技术通过优化行驶路线、及时警示车辆

状态等方式实现的减少燃料消耗和废气量排放的服务。节能服务主要包括节能驾驶、节能路径规划、驾驶行为分析和提醒、车辆状态监控、公共交通效率提升等。

(5)保障服务。智慧交通的保障服务是借助数字技术实现交通运输周边服务的互联网化,使服务更加便捷、快速。智慧交通的保障服务主要包括车辆维修、车辆配套服务、车辆金融和保险、车辆租赁和共享等。

2)智慧交通服务模式

与传统交通服务提供模式相比,智慧交通通过数字技术手段的运用对行业要素进行重新整合,具有时空的无限性、成本的经济性、市场的精准性、信息的实时性、效果的可衡量性、服务双方的互动性等明显特征。

(1)便捷出行服务模式。便捷出行服务模式能最大化利用社会资源,满足人们便捷、个性化、品质化、差异化的出行需求。便捷出行服务模式又可以细分为两种模式。一种是网络打车模式,主要通过互联网平台,使乘客和驾驶员的信息更加透明化,提供信息撮合服务,实现出行服务供需双方信息的实时有效交换和快速精准匹配,提高人们出行和驾驶员运营的效率,典型代表为各类网约车等。另一种是网络预约租车模式,以租车、拼车、代驾等模式为乘客提供服务的一种智慧交通服务模式。这种模式在分享经济理念下,整合社会闲置车辆资源满足市场需求。过去只能作为私用的车辆,可以以互助的形式供社会分享,为人们提供更加舒适、便捷、个性化的出行服务,典型代表为各类专车、拼车、代驾等。

(2)车联网服务模式。车联网能使汽车具有与外界的交互能力,从而使交通体系的全局优化和车辆运行的最佳状态成为可能。车联网是以车内网、车际网和车载移动互联网为基础,按照约定的通信协议和数据交互标准,在车与X(X代表车、路、行人及互联网等)之间进行无线通信和信息交换的大系统网络,是能够实现智能化交通管理、智能动态信息服务和车辆智能化控制的一体化网络。目前,车联网的关键技术主要集中在车辆安全、事故管理、车辆监控、流量调度、电子收费、信息娱乐等方面,并在紧急救援系统、智能导航系统、智能交通系统以及车载社交网络方面得到广泛的应用。

(3)智能物流模式。智能物流是以数字技术为支撑,在物流的运输、仓储、包装、装卸搬运、流通加工、配送、信息服务等各个环节实现系统感知、全面分析、及时处理、自我调整等功能的现代综合性物流系统。智慧交通推动物流行业通过移动互联网连接分散的物流节点和仓储设施,有效快速匹配驾驶员与货主,构建信息化、虚拟化的“线上线下相结合”的实体网络,实现价格标准化、即时成交、货物追踪、诚信交易等,典型代表有菜鸟智能物流骨干网络、天地汇物流淘宝平台、卡行天下专线平台等。

5.7.2 智慧交通对经济社会的影响

智慧交通能充分发挥互联网等数字技术在生产要素配置中的优化和集成作用,通过将数字经济创新成果应用于交通运输行业,提升社会整体创新力和生产力。

1)提高资源配置效率

智慧交通使得主体之间的联系更加便捷,主体之间的交易费用显著降低,有效提高了出租汽车资源的配置效率。传统出租汽车行业采取的“扫街”模式,使驾驶员搜寻乘客的成本和乘客寻找车辆的成本都很高。互联网等技术的应用,为交通服务供需双方提供了信息交换平台、互动服务平台,有效解决了信息不对称问题,降低了供需双方的搜寻成本、履约成本等交易费用,提高撮合效率,提高了闲置出租汽车的使用效率和人们的出行效率。通过高效的大数据应用,某平台每天平均减少全国出租汽车空驶率20%以上,每车每天减少40~50km空驶里程,节省油耗4~5L;民众使用移动出行应用的打车成功率提升到85.8%,平均候车时间从9.2min下降到5.4min。

数字技术推动产权分离泛在化,加倍提升社会车辆资源配置效率。从物品权属角度看,社会车辆所有者是车辆所有权、使用权、处置权等种种权利的统一体。而数字技术推动模式创新,实现私家车辆所有权和使用权的分离,通过移动互联网技术搭建信息服务平台,将车辆信息和第三方劳务公司驾驶员资源通过"四方协议"连接起来(四方指驾驶员、平台、租赁公司、劳务公司),将各种产权统一的私家车的使用权让渡给消费者,从而充分调动社会车辆的运营潜力,为民众提供差异化的中高端服务。

2)增加就业人次的同时产生新型劳动关系

数字技术加速产权分离,为更多人员创造了新型就业机会,推动社会就业人次增加。智慧交通的发展,一方面对传统出租汽车行业产生冲击,从传统出租汽车市场分流了一大部分高端需求的用户,导致许多传统出租汽车驾驶员转为网络预约租车服务提供者。另一方面,社会车辆所有权与使用权分离,使得专车、顺风车等服务提供者多成为兼职驾驶员,大多数有固定的职业,只是利用业余时间或上下班时间从事专车、顺风车服务。因此,智慧交通的模式创新,无疑增加了社会的就业人次。

数字技术使得社会分工更加细化,加之各分工环节参与者的增加,造成劳动雇佣关系更加复杂。社会分工的细化在交通运输行业的表现,一是诸如滴滴、Uber等互联网络预约租车平台那样,没有属于自己所有的车辆、驾驶员等资源,而只是专注于提供第三方平台,以低成本、平台化运作的轻资产运营模式,促进交通运输行业的发展。二是诸如神州专车等网络预约租车平台,其拥有自有车辆和自有驾驶员,平台承担车辆损耗、驾驶员工资等成本,利用移动互联网为客户提供打车服务。后者的劳动雇佣关系较为简单,驾驶员与平台之间为典型的劳务关系。而前者的驾驶员与平台之间的关系较为复杂。由于驾驶员大多是私家车车主和出租汽车车主,他们与平台的劳动关系尚存在争议,运营过程中发生事故的责任认定问题也较为复杂。

3)提高交通管理效率和行业效益

数字技术使得交易费用降低,从而大幅提升交通管理效率。互联网技术的广泛应用、互联网监管平台的建立以及交通大数据技术的应用,使交通管理部门可以实时监测交通运行状况,全面掌握车辆和驾驶员信息,对交通违法、紧急调度等作出及时、准确的反应,有效降低信息迟滞、不对称等交易成本,帮助管理部门实现实时监督、联合监管,促使交通管理成本进一步下降和管理效率大幅提升。基于大数据的云计算搜索,可以像用百度搜索关键词一样迅速找到想要的东西,不需要像从前一样由多名警察一帧一帧盯着事发地点的监控录像。例如,海康威视在多个城市的电子卡口系统中应用大数据技术,在上百亿条车辆记录中快速搜索,可在几秒内甚至零点几秒内锁定查询结果。

数字技术使得主体与外部环境联系更加紧密、复杂,外部性的存在将有效提升交通运输行业效益。外部性又称为溢出效应、外部影响,是经济主体的经济活动对他人或社会强征了

不可补偿的成本或给予了无须补偿的收益,前者为“负外部性”,后者为“正外部性”。智慧交通的快速推进在提升效率的同时,在节能环保、运输效率和驾驶安全等方面具有显著“正外部性”作用。有研究表明,车联网技术如果得到充分应用,将降低20%的能源消耗和25%~30%的尾气排放;缓解60%的交通拥堵,提高现有道路通行能力2~3倍;减少80%的车辆事故率和30%~70%的死亡人数。

5.8 高速铁路对经济社会的影响

5.8.1 高速铁路推进绿色交通

铁路是绿色交通,高速铁路以电力为主要驱动力,减少了一次能源燃烧,可使用化石燃料的替代能源作为其动力,因而产生减少碳排放的效应,并可促进新能源的发展。这些优势将在低碳经济的外部约束以及国际石油价格不断上升的背景下得以凸显。

相比较而言,具有长途运输优势的航空业和中短途运输的高速公路则将面临越来越严重的挑战。从长期看,化石燃料价格呈现上升趋势,这将使航空与长途汽车运输成本持续上升;与此同时,这些运输的社会成本也在大幅上升,特别是碳排放对全球气候的影响,迫使人类不得不人为加大成本抑制这些交通运输方式的发展,这将进一步加大航空与高速公路运输的成本。无论经济性、社会性,还是从产业风险角度,这些运输方式都不具有可持续性,而高速铁路技术快速推进正适应了这个趋势。

5.8.2 对生活方式改变

高速铁路将改变人们的出行方式。首先,高速铁路列车的准时性,为人们出行带来准确的预期,相比航空方式和高速公路方式都有明显的优势。准时性会大大提高人们对出行的时间预期,这使人们安排工作生活的时间更加细致,减少不确定性带来的时间浪费,也容易形成不同人群之间的相互协调,对商业机会把握有重要意义;高速铁路列车的舒适性会改变人们出行观念,平稳、宽敞、行动方便、安全性都是其他运输方式不能比拟的;其次,快速、便捷的交通会促进人们远距离生活,压缩人们的空间概念,不再会有两地分居之说,异地工作会成为常态,也可以大大缓解目前大范围流动带来的亲情、教育、关爱、赡养等家庭矛盾,使青壮年可以兼顾事业和家庭,而观念的改变还有间接起到改变国人生活态度、家庭责任、生活质量的作用,对促进人与人之间的和谐,特别是强化家庭责任将产生重要影响;再次,高速铁路会影响人们休闲方式。由于出行不便和旅游景点拥挤,只能长期在家中睡觉的被动休息现象非常严重,高速铁路以改善出行方式为前提,将促进人们选择更有意义的休闲,如增大旅游观光的生活比重,增加家庭团聚的时间。此外,还可进一步促进商业需求,扩大和改变商圈概念,扩大就医范围以及社会活动范围等。

5.8.3 改变工作方式

在以计算机和现代通信为主要办公形式情形下,高速铁路可以在旅途中办公的便利性更是其他两种交通方式不能比拟的。高速铁路列车以其平稳、通信不受限制、电源使用方便、运行时间确定、少受天气影响而改变人们的商务出行概念，也可认为，航空与高速公路交通方式仅是旅行，而乘坐高速铁路列车则可将旅行与工作兼顾。这也会极大地改变人们的工作概念与方式，不间歇地工作和学习，甚至可以在旅行中开会与讨论，这会使时间资源配置更加节约；因高速铁路列车快速而缩短旅行时间，不会使疲劳积累；高速铁路列车运行安全、可靠、准确，还可减轻人们旅行不确定性带来的心理压力，这些都有利于出行到达后迅速进入工作状态。

高速铁路这种交通运输方式是最以人为本的交通运输方式，它会促使人们旅游与休闲等精神生活的比重大大增加，从而使消费与产业结构倾向于低消耗、低染污、高附加值。旅游产业会进一步刺激出文化休闲产业，并在较大空间范围内实现文化资源合理配置，改变经济发展方式。

5.8.4 高速铁路下的现代产业体系

斯密定理指出，市场规模决定了分工程度，市场规模扩大的前提是交通体系的物理连接与经济连接，当交通通过网络使之体系化后，会促进市场规模的扩大。曾经的海上霸权，由海洋运输网络决定，工业化国家的快速发展也曾经由铁路运输网络决定，美国前期工业化由铁路、后期科技产业工业化由航空与高速公路网络决定。从历史上看，不同类型的交通体系决定着不同的产业分工，形成不同类型的产业体系。经济性也决定着交通体系性质，交通成本与其所产生的效用也决定交通体系对分工类型的影响，通过资源配置方式将经济引导到不同产业体系发展路径。以远洋运输为主的海洋经济时代，促进了欧洲纺织品生产体系，并从农业向工业转变；以大批量、长距离的铁路网络运输方式，激励了运输装备以及其他装备产品的生产和产业结构的深化，促使工业向装备制造业转变和工业品的市场覆盖范围进一步加大；而以点对点的快速航空交通运输体系，则激励出科技产业发展。现代产业体系以人脑为主要生产资源，需要对人力资源进行优化配置。聚集生产在很大程度上不再是节约物流成本，而是增加市场的应对速度与合理配置人力资源以深化专业分工。高速铁路促使这种人力资源配置活动进一步扩大到更大的空间，使交通体系可以兼顾人才配置与物质资源配置。从性质上看，高速铁路网络是一种大尺度空间配置资源的方法，可以实现人才频繁在大空间内活动，使人才配置和小批量的物质资源配置更有效率。

在高速铁路引导下，产业体系将呈现下列特征：①产业空间聚集与产业分散同步出现。形成高速铁路意义下的点状经济。美国在航空运输刺激下，形成了点状经济，实现了工业向科技产业转型，也形成了如硅谷等面向全球的科技产业。高速铁路以其低成本和快速运输也会促进人力资源配置，形成兼顾工业品生产与科技品生产，具有一定科技含量或文化创意含量的工业品与服务生产的循环，将会呈现分散的点状经济用高速铁路联结的趋势。②现代服务业概念将出现变化。高速铁路是现代服务业的重要组成部分，它的基础产业地位决定了对其他服务业产生形成引导作用，现代产业中物流产业将配合高速铁路，甚至可能会刺激出以高速铁路为运输网络的小批量物流体系，客流变化会改变商务旅行服务以及旅游产业。高速铁路会因为改变人们居住方式而形成对房地产的新型需求，具有较强流动性租房行为和分散性居住将影响到城市格局和住房拥有状态，对土地资源相对闲置的落后地区将产生拉动作用，对土地资源相对紧张的发达地区也会产生压力释放的作用。高速铁路还将

带动其他交通运输产业发生改变,特别是城市间与城市内部轨道运输将得到发展,沿途会形成新的城市与商业概念,进一步推动城市化进程。③公共服务产业概念也会重新建立。高速铁路的大范围空间沟通,会使教育、科学研究与研发、卫生、体育、文化等生产活动方式形成空间布局上的改变,跨空间的公共服务与产业化特征会更加明显,原来的公共服务会因为市场规模变化以及支出性质变化而转向产业化。

总之,高速铁路将有助于现代产业体系的形成,并使不同地区产业体系联系更加紧密,资源交叉与流动更加频繁,形成有高速铁路特征的现代产业体系。

5.8.5 高速铁路对国家能力的影响

高速铁路将通过快速运输网络大大提升国家能力。

1)提升国家快速反应的能力

高速铁路网络将不同区域的经济、文化、政治、军事能力优势以快速、节约、批量方式结成网络,整合成具有快速反应力的体系,在救灾、应急、战争等方面会带来新的资源整合效应,可以在短时间内动员领土内资源,相互补充,相互支持,提升快速形成能力和时间配置效率,对国家统一、抵御外敌、减灾抗灾都有重要意义。

2)提高国家资源统筹的能力

将不同地区资源用快速、便捷的运输网络加以整合,提高国家资源统筹范围,可以提高国家资源冗余度、放大资源效能、提升资源效率,这对资源相对稀缺、幅员辽阔的我国来说,具有重要意义。提升资源统筹能力,使资源得到节约,也可以更有力控制资源,减少资源投入的浪费。借助于高速铁路网络,使国家战略资源得到空间上的合理优化,可以更加体现国家利益。

3)实现区域经济均衡化

高速铁路将大范围实现固定要素的优化配置,例如房地产市场的均衡化与房价会因为高速铁路网络的形成与方便出行而得到抑制,使地产价格呈现空间均衡化趋势;更为重要的是,分散化的生产方式会促进地区社会分工,比如某地区第二产业发达,但用高速铁路联结的其他地区则以居住为主,房地产业相对发达。这样可能会避免经济极化,而呈现跨地区的资源配置的均衡化趋势。一些落后地区,将会因为高速铁路而改变落后状态,甚至出现跨越式发展。

4)成为我国长期投资推动经济发展的工具

截至2011年,我国没有摆脱投资推动型的经济增长,其原因是我国存在着大量投资需求,特别是基础设施欠账较大;美国工业化时代修建了45万km铁路,经过政府拆毁工程,现在仍然有27万km铁路。其他城市内基础设施,如地下工程等,水平低、布局差。我国如达到"四纵四横"、配套修建城市间高速铁路和城市内快速轨道交通网络,还有着巨大的投资空间,这将成为我国未来投资拉动重要动力。我国是世界上少数财政状况良好的国家,有着大量的外汇储备和财政结余,用于公共工程是十分必要的。2008年,我国为缓解经济危机带来的就业压力,提出了十大振兴规划,也推出了以高速铁路为代表的基础设施建设方案,对我国未来经济产生了全面而深远的影响。高速铁路还将成为我国未来发展,特别是用投资推动经济的工具,在经济增长低迷期,高速铁路应成为快速推进政府工程的首选。

5.8.6 高速铁路建设对区域经济发展的作用

投资高速铁路能够带动经济的增长,主要体现在两个方面:①投资本身就直接起到了增加社会总需求的作用,由于社会需求增加从而带动经济发展;②改善区域内部的基础设施和投资环境,加速本地区的人力资本、知识资本以及信息资本的流动。

1)交通枢纽开发对城市空间结构的极化作用机理

按照城市布局来看,为了使CBD(Central Business District,中央商务区)对外交通更加方便,商业中心将以高速铁路站点为轴心而集聚,且由于土地的核心边缘效应和地价级差规律,致使居住地点逐渐转向郊区或其他地区,但是“聚集效应”仍会增强围绕居住空间的站点的吸引力。

2)高速铁路产业带对区域经济的集散作用机理

在我国,发展高速铁路产业带是遵循点轴开发模式进行的(高速铁路枢纽就是其中所说的“点”,高速铁路线路就是“轴”)。但是随着本地区的经济发展,对周边地带产生聚集作用和扩散作用。所谓“聚集”就是通过交通枢纽把以前沿线中分散的点在空间上拉近,由此逐渐形成片,而高速铁路枢纽就是起到了这样的作用,将城市不断联结,随着高速铁路的发展,带动城市产业结构不断升级,从而促使城市经济向外扩。

3)高速铁路运营带动区域城市群的发展

高速铁路的开通运营,拉近了各个城市之间的距离,即使两地之间相隔很远,通过高速铁路的开通也可极大地缩短往返时间,达到实现“同城效应”的便利条件,这极大地促进了城市之间的相互融合与发展。随着城市一体化的不断加快,城市内部要素(社会、经济、环境等)都将连成一个整体,相互协作促进城市发展,而高速铁路在推进城市和其他地区之间的交流和合作起到了关键作用,能够优化城市结构。

4)高速铁路的兴建带动地域经济发展

(1)完善城市之间交通基础设施。

随着高速铁路的运行,使得客货流开始高度集聚与大量分流,由此一来就对广场、道路、轨道交通、客货运站及公交线路等重要交通基础设施的规划与建设起到了促进作用。为了使城市之间的可达性得到提升,需要形成一个以高速铁路站点为中心,且基础设施完备的服务功能经济圈。

(2)助推欠发达地区。

大力支持修建高速铁路也主要是为了带动那些经济发展水平有待提高的地区,进行更好的发展建设,东南沿海经济比较发达的地区,经过高速铁路的联结,可以有效助推内地的经济发展。

为充分利用高速铁路的地理优势,加大经济发展力度,可以从建设交通枢纽方面着手。首先,需要做好规划,集各种运输(火车、汽车、机场、港口等)线路之所长,并努力完善交通网,使该运输网充分发挥其综合优势;其次,可将陆路、水路、航天按照城市内部交通情况进行规划与管理,建设好组合型区域性交通枢纽。

5)高速铁路的建设为城市发展带来的积极效应

(1)同城效应。高速铁路的运营能够极大缩短地区间的物理距离,从而能够快速抵达距离较远的城镇,在提高运输效率的同时使城镇(区域与相邻或更远的城镇、区域)形成联动,

达到双赢,促进经济的发展。

(2)乘数效应。高速铁路与众多经济产业有所关联,不仅局限在沿线城市,高速铁路也会和其周边地区相关联,在这些关联产业、关联地区之间会产生组织、带动作用,而且这种作用会通过不断循环和因果积累加以强化和放大。

(3)聚集效应。高速铁路作为一个城市的交通枢纽,能够对城市周边的各种资本起到聚拢作用,以点带面连成一个有机整体,这一过程中由于吸引了大批资本的投入,对城市经济的发展起到了促进作用。

(4)形象效应。高速铁路的运营会对城市和地区的投资环境起到极大改善,使本地区的知名度和形象得到提高,可起到吸引外地人才、资金和企业的作用。通过这些外地资源来带动本地企业的投资,由内力与外力结合,从而加快经济的发展步伐。

(5)消费效应。高速铁路的运营会为高速铁路周边的餐厅、超市等提高经济效益。

(6)产业效应。交通枢纽在城市建设中起到重要作用,一方面有助于城市交通走廊的形成,更好地对城市进行规划;另一方面会促进区域的发展。资本的高速增加,再加上因为兴建高速铁路带动的城市发展,将会极大地带动周边的中小企业快速兴起,也会为那些大、中型企业带来新的生机与活力。

5.9 城际铁路对经济的促进作用

城际铁路的建成通车,意味着未来大都市经济圈的融合发展,也意味着处在 1h 通勤圈内的沿线城市,会吸引更多对用地、用工成本要素有所考虑的投资商,还意味着次级城市将步入大交通时代,一条现代化城际轨道给百万人口大城市的发展注入了活力。伴随资本在城际间流动,沿线会吸引大量农村劳动力进入,也会集聚各方面人才。人流、物流、信息流将实现空前的融通,这种综合效应势必催生经济新格局的形成。

1)国际上快速铁路建设到哪里,哪里经济就得到快速发展

日本新干线建成后,形成了"太平洋工业带"。每年约有 2 亿人次利用新干线,并由此产生餐饮、旅游、零售等每年约 5 兆日元的消费,带来约 50 万人的就业。

2)为旅游发展带来机遇

城际铁路开通将串起沿线科技、工业、旅游的城市经济带,给沿线的经济发展带来一系列机遇,特别是为旅游业提供更广阔的空间和更便利的条件。高速铁路将激发沿线居民的出游热情,加快沿线几个城市旅游的一体化进程,促进周边旅游资源的开发。一天之内,在两地游走的都市族必将大大增加,使旅游效应更强。如京津城际铁路开通以来,天津免费开放的 6 个博物馆、纪念馆,接待由北京来津的旅游团体观众占 90%,比高速铁路开通前增加了 30%。

3)使服务业更火,消费增长更快

城际铁路使中小城市与中心城市的距离缩小,时间距离缩短将引起区位的改变,为个人投资提供新选择。城际铁路有着显著的聚客效应和促进消费的效应。它的"先期效应"带来资本的萌动,直观表现就是房地产业的升温。个人投资也开始紧盯高速铁路风向标,而更多、更方便的民间交流为餐饮、零售行业、房地产业的繁荣和发展带来新机遇。由于时空观念转换,居住观念也会相应改变,大城市与中小城市间房地产开发将渐趋同质化。如 2009

年，天津楼市的成交总量中有30%是外地购房人群贡献的，其中北京人达到50%以上。

5.10 快递服务与社会经济的关系

1）发展规模的地理差异

我国快递服务业的发展规模存在着明显的区域差异。东部地区快递服务业的发展规模大，中部、西部、东北地区快递服务业的发展规模相对较小。2011年，东部、中部、西部地区和东北地区快递量占全国的比重分别为78.3%、9.6%、8.8%、3.2%，全国快递量高度集中在东部地区，中部、西部与东北地区总面积占全国陆地面积总量的90.4%，人口总数占全国的61.9%，但快递量仅占全国总量的21.7%。由此可见，快递服务业在发展规模和快递量的地理密度方面存在明显的区域差异。

珠江三角洲、长江三角洲（上海、浙江、江苏等）、环渤海地区（北京、天津、河北、山东、辽宁）快递量占全国比重的77.6%，构成了我国服务领域三大黄金快递圈。同时，存在南部地区快递量大于北部地区、城市大于乡村等区域不平衡的问题。

国内“同城”快递业务原指同一城市的服务，现在“同城”的地理范围均扩展到了省际境内的区域，“同城”快递量占了23%，跨省的异地快递量占77%，反映了快递企业主要服务于跨省域的国内客户，快递服务为改善地区资源不平衡作出了贡献。

2）发展水平的地理差异

区域人均快递量越大，表明快递服务业发展水平越高。2011年，我国人均快递量约为2.73件/人，低于世界人均快递量（4.20件/人），与美国（26件/人）和日本（25件/人）相差较大。从我国各地区来看，人均快递量最高的是东部地区（5.63件/人），最低的是西部地区（0.90件/人），地区差距是6.26倍；在我国31个省（自治区、直辖市）中，北京的人均快递量最高（16.68件/人），青海的最低（0.43件/人），省域差距是38.79倍，快递服务发展水平的省际差异进一步加剧。

3）消费者收入水平与快递服务

消费者的收入水平越高，越容易形成快递需求，快递服务为客户节约了时间成本，并附有网络、通信等邮件追踪服务功能，贴身个性化服务使客户享受较普通邮政信件更高质量的服务，因此客户愿意支付较普通邮资更高的费用。

东部城镇居民人均可支配收入与中部、西部与东北部城镇居民人均可支配收入比例为1.454：1.001：1.000：1.008，东部地区的城镇居民收入水平高出其他3个地区的45%左右，东部、中部、西部与东北部人均快递量比例为5.63：0.99：0.90：1.08，地区人均快递量与人均可支配收入变化趋势一致，说明居民的收入水平会在很大程度上影响快递服务需求，地区居民收入水平越高，快递消费量越大。

4）社会经济发展水平与快递服务社会经济

发展水平与快递服务关系紧密。广东是全国快递量最大的省，快递量占全国比重的21%，GDP连续24年居全国首位，总值占全国的10.20%，凭借丰富的货源优势，成为我国网络销售商数量最多的省。联邦快递在广州白云机场兴建亚太区规模最大的航空货物转运中心、国内最大的长江三角洲快递圈，GDP占全国比重的19.2%；依托于制造业和网络销售，形成快递量占全国比重的35%；以北京、天津为中心的环渤海地区，GDP占全国19.2%，快递量

占全国比重的22%，构成东部三大快递圈，体现地区之间、快递企业与制造业的良性循环和联动发展。东部、中部、西部和东北地区GDP分别占52.0%、20.0%、19.2%、8.7%，其快递量分别为28.76亿、3.54亿、3.24亿和1.19亿件。由此可见，地区快递量与地区GDP密切相关，且地域分布趋势一致。

5）交通运输条件对快递市场供给的影响

快递的时效性受到区域快运条件的制约，快递网络的布局与选址优化受地区交通的通达深度和覆盖范围的约束。我国东部地区各种交通运输建设及运营经济效益高，快递的运输成本低廉，中西部地区特殊的地理环境和恶劣的天气直接影响了交通运输的发展和交通运输成本，快递时效性的保障具有不确定性。

6）快递量与人口密度的关系

地区快递量的变化趋势与人口密度的变化趋势相同。东部、中部、西部和东北人口数量分别占全国人口总量的38.1%、26.7%、27.0%和8.2%，其快递量分别占全国总量的78.3%、9.6%、8.8%和3.2%；中部、西部和东北地区人口总数占全国的61.9%，快递量却仅为东部总数的1/4。

影响我国31个省（自治区、直辖市）快递业务因素的相关性排列是：①居民人均可支配收入与地区快递量呈正相关，对快递量产生了最显著的影响；②GDP总值与快递量呈正相关；③人均GDP与快递业的发展呈负相关，反映了我国经济结构问题，重工业省、（自治区、直辖市）的人均GDP高，但快递服务量不高；④人口数量与快递服务为负相关，人口占比61.9%的中西部、东北地区，其快递量仅为占人口比重38.1%的东部地区的1/4。

5.11 交通运输与人类社会经济的综合考量

交通与人口、经济的协调发展一直是国内外面临的共同问题，也是区域经济研究的焦点，两者之间存在着相互促进的关系。一方面，交通是人口分布、经济发展的先决条件，发挥着至关重要的基础性作用，引导人口空间分布，牵引经济发展空间方向。另一方面，人口与经济是决定交通需求的重要因素，影响交通网络的布局、规模与运行效率。在交通建设规划中，考量社会经济应从以下几个着手：

（1）制定科学合理的交通发展规划，做好交通规划与社会经济规划、产业规划、城镇布局等规划的衔接。

（2）优化运输体系结构，加快各种运输方式的全面发展，形成以国家干线铁路、高速公路、长输管道、国际航空港为“交通走廊”，以支线铁路、省道公路、支线机场、城市天然气、成品油服务管道为支线网络，以县乡公路网络为“毛细血管”的综合交通运输网络系统，以适应人口与经济的发展。

（3）加大交通运输科技进步，转变运输增长方式。节约土地资源、降低能源消耗、减少环境污染，以最小的资源和环境代价满足经济社会发展对交通运输的总体需求。应改变运输增长方式，实现从粗放型向集约型转变，并加快运输技术进步。

（4）交通规划应消除行政区各自独立的弊端，实行相邻地区统一规划、统一布局产业，进行深层次的产业分工与合作，形成一个高效、完善、现代化的交通运输网络，使整个区域内的物质、信息、人才等的交换更为畅通和高效。

6 人文地理的相关特征及其与交通运输的关系

人文就是人类文化中的先进部分和核心部分,即先进的价值观及其规范。《辞海》中人文的定义是:“人文指人类社会的各种文化现象”,文化是人类或者一个民族、一个人群共同具有的符号、价值观及其规范。

文化系统是人类与环境联系的纽带,人通过文化系统对环境产生作用,环境又通过文化系统对人产生作用,其相互机制表现在文化与环境、文化与文化的互动关系中。人类与环境是双向影响,自然环境对人类文化发展提供各种可能性,经过人的选择,才能在特定环境下创造最佳文化。自然环境仅提供某种行为的可能性,或在某些方面限制人类的文化活动:①地理环境为文化的形成提供了基础条件;②环境条件对文化发展的影响——加速或延缓作用;③环境条件差异性的影响;④人类活动产生的文化,改变了自然面貌,形成文化景观。

文化景观就是人类在一定自然环境中社会活动的结晶。文化景观是经过人类社会改变而获得显著新特征的景观,其内容包括聚落、建筑、道路、田野、交通工具、人物、服饰等看得见的形体和音乐、语言语调、艺术等一些看不见的东西。文化景观的形成是一个长期的过程,每一历史时代都对文化景观的发展有所贡献。由于居住地区人口、民族的迁移,一个地区的文化景观往往是各种文化叠加形成的。

交通运输服务于人类社会,为此需要掌握交通运输所在区域的社会、文化、教育、政治、军事等状况和发展变化规律及其对交通运输的需求及其变化规律,以便规划和设计出的交通运输既满足现实需求也能适应将来的需要。

本章主要讨论交通运输与各相关人文地理因子的关系,包括社会、经济、人口、民族、文化、工业、农业、政治、国防、军事、文化、商业、城镇、语言、宗教、旅游、人类行为等的相互影响机理及其影响因子的鉴别、判读和相应的对策措施。

6.1 人口分布规律与交通运输的关系

6.1.1 人口分布规律及影响因素

人口分布受自然因素、社会经济因素等的影响,各影响因素分析如下。

1) 自然因素

地理环境对远古人类的影响与作用近乎是决定性的。如川滇古陆得天独厚的远古地理环境,使其成为我国乃至亚洲黄色人种的摇篮。我国迄今出土的远古人类化石,大多数在川滇古陆上。一般来说,生产力水平越低,自然因素对人口分布的影响就越重要、越明显,有时甚至起着决定性的作用。随着生产力的发展和水平的提高,这种影响会逐渐变小。

气候对人口分布的影响主要是通过气温和雨量来实现的。一般说来,过于寒冷、干燥或湿热的地区均不适合于人类居住。在地球的高纬度地带,特别是极地、副极地地区,由于严寒在相当大的程度上限制了人类的生产与生活,因而成为人口稀少的地区。在干旱和半干旱的沙漠、戈壁地区,由于降水量极少,无法耕种,水源奇缺,使其生存环境恶劣,往往成为无人或少人区。而在热带雨林地区,尽管水热资源丰富,植物生长快,吃、穿、住等条件易于解决,但气温过高、雨量过多,使土壤肥力难以保存,且细菌滋生迅速,疾病容易流行,同样不利于人类的生存和发展。因此,气候较为适宜的中低纬地区(如亚热带和温带)成为人类密集的地区。

人口分布多趋向于低平地区,其原因是气温和气压都随着海拔的上升而降低,直接制约着人们的生理机能。对某些人而言,1800m 的海拔即可引起高山反应,超过 4000m 就有可能因气压过低而造成死亡。山地和高原与同一纬度的其他地区相比,具有寒冷、风大的特点,再加上土层瘠薄,交通困难,对发展生产不利。而平原地区地势平坦,土壤肥沃,交通便利,易于开发。因此,一般而言,平原地区人口稠密,山区和高原上人口分布较稀疏。但是,低纬度地区人口却可能集中分布在海拔较高的山地,如亚的斯亚贝巴、拉巴斯、基多、墨西哥城、圣菲波哥大、昆明等。

土壤是发展农业生产最基本的物质基础。各类土壤有不同的天然肥力和适耕性能,会导致人们对其开发利用的程度不同,进而影响到人口分布。

水体除了作为水源,为人们的日常生活和工农业生产所用外,还是一种重要的交通载体和通道,也是人类副食品的一个源地。海岸地区比内陆腹地具有更高的人口密度。古文明的发祥地都出现在大河两岸,中世纪以来兴起的大小城市也大多是沿河、沿湖、沿海分布。目前世界上的许多大城市是港口。在干旱、半干旱地区,水体往往成为人口分布的先决条件。

自产业革命以来,某些地区矿产资源的开发成为人口分布的决定性因素。石油、煤、天然气成为近现代人类的主要能源。早期交通运输还不发达,工厂云集于煤田区,成为人口稠密区。油田的发现使本来没有人烟的地方出现了城市。许多城镇的发展是依赖于对其所在地矿产资源的开发,并以此为核心使服务性人口和农业人口大量聚集起来,有的甚至形成了新的人口稠密区。科学技术的进步,以及新资源、新材料的发现与利用,往往成为改变人口分布状况的重要原因。

2) 社会经济因素

第一次工业革命之前,由于以农业为主的自然经济居主导地位,农业生产水平和条件成为决定区域人口密度的基本因素。农业发达和条件好的地区人口较稠密,其他地区的人口较稀疏,乡村人口在各国各地区占绝对优势。第一次工业革命之后,生产力水平得到空前发展,工业逐渐占据主导地位,创造了比过去丰富得多的产品和财富,医疗卫生条件得以改善,人口数量和人口密度大大提高。随着资本的集聚,大量工矿区的兴起,大工业、商业和金融业在城市的集中,大批农民源源不断地涌进城市,使城市人口大增,乡村人口大为减少,城乡人口比重发生逆转。与此同时,城市的数量和规模也不断扩大。由于生产力的发展和科学技术的不断进步,全球人口向城市集中的步伐加快。

现今的人口分布深深地打上了历史的烙印。居住历史长、开发较早的地区人口较稠密,如东亚、南亚、地中海地区;而开发较晚的地区人口较稀疏,如大洋洲。人们长期在一个地区居住生活会养成对当地环境的适应,因此人们通常不愿意离开祖祖辈辈生活的地方,即所谓故土难离。

政治因素对人口分布的影响也较大,有时短时间内便可改变人口分布状况。例如,两次世界大战使世界政治地图发生了明显的变化,每一次都出现人口的大规模移动。仅第二次世界大战期间,从欧洲东部迁往德国的人数就达600万。欧洲殖民者侵入拉丁美洲,致使印第安人不得不迁入内陆荒山区。此外,国家制定的人口政策对人口分布也有影响,文化因素对人口分布也有一定的影响。

3)人口分布与交通、水系的关系

人口分布具有交通指向性。如三江源区居民点分布具有明显的交通指向性,超过83%的居民点分布在距离雅鲁藏布江水系1.5km范围内和道路两侧2.0km范围内,特别是500m范围内。距离雅鲁藏布江水系和交通线路越远,居民点分布越稀疏。

6.1.2 人口迁移

在我国古代,由于战乱等原因,人口由黄河流域迁向长江流域和珠江流域,经济重心亦随之南迁。在元代曾因蒙古帝国的兴起而出现人口的大规模西迁。

尽管影响人口迁移和流动的原因多种多样,但主要的原因是经济方面,即寻找可以改善物质生活条件的"机会",挣更多的钱。在过去几个世纪具有历史意义的人口大迁移中,经济目的驱使成千上万人离开家乡来到新大陆,来到南半球未开垦的处女地,众多的就业机会、可获得土地并分享矿产财富等使新大陆充满了诱惑力。

此外,政治因素和文化因素也是造成人口迁移的重要因素。

6.1.3 交通与人类社会生活

交通影响人类生活及人口分布。如在普洱茶产区,分散居住的茶农,衣食所需基本依靠茶叶换取。每到茶叶开采的时候,茶农最为关注和翘首以待的就是从各条茶马古道上进出普洱府和茶山的马帮。只要有更多的马帮来到茶山,他们日常所需的盐巴、布匹等生活必需品才会随之而来,一年到头辛苦劳作生产的茶叶及早已备办好的山货也才会有出路。正如道光《普洱府志》记载,当地居民"终岁衣食,仰给茶山"[1]。茶农对外联系的唯一纽带和主要交通线路就是茶马古道。作为西南各族人民生活必需品的重要来源,茶马古道就成了沿线群众的重要"生命线",马帮则成了重要依托。

6.1.4 人口的分布和移动与客流

1)居民移动系数和乘车率

客运量与人口数量的比率,以居民移动系数 K_m 表示。如果以 M 表示一定时期区域或城

[1] 郑绍谦,李熙龄.道光《普洱府志》[M].清咸丰元年刻本:卷十九.

市的居民移动量，S表示其人口总数，则：

$$K_m = \frac{M}{S} \tag{6.1-1}$$

居民移动系数决定于国家或地区的城市化程度，一般是同区域或城市的大小和人口的多少成正比。一般规律是：区域或城市的基本人口和服务人口比例高，被抚养人口比例低，则居民移动系数大，反之则小；职工的带眷系数高，则居民移动系数小，反之则小；工业区的居民移动系数远高于农业区。

对于城市内部来说，居民移动系数和乘车率并不是一回事，因为居民在市内的移动可以不利用公用交通，也可采取步行或骑自行车等方式。以A_m代表区域或城市的居民乘车移动量，则乘车率为：

$$\varphi = \frac{A_m}{M} \tag{6.1-2}$$

故对于区域交通而言，$A_m \to M$，$\varphi \to 1$；而对于城市交通而言，$A_m < M$，$\varphi < 1$。

2）客流的产生和分布

客流的产生主要取决于人口分布、经济发展水平以及交通运输的方便程度，社会因素和地域开发政策对其也有很大影响。客流的产生在过去多由商业贸易和政治、文化要求等引起，因民族迁移、新大陆和人口稀少地域的开发而进行过的国际和国内地区间的人口移动，也使许多地区之间产生了大宗客流；近代随着资源的广泛开发和工业布局的大规模展开，产生了有计划的移民；为解决人口过密与过疏，在落后地区采取诱导政策，致使产生了劳动力移动；由于劳动地域分工而带来的人员在生产、经济、管理上的种种交流和联系日益频繁，以及随经济及文化生活水平的提高，旅游业的大规模开展等也会导致客流的产生。以上各种因素导致远程和近程的客流不断增加。此外，随城镇化进程的加速，城镇地域不断扩大，工作地点与居住地点的分离，产生了大量的、每日往返于市区与郊区之间甚至近距城市间的通勤客流。物质文化生活水平的不同，使不同国家和地区的客运量水平产生很大差异。

客流的分布视其种类不同而异。例如，随人口迁居使得新定居地与原居住地域之间形成大宗客流，如我国东北与山东省、河北省之间，新开发的工业基地与老工业基地之间等。在专业化分工相同的新老工业基地之间货流很少，而客流却很多。节假日客流，在我国多为职工返家探亲。市郊客流主要产生在大城市及工矿中心。市郊客流的方向，在居住地集中于市区而工作地位于郊区的城市，表现为早疏散晚聚集型；工作地位于市区而居住地多在郊区的城市，呈现为早聚集晚疏散型。

客流在各种交通方式间的分配，首先与客流的地理分布密切相关。如我国东北与山东间的客流历来主要利用海运。其次，与经济发展水平有更为密切的关系，发达国家各种现代交通工具发展，较长途旅客均广泛利用航空，数百公里者也多以高速铁路或高速公路为主；发展中国家却多以铁路、河运为主，少数甚至利用原始工具。

3）客流的不均衡性

不均衡客流表现为交通线上客流密度的时间、方向和区段间的差异。

（1）时间不均衡系数$K_{时}$：指客流在一天24h内的高峰小时客流量与平均小时客流量之比。一般一天有两个高峰小时，早高峰（7—8时）和晚高峰（17—18时或18—19时），而以早高峰客流最为集中。$K_{时}$一般在城市交通中不应超过1.5。一天中高峰小时客运量占全天总客运量的百分比称为高峰小时系数,在6%~15%之间。形成客流一天内时间不平衡的基本原因是劳动客流定时上下班,因此,除机关学校外,工厂和服务行业的上下班时间适当错开,对交通运输是有利的。

(2)日间不均衡系数$K_{日}$:为最大日客流量与平均日客流量之比。周日的客流量要比平日大,但高峰小时客流量要低于平日。节假日的客流量更大。每周的最大高峰小时往往出现在周一的早高峰,其次为周五的晚高峰。把一个城市各生产单位的周休日错开,对改善这种不均衡有巨大价值。

(3)季节不均衡系数$K_{月}$:是指最大季节或月的客流量与平均客流量之比。我国城市和区域的交通运输,最大客流均出现在第一季度,主要是2月,这是春节探亲访友客流显著增多的缘故。一些游览城市,在一定的季节,如杭州的春季、北戴河的夏季、北京西郊的秋季,客流会显著增加。

(4)方向不均衡系数$K_{方向}$:即大单向客流与平均单向客流之比,一般其数值不大于1.2,否则就应采取专门措施。由于客流具有很大的时间上的不平衡性,故方向不均衡系数必须按一定时间范围计算才有意义。市际客流必须按月或季节计算,而不能只按年计算;市内客流应按时计算,而不能只按天计算,因为旅客上下班或文娱出访基本上当天要返回,会掩盖高峰小时客流的实际情况。

(5)路线不均衡系数$K_{路线}$:即高峰区段的客流与平均区段的客流之比,平时不大于1.4,如超过,即应开辟区间车路线或用其他办法解决。

掌握了各种客流的不均衡系数,便可以根据客流计算得到的全年客运量和客运工作量,得出有关线路的高峰时间、大客流方向和集中区段的客流密度。

6.2 社会与交通运输的关系

6.2.1 交通的社会价值

原始先民们受到血缘、地缘关系的强硬制约,因而就形成了"邻国相望,鸡犬之声相闻,民至老死不相往来"的路断人稀和小国寡民的境况。随着商品经济的勃兴和市场交换的繁荣,人们才克服了血缘、地缘的"依赖关系"所造成的羁绊,形成了"以物的依赖性为基础的人的独立性",并"形成普遍的社会物质交换、全面的关系,各方面的需要以及全面的能力的体系"。伴随着"物役性人格"的形成,人类社会才有了彼此交往的甚为发达的交通文化。交通的社会价值体现如下。

(1)社会角色的自我升华离不开交通的襄助。个体人社会角色的建构可以是多元的,有的人偏于经济,有的人偏于政治面,有的人偏于文化,因而也相应形成企业家、政治家或科学家的不同角色。然而,唯有"社会活动家",才是人的社会角色的总结与完备。因为唯有全面的"社会活动",才是人所承载的各种社会关系并最终完成人的本质的实践基础,也才能克服人的本质建构上的任何片面的"单向度"。而社会活动家离开社会空间的自我拓展,离开交通的实际支撑,几乎是不可能的。

(2)社会互动与社会组织优化,离不开交通的建构。一是社会互动中最重要的“社会协作”的组织化效应以及基于这一由资本雇佣而形成的“不费资本分文”的劳动的“社会生产力”,离不开交通的平台。马克思有明确阐述:“靠利用交通和运输工具而达到的时间和空间的缩短,以及其他各种发明,科学就是靠这些发明来驱使自然力为劳动服务,并且劳动的社会性质或协作性质也是由于这些发明而得以发展起来。”❶二是与此相应的个人利益的实现程度也离不开科学化的大企业组织。马克思指出:“一定量同时使用的工人,是工场手工业内部分工的物质前提”,而这个前提是由于发达的交通工具促成的。同时,“更加密集的人口”需要现代化的科层组织,比如工会组织来整合,而这些工会组织就会为表达工人利益诉求作出贡献❷。

(3)个人的社会化,尤其是现代化特质的累积,也离不开交通的催化。现代性的人格有一个很重要的特质,这就是团结协作和求同共识基础之上的个人归属感和阶级意识的形成。马克思主义经典作家发现,与现代化大机器相连的产业工人阶级,彼此间的团结、求同共识以及由此所造成的从自在阶级向自为阶级的转向,其中交通条件的改善和相互间的交流以及信息量的增加,是一个非常重要的因素。

(4)个人的社会流动和社会定位,也离不开交通的推动。个人的社会流动既包括水平流动,又包括上下流动;既包括代内流动,又延伸为代际流动;这些流动又全部与结构性流动有关。而结构性流动又必然涵盖着个人的社会关系空间位置的“位移”。与原地踏步的“时间移民”相比,这种“空间移民”没有交通的支持几乎是不能的。

(5)推进了中外交流。汉字“站”与交通联系在一起源于元朝时期。与此同时,“站”也随着元朝时期站赤的设置流传至其他国度。现在的波斯语还有“站”这一词汇,专指驿传。俄罗斯在相当长的一段时期也用“站”指代邮驿。“驿站制度在当时影响到波斯、俄罗斯、埃及和中亚、西亚诸国,在俄罗斯竟沿用了数百年之久”。

正因为站赤交通具有高效的运转体系,俄罗斯才把这一制度作为巩固国家统一的重要措施。元代站赤的广泛设置,消除了中西方交通道路上的疆界。外国的使节、商人、旅行家和教士经常来我国访问。站赤交通在推动中外交流方面发挥了重要作用。前来我国的外国使者、商人、僧侣络绎不绝,蒙古人的征服使欧洲与中国的相互了解和往来在中断了至少4个世纪之后又得以恢复,而且不仅仅是恢复而已。13—14世纪欧洲对中国的了解甚至是古代丝绸贸易最繁荣的时期都未曾有过的❸。

以大运河为例,大运河的基本功能就是交通运输,运河交通的兴盛打破了地域间的闭塞状态,带来了物资大流通,为商业的发展提供了重要机遇。商业的发展又刺激和带动了农业和手工业的商品化生产,同时促进了运河沿线城市和集镇的繁荣。商品经济得到前所未有的发展、商人经济实力不断增强及商人社会地位不断提高,使运河地区社会的传统价值观念受到了强烈冲击。

选择运河交通的人也各式各样,上至达官贵人,下至平民百姓,有进京赶考的、当官赴任

---

❶ 马克思,恩格斯.马克思恩格斯全集[M].第16卷,北京:人民出版社,2016:140.

❷ 卡尔·马克思.资本论[M].第1卷,北京:人民出版社,1975:391.

❸ C.F.Hudson.*Europe and China:A Survey of their Relations from the earliest times to* 1800[M].London:Edward Arnold and Co.,1931.//李云泉.蒙元时期驿站的设立与中西陆路交通的发展[J].内蒙古社会科学(文史哲版).1995,2(60).

的、致仕返乡的、贩货经商的、走亲访友的、旅游的、进香请愿的，发达的运河交通网络为运河区域的人们提供了极大的方便。

商业的繁荣体现在如下几个方面：一是商人队伍的壮大。二是商人们经营生意门类多种多样，有在运河沿线的集镇开设店铺的，如饭馆、旅店、粮食铺、当铺、药铺、丝线铺、香火铺、染坊、瓦舍等；更多的是凭借运河方便快捷的交通在两地或多地间贩卖货物，赚取利润，贩卖的货物有粮食、茶叶、丝绸、布帛等，其他的还有油漆、水果、木炭、木材、珠宝等。多种物资的流通，不仅互通了有无，更突破小范围的地域商业，将整个运河区域联通成一个商业整体，大大促进了该区域商品经济的发展。三是运河的贯通使得商人经商的范围可以更广，不再局限于一县一府，跨府跨省经商成为很平常的事。四是经运河流通的商品数量巨大。

运河交通的兴旺和运河商业的繁荣，直接导致了一批运河城镇的崛起。我国的城郡自古以来都是以政治军事为主要功能的，大运河的兴起改变了这一格局，沿河兴起的很多城镇都是以工商业为发展的基石。除了大型的商业城市外，运河沿线还兴起很多小城镇。这些小城镇以前或是荒丘野地，或是小村僻庄，在运河开通后因为较好的地理位置而迅速兴起，商业、服务业兴盛。

运河地区商品经济的日益繁荣发达还促使资本主义萌芽出现。明代中后期，我国的社会经济开始出现一种深刻而重大的变化，那就是在封建社会内部产生了资本主义萌芽，它对古老的封建社会、对人们的社会关系和生活方式都产生了相当的影响。

我国传统上是一个重农抑商的国度，“士农工商”四民等级排列中，商人处于末位，经商是为人所鄙视的职业。随着大运河的开通，商品经济得到前所未有的发展，商人经济实力不断增强，其社会地位也不断提高，传统的价值观念受到了强烈冲击。经商渐被视为正业，商人也得到认同和尊重，运河区域的“重商风气”十分浓重。

商人地位的提高以及生活的富足，对其他社会阶层具有极大的诱惑力，“文不经商、士不理财”的信条逐渐被打破，运河沿线上弃儒从商者渐多，并且社会对他们的行为也表现出宽容、理解甚至肯定的态度。

传统的价值取向和道德观念在运河地区商品经济发展的冲击下产生了裂痕，人们逐渐冲破束缚，发现自我，重视“人欲”，形成了一种新价值观、道德观。首先是对金钱和财富的崇拜和追求。运河区域由于商品经济的繁荣，社会产品更加丰富，金钱渐渐成为社会权力的重要杠杆，再加上富裕阶层五光十色生活的诱惑，许多人对金钱越来越重视，凡事以金钱为中心，拜金主义思想流行。其次是对运河区域女性传统道德观的动摇和改变。

6.2.2 交通对社会环境的影响

1）社会经济影响

交通工程建成后会对沿线的社会结构、经济发展、文化环境产生影响。首先，交通工程建成后会增大沿线地区的交通量，增加该地区的交通事故，在一定程度上干扰附近居民的出行，割裂了村庄间的原有联系。其次，交通工程建成后使沿线各地区的土地功能发生变化，将单一的农业用地、开发用地或商业用地转变为多行业提供服务的特殊用地，同时也促进了沿线土地资源的开发。再者，交通建设会造成一定数量居民的拆迁，使沿线居民人口结构及需求发生变化，改变原有居民的联系及交往方式，影响区域经济布局和产业结构。另外，道

路提供了良好的交通条件,加速农产品、矿产、林业产品的输送、信息交流及劳动人口流动,提高区域的工业产值,推动城乡的商品交换、文化交流及农业的综合开发,使城乡逐渐一体化。最后,交通工程的修建,会破坏一些原有的历史、文化遗址和名胜风景及保护区,产生视觉污染。

2)现实情况下大众出行的困境

现在,在很多城镇主干道、各通行区域和人群聚集地,有车必堵、出行必堵、节庆必堵等现象已经成为常态。交通拥堵造成时间浪费和能源浪费,导致了巨大的经济损失,也更容易造成行车烦躁不安等不良情绪。

大量私家车占用城市道路,公共空间私有化。无论是车辆占用道路空间相对值、行驶过程中占用道路面积还是能源消耗程度等方面,私家车均高于公共汽车,且私家车的发展速度远超公共交通。

6.2.3 交通项目的社会影响分析

交通项目的社会影响有宏观的或微观的、直接的或间接的、有形的或无形的、明显的或潜在的,分析评价时可根据项目目标和所涉及的社会因素的重要程度而有所侧重。项目的社会影响分析,是分析、预测项目可能产生的正影响(通常称为社会效益)和负影响,包括对人和地区的影响。

(1)一般社会影响分析。一般社会影响主要有对项目所在地区居民收入的影响;对项目所在地区居民就业的影响;对项目所在地区居民生活水平、生活质量的影响(包括居民居住水平、消费水平、消费结构、人均寿命等的变化以及产生这些变化的原因);对项目所在地区教育、卫生等公共设施的影响等。分析项目地区人口的教育水平、文化传统等,预测项目地区的人们在文化和技术上能否接受此项目。

(2)项目的利益相关者群体分析。项目利益相关者是与项目有直接、间接的利益关系,并对项目的成功与否有直接、间接影响的所有各方。一般交通项目的利益相关者包括沿线人群及辐射地区、项目业主、交通部门、各级政府和有关部门以及设计咨询、施工机构、沿线人群,其中项目地区运输从业人员是项目的主要利益相关者群体。利益相关者群体的需求和态度对项目成效有直接或间接影响。应分析交通项目对利益相关者的有利和不利影响,项目相关利益群体对项目建设和运营的态度,估计不同利益群体的参与程度,分析不同利益群体参与项目活动的可能方式等。

(3)脆弱群体分析。脆弱群体分析其实是利益相关者群体分析的延伸,目的是尽可能地促进项目的社会公平与发展。脆弱群体一般包括老人、妇女、儿童、贫困人口等。交通项目的实践表明,不同的项目有不同的需要特别关注的脆弱群体,社会评价中,要结合具体交通项目,识别并确定该项目的脆弱群体,分析项目对脆弱群体的不利影响。

(4)少数民族群体分析。如果交通项目经过少数民族地区,除了一般的脆弱群体分析外,要特别关注项目与所在地区少数民族文化和宗教的相互影响。主要分析项目的建设和运营是否符合国家的民族政策,交通用地或线路是否占用、经过具有民族宗教文化意义的地区,项目建设以及以后的运输行为是否考虑了民族地区的风俗习惯、生活方式、宗教信仰,是否会引起民族矛盾、发生民族纠纷、影响当地社会安定。

6.2.4 社会环境保护设计

1）一般规定

交通社会环境保护设计应调查、搜集沿线的土地资源、农田水利设施、建筑物、行政区划、人文景观等社会环境现状及其远景发展规划，并进行综合分析，论证交通建设与社会环境的相互影响关系。交通社会环境保护设计应立足于对社会环境的开发和利用，使交通建设产生更多的社会效益。

2）土地利用

（1）交通选线应全面调查沿线土地利用情况，按不同种类分别统计，遵照节约用地的原则，结合当地基本农田保护区及国土规划，进行充分比选，确定路线位置。

（2）交通用地应少占耕地、果园，多利用荒坡、荒地、滩涂等荒芜土地。

（3）取土设计，应结合土地利用规划选择取土场位置及其取土方式。当采用集中取土方式时，宜结合平整土地选取较高地势的土丘取土，或结合河道整治选取滩槽取土；当采用宽挖浅取方式时，应保留表土回填复耕。

（4）农田地区的路基应尽可能降低其高度，并宜设置支挡结构，减少占地。

（5）施工临时用地应结合交通永久用地统筹安排。占用耕地的施工临时用地，工程竣工后应尽快清场复垦。

3）农田水利设施

（1）应调查交通通过地带的农田水利排灌系统、人工蓄防洪设施的布局与发展规划，使交通设计尽可能与其相协调。

（2）路线不宜压占干渠、支渠；不得已而压占时，应按原过水断面改移或采取其他工程措施。跨越干渠、支渠的桥涵不宜压缩渠道过水断面。

（3）在对排灌设施进行合并、调整或改移设计时，不得影响其原有排灌功能与要求。

4）拆迁与安置

（1）选定路线方案时，应尽可能绕避村镇和环境敏感建筑物，避免大规模的拆迁。当路线对环境敏感建筑物等有干扰时，应作防护与拆迁等多方案比较。

（2）对交通沿线两侧必须拆迁的建筑物应进行调查统计，分门别类登记造册。

（3）应充分调查了解被安置对象的各种因素，在设计中充分体现国家的有关政策，提出安置规模等建议方案。

5）出行与交往

（1）交通选线应注意调查行政区划、居民聚集区、学校、乡镇企业等的位置，了解人群流向，减少对人群出行、交往的阻隔。

（2）影响人群出行、交往需设置横向通行构造物时，其规模应根据出行数量、出行目的以及路网布局进行设计。

（3）交通通过农田区时，横向通行构造物形式与间距应根据具体情况选择，并与农田基本建设规划相协调。

（4）应充分考虑通道内排水设计，不得因积水影响安全通行。

(5)路线通过牧区时,应设置放牧转场通道。

6)人文景观

(1)应搜集交通沿线已发现的文物、遗址、名胜古迹、风景区等的位置和保护级别,并拟定环境保护设计对策。

(2)交通应绕避县级以上文物、遗址等保护区。交通对文物、遗址等保护区产生干扰时,应按"文物保护法"中有关规定执行。

(3)服务区、停车场等位置的选定,宜充分利用天然或人文景点,其风格应与周围环境相协调。

(4)大型桥梁、互通式立交等大型构造物的形式、布局等,宜与当地环境协调组成具有独特风格的景观。

(5)施工中发现文物时,应暂停施工,保护好现场,并立即报告当地文物管理部门研究处理,不得隐瞒不报或私自处置。

7)噪声、空气污染的防治

交通环境污染防治主要针对以下环境敏感点进行:①声环境敏感点:学校、医院、疗养院、城乡居民区和有特殊要求的地区;②环境空气敏感点:省级以上自然保护区、风景名胜区、人文遗迹以及学校、医院、疗养院、城乡居民区和有特殊要求的地区;③水环境敏感点:饮用水源及养殖水源保护地。

交通应绕避环境敏感点,主要包括:①交通中心线距声环境敏感点应大于100m,其中距医院、疗养院、学校宜大于200m;②交通中心线距环境空气质量标准为一级的地区应大于100m;③交通中心线距地面水环境质量标准为Ⅰ~Ⅲ类水质的水源地应大于100m;④交通中心线距交通振动、电磁辐射有特殊要求的敏感点以及危险品仓库等的距离应符合国家现行有关标准的规定;⑤交通环境污染防治措施应充分利用自然条件,并结合工程特点综合考虑利用山丘、高地、林地、草地等保护声环境和环境空气,或利用临路建筑、仓库、堤岸、围墙等降低噪声,或结合地形、利用路堑等,降低噪声、改善环境。

项目施工中的污染防治措施如下:

(1)在居民聚居区或其他噪声敏感建筑物附近施工时,当噪声超过规定时,应及时采取措施,减少施工活动对沿线居民的干扰。

(2)对施工作业人员,在噪声较大的现场作业时,应采取有效防护措施。

(3)路基施工过程中应采取措施控制扬尘、废气排放等。

(4)路基施工堆料场、拌和站、材料加工厂等宜设于主要风向的下风处的空旷地区。当无法满足时,应采取必要的环保措施。

(5)粉状材料运输应采取措施防止材料散落。

(6)粉煤灰、石灰等在露天堆存时,应采取防尘、防水措施。

(7)采用粉状材料作为路基填料或对路基填料进行现场改良施工时,应避免在大风天作业,施工人员应佩戴防尘口罩等劳动保护用品,并采取环境保护措施。

汽车排放污染的防治措施如下:

(1)必须制定相关的汽车排放标准,机动车上路前需进行尾气排放检测。

(2)完善汽车的自身结构+改进发动机,采用电子控制燃油喷射,发明使用电动机、太阳能汽车和其他不污染环境的新型能源车。采用现代燃料,优先使用无铅汽油+增加以液化石油气或压缩天然气为燃料的气瓶车,推广气体燃料,使用符合规定的润滑剂和燃油添加剂。

(3)研制和推广废气减毒装置,完善汽车维护制度,推广节油装置。

防治运营噪声的主要方法有以下几种:

(1)加强交通管理,上路前进行车辆噪声监测,控制重车百分比、交通量及行车速度。

(2)调整纵坡,减少纵坡过大可能导致汽车爬坡时增加的噪声量。

(3)改进路面结构类型,改善面层混合料成分,适度修正横向刮纹间距或改做纵向拖纹处理,以谋求降低交通噪声。

(4)尽可能采用降噪效果好的路堑形式,尤其是路线通过敏感区时。

(5)适当设置遮蔽物,可在交通两侧设置隔声林带、隔音墙、隔音堤等,以降低噪声位级。

(6)实施减少噪声最直接有效的方法——改善车辆本身构造。

合理的城市规划布局是减轻与防止噪声污染的有效措施,也是从源头控制噪声的一种有效措施,噪声污染的防治需要从宏观角度出发调控城市的总体规划、城市功能区的合理划分、交通系统的规划等;从高层建筑设计的微观角度考虑建筑布局关系。

(1)合理布局。

为了提高居住的适宜性,减少噪声的污染,居民住宅小区选址尽量远离交通干线,规划布局时应结合城市区域环境噪声标准适用区域划分规定,将居民集中住宅布置在次干道或者支路上,交通干线和主干道尽可能布置商业门面或者写字楼等对声环境功能要求不高的建筑物。

合理规划道路,过境干线、货运干线远离居民住宅小区,在市区内设置单行道,缓解交通通行拥堵压力,使车流畅通,减少车辆滞留产生的噪声。

(2)利用公建隔声。

利用公建形成实体声屏障减少噪声影响。可将小区内的公共建筑和商业建筑沿街布置,一方面作为小区的公共配套设施使用,另一方面作为实墙体的隔声屏障。在建筑平面布局上,由于高层建筑一般都有地下室,小区内部的车行道可设置在进入小区的入口处转入地下,其上布置成花园或者步行区,可减少小区内部对建筑声环境的影响。

(3)绿化措施降噪。

利用景观绿化带来提高发散衰减的作用,做到既美化环境又隔声降噪。因地制宜选择种植梧桐、黄山栾树、香樟、女贞、喜树、构树、杜仲、苦楝木、桂花、石楠、珊瑚、木芙蓉、夹竹桃等隔声效果好的树种。

(4)建筑单体设计方面。

除了从规划布局方面等宏观角度进行控制外,还可以从建筑平面布置、建筑质量、材料等微观角度方面来进行降噪处理。

①优化建筑平面布置。

在平面布置时,除了应将对声环境要求较高的房间背向外界噪声源外,还应注意主要功能房远离建筑内部产生的噪声。如在电梯间周围不宜布置主要的生活用房,以免对住户的生活休息产生干扰。住宅、学校、医院等噪声敏感建筑物内有产生噪声的锅炉房、水泵房的设施尽可能远离对噪声敏感的房间。如果确需设置,须采取有效的隔振、隔声措施保障噪声敏感建筑物不受影响。

②外墙与窗户面积。

外墙的单位面积重量每增加 1 倍,隔声量提高 6dB,在施工条件允许时尽可能选择较重的材料做外墙围护。减少窗户面积以减少透声量,若确需采取大面积窗户应采用密封隔声窗,局部面积开启进行通风换气,面对交通干道一面外窗全部固定封闭,采用侧向开窗通风的方式。此外还可采用中空玻璃、双层玻璃等隔声窗进行降噪。

③优化阳台设计。

采用实体阳台栏板,并适当提高栏板高度,可以阻挡部分直达声、减小反射声。也可以在阳台天花板、遮阳板上布置吸声材料,对一次反射声进行吸声处理,消耗声传播的能量以增加屏蔽作用,减小室内噪声。

6.3 文化与交通运输的关系

6.3.1 交通的文化价值

交通的文化价值体现如下:

(1)“行万里路”是一个文化人的重要标志。“读万卷书、行万里路、交八方友”,是衡量一个人是否具有丰富社会文化阅历的重要标志。而实践“行万里路,交八方友”,就需要依靠交通。可以说,交通及旅游的次数和距离,成为如今衡量社会或者个人生活水平和文化程度的重要标志之一。

(2)许多文化精品的出现,都是文化人通过社会游历所创造的成果。如司马迁的《史记》、玄奘的《大唐西域记》、马可·波罗的《马可·波罗游记》、徐霞客的《徐霞客游记》、埃德加·斯诺的《红星照耀中国》,都是作者在国内外游历的基础上创作而成的。

(3)交通振兴了文化产业。如云南丽江的纳西文化、大理的白族文化、西双版纳的傣族文化,贵州的苗族文化,湖南湘西的土家族苗族文化,陕西西安的古城文化,以及贵州的瀑布、溶洞、溪流,云南、西藏的雪域景观等人文和自然景观,都是通过交通的纽带作用,使得以这些人文和自然景观为基础的文化旅游产业得到振兴发展。

6.3.2 交通古道文化

交通沟通了不同地区,使各地的文化得到传播、碰撞与交融,推动了沿线地区文化的进步和发展。主要体现在以下方面。

1)交通建筑文化

交通工程本身及附属建筑物,形成了建筑文化。如茶马古道为来往人群服务而修建的锅庄、客栈、商号、移民商人会馆等,都是文化线路上独具特色的公共建筑。此外,在贸易沿线地区还形成了诸如瓦房街、四方街等聚落空间。一些典型建筑如下。

(1)黑井镇的建筑文化。

云南省楚雄彝族自治州禄丰县黑井镇,早在 3200 年前就是彝族先民制盐的地方。西汉时期,黑井集市已成为古滇国最繁华的陆上码头和商品集散地。现存的黑井聚落结构,其线性空间布局满足了食盐的运输需求。黑井镇的主要架构是平行于河流的两条长街,住宅之间的小巷均垂直于街道,呈现出长街短巷的特征。黑井的商业空间是为了适应盐业运输和交易,由山村僻野和贸易场所沿交通线发展而逐步形成的,两条长街基本沿着等高线走布设。聚落里的住宅也逐渐演化成沿街面短、进深长的“前店后宅”的居住形态。此外,两条长街相互平行,每隔 50~80m 就有一条短巷将街道相连接,方便人们自如穿梭,也增大了商业街面的长度。

聚落内部的街道空间环境,也有利于马帮进行商品交易。一些民居沿街面采用三合院的空间形式,正房对主街敞开,并用青石板砌筑出当地人称为“铺台”的平台。赶集时将物品摆在铺台上出售,赶马人不用进入店铺,便可在铺台上交易。长街的街道也全部用耐磨的青石板铺砌,以应对马蹄对街道的磨损。沿街还设置了拴马石和水桶,供赶马者歇脚。

(2)鲁史镇的“四方街”。

由于茶马交易等商业活动,鲁史镇表现为以四方街为中心的放射性空间布局,即街道及民宅围绕四方街,形成了“三街七巷一广场”圆形分布的格局。七条小巷串联着三条街道,围绕四方街的不仅包括商铺和作坊,还有大量与商贸活动有关的建筑,如马店、客栈、典当、会馆等。鲁史镇是茶马古道的必经之处,汉、藏、羌、彝等不同民族在此进行文化交流,也使四方街建有各种宗教建筑。

(3)康定锅庄的建筑文化。

康定锅庄在历史发展进程中,从最初的帐篷到后来的瓦板房、木板房以及汉藏相间的四合院,形成了独特的建筑文化。锅庄的建筑形式通常为四合院,四周砌有围墙。大户锅庄家的大门用大型花岗石镶砌,门顶檐雕有汉式花纹,门楣以木质方块镶着红黄蓝相间的藏式图案。进入第一道门的院坝用鹅卵石镶嵌,用于供客商所乘的牛马歇脚,茶包都放在院坝内的操作坊。

(4)南方丝绸之路上的交通建筑类型。

面对西南横断山脉江河密布、山峦叠嶂的特点,当地人民建造了独具特色的交通设施,如笮桥、栈道、驿站等,极大地丰富了西南地区的交通建筑文化内涵。

“笮桥”是当地笮人(今傈僳族先民)创造的一种飞跨天堑的索桥。唐代李吉甫《元和郡县图志》记载:“凡言笮者,夷人于大江水上置藤桥,谓之笮。”笮桥最初用当地出产的竿、藤等建材筑成,系于河谷两岸,借助木制溜筒,将人畜滑向对岸。西南地区的索桥根据不同的地理情况与建筑材料,分为底锁承载、悬索承载、藤网索桥等类型。

栈道修建于西南地区崎岖陡峭的山地,铺木为路,杂以土石。南方丝绸之路的古代栈道十分发达,具有以下四个特点。一是分布很广。在历史上,川西西山道、景谷道、和川道、飞越岭道、牛头山道,川南五尺道、清溪道,以及四川盆地内部,都修建过栈道。二是规模庞大。四川山区小道上也有很多栈道,规模最大的四川大宁河栈道从巫山罗门峡开始,延续 300km。三是年代久远。早在战国时,四川就号称栈道千里。秦开五尺道,指栈道宽达五尺。汉代四川栈道数量繁多,特别是汉武帝时中郎将唐蒙所走过的川南栈道,到南北朝时遗迹犹存。四是类型丰富,西南地区的栈道多为木质,分为无柱式、堆砌式、凹槽式等多种形式,形成了丰富多样的文化景观。

(5)南方丝绸之路上的建筑文化交融。

南方丝绸之路所穿过的西南地区,自古以来就有多个民族在此生息。商贸往来促进了

这一地区兄弟民族之间的经济互动和文化交流。其中，建筑文化的交融主要源于建造过程中各民族的演化迁移和相互交流学习，并为适应环境而产生了丰富的居住形态，更多表现在民居的细节装饰上。如楚雄彝族自治州与大理白族自治州相毗邻，彝族民居受白族民居影响，如下层屋面两端设有封火墙，屋架升起，屋面呈凹曲状；向远离大理白族自治州的路南地区彝族民居，屋面两端无防火墙，屋架并无升起，屋面平直。

南方丝绸之路地区的寺庙、衙署等建筑的文化特色，则体现了汉族建筑在少数民族地区的民族化和地方化，在建筑艺术和技法方面也保持着长期交流融合。这些建筑与当地的建材、技术和工艺相结合，多元文化和民族特色融入其中，创造出具有较高技术水平和艺术价值的民族建筑。如有的土司衙府直接采用中原建筑的平面型制，在立面造型、平面布局以及内部构架等方面，都已呈现中原特色。

在滇中的多民族混居地区，建造一栋规模较大的寺庙或民宅，一般由汉族工匠主要从事木作、砖瓦；回族工匠也可负责砖瓦（特别是砖雕工艺）；白族工匠负责油漆、彩绘等。建筑文化的交流还体现在建筑中多种构筑形式的复合运用，例如井干板屋文化与土墙合院文化交融的地区，彝族民居采用下部土墙、上部井干房的形式，体现了边缘地带建筑文化的多样性。

茶马古道是佛教东传的道路之一，西南的雕塑和绘画艺术也因此融入了佛教文化。在滇池和洱海地区，出现了剑川县石钟山石窟、金华山摩崖石刻，禄劝县密达拉乡摩崖石刻，昆明市晋区北方天王摩崖石刻、安宁县法华寺石窟等。

佛教建筑中国化主要是指佛教寺院遵从中国传统院落的风格进行布局：一是将塔逐渐独立出来，不再成为寺院的核心；二是寺院环境受到中国传统园林的影响，走上了寺院园林化的道路。石窟寺的中国化有两个主要特征：一是由塔殿窟形式转变为塔柱窟或中心柱窟，逐渐取消塔柱形式而形成佛殿窟；二是石窟寺逐渐从深邃洞窟演变为崖壁上开凿和雕刻毗邻浅龛的摩崖石窟。

2）古道积淀的相关文化

茶马古道自古就是民族迁徙融合之路，有着深厚的文化积淀。迪庆茶马古道的两条主干线，曾经是古代西北民族南迁、青藏高原吐蕃政权南下、蒙古大军从西南包抄南宋以及明代木氏土司征伐藏族人士聚居地的途经之地。这里保留着大量的历史文化遗迹，如从西北绵延至此的石棺遗址、绘制在崖壁上的崖画和古石刻、古渡头、藏传佛教各流派的寺院、天主教堂，以及因茶马贸易而兴起的独克宗古城、阿墩子古城、叶枝古镇等。

3）交通文物

古代交通设施及用具等，都属于物质文化遗产。如马帮的日常用品，体现了马帮艰苦而豪放的生活场景，有着丰富的文化内涵。马帮文物包括生活用品（如鹿皮衣服、酥油炊具、挎包、马灯、烟刀等）、马上用品（如马鞭、马尾饰、马笼头、马铃、马索珠、马镫、马铃等）、交易用品（如贝币、铜币、秤砣、戥子、天平秤、钱包等）、防身武器（如熊皮弩袋、鞘、澜沧刀、弩等）以及娱乐品（如三弦）等。

4）歌谣文化

在漫长且枯燥的交通运输过程中，歌谣既可以排忧解乏，也可抒发情感，讲述赶马路途上的种种艰辛。如赶马调所唱："穷吃粮来饿当兵，背时倒运当砂丁，离乡背井去赶马，爹娘流泪放悲声。农民破产走夷方，帮人赶马下四川，夷方炎热瘴气大，四川要过鬼门关。以车箐来癞头坡，山高坡陡土匪多，豺狼出来吃骡马，土匪出来抢马驮。豆沙关来老鸹滩，路面只有五尺宽，一失足成千古恨，人财两空家破产。”

5) 古道促进了文化交流

交通不仅促进了不同地域间的文化交流，使不同文化在不同地域得到传播，还促成了沿线文化的变迁。以下以几条著名古道的文化变迁加以论证。

(1) 潇贺古道对南越文化的影响。

①春秋战国时期岭南文化变迁与交通的关系。

岭南文化的发展和演变，与该地区的交通密切相关。交通越是便利的地区，发展就会越快。连绵起伏的大庾岭、骑田岭、越城岭、萌渚岭、都庞岭山脉，把中原与岭南分开，成为我国古代南北文化交流的天然屏障。

岭南地区多山岭且丘陵起伏，不少地方山峦连绵、地形破碎、山水密布，陆路交通十分不便，阻隔了史前人类的交往。当地各部落由于缺乏与外部沟通的渠道，错过了与其他部落学习交流的机会，导致加速自身发展的外在动力不足，只能各自分散独立发展，造成百越诸族之间在种族、语言、文化等方面存在巨大差异。直到春秋时期，由于交通阻塞，岭南文化依然基本保持着独立发展的态势，受外部尤其是中原地区的影响微乎其微。

在技术落后、信息闭塞、交通隔阻的时代，实现文化交流与传播的重要途径，就是人口迁移，而人口迁移离不开道路的开辟和交通运输能力的增强。岭南文化的形成与发展，离不开沟通中原、沟通海外的交通线，离不开通过这些交通线迁入岭南的人口。交通是对外交流的重要渠道，不仅有利于货物和人口的流动，更有利于信息、思想的交流和观念的更新。“潇贺古道”开辟后，大批中原移民南下落户，使岭南文化出现了质的飞跃，在南北文化交流中保持自身特色的同时，融入了中原文化的因素，逐渐成为后来粤文化的基础。

春秋战国时期，中原进入青铜时代，岭南文明也向前跨越一步，出现仿青铜器的石器。人类活动的范围逐渐扩大，交通道路也因此得到开辟，部落之间的联系日益密切。五岭之间纵横的河流、山间谷地和河谷盆地，成为人们跨越五岭扩大活动范围的主要通道。吴、越人开始向南迁移，最先进入岭南地区。接着，楚人也越过五岭，进入桂东、桂东北和粤西地区，跨越五岭、联结南北的“潇贺古道”原始交通线呈现雏形。特别是战国初期，吴起在楚国主持改革，“南平百越”，广西东北部的“荔浦以北为楚，以南为越”(《文献通考·舆地考》)，成为楚国的直接统治区，其文化开始受到中原文化尤其是楚文化的影响。在广西恭城、贺州、钟山，广东清远、德庆、肇庆、怀集等地发现了许多春秋战国时期的墓葬，出土了大批文物，包括生产工具、生活用具、兵器等种类，大部分是由中原传入的。

跨越五岭的原始交通线得到进一步拓展的同时，岭南与中原尤其是与楚国的联系更加密切。先是楚国商人把金属工具及其他商品沿着潇贺古道贩运至岭南，继而把岭南的珠宝、特产贩运回楚国。商人是不自觉的文化传播者，在他们的推动下，楚、越文化交流进一步加深。同时，由于楚国的强大，其势力日益渗透到岭南的广大地区，促使岭南的政治、经济、文化有了较大发展，人口迁徙较之前更为频繁。

岭南东部、北部地区由于毗邻中原，通过山间小道和大海可以直接沟通，受中原文化影响较岭南西部地区更早。当时岭南古越族的文化中心为番禺(今广州市境内)，横向上，沿珠江往西，直到云贵高原为止，受中原文化影响的程度呈递减态势；纵向上，由于北部更靠近楚

国、吴国和越国等诸侯国,在文化交流中,楚文化和吴越文化向周边古越族地区辐射、扩张,由北往南呈波浪式递减的趋势。这种情况的出现,与岭南地区的交通和自然环境基本吻合。东部珠江三角洲地区,以冲积平原为主,地势平坦,河网密布,水陆交通便利,通过海路可与中原、海外联系,商贸比较发达,与外来文化接触较早且交流频繁,因而受外来文化影响较深,变革、改造自身文化的程度较大。由东往西,除河谷平原和盆地外,丘陵和山地也不断增多,交通条件越来越差,与外来文化的交流逐渐减弱,通过外力导致自身文化变革和改造的可能性呈递减趋势,其文化同样呈现出趋于封闭的态势。由此可见,便利的交通促进了人员来往交流,人口分布相对密集,当地的经济文化也会更具活力。

②潇贺古道开辟后岭南文化的变迁。

潇贺古道,是秦始皇为巩固在岭南的统治而开辟、修筑的广西境内水陆两用的交通主干道。水路以开凿灵渠、整治航道为主。陆路方面,则派人"筑南越地",开辟驿道。该驿道大致是利用原有古道,沿着秦军打通的路线进行扩建:一是从今天的全州经兴安、桂林、阳朔、平乐至钟山;二是从今天的湖南道县经江永、广西富川至钟山的新道。两条道路在钟山县境内汇合后沿贺江直趋苍梧,然后修筑从苍梧贯通岭南三郡(南海郡、桂林郡、象郡)的驿道,东路沿西江通南海郡治所番禺,西路沿浔江至桂林郡治所布山(今贵港市境内)。同时,还开辟了连接北流江、南流江的驿道,以及通往越南北部地区的道路。此后直至唐朝,中原政权进入岭南中部的道路,与秦代基本相同。

对岭南文化直接施加影响和改造的主体是中原移民。当岭南纳入中原王朝的版图之后,中原的政治体制和经济文化通过中原移民逐渐引入了岭南。秦王朝在岭南推行了中原的政治模式——郡县制,设置岭南三郡,实行书同文、车同轨,统一货币以及度量衡,进行大规模移民。潇贺古道开辟后,历代王朝均在岭南推行中原的政治、经济、文化等制度,使岭南地区受中原文化的影响日趋加深。

海上丝绸之路成功开辟后,岭南的对外贸易迅速发展。当地文化在原有基础上,通过商人的媒介作用,引入了海外文化,融合程度进一步增强,其中尤以各港口城市最为突出。且由于历代王朝对岭南地区的不同政策,数百年间先后出现了番禺、广信、布山、徐闻、合浦、交趾等经济文化中心,中原文化的辐射扩散面更为广阔。岭南西部地区因交通阻隔和自然条件恶劣,与东部地区的文化差异逐步增加。各种文化在岭南地区的交融与碰撞,使当地文化的整合程度更高,逐步形成了由百越族共同创造、吸收中原文化精华,兼有海洋文化特征的岭南文化。

(2)茶马古道对沿线文化的影响。

在茶马古道上,各族群之间的文化交流与传播,在潜移默化中不间断地进行着,既有文化的冲突与碰撞,也有文化之间积极的互动、融合与同化,使其既保持自身特色,又通过彼此的交流融合实现发展。

马帮目睹、吸取了沿线各民族的文化,并将这些文化以口传、示范等形式广为传播。如大、小中甸的藏族服饰深受纳西族、白族的影响,纳西族的妇女服饰由马帮传入,甚至有的藏族妇女会直接穿着纳西族服装;藏族赶马人则会使用彝族、纳西族的披毡,在露宿时防潮御寒。马帮还是民族语言的传播者,比如核桃、梨、瓜等特产,由马帮带入藏族人士聚居地之后,就直接借用了纳西语的名称;同样地,由马帮带出的藏族人士聚居地特产,到了外地就直接使用藏语的名称。

马帮使各族之间互通有无，由于贸易形式多为以物易物，使各族在饮食文化上互相影响。如纳西族、彝族、傈僳族等引进了藏族的酥油、糌粑，而白族、纳西族所产的米食、核桃油等的引入，也改变了藏族人士的饮食结构。

内地的先进工艺、科技和能工巧匠也沿着茶马古道进入藏族人士聚居地，推动了藏族人士聚居地经济的发展。例如因茶叶运输的需要，内地的制革技术传入藏族人士聚居地，促进了当地皮革加工业的发展；同时，藏族人士聚居地的虫草、贝母、大黄、秦艽等药材销往内地，卡垫、毪子和民族手工艺品生产也有了很大发展。

6）交通文化的形成与发展

马帮在运货过程中，凡遇停歇、宿营、有马帮迎面而来需避让（防止"闯帮"），以及其他特殊情况时，马帮管事都会敲锣指挥马队，锣声有长有短、有快有慢，不同的锣声代表不同含义。每匹骡马听到锣声，都会作出相应的反应，或停或走或让，形成一种罕见的"马语"。吆吼，也是马锅头（马帮首领）及赶马人管理马队特有的方式，凡马队中有马匹停顿、惊吓、离队、跳到路的下方或需要喂食料草等，都用吆吼声引导，使马匹按赶马人的意愿行动。凡马队经过险要关口或重要地方，赶马人一般也要吼几声，有壮胆或战胜难关、胜利在望之意。赶马人的口哨大多夹杂在吆喝声中，也是其管理马队的特有方式。有的口哨声还是一曲优美的山歌小调曲。赶马调是马帮文化的主要内容之一，藏语称之为"擦鲁"，意思是游戏歌，又称为"骑马调"。其歌调流畅悠扬，歌词随歌者自由发挥，易于抒发各种情感。赶马人不但在运输途中骑在马上唱赶马调，还会在放马宿营和夜晚露宿野外围着篝火时吟唱。

7）饮食文化

受外来文化的影响，交通沿线的饮食文化也在发生变化。如四川茶马古道上的锅庄最初产生时，各项设施设备都很简陋。外地客商到锅庄入住，锅庄主通常都会在院内支起大桶锅熬茶，以供客人饮用。到清朝末年，大桶锅逐渐被淘汰，锅庄内专设厨房，陈设类似内地殷实人家，三个灶孔上除了一个大铁锅烧开水，一个小铜锅熬茶，另一个灶孔专门用来做菜。茶马互市兴盛之前，这一带的土司、头人家平时都是以奶茶、酥油茶、糌粑、奶饼、酸奶等为主食，平民则是以清茶、糌粑为主。后来，康定慢慢发展成康巴地区最为繁盛的茶马互市口岸，汉族、回族等多民族在此融合，锅庄主们依照汉族、回族、藏族的不同口味，做出适合各地客商不同口味的食物。康定多元化的饮食便是由此而来，多民族在此共存。现在，西藏的214国道、109国道等公路沿线及城镇，既有四川、湖南的汉族饭馆，也有西北人开的面馆、回族饭馆等。

8）生产文化的变迁

随着交通通道的形成，沿线的生产文化也在发生变迁。如唐蕃古道自文成公主与吐蕃赞普（国王）松赞干布联姻，中原地区的诸多生产技术和产品输往吐蕃，极大地促进了吐蕃社会经济的发展。据《旧唐书》《新唐书》记载，文成公主远嫁吐蕃后，唐朝造酒、纸墨、锦丝等传入吐蕃。随着唐蕃古道的开辟，唐朝的许多商品如丝绸、茶叶等不断输入吐蕃。又如因商贸的发展，内地的种菜、淘金、建筑、金银加工等技术大量经由唐蕃古道输入，推动了藏族人士聚居地农作技术、采金技术和手工业技术的发展。

9）组织文化

任何运输都需要一定的组织文化，如茶马古道上的马帮，对于骡马的组成也有一定规矩,排名依次为头骡、二驱骡……最后一匹为掌尾。头骡必须是一匹久经驯化的识途好骡,具有威信,它一动,整个马帮的骡马即随之动身,它一停,整个队伍也随之停下。遇有岔道,头骡走弯路,没有其他骡子敢走直路;遇有桥有水的地方,头骡过桥,整队过桥,头骡涉水,整队涉水,没有例外。

马帮在运输途中,无论赶马人还是搭帮旅客,除了严格遵守马帮行规外,还要注意讲“行话”,不能触犯忌讳,否则将被视为冒犯神灵而罹祸,甚至要被指责殃及整个马帮队伍和随行人员。因此不论谁违反了禁忌,都要毫无例外地受到处罚,即使是马锅头也一样。处理方式有三种:罚、打、开除。罚,即罚款买肉,请全体人员美餐一顿;打,即把马料箩罩在头上,按翻在地,用烧红的锅桩裹上浸足水的席子重打屁股。罚和打都是对无意犯忌者,如明知故犯、屡教不改,则只有开除出马帮。

10)促进商品观念的产生

滇、川、藏地区由于地理环境的限制,离我国经济发达地区遥远,地域辽阔,人口稀少,生活简单,多能自给自足,生产生活所缺物资大多通过以物易物解决。茶马古道所经过的地区,少数民族逐渐树立起商品观念。

11)禁忌文化

赶马人的禁忌分为两类,一类是语言禁忌,主要是在行程中不能说一切不吉利的语言。狼虎豹蛇是马帮的四大忌,对人马有害,因此在途中提到这四种动物,就必须分别用“老灰”“老猫”“搂”“老梭”代称,而不能直呼其名,即使是谐音也要避开。又如,“碗”因与“完”同音,要改称“莲花”;刀是凶器,改称“片片子”;“抢财物”“吃肉”是马帮最忌讳的词语,发生抢劫就要说“打财喜了”,吃肉则要说成“下箸”。

另一类则是行动禁忌。马帮出门之前要选择吉日。一般来说农历初一、初二、初六、初八都是好日子,禁忌为逢三(谐音“丧”)、逢四(谐音“事”)。每当驮运贵重货物,需邀请巫师选择吉日。临行前还要算卦以示吉凶祸福和去向。马帮吃饭的规矩也颇为繁杂。朝哪个方向走,生火做饭的锅桩尖必须正对这一方向。谁不小心打翻锣锅,泼撒米饭,就是犯了大忌。开饭时,马锅头坐在饭锣锅正对面,面对要走的方向。盛饭时,要用手按住锣锅,不能使其转动;用勺盛饭时,只能从表面轻轻地一层层地盛,锣锅转动或是一勺挖个洞,在马帮看来都是不祥之兆。吃饭时,赶马人只能蹲在锣锅两边,而不是马帮前去的方向,不然会“挡了马头”;盛饭的时候不能放下筷子,不然会“快落”“亏本”;第一碗饭不能盛汤,不然会“泡汤”“下大雨”等。

12)宗教文化

交通运输的发达,带来不同宗教信仰及其信徒的相互交流、迁徙,就有了宗教信仰的融合,最终实现了不同宗教的和平相处。

许多宗教通过云南茶马古道传入云南,茶马古道上的宗教文化交流也对云南近现代的宗教文化产生了重大影响。历史上,云南各少数民族都有自己的原始宗教信仰。例如,彝族信仰的原始宗教为“毕摩教”,纳西族信仰的原始宗教为“东巴教”,拉祜族信仰的原始宗教为“魔巴教”等。云南的原始宗教崇拜形式多样,如山石崇拜、水崇拜、火崇拜、天体日月崇拜等,还有很多少数民族崇拜鬼魂、祖先等。在历史长河中,佛教、道教、基督教、伊斯兰教等也纷纷传入云南。在大理的鸡足山,同时存在着藏传佛教、汉传佛教、南传佛教、道教乃至白族本主崇拜。在大理的佛教喇嘛庙、白族本主庙、汉族关帝庙和基督教堂的建筑风格、雕塑绘画、艺术气质相互借鉴。在云南，各种宗教和派别之间很少发生冲突，而是相互影响、包容，从而在总体上形成了一种多元并存、互相兼容的格局。

再如，天南地北的人们因为茶马古道的商贸交易聚集在打箭炉，带来了各地不同的宗教与文化。回族人带来了他们的宗教和文化并建起了清真寺，外籍传教士传入基督教并建起了教堂。此外还有不少藏传佛教寺庙，如黄教建立了南无寺和安觉寺，红教建立了金刚寺，以及花教、白教寺庙等。打箭炉云集了众多宗教和不同派别，世界三大宗教都在这块土地上扎根，信仰不同的各民族都能和睦地生活在一起。

13）精神文化

我国悠久的交通历史，形成了相应的精神文化，如包威在其论文《云南茶马古道问题研究》中就总结陈述了云南茶马古道形成的马帮精神，现分述如下。

（1）极强的冒险精神。

赶马人为了家庭生计，必须具有冒险精神，原因如下：首先是严酷的自然环境。马帮走行的各条茶马古道线路，自然环境恶劣，高山峡谷复杂的地形地貌、滑坡泥石流等地质灾害、潜在的瘟疫疾病、野兽毒蛇等的侵害，随时随地都会给马帮带来各种可预见和不可预见的危险。其次是经商的风险。马帮的经商活动大都在信息较为落后、语言沟通较为困难、法律法规和商业规范不健全的年代，加上政治局势的不稳定，更增加了经营风险。再就是土匪强盗的威胁。马帮走行的路线，往往位于人烟稀少，政府难以管理的地区，土匪强盗十分猖獗。虽然马帮会配备武器，但仍不可避免地遭到袭击，人员死伤和货物被抢的事件时有发生。

（2）开拓精神。

茶马古道位于祖国的边远地区，交通闭塞，通信手段落后，不同地区的人们很少与外界交流。马帮敢于走前人没有走过的路，做以前没有做过的生意，与不同国家和地区的同行和雇主打交道，如果没有开拓进取的精神，是不敢也不会轻易尝试的。

（3）宽容亲和精神。

马帮作为一个群体，不但要做好团队本身的互帮互助，还要与沿线不同风俗习惯、脾气秉性和利益需求的人们打交道。为了完成货物驮运和贸易来往，就需要马帮成员具有亲和、包容的精神，才能获得帮助和补给，共同完成驮运和货物交易的任务。

（4）爱国精神。

国家强盛，可以为马帮提供坚强依靠和有力后盾，避免马帮在对外交往中受欺负，甚至生命和财产的损失。国家强盛，意味着社会安定、秩序良好，土匪强盗得以杜绝，在贸易往来过程中，生命和财产才能得到有效保障。国家强盛，意味着人民生活水平的提高，才会有多余的货物出售，便于马帮开展贸易。国家强盛，外国就不会在关税、通关和贸易等活动中给马帮制造困难，运输和贸易才可能在安全、公平、公正的条件下进行。因此，往来于茶马古道的马帮人，具有强烈的爱国精神。这种爱国精神在抗战期间得到了很好体现，茶马古道一度成为国外援华物资的主要通道。马帮人自行组织或在政府号召下，运输武器装备和后勤保障物资，甚至直接参军保家卫国，为抗日战争的胜利作出了巨大贡献。在平息西藏叛乱期间，马帮积极为解放军提供后勤保障运输，为中国人民的解放事业和祖国大陆的和平统一作出了应有的贡献。

(5)讲信誉、守信用。

茶马古道上的马帮制定了较为严格的行规,是一支讲信誉、守信用的队伍。马帮内部形成了较为明确的分工,在装、运、交货的整个运输和贸易过程中,都必须各司其职,精诚合作,否则会造成经济和信誉的损失。在运输和贸易过程中严守信誉,可以提高业务成功率,减少不必要的成本,只有坚持讲信誉、守信用,才能在茶马古道上长期开展贸易,因此逐渐形成了马帮的讲信誉、守信用的精神。

(6)创新意识。

茶马古道沿线地区山高谷深、交通不便,当地居民长期处于较为封闭的生存状态,大多形成了安于现状的思想。而要进行贸易往来,马帮就必须走出大山,与不同地区甚至是国外的人们进行交往和贸易。为了寻找最为便捷的道路,马帮必须反复摸索;为了鉴别货品的真假,马帮就必须认真地学习和实践;为了获得较好的利润并保证驮运和交易的安全,马帮就必须掌握货物的价格行情及国内外形势等各种信息动态,因时因地地作出决策;为了与不同民族、不同需求、不同经济状况和风俗习惯的人们开展生意往来,马帮就必须对这些情况了然于心。因此,马帮人的思想往往会更为开放,积极改变自己的生活习惯、思维方式和经营策略,以适应环境的变化,完成马帮驮运和贸易往来的任务。

(7)勤勉劳作精神。

马帮人走行的道路大多艰险,物资供应也难以保证,气候恶劣,途经路段或是空气稀薄,或是炎热难耐,然而每天都要面临着庞大且繁杂的工作量,从而造就了马帮人的勤勉劳作精神。

6.3.3 现代交通引发的文化变迁

1)交通提供了一种文化传媒

交通运输的出现和发展,加速了文化的革新和传播,促进了社会文化的变迁。主要表现为:人们的生活由封闭向着开放、由舒缓向着快速转变,消费观念由本土化向着非本土化转变,生计方式由一元向着多元转变,社会关系由简单向着复杂、由等级观念向着平等观念转变,社会习俗由前现代向着现代化转变等。

现代交通的引进,虽然并没有很快将我国带入文明社会,但还是带来了新气象,并在相当程度上推动了传统社会文化的转型,是我国走向现代文明社会的重要推动力量。

交通不仅属于社会文化的一部分,还对社会文化的发展和传播有着至关重要的影响。交通的类型,决定着文化传播的深度和广度。

我国在清朝中叶之前是自给自足的小农经济社会,交通主要依靠人力、畜力、风力等自然力;交通工具落后、效能较低制约着人们的交往,阻碍了文化的交流与传播,造成社会闭塞,思想保守,从而钳制了我国的发展。现代化交通工具具有较强的文化信息输送和传播功能,它传播了西方近代文明思潮,也对我国传统文化产生了冲击,促进了近代以来我国社会文化的快速变迁。

交通路线是文化的传播路线,也是文化的迁移路线。如随着茶马古道上藏文化的传播,汉族地区"先是大路两边藏汉合壁式的石头民居,汉式的影响越来越少,纯粹藏族风味的东西越来越多。窗户与门楣上的花饰越来越鲜艳明亮,整座寨楼越来越高大,越来越气宇轩昂。在路上走动的人们向你问候的时候,你听到越来越多的藏语里那越来越多的敬语”。

现代交通也是一种现代化传播媒介,它克服了传统交通传播方式的不足,加速了人们与外部世界的接触和联系,使人们对自身和外界有了更多的认识与理解,在一定程度上改变了原有的文化模式,增加了对异质文化的包容性,从而实现了文化的开放多元,促使新的文化得以流行,社会生活也因此不断发展演进。

2)现代交通促进人们的生活由封闭向着开放、由舒缓向着快速转变

在漫长的农业文明时代,传统的交通工具与人们封闭的生活和心理模式相适应,在一定程度上也导致了生活节奏的缓慢。比如,人们日常生产生活中很少需要知道准确的时间,因而时间概念较为模糊,常用“拂晓”“日上竿头”“黄昏”“一袋烟的工夫”“掌灯时分”“鸡叫两遍了”等来表达。后来尽管西方钟表传入我国,但它一开始并未真正进入人们的日常生活。现代交通出现后,人们原有的时间观念才被打破。如火车运行有固定的时刻,且以分来计算,人们必须按照列车时刻表准点乘车,才不至于延误。这种精确的时间观念伴随着现代交通的运营开始深入人心。人们的空间概念也在改变。过去由于交通工具落后,安全性不高,出门风险较大,因此形成了人们安土重迁的心理。现代交通出现后,一个地方通车意味着当地从偏远或边缘进入了与中心相连的网络之中,道路相连的地区“时间与空间因现代交通而被压缩了”。现代交通快捷、舒适、安全的独特优势,使出行变得容易,传统的畏惧出门的心理发生了很大改变。人们逐渐摆脱原来封闭隔绝的生活模式,开始走出家门、闯荡世界,频繁往来于道路沿线各城乡之间,扩大了活动范围,拓宽了交往领域。

现代交通带给我国的,不仅是个人生活的变化,更使整个社会逐渐被纳入工业文明的生活模式中。现代交通迫使人们认识时间、遵守时间,标志着一种与传统社会截然不同的生活方式,人们的生活更忙碌了,节奏也加快了。

3)现代交通促使人们的消费观念由本土化趋向非本土化

现代交通出现之前,人们的主要消费品大多为本土制造,外来货物并不多见;现代交通出现后,“远道货物,纷至沓来。昔之视为珍奇者,今已为日常所必需”。其中,以服饰的变化最大,人们在穿着上不再满足于生活的基本需要,而是开始模仿和效法新式服饰,穿着打扮明显受外来文化影响。

铁路通车后,电影、舞会、游艺等纷纷传入我国,人们的精神消费也因之发生了一些变化。1910年,苏州出现了“影戏”(电影短片),前往观看者络绎不绝。新式娱乐通过现代交通线传入乡村,购买西式乐器者逐渐增多。无锡小镇礼社初通铁路时,有人“购置小风琴一架,乡民争先参观,门为之塞”。后来,“留声机亦已不复能引起乡民注意”,民间的文化生活渐渐丰富多彩起来。

4)现代交通促使人们的生计方式由一元化向着多元化转变

我国古代以小农经营为主体的农业经济,以农民世代使用的各种生产要素为基础,是以手工劳动进行简单再生产的相对静态的经济。历代政权又重农抑商,造就了国人特有的生计方式——以农业种植为主,兼手工业。落后的交通工具制约着人们的思维,社会发展缓慢。

清末铁路的出现,带动了沿线地区的人员和货物流动,加快了信息的流通,传统的生产生活方式也发生了根本转变。昔日固守乡土的农民纷纷外出谋生,他们涌向都市成为产业

工人、商铺店员等。随着视野的开阔,铁路沿线的农民逐渐意识到可以利用铁路销售农业和手工业产品。有人就在铁路沿线地区开展投资,从事种类繁多的经营活动。有人甚至将视野转向国外,如苏州商人姚文俭,1909 年即招股 4 万元发起成立苏州华通有限公司,专门从事进出口商品的运输与贸易,将苏州出产的绸缎、绣货、桌帷、柳条斜纹布、台毯、门帘、帐沿、女装、瓷器、染料、丝绒、银器、折扇、罐头食品、绣花拖鞋等,经沪宁铁路大量贩运到南洋各国销售。也有人在铁路沿线开设旅馆、商店、浴室、饭店等,从事服务性行业,如河南郑县自京汉和卞洛铁路通车后,客栈增至数十家。

5)交通催生了商品经济及意识

藏族作家阿来写道:"女人们做完地里的活,就走进林子里采摘药材、蘑菇和野菜,然后拿到流动收购站去卖。"这成为机村女人新的赚钱方式,也是新的生产和生活方式。他又写道:"外地的商人坐着吉普车、小型货车来到山里,他们到山里来四处收购药材、蘑菇与野菜。"交通的发达,让商品经济的触须伸进大山深处,由此改变着当地人的观念。

6)现代交通促使社会关系由简单向着复杂转变,由等级观念向着平等观念转变

传统社会相对封闭保守,人们的生活圈子小,社会关系比较简单,主要有因血缘、姻亲产生的亲缘关系和因地缘关系产生的邻里关系。自现代交通出现后,人们活动的范围随之扩大,交往对象有所增加,除亲属和邻里外,同学、老师、同事、单位领导、生意伙伴等都成为新的交往对象。社会关系从亲缘和邻里关系扩大到生意伙伴关系、同事关系等,人际交往从大多在熟人之间扩大到为以事业和生产为目的而交往;同时,有血缘关系的人不必然居住在同一地区,社会关系变得多元而复杂。

现代交通出现以前,人们的出行方式有步行、乘轿或骑马,也会使用马车或人力车。这些均属于个人出行方式,且出行标准根据社会等级有着严格的规定。而现代交通采用车厢或编成列车的形式,可以同时运载许多人。车厢里男女混坐,陌生人之间仅咫尺之遥,摩肩接踵,气息相闻。传统的"男女授受不亲"观念逐渐被淡忘,由此产生了一种新型的社会观念——人人平等。乘火车与骑马、坐轿不同,后者除了运费以外,还需支付小费。而乘坐现代交通工具则不同,车票作为是旅客乘车的唯一凭证,无须另外付费。因而,现代交通有利于破除过去社会浓厚的等级身份意识,易于形成人人平等的社会观念。等级色彩也渐渐淡化,人与人之间的关系趋于平等,社会风气也随之进步。

7)现代交通促进社会习俗由旧习向着文明转变

新式婚姻礼俗的出现无疑是铁路通车后,文明传播过程中最为亮丽的一道风景线。虽然它没有完全摆脱旧习俗的影响,也未被当时的人们普遍接受,但已经足以使传统的社会呈现出礼俗变革的新气象。铁路的出现,不仅使西式婚礼在都市流行,而且沿铁路线的城乡也逐渐开始实行文明婚礼,不少县志都有关于文明婚礼的记载,基本程序为:奏乐、入席、证婚人宣读证书,各方用印,新郎新娘交换饰物,相对行鞠躬礼,感谢证婚人、介绍人,行见亲族礼,行受贺礼,来宾演说等。有些地方在婚礼上还由女宾演唱文明结婚歌,如辽宁铁岭因南满铁路通车,近年"多行文明式结婚,延里中之长者为证婚人,设礼幕于堂,并设证婚人、介绍人、男女主婚人及男女来宾位次,……证婚人展读证书,为之交换饰物,新郎新妇行相见礼,随盖章,证婚人等依次盖章、作乐、唱歌、礼成"等新式婚礼的特点。

新式婚礼场面活泼,不再让人感受到传统婚礼那种浓厚的伦理纲常、等级尊卑的气氛。

新式婚姻礼俗通过铁路线不断得到传播和辐射,使由男女双方父母做主操办或听命于"父母之命、媒妁之言"的传统婚姻观念受到挑战,有些地方甚至出现了自由恋爱、结婚自由等现象。如吉海铁路线上的海龙县,"近世风气大开,凡男女婚姻,不注重父母之命、媒妁之言,专侧重两性方面自由恋爱";又如平汉铁路线上的新城县(今高碑店市),"民国婚礼,不由父母之命,男女自行择配,谓之自由结婚"等。甚至有人实行旅行结婚,乘火车去外地度蜜月,沪宁铁路为此还率先推出了蜜月车等。

现代交通促进社会的进步,还表现在它有助于培养人们的文明意识与习惯。近代以来,卫生、守纪等文明习惯由铁路沿线辐射到人们的日常生活中。如火车作为大型交通工具,载客量大、运行时间长,要求乘客必须严格遵守乘车规则。1912 年,沪宁铁路局就制定了详细的章程,即规定乘客要文明、准点乘车,车内保持整洁,禁止吸烟和携带无罩烟火等,还严禁偷盗,私带军火、烟草、吗啡、伪钞等;货商需将所有物件认真填写票单,银洋、铜元等免捐物品须单独填写,严禁商人偷漏或藏匿货物等。除了要求乘客遵守规则外,铁路部门还以身作则,要求"所有客车必须全部清扫干净,揩抹窗户。车站内的厕所,每逢火车离站行驶之后,站长务必亲自检查厕所及坑内遗秽,全行洗刷洁净,所有厕所须时常扫除";尤其要求列车人员接待旅客需格外亲切,不仅关心乘客,还要为他们提供服务。这就树立了良好文明的火车形象,也让人们体会到"坐车之精美,招待之周到"。乘火车出门远行的人们,也逐渐把火车或都市的文明风尚带回家乡,从而在一定程度上促进了社会的文明与进步。

8)交通促进文化变迁的同时,也是划时代的标志

阿来在小说中写道:"此前机村有马,也有马上英雄的传奇,但没有车,没有马车。其实,那里只是机村,方圆几百里,上下两千年,这个广大的地区都没有这个东西。但是,有一天,突然就有马车了。"随着"马车以及其新生事物"的出现,生活就不再是原来的样子,"世界的面貌与人的内心都因此发生了深刻的变化"。马车成为"划时代"的标志。从此,一直蜗行于机村的时间也像装上了飞快旋转的车轮,转眼之间就快得像是射出的箭矢。

然而,马车这个新事物在机村还出现还不到 10 年,就成为被淘汰的旧事物,因为全新的交通设施公路,以及全新的交通工具拖拉机和汽车出现了。在机器成为"新生"与"强大"的象征时,马、马车和马车夫就注定要退出历史舞台,机村的历史又翻开新的一页。"在机村人的口传历史中,这一年叫作公路年。也有讲述者把这一年称为汽车年。但一般认为,还是叫作公路年更准确一些。因为这一年,从初春开始,一直都响着隆隆的开山炮声。一条简易公路就从地图上称为成阿公路的主线上分出一个小岔,一点点向机村延伸过来。直到冬天,才有货车开了进来。""公路年"明确指出了交通在机村编年史上的地位,具有划时代的意义。后来,公路主线改道,"不再翻越那个山头,而是从机村经过,并通过一条几千米长的隧道,穿过觉尔郎峡谷旅游区。就在隧道通车那天,江村试种的番茄也变红了。好像这些果子也跟机村人一样为这件事情兴奋不已。不久,省城里来的蔬菜公司出很好的价钱买走了江村种植的番茄。机村全新的种植业与交通的发展同步行进"。

公路、汽车、电话与新社会、新时代相伴而来,甚至机村人被告知这是幸福生活到来的保证与前奏。公路修通了,汽车到来了,电话连接了,不仅改变着机村人的物质和精神生活,还改变着机村人的劳动方式和生产方式。新年到来,汽车为机村人拉来了白酒、花生和棒糖。森林大火发生后,不断从山外拉来整货车的食物。"打开的罐头里的那些水果、鱼和蔬菜,机

村人梦里也未曾见过。”

9)交通方式改变对文化的影响

关于交通方式的改变对文化的影响,以泰国中部的阿育他耶(又名大城府)为例。阿育他耶位于巴沙河与华富里河汇入湄南河的三河交汇处,是泰国南北水路交通的枢纽,三条河流将阿育他耶城环绕成岛。而且,在阿育他耶的城内外还开掘了多条运河和水渠,用于交通运输和农业灌溉。早在14世纪,阿育他耶发达的内外水路交通网络就已经形成,催生了17—19世纪水上居住和水上店铺市场的主流生活方式,并以此出现了繁荣的水上文化及相关经济活动。但到了20世纪中期,阿育他耶开始大力发展陆路交通,逐渐取代水上交通的地位。1943年,修建了阿育他耶到曼谷的第一条公路,在巴洒河上又修建了一座大桥。此后十多年,阿育他耶的公路日益增多,车辆运输越来越方便快捷,当地人也渐渐地把生活中心从水上转移到了陆上。陆路运输的发展也促进了商品贸易的发展,泰国各地的产品能更快更多地通过公路运送到阿育他耶,陆地市场的规模越来越大。原来水上市场的店铺为了客源和发展,也都先后迁到岸上,河面渐渐地冷清下来。

1957年,泰国在阿育他耶北面的猜纳府修建了湄南河大坝,使湄南河的自然和社会环境发生了变化:一是原来南面通畅的水上交通被阻断,船只来往不便,水运效率相对降低;二是大坝的建成和水库的蓄水使中部地区的河流水位基本不会随着季节变迁发生变化,部分河段河面变窄,水位降低,不再适合开放拥挤的水上市场;三是政府为了保护河流环境,不仅制定了相关的环保法规,还大力发展陆上城市建设,鼓励水上居民移居上岸,大部分水上居住的人开始成为陆上居民。虽然在阿育他耶周边地区还有一些水上住户和简陋的水上浮屋,但与鼎盛时期相比已经大为减少,水上市场也不可避免地受到冲击。如今,在阿育他耶已经找不到成规模的水上市场,而在原来华罗水上市场码头附近形成了一个较大的集市——华罗市场。作为水上商店的浮屋已经基本消失,偶尔还有一些船贩在售卖瓜果蔬菜等,但品种很少。只有阿育他耶的传统食物——船粉作为一种饮食文化被保存下来,但餐厅为了迎合顾客,大都在制作工序和口味上进行了改良。也有商家把船搬到餐厅里,让厨师坐在船上煮粉,制作工序与当初基本一致,让食客既享受到食物的美味,又领略到传统的遗风。

10)交通带来的不良文化

交通也带来了与现代文明相悖的腐朽文化。因此,在看到一种新的科学技术对社会文化产生积极作用的同时,也不可忽视其消极影响。

阿来在他的小说中写道,交通的发展给机村人带来了前所未有的食品、物品(甚至机村“浪荡的孩子”顺着支线公路走到干线上,在盘山公路的坡道上,偷窃过往汽车拉来的止咳糖浆、番茄酱罐头),“改善”着机村人的物质生活,从而也影响着村民的心灵世界。央金姑娘与一个给省城万岁宫拉桦木的货车驾驶员相爱,尽管没有结果,却因此影响着她的人生选择。与“老一代”的央金姑娘相比,“后起之秀”的卓玛姑娘走得更远。她“自愿被拐卖”离开了机村,再也没有回来,传说是她让那个到山里来收购蕨菜的老板把她带走,在远处卖掉。其实是卓玛向往外面的世界,去追求理想的生活。

6.3.4 基于交通的地域文化

“一方水土养一方人”,人类的起源地在整个地球表层呈散点分布,由于自然地理诸要素在地球表层有着明显的地域差异,因此人们赖以生存的自然环境便各具特色。地理环境是人类从事生产、生活不可脱离的空间和物质前提,对人类产生了最初也是永久的影响。区域内自然地理要素及其组合,决定了人类的物质生产方式,形成了不同的分配方式及不同的生活习性,并由此而形成不同的体制、观念和价值体系,即地域性文化。如我国文化的气质是内向型的,风格是和谐型的,内核是伦理型的,这些特点都与我国地理环境的整体属性有密切关系。由于我国在地理环境方面被高山、大漠和海洋所包围,在古代显得相对封闭。但内部腹地辽阔,资源丰富,因而在实现自给自足的情况下,独立创造了具有中国特色的农业文明,形成了内向型气质的文化。这一特质又使得我国人民很少关心外部世界和来世,而十分重视现世,形成对神明敬而远之,积极入世的儒家文化,讲究"仁义礼智信""中庸之道""修齐治平",道德被放在首要和根本位置,从而形成了我国文化的伦理性内核。在我国内部,不同的地理环境也形成了具有不同特点的文化区,如大河—农业文明的稳定持重,与江河灌溉为两岸居民带来稳定的农耕生活有关(中原文化区);草原—游牧文明的粗犷剽悍、惯于掠夺,与草原民族射猎游牧的生活方式有关(草原文化区),海洋文明的开拓精神则与陆地环境的资源不足和海洋的广袤浩瀚有关(闽浙文化区)。

地域文化除了继承性,还具有动态性和进化性。不同的地理区位也影响到区域文化的交流和活力。在农业文明时期,交通工具以陆路车马和内河船只为主,大河流域成为人类文明的发源和繁荣地,而处于交通要冲的地区则成为区域文化的中心(西安、洛阳、敦煌)。在工业文明时代,交通工具中轮船和飞机的优势日益明显,而各大陆的沿海地区则成为人口聚集和文化繁荣之地,沿海的文化活力和适应性也比内陆地区更强。在信息化时代,文化交流全球化的趋势日益明显,落后的区域文化面临"数字鸿沟"更是一筹莫展。而位于河海交汇的三角洲则一直是区域文化活力旺盛的地区,如我国的长江三角洲既是南北文化,也是中外东西方文化的交汇之地。

1)地域文化在交通景观设计中的应用意义

我国地域辽阔,各地的文化特色、民俗民风差异较大,不同地区具有不同的文化特色和内涵。一项交通工程往往会经过许多地区,与不同的地域文化产生关联,是展示和弘扬各种地域文化的良好载体,也是地域文化延续和文脉传承的重要方式。融合了地域文化的交通景观,将从物质景观上升为具有更深层次意义的文化景观。行路者可以根据自己的知识结构,对交通景观进行判断、理解和联想,获得相应的心理体验和精神享受。

通过植入文化因子,把交通工程上升为展示和传承文化的载体,对于提升交通的文化品位具有重要的意义。随着我国交通建设的网络化和规模化,从人类生活与环境互动的角度,将交通与人文元素相互融合,探索人文元素在交通工程中的展现,对于展现地域特色,建设人文交通,丰富交通文化内涵,提高交通服务水平,促进文化传播,具有重要意义。

地域文化在交通景观设计中的作用主要有以下几点。

(1)保护当地地域文化。

由于宣传力度不足,导致许多地区的地域文化并不明显,甚至面临着消失,因此需要对地域文化进行一定的宣传和保护。如果将地域文化的元素提取并进行重构,应用于交通工程的景观设计之中,不仅能加大宣传地域特色文化的力度,而且还使驾乘人员在行驶的过程中体验、欣赏到独特的地域风光。

(2)保护当地自然文化。

在交通工程的建设中,不可避免存在许多高填深挖的路基,这就导致道路边坡与和谐美丽的自然风光难以和谐共存。如果能够使交通景观与地域文化相互结合,既可以减少在交通建设中产生的裸露边坡,保持水土,达到景观与自然的和谐,同时也实现了对自然环境的保护。

(3)提高行车安全性。

路途远、车速快、单调乏味是驾驶员在车辆行驶中的一大难题。单调的车外风景很容易使驾驶员视觉疲劳,容易出现交通事故。如果在交通景观设计中融入地域文化因素,就可以带来很大程度的改善。首先,交通线两侧形式多样的植被和文化元素,使驾乘人员耳目一新,可有效避免疲劳驾驶;其次,长时间行驶后,在具有地域特色的服务区进行休息和调整,可以领略当地特色文化,行车安全性也会大大增加。

交通景观展现在人们面前的,是物质形式的构造物,即交通景观的"形",这是人们对交通景观的最初印象。交通景观还应具有更深层次的内涵,即"意",以交通景观的"形"为载体,融入文化内涵,是交通景观中"意"的重要内容。交通景观设计应充分结合地域特点,发掘地域文化资源,使其在满足使用功能与观赏要求的同时,具有深层次的文化内涵。

2)交通景观设计中可展示地域文化的内容

在交通景观设计中,可以展示以下地域文化内容。

(1)自然景观。

自然景观是指具有一定美学、科学价值并具有旅游吸引功能和游览观赏价值的自然资源所构成的自然风光景象,即大自然自身形成的自然风景,如千姿百态的地貌、银光闪闪的河川和珍奇罕见的动植物等。

(2)民俗文化。

民俗文化是指那些突出表现各民族特点及其所居住地区特征的因素,从显而易见的服饰、饮食、礼仪、节日庆典、婚丧嫁娶、文体娱乐、乡土工艺,到需要细心观察、深入体会的思维方式、道德观念、心理特征、审美趣味等。

(3)文物古迹。

文物古迹是历史发展过程中留存下来的生物活动遗址、遗迹、遗物及遗风等,客观记录了历史事实,展现了历史特征,如各种古生物化石、历史岩画等。

(4)特色产业。

特色产业是指在社会与经济发展的过程中所形成的,某地特有或特别著名的行业,具有一定的历史与文化内涵。

3)交通景观设计中展示地域文化的原则

在进行交通人文建设时,应当遵循以下几个原则。

(1)功能性原则。

道路最首要的功能,是保证车辆的通畅安全行驶,无论景观路还是生态路,都应当建立在不能影响其交通功能的基础上。进行人文交通建设时,应当把交通的功能性原则放在首位,充分考虑交通特点,满足通行要求。

(2)地域性原则。

交通工程的覆盖范围往往较广,穿越的地区较多,不同地区的地域文化特色也不尽相同。所以在建设人文交通时,要统筹规划、分段设计、因地制宜、注重特色。

(3)保护自然环境原则。

景观设计应当尊重当地的自然条件,包括地形、气候、动植物等,怀着敬畏自然的心理,进行展现地域文化的景观设计。在进行交通景观设计时,应尽量保护和利用原有的地形地貌,避免对自然造成二次破坏。在设计中应当充分考虑气候条件,通过对光照方向及强度,空气温度、湿度及流向等气候条件对动植物的影响,以及人体对这些气候事件感受情况的研究,改善驾乘人员的旅途体验。在交通景观设计中,使用的植被应当既能正常生长,又能表现地域特色;尽量保护场地内的原生植被,从而更加完整地保留原生生态系统。

(4)传承地域文化原则。

应当尊重地域文化,不同的景观设计对地域文化的传承通常有三种方式,即对地域文化的"活化",对地域传统形式的借鉴,传统生活方式和社会关系的再生。

(5)综合性原则。

人文交通建设是一项综合性研究工作,包括两方面含义。首先,人文交通的建设不是某一学科所能解决,也不是某位专业人员能完全理解人文与交通的内在复杂关系并作出完美的规划决策。人文交通建设需要多学科的专业队伍协同努力,包括交通工作者、相关文化学者、景观规划者、园艺师、生态学者等。其次,要兼顾生态效益、社会效益和经济效益的协调统一,要在分析自然条件和地域特色条件的基础上,同时考虑社会经济条件,客观地进行人文交通建设研究,增强人文建设的实用性和科学性。

4)地域文化的分类整理及展示位置与形式

人文交通建设就是将交通工程与人文因素相融合,展现交通所经区域的自然景观、人文景观、历史文化等地域特色。

地域文化收集、整理分析与设计,分为如下几个步骤。首先,对道路所在地段的地域文化开展收集;其次,根据各路段的地域文化内容,按照自然、历史、经济、旅游、政策法规等,对收集到的资料进行分类整理,并设立路段标识;再次,提炼出各路段地域文化的展示内容和主题;最后,进行路段地域文化的展示设计。

人文交通建设,可以在沿线服务区,停车场,观景台,紧急停车带,互通、平面交叉口、大中桥、隧道,上跨天桥以及交通线两侧等区域,对交通标志、导视系统、公共设施、景观小品、绿化景观等人文景观元素,采用融入、利用、营造、象征与延伸、联想与隐喻等设计手段,对各交通(路段)地域文化属于的标识布设位置及标识的数量、形态、语音、色彩、结构、材料等进行具体设计及展现。

6.4 交通运输与科技的关系

交通运输的发展进步与科技进步关系密切,交通运输的道路、车辆、设施、通信等都与很多领域的科技进步关系密切。

随着建筑技术和新材料的不断推陈出新,道桥隧技术也在不断推进,如桥梁从石拱桥、木桥、索桥变成现今广泛采用的钢筋混凝土桥、拉(吊)索桥、钢结构桥等,跨度、高度也在不断增加,以前的既花钱又费时的爬坡绕岭现在用一条隧道或是一座桥梁即可解决,如以前贵州镇宁县城到关岭县城,需要大半天的行车时间,如今黄果树附近的坝陵河大桥建成,仅用十多分钟就可以通达。

冶金、铸造、制造、材料的进步促进了交通运输车辆、桥梁等的大型化、轻型化。如材料强度的提高使得结构尺寸和重量可以降低,车辆和设施的结构尺寸可减小,在相同的条件下,运载量可以增加;桥梁结构在相同的尺寸下,可以承载更大的荷载,跨度可以增大,以前十多米的跨度桥梁就很难建,现在上千米甚至达到近 2000m 跨度的桥梁也已经出现;大构件的成型技术,可以制造更大的船舶、车辆、飞机,每船(车、机)的运载能力相应增加,如万吨级、集装箱货轮,载客量达 350~400 人的飞机已经出现。

电子控制技术的发展,使机械操作控制变成电(气)助力驾驶,以致发展到即将实现的自动驾驶。通信、定位技术的发展,使现在的遥控技术(如无人飞机、无人驾驶)成为可能,安全控速成为可能(如客车 Bus 限速)。

互联网技术的出现,使得现代物流、无人售票、网上购票、电子导航等现代交通和现代交通物流应运而生。

总之,没有科技的进步就没有交通运输的发展,科技促进了交通运输的发展进步,同样,交通运输的发展也促进了相关科技的进步。

6.5 农业与交通运输的关系

6.5.1 农业类型、特征、布局及其与交通的关系

农业出现以后,经过了漫长的发展阶段,从刀耕火种开始,随着社会生产力的提高和工具的进步而逐渐步入以铜制和铁制工具为主的传统农业阶段,直到工业革命以后在动力机械的帮助下进入机械化、现代化阶段,农业生产率也持续提高。在发展过程中出现了很多农业生产类型,分布在不同地区,呈现出各具特色的专业化生产部门。农业在世界范围内较快的传播则是在新大陆与新航路发现以后,由于世界航运的快速发展,促进了农业在世界更大范围内更快速的扩散。

1)传统农业类型及特征

传统农业有旱作农业、水稻农业、地中海农业和游牧业四种类型。传统农业阶段,农业生产基本上都是孤立进行的,是一种生计农业。进行农业生产的人是为了自己的生存而进行劳作。其产品主要为自己家庭成员所消费,剩余量不大的剩余产品用于交换其生产和生活所需物品,如农具和衣服等。传统农业社会农民占绝大部分,从事第二、第三产业的人数不多,城镇人口远远少于农村人口。

现代农业与传统的自给自足的生计农业不同。它的产品不是以供给自己消费为主要目的,而是以作为商品进入市场获得利润为目的。从事现代农业生产的农场多依靠机械和现代科技,从事现代农业的人口在国家或地区总人口中所占比例比传统农业区低得多。由于生产技术和基因工程等在农业上的广泛应用,现代农业的单位面积产量大大超过传统农业。

专业化生产使得现代农场的规模比传统农业生产规模大得多。

2)现代农业类型及特征

现代农业生产的模式有种植园农业、谷物农业、牲畜育肥农业、乳品业、市场园艺农业、大牧场和观光农业七种。

(1)种植园农业。种植园主要是指在热带地区出现的新型的、大规模的单一作物型的集约化农场,主要种植经济作物,如咖啡、可可、茶、香蕉、菠萝、杧果、橡胶、油棕、剑麻和烟草等,世界各国对这些产品的需求量逐渐增加。

种植园专门生产热带作物,产品销售市场面向欧美,因此多建立在热带沿海地区,便于产品装船运输。特别是一些水果需要保鲜,使距离市场近的种植园占有优势。

(2)谷物农业。谷物农业是面向市场专业生产谷物的农业。其生产的谷物主要是小麦,其次有玉米、水稻。玉米多作为饲料,水稻所占比例不高。

(3)牲畜育肥农业。牲畜育肥农业是一种种植业与饲养业相结合的农业。这种农业以种植的谷物为饲料,以饲养的牲畜为最终产品投放市场。

(4)乳品业。乳品业是适应城市居民对乳制品的需求而产生的,它是专门生产流质牛奶及一些乳类加工制品的农业。影响这类农场类农场区位选择的因素有两个:一个是距离市场的远近;另一个则是适宜于青饲料种植的地理环境。在距离市场的远近方面也不是绝对的,它还受交通工具与道路状况的限制。目前由于道路的改善、车速的提高、包装的改进以及储存时间的延长,可以使生产牛奶的农场建在离城较远的地方。

在离城市较远的乳品农场或对流质新鲜牛奶需求量不大的地区,就需把牛奶加工成奶粉、黄油、奶酪等制品。这种情况在澳大利亚和新西兰的乳品农场中特别突出。瑞士就利用多余的牛奶生产巧克力糖果,以提高乳制品的附加值。

(5)市场园艺农业。市场园艺农业是为市场提供蔬菜、水果、花卉等产品的农业。蔬菜需要新鲜,否则会降低质量,难以销售,甚至还会腐烂变质。由于受气候条件影响,各地蔬菜生长受到很大限制,不得不依靠玻璃或塑料薄膜所建造的温室在消费地集中地生产。目前,在一些经济与交通发达的国家或地区,由于保鲜技术的应用,使远距离的蔬菜运输成为可能。例如美国东南部的佛罗里达、西部的加利福尼亚南部,由于气候条件优越,其成为美国的蔬菜基地。由于交通方便,利用大型具有保鲜设备的货车可以在较短时间内,将新鲜蔬菜送到美国北部各大城市。我国山东、四川、广东、海南等省目前已成为供应全国蔬菜的基地。

与蔬菜相比,水果的保鲜与储存较容易。水果中亦含有维生素,可以部分替代蔬菜的营养价值。因此,水果已成为人们日常生活中不可缺少的食物,其产量在世界上日益增加。目前,交通运输与保鲜技术的进步已使人们可以享受到世界各地的著名水果。一些有名的水果产地也往往成为世界性的生产基地,例如美国加州柑橘、新西兰的猕猴桃,智利利用其在南半球与北半球的季节反差,为北半球冬季供应夏季水果。

花卉可以美化环境,在礼仪交往中也起着重要作用。目前,荷兰已成为花卉的世界性生产基地,我国云南已开始成为国内、国际花卉生产的基地。

(6)大牧场。大牧场与一般游牧业有很大不同。首先,其规模大,放牧的牲畜达到成千上万头;其次,它不是以家庭为单位进行放牧,而是由牧主雇佣一些牧工放牧,不是自给自足

地生产，而是将牲畜全部投向市场。美国大牧场先是在牧场上对牛进行粗放式放牧，到一定体型后，再用好的饲料细心饲养，进行育肥，达到一定标准时再送往屠宰厂。也有的牧场，把后半期的育肥阶段转移到专门的育肥农场。

(7)观光农业。由于农业生产活动方式的不同，世界范围内农业也呈现不同的面貌，带有明显的地域特征。观光农业包括农田景观、农村聚落形式、建筑形式、土地利用方式等。

农田景观反映所在地区的自然环境和社会人文环境。观光农业是以农业活动为基础，农业和旅游业相结合的一种新型的交叉型产业。游客在有关人员的指导下，直接参与一些简单的农作实践劳动，如钓鱼捕虾、喂牛挤奶、踩车推磨、种菜收菜、剪枝嫁接、插秧割稻，是构成观光农业园区独特景观鲜活的事件素材。

3)世界粮食生产布局

粮食作物是世界农作物中种植最普遍的作物。从大洲看，粮食作物种植主要集中在北半球的亚洲、欧洲和美洲大陆上。作为食物的主要农作物有小麦、水稻和玉米等。

(1)小麦的分布。

小麦在世界粮食作物中居首要地位，其播种面积最大，分布范广，除南极以外遍及世界各地。小麦是一种温带作物，在27°N~57°N和25°S~40°S之间分布最为集中。

(2)水稻的分布。

水稻是生长在温度较高、水分充足的亚热带地区的作物。

(3)玉米的分布。

玉米对自然条件的适应性很强，不需要投入大量的人力物力，可以在世界大范围内种植，各大洲高温多雨区产量更高。

4)主要经济作物生产布局

经济作物是指除粮食以外的重要农作物，是重要的轻工业原料。经济作物的种植不是以自己消费为目的，而是作为商品进入市场以获得利润为目的。经济作物的种类繁多，有棉花、甘蔗、可可、橡胶等。

(1)棉花的分布。

棉花是亚热带作物，主要生长于20°N~40°N之间的地区。

(2)糖类作物分布。

世界糖生产中最主要的原料是甘蔗，其次是甜菜。甘蔗产于热带和亚热带地区，需要高温环境，生长期长。而甜菜适合温凉的气候，以中温带地区种植最广泛。

(3)饮料作物分布。

目前，世界上三大饮料主要是茶、可可和咖啡。茶是亚热带常绿植物，分布比较广泛，其范围在42°N以南至33°S以北广大低纬度地区，有40多个国家种植茶。印度是世界上生产茶叶最多的国家，也是茶叶出口量最大的国家。斯里兰卡茶叶的商品率也很高。我国是茶叶的原产地，种植茶叶有着悠久的历史。可可和咖啡都是典型的热点经济作物，生长在高温多雨的热带地区。

5)农业与交通的关系

由于农业生产区及其布局与消费区之间存在地理差异，特别是现代农业，交通运输成为它们之间沟通的唯一渠道、必须建构的纽带。

农业生产体系的空间分布是由多种因素促成的，其中既包括气候、土壤、水分等自然条件，也包括耕作方法与技术、市场分布和运费等经济技术条件。随着与中心城市距离的增加，运费增加，使该农产品收益下降，超过一定距离该农产品就会让位于比它收益高的其他农产品。于是农民就调整其生产方向，使土地利用类型发生变化。

由于现代交通、罐头制造和冷藏技术的迅速发展，运费大幅下降，市场距离在决定土地利用方式中日益成为次要因素，而土壤、地形、气候等自然条件以及技术经济条件的地区差别对农业的影响，往往比市场距离更为显著。市场因素也会随着作物品质改良及交通通达度而变化。

6.5.2 农村变化与交通运输的关系

以下以云南宁洱那柯里村随交通变化而变化的事例来说明交通对农村的影响。

那柯里位于宁洱县南部，是古普洱府茶马古道上的重要驿站。现在的那柯里是一座由60多户人家组成的小村庄。早期因茶马古道的通行，那柯里热闹非凡，马帮大都选择在那柯里住一夜，刚开始，只是当地的一些散户为马帮提供一些住宿之需，后来一些外地人也陆续到此地经营马店和客栈，那柯里村也应运而生。在1949年以前，那柯里的村民大多以务农或经营客栈和马店为主，村里大部分百姓除了务农以外，会到马店打工照看马匹，给马帮做饭，有的还会加入马帮参与往来的货物运输。“物”与“人”的流动使那柯里这个小村庄愈加繁荣。

1953年，随着昆洛公路的通车，更加便捷的汽车运输成为货物运输的主要方式。货物运输模式发生改变，使马帮成为历史，那柯里村也远离了公路，此时全村实施集体经济制度，每日队长安排务农事务，村民回归务农的“农民身份”。

直到1983年后，农村开始实施“家庭联产承包责任制”，那柯里的村民们有了自己的土地，一些思想活络的村民想重新恢复那柯里村茶马古道时期的繁荣，开始陆续在昆洛公路旁建立起小旅店，为往来的货车驾驶员提供饮食和住宿，成为继马店之后的现代化马店——汽车旅馆。

在20世纪90年代，人们又建设了更加便捷的磨思二级公路，那柯里村民们随之在路旁同样修建起各类汽车旅店，为往来车辆提供食宿，这成为当地居民收入的主要来源。直至新修建的昆曼国际高速公路通车后，各类大型货车几乎都会选择高速公路通行，那柯里村的汽车旅馆开始走向低迷。那柯里村随着“物”与“人”流动方式的转变，其生计模式也随之不断变化，那柯里村的汽车旅店就如历史上的茶马古道和马店一样渐渐被人遗忘。

然而，那柯里村自历史以来磨炼出来的商业意识并未让他们一直沉沦，在政府主导以及村民主动参与下，重构出乡村旅游下的“茶马驿站”。2007年6月3日的宁洱县6.4级地震使那柯里村承受了一定程度的破坏，政府为了加快灾区的重建，同时以社会主义新农村的建设要求，按照云南省旅游发展的总体战略，基于那柯里村“茶马古道”和“茶马驿站”的历史文化基础，重新定位和打造那柯里村。那柯里村不仅将整个村容村貌焕然一新，完整修复了历史遗迹，包括那柯里村到思茅坡脚村的茶马古道遗址，村内修复和修建了风雨桥、历史博物馆、连心桥、河道景观治理、人造瀑布、普洱艺术村以及村内相连的茶马古道石板路等多个

旅游景观,而且又新建了一些旅馆、饭店、客栈等,很多村民们又开始了新的古道旅游、乡村旅游生计模式。

那柯里的村民曾经以务农为基础,以服务往来的马帮为主,伴随新的交通运输方式的产生,马帮消失,曾经茶马古道的繁荣和马帮的历史只存留在人们的记忆里。伴随现代社会的发展以及现实需求,政府和村民将那柯里的历史文化在一定程度上进行重新建构,从根本上来看这是文化的再生产,是那柯里地方文化的再次构建。这种历史记忆构建一方面反映传统文化与现代化之间的互动,传统生计模式、传统文化在当下仍然可以作出主动回应,是历史文化在现实条件下的再生产过程;另一方面在政府主导的旅游发展规划下,为文化再生产提供了空间,也使传统文化得以保护和复兴。正如费孝通指出:"文化的功能是伴随社会变迁而变化的,往往一时失去功能的文物、制度可以在另一时又起作用,以新的形式重新复活"。同时也说明,人们的生计模式会随交通方式的变化而变化,生计模式在很大程度上受到交通方式的影响。

6.6 工业与交通运输的关系

工业是产品加工制造产业,是社会分工发展的产物。工业分为轻工业和重工业两类。

6.6.1 交通与产业发展的关系

从整个人类社会发展历史来看,运输劳动从生产过程中分离而独立,到形成一个独立的产业部门,经历了漫长的历史过程。运输业的形成与商品生产、商品流通的发展密切相关。流通领域中的运输需求直接源自商品交换的需要,商品交换与商品运输互为条件,相辅相成。商品交换规模和范围的扩大,引起运输规模和范围的扩大,客观上要求运输劳动独立化、专门化和社会化。亚当·斯密认为,地中海沿岸各国的农业和制造业的发展使得各国之间开辟航海通道成为可能,这些通道反过来又促进了各国的商品经济。他还指出内河航运对古埃及和中国的经济发展的作用,"内陆航行,如此广泛,如此便易,无怪埃及进步得那么早。""中国东部各省也有若干大江大河,分成许许多多支流和水道,相互交通着,扩大了内地航行的范围。"德国早期的资产阶级经济学家李斯特认为运输既是工业和贸易的原因,又是工业和贸易的结果。

运输业和工业一样,其发展也经历了手工业生产、工场手工业生产和机器大工业生产几个阶段。18 世纪开始的欧洲产业革命,标志着以手工劳动为基础的工场手工业生产转变为机器大工业生产。生产规模逐步扩大,要求扩大商品的销售和原材料的供应范围;地方性市场发展成为全国性市场,甚至世界性市场。产业的革命使得运输业的革命成为必然,尤其是机械运输工具的出现,标志着现代运输业的真正形成。机械运输业的产生和发展,极大地推动了生产力的发展,缩短了商品流通时间,减少了商品流通费用,开拓了新的商品市场;而商品生产的发展和市场的扩大又越来越依赖于运输条件的改善。

交通运输也会带动其他工业的发展,如高速铁路是先进工业的产物,倒逼了产业技术的进步。高速铁路需要众多高新技术来支撑:电力、冶金、橡胶、机械、建筑、信息、计算机、精密仪器等行业的大量高新技术被运用于高速铁路上。一辆时速达到 380km 的高速铁路列车需要 10 万多个零部件,其中 260 多个能独立形成子系统。

6.6.2 交通与工业布局的关系

运输联系的基础是地理分工,或称劳动地域分工。运输联系体现了各部门、各区域间的协作关系。决定运输联系的因素是:①生产单位的地理布局,特别是原料、加工部门、消费区的相对位置。②企业的技术结构,指的是生产的方法、采用的原料及是否综合利用资料等。③销售和调运的计划工作。在生产力布局和企业技术结构不变的条件下,不同的供销方式也会使地域运输联系发生变化。

1)影响工业分布的因素

(1)自然条件。

影响工业分布的自然条件主要是地形、气候和水文。地形对工业的影响主要在于厂址的选择。工业生产活动是集中进行的,为了获得经济效益,需要维持一定的规模。为此,厂址多选择有较大面积平坦地形的地区,这样有利于安排生产活动。比较大型的工业,往往还需要在工厂附近安排相应的生活服务设施,甚至需要与相应的城镇规划与设施相协调。

在地形选择上,还需考虑防御自然灾害,例如当地的地震、滑坡、泥石流及洪水发生的可能性。

气候也是需要考虑的因素。如,如果棉纱厂车间空气温度低,则纱易断,因而过去厂址不建在干旱地区。现在可用人工办法控制湿度就解决了这个困难。气候寒冷时,可用暖气提高工作环境中的室内温度;气候炎热时,用空调以降低室内的高温。

工业生产大多需较多的供水,不但有数量上的要求,还有质量上的标准。

(2)资源条件。

自然资源是指自然环境中一切对人类社会物质生产有用的物质。

①加工后体积与重量大大减少而价格又低廉的原料。

使用这种原料的企业多选在原料产地,以减少原料运输费用,从而降低成本。

②加工后成品体积增大又不便运输的原料。

利用这些原料生产的企业,区位选择多靠近销售市场,如饮料厂。

③消耗能量多的企业。

当从原料到成品的加工过程中需要大量的能源时,企业为降低成本,不得不选择能源供应低廉且稳定的地方。

④需要新鲜原料的企业。

加工蔬菜和水果的企业,其成品质量与原料的新鲜程度关系较大,且这类原料易于腐烂。所以加工厂不但要求距原料生产地近、运输条件好,而且工厂还需要有保鲜设备。交通环境和技术条件的改善也会使区位条件变化。

⑤产品需要保鲜的企业。

当最终产品比原料容易腐烂变质时,工厂多选在市场地区。

(3)能源条件。

第二产业在将原料加工为成品的过程中需要消耗大量能源。在工业化早期,由于交通

运输尚不发达，动力以水力为主，所以工业企业多布局在河流附近。蒸汽机的出现使工厂区位摆脱了水力所在地的限制。但是，蒸汽机要消耗燃料，煤炭来源与运输条件又成为使用蒸汽机的限制，即需要靠近煤炭产地。铁路的出现和航运的发展使这种状况有了很大改观，石油、天然气用管道或专门的油轮运输方便，受限制较少，缺乏石油的国家也可以在沿海地区利用进口石油建立发电厂。

(4)市场条件。

商品生产是为了满足消费者的需要，市场、消费条件是从生产的目的影响生产布局。接近消费市场，可以方便直接地获取产品与需求信息，迅速灵活地调整发展战略，能更有针对性、更有效率地进行生产。如食品工业，从生产到销售的周期很短，必须接近消费市场以减少运输、仓储、批发、零售等各个环节的流通时间，防止腐烂变质。所以，这类工业在布局时就要接近消费人群比较集中的市场，趋向于大、中城市。

对于不生产主机而只生产配件，或使用其他企业的副产品做原料的工厂，则受主机厂与提供其副产品做原料的工厂所在地的限制。有些企业因彼此产品关联性强，往往形成大型的联合企业，例如炼铁、炼钢、钢材等厂家联合成为钢铁联合企业。这种联合企业很大程度上也是考虑产品市场。

市场对港口城市的影响比较明显。因为在港口城市，水运是最廉价的运输方式，而且那里又是商品的转运点，所以对某些企业有很大的吸引力。海港城市往往通过水路或陆路把一些原料、半成品与成品集中起来，经过加工后再运往其他地区或国家销售。所以产品加工后大量减重与增值的企业多被吸引到海港城市。

(5)劳动力条件。

生产技术要求高，工人必须经过严格培训，具有一定水平、能熟练操作机器后才能上岗生产的企业，这类企业在区位选择时所受的限制往往大于劳动密集型企业，转移亦较难。但是，由于现代企业生产的内部分工很细，专业化很强，并不是所有部件所有工序都需要技术水平较高的工人。为了降低生产成本，企业往往把某些部件或某道工序转移到劳动力便宜的地方去生产。这样发展中国家在一些交通便利、对外联系比较方便的地方就出现了一些外商投资的、以生产出口产品为主的劳动密集型企业。

(6)工业发展的环境条件。

自然环境以及人文环境都是需要考虑的，同时各国开始关注减小工业发展、工业区位选择对不同范围的环境所带来的影响。

(7)区域协作和全球一体化。

20世纪后半叶，区域协作尤其是跨国家的区域协作迅速发展，一些区域性的经济组织日益实体化，欧洲联盟(European Union，缩写EU)、东南亚国家联盟(Association of Southeast Asian Nations，缩写ASEAN)、石油输出国组织(Organization of the Petroleum Exporting Countries，英文缩写OPEC，中文简称译为“欧佩克”)等是跨国经济合作的成功样板。一些主要工业国家间为了降低研发风险、扩大产品市场、方便融资，在工业产品的各个环节进行合作，典型的如欧洲的空客飞机。跨区域跨国界的合作不但出现在发达国家之间，还发生在发达国家与发展中国家之间。发达国家的工业企业为了降低生产、销售成本、扩大海外市场份额，将一些工业产品的某些生产环节转移到发展中国家。

工业的区位选择类型见表6.6-1。

工业的区位选择类型　　表6.6-1

区位因素	区位选择类型	工业最佳区位	工 业 特 点	主要工业部门
原料	原料导向型	布局在原料产地	原料不便于长距离运输或者原料运输成本高	制糖、水产品、水果加工
市场	市场导向型	布局在市场周边	产品不便于长距离运输或者产品运输成本高	饮料、啤酒、即食食品、家具、印刷、石化
燃料	动力导向型	布局在燃料产地	需要消耗大量能源	有色金属冶炼、水电站、火电站、电镀厂
劳动力	劳动力导向型	布局在具有大量廉价劳动力的地区	需要大量劳动力	普通服装、电子装配、包带、制伞
科技	技术导向型	布局在高等教育和科研机构多的地区	对技术要求高	高新技术产业
交通	所有工业	交通便利的地区对工业吸引力大	所有现代工业	所有现代工业

(8)其他因素对工业聚集的影响。

资本的流入和制造设备的引进,加速了我国农村工业化的步伐,明显地促进了城市化进程,使大批剩余劳动力不必涌入城市,而是进入建在农村的工厂里。跨国资本和海外资金的流入还改变了我国当地百姓的文化、行为和生活方式。如农业县的广东东莞对香港制造商强大吸收力是因"天时、地利、人和"三大要素。

①东莞和香港间良好的关系为投资者和他们的制造合作伙伴提供了方便而可靠的联系。其拥有超过65万名港澳同胞和另外18万名主要在北美洲的华侨,东莞人在寻找香港和海外投资者或合作伙伴时遇到的困难比国内其他地区要小。

②交通基础设施的建立。1980—1987年,东莞政府共提供了10.34亿元用于发展基础设施。铺装公路的里程数由1975年1km增加到1987年560km,到20世纪80年代末期,东莞每平方千米内铺装公路的里程数大于国内任何其他县。东莞还是我国首批建立可直拨世界17个国家和地区的计算机程控电话系统的县之一。20世纪80年代河港和海港的运输总量和发电能力也得到了实质性的提高。良好的基础设施的建立,减少了投资者的交易成本,加速了海外资本的快速流入。

③廉价劳动力和土地是另一个促进香港制造业向东莞转移的重要因素。在20世纪80年代早期,工人的月薪通常在150~200元之间,大约是当时香港工人收入的1/5或1/6。以后,就业机会的增长导致了劳动力成本上升的倾向,但这一倾向被来自更不发达的内陆各省(自治区、直辖市)愿意接受低工资的新工人的流入所平衡。因此,东莞的低劳动成本始终是

一个不断吸引香港和海外制造业的重要因素。

2) 交通对一些产业布局的影响

(1) 交通运输与采掘工业的布点和规模。

采掘工业布局的基础是自然资源的分布。但是,在国家任务确定、资源探明的条件下,采掘工业布点的集中或分散、规模的大小便在一定程度上取决于各个采掘基地产销区域的大小。对于那些从地理上看、产品的生产具有较大局限性、产品的消费具有相对普遍性的采掘工业基地,如煤矿、金属矿山、大型森林工业区、大油田等,这方面尤为突出。采掘基地产销区划主要决定于如下因素:

①交通条件好的采掘基地,必然得到优先开发;交通条件差的采掘基地,其发展必须以新建或加强交通线路为先导。

②当交通运输部门的劳动生产率提高快于采矿部门时,则由于运价的降低会使采矿工业的分布更加集中在一些开采条件有利的地区(如露天煤、铁矿,品位高的金属矿等);反之,又会引起布点分散的趋势。

③由于我国煤炭开发基地分布比较集中,且同主要工业区分布又多不一致,因此,从交通运输对采掘工业的宏观影响出发,大力开发各地区煤炭基地,实行大、中、小矿相结合,并进一步推行产、运、销的合理规划,具有极大的国民经济意义。另外,煤炭经过洗选,重量可减少1/3~1/2。因此,大力发展矿区洗选工业,对减少煤炭运输也有很大意义。在煤矿区建立坑口火电站,用输电代替运煤也能节约大量煤炭运输。

矿产的种类很多,受地质条件的制约,其地理分布并不均衡。矿物一般体积大、重量大,长距离运输很不经济,故冶炼与加工工业多建在采矿地及其附近地区。也有些国家矿石产量很大,除供应本国使用之外,产量中相当一部分运往国外。有些国家需要大量某种矿石,而本国缺少或产量有限,就需大量进口。在这种情况下,矿石往往依靠大型船舶运输,在港口附近的沿海地区建厂冶炼与加工可以降低成本,增加利润。石油则相反,为液体状态,海上可用油船、陆上可用管道运输。而石油产品种类过多,分别运输困难、成本高,故炼油厂多设在产品的消费地或海岸港口。

现代工业生产已超过传统地域范围的限制,与外界的联系更加紧密,需要完善的交通系统支持,每个工业区都有一个相应的交通网络。各国由于地理条件的差异,其交通方式各有侧重。虽然工业发达国家和地区的铁路、公路、水运和航空都很发达,但深入分析却仍有差异。在货运方面,现在海运和内河航运仍然是大宗物资输送的主要方式;铁路运输则处于衰落中,只限于货运;高速公路已四通八达,方便快捷,因此公路运输的地位已大大超过铁路运输。

(2) 交通运输与加工工业的布点。

①原料和燃料较成品为重的工业。

将这类工厂布置在原料、燃料产地附近,可以大大减少运费,降低成本。多数的初加工工业属于这一类。其中,又可分为接近原料产地或接近燃料产地两种。前者如水泥、制碱、制糖、榨油、造纸等工业;后者如炼铝、合成氨等工业。

②原料和燃料较成品为轻的工业。

将其设在较集中的消费区才能在运输上合理。由于产品或运输不便,或易燃易爆,且产品的规格同消费者的爱好关系密切,故以在城市和工业区的外围设厂为宜。

③原料和燃料与成品相比较重量相近或稍大的工业。

产品失重比(加工工业所需原料、材料、燃料的重量与其相应产品的重量之比称作“失重比”)接近于1的工业,由于原料和燃料在运输中的损耗,一般较成品小,故宜接近消费区。有些产品失重比虽略大于1,但有多处或多种原料和燃料来源的工业企业,如大部分的机器制造业、纺织工业、面粉工业、炼油工业等亦应归入此类。这类工业的选址,应该在总运费节约的原则下,同时考虑电力、水源或协作等条件。

交通运输对加工工业选址的影响,不仅应从失重比来考虑,还应估计到每一种原料、燃料和产品的具体运输条件和运输费用。如农业机械制造业其原料和产品的重量相差不大,但由于钢材和木材的运输要比农业机具的运输方便和经济,因而,它接近消费区看来就更合理。家具工业虽然失重比较高,但因成品不宜装运,且同使用者邻近便于征询意见、改进形式,故往往设在消费中心。

生产力布局对平均运距有两方面的影响:合理布局生产力,特别是使生产接近原料产地和消费区,如在南方建立煤炭基地、扭转“北煤南运”,在北方扩大商品粮的生产、改变“南粮北调”,都能导致运距的减少;但地区物资交流的扩大、边疆和内地的经济开发,又会使平均运距增加。在研究一种货物、某种运输方式或一个地区的运距变化时,应作具体的动态分析。

3)工业分布的新变化

运输工具方面,除铁路在一些国家继续发展并提高速度外,汽车、飞机也获得很大发展,数量大增,中、长距离的客运相当一部分为飞机和高速铁路所取代。海运方面,由于内燃机取代了蒸汽机,而且功率加大,使船的吨位加大,速度加快,不仅运量大增,而且运费低廉,大大促进了通过海洋运输进行世界贸易。

汽车生产逐渐成为重要的工业生产部门。汽车工业是一个综合众多行业的部门,据统计,它消耗了世界橡胶工业产量的75%,玻璃的25%,铝材和半导体的20%,钢材的15%。汽车每年消耗数以10亿t计的汽油,促进了世界另一大工业部门——炼油的发展。汽车又与公路、桥梁等基础设施紧密相关,特别对高速公路和立交桥的建设起到了推波助澜的作用。汽车工业已成为发达国家国民经济的支柱,在很多发展中国家经济发展战略中也占有重要地位。

4)工业布局的相关理论

综合交通运输体系对产业空间格局的重塑与优化,是通过多种效用的关联理论的作用机制发挥而实现的。从经济地理学的视角来说,空间产业格局的优化升级与运输的经济成本以及时间成本密切相关,通过运输过程中“距离”的缩短发挥效应,并综合智力资本与技术资本的相关溢出效应,进一步促进综合运输体系对产业空间格局的重塑;无论从企业基础上的价值链升级作用还是开放经济条件下的价值链升级效应来看,企业或国际价值链的分工与专业化能够充分发挥作用,促进交通运输成本的降低以及空间溢出效用的发挥,进一步提升产业空间格局的优化升级。生产效率的提升对于运输成本的降低,主要是通过专业化劳动力集聚与生产环节以及各个生产环节的效率提升而实现的。

(1)经济地理学关联视角的工业区位论。

20世纪初,韦伯作为这一学科基础的工业区位论开创人之一,通过分析生产过程中所需原材料的运输成本来研究产业与企业的生产成本,并认为企业选址应选择具有最低成本的区域作为厂址进行生产。在韦伯提出工业理论的推动论后的30年,施勒酝酿了空间经济学的相关研究,在冯·杜能的农业中心-外围农业生产理论的基础上加入了市场因素与开放经济条件下的市场分析视角,从地理学的角度研究厂商的生产活动与行为。施勒不单纯地考虑最低成本的生产要素,且综合考虑了成本与收益的关系,并认为厂商的选址应该综合考虑成本与利润,应选择包括运输成本在内的社会、经济等多方面成本最低的点,并综合考虑利润最大化理论作为厂商选址的最终考虑。

20世纪70年代,区位论有了巨大的变化与进展,社会经济发展从农业经济转型为了工业经济,但是区位理论的研究基础仍然没有变化,始终是建立在资源的优化配置与利用效益最大化基础上的,同样也建立在自然资源的禀赋条件结论基础上。经济的发展与智力资本密不可分,人类改造自然的能力在不断提升,而纯粹的自然条件对人类的生产活动的限制作用在下降。人们更多地关注知识经济在区位发展中的作用,智力资本在厂商选址的过程中发挥出了越发重要的作用。智力资本与知识经济的发展,充分发挥出了溢出效应,促进了相关区域内的产业结构调整与优化升级,使得产业空间格局在区域内调整变化,促进产业格局发展,形成形式丰富、样式各异、大小混合、集聚与分散并存的空间产业格局,而这种格局是以客观实际条件为存在基础的。同样与产业的智力资本与知识溢出效应有关,技术溢出效应将打破一般的产业空间发展进程使产业集聚起来,集聚密度与知识溢出效应大小呈正向关系,当生产成本接近但低于产品价格时产业更容易集聚,并且发现较小的企业相较大企业来说集聚的可能性更大,最优的产业空间规模受到工人工资、地租、土地供应关系的影响。劳动力密集型产业以及高科技产业等对土地要求不高的产业更易于集聚在一起。

产业的空间格局具有非均衡状态,这种均衡状态的打破往往与生产比例与生产效益的联动效应密不可分,企业的空间产业格局的布局往往与经济要素与知识智力资本要素密不可分,知识的关联效应如果充分发挥了溢出效应,将会促进产业在空间与价值上的相互联动作用充分发挥。这样一来,空间效应与知识溢出效应将发挥作用,在中心区域经济快速发展的前提下进一步扩大外围地区的经济发展效率,进而带动相对落后地区的经济发展,促进区域经济的充分进步。

综合交通运输成本可划分为与"距离"无关的信息交流成本以及与"距离"有关的交通运输成本,在较短的距离范围内或较为狭窄的区域范围内,交通运输成本与"距离"的关系就变小了。降低的信息交流成本以及提高的交通运输成本使得信息集中的活动限制被放松。即使是信息交互系统的距离成本是固定的,在具有短距离或小区域范围内,交通运输成本并不比通信成本要低。国家信息技术的发展可以促进经济的发展:首先,信息的可得性将提升外围较为落后地区的生产活动;其次,国家信息系统将促进信息集中的产业向外围区域集聚,在乘数效应发挥的基础上,将促进外围区域的经济发展。变化的信息交互环境效应在小范围与大范围区域内不同,集聚经济发挥作用的过程中,运输成本起到了关键作用,在厂商的区位抉择中,与区位相关的特定成本、距离成本以及获取区域外成本等要素要纳入考虑范围。

(2)价值链关联视角的工业区位论。

科学技术的进步包括交通运输技术以及通信技术的进步,在交通通信技术进步的基础上,促进人类活动的集聚以及同一产业在空间格局上位置上的靠近。生产力的进步使得交通通信技术得到了大力发展,使得世界距离较远的潜在市场逐渐成为现实意义上的实际市场。资本主义在全球的扩展很大程度上促进了产业空间格局的重塑与在世界范围内分布,这种促进作用也离不开综合交通运输体系的进步与发展。国际分工的前提条件也是建立在成熟便利的交通与通信设施基础上的,当交通通信比较发达便利时,无论是产业间分工还是产品间分工才能比较容易地运输初级产品、中间产品以及产成品到下一生产部门或生产环节,使得国际分工得以实现。在世界市场发展的过程中,需要开放与相互联系的国内市场以及分工密切的国际市场,这样,便利的交通通信运输渠道的存在就是必不可少的,这样,在世界市场中,生产者与消费者的供给与需求市场才能合理地搭配。

全球价值链的分工体系的发展是从产业间的国际分工体系发展为产业内的国际分工体系,最后发展为产品间分工体系的,相关产业与产品分工体系在日益细化的过程中不断发展,把产业间与产品间的国际价值链分成了相互独立又互补可分的多层次工序,使得资源在全球范围内得到了优化配置。历史上的分工体系主要注重与产业间的分工,而如今的分工体系则是建立在产品内价值链基础上的。

波特认为,生产经营活动往往可以具体分割为相互连接彼此关联的不同阶段过程,各阶段过程虽然彼此独立,但又前后关联,不同的生产过程有其各自不同的特点。总体来说,价值创造活动可以分为两大类,其一是价值活动,具体包含生产的具体环节与活动,涉及产品的生产过程、销售过程、从生产市场到产品市场的运输过程,以及到达终端市场后的消费者售后服务过程;价值创造活动的后台支持活动,包括生产资料的供应活动、技术研发与支持活动、人力资源管理活动以及会计财务相关活动,这些活动彼此关联,相互配合支持,共同支撑着价值活动的发展。

早在20世纪90年代,全球价值链就对世界经济发展产生了深远影响。全球价值链具有复杂性与异质性:初级产品与服务的全球化程度不及中间产品与产成品,而批发以及零售的价值增值多集中于消费者产品中,对于价值增值而言,包括市场、产业间服务以及知识产权等无形资产的增值较有形资产重要。经济全球化与区域经济一体化对于产业空间的重塑具有重要意义,在对外开放的进程中,本国市场距离国际市场的远近以及市场准入条件的好坏对于产业的发展具有影响作用。

国际经济与贸易的发展将削弱原有封闭经济体的市场中心地位,对产业的全球化分配与流动具有重要作用,进行促进产业的重塑与优化升级。在开放的市场环境条件下,原有经济体的先天区位禀赋优势与后天产业间的匹配程度很大程度上具有相互作用的塑造机制,在经济体开放的过程中原有的产业集聚受到交通综合运输体系的可达性与其相关成本条件影响。

在价值量优化升级的过程中,某个企业或者国家只是作为价值链优化升级的部分组成,国际竞争是价值量的空间布局以及价值增值的创造过程,企业的价值创造能力决定了企业在价值量优化升级过程中的地位以及竞争过程中的地位,对于全球价值链的形成与优化升级起到了重要的作用。

(3)生产效率关联视角的工业区位论。

生产效率的提高对于空间产业格局的重塑与优化具有重要作用。综合运输体系对产业价值链劳动分工、国际经济与贸易、城市发展、产业发展的作用,综合运输体系为重要的生产力推动要素。综合交通运输体系的发展,对于生产效率的提升与进步具有较大意义,而运输工具的进步又是这种生产效率提升的关键所在。公共事业的经济效益以及社会效益作为公共品,在其效用发挥的基础上,促进了相关产业的发展。良好的产业生产效率一方面与综合交通运输工具的发展进步密切相关,另一方面则离不开交通运输工具的进步,而空间的区域产业政策与运营效果与空间产业格局的重塑与优化仍然有着极大的积极作用。

劳动分工可以促进产业的发展,节约运输成本,节约生产过程中的劳动力与技术投入,进而促进社会财富的积累以及经济社会的发展与进步。生产效率以及财富积累过程的提高主要源于劳动分工,使得原有的智力资源的优势更加集中,进而带来节约生产过程各种运输环节的劳动时间、提升生产环节过程中的劳动效率,机械化发展进一步把劳动力解放出来,大大提升了生产效率以及对于产业空间的重塑与集聚功能。如果把劳动分工视为产业发展与企业生产的先决条件,则价值链的创造过程与生产过程可以细分为不同工序的专业劳动力集聚过程,在运输过程中由于分工的协作与专业化劳动力资源的集聚,会大大降低运输成本,缩短运输时间,而机械化设备的应用以及道路基础设施的完善将进一步保证专业运输资源在运输途中的效应发挥,最大限度地解放劳动力资源。

6.6.3 区域工业布局中的交通运输地理

交通运输对区域资源开发、区域工业体系的形成与发展具有重要作用,对区域内工业的聚集和城市的分布也有很大影响。区域发展和工业基地建设中除了各个部门按系统进行规划和建设外,还必须在地区范围内从多方面加以综合平衡,交通运输是其中重要的一环。

1)交通运输必须先行发展

交通运输是国家实现工业化和现代化的先驱,在国民经济发展中,交通先行是一条应遵循的客观规律。我国社会建设正反经验都证明,无论就全国来说,还是就地区的开发和工业基地的建设来说,都应按交通先行这个客观规律安排建设程序,使交通运输超前发展,这样才能保证经济迅速发展,并促进生产布局更加均衡地展开。

(1)交通先行发展的具体要求。

区域大规模工业建设要做到交通运输先行发展,主要包括以下两方面。

①交通布局的展开要走在区域开发之前。

在资本主义前期发展阶段,出现过铁路建设的高潮,由此促进并带动了工业化高潮的到来,但在这一时期交通先行多是自发的。到了现代,为了国土的合理开发,引导私人投资到落后地区发展工业,国家大力开展交通建设和其他基础设施建设。在区域整治中,不仅对原有交通设施进行技术改造,而且开展了高速公路、高速铁路、大型港湾的建设和河流航道整治。如日本战后的三次国土综合开发计划,都是将交通的整备作为地域开发的主要手段之一而予以先行发展。

我国在社会主义市场经济体制下,有了更好地按照这个规律安排建设的可能,使得广大地区的交通建设为工业发展创造了必要条件。每个区域在大规模开发及其以后不断扩大生产规模时,都应按照经济发展的需要和前景,首先开展交通建设,使交通布局先行展开,否则会造成国家投资的浪费。

②交通线路的运输能力要留有余地,要有足够的储备。

工业基地的交通运输设施,无论是线路、车站和港口的新建与改造,一定要留有余地,运营后应保留一定的能力储备。这就需要对经济发展作出详细的调查和足够的估计。交通干线的能力要能适应十年以上的运输需要,支线也应适应七年以上。由于工农业生产和物资流通在时间上是难以均衡进行的,为了适应运量的波动,交通线路及其车站、港口等各个环节的运输能力利用也不宜达到饱和状态。否则交通运输的紧张区段一旦出现,就会影响生产的正常进行,少则影响1~2个地区,多则波及全国。

(2)区域交通投资的恰当比例。

应该使区域交通运输业保持恰当的投资比例,使之均衡发展。这要根据各工业基地原有基础、发展的需要及建设的难易程度具体分析。要在工业基地的建设中做到交通运输与生产在发展上相互协调,必须通过区域规划加以综合平衡解决。至于交通运输的发展超前多长,方可取得最大的经济效益,则需针对不同工业基地进行具体研究。欧美各国工业化初期,建设铁路比发展煤炭和钢铁工业超前20~30年不等。

2)区域的运输联系类型

重要的工业发展地区,其交通运输的发展应根据当地开发的前景和国民经济发展的需要进行,交通线路布局应按区域运输联系特点来展开。

(1)区域的交通线路。

为了便于将交通线路与运输联系相对照,试按交通运输与工农业的关系将线路分为区际主干交通线路、区内交通干线、集散线路三类。

①区际主要交通线路。区际主要交通线路是联结各大经济区及各工业基地的交通干线,这些干线的作用很大。第一,它们是各大经济区之间联系的纽带;第二,通过这些主干线路将各工业基地与其周围的一些工业中心相连,并为工业基地输送原料和燃料;第三,对于一个工业基地而言乃是其对外联系的干线。区际主干线路的布局不仅应有强大的能力保证,而且应尽量保证大宗货物流向的径路顺直,在必要时还应照顾沿线运输需要,兼起基地内干线的作用。

②工业基地内交通干线。这类线路距离虽不太长,但对工业基地内部联系和资源开发极为重要,其作用为:第一,联结工业基地内的各个工业中心;第二,对全国交通网,多为一种开发线路或联络线;第三,初期为工业基地内干线,未来可能发展成区际干线。

③集散线路。集散线路是从干线通向工厂、矿区、港口和农村集散中心的短距交通,在布局上既要选择和建设好与干线衔接,又要与工矿企业的生产和总图布置有机配备。

(2)区域运输联系类型与特点。

各个区域的工业发展由于具体条件不同,有着不同的专业化方向和综合发展类型,其内外联系形式和运输特点也不同。

①具有区际意义的原料、燃料基地。

其主导部门为采掘工业。由于输出大量原料和燃料,运入量较少,其特点是发送量大于到达量,运出大于运入,其发送货物大部分运往区外以至国外。这类基地与外部联系非常密切,在交通网布局上就要求有多条强大的干线与外部沟通,在内部也应便于大宗货物的汇集外运。

②依靠运入大量原料、燃料的大型工业地域(或地带)。

一些地域由于具有极其便利的交通位置,历史上开发早,具有雄厚的技术人才和工业基础,加工工业十分发达。而当地缺乏所需的矿产资源,大量原料和燃料需靠区外供应,并有大量成品和半成品外运。因此运输上运入量大于运出量,发送量小于到达量;无论发送和到达也均以对外联系为主。这类基地也以对外交通干线最为重要,其内部联系取决于工业门类和结构,专业化发展程度越高,则越需发达的交通网相适应。

③立足于本地资源之上的综合工业基地。

这类基地内外运输联系均很密切,不仅区内运输量很大,运出和运入量也大。因此不仅要求有强大的对外联系交通干线,而且要求内部有发达的交通网。

④以内部联系为主的工业基地。

一些地域由于特殊的地理位置,而当地资源尚有较好的搭配,从而在一定时期内形成一个以内部联系为主、对外联系较少的工业基地。如四川,由于其位处高山环绕的盆地,当地有着多种丰富的自然资源和较好的农业基础,因此与外部联系相对较少。经铁路发送与到达的运量中,80%~90%均为省内交流,因此要求内部有发达的交通网。四川早前仅有长江一条干线,中华人民共和国成立后已兴建了四条对外铁路干线。

(3)区域运输类型的变化。

有些区域的运输类型随着经济的发展和工业结构的改变而变化,主要发生在当地有多种丰富资源和其他有利的工业发展条件的地方。其工业发展和运输类型变化经历三个阶段。第一阶段为工业发展初期,以采掘工业为主,输出大量原料和燃料,运出量远大于运入量。第二阶段,一些采掘工业为主的地区由于资源丰富,搭配良好,加上其他有利条件,加工工业不断发展,输出货物变为各种工业产品和半成品。运出量相对减少;由于需从外地输入一些当地缺乏或不足的原料和燃料,运入量不断增加。第三阶段,一些地方经长期发展,成为国家的重要工业基地,具有雄厚的技术基础和工业基础,工业规模不断扩大,门类逐渐增多,形成了完整的工业生产体系。由于所需资源数量与品种不断增加,而当地资源不能适应,有些资源甚至产量下降或枯竭,从而输入量增加,而输出工业品的加工精度提高,输入量大于输出量变得更为明显。由于种种条件和原因,有的地区可能停顿在某个阶段上,有的则发展到第三阶段。

(4)区域内部的运输联系。

每个区域内都有货流发生地、货流纳集地、集散中转地,在这些地点分别形成不同规模的城镇,而其中也会形成一个或几个工业中心城市。区域内部运输联系即主要取决于它们的数量、规模和分布。

向外提供大量原料、燃料的工业区域内,分布有多处大宗货流发生地。如何便于将货物汇集外运是此类地区交通布局的主要任务。初期会在内部线路交汇处和通向外运的适宜地点形成货流汇聚中心,随着采掘工业布局的展开以及对外运输通道的增加,汇聚中心也会增加。同时在这些中心也会发展加工工业,成为地区重要工业城市。

主要靠区外供应原料、燃料的综合工业基地内,分布有许多货流集地,一般都会在内外联系的集散中心附近发展起大型工业城市。随着工业的扩散和专业化的发展,形成以其为中心的许多中小工业城市和集镇。

以区内资源为主的工业基地,内部联系密切,形成了更为复杂的内部交流,主要是在区内工矿城镇与本区加工工业城市间形成大宗货流。

区内的经济联系也会随生产发展和工业部门结构的改变而变化,主要有以下几种形式:

①在采掘工业基础上发展起来的城市逐渐向加工工业中心转变。

②基地内的工业中心与原料、燃料地相互配置不同,对运输的影响和要求也不同。如本钢靠近煤铁产地,资源搭配良好,但铁矿山较分散,均要依靠铁路干线运输。鞍钢靠近铁矿,矿石大部由企业自运,而煤炭全由外部运入。

③加工工业中心原料、燃料来源的改变引起运输方向的变化。首钢的矿石原靠龙烟铁矿等处供应,主要经京包线运入;1958 年后在冀东开发迁安铁矿,作为其矿石基地,改由京山线运入;由于京山线运输紧张,1976 年建成通(县)坨(子头)线,不仅分担了运量,而且首钢矿石的输送经路更为顺直。这说明内部运输联系的改变,需要交通网能及时配合,以较好地满足需要。

3)区域交通布局的线网化

(1)交通布局线网化的标准。

线网化一般是指一个区域内交通运输干线形成网状,每个主要运输方向均有两条以上通路,相互间有迂回线和联络线相通。建设重要的工业基地尤应首先建成方便的干线交通网。根据对我国一些区域或工业基地交通干线网距的分析,干线网距一般达到 120km 以内,才能形成较方便的交通运输网。

(2)实现线网化以提高运输保证程度。

在区域内及早建成交通干线网,使各主要运输联系方向有两条以上的通路。这可使运输能力保证程度提高,而且有利于消除不合理运输;当发生特殊情况一条线路发生堵塞时,可有另一条通路利用。

(3)交通干线线网化可促进区域资源合理开发与工业均衡布局。

在干线较稠密的地区,由于网距小,对各种资源的开发是非常有利的,一般只需建设较短的支线或专用线即可通达矿区。而在交通线少的地区要开发资源往往需要建相当长的支线或专用线,甚至一些重要资源由于交通不便而不能及时得到开发利用。在区域内建成交通干线网,就为工业的均衡布局创造了先行。

4)工业区域各种运输方式的有机结合

要使工业区域的交通运输迅速发展,应当根据各地的自然条件,充分利用多种交通方式,还必须做好各种交通方式的分工和衔接。

(1)因地制宜,充分利用多种运输方式。

发展工业区域的交通运输,不能只局限于铁路。由于修建铁路占地多、投资大、工期长,在有着发展水运条件的地区,应充分发展水运。管道与铁路、公路、水运的分工也是一个重要问题。各行其是的结果会给国家造成非常大的损失。在许多工业地区都面临着进一步发挥公路运输作用的问题,公路不仅适宜承担短途运输,而且其经济运距不断增加,国外先进国家已达 100~200km,有的超过 400km。

(2)各个交通运输环节间的紧密衔接。

交通运输是由多种环节形成的有机整体,要加强每一条通路的能力,必须使每个环节都相应得到加强和提高。各个线路衔接点和不同交通方式的衔接点布局合理与否、能力是否有保证是非常重要的。各种交通方式必须根据经济联系的发展变化和客货运输的要求,及时加强有关运输环节。

5)典型工业带的形成与交通运输的关系密切

北美工业带的运输条件十分优越,有圣劳伦斯河和五大湖,并通过哈得逊河和摩霍克河与大西洋及东海岸相连,水路交通十分方便,加上运河、铁路的辅助,使该地区具有一个综合交通体系,为该工业带的形成和发展创造了条件。

莱茵河和鲁尔河汇合处的鲁尔区是莱茵—鲁尔工业区的形成条件:莱茵河纵贯莱茵—鲁尔工业区南北,是重要的交通要道,下游港口荷兰的鹿特丹是世界最大的港口。

法兰克福是莱茵中部工业区的地理中心,也是铁路、公路和航空的中心,还是金融和商业中心。此地的斯图加特是世界名牌汽车(奔驰、奥迪)的产地,曼海姆以化学工业和制药工业而闻名。

6.7 商业与交通运输的关系

商业形成初期是以物换物的方式进行的社会活动,后来发展成为以货币为媒介进行交换从而实现商品流通的经济活动。

1)影响商贸特征的因素

(1)自然环境因素。

地势平缓或者水路发达地区,交通发达,商贸活动就会得到发展,经济也会得到发展。而受到高山林密等自然条件的影响,交通运输欠发达,商贸发展也会受到影响。

(2)经济结构因素。

有些地方比较闭塞,产业结构不合理,产业生产方式简单,以家为单位的小作坊小店铺等单一生产方式不利于规模产品的形成,不能更好地引进外商,加上交通不便等原因,所出产品销不出去,而所需产品也运不进来,导致贸易活动停滞不前。

(3)通信联系促进商业的发展。

通信能使联系更加密切,降低无效运输,增加经济联系,商业活动会更加有效。

(4)地域经济差异促进了商贸的产生。

因地理差异,生产了地域之间的贸易。如茶马古道的形成是因为藏族人士所处的高寒山区只能进行畜牧业及其畜牧产品(如藏毯等)、高山药物(如虫草、麝香等)和青稞等高寒作物的生产,生活中缺乏维生素。而云南南部潮湿温暖地区可以生产富含维生素的茶叶,而缺乏畜牧业及其畜牧产品、高山药物和青稞等。由于两地生产的差异及其生产、生活的需要,可以形成互补,这样就需要进行商业交易,茶马古道的形成就成为必然,而茶马古道的形成也进一步促进了茶马古道沿线的商业交易。

2)交通促进了区域间的商业交易

区域之间的经济差异,导致了区域间的交通需求,而没有交通几乎不可能形成贸易,且贸易量的大小也受限于两地之间的交通能力。如唐代,吐蕃南下,在迪庆境的金沙江上架设了铁索桥——神川铁桥,打通了滇藏往来的通道。吐蕃以畜牧产品及藏族人士聚居地稀有药材与南诏贸易,南诏的传统工艺及茶叶通过迪庆输入吐蕃。清雍正二年(1724年),旅迪庆工商业者捐资拓宽了十二栏杆驿道,进入迪庆经商、开矿、从事手工业者与日俱增,当地喇嘛藏商、古宗驮队也相应发展起来。

3)交通促进商业及其系统的形成

在交通促进商业的同时,由于交通连接的城镇有不同的优势产品和不同的市场规模,在交通的联系之下,可以互通有无和进行不同的分工,导致商业系统的形成,进一步促进经济的发展。反过来,商贸又促进交通的发展和交通网络、等级的形成和发展。如随着明清时期全国水陆交通格局的形成,以开封府、河南府等地为主的水陆交通,形成了中原地区城乡商业交通体系。明清以来,中原地区以开封为中心,逐渐形成了南北两条重要的省际交通路线,使水陆交通要道上的朱仙镇、周家口、赊旗、北舞渡等地迅速成为地区商业中心,其商业规模在清代中期一度超过了开封府。中原地区高级市场的出现,既依赖水陆便捷的交通,又促进了各种物资围绕当地集散,这一时期中原地区高级市场大多分布于黄河、淮河、贾鲁河及汉江沿线,即清化镇、朱仙镇、周家口、赊旗镇等。

4)交通与对外贸易相互促进

交通能促进国外贸易。如自1889年云南蒙自、河口、思茅、腾冲等被迫开关。云南对外贸易迅速扩大,出口商品向工业原料转变,矿产品和生丝等产品成为出口大宗商品;贸易进口物资向云南各民族日常生活品转变,棉花、机织纺织品和各种日用工业品大量进入云南,形成巨大规模。随着云南逐渐与世界市场联系起来,对交通运输的需求也就越来越大。1889年蒙自开关,此后腾越、思茅两关相继开设,大量外国机器制品从三关涌入,云南矿产和各种土特产也随之源源输出,传统的、封闭性的地方市场,开始被纳入与世界市场联系日益紧密的开放性市场系统。这时云南境内还是以马帮运输为主,所以很大程度上促进了马帮的繁荣和茶马古道的再次兴盛。以腾冲为例,早在明末清初,腾冲就有一批华侨在缅甸经商,开采玉石,从事进出口贸易。1912—1939年,涌现出很多商业大户,如茂恒、洪盛祥、永茂和等商号,在国内外都设有若干分支机构。腾冲的各条运输线上,常有上万头马往返运输进出口物资,有时还要动用驮牛,各种传统工艺行业、土杂、百货店铺充斥塞道,一派兴旺繁荣景象。于是腾冲马帮迅速壮大,先后形成了小西、勐连、清水洞山、龙江、荷花、下北、固东、城关等十四路马帮。一时间,腾冲成了一座闻名遐迩的商埠。

5)交通促进了交通沿线居民商品意识、服务意识的产生

交通会激发交通沿线居民的商品意识、服务意识。如茶马古道上的四川康定锅庄不只从事服务行业,它存在的本身还有一个重要意义就是中介服务。锅庄主们无偿给客人提供食宿,但要按藏商土特产品营业的2%~4%收取退款,此款由买方(汉方)负担。在此基础上,锅庄的另一个作用“中介”也显现出来,由锅庄出面介绍,撮合交易,协助结账,充当担保,代办购、销、赊、收等业务。

6) 商业的发展促进了交通沿线的文化交流及民族和谐

商业的发展促进了交通沿线的文化交流。如茶马古道沟通了藏族与汉族和其他民族的文化交流。茶马贸易的兴起使大量藏族人士聚居地商旅、贡使有机会深入祖国内地；同时，也使大量的汉族、回族、蒙古族、纳西族等民族商人、工匠、戍军进入藏族人士聚居地。在长期的交往中，增进了对彼此文化的了解和亲和感，形成了兼容并包、相互融合的新文化格局。在茶马古道的许多城镇中，藏族与汉族、回族等外来民族亲密和睦；藏文化与汉文化、伊斯兰文化、纳西文化等不同文化并行不悖，而且在某些方面互相吸收，出现复合、交融的情况。例如在康定、巴塘、甘孜、松潘、昌都等地，既有金碧辉煌的喇嘛寺，也有关帝庙、川主宫、土地祠等汉文化的建筑，有的地方还有清真寺、道观，各地来的商人还在城里建立起秦晋会馆、湖广会馆、川北会馆等组织，将川剧、秦腔、京剧等戏剧传入藏族人士聚居地，出现了不同民族的节日被共同欢庆、不同的民族饮食被相互吸纳、不同的民族习俗被彼此尊重的文化和谐现象，文化的和谐又促进了血缘的亲合，汉藏联姻的家庭大量产生，民族团结之花盛开在茶马古道之上。

7) 商业的发展促进城镇的建立、发展与变迁

如滇越铁路通车后，铁路立即取代了元江航运的地位，河口作为滇越铁路云南段与越南段的衔接口，更是商贾云集，国内的广帮、川帮、昆明帮、临安帮等大小商帮聚集于此，外商如沙利耶等商行及亚细亚、美孚、壳牌等水火油公司，都纷纷在河口设庄立号或修建仓储。原来不过是一个小村寨的河口，一时人烟鼎沸，商号林立，仅经营苏杭丝绸、日用杂货者就有 48 家，粮行粮栈 29 家，餐馆旅店遍街都是，成为云南与东南亚通商贸易的重要商埠。

再如，民国之前，河北省沧州泊头依托南运河的便利交通条件，迅速成为京杭大运河沿岸重要的商业市镇。民国时期，随着内河漕运的停止与海运的兴起，泊头社会经济受到很大的打击，但南运河航运仍然是泊头对外商品运输的主要交通方式之一。解放初期，南运河航运依然是泊头工农业产品运输的主要交通方式，但随着津浦铁路恢复通行和南运河断流，铁路运输成为泊头社会经济发展的新引擎。1911 年，津浦铁路在此设站，泊头同时拥有津浦铁路与南运河水路的交通优势，附近几个县的商品在此集散，社会经济逐渐恢复活力，重新成为津南的经济中心。自津浦通车后，因为交通便利，附近的商人和本镇的小商人可以很容易地直接到天津、济南等处采购货物，不必像以前多由泊头采办，可以减少些成本，多获一些利益，这却使该地变成了一个商品转运中心。津浦铁路不仅加强了泊头商品中转中心，而且津浦车站位于河东区，铁路运输的繁荣促进了该地区的发展，使城镇发展格局更加平衡。

6.8 聚落的相关特征及其与交通运输的关系

聚落是人类聚居和生活的场所，分为城市聚落和乡村聚落。“聚落”一词古代指村落，近代泛指一切居民点。城镇是一定区域的政治、经济和文化中心，便利的交通条件是城镇形成的必要条件之一。交通发展水平和交通路线布局对人口聚落的形成、分布有重要影响，交通对聚落格局演变、聚落格局演变等级效应有明显的作用。交通运输变化对聚落空间形态的影响见表 6.8-1。

交通运输变化对聚落空间形态的影响 表 6.8-1

<table>
<tr><th rowspan="2">项目</th><th rowspan="2" colspan="2">变　化</th><th colspan="2">影　响</th></tr>
<tr><th>聚落分布</th><th>聚落形态</th></tr>
<tr><td rowspan="2">交通兴衰</td><td colspan="2">新交通方式和交通线、点兴盛</td><td>沿交通线、点周围分布和扩展</td><td>沿交通线呈带状</td></tr>
<tr><td colspan="2">原有交通方式和交通线、点衰落</td><td>停止扩展甚至拆除</td><td>原形态不变或呈斑块状</td></tr>
<tr><td rowspan="4">交通运输方式</td><td rowspan="2">古代</td><td>水运</td><td>沿江、河、湖、海分布</td><td>条带状</td></tr>
<tr><td>陆上驿道、古道</td><td>交汇处发展成集镇、城市</td><td>团块状</td></tr>
<tr><td>近代</td><td>铁路、公路</td><td>沿铁路、公路等交通轴发展</td><td>星状</td></tr>
<tr><td>现代</td><td>立体、综合运输方式</td><td>沿主要交通干线形成主要发展轴</td><td>多向发展,形态多样灵活</td></tr>
</table>

6.8.1 城镇的兴起、衰落与交通有关

城市是人口密度比较高、面积比较大的聚落,其居民的食物要靠城市以外地区供应,而生产的产品及服务亦有相当一部分是为本城市以外的人的需要而生产的。所以其吸引范围和服务范围就是决定其城市规模、作用、地位及未来发展的关键因素,而吸引范围与服务范围又与交通条件和交通工具有密切的联系。

1)城市与水运的关系

成本较陆运低是水运的一个优点,特别是在古代,交通工具落后,水运显得更为重要。例如我国古代,不论是西安、洛阳、开封,还是杭州和北京都与水运有联系。唐朝时,渭水情况变化,水运条件不好,不得不另修运河,以加强水运,供应京师。但尽管这样,还不能解决三门峡对水运的制约。因此在水运困难时,唐王朝不得不有时转往东都洛阳。北京也自有了运河后,其物资供应才有了保障。

在西方,过去的农业时代,大城市大多在河流附近,上述我国的历代首都是如此。西方国家的首都与城市(如巴黎、伦敦、维也纳、布达佩斯等)也都与河流有联系,即在工业革命开始,铁路还未出现时,英国和法国大修运河,开发水运。

在我国,除首都以外,沿河流还出现许多城市,如长江沿岸的上海、南京、安庆、九江、武汉、宜昌、重庆;沿运河有杭州、苏州、无锡、常州、扬州、淮阴、济宁、临清、德州、天津、通州。我国明清时四大镇中,景德镇、佛山镇、朱仙镇也都与河流水运有关。

在水运中,河口处由于上可以与全河流相通,下可以转往海外,因此不少河口处的港口城市成为全流域的最大城市,如长江口的上海、珠江口的广州、恒河口的加尔各答都是如此。此外,在两条或多条河流汇合处,水陆交通的转运点以及水运起点,水运转陆运的转折处,比一般水运点的城市重要些,如重庆、上海、宜宾等。

河流的水运条件优势把城市吸引到河流两岸,但是,在干旱地区的河流水位受季节性影响,变动比较大。在枯水季,宽阔的河床甚至干涸,但洪水时,河水四溢,波涛汹涌,对两岸威胁较大。为安全设计,城市多离河流一定距离布局,这在我国东北辽河下游及黄河下游表现十分明显。在河流上游,特别是在山区,由于交通多沿河延伸,城市也多沿河两岸排列,这种情况在我国西南高山峡谷地区特别突出。

2)城市与陆运的关系

水运虽然成本较低,但无论是天然河道还是运河都受一定限制,所以还必须通过陆运交通维系。在古代,为了政治、军事以及经济的需要,政府或地方都注意道路的建设和桥梁的建造。例如在秦国统一六国后,修建了从京城咸阳出发到重要地点的驿道,以后各朝代亦为公文传递设有驿道。

在西方,古罗马帝国时修筑了四通八达的道路系统,对城市发展起了重要作用。今天欧洲很多城市(如巴黎、伦敦等)的形成与古罗马陆路交通系统都有关。

铁路的发展,不仅打破了水陆的限制,而且在速度方面优于水路,在不少地方甚至取代了水路,使沿铁路的城市大大发展起来,沿河城市有的则衰落下去。例如在我国,淮阴、临清原在运河边,津浦铁路通车后城市发展就一落千丈;广西的梧州原是广西水运通往广东的总枢纽,但湘桂铁路修通后,沿铁路线上的南宁、柳州、桂林的发展超过了梧州,梧州就从广西第一大城市降到第四位。

第二次世界大战后,汽车工业飞速发展,高速公路的修建使相对距离较近的城市彼此间的往来使用汽车比较迅速、方便,结果促进了大城市或城市群的发展。这在美国从波士顿经纽约、费城、巴尔的摩到华盛顿的城市密集区表现得十分明显。另外,航空的发展使地面交通的限制因素被消除,两地之间实现直线往来,速度更快,也使城市吸引能力增强和服务范围扩大。近距离汽车、远距离航空的发展使铁路在一些国家失去优势,只能发挥其远距离货运上的优势。

3)海上交通与城市的关系

现在的船舶体积大,速度也比过去快,成为世界上商品的重要运输工具,特别是对数量多、质量大、体积大的商品的运输具有绝对优势。随着经济发展、各国间的商品交换日益扩大,不论沿海国家还是内陆国家也都与海上交通发生直接与间接联系。现在世界上最大的城市主要集中在沿海地区,前 20 位的大城市有 14 座位于沿海地区,只有 6 座位于内陆地区。

人口的聚散直接决定了城市的兴衰,近代交通体系的建立及发展促成大量人口进入并流动于城镇,并为移入的人口提供相关就业机会,使其由季节性流动成为永久性居留人口。同时,交通体系的节点或枢纽及其周边吸纳了大量移民,逐渐发展为近代城镇或使原有城镇得到进一步拓展。

4)城镇兴衰与交通运输密切联系

主要城市分布在铁路和内河航线沿线,尤其是铁路交会处和河流干支流交会处,因为这些地方交通便利,有利于经济发展和经济联系。

在古代,交通运输工具落后,水运显得尤为重要。世界上大河的两岸常常分布着大大小小的城市,沿河设城是我国南方城市布局的一般规律。尤其是在河流干流与支流的汇合处、河流入海口处,因水运便利和商贸活动频繁,有利于较大城市的形成。随着社会经济的发展,铁路成为陆路运输的主要方式。铁路的修建带动了沿线地区的社会经济发展,也大大促进了沿线城市的崛起和繁荣,如石家庄、郑州、株洲、怀化的兴起与其铁路枢纽的区位密不可分。

作为交通道路,对区域兴衰的影响是长期的,一般需要经过数十甚至上百年时间才能显现出来。便利的交通能加速区域社会的发展,反之则起制约作用。然而,交通干线会随着政治经济重心的转移不断发生变化,具有不稳定性。当交通干线出现变更或衰落后,区域社会的发展必然深受影响。如唐代以前,随着位于湘桂之间的“潇贺古道”的开辟和兴盛,贺州出现了一批交通重镇,社会经济繁荣。唐代,大庾岭通道和灵渠重修后,“潇贺古道”的作用一落千丈,贺州区域社会的发展深受影响,处于停滞不前甚至衰落的境况。虽然地处三省交界,但重新成为岭南的偏僻之地,经济、文化逐渐衰退。到20世纪,广西贺州的社会发展也处于比较落后的境地。

崤函古道位于黄河三门峡河段南岸崤山之中,是沟通长安与洛阳两大古都东西干道的枢纽路段,是丝绸之路的重要组成部分。历史上持续不断的东西之间经济、文化交流,直接促进沿线一批城镇的兴起与发展。城镇保障了东西大道的畅通,东西大道又带来了城镇的繁荣。随着古代政治格局的转变和近代新型交通运输方式的出现,崤函古道逐渐退出历史舞台,对沿线城镇带来了巨大的影响。先秦时期,崤函地区河谷地带自然条件优越,以致很早就有人定居生活。随着人们交流交往活动不断扩大,城市开始形成。这一时期,崤函区域城镇数量很少,且主要是政治、军事性质,分布在陆路军事交通线路旁和地势较高且险要的关口地方,主要功能是控制东西军事交通线。秦汉时期,崤函区域城镇处于形成和发展的初期,一般城镇规模较小,只拥有生产、居住或防卫等最基本的功能,商业等尚未发展起来,还处于附属地位,人口仍大量分散在土地上,人口聚集功能并不强大,商业功能不显著。从城市分布地域空间结构看,两汉时期城镇分布已相当广泛,奠定日后这一区域城镇的基本格局,一直延续到近代。东汉覆灭后,东西两京地位开始下降。随后的魏晋南北朝时期是一个长期混乱动荡的时代,城市遭到不同程度的破坏,如都城洛阳遭受毁灭性的破坏就有三次。但同时因军事需要修建的城堡越来越多,同样也有不少城邑因战乱旋筑旋弃。这一时期城邑数量较前代有所增加,主要是由于东西交通发展和战时不同政权军事对抗需要而引发郡县的增设。唐宋时期是崤函区域城镇发展的转折时期,随着地区经济发展和商品交换的频繁,一大批乡村集市向小城镇过渡,并促使新的市镇兴起与发展。这一时期城镇数量多、规模大,城镇职能又增添了交通、商贸等特色。随着生产力发展,东西商路的繁荣,一批具有交通、商贸职能的新兴城镇发展起来,原有的军事、政治职能特色的城镇也呈现出工商业、交通运输特色功能,城镇内部空间结构也相应有所发展。明朝初期,随着社会经济恢复,各州县城皆有重修。此时的全国经济中心已经转移到江南地区,政治中心又转移到北京,中原地区失去往日的核心地位,持续两千多年的东西洛阳、长安两京格局不复存在,全国交通格局发生重大变化,崤函古道地位下降,这对沿线区域的影响和冲击巨大。黄河流域又因长期开发,环境破坏,水土流失加剧,生态环境破坏,导致区域发展的基础性支撑遭到毁灭性打击,使得此区域内城市发展明显落后于其他地区。不过,崤函古道作为全国交通道路网重要组成部分,仍是商贸往来的东西大道,继续发挥着不可或缺的作用。沿线区域州县级别城市发展基本定型停滞,而一大批中小市镇则兴盛起来。县级以下的市镇有很大的发展,不仅数量增多,而且发展水平较高。特别是清中期以后,有的市镇因位于水陆交通要冲,发展迅速,甚至超越了所在县城的经济发展水平。民国以后,随着公路、铁路、国道等新型交通体系建立,崤函古道绝大部分路段都已消亡或迷失,沿线古老城镇或消亡迁移,或在新型交通线路刺激下重焕新生,再次成为豫西崤函区域内重要城镇。

崤函区域城镇发展犹如一条起伏波线，汉、唐、清等盛世是该区域内城镇发展的高峰，数量较多，地区经济也相对发达，城镇经济繁荣，是北方经济、文化中心之一。其他时期则处于低谷。尤其是东西隔绝、崤函大道不通畅时期，城镇规模相对萎缩，发展缓慢，城镇地位下降。区域城镇州县级城镇数量基本未变，这主要是由于崤函古道交通线长期存在。县级城镇之下集镇发展很快，这主要是由于沿线便利交通带动了商贸经济发展。城镇功能的变化趋势是先以政治、军事等单一功能为主，以后又增加交通、行政、经济功能，成为该地区内集生活、消费、居住、娱乐、集贸、服务等为一体的政治、经济、文化中心，规模扩大，人口增多，内部结构也由简到繁。

在我国西南地区，因茶马古道带动发展起来的地方，除了世人熟知的普洱市宁洱、思茅等地外，较为典型的还有易武、大理、沙溪、丽江、香格里拉，以及滇藏、川藏茶马古道的交汇点——昌都、缅甸掸邦最美丽的城市——景栋、泰国第二大城市清迈、老挝古都琅勃拉邦等。在茶叶的大规模流动过程中，大(理)迪(庆)段右道对沿线聚落的引力范围为右道两侧平均25km内，左道对沿线聚落的引力范围为左道两侧平均20km内；大于平均值3的引力值分布在古道沿线8km范围内。自1982年国家公布首批历史文化名城以来，云南省60个历史文化名城(村、镇)中有46个位于云南茶马古道上。

打箭炉在元代还是荒凉的山沟，自明代开通碉门、岩州茶马道后，这里逐渐成为大渡河以西各驮队集散之地。清代开瓦斯沟路，建泸定桥，于其地设茶关后，打箭炉便形成了专业经营茶叶的茶叶帮，专营黄金、麝香的金香帮，专营布匹、哈达的邛布帮，专营药材的山药帮，专营绸缎、皮张的府货帮，专营菜食的干菜帮，以及专营鸦片、杂货的云南帮等。这里出现了48家锅庄、32家茶号以及数十家经营不同商品的商号，兴起了缝茶、制革、饮食、五金等新兴产业。民居、店铺、医院、学校、官署、街道纷纷修建起来，打箭炉成为一座闻名中外的繁荣热闹的“溜溜的城”。

交通方式的变迁对社会经济的发展与城镇的兴衰有着重要的影响。清中期以前，京杭大运河是漕粮北运的主要通道，沟通了南北经济，带动了临清、济宁、济南等城市的发展。这些城镇的商业、手工业蓬勃兴起，经济实力迅速提升，形成了繁盛的运河沿岸城市“经济体”。清中期以后，由于黄河频繁决口、改道，淤塞了运河河道，京杭大运河逐渐衰微，山东交通方式由河运转至海运，清政府开始雇用海运商船运输漕粮，海运由此繁盛。随着海运蓬勃发展，沿海港口贸易愈发繁荣，商业性质的港口越来越多。这一时期，烟台港和青岛港相继兴起，其周边的港口逐渐衰落。港口转运功能逐渐集中于这两个大港口，港口经济规模越来越大，两大港口逐渐成为新的经济中心。胶济铁路的诞生带动了铁路沿线城镇的迅速崛起，如潍县、昌乐等。原来以京杭大运河为依托的山东西部经济发展区逐渐衰落，而以铁路和港口为依托的东部沿海地区及胶济铁路沿线地区崛起为新的经济中心，逐渐奠定了今天山东省北强南弱、东部发达西部落后的经济格局。

在铁路开通前，郑州只不过是一座乡村气息浓郁的小县城，在工商业和政治上均没有多少价值。然而，铁路的筑成使得郑州可以联络各通商口岸，客货交往旋即频繁起来，其经济地位亦逐渐得以提升。这给原有的黄河、卫河及运河水路交通带来极大冲击，郑州压倒了河南省最大的市场——周家口(今周口市)，一夺省城开封的繁荣势头，独占长江、黄河间中原最大的货物集散市场之重要地位。未建成铁路之前，黄河、淮河、汉水和卫河水域是区域农作物的主要产地，同时也是区域经济商贸的中心，诞生了周家口、朱仙镇、道口镇、社旗镇等著名的沿河商业市镇。平汉铁路的筑成使得郑州以南的铁路取代了周家口水路运输的大部分，并且影响到河南省西南部的汉水水运，铁路对该区域与汉口间贸易的打击，比周家口更甚。陇海铁路西展之后，给区域水路交通带来严重的负面影响，西部腹地的物资基本上不再通过黄河水运，而是经由陇海铁路和郑州这个交通枢纽，连通平汉、津浦铁路，与上海、汉口、天津等通商口岸往来贸易。在铁路的联动作用下，郑州逐步发展成为中原地区粮食、棉花、煤炭等农矿产品及工业制成品的转运中心，从而助长了郑州商业中心地的形成与殷盛。铁路通车使得郑州的商务活动大大增加，郑州金融业开始从无到有、由小到大迅速发展，在20世纪30年代中期，郑州计有12家银行，洛阳更是只有河南农工银行和中央银行两家银行的办事处。在平汉、陇海铁路所构成的“十字”交通线上，几乎汇聚了河南省全部的重要城市。据1935年统计，在河南省市镇密集度最高的20个县中，90%位于黄河南岸一侧的平汉铁路沿线、开封道地区以及黄河北岸一侧的河北道地区。位于铁路(包括平汉、陇海和道清铁路)沿线者达12个县之多，位于河道沿线者共5个县。洛阳、安阳、新乡、许昌、漯河、确山等铁路沿线城市迅速成长。

6.8.2 乡村聚落的发展与交通的关系

1)陆地村落与交通的关系

开敞式道路，如国道、省道、县道、乡村道路给生产、生活上带来便利，因此其对乡村聚落具有吸引作用，农村建村、建房都尽量置于道路沿线。而铁路、高速公路，由于对村民的生产、生活具有隔离作用，而且伴有噪声、空气污染、交通安全等负面影响，农村建村、建房基本上都是远离铁路、高速公路。

根据江苏省宿州市埇桥区统计，距一般等级公路600m范围内，乡村聚落景观格局受交通用地的影响比较明显，随着距交通用地距离的增加，相关性变得越来越小，这表明交通对乡村聚落景观格局的影响约在600m范围内。各类型、各等级交通与乡村聚落景观分布的影响可以分为两类：一类是以国道、省道和县道为代表，这一类交通对乡村聚落景观分布的特点可以概括为空间吸引，乡村聚落景观面积百分比表现为随离该类交通距离的增加而逐渐减小，且吸引力为国道>省道>县道。在国道两侧400m内的乡村聚落景观密度较高，且在0~250m范围内，国道相对于其他等级交通两侧乡村聚落景观面积比例最高。另一类则是以铁路、高速公路和农村道路为代表，与乡村聚落景观分布呈空间排斥现象，即乡村聚落景观面积随着离此类交通距离的增加而增大。全封闭的高速公路像一道高墙阻碍着公路两旁居民物质、能量和信息的交流，在聚落选址和布局中不再仅只起着连接作用，它有切割作用，而且从某种意义上看，对于面状格局的聚落其切割作用大于联结作用，铁路的作用机理类似，两者对连接城市之间的功能大于切割功能，而对乡村聚落景观而言，其切割作用大于连接作用，且切割作用高速公路大于铁路；高速公路的影响范围较大，铁路的影响范围则较小，在高速公路和铁路两侧200m范围外则对乡村聚落景观分布排斥性不强。

甘肃省分布在省级干线两侧5km、10km、15km范围内的村级居民点分别占全省居民点总数的48%、72%和85%，这表明农村居民点存在向交通干线两侧集聚的趋向，或者说交通干线的布局充分考虑了居民点的分布，两者之间存在较为密切的空间关系。

2) 江南水乡市镇聚落的布局

江南水乡市镇的形成特点是依河设市，夹岸为街。江南地区河网稠密、港汊纵横、四通八达、水运便捷，舟楫一直是当地主要的运输工具。市镇作为农村商业中心，都设在河流要冲边上，可以借用交通运输的便利条件。江南市镇与河网的这种依存关系，也就确定了它们的形态特征——因河设市，镇区布局依照河流的走向形成，尤其在太湖周边一些比较低平的地区，乡村农田是近千年来不断用圩堤的方式开发形成的，河道曲折，基本没有什么规律性。而依河流而形成的市集镇区，也常常依河流的不同走向而不尽相同。常见的市镇布局有以下几种形态：

(1) 一字形或带形。市镇沿一条主要河道直线伸展而成，河道两边夹岸成市，构成一字形或带形的镇区形态，这种类型在江南地区比较多见，如嘉兴县王江泾镇。

(2) 十字形。两条河流交叉成市，形成十字形市镇，如吴兴县南浔镇；南北走向的市河与东西走向的苕溪构成十字状，两河对岸都形成了商业街面。比较典型如浙东地区绍兴柯桥镇与此类似，依南北走向的市河与东西走向的浙东运河构成十字形镇区。

(3) 丁字形。在一条直线市河中段，分岔出另一市河，互相间形成直角，丁字形状。嘉兴王店镇就是典型的丁字形市镇，王店镇的一边是南北走向的大运河支流长水塘，沿塘河西岸形成一定规模的街市；另一边是东西走向的梅溪与长水塘形成丁字形状。梅溪两边夹岸成市，是王店街市的主体。此外，乌(青)镇是由分别位于运河东、西两岸的乌镇与青集两个单独的丁字形市镇所构成的十字形市镇。

(4) 环状。太湖—运河流域，由于地下水位较高，自公元10世纪以来，历代开发圩田，又称围田，用堤围田，堤外开沟成河。随着圩田的开发，形成了许多环状河道，不少市镇即位于这些环状河道中间。街市虽不一定形成完整的环状，但镇区平面布局的环状特征却十分明显，是比较多见的市镇镇区形制，如嘉县洲钱镇。此外，吴江同里、松江枫泾、嘉善斜塘、德清新市、桐乡玉溪等镇，镇区也呈环状。

江南水乡的市镇沿着长长的市河两岸，是长长的两条街道，街道的一侧紧接着市河，街道的另一侧就是一字排开的店铺和民居。这些沿街建筑的房屋与市河的走向相平行，随着市河走向蜿蜒可达数里甚至更长。由于市河比较宽敞，水路交通便利，所以街市往往就设在市河的两边或一边，便于在河道与街市之间直接进行贸易。

3) 乡村聚落因交通而引发的变迁

由交通引发的乡村聚落及其文化的变迁，以广西阳朔为例。

在唐朝修通大庾岭道以前，广西沟通中原和岭南的主要通道一直是漓江水道。到唐朝中期之后，漓江水道的交通地位虽然有所下降，但直至民国，漓江水运并未消亡。

先秦时期，阳朔地区是百越族的居住地。自秦代之后，随着中央政权对广西统治的加强，以儒家文化为代表的汉文化在广西迅速传播。广西阳朔地处中原连接岭南的水陆交通要道，且靠近广西古代政治经济中心——桂林，吸收的移民数量大增，当地土著普遍接受了汉文化。在清代以前，迁入广西的外地移民籍贯遍及山东、湖北、湖南、河南等岭北各省。清代以后，由于汉族传统聚居地区人均耕地减少，无地或少地的汉族农民被迫外迁，地广人稀的广西就成为移民迁入的目的地之一，许多广东和湖南移民迁入阳朔。外来移民的路线大致可以分为南北两线：南线是从广东、梧州沿桂江逆流而上，进入阳朔境内的漓江及其支流沿岸,再迁徙到其他地区;北线是从湖南溯湘江过灵渠下漓江,一路继续沿漓江南下,进入阳朔境内的漓江及其支流沿岸地区,另一路则从桂林出发,沿着陆路驿站进入阳朔腹地。

根据相关研究,阳朔境内水陆交通比较便利的漓江沿岸和古代驿路经过的地区,外来移民迁入的时间较早,分布较集中,村落形成的时间也较早;在水陆交通不便的阳朔西部和西南部山区,外来移民迁入的时间较晚,村落形成的时间也明显晚于其他地区。交通沿线地区往往既是政治中心所在地,又是商业和手工业的中心,农业开发较早,生产水平较高,商业和手工业也相对发达,城镇和墟市分布比较集中,对人口的承载能力较强,能够吸纳更多人口。因此,阳朔镇自隋代以来,一直是阳朔县的政治中心,商业比较发达,人口数量和人口密度都稳居全县首位;而兴坪墟人口的增长,也主要得益于其优越的地理位置和交通条件。

6.8.3 交通城镇的规模与腹地经济实力相关

一般说来,地处经济重心或交通运输干线上的口岸功能最强。腹地系统经济实力越强,口岸城镇的发展潜力越大;腹地系统的中心城市越发达,其作用范围越大,对口岸城镇的带动能力也越强;口岸城镇距腹地系统中心城市的距离越近,越容易接收到中心城市的辐射作用。因此,边境口岸与腹地经济联系的紧密度是由两者之间的交通运输能力决定的,这种紧密度也直接影响了边境口岸的延伸辐射和对外扩张能力,从而对跨国经济通道的形成起到决定性作用。

目前,我国沿边地区边境口岸在其腹地系统已形成一批具有相当经济实力且距离较近的中心城市,例如哈尔滨、长春、呼和浩特、乌鲁木齐、昆明、南宁等。这些腹地中心城市以及其他一些工业城市,有力地支持和带动了边境口岸的建设和发展,对这几个省(自治区、直辖市)的边境形成跨国运输通道起到很大作用。

6.8.4 城市交通塑造城市和居住形态

1)城市发展与交通运输的关系

城市发展方向有如下规律:①城市的实体地域会沿着它的对外联系方向延伸,而且会偏重主要对外联系方向发展。②在漫长的历史发展中,一个城市城址的变迁往往朝着它的主要经济联系方向移动。③在一个相对完整的地域里,若没有明显的主导对外联系方向,则中心城市在区域的中心区位或重心区位成长、发育;若区域在外部有明显的主导对外联系方向,中心城市常在区域偏于主要对外联系方向的门户位置上形成、发展;若一城市能兼得区域中心区位和门户区位两种优势,该城市常常成为稳定的区域首位城市。④城市的主要经济联系方向既有相对稳定的一面,也有随着经济格局、宏观形势和政策的变动而发生变化的一面,因此,城市发展的主导方向也可能发生变化。⑤城市沿主要经济联系方向而发展的基本原理是最小努力原则。

城市交通系统的发展有助于塑造城市形态,在西方发达国家,密集的、混合功能的"步行城市"在19世纪中期占据着主导地位,随着工业革命而出现了"公共交通城市",在20世纪40年代开始出现分散的、使用汽油的"汽车城市"。经典城市地理学理论中,在不同的城市交通方式的影响下，西方城市空间结构大致经历了紧凑混杂、扇形辐射、多核分化等各异的时段。

我国北方地区地形平坦开阔，以陆路交通为主，在交通发达的聚落，形态比较规则，呈团块状。而在我国南方地区，河网稠密，内河航运更加便利，聚落多沿河流分布，呈条带状。交通运输在很大程度上影响着聚落的空间形态，聚落空间形态往往沿交通干线（铁路、公路、河道等）扩展，这些交通干线也成为聚落的主要发展轴。1949 年以前，株洲主要交通运输方式为湘江水运，城市用地主要沿湘江分布，城市用地规模较小；随着京广等铁路线的修建，株洲市城市用地规模迅速扩大，城市用地主要沿京广铁路线分布。扬州南临长江，京杭大运河纵贯南北，自隋朝京杭大运河通航以后，扬州几度繁荣，是我国东南部的经济文化中心。自清代中叶以后，随着大运河的淤塞，扬州城市发展缓慢，甚至停滞。中华人民共和国成立后，随着现代化陆路交通的发展，加之京杭运河的大规模疏浚，古城扬州又得到蓬勃发展。

2）交通方式对城市发展的影响

20 世纪 40 年代以后，能源价格的下跌和小汽车保有量的增加使西方城市发生了较大变化。小汽车的使用大大扩大了城市地区的规模，能为承担起费用的人提供便利，使各种活动相互间的距离扩大，同时也由于零售业（免下车商店、超大型自助市场、郊外购物中心）、集中就业和新住宅区的开发与建设鼓励了小汽车的使用，甚至使其成为必要的交通工具。城市密度也越来越低，出行距离在增加，公共交通线路覆盖的人数减少，其结果，对小汽车的依赖越来越强。小汽车在西方城市郊区化的发展进程中起到了重要的作用，它为中产阶级打开了通向郊区的大门。

虽然西方发达国家随着城市的日益繁荣，一方面人们对小汽车的依赖程度与日俱增，而另一方面城市的人口密度越来越小，这已成为城市发展的一般趋势。但近 20 年来，许多富裕的城市出现了密度增长的情况，另外使用公共交通、依靠步行或自行车的人增加了，而乘小汽车出行的人减少了。由于西方发达国家的城市一方面在小汽车使用上的增长趋于平稳甚至下降，另一方面城市公共交通的发展均处于增长状态，所以小汽车交通对城市空间结构的影响也趋于稳定。

交通技术创新对城市空间形态演变具有不可替代的作用，道路交通系统的调整对城市空间结构、城市规模、城市发展起到重大的决定作用。我国大多数城市是建立在公共交通导向的以中央商务区（CBD）为中心、沿着放射状的公共交通线站点为次中心的、疏密相间的多中心城市空间结构模式，特别是轨道交通线网的不同模式直接影响城市空间形态扩展模式。

城市交通运输的发展影响到土地需求总量和需求结构的变化，也影响到土地的价格。城市交通运输不仅为固定的出行量提供运输服务，而且其本身会产生新的交通需求，并引导城市的土地使用。城市交通设施的改进使城市向外扩张成为可能，城市建设用地不断扩大。城市交通设施沿线及附近的土地空间通达性提高，引起土地价格的上涨，特别是我国目前轨道交系统的建设更是如此。土地价格的升高使土地的开发强度提高，进而引起使用功能在空间上的重新选择，使各类建设用地数量变化和空间重新分布。城市交通系统引导土地开发利用，引起用地布局特征的变化，进而影响城市空间格局。交通线路的布局和分布格局改变了城市居民住宅空间结构的重组和居民住宅区位的再选择行为。

城市土地使用方式要求有相应的城市交通运输系统相适应。城市土地开发密度的高低会影响单位面积上的交通量,相应地需要高效的交通运输设施来适应。城市土地利用布局决定了城市交通运输的发展模式,包括交通发生强度、交通转换发生频度等。

3)交通也会成为城市发展的“门槛”——阻隔或联系作用

江阴作为一个河港城市,空间布局形态受港口的指向性明显,长期以来沿着长江由上游向下游、由浅水向深水逐渐自西向东发展,产生了城市发展东西向的距离“门槛”和长江两岸的跨江“门槛”。江阴长江大桥的建设引导江阴城市发展跨越这两个“门槛”,在外围产生新的积聚:一方面,江阴长江大桥作为一个全封闭、全立交的过江通道,对城市空间扩展具有一定的阻隔性。结合大桥线形走向控制形成的一定宽度的绿色开敞空间,切断了城市建设区继续沿江带状蔓延,引导城市跳出老城区一定距离,呈跳跃式扩展。另一方面,大桥使江阴城市发展得以跨越长江天堑“门槛”,强化与靖江长久形成的密切的社会经济联系,客观上形成南北连片的跨江格局。

6.8.5 城市交通问题及发展策略

1)城市交通问题

由于集聚吸引大量的人、大量的车流,结果造成人口过多、交通阻塞,尤其是在大城市中,行车难、停车难、打车难、过街难等一系列交通问题和有限道路资源分配不均造成的社会不平等社会问题日趋严重,其中,最受关注的问题无疑是城市交通拥堵。城市交通拥堵使便利的条件转向不便利,舒适的环境由于车辆造成的空气污染而恶化。这种变化也就迫使人离开中心地区向郊区转移。小汽车的普及为富有阶级离开中心,居住于郊区提供了方便。这时城市就出现了与集聚力相反的力——离散力。

2)城市交通发展策略

交通发展模式与城市交通发展策略密切相关,而交通发展策略又与城市具体情况紧密相连,国外城市主要交通发展策略如下。

(1)发展私人交通策略——小汽车。

这种策略所对应的城市形态是发展空间广阔、多中心、郊区化组团分散式布局的城市,如美国洛杉矶,其公共交通在居民出行中所占比例低于小汽车。

(2)限制私人交通策略。

这种策略在小汽车的拥有和使用上进行严格控制,限制小汽车发展,所对应的城市形态是土地资源匮乏、城市道路供应十分有限的城市,如新加坡。

(3)私人交通、公共交通共同发展策略。

这种策略一方面发展公共交通,另一方面鼓励市民购买小汽车,所对应的城市情况是城市市区人口密集、郊区人口密度小,同时需要促进汽车工业发展的城市,如韩国的一些城市。

(4)公共交通与私人交通竞争发展策略。

选用这种策略的城市其市中心比较明显,中心区人口密集,城市地域较大,具备由轨道交通和城市道路组成的放射状道路网,拥有发达的公交体系。一般在市中心区体现公交优

先并以轨道交通为主,对小汽车的使用有一些控制措施,如伦敦的交通拥挤费制度、公交车专用道等,同时建有高速公路网(铁路网)联系郊区。在这种策略下,对小汽车的拥有和使用不进行严格限制,公共交通与私人交通相互竞争、共同发展,代表城市有巴黎、伦敦、东京等。巴西城市库里蒂巴也采用这种策略,不过它没有轨道交通,而是以快速公共汽车为公交方式。

3)城市交通的理念和观点

一是城市交通的公益性,坚持以多数人利益为主导,树立以人为本的理念,在交通规划、设施建设以及服务设计中考虑多数人的出行需求。二是坚持公平原则,要让交通成果惠及大众,树立公交优先理念。在交通问题的解决上从解决"车"的出行转变为解决多数"人"的出行,同时对特殊群体(老人、小孩、贫困人等)进行一定照顾。三是借鉴"社会交通社会办"的思路,让因为交通而受益的利益团体承担一定的社会交通责任。四是充分认识可持续发展的必要性和紧迫性。

4)交通管理体制与运营方式

(1)交通管理体制。交通管理体制主要表现在四个方面:一是建立集中统一的交通管理机构,是进一步提高统筹、协调、管理能力,实现统一法规、统一政策、统一规划,促进大城市交通发展的必由之路。二是发达国家城市交通管理的大交通管理体制,有利于从根本上解决城市交通管理主体众多、部门分割、职能交叉等问题。三是城市交通管理的集中统一,有利于交通基础设施的统筹布局和交通运输网络的整体规划,使城市中心区、外围区的交通配套设施更趋合理,实现大城市内部和城市中心与副中心之间的交通畅通,更好地发挥中心城市的经济辐射作用,带动区域经济发展。四是建立集中统一的城市交通管理体制,是实现各种运输方式优势互补、有效衔接,建立畅通、便捷的交通运输体系,优化运输的组织方式和结构,减少出行时间和费用,提供"无缝"和"零距离换乘"的交通服务系统的重要体制保障。

(2)交通运营模式。保障公共交通的社会服务功能具体方式为:对公共交通基础设施(道路、站场、交通辅助设施、线路等)实行公有制,进行统一管理;对公共交通运营进行招标,实行特许经营;公交管理机构对公交企业的服务标准、质量进行评估,监督委托合同的执行。

5)交通政策

(1)切实转变交通规划政策。提倡以人为本、交通平等、综合交通等规划方法。在交通设施、组织规划的基础上,增加交通出行规划。

(2)大力实行公交优先政策。在主城区尽快建立公交优先专用车道,实行公交路权和信号优先政策;改革票制,建立有吸引力的票价和方便灵活的票制(如一票制、联乘票、月票、季票等);出台鼓励居民使用公共交通工具的政策(如职工交通费报销制度、交通费最高限额制度、特殊群体减免票制度等);对企业为职工提供公交福利的费用免税;实行交通需求管理,控制私人交通(如拥挤地区提高停车费、收取拥挤费等)。

(3)推行交通一体化的政策。在交通管理体制一体化下,实行规划、建设一体化政策,规定各种交通方式的换乘必须通过综合换乘站来实现,限制发展单一换乘方式的站点实行以公共交通为导向的土地利用和城市发展的一体化政策(TOD 模式)。

(4)积极采用可持续发展的政策。一是鼓励使用节能环保的交通工具;二是扶持绿色交通工具和智能交通技术的研发;三是通过经济手段,使交通使用成本外部影响内部化,以降低外部影响大的交通需求。外部成本包括噪声、空气污染、气候变化、交通事故和拥堵成本,可以对外部成本高的小汽车等征收交通基础设施建设成本、资源占用成本、环境污染成本、交通拥堵成本、交通事故损失等费用。

(5)采取强有力的资金保障政策。首先,通过立法保证公共交通的财政扶持,通过立法,从法律的高度规定政府的投资责任,以此来切实保证交通发展资金的投入。其次,探索实行受益者负担制度,对交通受益的利益团体(如开发商、企业)收取一定税费,或由这些团体承担一定的建设工程或工程费用等。再次,建立城市公共交通专项基金,其资金来源包括不同税种和收费,例如城市土地租用费、交通影响补偿费、消费税、固定资产税、车购税、拥挤费、停车费以及对违反交通法规人员的罚款等。最后,鼓励、帮助企业进行市场融资,如发行债券、贴息贷款、担保贷款等。

(6)实施国家对重点城市公共交通投资的分担政策。国家一级财政在大城市公共交通建设运营中分担资金,如法国国家财政负责巴黎大区公交建设和运营资金缺口的一半;美国在全国公共交通运营维持资金中有5%来自联邦政府补贴等。建议从国家层面对城市进行公交建设运营补贴。

6.8.6 城市功能、规模、类型及更新演进与交通协调发展战略

1)城市的功能区

城市的功能区可划分为商业区、工业区、居住区、休闲区、绿化区和仓储区等,不同的功能区具有不同的特性。城市的功能区布局不同,对城市客流分布的影响也不同。相对集中的功能区布局,将导致客流分布趋于集中;相对分散的功能区布局,会使客流分布趋于分散。同时,各功能区之间的客流分布也受时间的影响,如在工作日,居住区与商业和工业区之间的客流量较为集中,而居住区与休闲区之间的客流量较少;在休息日,客流分布状况则正好相反。

城市土地的使用主要分为两种类型,单一功能用地和多功能混合用地。单一功能用地是指以一种功能为主、其他功能为辅的用地模式。多功能混合用地是指在某一区域的土地上,同时具有多种不同性质的主要用地功能结合在一起,发挥土地综合效益的用地模式,如住宅与工商业、住宅与休闲服务、仓储与工业等功能的混合用地。城市土地的混合使用,能够协调和平衡各种土地的使用方式,消除单一功能用地的局限性,使相关的不同功能彼此靠近,减少出行距离。

2)混合用地对客流分布的影响

城市土用地的混合使用,可以使居住地接近购物或工作场所,缩短出行距离,降低出行成本,改变客流分布,减少交通需求等。随着用地混合程度的提高,各种功能更加集中于某一区域内,客流的生成源和吸引源更加接近,引导客流分布在该区域内相对集中,有利于城市次核心的形成。土地的混合使用还可以充分发挥该区域的各种设施的作用,使用各种功能的时间相互交错,降低早晚客流高峰,使客流分布在空间上趋于均衡。

混合用地提供较多就近活动的机会,使客流相对集中于相应的区域,易形成较大的交通需求,有利于发展公共交通。同时,由于集中引起的道路空间和停车空间的相对不足,在一定程度上能够抑制小汽车的使用,增加步行和自行车交通方式。

混合用地需要进行包含有商业、住宅、办公、交通枢纽等多项功能的综合开发，在交通设施、方式转换、路网建设等方面有较高的要求，这对相应区域的交通环境和路网建设具有一定的促进作用。

3）城市规模、类型与交通规划

随着城市空间规模的扩大，城市人口总量逐步增加，城市的客流总量也会不断增加。通常情况下，城市规模越大，客流总量也越大；城市规模越小，客流总量也越小。随着城市的不断更新演进，城市空间规模逐步扩大，居民的出行距离会大幅增加。

在规模较小的城市里，一般情况下，居民日常出行主要选择步行、自行车、常规公交等交通方式。这是因为，小规模城市人口总量较少，居民的出行距离相对较短，交通需求量也相对较小，而采用步行、自行车或常规公交就能很方便地到达目的地。同时，规模较小的城市不适合发展运量大、速度快的快速交通方式，这是由于：第一，城市人口较少，不能满足发展轨道交通和大容量快速路面公交的客流需要；第二，城市空间规模较小，限制了大运量快速交通方式以及小汽车交通方式的发展。但是，当小规模城市的人口规模及密度已达到了相当高的程度时，常规公交已不能满足需求，此时也可以考虑发展大运量公共交通。

在规模较大的城市，城市人口较多，有较高的人口密度，且城市中各种功能较为分散，居民的出行距离较长，就容易产生巨大的客流量，一般的常规公交很难满足居民的出行需求。就居民的出行来说，出行目的不同就会有不同的交通容忍时间（表 6.8-2）。规模较大的城市应考虑发展运量大、速度快的交通方式，且要尽量提前发展，对城市能起到引导作用。

不同出行目的出行容忍时间（单位：min）　　表 6.8-2

出行目的	不计较出行时间	能容忍出行时间	理想出行时间
工作	25	45	10
购物	30	30	10
游憩	30	85	10

出行特征主要受居住密度、就业密度等的影响。

（1）居住密度的影响。

居住密度对出行距离的影响不明显，但对居民的出行特征和出行方式具有显著影响，并进而影响到城市交通方式的发展。当居住密度较大时，客流分布就相对集中，交通需求量也较大，适合公共交通的发展，但不适合小汽车方式的发展。

（2）就业密度的影响。

就业密度不但对出行的距离有影响，而且还影响到居民的出行特征和出行方式。在一定范围内，就业密度的提高，意味着交通需求和交通客流的增加。当集中就业时，就业密度较大，城市居民的平均出行距离较长，会造成较大的集中客流，适合发展公共交通，但是鉴于空间的局限性，限制了小汽车的使用。分散就业时，城市的就业密度较小，城市居民的平均出行距离较短，不易形成集中的客流，不适合发展公共交通，特别是大运量的快速公交，但是对小汽车方式的发展起到了促进作用，同时，如果出行距离较近，也会促进步行或自行车方式的使用。

但是，当城市只有一个就业中心时，就业密度就会很高，对出行距离、出行特征、出行方式的影响就更为明显。城市居民无论居住在哪里，都只能到就业中心去工作，会导致城市居民的平均出行距离增大，必然促进大运量快速公交方式的发展，但对小汽车方式，却能起到明显的抑制作用。

(3)高密度集中型的土地使用对出行特征及出行方式的影响。

城市土地高密度集中开发，必然造成庞大而集中的交通客流，对城市交通的整体能力提出了更高的要求，并影响着交通方式的选择。这是因为高密度分布的客流，单纯依靠步行、自行车交通方式以及常规公交方式不能满足居民的出行需要，迫切需要加快大运量快速地面公交系统、轻轨、地铁等运量交通方式的发展。

通常，高密度集中型的城市空间相对于低密度分散型的城市空间，出行距离较短，会使步行、自行车以及常规公交方式的出行比例较高，但会限制小汽车方式的发展。

在高密度集中用地的情况下，如果各项功能设施安排合理，居民的多种出行目的可以在一次出行中完成，节省了出行的次数，甚至也可能在整体上减少交通需求。

但是，在城市高密度集中用地的情况下，随着居住密度和就业密度的增加，可能改变城市某一区域的交通可达性，以及城市各项土地使用功能的混合程度，而这些变化会对城市交通及其更新演进产生影响。

(4)低密度分散型的土地使用对出行特征及出行方式的影响。

对城市土地进行低密度分散开发，不容易在某一方向上形成大量稳定的客流，而会造成城市客流的大面积分散。从客源的角度来看，低密度分散的用地模式，不能给公共交通的发展提供稳定而足够的客流并提供有力支撑，对发展城市公共交通是不利的。同时，低密度分散型的土地使用，会增大居民的出行距离，使得速度很低的步行及自行车方式很难适应居民出行的需要，但是却适合快速、灵活、自主性强等特性的小汽车方式的发展。

4)城市更新演进模式与交通规划

城市演进形成新区的类型如下。

(1)旧城改造和用地功能置换互动而形成的“新区”。在市场经济的作用下，城市原来的用地方式不能充分发挥土地经济效益，需要进行旧城更新改造，从而导致用地功能的置换。其中较普遍的情况有两种：一种是城市中心区更新改造，在市场经济运作下，因城市中心区的地价提高，致使企业、居住区、非营利性的公共设施等外迁至地价较低的地区，同时带动相关的产业在其新址兴起，逐步形成具有生活、就业功能的“新区”；另一种是旧区保护和更新，由于旧城是历史的见证，具有历史保护价值，因此政府需要把旧城疏解出来的人口和产业安置在城市外围地区，从而形成“新城”。这种“新区”，因为有相应政策的支持，配套较为完善的市政基础设施和公共设施，环境状况较好，所以能得到投资商和开发商的青睐，人气较为旺盛，发展潜力大。

(2)城市结构改变而生成的组团级“新区”。在城市化进程中，城市为了避免或减弱单中心聚焦带来的恶果，正在向“开敞、多核、综合化”复合型城市的方向发展。城市除主城区外，其余的建成区逐渐成长为具有自己中心的多功能组团级“新城”。

(3)以一大型项目为中心的特定“新区”。在城市发展过程中，都会进行一些大型项目的建设。大型项目，作为城市的重点工程，具有占地大、投资大、建设周期长、配套内容多等

特点，因此其建设地址一般选在城郊，且能提供很多就业岗位，从而形成以大型项目为中心的特定"新区"，如常见的工业新城、科教新城、海港新城等。

(4)以传统小城镇为基础发展而形成的"新区"。传统小城镇由于具有自然条件优越、经济基础较好、交通便利且位于大城市近距离辐射范围内等优势，能够吸收来自大城市的产业扩散和人口疏散，以及农村流向大城市的部分劳动力，不断壮大各个方面的实力，当发展达到一定程度，城镇的规模、性质、职能等将有新的定位，从而形成"新区"。

城市更新演进的方式主要有单中心更新演进、多中心分散更新演进、带状组团更新演进和卫星城半网状更新演进四种方式。单中心更新演进方式是指城市空间以一个点为中心，连续不断地逐步向外扩展的一种更新演进方式。在单中心更新演进过程中，城市中心不断将各种因素吸引过来，使中心区的规模不断扩大。城市周围地区通过与城市中心相连的道路网络，建立起与城市的直接联系，促进城市空间的扩张。因此，通常情况下，城市空间往往首先沿着交通线路向外延伸，然后再横向填充，形成"圆形→星形→圆形"不断交替的更新演进模式。

带状组团更新演进方式是指城市空间主要沿某一方向逐渐扩展，形成若干组团带状排列的更新演进方式。采用这种方式的城市一般最初都只有一个城市中心，由于交通或地理等因素，城市优先沿某一主要的交通线向外扩展，并在延伸的扩展带上逐渐形成新的组团。

卫星城半网状更新演进方式是指城市中心的空间规模在不断扩大的同时，在郊外一定范围内又独立发展若干个与原来城市密切相关的新城的一种城市更新演进方式。新城自成体系，但在经济、社会等方面与中心城联系紧密，成为中心城的卫星城。

多中心分散更新演进方式是指城市空间分别以多个相互分离的吸引点为中心，逐步向外扩展的一种更新演进方式。超大型的城市一般采用这种更新演进方式。在多中心分散更新演进过程中，城市居民、工商企业以及各种设施相对集中，并形成几个既相互独立又相互联系的次核心。在各次核心中，人口密度、就业密度、土地开发密度等随离市中心距离的增加而呈现升高的趋势。

城市采用单中心更新演进方式，需要考虑中心区本身的规模、吸引力以及城市中心与外围的交通路网，还需要始终保持一个城市中心以及在整体上对城市土地进行高密度开发。因此，需要建立地上、地面和地下相结合的综合交通网络体系，来保证城市中心交通通畅。因为"棋盘式"路网虽然存在网络对角线交通不便的缺点，但是具有通行能力大、便于快速疏散乘客的特点；"放射状"路网能使城市边缘与中心城市方便连接，也能较好地解决对角线的可达性问题，对保持强大的市中心有显著作用；"环状"路网能起到纵横网络的连通作用，也能有效分担相连各区之间的交通量。可见，"环状+放射"或"棋盘+环状+放射"的路网结构能够有效地缓解单中心城市大量而集中的城市客流。所以单中心城市的路网大多采用"环状+放射"或"棋盘+环状+放射"的交通路网结构。

城市采用多中心分散更新演进方式，容易使客流出现分散集中在几个次核心的局面，但各核心间仍有较大的交通需求。由于"网状"路网满足了各次核心内部的交通需求，"放射状"路网能够实现各核心之间的有机联系。因此，采用多中心分散更新演进方式的城市常建立"网状+放射"的交通路网结构。

城市采用带状组团更新演进方式，其主要发展带可以只有一条，也可以有多条，从市中心向外更新演进带。带状组团式更新演进的城市，在路网方面，要沿发展带建立具有强大运输能力的带状路网结构，采用以大运量快速地面公交、轻轨或地铁等为主的交通方式，再配以区域性常规道路的路网结构。这样，才能满足城市进行带状组团更新演进的要求和发展带上的交通需求。

城市采用卫星城半网状更新演进方式，需要建立卫星城与中心城之间快捷、高效的交通系统，促进卫星城的发展，实现卫星城对中心城的疏解作用。卫星城半网状更新演进的城市，通常建立"网状+放射+网状"的交通网络结构，来满足中心城与卫星城各自内部的交通需求以及两者之间联系的交通需求。

城市更新演进对交通具有影响作用，同时交通对城市更新演进产生巨大的反作用。

5）城市交通方式与吸引力

城市中的不同位置具有不同的区位优势，其中包括聚集优势和交通优势等。在集聚优势相同的情况下，城市中哪个区域的可达性好、交通设施完善，哪个区域就能吸引更多的居民和工商企业。

由于交通可达性的提高，吸引更多的居民或企业到该区域，从而改变城市的空间布局。当然，当整个城市的交通可达性都提高时，居民和企业将会有更广阔的选址空间，即居民和企业将在更大的范围内居住、工作、生活和经营，城市空间规模也会随之向外演进。

若在城市的某区域，新建交通线路，改善交通条件，提高交通可达性，则会提高相应区域的房产价格，交通可达性的改善会影响到房产价格以及城市居民和企业的选址，进而影响城市更新演进及其空间布局。

随着城市更新演进的逐步深入，城市的规模不断扩大，致使城市中某些区域的通勤距离增加，交通成本随之提高，同时降低了该区域居民的可支配收入。距市中心较远区域的居民为减少交通成本，一般会选择到离自己居住地较近的地方工作、购物、娱乐等。而提供就业或购物的企业，通常会出现在该区域的交通节点处，吸引居民向节点聚集，促进该区域不断更新演进，形成混合程度较高的用地模式，并逐步发展成为城市的次核心。城市次核心的出现，会使整个城市居民的平均出行时间和出行距离相对缩短，交通成本下降，对解决城市拥堵问题有积极作用。

6）城市交通建设时机的选择

交通设施的建设时机选择可划分为导向型、追随型和饥渴型三种模式。交通设施的不同建设时机，会形成不同的交通发展模式，对城市更新演进会产生不同的作用。

通常，在城市快速发展初期，重要交通设施的建设一般都具有一定的超前性。它能够使城市土地增值，促进城市空间布局更趋合理，成为支撑和引导城市更新演进的重要因素，更容易形成交通导向型的发展模式，交通设施的建设规模、交通方式的结构安排以及交通系统的整体水平等，会对城市更新演进的未来结果产生重要影响。

在城市快速发展后期，城市规模已达到一定程度，城市空间布局和形态形成相对稳定，城市更新演进的速度明显降低。此时，交通设施的建设是为了改善城市交通状况，进一步满足城市交通的需要，往往会形成交通追随型的发展模式，一般不会对城市的更新演进产生很大影响。

在城市处于稳定时期,城市空间已经形成一定的布局结构,城市人口规模和密度都已发展到相当程度。迫于城市交通需求压力,才进行重要交通设施的建设,同时由于大规模的交通建设和结构调整会带来很高的成本,因此只能根据现有的条件,被动地改善城市交通状况,形成饥渴型的发展模式。此时,交通设施的建设,不会对城市更新演进起到引导作用,也不会对城市更新演进产生明显的影响。

因此,当城市处于快速发展期,应当采取导向型的交通发展模式,适当超前发展城市交通,充分发挥交通对城市更新演进的引导作用,如修建大容量公交路网、建设综合换乘枢纽,甚至建设轨道交通等,吸引大量的城市居民和企业向新的交通设施附近聚集,推动城市次核心的形成。

7)城市空间布局与交通的协调

城市空间布局与交通之间存在明显的协调性,不同的空间布局对应着不同的城市交通模式,包括充分发展小汽车的模式、限制市中心的模式、保持强大市中心的模式、低成本的模式和限制交通模式。

(1)充分发展小汽车的模式。

该模式通常没有真正的市中心,城市道路网络呈方格状。这种路网结构能起到平均分配交通流的作用,使城市交通畅通无阻,适用于小汽车的出行。但这种交通模式道路占地率较大,与分散的城市空间相对应。如美国的洛杉矶、底特律等城市属于此模式。

(2)限制市中心的模式。

该模式在城市更新演进过程中,限制市中心向外扩展,鼓励郊区中心的发展。通过放射状的铁路和干线道路网络,为市中心提供服务。此模式能够在维持市中心繁荣的基础上,改善市中心的交通状况。如墨尔本、哥本哈根、芝加哥和波士顿等城市属于此模式。

(3)保持强大市中心的模式。

一般情况下,该模式需要保持一个具有高密度的居住和商业、发达的道路系统的强大市中心。建立起完善的放射型交通和高速公路网系统,满足市中心的交通需求,及时疏散市中心庞大的客流。如巴黎、东京、纽约、多伦多、雅典和悉尼等城市属于此模式。

(4)低成本的模式。

该模式主张通过对城市空间布局的引导和城市交通的调整,达到城市更新演进与交通的协调。同时,强调实行“公交优先”,引导和鼓励沿放射型道路建立次核心。如波哥大、拉各斯、伊斯坦布尔、卡拉奇及德黑兰等城市属于此模式。

(5)限制交通模式。

该模式提倡通过综合开发,使工作、购物、休闲等活动集中在相应区域内,建立城市不同等级的次核心,减少交通出行。在城市中心与次核心之间以及各次核心之间,都建立完善的放射状和环状的道路及轨道网络。大力推动市内公共交通,并通过控制市内停车场建设等措施,限制小汽车的使用。如伦敦、新加坡、中国香港等城市属于此模式。

从宏观角度来看,城市更新演进与交通之间的协调性通过这五种模式得到充分体现。从微观角度来看,城市更新演进与交通之间也存在着密切的关系。如:城市中某一区域的土地使用性质及开发强度会直接影响着该区域的客流总量和客流分布状况,进而影响交通方式的选择;同时,提高某一区域的交通可达性,又会对居民和企业的选址行为产生影响,从而影响城市更新演进。

8)城市交通规划

城市交通的理想标准如图6.8-1所示。为实现城市更新演进与交通的协调发展,需要通过市场和政府两种途径来引导和控制各种利益在不同经济主体之间的分配与协调。具体措施如下。

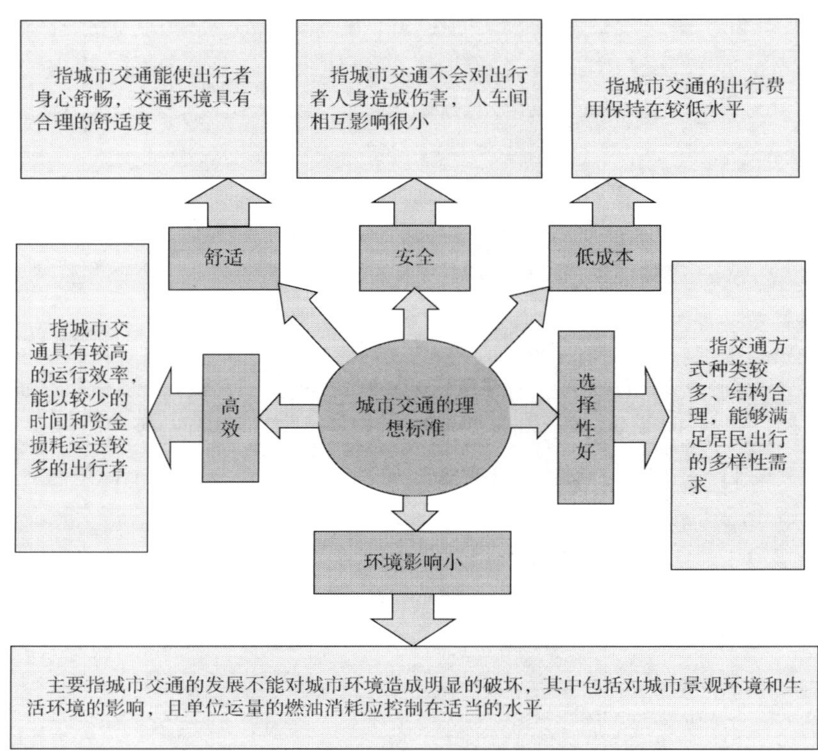

图6.8-1 城市交通的理想标准

(1)实行城市土地使用与交通的综合一体化规划。

为实现城市更新演进与交通协调发展,需要实行城市土地使用与交通的综合一体化规划。城市规划对城市更新演进与交通的协调发展具有重要的指导和控制作用,尤其是对交通沿线土地的开发过程中,要对土地的用地性质、规模和强度等做出科学、详细的规划,并严格按照规划去实施。

(2)政府需要建立行之有效的组织协调机制。

在发展过程中,既要进行部门之间的沟通与协调,也要进行部门内部不同职能机构之间的沟通与协调。政府应当建立如联合办公机制等行之有效的组织协调机制,降低沟通与协调成本,为城市的发展提速。

(3)采取实现城市交通外部经济内部化的有效措施。

城市交通具有很强的外部经济,但是交通产生的土地和房地产升值利益往往被开发商或业主获得,致使社会资本对交通的投资缺乏积极性,其结果是交通建设所需资金面临巨大缺口和融资困境。因此,要从体制、政策和机制上建立实现城市交通外部经济内部化的保障

体系,促进土地使用与交通的协调发展。可以采取如下措施:

①按一定的标准征收物业税,弥补交通的部分建设资金。当交通影响范围内的物业是由于受交通影响而导致的物业升值时,需要通过一定的立法程序,对其征收交通受益费,然后将征收的资金按一定比例来反哺交通的建设。

②联合开发。由交通建设企业自行或与房地产企业合作,对交通和相应土地进行整体开发和建设,以吸引社会资本进入交通建设,创造一定的盈利条件,并能使交通的部分外部性收益返还给交通建设企业,实现交通的外部经济内部化。

③特许经营。政府就某项经济活动向某企业或经济组织授予一定期限和范围的特许经营权利,以能够维护交通建设投资者和经营者利益,拓宽融资渠道。

(4)完善法律法规体系。

当前我国进行"交通+土地"模式的联合开发,需要建立相应的法律法规,清除阻碍城市更新演进与交通协调发展的政策因素,保证项目从审批立项到实施的顺利进行。

6.8.7 高速铁路对都市圈社会生活方式的影响

高速铁路的快速发展,模糊了城市的界限,改变了人们的时空观念,加速了城市化和经济一体化建设,人们的生产、生活方式都悄然发生了变化。借助以高速铁路为主的快速轨道交通网络的建设,新兴都市圈日渐形成。

高速铁路技术的开发利用,以其耗能低、污染小、运量大、速度快、便捷舒适等优点为人们开启了一个全新的都市圈时代。高速铁路促进了中心城市引领的大区域板块的融合以及旅游等沿线产业的升级,加速了都市圈的整合。

1)高速铁路-都市圈形成的必然性

城市伴着交通基础设施的建设同步延伸,都市圈的范围也将随之扩大,城市间的物资、人才在高速铁路技术的支撑下,得以有效、高速地流通,不仅把大城市周边的农村经济带动起来,也将国家西部的落后地区拉入发展的轨道。高速铁路作为绿色环保的交通工具减少了工具本身对环境的污染,同时也减轻了城市污染集中化。

(1)都市圈带动大农村。

"城镇化"将是维持我国经济未来高速增长的"超级因素"。我国农村随着改革开放发生了翻天覆地的变化,但与城市相比仍然有不小的差距,现状是农业基础依然薄弱,农村发展仍然滞后,生产模式落后、单一,农民收入相对城市居民依然较低。我国农业作为经济社会的基础而存在,如果不能将农业发展带动起来,经济的高速发展将失去稳固基础。铁路作为国家重要基础设施、国民经济大动脉和大众化交通工具,在统筹城乡和区域发展中责任重大。高速铁路为现代化的农业发展输送相关人才,增强了沿线乡镇与外部世界的联系,为乡镇发展带来新的机遇。交通基础设施建设的不平衡,是我国东西部经济发展存在差异的因素之一。西部有丰富的能源储备,却与进出口量成反比,这与西部的铁路运输密切相关。恰是高速铁路这种大运量低能耗的交通方式完全迎合了西部开发的需求。没有铁路大通道的保障,实施西部大开发是不可能的。只有在各区域之间构建起运力强大、方便快捷的铁路通道,实现人流、物流、资金流、信息流的快速流动,才能把欠发达地区的资源优势转化为经济优势。

(2)低污染。

作为都市圈强有力的交通技术支撑,高速铁路不仅在技术上较一般交通工具先进,而且在环保节能方面也具有很大优势。在全球能源紧缺、环境污染严重的背景下,高速铁路作为一种高效、节能、环保的交通方式被各国政府青睐。高速铁路列车采用电力牵引,不消耗石油等燃料,减少了对不可再生能源的依赖性。高速电气化铁路也基本上消除了粉尘、油烟和其他废气的污染,噪声污染与公路、航空相比也是最低的。在能耗方面,若以高速铁路为1,则大型客车为2,小轿车为5.3,飞机为5.6;在污染方面,高速铁路的二氧化碳排放量约是公路二氧化碳排放量的25%,航空二氧化碳排放量的20%,均低于其他交通运输方式。高速铁路技术的使用提升了铁路电气化水平,并且由于速度高、发车密度大,比动车组(或电力机车)使用频率高,一条等长的高速铁路机车使用量相当于普通铁路的数倍,大大提高了电能在整个铁路能源使用中的比重,优化了铁路的能耗结构。

(3)促进文明传播。

都市圈现象是城市有机体的进一步膨胀,既能将文化挖掘展现在世人面前,也使城市文明和生活方式随之扩散普及。随着物质生活的基本满足,人们对精神生活也提出了更多的要求,出外旅游,游学等活动增多,高速铁路列车压缩了旅游城市之间的时间成本,使人们的旅途变得舒适便捷。

2)高速铁路-都市圈带来的负效应

由于相关制度的不完善和规划的不合理,高速铁路仍然会对都市圈的进程产生负面影响,如因急切提高城镇化而盲目占用土地,造成资源浪费,丧失文化及生活方式多样性等。

6.9 交通运输中“地方语言”的利用

语言是人类进行沟通交流的表达方式。一般来说,各民族都有自己的语言,语言也是民族的重要特征之一。语言呈现出一定的地域分布,即使是同一种语言,还会分为不同的方言,存在着各种差异;不同的语言在发展过程中不断借鉴融合;语言是文化的重要组成部分,可以说没有语言就不会有文化;语言本身也在不断进化之中。

在交通运输过程中,需要语言的交流与沟通。不同地区间人们在用语言交流的过程中,实现了语言的相互融合借鉴。如云南省迪庆藏族自治州小中甸村,村民长期恪守藏族习俗,使用藏语交流,但自从茶马古道开通后,在与纳西族交往过程中,采用了纳西族的一些语言,如今老一辈的村民还会说纳西语,且该州下辖的德钦县等地的许多藏语词汇,就来自西南官话。

在交通工程地质勘测中,可以通过勘测沿线的语言,了解当地的气候、地质、水文等情况,也可以从地名景观中了解当地的地理情况,比如:

(1)自然环境方面,地名主要反映了地点的相对位置。我国古代就有“山北为阴,山南为阳”和“水南为阴,水北为阳”的说法。与此有关的地名有华阴、蒙阴、衡阳、凤阳、淮阴、沈阳、洛阳等。

(2)以自然地理实体为中心,取东南西北方位的地名有河北、河南、山东、山西、湖南、湖北、淮南、淮北、鸡东、鸡西等。

(3)表示相邻位置关系,如以河流的不同流域为参考系,表示河流源头的有婺源、凌源;表示河流中游的有辽中、扬中;表示河口的有丹江口、裕溪口、汉口;表示河流两岸的有临汾、临沂、临淮关等。

(4)与地形有关的地名有:鞍山、巫山、平顶山、马鞍山、赤峰、黄冈、虎丘、茨坪等。

(5)与水体有关的地名有:黑龙江、浙江、松江,漠河、沙河、白河,沂水、赤水、吉水,洛川、泾川、合川,慈溪、兰溪、屯溪,岳池、贵池、神池、酒泉、漫湾等。

(6)反映商业、集市贸易特点的地名有:茶店、酒店、牛市屯、牛街、马市、马场、马街、柴树店等,这类命名反映了该地商业活动的特点。还有一种利用十二生肖来命名的地点,如鼠街、牛场、虎街、兔场、龙场、蛇场、马街、羊街、猴场、鸡街、狗街、猪场等。这类地名往往表示当地经济不发达,交通条件欠佳,每 12 天只有一个集市,与其他地区相比次数较少。

(7)许多地名反映某些地区矿产资源的地位,如金沙江、铜官山、锡矿山、铁岭等。

(8)交通方面,反映水运的有天津、孟津、江津、风陵渡、通辽、通渭等。以店、铺、驿站为名的有驻马店、三十里铺、二站、三站等。

(9)在边疆地区,当年屯兵、屯田时也留下一些地名,如云南的吴家营、马军铺,贵州的十二营、马军屯、鲍家屯、头铺、二铺、幺铺等等。

(10)少数民族文化方面,如壮族称田为"那",以"那"作为地名,不仅限于广西(那陈、那琴、那岭),而且也出现于广东(那条、那霍)、云南(那洒、那街)的部分地区。在傣语中,"勐"代表坝子,故傣族聚居地区有大量带勐字的地名,如勐腊、勐撒等。在蒙古语中,"浩特"是指城,故有呼和浩特(青色的城)、乌兰浩特(红色的城)等地名。西藏自治区首府拉萨,藏语中是"圣地"之意。新疆的"塔里木"在维吾尔语中意为"脱缰之马"。

在云南水麻高速公路途经之处,就出现了许多提供地理、历史、文化等方面信息的地名。如"豆沙关","关"为要塞,驻军在此守卫疆土,也是往来的必经之路,且往往地势险峻、易守难攻,意味着此地的空间资源有限,而这有限的空间资源又被千年五尺道、内昆铁路、电力电信线、老公路、古镇、古迹等工程所分割。因此"豆沙关"这一地名,透露出空间资源和地形地势的相关信息,为高速公路路线的选择提供了重要依据,有限的空间资源条件和险峻的地形地势,意味着艰巨的工程代价。作为对比,"豆沙关"往东 50 多公里有一地名为"太平",自然条件相对较好且进出便捷,可供过往行人歇脚放松。因此该地名可以为公路工程提供地形地势较为平坦、工程任务相对简单、建设条件较佳等信息。

又如,高速公路途经伏龙口、普洱渡、冷水溪、箭竹塘、花雨坪、会同溪、滴水岩、麻柳湾,在所有的 21 个途经地名中,这 8 个(占比 38.1%)地名与水有关,并且分布于全线。"花雨坪""会同溪""冷水溪""普洱渡""麻柳湾""滴水岩""箭竹塘",说明沿线水道或雨水较多,提供了公路工程建构和施工养护受雨水影响较大、建筑材料运输较为困难、为降低填土含水率不得不盖雨棚、取土场地表覆盖雨布等信息。而且,"冷水溪"还提供了与气温有关的信息。水是影响公路工程寿命和运营安全的重要因素,如果与低温这一不利因素结合,势必会增加交通运输的安全压力。从高速公路通车后的情况来看,冷水溪隧道里程不长,纵坡不大,两端平纵线形较好,但是冷水溪出云南省的隧道口,往往多发交通事故,而且隧道内壁与交通事故相关的痕迹密布,都验证了该地名提供的重要信息。

6.10 政治与交通运输的关系

政治是指关于社会治理的行为,交通与政治密切相关,具体可以体现在如下几个方面。

(1)交通的政治价值。

①交通是实现国家政治统一的重要物质性基础。统一的国家基本是以首都为中心,构筑交通运输网络系统,从而便于中央政令的传输和相关资源的投送,国家的政治整合能力才能得到保证。如在我国古代,秦始皇开凿五尺道,修建灵渠等,保证了国家对云南、贵州、广西等地的有效管理。

②交通是政治军事指挥和执行的平台。古代的交通驿站,是国家传达政令和军事信息的平台和中转站;交通关塞是国家公共权力机构履行行政管理职能的站点,如行政税收的征稽、军事行动开展等;渡口、河津等是政治动员的平台设施,如武王讨纣之前会盟众诸侯的誓师动员大会,就是在黄河渡口孟津进行的。

③交通是综合国力的象征和决定战争胜负的重要物质因素。在我国古代,拥有车马的多少是衡量国家实力的重要标准,如从商、西周至春秋,战车一直是军队的主要作战装备。按照周代制度,天子拥有土地千里,兵车万乘(注:乘为四匹马拉一辆车);诸侯拥有土地百里,兵车千乘。

④交通是古代彰显政治领袖主体地位,传播儒家"王道正德"政治文明理念的平台。在我国古代,通过冗杂繁复的车辆使用等级制度,显示统治者的威严。车从夏商两朝发展而来的,在周朝又经过礼仪制度的强化,带有浓厚的等级色彩和鲜明的阶级属性,古代帝王乘坐五种车:玉路、金路、象路、革路、木路;王后乘坐五种车:重翟、厌翟、安车、翟车、辇车。秦始皇出行使用的"金路"(也称为"辒辌车"),更是舒适豪华、冬暖夏凉。帝王身边的大小官员及其家室,也有相应的车辆配置作为行政待遇,如轩车、轺车、辎车等。

我国古代统治者拥有便于出行的特殊交通设施,并制定了交通政治伦理规范,彰显皇权政治系统的"威不可测"和至高无上。为了增强帝王活动的隐秘性,造成统治者和被统治者在信息方面的不对称,从而便于专制统治,专门设计了一些特殊的交通设施,如供帝王使用的辇道,遍布于帝王行宫四周的甬道和执行祖宗崇拜职能的宗庙道等。当帝王远距离出行时,为了显示皇权的至高无上,则需要大肆张扬。独特的交通制度安排有"清道"(或除道、"跸道")、鸣玉鸾等。古代统治者为了将我国历史上形成的"王道正德,威仪天下""内修文德,外服友邦"的政治理念传扬四海,以形成"近者悦,远者来"的良好政治局面,往往以陆路和海路交通为平台,通过政治外交以达到这一目的。

⑤交通是衡量社会政治盛衰的晴雨表。社会政治的盛衰,可以通过交通状况表现。当社会由乱转治,一般伴随着交通的勃兴;而当社会由治转乱,交通便可能出现衰退。如秦始皇统一全国后,就推行和实现了车同轨,兴修驰道和北镇直道等交通壮举;如汉武帝时期,便实现了凿空西域、南通夜郎和栈道千里的壮举;再如唐代贞观之治,就出现了较发达的交通设施。相反,一旦社会由治到乱,则交通设施便会首先遭到破坏,典型事例如秦末战乱期间,岭南守将赵佗阻绝了中原通往岭南的交通要道——新道,还有丽江塔城的铁桥,据樊绰《蛮

书》卷六记曰:“铁桥城在剑川北三日程,川中平路有驿。贞元十年,南诏蒙异牟寻用军破东西两城,斩断铁桥。”

(2)交通是抵御外族侵略战争的武器和保障人民生活的通道。

1937年抗日战争全面爆发以后,西南地区成为抗战的大后方。当时国外援助物资进入我国的通道有两条:一条是经由滇缅公路,另一条是通过印藏线路。后来,日本侵略者占领缅甸并切断了滇缅公路,国外的援华物资就只能从印度经西藏输往内地。尽管当时还有驼峰航线,但空运大多运送军用物资,民用物资只能经过茶马古道,即由印度经西藏运到云南的德钦、中甸等地后,再转运到其他地方。

(3)交通是各民族间沟通、融合、团结的纽带。

历史发展证明,我国各民族自身发展以及彼此关系的日趋密切,同样得益于交通的纽带作用。交通的往来,促成了不同民族间的辗转流动与交错杂居,推动了政治、经济、文化的频繁交往和彼此情感的沟通,从而实现了更为广泛深入的民族融合。纵观我国历史,一条条古道从无到有,由此及彼不断延伸拓展,交通道路为各民族冲破地域界限,打破隔绝状态,促进民族间文化的沟通和深层次的交往成为可能,为实现相互融合创造了条件。如唐代以后,互利互惠的茶马贸易兴起,西南地区以普洱茶为媒介,茶马古道为载体,不断地加深与外界的联系与沟通,持续地促进和加强各民族间团结、平等、互利的民族关系。藏族与汉族之间更是因为茶马古道的连通和辐射,贸易互市和人员往来,才使双方在各方面的交流得到进一步加强。云南边疆的少数民族地区与中原地区在各领域的交流,也随着茶马古道的贯通而日益扩大,各民族大团结、大融合的历史进程才得以不断深化。正因为茶马古道的存在,各民族共同团结奋斗,共同繁荣发展,使得国家统一、社会进步、民族团结的美好局面才不断形成并得以巩固。

(4)跨界民族通过交通加强联系和认同。

在我国55个少数民族中,大多数属于跨界民族,其民族认同感是跨国运输通道形成的主要原因之一。他们通过各种方式(交通运输、通信等)进行沟通和交流,长此以往,自然在跨国边境地区形成了交通运输通道。例如,在云南省绿春县的中越边境地带,历史上就形成了九条民间通道;又如云南省瑞丽市与缅甸的南坎镇遥遥相对,历史上民间往来交流频繁。中缅沿瑞丽江水道相通,有渡口20处,陆路通道近30个。

(5)交通能促进社会更加自由、平等和公正。

交通带来不同地区和国家之间思想、文化、经济等方面的交流,使不同区域的社会变得更加自由、平等和公正。区域间的文化沟通,让不同地区的人们有了更深入的相互了解;不同区域的经济平衡,促进了社会公平;人员的自由便捷流动,使不同区域的人们享受到更为平等的机会。这些对国家的政治文明和社会和谐,有着非常重要的影响。

(6)交通促进国家进步和发展。

长期以来,由于交通不便,中西方各国的来往沟通交流不多,彼此了解较少。例如古希腊人认为,“赛里斯(意为产丝之国,即我国)人身高逾十三肘尺,寿逾二百岁”。13世纪的威尼斯商人马可·波罗,来华游历后写成了著名的《马可·波罗游记》,将我国描绘为金砖铺地、金瓦盖屋的黄金世界,传递了许多不实的信息。

现代交通的出现,使得人员来往交流更为便利,我国才有机会了解和学习西方的生产技术及科学知识,西方先进的天文历法、物理算学、生物地理、美术建筑,包括武器制造等知识才开始传入我国。

6.11 国防、军事与交通运输的关系

任何国家自诞生之日起,都需要加强边防,防御外来侵略,以保障国家安全、维护国家利益、促进国家发展。国防是国家生存与发展的安全保障,关系到国家的安危、荣辱和兴衰。军事是有关军队和战争的事务。交通与国防、军事的关系如下:

(1)交通可促进边疆的稳定。

交通能提高边疆人民的生活水平,加强边疆与内地的联系,提高边防物资、人员、武器的供给能力,从而保证边疆的稳定。如茶马古道促成了藏汉人民唇齿相依、不可分离的亲密关系。通过这条古道,藏族群众获得了生活中不可或缺的茶和其他内地出产的物品,满足了当地需求,形成了一种与内地持久的互补互利的经济关系。这种关系使藏汉民族形成了在经济上相互依存的格局,由此进一步促进了民族团结。历代中央王朝通过“茶马互市”和“茶马古道”,采取羁縻政策,巩固了西南边疆和少数民族地区的稳定,维护了国家的统一。

(2)交通是决定战争胜负极为重要的物质因素。

车辆和船只的数量和质量,往往是决定战争胜负极为重要的物质因素。中国古代的战争,某种意义上说就是“车战”或“车轮战”,而车的质量决定着战争的胜败,如《史记·田单传》的记载:战国时期,燕国将领乐毅攻打齐国,齐将田单逃奔安平(城邑名),让同族人把车轴两头的尖端部分统统锯断,再用铁皮包住。在燕国军队攻打安平时,城墙倒塌,齐人奔逃,由于车轴头被撞断,车子毁坏而被燕军所俘虏。唯有田单同族人由于用铁皮保护了车轴,得以顺利逃脱。

在交通运输处于领先地位的社会集团、阶级或国家,大多同样在政治和军事上统治地位。如我国上古时期的黄帝部落与蚩尤部落“战于涿鹿之野”,并最终获胜,重要原因便是黄帝部落擅于建造舟车,且精于“披山通道”,即具有强大的交通运输能力。当代唯一的超级大国美国之所以对其他国家施以“胡萝卜加大棒”的霸权政策且每每得逞,与美国具有强大的海军、空军作战和运输能力,在交通技术上领先,掌握了强大的制海权和制空权等有着重要的关联。

(3)海权或者是陆上国家控制论都是交通强国论。

海权论认为:地球表面的大陆被海洋所包围,且海洋运输比陆地运输更廉价便捷,因而海洋是自然赐予的伟大公路。富有进取性的国家必须依靠海洋获得海外原料及市场。一个国家要想成为世界强国,就必须能够在海洋上自由行动,且在必要时阻止海上自由贸易竞争。为此,必须有一支在国内外拥有作战基地,且有庞大商船队辅助保障、装备精良、训练有素的海军。制海权,特别是控制具有战略意义的狭窄航道,对于大国的地位至关重要。

麦金德认为,陆地强权与海上强权的较量可谓贯穿历史。在古代,无论是马其顿与希腊之争,还是古罗马与迦太基之争,都是陆上强国向海上强国挑战并取得了胜利。在近代,虽

然大英帝国统治海洋达200年,但到20世纪初,随着铁路在欧亚大陆的推广,英国已经很难抵挡来自陆地国家的压力。曾经一度有利于海上强权的形势,又开始转而有利于陆地强权。

(4)交通是传达军事信息的重要平台。

武王伐纣之前会盟众诸侯的誓师动员大会,就是在黄河著名渡口——孟津完成的。此外,古代的交通驿站就是供传递军事情报的人员途中食宿和换马的场所。

(5)交通能保障战争需求从而改变战争的进程。

全面抗日战争初期紧急修建的滇缅公路,原本是为了在战时抢运在国外购买和国际援助的战略物资。但是随着日军进占越南,滇越铁路中断,滇缅公路竣工后不久,就成为我国与外部世界联系的唯一运输通道。百万大军所需要的武器装备,维持经济运转的各种必备物资,无数内迁到大后方人员的日常消费品等,都依赖这条交通运输线。

日军原先的计划,是在正面战场迅速消灭中国军队,迫使中国屈服。但由于国民政府迁往大后方,又有了包括滇缅公路在内的对外通道,迫使日军放弃了原计划,改为从西南部的越南、缅甸和西北地区,封锁我国的对外通道,这就给了我国军民苦撑待变的机会。滇缅公路建成后不久,便成为我国仅有的陆上国际交通线。大量进出口的物资都依靠滇缅公路运输,对于打破日军封锁,鼓舞国人抗战信心,加强反法西斯同盟国的协助和团结等,起到了关键作用。而且为了开辟新的陆上通道,中美英等国又修筑了从印度雷多到缅甸密支那连接滇缅公路的中印公路,即史迪威公路,为盟军取得反攻缅甸的胜利作出了巨大贡献。与中印公路同步施工、同时竣工的还有一条当时世界上最长的输油管道,尽管使用时间只有7个月,但也对抗战胜利发挥了重要作用。

在历史上,很多交通要道的形成也是由于军事和国防的需要,如汉武帝为了向西寻找夹击匈奴的政治盟友,派张骞出使西域,开辟了后来的丝绸之路。

由于交通运输对于国防的重要作用,我国政府规定交通建设中要贯彻落实国防需求,预留军事接口,搭载动员项目,增强国防功能,加强监督检查,确保国防要求真正落到实处。

6.12 人类行为与交通运输的关系

6.12.1 城市居民出行行为

交通出行是交通运输地理学和城市地理学的重要研究内容,而城市居民出行是目前该学科关注的重要领域,也是城市建设和管理的重要依据。掌握城市居民交通出行的规律对城市交通规划、组织、管理及控制有着重要作用。通常一个人的日常行为空间主要由居住地、工作地、交通手段和活动时间来决定。

交通条件是指消费者居住地的交通设施状况。优越的交通条件可以使消费行为空间扩大,购物行为决策面拓宽。人们在购物时,总是想在最短的时间内买到最佳商品,因此交通可达性成为影响人们购物的重要条件。如消费者在居住地附近购物,徒步就能完成这一行为活动;若在较远处购物则要骑自行车或利用公共交通工具。邻里、同事、友人之间的交际活动随距离的增加,交际次数减少;亲属之间的交际活动则较少受距离的限制。时间较长、距离较远的交际活动大多又与旅游活动有关。

1)城市出行方式

近年来,随着人口数量的增加和城市空间规模的扩大,居民出行时采用的出行方式、出行活动类型以及出发时间等发生了变化。年龄在 50 岁以上的人群,出行目的多为购物、休闲健身;年龄在 20 岁以下的人群,出行目的多为上学。

以西宁市城西区居民为例,出行具有以下特征:

(1)居民出行年龄主要以 20~50 岁的青壮年为主,占总出行量的 69.73%。这个年龄段是城市发展的主要动力,是社会的主力军,出行量大。

(2)早高峰明显但持续时间较短。早高峰出现在 7:00—8:30,尤其是 7:30—8:00 是全时段出行的最高峰,占出行总量的 11.12%。除早高峰外,还出现两个次高峰,分别是 13:00—14:30 和 18:00—18:30,分别占出行总量的 19.34%和 5.05%。中午的次高峰说明有很大部分的学生和职工中午回家吃饭休息等,下午的次高峰则主要由于是居民外出就餐和购物。

(3)与国内一些大城市相比,西宁市城西区步行出行方式所占比例偏高,达 58.50%。公交和自驾出行比例也较高,分别占到所有出行方式的 21.26%和 14.89%,说明西宁市城西区居民出行以体力出行和私人交通方式出行为主,步行出行的优势尤为突出。

(4)居民出行目的中以生活出行为主。上班、上学分别占所有出行的 28.35%和 12.29%,说明西宁市城西区居民的通勤出行不高,生活出行占到出行目的的 1/2 以上。经济越发达、市民收入水平越高,以购物、休闲娱乐、探亲访友等出行的比例也越高。

以福州市为例出行,具有如下特征:

(1)出行方式的变化。从 1993 年、1999 年、2002 年、2005 年、2008 年等历年数据来看,福州市居民出行机动化水平不断提高。从各种出行方式来看,居民出行步行的比例比较稳定,在 30%左右浮动;公交车出行的比重逐年上升;自行车出行的比重逐年下降;摩托车出行的比重先升高,在 2005 年后逐渐下降;2008 年私家车和电动车出行的比重与 2005 年相比有了较大幅度的提高;出租汽车出行的比重在 2005 年以前都很低,在 2008 年后有了大幅提高;其他出行方式(例如残疾人车等)所占的比重较低。

(2)交通出行时间。福州市居民的平均上班时间为 25min,上班平均花费时间位居前三位的城市是:北京 52min、广州 48min、上海 47min。这虽然与福州市的城区面积和人口数量与其他特大城市相比来说相对较小有关。但平均 25min 的上班时间也在一定程度上说明福州市城市交通出行可达性较好。与杭州 22min、成都 23min 相比,福州上班平均耗费时间仍然较长。

(3)不同年龄段居民出行方式占比。随着年龄的增加,公交车、出租汽车的乘坐比重逐渐下降。55 岁以上居民选择摩托车的比重为 0,老年人更多选择步行和避免较危险的摩托车出行;36~55 岁之间的居民,公交车出行占最大比重,私家车出行方式占比 27.34%;35 岁以下居民,选择的出行方式比例从高到低为步行、公交车、出租汽车、自行车等,私家车的占比为 13.74%。由于这个年龄段学生最多,故选择步行和公交车出行的占比最大。

距离因素、道路交通因素(如路网的完善程度与是否堵车等)和经济因素是居民考虑出

行方式的主要制约因素。35 岁及 35 岁以下居民出行方式选择中，占主要制约作用的是距离，其次是道路交通，再次是经济因素。36～55 岁居民首先考虑距离，其次是道路交通，再次是经济因素。55 岁以上居民首先考虑的是经济，其次是道路交通，再次是距离因素。

2）城市出行方式分析

一般来说，地区内人口密度高，公共交通的利用率就高；交通设施完备，居民出行选择公共交通的比例也会增加，从而不同出行方式的分担率就不同。

对生活出行来说，出行地距城市中心近，附近有充足的经常性购物场所和文化娱乐设施，则有利于出行的短距离发生，以步行为主的出行方式就会增加，并且会刺激出行次数的增加。对生产出行而言，如出行地周围是就业集聚中心，且上学距离近，即通勤和通学距离短，则会影响交通工具的选择，步行方式的比例就会增加。

3）城市交通设施的适应性

在机动化水平和流量逐年增大的情况下，一幅路形式已经逐渐不能满足道路交通的需求。其次，三幅路的形式比较适用于自行车流量比较大的混合交通流态，其能实现快、慢速交通的空间分隔，提高通行能力和安全性。

公交站点密度高、线路多，公交服务水平高，选择公交车出行的比例就会上升。

4）城市规模与出行方式

城市空间规模小，居民聚集度高，公共设施或场所与居住地之间没有达到使用交通工具出行的距离，出行距离短，会使得居民出行中步行比例偏高。在城市发展过程中，城市空间规模越大，经济收入水平越高，城市居民的购买力越会增加，机动车拥有量的增加也会导致居民出行时选择步行的比例偏低。

6.12.2 农村社会生活变迁与交通

交通运输的发展对农村社会生活的发展影响是很大的，这种影响涉及很多方面或者说是每一个方面。以下从两个不同地理位置的农村村寨的发展变化来说明交通建设对农村社会、经济、文化等方面产生的影响。

1）案例 1——云南丽江曲依自然村

曲依自然村为云南省西北部的丽江市宁蒗彝族自治县（俗称小凉山）翠玉傈僳族普米族乡的下属自然村，坐落于金沙江上游左岸的大山坡上，东面为金沙江（阿海电站的水库），西面为小凉山山脉。

（1）阿海电站建设前——人背马驮。

很早之前，曲依村处于土司统治的时代，宁蒗县城也没有通公路，其他现代交通更是无从谈起。2010 年左右，阿海电站开工建设之前，曲依自然村周边最近的公路是丽江通往宁蒗县城的通县公路。本村村民上中学或外出，最近的通公路点为永宁，要翻越几座大山，走将近四五十里路，走得快的人也要一整天才行，否则中间得在路上住上一晚。曲依村的村民到丽江城，通常得要先下山，渡过金沙江（采用羊皮囊充气浮驮渡江），然后步行翻山越岭，基本上是三天时间。可以说曲依村的交通主要采用马、骡子和人工的形式，即人背马驮。

土司统治的时代,曲依村基本没有什么商品交换。直到20世纪70年代集体经济时期,曲依村才养了一些牛,每年丽江骡马会的时候,把生产队养殖的牛赶到丽江出售。那时人们基本上过着自给自足的生活,饮食基本为自己栽种在旱地上的洋芋(马铃薯)、小麦和玉蜀黍(俗称玉米),以及一些在天然沟渠附近人工用天然石块砌筑田埂形成的梯田种植的水稻,用自家种植的苞谷自酿的苞谷酒,廉价的下关沱茶泡制的清茶、糖茶、盐茶或猪油茶。饲养的牲畜主要为当地的黑猪、小黄牛和马或骡子(图6.12-1)。黑猪为每年自家的肉食补充,小黄牛主要用作耕地,马或骡子用以驮运收获的庄稼。主食主要是苞谷、小麦做的粑粑、馒头,孕妇可以享用一些白米(米饭)。副食有洋芋、南瓜,蔬菜很少,肉食主要有坨坨肉(煮的块状肉)和血肠、香肠等。

20世纪70年代及其以前,人们的住房是以当地木材作为梁柱结构,墙体采用土料筑成,隔断或遮挡采用木板,也有用木头累积的木楞房(图6.12-2)。家具基本上是木制,数量较少,只有一些木条凳、木床。人们回家或者有客人来,基本上是坐在围绕火塘的类似榻榻米的“炕头”,有的也坐在木条凳上。整个村子没有一个厕所,大小便只能在房前屋后的空地中就地解决。照明是采用柴明子(松树木柴)或者是用火塘燃烧的明火。生活中的苞谷粉、面粉,采用碓、磨将苞谷、麦子磨细。

图6.12-1　曲依村传统饲养的牲畜

图6.12-2　车路建设前的曲依村村貌

20世纪70年代以前出生的人到现在基本上不会讲普通话,只会讲纳西语和普米语、彝语。婚姻大多在本村自由恋爱或家中老人做主婚配。只有个别的人到乡一级或县一级的城镇工作,他们的媳妇和丈夫才有可能是其他地方的,但最多也就是工作地附近村寨的人。

娱乐活动主要是每年的过节(如春节),或者是婚丧活动;集体活动主要为锅庄舞,锅庄舞配乐主要是人吹笛子或箫。以前还有一个老东巴,但20世纪70年代过世以后,再也没有东巴的祭祀活动了。祭祀主要是祭祖,在火塘旁的榻榻米之上的墙角上祭拜老人的照片或者是遗物。村子里的人过世或者是病亡,基本上采用火化,骨灰撒在一片指定的空地上,不留坟墓或土堆。

20世纪70年代,在曲依村有一所小学,几个年级在一起上课。那时建了第一个公共厕

所,但方便“干净”还是采用石块。到20世纪80年代,村子中有一位少年到永宁乡政府所在地去上中学,还是因为父亲在乡上信用社工作,且还需学生本人在周日打柴卖补充生活费用才完成了学业。此学生于1989年考上了大学,成为村子里年轻人学习的楷模,连他当年在村子里看书坐的石块也几乎成为“圣石”,想读书的小孩都希望坐在这块石头上读书。到20世纪90年代,此大学生结婚带来了第一个真正的外来媳妇,从丽江城里去到曲依村就走了三天时间。她是金沙江边长大的女孩,也是走读考上大学的。

以前曲依村用的是天然溪流的水,主要靠人背马驮,村子的饮用水和生产用水经常出现短缺。在20世纪80年代初,附近几个村子一起修建了“丽江的红旗渠”,部分段落在悬崖峭壁上开凿,其余部分采用自烧的石灰作为黏结料和防渗料,开挖和砌筑时牺牲了3人,伤者不计其数。从上游几千米流量较大和稳定的天然溪流引水的沟渠,修通的头一两年,村子因为有稳定的灌溉用水,粮食充足,人畜饮水稳定。但因渗漏严重,沟渠滑坡、崩塌堵塞、断沟现象严重,通水两年后就完全废弃。曲依村仍处于严重缺水状态,生产基本上是靠天下雨,人畜饮水常年无法保障。

(2)阿海电站建设期及其之后——交通过渡期。

阿海电站建设期间和建成之后,修建了丽江城和宁蒗城通往阿海电站大坝和厂房的公路,并在大坝的上游形成了水库,可以在水库中采用柴油驱动的机动船进行交通。到曲依村可以先乘车到阿海电站,然后乘机动船到曲依村下面的水库岸边,走路或骑马到曲依村,在外携带的东西大多采用马驮的形式运回曲依村。2017年,村里连通了电网,开始使用电灯照明。这时有人开始购置打面机,磨面粉、苞谷粉。

这个时期,一些社会生活、文化传统在发生着剧烈的变化。如到县城及以外的地方,基本上都是采用混合交通,如汽车、船以及走路或者是骑马;饮料除了传统的苞谷酒之外,过节(如春节)或是婚丧时还从城里买一些饮料(如可乐、果子饮料等)和啤酒。做菜开始使用酱油等佐料。餐具开始使用塑料盆、塑料桶、陶瓷碗、铁勺。桌椅板凳开始使用塑料凳和金属座椅。

这段时间,开始有成年人外出(在丽江、昆明甚至是西藏等地)打工、经商。有更多的小孩上学,甚至有很多到永宁、宁蒗、丽江等上中学、高中,好多人都上了大学。这些上中学或大学的人基本上都在外地就业,大部分在外地找对象、结婚。当然也有个别的对象是老家附近村子的,但基本上都是一同外出打工、就业或经商的。年轻人(20世纪90年代以后出生的人)除了能够说当地的纳西语和普米语外,基本都能讲流利的普通话,甚至有些还能讲外语。他们的服饰已经基本上是现代社会上的流行式样,只有老人还在穿着传统服饰。

在祭祖等活动中,只有一些年纪大的人才能够按传统程序和语言进行,年轻人已经开始淡忘了。丧葬大多还是火化后撒在指定地点,个别人家则在火化后土葬过世老人的骨灰。

(3)“村村通”之后——交通进村。

2019年,在党中央“村村通”政策的号召指引下,宁蒗县把公路修到了曲依村下500m的地方,2020年,公路又修到曲依村上面的普米村(图6.12-3)。

公路修到曲依村后，曲依村产生了“跨越式”的变化。部分人家把住房由木梁柱、土筑墙改为砖混结构的（图 6. 12-4）。曲依村的“丽江红旗渠”采用 PVC（聚氯乙烯）管沿以前的路线修通了引水管道，每家每户都安上了自来水龙头，保证了人畜饮水，再也不用人背马驮饮用水了。曲依村与上面的普米村因为饮水问题的解决，也和好如初。在“厕所革命”的号召和扶持下，每家每户都建起了旱厕，再也不在房前屋后大小便了，保证了村子的环境卫生。

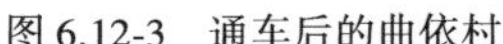
图 6.12-3　通车后的曲依村

图 6.12-4　通车后的居民住房

在公路逐渐修通到曲依村的过程中，曲依村的大中专学生也逐渐增多。很多人家的小孩基本进入中专以上的学校学习，大中专以上学历的青年基本上占到一半以上。其余的青年基本上都外出打工。除春节外，村子基本上只有老人和小孩，变成了真正的“空心村”。

每年春节回家走路或者是车转船再转步行或骑马的回家过年方式，已经转变为开车直接到家。通车后的这两年，曲依村的道路还出现了拥堵现象，村子周围的道路边有时都没有位置停回家的车辆。

现在村子里面有人专门买了微型车，跑丽江到曲依村的客运班线；有的买了破碎机进行碎石加工，为道路修建和一些人家住房改建提供砂石料。以前还有人想在村子里搞自酿酒烤酒售卖，因为公路通车后，外面便宜的烤酒和瓶装酒已经使其没有利润可赚，也就打消了念头。

由于村子周围的土地瘦薄，降雨量小，产量低，除了能上大中专学校的年轻人外，基本能够外出打工的青壮年也都外出务工了。随着与外面接触的年轻人增多，与外地青年组成家庭的年轻人也大幅增加，有昆明的、其他地州市的甚至外省的，对象是本村的很少。只有个别很少的年轻人因为有家乡情结，才在本村或附近村子找对象。因为外出工作的人增多，纳西族的服装只有个别年轻人（特别是女青年）或者是小孩在春节或者是婚庆时候穿出来“秀一把”，其他时候基本上是穿着现代服装了。

随着外出务工或者是工作的人增多，一些老年人也随着年轻人进城居住，土地开始退耕闲置。一些家庭做饭也开始采用天然气罐，使用柴火的现象逐渐减少。由于现代房屋的建设和使用，家里的火塘烧柴产生的烟气无法排放，传统的火塘也开始逐渐消失了，与火塘相随而伴的“纳西棡棡米”也就开始减少了，“纳西棡棡米”拐角之上的祭祖物也没有了存放之处。

现在的曲依村再也不复外地人入村很难交流的状况，除了年纪大(60 岁以上)的老人外，基本上都能讲纳西语和汉语，甚至 10 岁以下的小孩，特别是在外出生和生活的小孩基本上也会说汉语。在外工作成家的基本不再祭祖，只是春节回家还有老人时进行祭拜祖先的活动。

纳西族的锅庄舞也就是在过年或是婚庆时跳，但没有人吹笛子或箫，大多是采用播放伴奏的形式。

2)案例 2——贵州安顺大苑自然村

贵州安顺西秀区轿子山镇大苑自然村距安顺市区 10km 左右。在 20 世纪 60 年代末期以前，该村只有一条不知道什么时候铺筑的石阶路通往安顺城区。村子主要是两姓汉族。还有中华人民共和国成立前给汉族地主家做长短工，中华人民共和国成立后分田留在村子中的几户苗族人家。

(1)公路修通前。

公路修通前，村子中交通基本上是肩挑背驮、马驮，起房搬运块石也有采用人力独轮车推运。

村民基本上是以种田和种地为生。在民国时期，村子里开始有了一些“染布”营生。也有个别人家牵着自家的马匹，带着“针头线脑”沿村售卖，有些卖到云南，售卖完后带回一些云南产的“大块盐”(锅盐)回到安顺售卖，赚取一些家用补贴。20 世纪 70 年代以前，全村基本上都是以农业为生，主食为大米和苞谷饭(大米和苞谷相掺，有时只有苞谷)，栽种一些瓜豆或者是拣拾一些菌类出售赚取零用钱，以购买盐巴或者肥皂等。有时甚至连粮食也不够吃。大多数家庭只能维持基本生存，很多人还得穿带补巴(方言，即补丁)的衣服裤子。到 20 世纪 70—80 年代，有一些人在农闲时，到安顺城区的进城路口买一些小菜，然后到城中卖，或者是在安顺周围的不同乡场之间倒卖一些鸡、鸡蛋、小猪等，利用不同的价位差换取零用钱。

村子里的娱乐方式是大人在过春节时打字牌，小孩日常的玩耍就是躲猫猫、跳大海，有些时候还有抓石子、石块投土坑的比赛。

在公路修通前，村里生火做饭、取暖以烧柴为主，一些烧煤做饭的煤炭还需要去十多千米外的煤洞用人挑，来去基本上要一天，每次只能挑 40kg 左右，即使节约一点，一个月都不够用。由于村子大都以柴作为燃料取暖做饭，村子周围的树木基本上被砍伐完毕，甚至连树根都被挖出来了，生态被破坏。由于粮食不够吃，在陡峭的石灰岩山坡上能开荒种地的地块基本上也都被开垦了，水土流失和荒漠化非常严重。

村子前面的小河，由于 20 世纪 70 年代以前没有抽水机，里面有各种鱼类，数量也很多。人们用竹片做成的“懒勾”捉鱼(一种竹片削成两头尖，且富有弹性，用细麻绳系住竹片中央，再把竹片弯曲并把两个尖头用嫩苞谷粒固定，当鱼吃嫩苞谷时，竹弹片在弹性作用下伸直就能卡住鱼)，在夏天每天都能收获几斤鱼。有时也采用“祯”(一种四方形有细麻绳编制的网状物，在四角用四根一样长的竹竿系住，然后再把这四根竹竿的另一头用绳子捆绑在一个大竹竿或者是木头上，以这根木头做支撑，把一根绳子系在捆绑四根竹竿的位置的木头或竹竿，把“祯”放入河里水中，不定时地拉起放下，“祯”中有鱼就可以被捉住)捉鱼。这些抓到的鱼是改善生活的重要蛋白质来源。

在公路通车前,村子中最隆重的节日是春节。每年春节前为过年准备食材活动(包括打年粑、推豆腐、杀年猪、炕腊肉血豆腐等),邻里相互帮忙也基本上要耗去近一个月的时间。同时,采用人工用碓、石磨等为谷子去壳和磨细米面、大豆等。到20世纪70年代村里通电,基本上才解决照明问题和谷子去壳成米等辛苦劳动的问题,但还经常断电。之前的麦子磨细和赶制面条等也要采用人工转动压面条的机械才能完成,通电以后则逐渐实现了机械化和电气化。

早前,村子里面没有一所学校,小孩学文化是几家人共同出资请先生以私塾的方式教学。只有个别人家才能请得起,最多是学到"大学"(相当于小学三年级),所谓的"能学个倒正",即能认识和写一些汉字而已。后来,村子中的小孩读书要到5~6km外的村子读小学。20世纪60年代末期,一个上过私塾(中华人民共和国成立后上过师范学校)的人当了民办教师,由生产队记工分(供给粮食)进行教学。但村里的小孩只能在村里读到四年级,要读五年级就得走路到公社所在地的小学完成学习,因此能读到五年级的小孩很少。只有极个别的小孩才可以到县办中学读书。中学距离大苑村17~18km。

(2)土石车路的修通。

在20世纪70年代末期,由生产队出工,沿线各寨子之间相互调剂土石车路占用的土地,才把以前进安顺城的石阶路改修成土石车路,但只能够通行马车和解放牌汽车(5t汽车)。由于土石车路的道路排水不良,有些路段变得松软,汽车会陷进土里,光处理陷车问题,有时要耗时大半天;有些路段坡陡,汽车或拖拉机爬不上去,只能由人推或卸掉一部分货物才能爬上坡。

这时期,大苑村或者是比大苑村离城更远的村子,偶尔有马车、拖拉机或汽车运煤来,以解决村民去煤洞挑煤的艰苦劳动问题,但也是村中经济条件较好的家庭才能采用这种方式运煤,大部分家庭还是采用上煤洞挑煤或砍柴的办法解决生活中的燃料问题。这些偶尔来的车子,是村中小孩追逐嬉戏的对象。村民偶尔能够坐上汽车也是他们最大的喜事了。

这个时期,在外工作的人,有的购置了自行车,可以在每个周日骑车回家休息。生产队卖公粮、运煤等也大多采用汽车或拖拉机运输,但一个公社也才有一部拖拉机。

通土石车路时,村中也已经通电好几年了,打米、磨面、擀面条、抽水灌溉水稻等也基本实现电气化。但村子还是以农为主,商品经济还是不发达,农闲时间有些村民还是做些小买卖赚取零花钱。

20世纪70年代的生产队时期,一些人家每年杀一头猪过年,要上交国家半头,自家吃半头。这半头猪和猪杂就是一家一年的肉食。偶尔有生产队的耕牛生病或老死,每家可以分到一些死牛肉作为肉食补充,也是一件少有的喜事。

由于有些人家还是在村子周围和附近山上砍柴烧火取暖、做饭,连小的灌木(甚至是带刺的小灌木)也不能幸免,致使树木进一步减少,山上不断荒漠化。在20世纪70—90年代,生活营养缺乏,有人采用炸鱼、用电触鱼、用药毒鱼等手段捉鱼,以致到20世纪90年代村子前面小河里所剩的鱼类就只有2~3种了,大一点的鱼最多也就是1kg。甚至有人抓取小麻雀的幼鸟或鸟蛋补充营养。斑鸠、乌鸦、喜鹊、兔子、野猪、野鸡等野生动物也基本消失了。

20世纪90年代至21世纪初,村子里面开始有人在城市、工厂倒卖国库券、塑料制品、铝制品和电饭煲、高压锅等。后来,一些村民甚至到安顺、贵阳、昆明、遵义开启了批发、零售的店面。村子里在春节前还是会准备一些年货。春节期间，人们燃放鞭炮、打麻将。大人也会在春节期间给小孩买一些玩具，如汽车模型等。21 纪初，有些青壮年出门打工，村子里的山地和一些农田开始无人耕种。

村中的一些小孩能够到县办中学读书。特别是 20 世纪 90 年代以后，外出经商、做生意的人家把小孩送到安顺、遵义甚至昆明等地上学。上大中专的学生也从 20 世纪 80 年代初之前只有一位大学生和一位中专生，到 21 世纪初以后基本上每年都有小孩考上大学。

(3)多条硬化道路通过村子。

2010 年后，人们对村子通往安顺城区的道路进行了硬化，村子附近另有一条由安顺电厂到一个煤矿的运煤公路通过。到 2016 年，距村子几千米处还有一个安顺绕城高速公路的匝道出口。近几年，人们还在田间、地头修通了一些机耕道，公路交通已经非常方便。这几条硬化道路通车后，很多人家买了小轿车，再困难的家庭也购买了电动车，进城或者是赶场再也没有走路的了，最差的是坐农村小巴士进城或外出，或者是骑电动自行车出门。收取庄稼也可以采用三轮车运输了。

交通的便利化，使村子发生了翻天覆地的变化。外出务工的个别人用学到的手艺在村子里开起了作坊或是小工厂，进行家具的加工制作；有的把在安顺城区开批发店的仓库建到了村子周边的公路边，有批发业务时直接从村子中的仓库出货、进货；也有的在公路边上开起了饭店，供过往车辆驾驶员吃饭，甚至附近工厂和工地的人来就餐；有的村民每天到安顺城区上班或务工，下班以后回家吃饭休息；有些把田地改为菜地，种植蔬菜批量卖到城里，或者是直接卖给批发商；有的还办起了养牛场。

村子的住房建设位置跳出了传统的村寨范围，在公路边上修建新房，房屋形式也从传统的砌石山墙、石板和瓦片盖的斜坡屋顶改变为采用钢筋混凝土和混凝土砖砌的现代别墅式洋房；以前的多家围住一个院坝的院落形式改为独家别墅，或者是一层设置铺面，或者一楼为停车或是专门设置车库的独家住房。

传统的农业种植已经发生改变，除了水稻种植外，有些农田已经改为经济作物、商品蔬菜或者是喂牛的饲料草种植，旱地基本废弃或是改为果树种植，有些水田也出现荒废的现象。有些人家的生计方式从传统的农业种植转化为经商、服务(餐饮)和产品加工(如太阳能水箱加工、住房门窗加工等)，也有一部分外出务工；有相当一部分在政府、公安、学校、企事业单位上班。

每家的电冰箱、彩色电视机已经很普及，不再需要每年制作熏腊肉、香肠和血豆腐等准备一年的肉食保存起来。村子里的娱乐，大人主要以打自动麻将、玩抖音为主，很多小孩和大人都在打电子游戏、玩手机等。春节的过年年货也不再是糍粑、年糕、豆腐、腊肉、血豆腐等，都是从市场上买现成的了。过年除了打麻将，家家户户都能在自家看春节联欢晚会，小孩不再是简单的放鞭炮，而是燃放各式礼花。过年期间也不单是在家，还开着自家的小汽车到邻近村子、亲朋好友家玩耍，甚至外出旅行。

村子也建起了完全小学，六年级以下的小孩都能在村里的小学校上完小学。中学、高中的小孩上学再也不是走路，都是从村子边上坐车或是自驾送到学校上学。很多家庭都有了大中专毕业的学生，从政、从教、从事科学研究的人才辈出。五十来户的小村子中现在已培养出了三位博士。

生活燃料除了冬天采用烧煤取暖外,基本上是采用电器或灌装天然气煮饭、炒菜,甚至采用电器取暖。由于没有人砍柴煮饭、取暖,而且一些旱地也种植了果树,一些旱地弃荒、杂草树木丛生、光秃秃的山上现在也变成了绿树满坡。山里也出现了野鸡、野猪。人要进入山坡也很困难,因为带刺灌木很多。村子前面的小河也在进行河道整治,以前河岸边被砍伐的杨柳树现在也慢慢恢复,光秃秃的河岸也开始变得柳树成荫、野鸟欢歌。野鸟(如白鹭、野鸭等)也开始在河里和村子后边的水库中漫游。

多条公路通过村子也有一些负面的影响。短短几年,村子中就有两位成年人被车撞死,每家都在担心小孩的安全。在村子不远处建起了安顺城的垃圾处理站,垃圾处理站的废气不时吹向村子,而且运输垃圾的汽车也会有异味飘散,污染空气。

6.12.3 人类行为与交通变革

1)交通沿线人们生活的变化

交通变化会导致居民的衣、食、住、行及其价值观念的变化,如陇海铁路通车促使西安市民社会生活日趋开化。20 世纪初,据外国人观察,西安戏院对其社会生活的影响比其他城市小得多。陇海铁路通车直达西安以后,一切新鲜的生活方式叩关而入,使西安市民的生活发生了很大的改变。衣着方面,自古关中的服饰质朴守旧,铁路通车后截发高跟的女郎常徜徉在长安市上。在饮食方面,据《西京》记载:“西京的食,和其他较大的城市一样,各色口味全备,近年来因为国内外的考察团和旅行团一批批不断的前去,因此西菜在西京也成了一种很普通的食物。在从前喝一瓶汽水得化一元的代价,喝啤酒更贵,现在铁路通达后,价格较为便宜。”❶居住上,20 世纪 30 年代,国内外许多都市都处在经济没落漩涡之中,而西安反呈极度繁荣,商店数目及贸易额均有极度增加,建筑事业更突飞猛进,土地价格自每亩数十元暴涨数百元、甚至数千元。旅馆营业尤为兴盛,无论大小旅店,莫不利市三倍,街巷房屋,亦皆供不应求。1936 年前后,在新城的北新街一带陆续盖起了“一德庄”“四皓庄”“五福庄”“六谷庄”以及“七贤庄”等新村,成为当时西安城内最为阔绰的住宅和街坊。在行方面,陇海铁路通车,使得从中原到西安交通便利,人们出行更加方便。1930 年,西安就已出现了“国民影院”和“先声电影院”。1934 年,西安开始出现有声电影,并且影院生意不错。“长安城内修养身心之娱乐机关除图书馆之外,有戏院,秦腔有易俗社、三意社、正俗社,京戏有大舞台、新舞台二处,影戏有阿房宫、民光、西京三处,花园有建国公园、革命公园、莲湖公园及其他。”❷据 1928 年的资料记载:“报纸除新秦报外,有中山报。”❸陇海铁路通车以后,新闻报纸、杂志社和各类通讯社等新闻传播机构也空前繁荣起来。在民国后期不足 60 万人口的西安市,汇集着 18 家报社、28 家杂志社和 15 家通讯社。这些报刊除了报道新闻,还涉及文娱、医药、经济、少儿等。

2)交通变化改变乘客的感受

如从绿皮火车到白色高速铁路列车的技术升级,导致人们时空观念的改变,并由此带来

---

❶ 倪锡英.西京[M].上海:上海中华书局,1936:132-133.//胡勇,琚婕.论陇海铁路对西安城市发展的影响(1934~1949)[J].史学月刊,2013(5).

❷ 中国国民党陇海铁路特别党部.陇海铁路调查报告[M].西安:中国国民党陇海铁路特别党部,1935:143.

❸ 刘更生.苦闷枯燥的西安[J].贡献,1928(1).

人缘关系和地缘关系的变化。从绿皮火车到白色高速铁路列车,微观的“车厢文化”也发生了改变,即从“前公共空间”过渡到“移动的私人空间”,前者显现微观社会形态中的人际关系,遵从“交往的理性”;后者引发人际交往方式的变革:人对物的需要在某种程度上胜过了对人的需要。从2007年第一辆动车运行开始,绿皮火车逐渐淡出我国铁路时刻表。人们也开始审视这种变化带来的深层影响。通过对访谈资料的归类、分析和总结,受访者个体的微观经验主要呈现在以下几个方面:

(1)乘坐绿皮火车和高速铁路列车的经历不同。绿皮火车的记忆是生动的、深刻的、令人难以忘怀的,以至于多年前乘车的细节、趣闻都能清晰地描述出来,甚至还有一些奇遇。关于白色高速铁路列车,人们对它的速度和设施给予肯定,并认为乘坐高速铁路列车的人看起来都比较文明,讲究礼仪,不过人与人之间较少有交流。

(2)交通工具的技术革新改善了乘车的体验。商务人士对高速铁路列车是非常喜欢的,速度快、出行便捷,各种电子产品帮助打发乘车时间,旅程仿佛缩短了。与此同时,他们不太愿意和旁边人交流,怕打扰对方,而且别人也忙着看书、看电脑、玩手机。此外,教育程度在大学以下的,通常直接描述身体体验,比如“绿皮硬、慢、抖、灰大、味大、人多;动车快、稳、准、干净”。

(3)不同年龄的人对绿皮火车和白色高速铁路列车的功能理解也不同。一些“90后”的受访者表示没有乘坐绿皮火车的经验;个别“90后”的受访者期待像在绿皮火车上一样,通过与他人交流获得一些经验,以丰富自己的阅历;一些“50后”“60后”“70后”受访者,都谈到了乘坐绿皮火车时带给自己的知识、视野以及各种生活经验。这表明绿皮火车不仅具有运输功能,还具有知识生产的意义,高速铁路列车则是“把人打包从一个地方运送到另一个地方”。

(4)受访者描述的绿皮火车就像是一个市井社会,充斥着烟火气息。一位受访者说:“有一次从广州一路吃到银川,品尝了各地的美食,大家互相分享食物、香烟、水,感觉像家人一样。像我这种东跑西颠去地方多的人,高速铁路列车只是一种交通工具,把我从这里运送到那里。”

(5)高速铁路的便利使人们更喜欢出行,对于年轻人来讲,去其他城市工作很容易,回家的时间成本降低,感觉离家很近,父母也不会太担心,高速铁路改变了人们的时空感,也改变了人们对地缘关系的理解。

总之,第一,从绿皮火车到高速铁路列车的技术升级,直接改变了人们的时空观念。速度的改变使人们对时空的理解有了变化,形成了不同于传统的人缘关系和社会交往方式;这也导致人们对地缘关系理解的改变,增加了人群的社会流动性,产生了大量的“异乡人”。第二,人缘关系的变化使“车厢文化”呈现不同的形态:由开放型走向内敛型;作为一个封闭的公共空间,绿皮火车和白色高速铁路列车分别建立了不同的空间文化,绿皮火车呈现临时性、交互性、无主题性和不确定性;“移动的私人空间”文化则表现为私密化、个体性、封闭性。第三,绿皮火车与白色高速铁路列车同作为交通工具,在功能上却有不同,高速铁路列车的功能更倾向于回归交通工具的运输本质,绿皮火车则承载着多种社会功能,包括文化交流、知识传播、社会交往等,绿皮火车成为日常生活方式的一个缩影,反映了日常生活方式的转型和变迁。

绿皮火车的整个车厢就像街巷,充满浓重的人间烟火味,如喝茶、聊天、下棋、打扑克,保存了多元的社会文化形态,并且消除阶层、财富、知识、年龄所构成的区隔,有些类似于巴赫金所说的狂欢化。漫长的旅程、疲惫的身心以及车厢内的人来人往的嘈杂,粉碎了基于身份、地位、财富的矜持、高傲、尊贵等社会化符号。这个空间保存了人们生存的"原生态",人们自觉让出"私人空间",人与人之间表现为不矫情的"接纳"。白色高速铁路列车建立的是相对单一的社会空间,以商务或旅行为主要功能的高速铁路列车,对时间的理解就成为一个人所属社会阶层的标志。"花钱买时间"的一般是财富多的人,高票价实际上是区分人们财富多寡的标志。高速铁路列车的空间强调秩序、文明、理性和私人化,人们通过在高速铁路列车上的言行、举止、服装等符号性的表达,完成某种社会区隔。从绿皮火车到白色高速铁路列车,社会阶层的区隔从模糊到清晰。

6.13 我国古今交通的延续和改变

6.13.1 交通的延续与变革

我国古代交通大体可以分为"步行时代"和"马车时代"两个阶段。

1)步行时代的交通技术

"步行时代"大致为公元前2100年以前。当时生产力极为低下,人们的交往主要依靠步行。原始人"为了生活需要,必须行走奔驰于山林莽野之间,采撷果实、植物根块、禽鸟蛋类,猎捕鱼类和一般动物,搬运采集物和猎获物回居留地,还要搬运过严冬季节的储藏食物,搬运方法是抱揽与背负(如400万年前的南方古猿)。距今约200万年前的猿人,已习惯直立行走,搬运方法可能也会肩挑和两人以上扛抬,使用棍棒和粗糙石器"。为了寻觅食物,他们不得不折断树枝、搬开石块,在反复往来的各村落间踏出了可勉强通行的羊肠小道。至母系氏族繁盛时期,原始人开始定居生活,在村的周围开挖防护沟,沟上会有可移动的几条树干并排的小木桥,在小溪中堆放成列石块垫脚过溪,或架树干于小河上作为独木桥。这是最原始的路桥建设。

而捆扎竹排木排为筏,刨空树干为独木舟以渡江河,则是最原始的造船技术。新石器时期,可能会在短距离悬崖之间将粗藤捆绑于两岸大树干上,仿若猿猴攀缘而过。公元前3000—2000年的仰韶文化分布于黄河中上游一带,远及新疆,则说明道路交通已远达千余千米。

牛马作为交通运输工具,开始于畜牧业日渐繁盛的新石器时代。《汉书·地理志》称:"昔在黄帝作舟车,以济不通,旁行天下。"这里所作的车大概是简易的手推车。黄帝频繁征战,披山通道,命暨亥主持道路建设,以使臣民能够"服牛乘马,引重致远,以利天下"。又联合炎帝与蚩尤鏖战于涿鹿之野,戳蚩尤于中冀。由此可知中原地区与南方荆蛮在5000年前已有道路相通。

2)马车时代的交通技术

"马车时代"大致从公元前2100年到19世纪末的工业革命,其标志是畜力代替人力成为交通的主要动力。奴隶社会早期,在几大古典文明地区,原始部落已被原始国家所取代,马车被普遍使用而成为主要的交通工具。车轮的发明,是人类交通技术的第一次飞跃,对促进人类文明进步起着巨大的作用。

《郑氏六艺论》认为商汤的十一代祖、夏禹时期夏朝的属国——商的国王相土发明了马车,汤的七代祖王亥发明了牛车。晋《古史考》则认为"黄帝作车,引重致远,少昊略加牛,禹时奚仲驾马"。至周代,已有了明确的道路系统,并设置了道路守卫和交通管理人员——司空。《考工记·匠人》记:"匠人营国,方九里,旁三门,国中九经九纬……经涂九轨,环涂七轨,野涂五轨。"可见周代城市道路经纬交叉,并延伸至较远的野外。春秋战国时期,诸侯国之间频繁交战,促进了马车技术的大发展,"千乘之国""万乘之国"所拥有的马车规模空前。交通大道上还设置驿站,备有"良马固车",以事传递接待。车马等已成为当时的重要交通工具,连接东、西、南、北的交通网络已形成。

秦国统一六国后,秦始皇(前259年—前210年)命令劳动人民修筑的驰道,不仅由秦都咸阳沟通全国,而且建筑水平是当时世界最高的。《汉书·贾山传》记载其布局和结构为"东穷燕齐,南极吴楚,江湖之上,濒海之观毕至。道广五十步,三丈而树,厚筑其外,隐以金椎,树以青松。"

秦汉时期,随着大一统帝国的建立,全国规模的交通运输事业得到发展。秦汉帝国重视道路的建设,为陆路运输的空前发展提供了良好的交通条件。自秦代起,重要的交通干线已通达各主要经济区。西汉中期,全国已基本形成比较完备的交通道路网。秦代已通行的结成全国交通道路网的交通干线,有由关中东指海滨的三川东海道、关中经武关东南通往汉江流域的南阳南郡道、联系华北平原的邯郸广阳道、关中通向西北的陇西北地道、南逾秦岭通向西南的汉中巴蜀道、咸阳向正北连接九原的直道、与长城并行的北边道以及南北贯通沿海地区的并海道等。这对于当时大一统帝国各地区经济往来和文化交流的效能尤其显著,而对于保证政令通达、实现专制统治的意义亦不可忽视。

汉代国力强盛,道路修筑和养护已达一定水平,驰道两旁植有林荫,并"凿空"了通往中亚、西亚的"丝绸之路"。自三国到魏晋南北朝,因战乱频繁,道路交通虽不如汉时,但局部地区的驿道仍具有一定规模。隋代统治者不仅开掘通济渠(大运河)、永济渠(御河),且修筑道路沟通全国。李春建造的赵州桥以其科学的力学原理与优美的民族风格成为古代世界桥梁技术的典范。唐代长安城内人口已逾百万,城为方形,采用中轴线对称布置,道路通达各州共长五万里。自宋明至清,城乡道路的建设和管理,在此基础上不断有所改进。到了明末清初,更确立了国家的道路系统,称为"官马大道",由首都北京直达各地的主要城市。

3)古代交通工具

在古代,马是交通运输的重要工具。牛马交通工具的出现,促进了古代农业生产及军事活动的开展,并且使远距离的征服和信息传递成为可能,实现了对统治区域的有效控制。在春秋战国时期,兵车即以马匹等牲畜作为前进的动力。骑兵的作战方式在秦汉时期广泛兴起,已成为军队作战的主要兵种之一。面对匈奴对核心区域的攻击,秦代由车骑向骑兵转变,通过骑兵的实力,在与匈奴数次的战争中取得了突出的成就。在古代,既有马匹、车骑等交通工具,也有另外一些独具特色的交通工具,如皮革船、竹筏、木筏、背篓、独轮车等。

我国古代很早就利用了水上交通工具。古文献记载揭示了"以匏济水""始乘桴"(《淮南子·物原》)"变乘桴以造舟楫"(《拾遗记·行椽皇帝》)向舟船发展的三个阶段。浙江河姆渡遗址发现的五支雕刻精细的木桨,说明我国在7000年前母系社会已使用舟楫。黄帝"刳木为舟,剡木为楫,以济不通,致远以利天下"(《周易·系辞下》),舟楫使用频繁,可及远方。此后,从夏代的木板船、春秋的楼船、南朝的车轮舟、隋代的五牙战舰到明代登峰造极的桅帆宝船,从商末周初的泰伯渎、秦代开凿灵渠到隋代修建大运河,从西周沿海航路的开辟、汉代海上"丝绸之路"、元明繁荣的海外贸易、始于渭水黄河联运的"泛舟之役"到历代统治者极其重视的"漕运",我国古代内河航运与航海均长期走在世界前列。战国秦汉以后,我国造船业在相当长时期内居于世界领先地位。借助帆的使用、指南针的发明和先进的造船技术,秦汉、唐宋、元明时期形成了三次航海高潮。郑和七次下西洋,更成为世界航海史上的壮举。坦普尔不得不承认:"如果没有从中国引进船尾舵、罗盘、多重桅杆等改进航海和导航的技术,欧洲绝不会有导致地理大发现的航行。"❶

4)中国古代交通的生态文明建设

我国在西周时就建立起"列树以表道"(《国语·周语》)的路边植树制度。周代镐京和成周附近的道路"如砥,其直如矢"(《诗经·大雅·大东》),且广种行道树,"杨柳依依"(《诗经·小雅·采薇》)。前秦统一北方时,在京城长安修路,当时俚歌云:"长安大街,夹树杨槐。下走朱轮,上有鸾栖。英彦云集,诲我萌黎。"(《晋书·苻坚传》)。唐太宗下诏要求"率土之内,道路无壅"。唐代宗则明确要求地方官员必须巡视道路、管好道路,并重申不得在官路上耕种及砍伐树木,路树缺损要及时补植。

5)近代交通变革

工业革命以后,机械动力开始用于交通工具。20世纪初,以内燃机为动力的陆路无轨车辆——汽车开始迅速普及,使公路成为主要行驶汽车的道路。汽车的行驶对道路提出了很高要求,原先行驶畜力车和人力车的沙土、碎石道路由于强度不足,被有结构层的路基和沥青、水泥路面的公路所替换。这样,道路不仅能行驶汽车,而且还能更好地行驶其他非机动车辆。

第二次世界大战后,由于汽车产量的增长和行车速度的加快,在一些发达国家,公路成为汽车道路的代称。与此同时,高速公路、快速公路、能供超重车辆行驶的公路等纷纷出现。畜力车、自行车已形成对公路交通的干扰,公路本身也在车道、信号、交叉等方面作了现代化的改进。

6.13.2 古代交通对现代交通选线的指引作用

古代交通对现代交通选线具有指引作用。如中华人民共和国成立后,蜀道沿线的现代交通迅猛发展,传统蜀道的通行作用丧失,但为现代公路、铁路建设提供了多样的建设依据和基础。民国以来蜀道现代交通建设,基本是以传统蜀道为基础设计线路,现代交通线与古蜀道走向基本一致,有的甚至就是在古蜀道基础上设计施工的,与其重叠。再如,贵昆铁路大体上与古代从云南进入贵州再向湖南方向延伸的进京路段相吻合,只是避开了富源、普安一线,而是走向了六枝、水城等地。成昆铁路大体上与清溪官道和灵关道相吻合,在途中绕开了姚安而走向元谋,从元谋北上的途中绕开了姜驿偏向了攀枝花。

1944年,川滇西路云南段重新修复成功。这条道路自南华经姚安、大姚和永仁与四川的

---

❶ 罗伯特·K.G.坦普尔.中国:发明与发现的国度[M].北京:21世纪出版社,1995:12.

公路相接,与历史上连接云南和四川的清溪官道基本吻合。

1954 年竣工的昆洛公路,与明清时期昆明至车里的驿道走向基本一致;在明清时期昆明至百色驿道基础上修建的砚山—富宁公路,1957 年贯通;明清时期昆明—四川宜宾的驿道古朱提道路段昭通—水富公路在 1957 年修筑完成;1953 年弥宁公路建成,线路是向即明清驿道大理—车里路段;1961 年滇藏公路延伸至西藏,线路走向即明清时期昆明—西康巴安间驿道;晋思公路修筑成功,线路走向即通海—建水的古驿道。

6.13.3 古代交通的历史文化价值

随着科技进步和大规模的现代交通建设,绝大部分辉煌一时的古道丧失了通行功能,被新式道路取代,仅余部分遗迹。但古道在古代国家发展和文化创造上的价值和意义却受到越来越多的关注和重视。如蜀道自商周时初步开通,至今已有 3000 多年的历史,历来为兵家必争、商贾必经、游人必到,具有完备的交通体系,集聚着诸多伟大发明,承载了丰厚的历史信息,是体现我国历史文化、地域文化,并具有极高价值和优异特点的大型交通遗存。古蜀道文化遗产的内涵、价值及特点包括:①在世界古代交通史上,因较早开通了穿越秦岭这种重大地理阻碍的交通道路而书写了光辉的一页;②以栈道形式的伟大发明以及石门这一世界最早的人工开凿的交通隧道表现出的道路规划和施工能力,具有世界第一的意义;③道路、关隘、驿馆、沿途城镇构成的交通体系的完备,也是在世界文明体系交通史成就中首屈一指的;④蜀道使我国西部连通为一个实力雄厚的整体,秦汉“关西”“山西”也就是“大关中”区域因此成为统一帝国形成之基础。秦汉帝国的崛起,影响了东方既史的发展方向,也影响了世界历史的格局。而蜀道对于这一具有世界意义的历史变化的作用是十分显著的。

传统蜀道转变为文化遗产,必不可少的物质元素首先是道路本身。蜀道始于公元前 4 世纪前后,是人类交通史上最早的道路之一,历史上曾多次整修,直到现在一些路段仍被当地民众利用。蜀道的建设几乎贯穿该地区整个发展史,记录了我国古代道路形态演变的历史进程,而且“道路的走向多样,道路的主道、支道、旁道、岔道的网状分布多样;道路在不同年代、不同路段的建筑方法多样;道路所处地理环境的复杂和物种多样”,展现了道路的文化脉络和历史景观,反映了我国古代筑路技术与道路设施的精华,成为人类认识、利用自然的独特历史见证。蜀道文化遗产包括与其历史线路、功能相关的物质遗产,以及见证沿线民族间交流和对话过程的非物质遗产等。蜀道沿线及其附近与道路有关的众多古城址、古关隘、古渡口、古建筑、古驿站、古桥梁、古行道树、摩崖石刻、宗教遗存、历史村镇、山水格局及民俗文化、民间传说等,是蜀道在历史上发挥作用的佐证,体现了蜀道作为政治、经济、军事、信息和文化交流的通道的特色。

蜀道是中华民族的祖先留下的宝贵财富,凝聚着自强不息、百折不挠、锲而不舍和勇于探索的伟大精神。这些具有巨大价值的历史文化遗产和新的文化表达方式,体现了历史的继承性与递变性。古蜀道在继承和递变中实现了新生与拓展。

6.13.4 古道的衰落原因分析

古道的衰落是历史的必然。伴随着经济的发展,落后的人背马驮的交通工具已经不再适应经济发展的需要,并且其运输能力相对于现代公路、铁路来说相距甚远,这必然会导致古道被现代交通所取代,这是生产力发展的需要,是社会进步的需要。如从民国末年至中华人民共和国成立初期,茶马古道上的马帮逐渐减少,主要是受到214国道(滇藏公路)连通和当地短途马帮的兴起冲击等。改革开放后,科学生产力大大提高,交通枢纽增加,使得机械化运输取代了马帮运输。

6.13.5 我国几条古代交通道路简介

1)丝绸之路

"丝绸之路"一般指陆上丝绸之路,是起始于古代中国,连接亚洲、非洲和欧洲的古代陆上商业贸易路线,是西汉时张骞和东汉时班超出使西域开辟的以长安(今西安)、洛阳为起点,经甘肃、新疆,到中亚、西亚,并连接地中海各国的陆上通道。由于这条路西运的货物中以丝绸制品的影响最大,故得此名。"丝绸之路"包括南道、中道、北道三条路线。

2)海上丝绸之路

海上丝绸之路是古代中国与外国交通贸易和文化交往的海上通道,也称"海上陶瓷之路"和"海上香料之路"。海上丝路萌芽于商周时期,发展于春秋战国时期,形成于秦汉时期,兴于唐宋时期,转变于明清时期,是已知最为古老的海上航线。中国海上丝路分为东海航线和南海航线,其中主要以南海为中心。南海航线起点主要是广州和泉州。先秦时期,岭南先民在南海乃至南太平洋沿岸及其岛屿开辟了以陶瓷为纽带的交易圈。唐代的"广州通海夷道"是当时世界上最长的远洋航线。明朝时郑和下西洋更标志着海上丝路发展到了极盛时期。南海丝路从中国经中南半岛和南海诸国,穿过印度洋,进入红海,抵达东非和欧洲,途经100多个国家和地区,成为中国与外国贸易往来和文化交流的海上大通道。东海航线,又被称为陶瓷之路、香料之路、茶叶之路、医药之路,春秋战国时期,齐国在胶东半岛开辟了"循海岸水行"直通辽东半岛、朝鲜半岛、日本列岛直至东南亚的黄金通道。唐代,山东半岛和江浙沿海的中韩日海上贸易逐渐兴起。宋代,宁波成为中韩日海上贸易的主要港口。

3)南方丝绸之路

南方丝绸之路是我国古代西南地区一条纵贯川滇两省,连接缅、印,通往东南亚、西亚以及欧洲各国古老的国际通道。南丝绸之路由西汉先人开辟,由巴蜀经由云南永仁、大理、保山、怒江、高黎贡山、腾冲、瑞丽等地,直入缅甸,延伸至东南亚。

4)蜀道

狭义的蜀道是指翻秦岭过巴山、连接陕西西安和四川成都的道路。由关中通往汉中的褒斜道、子午道、陈仓道、傥骆道以及由汉中通往四川的金牛道、米仓道、荔枝道等组成。广义上的蜀道,包括全国各地通往古代蜀地的道路以及蜀地范围内的道路。以成都为原点看:自成都向北由陕入蜀的有翻越秦岭到汉中的陈仓道、褒斜道、傥骆道、子午道(古时汉中属蜀国),有从汉中翻越大巴山入蜀的金牛道、米仓道、荔枝道(又称洋巴道),有由甘肃入蜀的阴平道;自成都向西有连接西藏通西域的茶马古道;成都以南,有由云南入蜀的五尺道和在此基础上拓展可通向南亚的西南丝绸之路;成都以东,有自三峡溯长江而上的水道。

5)五尺道

五尺道又称僰道,是连接云南与内地的最古老官道。秦统一六国后,为有效地控制在夜郎、滇等地设立的郡县,秦始皇派遣将军常頞率军筑路。五尺道从蜀南下经僰道(今四川宜

宾)、朱提(今云南昭通)到滇池,由于道路宽仅五尺,故史称“五尺道”。这条道路尽管狭窄,但却是云南与蜀的重要商道。由于沿途山势太险,当时尚未发明炸药,只能在岩石上架柴猛烧,然后泼冷水使之炸裂。

6)茶马古道

茶马古道源于古代西南边疆和西北边疆的茶马互市,兴于唐宋,盛于明清,在第二次世界大战中后期最为兴盛。茶马古道分川藏、滇藏两路,连接川滇藏,延伸入不丹、尼泊尔、印度境内,直到西亚、西非红海海岸。

7)京杭运河

京杭运河于公元前486年开始建造,春秋末期,吴国为北伐齐国争霸中原,在江苏扬州附近开凿了一条引长江水入淮的运河(称邗沟),以后在这基础上不断向北向南发展、延长,尤其经隋朝和元朝二次大规模的扩展和整治,基本上完成了今日京杭运河的规模。

京杭运河的许多河段是利用原来的天然河流和湖泊,部分河段是人工开挖的,运河水流主要从沟通的天然河道中得到补给。到隋炀帝(杨广)时,据称隋炀帝为了到扬州看琼花,也为了南粮北运,开凿京淮段至长江以南的运河。到元朝时,元定都大都(今北京),必须开凿运河把粮食从南方运到北方。为此,先后开凿了三段河道,把原来以洛阳为中心的隋代横向运河,修筑成以大都为中心、南下直达杭州的纵向大运河。经过北京、天津、河北、山东、河南、江苏和浙江等省、直辖市,沟通了海河、黄河、淮河、长江、钱塘江五大水系。

运河除了其主要的运输功能外,还发挥了包括军事功能、巡游功能、水利功能、兴市功能、对外交流功能、文化功能、生态环境功能、纳污功能等。这些功能出现的历史时期和时代背景是不同的,每种功能在不同历史时期的作用大小也是不同的。

6.14 交通运输与社会和自然环境的协调

交通建设对进一步带动地区经济发展、发掘地区各领域经济建设潜力,维护社会和谐稳定等均有着重要意义。但交通建设过程中会不可避免地对地质环境、水文环境、地形地貌、动植物等自然环境造成不同程度的破坏,有时还会占用大量耕地资源、房屋土地资源等。在交通工程建成以后,车流量增大带来汽车尾气、路面扬尘、噪声等污染的增多,对周围环境造成破坏,更不利于营造健康、舒适的生活环境。为此,在交通建设中,路线设计需要综合协调当地自然地理环境、经济环境、社会人文环境等,将城乡规划、工业园区等的分布作为基础,合理选用施工技术及规范标准,在保证交通路线设计科学、合理的同时,使环境得到保护,达到和谐、可持续发展的理想发展模式。

7 基于交通运输地理的规划、选线、选址

7.1 交通规划及区位选择

7.1.1 交通规划考虑的因素

对交通网规划或道路项目建设潜在的、长期的影响因素包括国家或区域社会经济发展的政策方针、资源环境，具体因素如下。

1) 相关政策及法规

(1) 区域经济建设的方针和政策、国防建设的特殊要求。

(2) 区域经济发展规划、国土开发利用规划、综合运输网规划及其有关行业发展规划。

(3) 区域人口、资源开发、环境保护、交通运输等方面的政策。

(4) 交通工程技术标准、规划、定额、指标及基本建设的政策法规等。

2) 资源环境

资源一般分为自然资源和社会经济资源，自然资源包括土地、矿产、水、生物、气候资源5个方面；社会资源包括劳动力、科学技术、工业经济、农业经济、旅游、基础设施存量及构成6个方面。具体包括：

(1) 主要矿产资源(如煤、金属矿石等)的分布、储量、质量特征等。

(2) 工业生产力布局、大宗产品产销、原材料消耗等物流的数量及方向。

(3) 交通建设所需的人力、物力现状，路用材料供应情况、价格等。

(4) 环境保护、森林保护、水土保持、野生动植物保护、文物保护的等级和范围等。

3) 社会经济和交通状况

(1) 社会经济。

①社会经济影响区域内各子区域(一般按行政区划统计)社会经济发展的主要指标，如总人口、农业人口和非农业人口(或按城镇人口和农村人口分)；土地总面积及耕地面积；国内生产总值、工农业总产值、社会商品零售总额及相应的人均产值或收入指标。

②社会经济影响区域经济结构(按各子区域之间经济关系或按工农业生产结构比重分析)、产业结构(按三次产业产值计算分析)、城镇建制布设格局及其发展方向等。

③社会经济影响工农业生产的主要产品产量,如煤炭、钢铁、金属矿石、矿产建材、水泥、粮食、化肥、日用工业等。

④社会经济影响规划期限内可能进行的重大经济布局、大型工矿业建设项目调整与安排的规划设想。对于价值指标要求调查按可比价计算的换算值或增长指数,资料所涉及历史时期的长短要视预测的要求而定,编制交通网规划和公路项目可行性研究一般至少要收集10年的历史资料。

(2)交通运输。

①交通运输影响区域铁路、公路、水路、航空、管道5种运输方式历年完成的旅客、货物的运输数量(运量和周转量)及构成。

②交通运输影响全社会交通客货运输量及构成。

③交通运输影响区域内国道、省道历史交通量(10年以上)和县乡道路的基础年份交通量资料,以及车速、车流密度、交通事故、交通量构成等多项资料。

④交通运输影响区域内历年(10年以上)的民用车辆保有量及构成。

⑤交通运输影响综合运输体系中5种运输方式的基年运输OD表(按四阶段法进行规划时调查)。

⑥交通运输影响历年(10年以上)汽车运输的主要技术经济指标,如工作率、平均车日行程、平均运距、车吨年产量、实载率、汽车平均吨(座)位、运输成本等。

⑦规划区域内公路、铁路、水运、航空、管道运输的运输成本、平均速度、平均运距等运营指标。

4)交通网基本情况

①交通总里程及按技术等级、行政等级、有无路面情况、晴雨通车情况分列的里程及构成情况。

②交通主要线路上控制点分布及线路走向与布局情况。

③道路通行能力、车速、交通安全等。

④公路、铁路、水运、航空、管道等交通网络上控制点布局、各线段里程、等级、港站吞吐能力等。

⑤综合运输发展规划。

5)社会经济分析

社会经济分析主要包括人口分析(出生、死亡、迁入、迁出等分析人口增长情况)、资源分析(资源开发和供需分析)和经济分析(主要有工业、农业、经济构成、经济增长、人均主要经济指标)等。

6)社会经济预测

社会经济预测的主要方法有趋势外推法、回归分析法、经济计量法、投入产出法、经济优化规划法、系统动力分析法以及经济控制理论法等。

7)交通建设项目经济评价

交通建设项目的经济评价是交通可行性研究的重要组成部分。它是按国民经济发展规划和有关技术经济政策,结合交通量预测和工程技术研究情况,计算项目的支出费用和效益,通过多方案比较,对项目在经济上的合理性进行分析、论证,作出评价,为项目决策提供依据。

经济评价包括国民经济评价、财务分析(收费道路要做)、贷款偿还能力计算和敏感性分析。经济评价一般应采用动态计算。经济评价计算年限,等于建设年限加建设后预测年限。建设后预测年限原则上按20年计算。

经济评价应按照费用与效益计算范围口径一致的原则,应对"有""无"此项目时所产生的情况进行比较,并应注意同一等级道路在时间推移上的不同交通量拥挤度以及混合交通量的增加对有关费用的不同影响。

国民经济评价要包括项目的直接效益和间接效益。

国民经济评价要求对占比重数大且价格明显不合理的投入和产出物,以影子价格进行效益和费用计算。在工程成本(即总投资额)中还要剔除税金及其他非增资成本。国民经济评价效益的度量不采用市场利率,采用社会折现率。

8)运输线的区位因素评价

对交通运输线的区位因素进行分析、评价时,既要运用综合思维,又要紧密联系实际。既要从经济、社会、技术等人文因素和地形、地质、气候、水文等自然因素进行综合分析,在综合分析的基础上确定主要(决定性)因素,又要尝试运用综合思维,对我国新建、在建或规划建设的有关交通运输线的区位因素进行评价,做到理论与实际相结合,提高分析、理解、评价问题的能力。

(1)交通运输线的区位分析。

①主要区位因素及影响(图7.1-1~图7.1-3)。自然和社会经济因素决定交通线路走向、选线;社会经济因素还决定修建的意义;技术因素克服自然障碍,保证线路的修建。

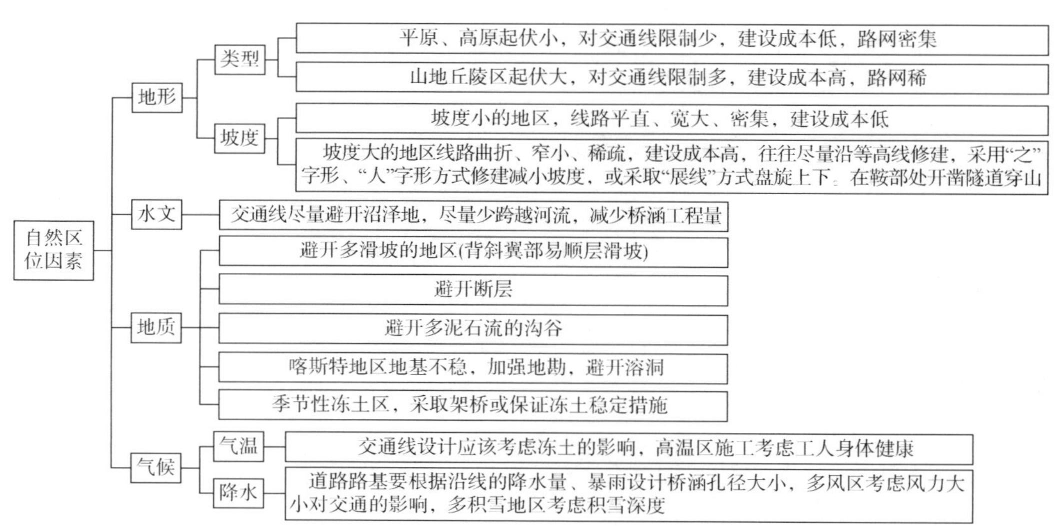

图7.1-1 影响交通区位的自然因素

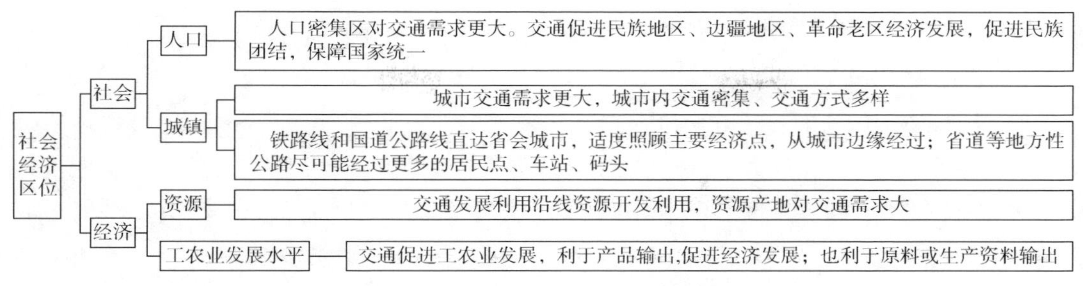

图 7.1-2　影响交通区位的社会经济因素

技术——克服自然障碍,保证交通安全,拓展交通线网

图 7.1-3　影响交通区位的技术因素

②确定交通运输线的方法如图 7.1-4 所示。

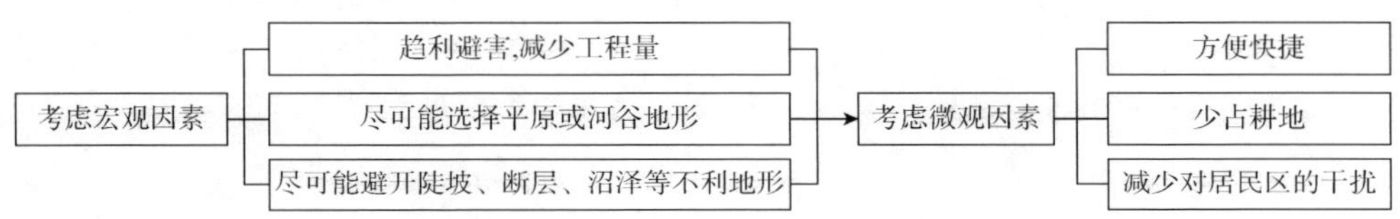

图 7.1-4　确定交通运输线的方法

自然地理因素,如地形、地质、生态、景观构成了交通建设的自然环境约束。沿线城镇布局、历史文化、民族风情,则构成了交通建设的社会环境约束。功能、安全、经济、环保、舒适、美观则是交通建设的内在目标。交通路线设计目标包括安全(交通安全和结构安全)、经济(工程经济和运营经济)、环保、功能、美观、交通质量(通行能力、服务水平及舒适)6 个主要方面。交通路线设计目标是相互平衡、协调的关系,有时又相互矛盾,甚至冲突的。

(2)交通运输点的区位分析。

交通运输点的区位分析见表 7.1-1。

交通运输点的区位分析　　表 7.1-1

交通运输“点”	区 位 条 件
汽车站	与市内干道系统和其他对外交通有直接联系的地点
火车站	自然条件:地形平坦、地质稳定、水文稀疏; 社会经济条件:远离居民区、城市近边缘地带且有干道与市中心相连,市内交通线交汇,规模大小取决于客货运输量大小
河、海港	陆域条件:地形平坦开阔、地质稳定、避风; 水域条件:港阔水深、水位稳定; 社会经济条件:广阔的经济腹地、城市有强大的工农业生产能力、人口众多且客货运量大,市内交通线相联系,便于客货集散
航空港	自然条件:地形平坦开阔,坡度适当,少云雾和暴雨,风速小、风向变化小,地势较高,地质稳定; 社会经济:与市中心保持适当距离,减少城区噪声污染,市内交通联系方便

7.1.2 交通规划的模式

在实践中，国外道路规划建设出现了3种模式：

(1)超前型。如美国和西欧等发达国家和地区，在20世纪30年代经济大危机后，普遍采用凯恩斯理论，由国家投资干预经济发展，修建了许多基础设施，特别是公路等交通设施，以刺激有效需求，促进私人投资，这种措施为这些国家摆脱经济危机、发展经济带来了很大好处。

(2)平衡型。如日本，公路等交通运输设施经历了从不适应到适应的过程。日本素以公路交通为国内主要运输工具。第二次世界大战后，由于经济的高速增长，交通运输不适应经济的发展，道路超负荷运行成了经济发展的"瓶颈"。为了改变这种情况，日本政府下决心增加交通投资，经过十几年的努力，才适应经济发展的要求。

(3)滞后型。如苏联等，苏联卫国战争以前，对交通运输的发展极为重视，但战争以后只对铁路进行扩建，忽视了道路建设，造成交通运输不适应国民经济发展的局面。

经过多年的实践证明，交通运输应超前于直接生产部门，才能适应国民经济的发展，并进而促进经济的增长。新开发地区必须首先建成必要的交通线网，且无论在新旧地区，运力都应有一定储备，以适应运量变化和增长的要求。否则，交通运输就会成为其他部门发展的障碍。

交通运输只有一部分生产工具如铁路机车、车辆和水运的船舶等可以调动，大量固定建筑如铁路、公路线路和水运航道等是无法挪动的。故不仅整个交通运输的发展要适应整个国民经济的发展，还必须使运力的布局同工、农业生产布局协调一致。

7.1.3 交通量预测方法

在交通运输发展预测中，主要根据研究年份的各类交通数据和调查资料，建立交通产生或吸引与其主要影响因素之间的回归方程，通过利用所建立的回归方程对主要影响因素进行预测，进而预测交通产生量或吸引量，目前实用和应用比较成熟的预测方法主要有回归预测法、时间序列预测法和弹性系数法。

1)多元线性回归模型

多元线性回归模型的形式为：

$$Y=a+b_1X_1+b_2X_2+b_3X_3+b_4X_4+b_5X_5+b_6X_6 \tag{7.1-1}$$

式中：Y——交通量或运输量；

X_1——规划区仓储用地面积；

X_2——规划区工业用地面积；

X_3——商业用地面积；

X_4——工业就业岗位数；

X_5——农业就业岗位数；

X_6——交通区的居住人口数；

a——常数；

b_1、b_2、b_3、b_4、b_5、b_6——X_1、X_2、X_3、X_4、X_5、X_6对应的回归系数。

2）时间序列预测法

时间序列预测法就是将预测对象按照顺序排列起来，构成一个所谓的时间序列，从所构成的这一组时间序列过去的变化规律，推断今后变化的可能性及其变化趋势、变化规律的预测方法，主要方法有移动平均法和指数平滑法。

（1）移动平均法是将原来时间序列的时间跨度扩大，采用逐项推移的方法计算时间序列平均数，形成一个新的时间序列，以消除短期的、偶然因素引起的变动，使事物的发展趋势更加明显地表现出来。

$$S_{t+1}=(X_t+X_{t-1}+\cdots+X_{t-N+1})/N \tag{7.1-2}$$

式中：S_t——t 时刻上的预测值；

X_t——t 时刻上的实际观测值（可为规划区内的实际客运量、客运周转量、货运量和货运周转量）；

N——平均的数据个数。

（2）指数平滑法是在移动平均法基础上发展起来的一种预测方法，它利用对历史数据进行平滑来消除随机因素的影响。

$$S_{t+1}=\alpha X_t+(1-\alpha)S_t=S_t+\alpha(X_t-S_t) \tag{7.1-3}$$

式中：a——平滑系数（$0<a<1$）；

(X_t-S_t)——前期预测值的误差。

当 a 值趋近于 1 时，新预测值中将包含一个相当大的调整，即用前次预测中所产生的误差进行调整。相反，当 a 值趋近于 0 时，新预测值就没有必要用前次预测的误差作太大的调整。

3）弹性系数法

弹性系数法是通过变量之间变化率的关系来预测未来的变化。在预测中，两个变量 x_1、x_2，其各自的变量率之比就是弹性系数，运输弹性系数可以是考量区域一定时期内货运量增长率与工农业产值增长率之比。

$$e=I_R/I_E \tag{7.1-4}$$

式中：e——交通货运量弹性系数；

I_R——交通货运量增长率；

I_E——当地国民经济增长率。

在确定区域未来国民经济增长速度和交通货运量弹性系数后，可以得出未来预测期的交通货运增长率，进而在预测基年的基础上计算得到未来预测年份的交通货运量。

7.1.4 吸引范围的原理和划分

交通线网的形成取决于一定的自然、技术和经济条件，但只有后者是决定性的。对于交通点、线、面的布局规划而言，必须先进行大量的交通运输地理调查，进行一定的经济分析、指标计算、方案对比，才能定夺。要想使上述过程准确化，必须对相应的吸引范围进行科学划分。吸引范围与交通线或站港间存在着相互依赖的关系。交通线是其吸引范围内的经济单位和据点，是进行运输联系、旅客交往的工具，是吸引范围内经济活动的必要条件。吸引范围内的生产力布局及其地域结合情况，又通过货流和客流对交通线的现状与发展远景起决定作用。

吸引范围也有现状和远景（设计）之分，两者的划定方法和实际作用显然不同。现状吸引范围是现有交通线或其站、港已形成的吸引范围，它主要由经济地理勘察来确定，其程序为：对既有线、既有站、港过去和现在的货运量进行研究，进而调查货流空间动态，然后找出货流的起点与终点，最后把那些通过该线及其站、港发、收货物的经济据点从地理上连成一片，即吸引范围。现状吸引范围的主要作用是：通过它了解交通线和站、港同地区经济的联系，从而论证交通线和站、港的经济地理意义；发现吸引范围内存在的不合理运输，以及与货流分布有关的交通线、生产单位布局的缺陷，并由此提出改进措施。

远景（设计）吸引范围是新建及改建交通线和其站、港的未来吸引范围。其划定除了要进行经济地理勘察外，往往辅以经济分析和计算。其程序为：调查可能被设计线吸引地区的远景生产与交通布局情况，由此推测其可能产生的货流规模与方向，根据经济单位、交通线和货流的分布，找出合理的运输联系方案，最后把倾向于设计线或其站、港的经济据点从地理上连成一片并确定其界线，即设计吸引范围。它的主要作用是根据吸引范围内各经济单位远景生产的发展和交换的变化，估算线路及站、港建成或改建后的货运量，而货运量又是决定设计线通过能力和技术标准的主要依据。

7.1.5 交通运输地理调查

1）交通运输地理调查的种类和任务

交通运输地理的调查工作分为以下三类。

（1）综合考察中的交通运输地理工作。综合考察的目的是全面地了解与研究有关地区的自然条件和社会经济情况，以便为地区的资源开发利用和生产发展、布局提供资料和论据。在综合考察中，交通运输地理的考察工作往往是整个工作的必要环节，其任务主要是：①对资源开发和生产布局中的交通运输条件进行专门的考察、分析和论证；②根据地区生产和交通运输现状以及国民经济的长远要求，结合地区自然、社会经济条件，进行运输线网的构想或规划；③配合经济联系、经济区划等项目的调查与研究，提出当前及未来供产销联系和货流的合理方案。

（2）运输社会经济调查中的交通运输地理工作。运输社会经济调查是为了明确一定线路或地区的客货运输发展和分布的规律，以便用以指导运输的社会经济活动，改进交通管理，同时，它也是各种运输计划工作的基础。一般的运输经济调查工作主要是分析、研究社会经济关系、发展速度和比例关系。运输社会经济调查和运输计划工作只有建立在地区综合条件的详细了解和自然、技术、社会经济的充分论证基础上，才更为切实可靠。在运输社会经济调查中，交通运输地理工作者可以通过运输联系的调查和客货流的规划，来为运输部门的货源组织和生产计划服务，通过地区运输生产力及其自然、社会经济条件的调查研究，来为运输部门的基本建设计划服务。

（3）线网勘测设计中的交通运输地理工作。交通线网的勘测工作是直接为运输网的规划和交通线的设计服务。在交通线网设计的实践中，勘测工作可分为社会经济勘察（或调

查)和技术勘测(或测量)两种,但这种区分并不是绝对的。因为社会经济勘察与技术勘测之间的联系非常紧密,而且社会经济勘察所得的资料不仅在进行技术勘测时要用,而且还往往在技术勘测前根据这些资料来概括地解决某些技术问题。

依据调查的范围,社会经济勘察又可分为网性(综合)社会经济勘察和线性(个别)社会经济勘察两种,前者是对已有的或拟进行规划设计的交通网进行全面社会经济勘察;后者是为了计划新建或改建个别交通线而进行的勘察工作,或称为社会经济选线,一般多会同线路技术勘察队一起进行。

2)交通运输地理调查的基本项目

任何性质的交通运输地理调查,都应包括自然条件、居民、农业、矿业、工业、商业和交通运输等部分。当然,由于调查目的不同,可以在上述各项目中有所侧重。

(1)自然条件调查。在运输地理调查中,自然条件的调查系结合交通运输的评价而进行。自然条件的了解对于确定线路走向、技术等级、工程量和造价有着极其重要的作用。这种资料一般是从科学文献、大比例尺地形、地质、水文地质地图,以及地方气象站、实验和科学研究机关的观测和汇报等中获得。在没有现成资料可资利用时,则有必要做实际野外工作予以补充。

(2)人口或居民调查。进行人口调查不只是为了推算客运量,人口调查的更重要目的是根据人口数量和消费定额,来规定未来对许多物资的需求,从而推算货运量。人口数量、变化和各种构成的资料可通过民政或公安部门取得。关于居民消费习惯及其变化等的资料,则应从相应经济机构中的调查取得。

(3)农业调查。农业调查的目的是明确各种农、林、牧、副、渔产品的产销数量和情况,从而为推算未来各种农产品运量和货流打下基础。农业调查牵涉面广、单位分散、地域差异性强,因此不能单靠搜集资料来解决问题,必须把野外踏勘和实地访问印证放在重要地位。

(4)矿业调查。矿产品具有运量大、变动多、销售广的特点,在运输地理调查中往往处于举足轻重的地位。因此,矿业调查必须与资源开发可能性结合一起,并做到深入、细致。这类调查可以在地质、采矿单位部门进行,也可在有关物资供应单位进行。

(5)工业调查。工业调查的特点是企业众多、产品纷纭、调运复杂,在运输地理调查中,必须根据其产品和原料的运量和运距大小,分清主次,重点进行。重点企业必须深入厂内专题调查访问,分散小厂则可在主管部门一并进行。

(6)商业调查。商业调查主要是调查有关物资的购入和销售及其地理移动规律。尽管许多物资在农业、矿业和工业中已经做了调查,但商业方面的调查仍不可少,其原因在于:一是这种调查可起核实作用,二是这种调查可以更清楚地回答物资在生产和消费之间,即流通领域的地区移动情况。商业调查的对象是物资供销、分配部门。

(7)交通运输调查。无论何种运输地理调查,都要涉及有关地区的所有运输方式,运输调查本身具有综合性质。另外,交通运输调查中不仅要调查有关的运输社会经济资料,还要对有关运输方式的技术状态和指标等作出调查。交通运输调查应涉及地区内不同运输方式的线路长度、分布和通过能力及其规划远景;各条交通线的客货运品种、运量流向和一般腹地状况；主要站、港货场和运输枢纽的分布、通过能力和货运量及其远景发展的可能性；各种运输方式联合运输情况；有关的城市和企业运输情况；现有交通线的主要技术标准；对燃料、材料、用水的需要量，取给地点等方面。

7.1.6 交通线网的社会经济勘察和设计方法

交通线网社会经济勘察是根据国家政治社会经济的要求，为加强地区间中交通运输能力而找出各种合理的解决方案，并提出一定具体措施，它着重研究全国或地区某种运输网的自然、社会经济条件和客货流动态，规定增建新线和加强旧线的数量、类型和方向，并确定各线的起讫点和修建顺序，以及该种交通运输与其他运输方式配合方案。

1）各设计阶段的勘察设计方法及内容

初步设计阶段需要进行线性社会经济勘察，即一般所谓的社会经济选线。这时，交通社会经济选线的主要任务是：①进一步明确线路在路网中的地位及政治社会经济意义；②对线路经过地区的自然条件，进行全面的技术社会经济评价；③确定设计线所经过的社会经济据点；④确定线路近期和远景客货运量；⑤从自然、技术、社会经济结合的观点出发，找出线路的若干可能方向，即比较线；⑥对设计线的商务作业站的分布提出初步意见。

到了技术设计阶段，线路的基本方向已定，主要任务是最后解决交通及其各项个体工程的设计。因而，此时的线性社会经济勘察除要进一步核定初步设计阶段的社会经济资料是否正确外，并需根据个体工程设计（如车站站线、装卸场、仓库等的设计）来分析利用和增加补充有关技术社会经济资料，因此，这时运量往往以车站为单位进行调查研究，而使勘察工作具有点的性质。

2）社会经济选线的程序

在各种交通运输社会经济勘察工作中，以线性勘察工作量最大、步骤最复杂、野外工作地位最重要。交通社会经济选线的大致程序是：

（1）根据调查地区自然和社会经济条件，先初步确定一个或几个线路走向，及各比较线上的商务作业站的分布，绘出调查地区交通运输分布图。

（2）对设计线进行吸引范围的划分。交通选线只要求地方（包括直接和联合）吸引范围和通过（间接）吸引范围两种。根据吸引范围，调查并汇总现有地方和通过客货运量，绘出线路吸引范围和运输联系图，或现状货流图。

（3）根据已有资料，用各种方法推算近期和远景分类货运量（三年、五年、十年、十五年等），并将货运量汇总，确定其地域动态，绘出近期和远景货流图。

（4）按照居民的分布和变化及平均乘车次数，找出现状及近期、远景客流量，绘出各种客流图。

（5）根据客货流和方向、季节不平衡系数，以及车辆的净载重，折算近期和远景车流，绘出车流分布图。

（6）对各种方案进行全面技术社会经济评价、对比，确定线路走向及其初步技术标准。

3）交通线设计工作中主要社会经济指标的技术意义

社会经济选线调查所得的指标，是直接为设计工作服务的，而设计工作必须最后落实在技术措施上。交通设计中主要的社会经济指标及其技术意义见表 7.1-2。

社会经济选线的指标和技术意义 表 7.1-2

序号	指标名称	具体内容	对交通设计的用途
1	全线和区段货运量	站间、运入、运出和通过运量之和	选定道路等级、牵引种类、机车类型、限制坡度和线路方向；确定全线和区段通过能力和车辆周转组织
2	全线和区段货物周转量	站间、运入、运出和通过周转量之和	
3	全线和区段货运密度	平均每千米的货物周转量	
4	方向不平衡系数	上下行货流比例	决定是否采用均衡坡度
5	分货种的货运量	按主要品种和其他分列	确定车辆类型、制定空车周转方案
6	运入量和运出量	联合腹地内的运量	考虑与旧有线路协调及联轨站设计
7	站间货运量	直接腹地内的运量	计算区段车辆或列车对数
8	通过货运量	间接腹地内的运量	决定直通车辆或列车方案，在车辆或机车类型和限坡等方面与邻线协调
9	运输通过性系数	通过货运量在总货运量中的比例	决定线路实际长度
10	货物平均运距	周转量同货运量的比例	确定机车、车辆数量
11	车站或枢纽货运量	按货种和方向计算	确定车站设备和枢纽类型
12	客运量	通过、地方和近郊客运量分列	决定旅客机车及车辆需要量，考虑服务设备数量
13	季节不平衡系数	最大月份同全年平均客货运量的比例	决定线路通过能力、货场设备及旅客站房容积

7.1.7 交通线网规划设计中的方案比较

在交通线网的规划或设计工作中，往往为了解决同一技术经济问题，可以提出若干不同方案。从社会经济技术合理的观点对这些方案进行比较、选择，以便使规划和设计工作中能采用对社会经济最有利的一个。方案比较法被认为是估算交通规划设计社会经济收益的最重要方式之一。

1) 方案的类型

按照各比较方案之间的性质和关系，可将常见的方案组，分成三种基本类型：

(1) 社会经济影响不同的方案。这种方案又叫作社会经济方案，其中每个方案的社会经济意义都不相同，但都是在解决同一国家任务。比如，为了开发地区社会经济而采用水运或是铁路、公路方案，铁路或公路方向和经由地区不同的方案，新建或改扩建，采用蒸汽机车或电力机车的方案，选择海港位置的方案等均是这一类方案的比较和确定，一般在交通网规划阶段进行。

(2) 社会经济服务指标彼此相同，但基本技术要素和运营条件各不相同的方案。这种方案又叫作基本方案。比如，铁路或公路限坡不同的方案，桥型和桥位方案，航道尺寸和过船建筑采用与否的方案，港口设备能力的不同方案，码头类型的方案等。这一类方案的比较和确定，一般在初步设计阶段进行。

(3)社会经济意义、基本技术要素和运营方法均同,但工程数量和运营成本有所区别的方案。这种方案又叫局部方案。比如,铁路和公路较短距离的定线方案,小桥涵管的设计方案,航道和码头水工建筑物型式的选择方案,港口机械设备方案等。这一类方案的比较和确定,一般在技术设计和施工设计阶段进行。

2)方案比较的方法和偿还期的基本概念

在交通线网规划设计中进行方案比较,可以采用不同的指标,包括:方案的政治社会经济意义,方案对生产力布局的影响,施工条件和工期、劳动力需要量、材料消耗量、燃料消耗量、通过能力的储备量,基建投资、运营支出等。其中,有些指标是不能用数量概念予以标示的,有些指标虽然有量的概念,但作为方案比较的依据不够全面。比较能够综合反映方案经济方面数量消耗的,是基建投资和运营支出两项。前者包括基本建设的人力、物力和财力全部支出,后者则包括运营过程中的工资、材料、燃料以及固定资产折旧等全部消耗。因而,方案比较方法既有定性分析方法,也有定量计算方法,两者相辅相成,缺一不可。主要的定量比较方法就是偿还期的计算。

7.1.8 交通区位选择

1)影响交通运输线、点、网的区位因素分析

(1)社会经济条件。

①国家和地区的经济状况。国家和地区的经济状况为该区域运输业务的发展和线路兴建提供不同程度的人力、物力、财力的保证。

②社会经济系统。社会经济系统主要是人口和城市的分布所产生的物流、能流、人流和信息流,为交通运输业生产提供了必要的服务对象,并塑造了交通运输地域组合的特征。

③科技的进步。科技的进步对交通运输业的发展和布局有深刻的影响。这种影响表现在影响交通运输的类型组成与结构上。从自然拖力到人工动力,从运具与动力合一到运具与动力分离的运输工具革命,使运输类型组成和结构呈现日新月异的变化,如铁路牵引技术由蒸汽机车到内燃机车、电力机车的发展,使交通运输业的地区布局有了明显改观。这种深刻影响还表现为,科技的进步可改善运输线路网络的地区布局,使之更符合社会经济的需要。如沙漠地区,本来是修建铁路、公路的“禁区”,但掌握了风沙运动规律,一系列防风、固沙措施的成功,克服了流沙对筑路和列车、汽车安全运行的威胁,而使公路、铁路按照人们的需要伸向沙漠地区。这种影响还表现在,科技的进步实现运输工具大型化、高速化,从而使世界各地之间经济联系更加扩大。随着运输技术的发展,两地间的旅行时间迅速缩短,使地球“变小”。

(2)自然环境条件。

①地质地形。山地、丘陵、盆地平原等类型对交通运输布局影响差别极大。如同样标准的铁路干线每千米的造价,平原地区只有山区的1/2~2/3。修建陆上交通线,可能遇到各种各样的地质基础。例如,在变质岩、石灰岩溶岩分布区、黄土区以及岩浆活动和地震频繁地区修建公路铁路,必须采取防护措施,以防止滑坡、沉降等。

②水文。水文对交通运输区位选择的影响表现在:天然河道是水运的基础;湖泊、河道的水深、流速、流量等对航运影响很大。跨河建筑物如不按水文情况设计,或者盲目提高建

筑标准浪费国家资金或者留下隐患。

③气候。气候对交通运输的区位选择是显而易见的，台风、风暴和浓雾，直接威胁海运和空运或是公路运输，雨量直接影响内河航运等。

2）自然环境因素与社会经济因素在交通运输区位选择中的考量

社会经济条件是交通运输业区位选择的基础和依据。社会经济活动的深度、广度、形式、内容，规定着交通运输的方式、规模和范围。自然环境对交通运输区位选择的影响是深刻的、复杂的。有些自然条件，如风力、水和空气的浮力等，是交通运输布局的辅助力；有些自然条件则是交通运输布局的阻力。交通运输业的发展，在很大程度上就是克服空间障碍的过程，自然条件主要影响交通线路的走向、质量、投资和分布状况，同时交通工具的运行，也要受到与运行方向相反的运行阻力的作用。

社会经济条件对交通运输点、线、网区位的选择是起决定性作用的，是决定性因素。自然条件对交通运输点、线、网的区位选择在一定时间和空间范畴内是关系到能否建设的问题，是可能性因素。在一定时期和一定区域内自然条件对某些交通运输点、线、网的区位选择具有一定的制约作用，进而在一定程度上对社会经济条件有制约作用。但是，在一定的社会经济条件下依靠成熟的科学技术对某些限制交通运输点、线、网区位选择的因素可以进行改造，最终达到符合要求的标准。它们之间关系如图 7.1-5 所示。

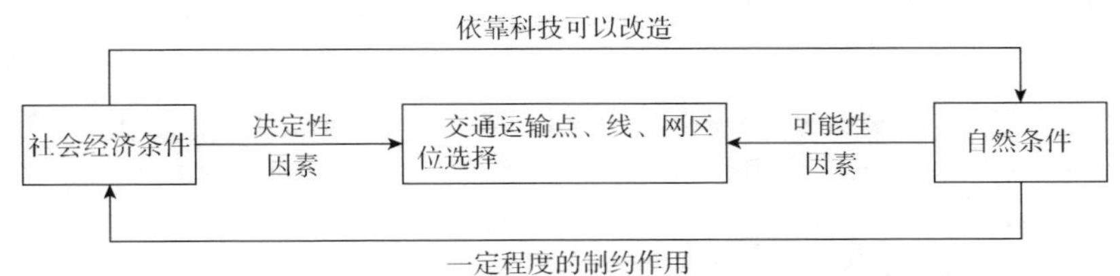

图 7.1-5　制约交通运输点、线、网区位选择的因素及其作用

3）货流方向的不均衡性及其对策

生产力布局是造成货流方向的不均衡性的主要原因，如采掘业和加工业分布地域差异，方向不均衡造成空车（船）的调拨。

实际情况下，由于车船的专门化和不同物料对运输工具的特殊要求，如石油要求油罐车承运、鲜肉要求冷藏车承运，又使空车（船）率大为增加。即若货流在其方向上较均衡，亦不排除空车调拨的可能性，如大庆的原油南运，设备、建材、日用品运入，并不能在车辆上利用回空，这也是敷设油管的一个条件。再如，在海上运输，回空船只为了保持其稳定性，又往往需人为地增加载重量，形成更大的浪费。

货流方向上的不均衡性，造成了新修或改建交通线投资的增加，因为路线及枢纽均需以重车方向的货流为设计依据，从而大大降低了线路的经济效果。

想绝对消除方向上的不均衡性是不现实的。但是，通过一些技术经营措施和生产布局措施，可以使这种不平衡得到缓和。

技术经济措施是一些治标的办法。路线采用有利于重车方向的运营制度，如单线铁路使用不成对运行图，双轨铁路一线当作单线使用；车辆与船舶不过分狭隘专门化；设计陆路交通线时，将空车方向用较陡的上坡；空车方向运价给以折扣等。

生产力布局措施是改善货流方向上不均衡的治本办法。其措施有:尽量使采掘工业和原料、燃料失重性很大的加工工业在地域上结合,组织联合企业,如将采矿、焦化、钢铁冶炼工业结合在一起;在大城市、工业区附近建立粮食、副食品、燃料基地;布局工业时,考虑到货流方向上的均衡,如在交通线两端的煤炭和铁矿石基地各建钢铁企业并进行原料互换;适当选择分布广泛的原材料如砂石、黏土、石灰石等的产地和加工厂,使其能利用回空方向运输。

4)货流在时间上的不均衡性及其对策

这类不均衡性反映了货流在不同时间的差异,包括年度差异和季度差异。由于生产和人民消费日益提高,货流表现为逐年增长;正常情况下,按季、按月的货流分配,仍然是有波动的,且表现出一定的规律。交通路线和站港不能根据平均货流量,而是要根据最紧张时期的货流量来确定,这样,平时的固定设备便搁置不用,影响资金的周转。日常的运输组织工作也因货流的季节波动而引起许多麻烦,如调配劳动力、调剂车船等。

由于交通线路所在区域自然条件和线路技术装备水平的差异,往往使某种运输方式产生一定程度的季节性。在这方面首先是水路交通、高纬度地区的内河航道和海港往往由于冬季封冻而被迫停航。我国北方河川封冻期一般有1~3个月,而东北河川则达4~6个月。另外,有些河川在洪枯水期也使运输工作难以进行。公路交通在一些地区则受到冬季积雪、春季翻浆和夏秋洪水影响,特别是低级路面,所受影响更为严重。铁路交通因有一定的技术装备和措施,较少引起季节性运输停顿。故水路交通和公路交通往往是货流发生季节波动的原因。

各种运输方式的相互影响必须在实际工作中予以估计。一种交通因受季节性影响,必然波及另外一种,如水路的封冻会将大量货流转移到平行的铁路上。另外,如果支线或补给线路发生季节影响,则必然使干线货流也出现很大季节波动。如公路因春季翻浆而货流减少,则相应的铁路地方货流亦减少。

由运输方式引起的货流季节性波动,可以通过技术措施予以避免或削弱,如提高交通线设计标准,冬季进行道路防雪措施等;水上在封冻期利用破冰船开辟航道,修建水库调节洪枯水量等。当然,技术措施会引起投资的增加,故应在经济合理的情况下进行。另外,在布局地区交通网时,应考虑各种运输方式的季节性特点及其相互配合,以使这种季节性对货流的不均衡性和对地区社会经济的危害影响减弱。

5)区域生产和消费的特点对货流季节不均衡的影响

由于货物生产消费集中在全年的某一季节,再加上生产和消费在地域上的分离,便引起货流的季节性波动。有些货物的生产和消费在全年是均衡的,货流在全年分配也是稳定的。大部分工业货流,特别是工业货流如煤炭、石油、矿石、钢材等基本上无季节变化,但有些货流则是不稳定的。

一些货物生产具有季节性,而消费在全年是均衡的,如粮食、棉花、糖等。我国粮食货流,在一年一作区和二年三作区集中在夏收和秋收之后,即8—10月;一年二作区则有夏收后和秋收后两个高峰。

一些货物生产比较均衡,但消费具有季节性。如我国北方冬季,对建筑材料需要显著减少,民用煤则显著增多。又如化肥根据不同的农时,货流量亦不相同。

一些货物生产与消费均具有季节性,如一些木材利用放筏,只有在河川开冻后才能被放

出，而正好冬季建筑上需要木材不多，此为两种季节性相互结合的例子。又如北京大白菜生产在秋季，而主要消费季节在冬春之际。总之，生产与消费均有季节性的货物，其货流的季节性更为显著。

6)合理布局仓库对缓和货流季节波动的作用

由于运输方式以及各区生产和消费的季节特点，很多情况下需要先将货物进行储存保管，合理的仓库或转运站的区位对调节季节性货流有着重要作用。

生产具有季节性而消费则为均衡性的货物应在生产地就近建仓库。如粮食和棉花在收获后，可先集中在附近的火车站或汽车站附近，然后在一年内均衡运出。也可将粮仓建在消费区大城市，其优点是可以集中修建较少的大型仓库，避免在生产地建立分散小仓库的缺点，投资和管理均较经济，还可及时向消费者供应。但如考虑到货流季节不均衡给国家带来的损失，以及对交通线网造成的巨大压力，则分散建库的多余支出往往可由运输费用的节约补偿而有余。

生产均衡、消费具有季节性的货物，如建筑材料、民用煤等，可在消费地扩大仓库规模和仓库网。比如我国北方，应将建筑材料预先运入工地，这虽积压了建筑部门的资金，但并不增加整个国民经济的支出。因这并不延长物资的储存期限，只是变更储存地点问题，这种变更能给运输带来巨大节约。

生产和消费皆均衡的货物，在运输方式具有季节性条件下，则又往往需使生产地和消费地均设置仓库进行调剂，以便在交通线运营期达到货流均衡，且不致造成生产或消费上的不便。

当然，生产、消费和运输三者中有两个以上都具有季节性时，用仓库位置来缓和货流的不平衡性就更复杂，如天津市内河航运货流与仓库布点的关系见表 7.1-3。

天津市内河航货流与仓库布点 表 7.1-3

货　物	生产时间	消费时间	运输时间	仓库位置
粮食	9—11 月	全年	3—11 月	生产地和消费地
食盐	4—10 月	全年	3—11 月	消费地
建筑材料	全年	4—11 月	3—11 月	生产地
民用煤	全年	11—3 月	3—11 月	生产地和消费地
蔬菜	3—11 月	全年	3—11 月	消费地

7)交通运输布局的原则

交通运输布局又称交通运输配置，它是指铁路、公路、水运、航空和管道 5 种现代化运输方式的线路(包括铁路线、公路线、水运航道和航线、航空线及管道等)、站(包括车站、泵站)、港(包括河港、海港、航空港等)的土木建筑物及相关技术设备和交通运输工具组成的交通运输网的地理分布。

交通运输布局是一项战略性、综合性的工作。各种运输方式应根据其技术经济特点，因地制宜地协调发展，并组成各级部门和综合交通网；交通运输的各个环节亦应从系统整体出发有机结合，相互贯通。为此，交通运输布局有以下 8 项基本原则。

(1)交通运输布局要促进国民经济和对外贸易的发展，并要与工农业布局和人口分布相适应。要同国民经济和对外贸易的发展相适应,要同工农业布局和人口分布相协调,根据国民经济发展和人民旅行需要来安排交通运输网的布局。其适应和协调表现在交通运输网布局在地区分布、运输能力、建设时间等诸多方面。为此,进行交通运输网的布局不仅要做到交通运输系统和综合运输网的协调,更要适应工农业布局、外贸发展、旅客、货物在国家和地区间的流动等方面的要求,交通运输布局最终要符合国家建设与社会经济发展的要求。

(2)交通运输布局要以科学的客货运量预测为基础。交通线网、车站、港口、码头、枢纽等是交通运输生产的物质基础,它们担负的客货运量的多少是国民经济和人民生活对它们需求的数量尺度。它们布局和改造的标准与规模直接取决于客货运量的大小。同时,由于交通运输的生产活动是在广大的空间内进行的,交通网和枢纽一经建成,就不能作地域上的调剂。因此,要求交通运输网的运输能力布局,在地区上、运输方向上、能力规模和形成的时间上都要适应客货运输的需要。同时,考虑到运输产品的非储存性特点,交通运输的储备只能以其运输能力形式出现。因此,为保证运输的畅通和国民经济的发展,在布局交通运输能力时要有必要的能力储备,处理好需要和储备的关系,既要避免由于标准过高,运输能力储备过大、过早,造成运输能力的积压和浪费;也要防止由于标准过低,运输能力不能适应客货运量的需要,造成再改造的浪费。所以做好近、远期客货运量的预测是进行交通运输布局的基础。

(3)交通运输布局要因地制宜,充分考虑各地区的自然条件和特点。交通运输网以及港、站、码头、枢纽等是文化景观的重要组成部分。建造在地表上的人工建筑物和构筑物,或经过人工整治、开挖的航道和运河,会不同程度地受到自然环境的影响。这种影响不仅表现在线路的走向、港站的选址,还表现在线路、航道的技术标准和施工条件等方面。所以,因地制宜地处理好交通运输布局与各地区自然条件的关系是做好交通运输布局的前提。因此,在交通运输布局中必须重视影响较大的地形、地质、气候、水文等自然条件的研究分析工作。

地质、地形因素对于陆上交通的线路和站、场、港的地基和周围地段的稳定性是一个重要因素,这就与构造、岩性、自然病害等有关。地震活动地段、断裂破碎带、软土沼泽地区等,不宜建设铁路和港口;对于滑坡、崩塌、泥石流、岩溶地段等也应尽可能避开,或采用必要的工程措施予以防范;冲积阶地、低平缓丘、平原地区是适宜的选线地段;其他中高山地区、黄土高原、沙漠冻土地区都需要从保证路基稳定和行车安全出发,进行合理选线和采取必要的措施。对于航道和港口来说,河流的发育阶段、河床摆动、河岸和海岸的稳定性和泥沙运动规律都有重要影响。

气候因素不仅对水运和航空有直接影响,而且对陆路交通也关系密切。地表的水分、热量状况及其相互关系的表征指标——潮湿系数、气温是确定公路修建、养护标准和投资的依据。河流结冰期直接影响航路的选择和开辟;大气环流的特点和气象、气候条件对于航空线路选择有直接的影响;风向对于机场位置、海港防波堤口布置有一定制约。水文因素中的流量、水深及其季节变化直接影响到航运;河流的流向、水位不仅影响到陆路线路的位置、高度以及桥涵建筑物的位置,还影响到水运港址选择、码头位置、规模;海岸地段的地貌水文特点和岸流、波浪和潮汐对海港和码头选址起着很大作用;地下水的高度对于铁路、公路、管道的基础稳定性等都有一定的影响。

应该指出,自然因素对交通运输布局的影响随着现代科学技术的发展而逐步下降,但自然因素对交通运输布局的选线、港、站、场的选址、建设投资、运输能力以及建成后的运输成本和运营费支出的影响仍然是不可忽视的，必须给予正确的评估，在弄清各种自然因素的基础上，采取相应的技术措施。对我国来说，由于幅员辽阔，各地区自然条件差异较大，所以在交通运输布局中，就更要重视对自然因素的研究分析，充分利用各种有利条件，克服不利因素，因地制宜地进行交通运输网建设。

(4)交通运输布局要综合利用各种运输方式，加速综合运输网的形成。现代交通运输工具由铁路、公路、内河航运、海运、航空和管道等组成。它们在基本建设投资、建材需要量、货物送达速度、运输成本、能源消耗以及劳动生产率等方面具有不同的技术经济特点，适应着不同的自然条件和各种运输要求。在综合运输网中，各种运输方式都占有一定的地位和作用。此外，旅客从始发地到目的地，货物从产地到消费地，往往要由几种运输工具共同完成。因此，建成综合运输网既是交通运输的客观要求又是客货运输的实际需要。我国人口众多、海岸线长、河流较多，从我国各地资源分布和经济发展很不平衡以及我国交通运输的现有基础等特点出发，应逐步建立起布局合理，水陆空相通，客货并重，各种运输方式紧密配合、协调发展的综合运输网。在综合运输网的基础上，综合利用各种运输工具，选择合理的运输线路，使生产、供应、运输、销售中的各个环节、各个工序的联系和配合更加密切，使物资从产地迅速、完整、简便、安全地运到需要的地方和消费者手中。

(5)交通运输布局要做到点(站、港、枢纽)、线(线路、航道)、面(交通网)的结合，形成综合运输能力。交通运输的特点是在交通运输网上组织生产和服务，它是通过运输工具(车、船、飞机)在交通运输网上完成旅客和货物的运输。而交通运输网的畅通要求构成交通运输网的点(站、港、枢纽)、线(铁路线、公路线、水运航道航线、航空线)、面(铁路网、公路网、水运网、航空网)的合理结合，协调发展，最终才能形成综合运输能力。如果只铺路修线、浚河辟航而不建车站、港口，则无法形成一条交通线的运输能力。同样，如果只修线而不连网，则运输亦不能畅通。结合我国实践表明，要加强"点"的建设，尤其是运输枢纽的建设，它对于保证交通运输网的畅通、形成综合运输能力十分重要。

运输枢纽是几种运输方式相互连接的部位及其设施，各种运输方式的交通线只有通过运输枢纽才能形成一个整体。因此，一方面交通运输网上相邻的运输枢纽要有合理的分工与协作，另一方面在运输枢纽内部既有各种运输方式的客货到发、中转，也有不同运输方式间的中转；还与城市内部运输密切联系。运输枢纽布局合理与否，对于交通运输网的合理布局和综合运输能力的形成等都有十分重要的意义。须根据客货流的流量流向规划综合运输网，在规划综合运输网的基础上安排好运输枢纽的分布与建设，把客货流规划、运输网规划与运输枢纽规划结合起来进行整体研究。

(6)交通运输布局要尽量少占土地，节约资源。土地资源是最重要的财富，特别在我国人多地少的情况下，更要注意土地资源的合理利用。交通线(网)、站、港、场是建筑在地面上的土工结构物(管道、航空线除外)，需要占用大量土地。因此，在交通运输布局中就更要注意节约土地。例如充分利用我国丰富的水运资源(沿海和内河)就可节约大量农田。铁路、公路、港口、枢纽的不同布局方案占用土地数量亦不相同。应该在满足运输需要的前提下，尽量做到节约用地及其他资源。

(7)交通运输布局要与城市建设规划相结合。交通运输是城市建设和发展的基本条件，交通运输条件的变化必然影响到城市的兴衰,而城市建设和发展又反过来会促进交通运输的发展。此外,交通运输布局与城市规划建设间也存在某些矛盾,如交通建设用地、噪声、环境污染等方面影响城市建设,而城市建设也常限制和影响交通运输布局方案的选择。为此,必须处理好交通运输布局与城市规划、建设的关系。在安排线路的选线和车站、枢纽、港口、码头、机场的选址时要与城市规划建设相结合。在现有交通线和运输设备的改造中亦要照顾到城市的建设与发展。

(8)交通运输布局要适应巩固国防和加强战备的需要。交通运输布局对实现国家统一完整、巩固国防有着重要作用。无论是旧线改造或新线建设都要满足国家政治统一和国防安全的要求,处理好国防的需求同经济建设的关系,采取具体线路具体分析的方法进行合理的安排。如主要为经济建设服务的线路,应以满足经济要求为主,适当考虑国防建设的要求;对于主要为国防建设服务的线路,应以国防为主,亦要适当考虑经济建设的要求;对于平时、战时地位都很重要的线路,则应经济开发和战备需要同时兼顾,充分发挥其交通干线的作用。

7.1.9 交通网设计

一个层次有序、干支分明、运转灵活的综合运输网是国民经济发展和人民生活水平提高的重要前提条件。综合运输网区划的原则是:

(1)由于综合运输网应直接为相应的社会经济体系服务,因此,综合运网区的界线应同综合社会经济区的界线基本一致。

(2)由于在综合运输网中,不同的运输方式应联结成为一个有机的整体,以便能发挥联合运输和合理分工的效能,因此,应充分考虑运输网本身的整体性。

影响国家或地区运输网密度的因素非常多,其中主要的因素有地区发展水平、生产地域专门化程度、一定的自然条件(如天然河道网、地质地形条件等)、人口和城市的密度和集中程度、土地面积的大小等。

1)干支线综合运输能力的形成

要形成一个国家或一个区域交通运输系统的综合运输能力,应涉及以下内容:

(1)要建成一个全国交通运输网的主干,这个运输网连接国家大中城市和主要海港、河港和工业基地,构成全国运输网的基础,形成相互协调的干线系统综合运输能力。

(2)要建成与全国交通运输网主干相衔接的、深入全国中小城市、地区工矿企业和广大农村的支线和短途运输网(包括地方铁路、公路、内河航道等),并要形成与干线集散货物相适应的系统综合运输能力,保证短途运输的畅通。

(3)一个经济区或一个省区,为适应区域社会经济的发展,应在全国交通运输网构架的基础上,结合各社会经济区或省区的社会经济、自然条件,逐步地建立起地方交通运输网,形成符合地区社会经济发展所需要的、各种运输方式相结合的各具特点的地方交通网。它既要完成本区的运输任务,同时,又要成为全国交通运输网的组成部分。

2)各种运输方式综合运输能力的形成

以铁路运输为例,提高每一条铁路线系统综合运输能力,应涉及以下内容:

(1)进行科学的客货运量预测,明确既有铁路线近期、中期、远期所需要的输送能力,确

定其系统综合运输能力分阶段发展的规模。

(2)既有铁路线系统综合运输能力方案的确定,要通过系统分析妥善处理好该线与地区运输大系统间的关系,安排好该线与路网上相关铁路线的合理分工与协调。

(3)根据计算期间既有铁路线系统综合运输能力的分阶段发展规模,通过调查研究,摸清其系统综合运输能力的现状,对组成系统综合运输能力的各项设备能力和运输组织工作进行系统分析,找出各相关设备在该系统整体上存在的问题。

(4)根据既有铁路线相关设备整体上存在的问题,以及国家要求该线应具有的系统综合运输能力,编制技术设备改造方案。通过投资效益、施工期限、运输条件与服务水平等方面的技术经济论证,选定最优方案与分阶段过渡措施。根据系统综合运输能力的最终目标,对相关设备分期进行加强,保证各相关设备能力互相协调,同步发展,加速系统综合运输能力的形成。

3)运输合理化的社会经济地理因素

交通运输建设须解决一切不合理的运输。因此须有一定的社会经济地理前提,如生产力的布局、交通网的分布以及储运站的设置等,还应该具有相应的技术组织保证。

(1)合理布局生产力。

这是运输合理化的最基本因素,特别对于避免过远运输和原料与成品间的相向运输更为有效。生产力布局的核心要求就是使生产与消费在地域上尽量结合起来,以达到由原料采掘、半成品加工、成品制成到产品消费所消耗的运输劳动最小。

工业布局的大分散和企业布置的小集中相结合,不仅能充分利用自然和劳动力资源,而且对运输合理化有巨大意义。工业的适当分散,在农、矿原料和劳动力(包括技术力量)充裕的地区更多地建立企业,特别是中小企业,能有效地消除笨重原料、燃料和成品的长距离运输和重复运输。企业在一些城镇或工业区必要的集中和成组布置,既能保证企业在专业化基础上对资源综合利用,如在盐基地发展海洋化工,在炼油基础上发展化学纤维、人造橡胶和化肥,机器制造业的铸件、锻压、机修的紧凑布置等;又能使相邻企业协作化,相互利用成品或半成品作为原料,共同建设动力、零配件、机修、专用线甚至公用和生活福利设施。这样许多区际运输成为区内运输,厂外运输成为厂内运输,可以节约或消除大量不合理的运输。

(2)不断改善交通网。

交通线网是货流移动的渠道。应根据国民经济和生产力布局的要求,加强新交通线网建设,并使旧的交通网完善(如修筑平行线、联络线、专用线等),可大大从方向上和运力上保证合理运输。对我国来说,大力开辟内河航道,发展沿海航运,完善城乡交通网,组织各种联运路线,从而合理使用交通工具,发挥运输潜力和减少运输费用都是具有现实意义。但交通网的增加必须同生产力布局和运量分布相适应。

(3)恰当布置储运站。

如何布置储运站,对于运输的合理化具有非常大的影响。储运站的性质不外两类:一类是仓库型的,即所谓中心库,其目的在于调剂货物生产或消费的季节性。仓库型储运站要与生产或消费单位结合,不能在地理上另起炉灶,以致产生多余运输。另一类是货栈型,即所谓中转库,除储存外,还兼有甚至主要是集散的性能,它必须根据交通线的分布和货物流向,设置在铁路、公路、航运的衔接点和物资集散地,且其规模应同中转范围及其任务大小相适应。

(4)合理规划运输路线。

树立全局观,协作产运销,推行物资调运合理化是合理组织货流的关键,它牵涉产、运、销各个部门以及不同运输方式和环节。合理规划运输路线包括在国民经济计划和区域规划基础上,确定主要物资的合理流向,制定基本流向图或标准货流图。

4)区域规划中货物调运的合理组织

根据我国一些地方的经验,货物调运合理组织规划的原则有:

(1)外省(自治区、直辖市)调入的大宗物资,如煤炭、石油、食盐、粮食等,实行跨地区供应,直线调拨,尽量做到不经过中转,一次发到销售地。

(2)对集中生产的地方产品,如百货、纺织品、食糖等,越过中转、中间批发站等环节,由生产厂矿直接发到供应点。

(3)对省(自治区、直辖市)内分散生产的产品(如小化肥产品、农药、农机具等)实行就地集中或收购,划片供应,不足或多余部分通过全省平衡货源按合理流向就近调剂。

(4)对全省(自治区、直辖市)储备的物资,如粮食、食糖、木材等,按合理流向尽可能在铁路、港口定点储存,方便日后直接中转。

按照货物品种,分别拟出全省(自治区、直辖市)标准货流图,并划出相应的物资调运经济区域(货流区),从而使物资供销完全排除行政区域框架和传统习惯的束缚。

5)货流规划的原则

在进行货流规划时,下列三个原则是必须考虑的:

(1)产销平衡。

国民经济中生产与消费,农业、轻工业与重工业,地区与地区间有计划地平衡。

(2)合理运输。

货流规划和区划的重要依据之一是运输的合理化。因此,必须在规划货流图中,完全剔除相向、迂回、不合理使用运输工具等的不合理运输。此外,还须注意两点:

①合理运输要以产销平衡为基础,即要从国家或地区的生产与消费以及生产力的布局现状出发。

②合理运输必须服从国民经济社会的整体利益,不能孤立谈运输的合理。

(3)运费最小。

在产销平衡和合理运输前提条件下,规划货流和进行区划,就必须符合使总运费达到最小的原则。在运费率相等、中转费一致的条件下,总运费最小就表现为总的吨公里数最小。同理,如果收发的货物吨数也是固定的,那么,总运费最小也就是总运距最小。故有时这一原则亦称总运距最短的原则。

7.2 道路走廊带选择

道路路线走廊带(通道)的选择与研究是道路建设步入实质性阶段的第一步,也是道路建设非常关键的一步。道路路线走廊带是指道路路线所经沿程影响的区域,是一个带状走廊,其数量与拟建项目规模(长度)有关(拟建规模越大、走廊带条数越多,范围越宽)。走廊

带的合理性,不仅直接影响,甚至决定工程建设规模、投资、工期、质量、抗灾防灾能力,而且影响或者说限制道路的影响辐射面、辐射范围,辐射人口、路网结构、路网密度、路网地位,以及道路的社会效益、运输效益、沿程经济、城镇规划和发展方向。特别是中西部山区高速公路,由于山区地形、地质复杂,虽然可通走廊不少,但可行走廊不多,经济合理走廊更少,甚至是唯一的,再加上路网密度小,辐射影响面小,带动沿程经济发展和影响力度相对较小。

路线走廊带选择是在道路起终点间选定一条技术上可行、经济上合理,符合运营安全使用要求的道路走廊工作。走廊带选择面对的是复杂的自然地理环境和经济社会环境,需要综合权衡协调多方面因素。走廊带选择必须按由面到带、由粗到细、由轮廓到具体、由概念到详细方案逐步深入,统筹综合分析比较确定的过程。

7.2.1 走廊带的组成要素

道路走廊带选择要依据综合交通路网规划、经济、环境、地形、地质、水文、城镇(经济带)等因素确定走廊带的各组成要素。走廊带的组成要素包括其走向、控制点、走廊带的长度与宽度等与几何属性有关的要素和不良地质、自然环境敏感区、气候环境恶劣区、人文社区等与物理属性有关的要素。

1)走廊带的走向及控制点

路线走廊带所必须经过或绕避的地理位置点就是控制点,可分为经济控制点、地形控制点、地质控制点、环境控制点、城镇控制点、文物保护控制点、旅游控制点等。经济控制点主要有重要的大型工业厂矿、大型农牧业基地、经济产业带等;地形控制点有特大桥梁、特长隧道、越岭垭口等;地质控制点有必须绕避的滑坡、泥石流、软土、地质构造破碎带等不良地质地段;环境控制点有必须绕避的自然保护区、饮用水源保护区等环境敏感区,以及特殊气候带;城镇、旅游控制点则是指需要绕避或连接的城镇、大型居民地、自然或人文旅游区。

走廊带的基本走向就是依次连接路网规划所确定的路线起终点和主要控制点。走廊带控制点间不同的连接构成了路线不同的可能方案。走廊带方案确定后,就基本决定了工程的大体规模、对区域环境的影响程度、对经济的带动作用、建设的难易程度和基本造价等。

2)走廊带的长度与宽度

走廊带的长度与工程建设、运营的经济性密切相关,两者必须统筹兼顾。原则上走廊带应力求短捷、顺直,不过多偏离其基本走向,以缩短直通客货运输的距离和时间、降低运营成本。

走廊带的宽度存在两个概念,一是研究初期最外围两走廊间的距离,二是同一走廊带两最外围两路线方案间的距离。走廊带是在"面"上研究选择,路线方案是在带上研究选择。在研究的初期,关注的是地位较重要、工程规模较大的控制点,其思维多停留在目标概念上,走廊带的拟定与选择必须在较宽的宏观层面上,一般为10~100km(面宽、条数与起终点间距离有关,距离越长面越宽,条数越多)。随统筹综合分析各方面因素的深入,通过定性和适度定量分析比较后,自然剔除部分不满足关键控制要素的走廊带,走廊带的选择研究将集中在5~50km的"中宽带"内,一般情况即可确定推荐走廊,分析研究串联"中宽带"内各走廊带相对有利路段的组合走廊往往是值得深入研究的走廊,而后续的路线方案选择则是在推荐采用的宽度为2~10km的"窄宽带"内进行。

3)自然地理环境条件

地形地貌、不良地质、自然环境敏感区域、特殊气候等自然地理环境条件是道路建设的边界条件之一,对自然地理环境条件的选择遵循“利择其重、弊择其轻”的原则,以确保工程规模、标准等与自然地理环境条件适宜,与经济社会环境条件协调。

道路具有线性工程的特征,与自然地理环境接触点多面广,各路段存在较大的差异性,特别是山区,山区地形地貌、水文地质、气候环境条件一般较为复杂,其地质构造发育,地质环境脆弱,地质灾害多发,走廊资源紧缺,道路建设不可避免会对自然地理环境造成影响和破坏,处理不好将会诱发和加剧各种自然灾害,增加道路寿命周期成本,影响建设工期和运输效益。

路线走廊带拟定和选择时,应深入调查研究,了解走廊地形地貌、区域地质构造、气候环境、环境敏感区、不良地质发育区、自然地理环境承载力等自然环境条件和特征,以及与拟建道路的相对关系,遵循“利择其重、弊择其轻”的原则,确保工程与自然地理环境条件适宜共生,与自然地理环境融合一体。

4)经济社会环境条件

国家发展战略、方针政策、综合交通网规划、国土空间功能规划、自然保护区、饮用水源保护区、风景名胜区、道路沿线城镇规划等各行各业的规划,以及行业工程技术标准、规范、规程、高压输电线路、高速铁路、基本农田保护、水利水电设施保护等规则、条例是路线走廊带研究选择并严格执行和敬守的经济社会环境条件。

7.2.2 走廊带的识别与选择

应对走廊带的性质及影响因素进行全面系统的识别,辨证分析统筹选择走廊。

1)走廊带要素的识别与分析

从功能、安全、环保、美观、以人为本和可持续发展出发,可以从以下几个方面的约束边界条件因素对走廊带进行识别与分析。

(1)地形地貌、岩性土壤、地质灾害、水文地质等要素。

不同的地形地貌、纵横交错发育的地质构造、岩性与水文地质是影响路线走廊带选择的关键自然因素。道路走廊穿越的地貌单元及其规模、特征,道路可能穿越的垭口位置及其海拔,跨越的河流沟谷走向及其河床岸坡的稳定性,纵横交错的地质构造带和破碎带、滑坡、泥石流、岩堆、采空区等不良地质位置、规模、特征及其与道路的相对空间关系等,直接影响走廊带的走向、工程造价、工程结构的稳定,以及工程防灾抗灾的能力和运输效益及安全。

(2)交通运输效率与安全要素。

交通运输效率受路线走廊带、综合运输网络、路网结构、交通运输服务水平和服务质量等的影响,其中交通运输服务水平和运输服务质量又受交通里程、时间、运营费用、安全性等的影响。交通安全包括工程自身的结构安全和运行安全。

(3)自然地理生态环境要素。

自然地理生态环境涉及人类经济社会和自然地理环境的可持续发展,道路走廊选择需要考虑影响区内的湿地、河流、沟渠、库塘、水源保护区、生物多样性区域、濒危野生动植物栖息地、人文资源、自然保护区、生态类型保护区、生态环境敏感区等自然生态环境敏感区的范

围,保护的核心主体、级别等形态、特征的识别与保护。

(4)自然地理气候环境要素。

气候受纬度、经度及地形地貌等因素的影响,造成具有宏观规律性和局部雨雾、冰雪、冰冻,阴阳坡的气候差异性,不仅影响道路工程的建设管理与养护,而且影响交通运输的效率、服务水平和交通运输安全。

(5)矿产文物等社会发展基础资源要素。

储藏于地球表层系统的各种矿产资源皆是人类社会持续发展的基础性资源;记载人类文明发展历程的文物古迹、风景名胜,以及自然生态环境、生物基因保护区等资源。这些资源涉及人类社会的可持续发展,是经济社会发展的资源财富,因此应有效地保护人类社会可持续发展的各种资源。

(6)国土空间资源的保护和开发要素。

国土空间资源既是交通建设最基础的自然资源,同样是其他产业和人类社会发展最基础的自然资源,是交通建设直接消耗的不可再生资源。交通走廊选择应对其沿线的国土资源和空间资源进行全面系统地识别与分析,尽可能减少对优良资源的占用,尽可能避免对资源的分割,降低或者影响资源的开发和利用价值。

(7)工程造价要素。

在走廊带选择时,对工程造价因素的考虑是较为宏观的,主要从走廊带长度、桥隧规模及其比例、交叉数目及规模、辐射影响范围以及地质构造带影响等方面进行统筹考虑工程的经济性。

(8)社会经济影响发展要素。

路线走廊带的布局直接影响其社会经济带动和促进作用,而影响路线走廊带选择的主要因素包括服务影响的人口、辐射影响国土面积、辐射影响的乡镇、串联的经济、产业布局结构及其优化区域出行新通道等因素,以及与其他基础设施、产业的衔接、扶贫与乡村振兴、社会平均建筑水平等。

(9)社区价值要素。

道路建设必须能够增加社区价值,服务经济社会发展战略,统筹考虑工商产业区、社区(包括机场、学校、城镇等)、经济作物区等的相对空间关系和连接方式。

(10)社会资源要素。

国家经济发展战略和产业结构布局,以及国家方针政策、投资主体和方向,拟建项目功能定位,服务的主体对象等是交通建设经济社会环境方面的边界条件。

总之,影响路线走廊选择的因素是多方面的,各种因素又互相联系、相互影响。总体上可分为自然地理环境要素和经济社会环境要素两个方面。路线走廊选择应以满足经济社会发展需求为前提,综合考虑各种自然地理环境条件,采用与自然和谐、与自然适宜、与社会协调的思想理念,以不遗漏任何一个可能的方案,全面系统识别各种要素,进行广泛系统的比选,辩证地分析,精心选择,细心求证。

2)*走廊带选择的原则*

走廊选择与研究是一项系统工程,无论是走廊要素的确定、因素的识别,还是优劣的判断,皆必须建立在系统工程的基础之上,广泛深入地分析、研究、评价与取舍,并遵循以下基本原则：

(1)路线走廊带的确定应统筹考虑走廊带内各综合交通运输体系的分工与配合，及其无缝对接，统筹规划、远近结合、合理布局，充分发挥和提高道路运输的综合效益。

(2)在走廊带选择中，应重视地形、地质、生态等自然地理环境因素，既要注重对不良地质等敏感区域的避绕，又要减少对路域环境的影响和破坏，还要统筹考虑对沿线路域社会经济的促进与拉动作用，同时应认识到走廊国土空间为不可再生资源，统筹规划、综合利用。

(3)在深入全面调查、识别、论证的基础上，根据路网规划合理确定走廊带及其主要控制点，并将自然资源、国土占用等作为走廊方案选择的重要指标，以尽量减少耕地的占用和自然资源的分割，以及社区的阻隔。

(4)应重视经济带星罗棋布的格局特征，关注连接的节点和其布局，使拟建项目走廊成为主体社会经济带的交通主动脉，既促进原有社会经济带的发展，又带动产业和经济带的开发。

(5)应统筹兼顾工程的经济性和运营的经济性，既要节省工程造价和运输成本，又要提高交通运输效率和质量，保证交通运输安全。

(6)应处理好风景名胜、文物古迹等的绕避与穿越、保护与发展的关系，实现最大程度的保护，最大限度地促进和与其路域环境、景观的协调与共生。

(7)充分听取公众的意见是路域社区价值的反映，是需求与利益的表达，同样是并行设计理念的彰显。倾听是工作的态度，分析判断是工作的方法。

(8)工程方案具有“非唯一性”特征，走廊带取舍涉及诸多因素，需要系统统筹权衡，权衡其相对性和辩证性，应用系统论的方法，从需求出发，围绕工程项目核心功能，本着与自然和谐，遵守规则，遵循“利择其重、弊择其轻”的基本原则。

7.3 道路选线

道路选线是根据道路的使用任务、性质、等级、起讫点和控制点，沿线地形地貌、地质、气候、水文、土壤等情况，通过政治、技术、经济、社会等方面的分析研究，比较论证而选定合理的道路路线。

7.3.1 影响道路选线的因素及选线理念

1)影响路线方案选择的主要因素

(1)在政治、社会、经济、国防上，国家或地方建设对道路使用任务、性质的要求，社会发展、综合利用等重要方针的体现。

(2)路线在铁路、公路、水运、航空等综合交通运输系统中的作用，与沿线工业厂矿、城镇等规划的关系，以及与农田水利等建设的配合及用地规模。

(3)沿线自然条件的影响。地形地貌、地质、水文、气象、环境敏感区等自然条件，决定了工程难易和运营质量，对选择路线走向有直接的影响，反过来道路的建设和运营对自然环境存在阻尼式的影响。

(4)道路路线主要技术指标和施工条件的影响。道路的主要技术指标在一定程度上影响路线走向和线位的选择,施工期限、施工技术水平等,甚至成为决定性的因素。

(5)车辆安全运行的影响。道路路线线形和技术指标不仅决定道路建设规模和成本,同时决定道路运输的安全水平,一旦实施几乎不可能改变。

(6)其他(如沿线旅游景点、历史文物、风景名胜等)的影响。

影响路线方案选择的因素是多方面的,各种因素互相联系互相影响。路线应在满足使用功能和性质要求的前提下,综合辩证统筹考虑自然地理环境、技术标准和技术指标、工程投资、施工期限和施工设备等因素,多方案比较,精心选择,慎重求证。

2)选线的一些基本理念

(1)地质优先选线。

地质选线的目的是选择经济合理的道路路线设计方案,避免路线通过严重地质不良地段和防止发生严重工程地质病害,使道路路线方案在地质环境好的区域内,以规避重大工程风险,确保道路建设项目技术可行、安全可靠。地质选线应注意以下三点。

①选择路线方案,应十分重视工程地质条件。当区域稳定条件差,有不良地质现象和特殊性岩土存在、山体或基底有可能失稳时,尤应衡量地质条件对工程稳定、施工条件和安全及运营维护的长期影响,合理选定路线方案。

②工程地质选线工作应综合考虑地质条件和各种因素,初步选定路线位置。然后在充分研究并掌握沿线工程地质条件下,尽可能对有价值的方案进行比较,将路线、大桥、隧道及立交等重点工程选定在工程地质条件相对较好的区间内,以避免在详测时因地质问题而发生路线或桥位、隧址方案变动。

③对规模大、分布广、治理难的不良地质和特殊岩土地带路线应尽量绕避。必须通过时,应选择最短的距离、最有利的部位通过,并对其采取切实有效的工程措施。

(2)环保优先选线。

"不破坏就是最大的保护"的设计理念应始终贯穿整个设计过程。将道路建设对周边环境的破坏程度降至最低,就要把工程防护与生态防护结合起来,把设计作为改善环境的促进因素,摒弃先破坏、后恢复的陋习,实现环境保护与道路建设并举、道路发展与自然环境相和谐,努力建成环保之路、景观之路、生态之路。

(3)设计指标的灵活运用。

标准规范中对指标的规定是综合考虑诸多因素,制定的各地适用的最大公约值。实际设计中要灵活运用规范、标准。强调每一个道路建设项目都具有唯一性,涵盖项目所在的地理位置、地形地貌、地质、气候气象、社会环境、不同的文化传统、风俗习惯、审美特点以及道路使用者的需求、面临的挑战与机遇等。这些都构成不同地区特有的道路景观环境,在功能、安全与周围自然和社会环境之间寻求协调和平衡。

①灵活运用技术指标的基本原则。严格执行强制性指标,灵活掌握非强制性指标,最大限度避免合法不合理的综合整体评价指标,突破指标需要论证使用。

②超标设计的论证。实际设计中,即使使用最低标准、指标,也会导致对环境、生态的破坏,并且工程造价居高不下。这种情况下应考虑非标准设计,论证使用小于极限指标的非标准设计,即允许超标设计。综合考虑项目的所有约束条件和设计目标,经充分的论证和评估后,才能采用非标准允许的超标设计。

③平衡安全、经济、美观、舒适的关系。道路的功能、安全、经济、环保、美观和交通质量等多个道路设计目标在多数情况下是相互矛盾,甚至冲突的。应认真分析研究项目所在区域的自然条件、人文条件,灵活运用技术指标,使路线顺应地形,合理利用山坡台地、缓地等有利地形布线,避让不利地形和高填深挖,减小道路对原有地貌景观的破坏。道路设计是多目标的协调,为满足道路设计的目标,协调道路与设计约束条件(自然环境、社会环境及技术标准等)的关系,分层次逐步进行。

随着我国道路建设的飞速发展,特别是高原山区的道路建设发展,以及对工程地质认识的加深,道路选线从多年的"地形选线"逐步提升为"地形地质选线",即在考虑地形条件允许的基础上,充分考虑路线所经地区的地质条件,避免由于工程建设而引发新的地质灾害。从道路路线本身的技术可行性角度讲,地形的选择是路线方案选择最根本的出发点,影响着路线的技术标准。随着对自然环境的认识以及环保意识的加强,在"地形地质选线"的基础上,又提出了"环境选线"的理念。环境选线理念是以建设可持续发展道路为出发点,从大气环境、水环境、水土流失、动植物资源等多个侧面指导道路选线,寻求道路工程建设与环境保护、工程建设与经济发展、眼前利益与长远利益、局部利益与整体利益的平衡点。

7.3.2 道路选线

1)道路选线的一般原则

(1)应针对路线所经地域的生态环境、地形、地质的特性与差异,按拟定的各控制点由面到带、由带到线、由浅入深、由轮廓到具体,进行比较、优化与论证。同一起、终点的路段内有多个可行路线方案时,应对各设计方案进行同等深度的比较。

(2)影响选择控制点的因素多且相互关联、相互制约,应根据道路功能和使用任务,全面权衡、分清主次,处理好全局与局部的关系,并注意由于局部难点的突破而引起的关系转换给全局带来的影响。

(3)应对路线所经区域、走廊带及其沿线的工程地质和水文地质进行深入调查、勘察,查清其对道路工程的影响程度。遇有滑坡、崩塌、岩堆、泥石流、岩溶、软土、泥沼等不良工程地质地段应慎重对待,视其对路线的影响程度,分别对绕、避、穿等方案进行论证比选。当必须穿过时,应选择合适的位置,缩小穿越范围,并采取切实可行的工程措施。

(4)应充分利用建设用地,严格保护农用耕地。

(5)国家文物是不可再生的文化资源,路线应尽可能避让不可移动文物。

(6)保护生态环境,并同当地自然景观相协调。

(7)高速公路、具有干线功能的一级公路同作为路线控制点的城镇相衔接时,以接城市环线或以支线连接为宜,并与城市发展规划相协调。

(8)新建的二级公路、三级公路应结合城镇周边路网布设,避免穿越城镇。

(9)应考虑平、纵、横面的相互间组合与合理配合。

2)道路选线的步骤

(1)路线总体布局。即路线方案的选择,在起讫点及中间必须通过的据点寻找可能通行的"路线带",并确定一些大的控制点,连接起来即形成路线的基本走向。例如,在起讫点及据点间可能沿某条河,越某座岭;可能走这一岸,也可能走另一岸。

(2)逐段安排。结合地形、地质、水文、气候等条件,在大控制点间逐段定出小控制点。

(3)具体定线。根据技术标准结合自然条件,综合考虑平、纵、横三方面因素,在逐段安排的小控制点间,反复穿线插点,具体定出路线的位置。

7.3.3 路线方案选择

1)原则性方案比较

影响路线方案的主要因素如下。

(1)路线在政治、社会经济、国防上的意义,国家或地方建设对路线使用任务、性质的要求,对外开放、综合利用等主要方针的体现。

(2)路线在铁路、公路、航道、空运等交通网系中的作用,与沿用工矿、城镇等规划的关系,以及与沿线农田水利等建设的配合及用地情况。

(3)沿线地形、地质、水文、气象、地震等自然地理条件的影响;路线长度、筑路材料来源、施工等以及工程量、建材(钢筋、水泥)用量、造价、工期、劳动力等情况及其对运营、施工、养护等方面的影响。

(4)其他如与沿线旅游点、历史文物、风景名胜的联系等。

2)详细方案比较

详细方案比较分为技术指标比选和经济指标比选。

(1)技术指标比选内容包括:①路线长度及其延长系数;②转角数,即全线的转角数和每公里的转角数;③转角平均度数;④最大与最小平曲线半径(m);⑤回头曲线的数目(个);⑥最大与最小纵坡;⑦最大与最小竖曲线半径(m);⑧与既有公路及铁路的交叉数目(包括平交和立交);⑨限制车速的路段长度(指居住区、小半径转弯处、交叉点、陡坡路段等)。

(2)经济指标比选内容包括:①路基土石方工程数量;②桥涵工程数量(大桥、中桥、小桥涵的座数、类型及其长度);③隧道工程数量;④挡土墙工程数量;⑤征购土地数量及费用;⑥拆迁建筑物及管线设施的数量;⑦主要材料数量;⑧主要机械、劳动力数量;⑨工程总造价;⑩投资成本-效益比;⑪投资利润率;⑫投资回收期。

7.3.4 不同地形地貌的选线要点

将地形划分为平原、丘陵和山岭三种地区,三种地区的选线要点如下。

1)平原区选线

(1)平原区地形、地质及路线特征。

平原是地面高度变化微小的地区,有时有轻微的波状起伏或倾斜。平原地区除泥沼、淤泥、河谷漫滩、草原、戈壁、沙漠等之外,一般多为耕地,且分布有各种建筑设施,居民点较密;在天然河网湖区,还有湖泊、水塘、河汊多等特点。平原区路线布线容易,选线时主要解决平面线形与地物障碍的矛盾;平面线形顺直,以直线为主。弯道偏角小、半径大;纵坡平缓,一般以路堤为主。但要注意排水,以保证路基稳定。虽然平原区偏角小地势比较平坦,路线平面、断面等几何线形较容易达到较高的技术标准,但往往由于受当地自然条件和地物的障碍以及支农的需要,选线时要考虑的因素是多方面的。

(2)平原区路线布局要点。

①注意标准的合理采用。

平原区路线应力求顺直、短捷,尽可能应用较高的技术指标,但在具体指标应用时应注意:

a.合理选用直线长度。平原区路线应以直线为主,当必须采用长直线时,应做好平、纵组合设计,以消除长直线的弊端。

b.直线与半径的关系。长直线的尽头不得连接急弯,有时尽管所接的曲线并不小,但不一定与前面的直线相适应。

c.保证路基稳定。平原区路线纵坡设计时应注意路基的最小填土高度;做好路基的排水设计;横向排水不利时,应保障最小排水纵坡度的要求。最小排水纵坡度一般为0.5%,最小不小于0.3%。

②处理好与农业的关系。

a.平原区路线应尽量不占或少占耕地,尤其尽量不占或少占高产田。一般应避免直穿农田,必要时可适当绕越,以减少对灌溉或耕作的影响。必须穿越农田的地段,路基高度除应根据当地土质、水文条件处理外,还应满足灌溉要求。

b.路线应与农田水利相配合,尽量不与灌渠相交,尽量布置在上方或尽头,同向时渠路结合、桥闸结合,以减少占田和便利灌溉。

c.当路线靠近河边低洼的村庄或田地时,应采取靠河岸布线,利用路的防护措施,兼作造田保村之用。

③处理好路线与城镇的关系。

路线穿过城镇居民区时,有直穿与绕行两种方案。

a.一般高等级公路及国防公路不过村镇,但不宜过分偏离村镇,可以修支线连接。要做到靠城不进城,利民不扰民。

b.对于沟通县、乡、村直接为农业服务的县乡路,经地方同意可以穿过村镇,但要有足够的路基宽度和停车视距,以确保行车安全。

c.要尽量避开重要的电力、电信设施,当非要靠近时要保障足够的距离和净空。

④处理好与桥渡的关系

a.大中桥位一般为路线的控制点,其位置在服从路线总方向和桥头引线顺直的原则下,路桥应综合考虑。避免出现只强调桥位不顾路线,或只顾路线顺直不顾桥位的情况。在桥孔设计时,应少压缩河道,防止桥前壅水而威胁河堤安全及淹没村田。

b.小桥涵位置应服从路线走向,但遇到斜交过大或河沟过于弯曲时,则可采取改河措施或改移路线,调整路线与流向的夹角,以免过分增加施工困难和加大工程投资。还应考虑桥涵的位置、高度、选用形式等技术经济的合理性,并满足农田排灌的要求。

c.路线跨河修建渡口时,应在路线走向基本确定后,选择渡口位置。渡口应避开浅滩、暗礁等不良地段,两岸地形应适宜修建码头。

⑤注意水文土壤条件。

平原区一般土壤、水文条件较差,地下水位高,特别是河网湖区,路基稳定性较差,路线一般选择较高的地带通过,以利排水和路基最小填土高度的要求。

此外,路线设计不应损坏重要历史文物,通过古迹、名胜、风景区的公路应注意与周围环境、自然景观相协调,保障美观。同时注意利用乡间旧路及注意就地取材。

2)山岭区选线

(1)山岭区地形特点。

山岭地区山高谷深、坡陡流急、地形复杂,但山脉水系清晰,又有日温差和年温差较大、暴雨多、河流水位变化幅度大等特点。按其经过地带的部位和地形特征,山岭地区路线可分为沿河(溪)线、越岭线、山脊线、山腰线、山脚线等。因为山腰线、山脚线的内容在沿河(溪)线、山脊线中都有涉及,在此只论述沿河(溪)线、越岭线、山脊线3种线形。

(2)沿河(溪)线布局要点。

沿河(溪)线的平面主要取决于河谷的形状,纵坡一般较平缓,起伏不大,线形标准一般较山岭区其他线形高,便于为分布在溪河两岸的居民点及工农业生产服务,施工、养护及运营条件好,当有与路线同方向的河谷时,这是首选方案。但该方案存在一般防护工程量大、占地矛盾突出,且工程艰巨段,如峡谷、峭壁段勘测施工不便等缺点。

沿河(溪)线布局应处理好河岸的选择、线位高低和跨河换岸地点三者间的关系。

①河岸选择。

由于河谷两岸情况各有利弊,选线时应比较两岸地形、地质、水文等条件以及农田水利规划等因素,避难就易,充分利用有利的一岸。对于中小型河流,当建桥工程不复杂时,为了避开不利地形和不利地质地带或缩短里程和提高路线标准,可考虑跨河换岸布线,但河流越大建桥工程越大,跨河换岸就越要慎重考虑,一般应综合考虑下列因素,经过技术、经济比较选择河岸。

a.地形、地质条件。

路线应选在地形宽坦,有阶地可利用,支沟较少、较小,水文地质条件良好的一岸,而这些有利的条件常出现在河流两岸,选线时应深入调查,综合比较,全面权衡。

b.积雪和冰冻地区的选岸。

积雪和冰冻地区的阳坡和阴坡,迎风面和背风面的气候条件差别很大,阴坡积雪及涎流冰都比较严重且延续时间较长,在不影响整体布局的条件下尽可能选在阳坡和迎风面的一岸,以减少积雪、涎流冰等病害。有的即使阳坡的工程量大些,也应从延长通车时间和保证行车安全着眼选择阳坡一岸。

c.考虑村镇和居民点的联系。

除国防公路外,一般路线应尽可能选在村镇多、居民点密的一岸,但要避免穿过村庄。其他如对革命史迹、历史文物、风景区等,要创造便于联系的条件。

②路线高度。

沿河(溪)线的线位高低是根据河岸地形、地质条件以及水流情况,结合路线等级标准和工程经济性来选定的。当然最好将路线设在地质、水文条件良好,不受洪水影响的平整阶地上。但在V形河谷的傍山临河路线,往往缺乏这种有利地形。

低线位一般指高山设计洪水位(包括浪高加安全高度)不多,路基临水侧边坡常受洪水威胁的路线;高线位一般高出洪水位较多,基本上不客观存在洪水威胁的路线。

低线位平、纵面线形比较顺直、平缓,易争取较高标准,一般土石方工程也较省,边坡低,塌方少;路线活动范围较大,便于利用有利地形地质和避让不良地形地质;便于在沟口直跨支流,必须跨主流时也较易处理;防护工程量较小;养护材料及用水方便。但是低线位受洪水威胁大,防护工程多,且占地矛盾突出。

高线位一般适宜有大段较高台地可供布线的情况,很少受洪水威胁;弃方容易处理。但路线曲折、纵坡起伏、线形差、工程量大,跨河较难,避让不良地形地质困难。

两种线形互有利弊,一般低线位优点多,在满足设计水位的前提下,一般路线越低工程越经济,线形标准也越高。采用低线位的成功经验很多,但也有不少水毁的教训。因此,在采用低线位时,要特别注意洪水位的调查,搜集可靠的水文资料,把路线放在安全高度上,同时要采取切实的防洪措施,以保障路基稳定和安全。

③桥位选择。

按路线与河流的关系,有跨支流与跨主河两类桥位。跨支流的桥位选择一般属于局部方案问题,而跨主河的桥位选择多属于路线布局的问题。跨主河的桥位选择往往是路线的控制点,并与河岸选择两者相互依存、相互影响。当路线受地形地质的限制,需要换岸时,如果桥位选择不好,勉强跨河,不是造成线形差,就是要增大桥梁工程以致影响路线的整体布局。在选择河岸的同时,要处理好桥位及桥头路线的布设问题。

路线跨越主河,由于路线走向与河流接近平行。因此,在选择桥位时,除了应满足桥梁本身的基本要求及桥位水文、地质等条件外,尤其要注意桥头路线的舒顺和处理好桥位和路线的关系。桥位选择常有以下四种情况:

a.在S形河段腰部跨河,以争取桥的轴线与河流有较大交角,路桥较易配合。

b.在河湾附近选择有利位置跨河,能使路桥较好配合,但应注意河湾水流对桥位的影响,采取有效防护措施。

c.在与路线接近平行的顺直河段上跨河,桥头引道难以舒顺。当必须在这种河段跨河时,中小桥可考虑设置斜桥以改善桥头线形;当大桥不宜设置斜桥时,需对桥头路线作适当处理,采用局部加大开挖,争取较大桥头曲线半径以利行车。

d.路线跨越支河是局部方案问题,可采用在沟口直跨,这样路线短、线形顺,或者绕进支河(沟)上游跨越,这样路线增长、线形差。选择哪种方案,要根据路线等级、跨河(沟)条件、施工条件通过技术经济比较而定。一般高等级路宜直穿,低高级路可绕跨。

根据不同的地形、地质条件,路线布设有不同的方式,但都必须保证不过分改变水流状态,保证路基稳定及尽可能采用较高的技术标准。

(3)越岭线布置要点。

沿分水岭一侧爬上山脊,在适当地点穿过垭口,再沿另一侧山坡而下的路线称为越岭线。当两主要控制点之间横隔山岭或有的沿河绕行太远时,须采用越岭线。越岭线的特点是需要克服较大高差,线位与路线长度取决于纵坡的安排。在越岭线选线时,须以路线纵坡为主导。主要应解决垭口、过岭高程的选择和垭口两侧路线展线方案拟定的问题,它们相互联系相互影响,布局时要综合考虑,处理好它们之间的关系。

①垭口选择。

垭口是体现越岭线方案的重要控制点,应在符合路线基本走向的较大范围内选择,要全面考虑垭口的位置、高程、地形条件、地质情况和展线条件。

a.不同位置垭口的选择。

垭口位置既要基本符合路线走向,同时垭口两侧侧坡还要便于展线,两者相辅相成。首先考虑靠近直连线、侧坡连线容易的垭口;其次考虑稍偏路线大的方向,但接线良好,且不至于过分增加路线长度的其他垭口。

b.不同高程垭口的选择。

垭口高程直接影响路线长度、工程量大小及运营条件,一般应选择较低的垭口。如两垭口高差为 ΔH,则路线长度增减 $\Delta L=\frac{2\Delta H}{i_{均}}$,其中 $i_{均}$ 为路线平均坡度。在积雪、结冰地区高海拔的路线对行车不利,有时为了走低垭口,即使方向有些偏离、距离有些绕远,也应注意比较。但对于积雪、结冰不是太严重、符合路线基本走向、展线条件较好、接线方向较顺、地质条件较好的垭口,即使较高也不应轻易放弃。

c.垭口展线条件选择。

山坡线是越岭线的主要组成部分,而山坡坡面的曲折程度、横坡陡缓、地质条件好坏等与线形指标和工程量有直接关系。因此,选择垭口必须结合山坡展线条件一起考虑。如有地质较好、地形平缓、利于展线降坡的山坡,即使垭口位置略偏、高程较高,也应做好比较,不要轻易放弃。

d.垭口的地质条件。

垭口一般地质构造薄弱,常有不良地质存在,应该深入调查摸清其性质和对道路的影响。对软弱层型、构造型和松软土侵蚀型垭口,只要注意到岩层状况及水的影响,路线通过一般问题不大。对断层破碎型及断层陷落型垭口,一般应尽量避免通过,必须通过时,应查清破碎带的大小及程度,选择有利的位置通过,并采取设置挡墙、明洞等工程措施以保障路基稳定。对于地质条件恶劣的垭口,局部移动路线或采取工程措施仍不能解决问题时,最好放弃。

②过岭高程的选择。

过岭高程是越岭线布局的重要控制因素,不同的过岭高程就有不同的展线方案。过岭高程应综合路线等级、垭口地形、地质以及两侧展线方案等因素经过技术经济比较来确定。这些因素相互影响,必须全面分析研究各种可能的方案,作出合理选择。根据实际情况一般可采用以下几种方式确定过岭高程。

a.浅挖低填。

过岭地段山坡平缓,垭口宽而厚(有时达 1~2km,有时还有泥沼存在)的地段,可采用浅挖低填的形式过岭,过岭高程基本上就是垭口的高程。

b.深挖垭口。

当碰口比较瘦削时,常采用探挖的方式过岭。至于深挖程度,应视地形、地质、气象条件及展线方案对垭口高程的要求等因素而定。一般挖深在 20m 以内、地质状况良好时,还可深些。但由于垭口地质薄弱,挖深以不危及路基稳定为限。

由于深挖垭口工程量集中,往往要处理大量弃方,施工条件极差,影响施工工期,但由于降低了高程,相应缩短了里程,故总工程量不一定增加。即使有所增加,也可以从改善行车条件、节约运营费用中得到补偿,在过岭高程确定时应充分考虑。

c.隧道穿越。

当垭口挖深在20~25m以上时，采用隧道能大大降低路线爬升的高度，缩短里程，提高路线指标，在经济上非常合算。对于克服严重不良地质以及减轻或消除高山严重积雪、结冰对道路的不良影响，采用隧道是有效措施。

③垭口两侧路线的展线。

越岭线高差主要通过垭口两侧山坡上的展线来克服。尽管山坡地形千差万别，线形多样，但路线平、纵、横三方面的结合要以纵断面为主导。

展线方式主要有自然展线、回头展线、螺旋展线三种方式。自然展线一般适用于垭口一侧有较长的整齐山坡，无较大割裂地形而地质又稳定的情况。回头展线适用于两控制点间的高差较大、靠自然展线无法取得所需的距离以克服高差，或因地形、地质条件不宜采用自然展线时的情况。螺旋展线适用于当路线受到限制，需要在某处集中提高或降低到某一高度才能充分利用前后有利地形时，可采用螺旋展线。

(4)山脊线布局要点。

大体上沿分水岭布设的路线，称为山脊线。路线特点是路线起伏曲折，其程度取决于分水岭的形状、控制垭口间的高差和具体地形；边坡不陡，排水良好，人工构造物少，工程量小，水文地质条件较好，路基病害少；线位较高，远离居民点，施工、养护不便，则不利于战备，且积雪、冰冻及云雾对行车不利。显然分水岭顺直平缓、起伏不大、岭脊肥厚是布设山脊线的理想地形，路线可大部分或全部设在分水岭上。但高山地区的分水岭常常是峰峦、场口相间排列，有时相对高差很大，这时山脊线沿分水岭的侧坡在垭口之间穿行，线位大多位于山腰上。

山脊线方案成立与否，应考虑以下因素：分水岭的方向不能偏离路线总方向太远，分水岭平面不能过于迂回曲折，纵面上各垭口之间的高差不过于悬殊；控制垭口间的山坡地质条件较好，地形不过于陡峻凌乱；上下山脊引线要有合适的地形可以利用。由于完全具备上述条件的山脊不多，所以很长的山脊线比较少。山脊线多是作为沿河线或山腰线的局部比较线及越岭线的两侧路线的连接线。

3)丘陵区选线布设

丘陵区是介于平原和山岭之间的地形，其特点是：山丘连绵，岗坳交错，此起彼伏，山形迂回曲折；岭低脊宽，山坡较缓；丘谷相对高差不大，常存在路路可通的情况。丘陵区根据地形起伏轻重不同和对路线布设的限制程度可分为重丘区和微丘区。前者起伏较大，山丘谷沟分布较密，坡形较陡，相对高差较大，技术指标的掌握与山岭区相近；后者近似于平原区地形，技术指标的掌握近似于平原区。但是，丘陵区毕竟有它本身的特点，局部方案多，为适应地形，路线纵断面有起伏，平面以曲线为主。在选线方面，应按丘陵区地形特点进行路线合理布设。

(1)丘陵区选线特点。

①局部方案多，这是由于丘陵区的山岗、谷地较多，路线走向灵活性大，其路线沿哪条谷地伸展靠哪边山坡布设，往往需要进行几个方案的比较后才能确定。

②注意平、纵、横三方面协调，选线时避免不顾纵坡起伏，片面追求长直线；或不顾平面过于曲折，片面追求平缓纵坡的倾向。若布置得当，可提高路线技术指标。

③横断面位置多以半填半挖形式为主,布线同时注意纵向土石方平衡,以减少弃方和借方,尽可能少地破坏自然景观。

④尽量和当地的整田造地及水利规划密切配合,选择既有利于支农,又能提高路线标准的路线方案。

(2)丘陵区路线的布线方式。

依据不同的地带类型,一般有如下三种布线方式。

①平坦地带——走直线。

两个已知控制点间地势平坦,应按平原区以方向为主导的原则,以直线相连,如遇有地物、地质或风景等障碍视为中间控制点,在相邻控制点间仍以直线相连,在路线转折处,加以长而缓的曲线。

②缓坡地带——走匀坡线。

路线通过斜坡地带,如两控制点间无特殊障碍,路线宜沿匀坡线布设,如遇地形、地质、地物等障碍,视为中间控制点,在各种控制点间仍走匀坡线。匀坡线是顺自然地形均匀升降坡的地面点的连线。匀坡线通常需经过多次试放取得。

③起伏地带——走直连线与匀坡线之间。

起伏地带也属斜坡地带,只是上下坡的组合为丘陵区所特有。当已知控制点间包括一组起伏时(即路线交替跨越丘梁和坳谷,在两个相邻的梁顶或谷底间即出现一组起伏),如走直连线,路线短但起伏大,为减缓地形起伏势必出现深切高填;如走匀坡线,坡度虽好但绕线较长。这两种做法均不合理,而应走匀坡线与直连线之间,选择平面顺适、纵坡均匀的地段穿过较为合适,但路线具体位置要视地形起伏程度及路线等级要求而定。一般低等级路的路线可偏离直连线稍远些,高等级公路可将路线定得离直连线近些。当两已知控制点间有多组起伏时,每组分别定出控制点,然后按前述的一组起伏处理。

7.3.5 不良地质路段的选线要点

(1)岩溶区。通过岩溶区时,路线应布设在可溶岩与非溶岩互层的岩溶发育相对较弱区;避免沿厚层可溶岩与非溶岩接触带、构造破碎带、褶曲轴部和倾伏端布线;通过岩溶坡立谷、丘陵区,线位宜靠山坡;通过溶蚀洼地的路线选在洞穴少、埋深大,岩溶水排泄条件弱的地段。

(2)滑坡区。路线通过滑坡,应力求不恶化滑坡体,并增强其稳定性。根据路线高低选择布线位置,一般是滑坡上缘或下缘比滑坡中部好。通过滑坡上缘,一般以挖方路基为宜;通过下缘,以路堤为宜。

(3)岩堆区。处于发展阶段、上方山坡有大量物质来源的岩堆应及早提坡从上方山体的稳定地带通过;趋于稳定的岩堆,如地形条件允许,路线宜在岩堆坡脚外适当距离通过。如地形受限,也可在下部以路堤形式通过;对已稳定的岩堆,布设路线应注意不破坏其稳定性,应选择在堆积物较薄、基底稳定条件较好的部位。

(4)崩塌区。通过崩塌区,路线不宜紧靠崩塌体脚下,并设置遮挡建筑物;小型、零星落石段,宜将路线设置在崩塌落石停积区外,以路堤形式通过。

(5)泥石流区。通过泥石流区时,首先应考虑从流通区或河床比较稳定、冲淤变化不大的洪积扇顶部以桥跨越;基本稳定或规模不大的泥石流,路线可从堆积区通过,但应注意路桥结合和导流防护措施。

(6)水库区。路线必须设在塌岸带内时,应有确保路基稳定的工程措施,路线宜选择在基岩露头良好、土层薄的坡体稳定段;路线走向宜与主导风向一致或逆风向一侧。

(7)风沙地区。路线通过沙漠地区时,宜尽量避开严重的流沙地段,选择在沙害较轻的湖盆滩地、河谷阶地、古河床及扇缘地带布线;必须通过流沙时,路线宜以最短的距离布设在沙丘起伏不大和在沙丘的中立地带;路线的走向宜与当地的主导风向大致平行;路线宜靠近材料产地和水源地。

(8)采空区。通过采空区,应选择在矿层薄、埋藏深、倾角缓、垂直矿层走向等有利条件处通过。

(9)积雪区。风吹雪地区,路线宜避开风速严重减缓区;通过山地丘陵时,应尽量利用几面通风的开阔地、台地、山梁、垄岗等;路线走向应尽可能与风雪流的主导方向平行或交角小于 30°。一般积雪区,越岭或沿河路线宜设在阳坡上。

(10)雪崩区。路线应尽可能绕避严重雪崩区;在森林区路线应注意靠近森林较多、较密的一侧通过;通过雪崩的沟槽时,如河谷较宽,应从堆积区的外侧通过;通过雪崩堆积区或运动区时,应结合防治雪崩的工程措施选择合理的位置。采取拦阻雪崩或导雪措施时,路线应尽可能在堆积区的下方通过。采用防雪走廊时,路线应尽量靠近陡坡。越岭展线地段应避免多次经过同一雪崩沟槽,山坡上路线不宜设挖方。

(11)强震区。路线应力求绕避近期活动的断裂带、断层破碎带和断裂交叉带、易液化砂土及软土等松软地基、不稳定悬崖深谷、易塌陷地下空洞等抗震不利地段;路线宜选择在地势平坦或地貌单一的平缓坡地。

7.3.6 特殊性岩土路段的选线要点

(1)冻土区。路线通过山坡时,宜选择在平缓、干燥、向阳的地带;在积雪地段,应选择在积雪轻微的山坡上;沿大河河谷定线,宜选择在阶地或大河融区,但应避免在融区附近的多年冻土边缘地带;穿过冻土时,应以较短的距离通过多年冻土地带;路线宜选择土质良好的地带,并尽量靠近取土地点,以及砂、石和保温材料产地;在厚层地下冰和冻土沼泽地段,宜从较窄、较薄且埋藏较深处通过;在热融滑坍、冰丘、冰锥地段,路线宜在下方较高处通过。

(2)软土区。选线应注意避开泥沼及软土地段,力求绕避陡山坡上的泥沼、古湖盆的泥沼以及中间聚水地带的泥沼;通过泥沼及软土地段时,线位应尽可能选在泥沼及土分布范围最窄,泥炭淤泥层不厚、沼底横坡不大,有较厚覆盖层或硬壳层,地势较高,取土条件较好的地段;宽广的软土地区,路线应避免沿排灌渠道边缘或湖塘边缘布设;选线应注意利用微地貌,如风成高地及丘陵坡麓的堆积高地。

(3)盐渍土区。对于有可能遭受洪水冲淹的低洼地区,以及经常处于潮湿或积水的强盐渍土、过盐渍土或盐沼地带,路线应尽可能选择在一般的渍土地区或小面积岛状零星分布的盐渍土地带,路线应选择在地势较高、含盐量较小、地下水位较低、地表排水便利和通过距离最短、距渗水性土产地最近的地段。

(4)膨胀土区。路线应选择在膨胀土分布范围窄、膨胀性能弱、膨胀土层薄的地段;路线

横穿膨胀土垄岗脊时,应选择前缘部位,垂直脊线穿越;通过既有建筑区时,应尽量远离建筑群及重要建筑物。

(5)黄土区。路线应选择平坦的宽谷,在湿陷比较小、地表排水较好的地带通过,避开深沟、陡坡、陷穴、冲沟密集,下伏面陡倾和地下水发育的斜坡地段。

7.3.7 公路纵坡设计要点

1)纵坡极限值的运用

设计时不可轻易采用纵坡极限值,应留有余地。在受限制较严,如越岭线为争取高度、缩短路线长度或避开艰巨工程等,方可采用。通常,纵坡缓些为好,但为了路面和边沟排水,最小纵坡不应低于0.3%~0.5%。

2)最短坡长的运用

坡长不宜过短,以不小于计算行车速度9s的行程为宜。对连续起伏路段,坡度应尽量小,坡长和竖曲线应争取到极限值的1~2倍以上,避免锯齿形的纵断面。

3)各种地形条件下的纵坡设计

(1)平原、微丘地形的纵坡应均匀平缓,注意保证最小填土高度和最小纵坡的要求。

(2)丘陵地形应避免过分迁就地形而起伏过大,注意纵坡应顺势不产生突变。

(3)山岭、重丘地形的沿河线应尽量采用平缓纵坡,坡长不应超过限制长度,纵坡不宜大于6%,注意路基控制高程的要求。

(4)越岭线的纵坡应力求均匀,尽量不采用极限或接近极限的坡度,更不宜在连续采用极限长度的陡坡之间夹短的缓和段。越岭线不宜设置反坡。

(5)山脊线和山腰线除结合地形不得已时采用较大纵坡外,在可能条件下纵坡应缓一些。

7.4 桥涵位置选择

7.4.1 桥位选择

1)一般工程地质地区的桥位选择

(1)桥位选择对地形、地貌、地物等方面的要求。

①桥位应尽量选在两岸有山嘴或高地等河岸稳固的河段;平原区河流的顺直河段;两岸便于接线的较开阔的河段。

②桥位应避免选在其上、下游有山嘴、石梁、沙洲等干扰水流畅通的地段。

③桥位应尽量避免选在地面、地下已有重要设施而需要拆迁的地段。

④桥位选择应考虑施工场地布置和材料运输等方面的要求。

(2)桥位选择对工程地质条件的要求。

①桥位应选在基岩和坚硬土层外露或埋藏较浅、地质条件简单,地基稳定处。

②桥位不宜选在活动断层、滑坡、泥石流、岩溶以及其他不良地质发育的地段。

2)特殊地质地区的桥位选择

除应满足一般地区桥位选择要求外,特殊地质地区桥位选择还应满足下列要求。

(1)泥石流地区的桥位选择。

①在强泥石流地区,桥位应采取绕避方案。

②当路线必须通过泥石流地区时,桥位应选在沟床稳定的流通区的直线段上,且桥轴线应与主流正交;不应选在沟床纵坡由陡变缓、断面突然收缩或扩散以及弯道的转折处。

③在泥石流地区,严禁开挖设桥,亦不得改沟并桥。

④当路线通过泥石流堆积扇时,桥位宜避开扇腰、扇顶部位,宜选在扇缘尾部,路线应沿等高线定线,桥梁宜分散设置。如堆积扇受大河水流切割时,桥位选择应考虑切割发展,留有一定的余地。

⑤当路线通过泥石流堆积扇群时,桥位宜选在各沟出山口处或横切各扇缘尾部。

(2)岩溶地区桥位选择。

①桥位选择应避开岩溶发育地段;若难以避开,需在岩溶发育地段设桥时,则应选在岩层比较完整、洞穴顶板厚度尺寸足够处。

②当路线跨越岩溶地区的构造破碎带时,桥位应避开构造破碎带;当无法避开时,应使桥位垂直或以较大的斜交角通过。

③当不能绕避岩溶区时,桥位应避开大洞室和大竖井部位。

④桥位不宜设在可溶岩层与非可溶岩层的接触带,而宜设在非可溶岩层上。

⑤路线跨越岩溶丘陵区的峰间谷地时,桥位不宜选在漏斗、落水溶洞、岩溶泉、地下通道及地下河出露处。如必须通过时,应探明岩溶的位置和水文条件,采取相应的工程措施。

(3)岩溶塌陷区的桥位选择。

①桥位应选在工业与民用取水点所形成的地下水位下降漏斗范围以外。

②桥位应选在覆盖层较厚、土层稳固、洞穴和地下水位稳定处;如塌陷范围小,可用单孔跨越。

③地下河范围内不宜设桥,也不宜靠近设桥。

(4)滑坡地区桥位选择。

①桥位应绕避大型滑坡地带。

②当必须通过滑坡地区时,桥位应选在边坡、沟床稳定而对桥梁无危害的地段。

(5)沼泽地区桥位选择。

桥位应选在两岸地势较高部位,桥头引道应尽量避免通过淤泥、软土、古河道等不良地质地段;如无法避开时,应选在基岩或硬土埋藏浅、软弱地层厚度薄的地段。

7.4.2 小桥涵位置的选择

一般情况下,应在下列位置考虑设置小桥或涵洞。

1)天然河沟与路线相交处

凡路线与明显沟形的干沟、小溪、河流相交时,当路线上游汇水面积大于0.1km^{2}时,原则上应设一道小桥或涵洞。

2)农田灌流渠与路线相交处

路线经过农业区、跨越水渠、堰塘或水库的排水渠以及通过大片梯田影响农田灌溉时应考虑设置涵洞。

3)路基边沟排水渠

在山区公路的山坡线,为排除路基挖方内侧边沟流水,应考虑设置涵洞。其间距一般不大于200~400m;在干旱山区,间距不大于400~500m。

4)与其他路线相交叉处

当路线与铁路、公路、大车路、人行路、农村机耕道及重要管线交叉,如采用立体交叉,且路线又从其上方通过时,应考虑设置相应的小桥或涵洞。

5)其他设涵情况

(1)在平原区,路线通过较长的低洼地带及泥沼地带时,为保证路基稳定,避免排水不畅及长期积水的情况,在地面具有天然纵坡的地方设置多道涵洞。如无灌溉和其他需要,涵洞间距一般是1~2km。

(2)平原区路线穿过天然积水洼地,也应考虑设置数道涵洞,以沟通路基两侧水位,平衡水压。

(3)路线紧靠村镇通过,要特别注意设涵,以排除村镇内地面汇流水。

(4)山区岩层破碎及塌方地段,雨季经常有地下水从路基边坡冒出,为使路基边坡稳定,及时疏干地下水,应配合路基病害整治设置涵洞。

6)小桥涵位置确定要点

(1)小桥位置的确定。

在确定小桥位置时,应结合路线及河流的水文、地形、地质、土壤等条件与路线布置综合考虑。在不过分增加土石方数量和路线长度、不降低路线标准的情况下,适当考虑和照顾小桥位的需要,选择有利的跨河位置。择位时要综合考虑以下条件。

①路线应尽可能与洪水主流方向垂直。如不能正交,应使墩台轴线与水流方向平行,以减少水流对墩台、路基边坡的冲刷。

②桥位最好选在河道顺直、水流平稳河段,以减少水流对墩台的冲刷,也可减少墩台基础及河岸防护加固工程数量。

桥位应避免设在河湾上。当路线遇河湾时,最好把桥位选择在河湾上游。限于路线和地形影响不能在上游跨河时,也可在河湾下游,但应尽量远离河湾,一般最好设在河流宽度的1~1.5倍以外。

③桥位应选择在河床地质良好、地基承载力较大的河段,尽量避免在岩溶、滑坡、泥沼、盐渍土及其他地质不良地段通过。为减少墩台基础费用,桥位最好选在河床两岸有基岩外露或覆盖层较薄的地点。桥位处如系土质河床,应尽量避免在淤泥沉积地段设置。

④桥位宜选择在河流狭窄、河滩较窄较高、岔流少的河段跨河,这样可缩短桥长,减少工程数量。在河流有沙洲、河汊汇合口等水流紊乱的河段,应避免设桥。当路线必须通过两河沟或支流汇合口时,应从其汇合口处下游离汇合口1.5~2.0倍河宽以外的范围跨过。

⑤沿溪线跨越支沟时,桥位应尽量选在受大河壅水倒灌影响范围以外。

⑥桥位选择应尽量使两岸桥头土石方较少、利于路线衔接,并避开两岸不良地质地段。

⑦沿溪线路线与桥位布置要密切配合。在可能条件下应利用河湾、S形河段以及适当斜交的办法跨河,以创造较好的线形条件。

(2)涵洞位置的确定。

涵洞位置的选定应特别注意保持水流顺畅和洞内水流均匀,防止涵洞入口或洞内产生淤积和堵塞,避免恶化涵洞出口及其下游的水流状态,并应尽量利用有利地形、地质条件,减少改沟、挖基和调治防护工程,使涵洞布置力求达到技术经济上的合理。

涵洞定位通常是沿着确定路线方向前后移动,选择一个合理而又经济的位置。根据不同地形情况,在选择涵洞位置时要注意以下几点。

①平原区涵位。

a.沟心设涵。平原区涵位通常设于河沟中心,一般与路线方向正交,并使其进水口对准上游沟心。

b.适当改沟。在河沟十分弯曲地段,为使水流畅通,可采用裁弯取直或改移河沟的办法设正交涵,上游一般应有 1.5 倍河槽宽度的直沟段长度,避免因改沟合并占用农田,破坏现有的耕作和排水系统。

c.注意设农田灌溉涵洞。当路线与农田排水沟渠相交时,应注意设置农田灌溉涵洞,避免设涵后对下游出口处农田产生不利冲刷,防止上游水位壅高导致淹没村庄。

②山岭及丘陵区涵位。

a.顺沟设涵。山区河沟坡陡水急、洪水猛、历时短,冲刷及水毁比较严重,因此,涵位布置应尽量符合水流方向,顺沟设置。一般不宜改沟设涵,强求正交。

b.改沟设涵。只有当河沟比较宽浅,沟底纵坡平缓,水流较小时才考虑改沟设涵。改沟时要注意做好引水及防护工程,注意对下游农田的影响。

在经常有水流的河沟上,采用裁弯取直的办法改沟设涵,还具有可在干土中开挖基坑以及取直后沟底增高可缩短涵洞长度的优点。当河沟分岔较多、水流紊乱时,可采用改沟整流做正交涵的办法。

位于河沟纵坡较陡,流量较大,表土易被冲刷,而且改沟后所设排水沟纵坡平缓,易被冲积土淤塞,以及位于黄土区的河沟不得改沟合并。

c.路基排水涵。涵位选择应与路基排水系统密切配合。布设涵位时,可结合路线平、纵面设计图,选择以下位置设置路基排水涵洞。

(a)路线纵坡由下坡变成上坡的凹形竖曲线处,为排除内侧边沟水流,一般应考虑设边沟排水涵。

(b)纵断面纵坡由陡坡变为缓坡时,内侧边沟水流由急变缓,容易产生水跃和泥沙沉积,不利排水。若在近距离内无其他涵洞时,在变坡点附近应考虑设边沟排水涵。

(c)陡坡急弯处。当路线的偏角较大(大于 90°),平曲线半径较小,路线进入弯道前的纵坡又大于 4%的陡坡时,边沟水流直接顶冲路基内侧,在暴雨期甚至水流溢出边沟漫过路基,直接影响路基稳定及行车安全。在弯道起(止)点附近,应考虑设边沟排水涵。

(d)在路基挖方边坡上,设有截水沟的地段,截水沟出口处应设置排水涵洞,以免截水沟水流顺边沟流程过长,冲刷路基和路面。

d.岸坡设涵。当河沟边坡稳定、土壤密实(一般多为石质或不透水的亚黏土)、河汊很深时,可考虑将涵位从沟底移至岸坡上,以缩短涵洞长度。岸坡设涵时应注意做好上下游的引水沟、截水坝及防护加固工程,避免水顺老沟冲毁路堤或农田。为排除地表积水,在原沟底

面宜做片石盲沟，然后填筑路堤。

e.改沟合并。当两条溪沟相距很近（一般山区在100m以下；丘陵区在200m以下），汇水区面积又很小（一般在0.03~0.05km^2以下），河沟纵坡小于3%，且水流速度不大，含沙量较少时，经过经济比较，可考虑改沟合并以减少涵洞数量。改沟合并要注意开挖排水沟或加深、加宽边沟；并做好旧河沟的堵塞、截水墙及路基加固工程。

若改沟合并后，使河沟产生过大冲刷或淤积，以致影响路基稳定，或改沟工程过大不经济时，都不宜改沟合并设涵。改沟时，引水沟断面一般要经过水力计算来确定。由于水沟易于淤塞，一般断面宁可偏大些。引水沟距路基边坡应尽量远些。改沟方式应结合改沟条件灵活处理，如有条件，在河沟上游远离桥涵处挖沟引水则更为合适。

f.路线跨越丘陵地区的山脊线，在凹形竖曲线处可有开挖排水沟而不设涵洞的方案，但应注意设涵与挖沟方案的比较。

g.当必须在河湾处设涵时，涵位应设在水流较集中的一侧，以利水流通过。

h.涵洞位置应尽量避免布置在可能错动的断层、崩塌、滑坡及岩溶发育等不良地质路段。当无法避免时，宜选择设在岩层破碎较轻、地质稳定或坡积层较薄的路段。

③斜交涵位布置。

为确保涵下水流顺畅，山区涵洞宜顺沟设置斜交涵位，不宜强求正交，下述条件宜布置斜交涵。

a.在流速或流量较大，且河沟水流方向与路线不垂直时，为了使水流畅通，避免形成较严重的涡流，减轻对农田、路堤和小桥涵洞及基础的冲刷，宜斜交布置。

b.当河沟水流方向与路线不垂直，需设多孔涵洞时，为避免因采用正交涵洞水流方向不顺，孔（洞）内水流分布不均匀，泥沙沉积，淤塞部分孔（洞）口和孔（洞）身，可采用斜交涵。

c.当深窄河沟两岸横向坡度较大，河沟水流与路线不垂直时，为了避免采用正交桥涵引起改沟土石方及防护工程量过大，此时宜将涵洞斜交布置。

设置斜交小桥涵时，应先实测出河沟水流与路线的夹角，然后根据标准图中常用的夹角（75°、60°、45°），相近地选用。

当实地水流方向与路线夹角小于45°时，一般不宜采用45°以下夹角的斜交小桥涵，可在河沟上下游分别采取改沟、加设导流和调治构造物等方法，增大水流方向与路线相交的夹角。

④其他情况下的涵位确定。

a.水库地区桥涵定位。

水库地区应尽可能设桥，如设涵，要求涵洞出口布置在水库正常蓄水位以上。由于水库地区的桥涵地基常年浸水，基础应尽量置于基岩上。

b.泥石流地区桥涵定位。

泥石流地区应设桥，不能设涵。泥石流地区的线路位置尽可能定在泥石流的流通区，桥梁中心应布置在设计洪水的泥石流主流处，孔径要有富余，宜采用单孔跨越。

c.灌溉建筑物的桥涵定位。

灌溉建筑物包括灌溉涵、倒虹吸管、跨线渡槽。灌溉建筑物的孔径类型、位置，应符合渠道位置、渠底坡度、水头高程的要求，必要时可考虑改移位置。有时尚需结合灌溉规划改移位置,以改善原有灌溉能力,提高农田受益面积。

d.航道和交通桥涵定位。

航道和交通桥涵的净空、位置和坡度,应符合使用条件的标准。航道、道路的位置为方便人、畜、舟、车通行和方便耕作,涵洞要短,尽可能按结构高度设置。

e.一涵多用时的定位。

排洪涵洞兼满足灌溉和交通要求者,称为一涵多用。通常,可在排洪流量不大的情况下,加大排洪涵洞孔径,以满足少数居民交通或流量不大灌溉要求,减少专用的灌溉或交通涵洞。但不同的用途有不同的要求,灌溉要求满足水头的条件,使农田不受损失;交通为方便通行,要求涵洞短而干燥(涵洞长则采光不良且潮湿);排洪涵一般设于沟底,涵洞长期潮湿,所以三者常有矛盾。因此,若条件许可一涵多用时,可在常水流上设置盖板,保持洞内干燥,满足交通兼灌溉水头要求等。

7.5 交通隧道位置选择及断面设计

7.5.1 隧道位置选择

隧道位置应选择在稳定的地层中,对施工和运营均有利,亦可节省投资。对岩性不好的地层、断层和破碎带、含水层等不良地段应避免穿越,以免增大投资,造成施工与运营的困难,影响隧道安全。若不能绕避而必须通过时,应采取可靠的工程处理措施,以确保隧道施工及运营的安全。

在山区公路的越岭线中,为缩短里程,克服高程或地形障碍,往往要设置越岭隧道。这种隧道所在地段,地形通常起伏陡峻,工程地质和水文地质条件复杂,交通运输条件比较困难,施工及弃渣场地狭窄。由于公路路线选择性比较大,在比选越岭隧道位置时,对可能穿越的垭口,以不同的纵坡、不同的隧道长度和展线方式,寻求地质条件好、隧道长度较短、运营费用低、安全适用的最佳方案。从地形上考虑,越岭隧道选在山体比较狭窄的鞍部附近的沟底通过时,隧道净长最短,即两端洞口之间的距离最短,但从地质角度考虑,遇到断层破碎带和软弱岩层的概率较大,鞍部的地质条件往往较差,因此,一般情况下最忌直穿垭口。地质条件的好坏和隧道长度的大小,与施工的难易、工期的长短、运营的安全和经济效益等有直接关系。隧道长度、洞门的位置、引线的长短、展线的难易、线形的顺适等都应在综合比选时予以考虑。此外,对越岭隧道高程位置的选择也应综合考虑。高位隧道虽然本身长度短,施工工期短,建设投资少,但两端展线长,运营费用大,经济效益低,通过能力小。低位隧道则相反。比选时应根据经济分析确定具体方案。

沿河傍山隧道一般埋藏较浅,工程地质条件比较复杂,如有山体崩塌、滑坡、松散堆积等不良现象,施工中容易破坏山体平衡造成各种病害。路线受河谷地形限制,如果道路绕行,明挖路堑,填筑土路基均很困难时,往往需设置沿河的浅埋隧道或隧道群。选择傍山隧道位置时,应注意洞身覆盖厚度问题。为了保证山体稳定,避免产生偏压,隧道位置应考虑内移。应根据山坡坡度、围岩类别和洞身断面大小等因素确定隧道外侧最小覆盖厚度。在河道窄、冲刷力强的地段,应注意水流冲刷对山坡和洞身稳定的影响。如果桥隧相连,应考虑施工中

的相互干扰及洞口边坡的稳定问题。

洞口是易于产生病害的位置，选定隧道位置的同时，应结合考虑洞口部位的处理。一般宜“早进洞，晚出洞”。若洞口位置选择不当，不仅排水和施工困难，而且有可能给隧道设计和施工带来不良后果，造成难以整治的病害，危及施工和运营安全。

7.5.2 一般工程地质地区隧道位置的选择

(1)应选择地质构造简单、地层单一、岩性完整、工程地质条件较好的地段，在倾斜岩层中，以隧道轴线垂直岩层走向为宜。

(2)应选择在山体稳定、山形较完整、山体无冲沟，山洼等次地形切割不大、无软弱夹层、岩层基本稳定的地段通过。

(3)应选择地下水影响小、无有害气体、无有用矿产和不含放射性元素的地层通过。

7.5.3 不良地质地区隧道位置的选择

(1)隧道顺褶曲构造布置时，一般避开褶曲轴部破碎带，选择两侧翼部地质较好的一侧通过。

(2)隧道尽量避开断层破碎带，特别是含水丰富的破碎带；如必须穿越时，隧道应与之垂直或大角度斜交通过。

(3)隧道洞身不应在滑坡、错落体内穿过；如必须通过此类地段时，应使洞身埋置在错落体或滑动面以下一定深度的稳固地层中。

(4)当陡岸斜坡严重张裂不稳或者山坡有严重崩塌时，隧道位置宜往里靠，置于稳固地层中；如确有困难时，应选择其范围最小且相对稳定的地段通过，并提出保证施工和洞身安全的有效措施。当崩塌地段短，崩落石块小，情况不严重时，可考虑明洞方案，或与路基防护工程做比较。

(5)隧道应避免通过严重不良地质、地下水极为发育的低洼垭口处。

(6)通过岩堆地段时，若经查明岩堆密实稳定，可以修建隧道，但应避免洞身置于岩堆与基岩接触面处。如属不稳定的岩堆，隧道应内移置于基岩中，并留有足够的安全厚度。

(7)隧道穿过泥石流沟床下部时，应使洞身置于基岩中或稳定的底层内，并保证拱顶以上有一定的安全覆盖厚度。

用明洞方案时，明洞基础应置于基岩或牢固可靠的地基上，明洞顶回填应考虑河床下切和上涨以及相互转化的可能情况，并加不小于0.5m的安全覆盖厚度。

(8)隧道通过岩溶地区时，宜选择在难溶岩的地段和地下水不发育的地带；力求避免穿越岩溶严重发育的地下溶洞及地质构造破碎带等地段，尽量避开易溶岩与难溶岩的接触带；不能避开时，宜选择在较狭窄、影响范围最小处，以垂直或大角度穿过。

(9)隧道一般应尽量避开流沙地段；无法避开时，应选择其范围最小且相对稳定地段以短距离通过，并提出合理可行的工程处理措施，以确保施工和行车安全。

(10)第四纪堆积层一般松软易坍，对施工极为不利，一般应避开；当隧道部分洞身无法避开时，应选择影响范围最小的地段通过，并按其性质和地下水情况，采取合理的工程措施。

(11)隧道应尽量避开结构松散的冰碛层；必须通过冰碛层时，宜选择结构相对密实、影响范围最短的地段通过。

(12)隧道宜避免穿越煤系地层和瓦斯含量较高的地带;当必须通过煤系地层时,力求隧道有一定厚度的隔层,或以大角度横穿,尽量减少其影响长度。

(13)黄土地区隧道,应尽量避开有地下水活动、陷穴密集、冲沟发育、地层不稳和滑坡、泥石流等地段,宜选择在无地下水活动、密实稳定、远离陷穴群体的地段通过。

(14)多年冻土地区,由于受冻胀、融沉、热融滑坍等多种特殊物理地质现象影响,隧道洞身应避免穿过地下冰及地下水发育的地带;不能避开时,应采取综合治理措施。

(15)水库地区隧道位置,应避开受水库充水及消水影响易于发生滑塌病害的松散、破碎地带,选择在稳定的基岩或坍岸范围以外的稳固地层内。

(16)隧道通过地震基本烈度在Ⅶ度以上的强震区时,必须避开发震断层带,选择对抗震有利的地段修建。

(17)对于地质构造复杂、岩体破碎、堆积厚等工程地质条件较差的傍山偏压隧道,宜往里靠,增加隧道长度,避免短隧道群。

(18)对于沿河傍山隧道应避开山体失稳、严重滑坡、崩塌错落岩堆等不良地质,并须考虑河流冲刷变化,隧道位置一般宜往里靠。

7.5.4 水下隧道位置的选择

(1)应具有良好的工程地质和水文地质条件,尽量选在古老的岩浆岩或沉积岩等比较坚硬、连续沉积或岩相相对稳定的岩层中。在选定轴线时,应尽量避开大断裂破碎带、不整合接触带以及软弱夹层地带,严禁水下隧道轴线走向和断层走向一致,当避开有困难时可垂直通过大断层。

(2)隧道轴线尽量选在岩体完整、岩性坚硬、无溶洞、无断层破碎带以及河床冲刷后淤积的覆盖层较薄而又无大冲沟的地段。

(3)应尽量选择在厚层状隔水层或含水较少的不透水地层中通过,隧道应避免通过地下水中含有对混凝土有危害的盐类和腐蚀性物质。

(4)水下隧道宜选在河床顺直、河道较窄、河水较浅又无深槽的地段;若难满足上述条件,则应考虑河幅宽窄与河水深浅的相互关系,做多方案比较。

(5)隧道宜选在两岸山体整齐、河床段引道线形顺直、接线方便,河床水域相对稳定的地段,避免穿越支沟、小河和古河道。

(6)宜选择在水压小、易处理的水域下通过,避免通过地质条件复杂、涌水、涌泥、涌砂石的地层。

(7)水下隧道应避开高烈度地震区,当通过时,在隧道地段应采取加强措施。

7.5.5 洞口位置选择

(1)接近主洞口的道路工程量要小,尽量少破坏地形地貌。

(2)平原地区隧道洞口不应选在河堤内,要设置在堤外,地形不允许时应构筑人工建筑物,采取防护措施。

(3)隧道洞口位置应隐蔽,两个主隧道口应不同朝向,一般应相距较远,主隧道口外有屏

障、山体稳定、岩层完整、施工方便,与洞外接线合理,不留病害。

(4)水下隧道洞口选择高程一般应在300年一遇洪水位以上,以免洪水倒灌洞口。若洞口高程较低时,应在隧道口设防洪水门。当隧道轴线上游附近有水库大坝时,应考虑溃坝对隧道口造成危害,采取可靠的防洪水、防冲刷措施。

(5)隧道洞口应选择在山坡稳定、地质条件较好处,不应设在偏压很大及严重不良地质地段,宜避开排水困难的沟谷低洼处。

(6)位于悬崖陡壁下的洞口,一般不宜切削原山坡。当坡面及岩顶稳定,无落石或坍塌可能时,可贴壁进洞。避免在不稳定的悬崖陡壁下进洞,否则应延伸洞口接以明洞,其长度宜延伸到坍落可能影响的范围以外3~5m,或采取其他措施保证运营安全。

(7)对于层面不稳定的岩层、开挖后容易引起顺层滑动或坍塌的地段,宜提早进洞。否则,应采取有效的工程措施防止病害。

(8)在缓坡地段选择洞口位置时,应结合洞外路堑地质、弃渣处理、少占农田、填方利用、排水条件及有利施工等因素综合分析确定。

(9)隧道洞口应避开居民点,当不能避开时,应考虑施工爆破对人身及房屋等设施的影响和采取环境保护措施。

(10)黄土地区隧道的洞口,应避免设在冲沟、陷穴附近,以免引起洞口坡面产生冲蚀、泥流或坍陷等病害。在无地下水、密实、稳定的老黄土地区,除洞外有填方要求,经全面研究可适当地挖深进洞外,一般不宜挖深进洞。

(11)地震区隧道洞口位置,不应设在受震后易于产生崩塌、滑坡、错落等不良地质处;宜选择在对抗震有利的地貌、地质处。

(12)隧道洞口的边坡、仰坡必须保证稳定,其高度应根据工程地质和水文地质条件来确定。一般洞口中心开挖深度及边坡、仰坡开挖高度,宜控制在表7.5-1中的数值之内。

隧道洞口开挖深度、高度建议值 表7.5-1

围岩分类		洞口中心开挖深度(m)	边坡、仰坡开挖高度(m)
Ⅵ级	硬岩	14~16	20~25
Ⅴ级	硬岩	14~16	20~25
	软岩	10~12	15~20
Ⅳ级	硬岩	14~16	20~25
	软岩	10~12	15~20
Ⅲ级	硬岩	10~12	15~20
	软岩	6~8	10~15
	土	6~8	10~15
Ⅱ级(土)		6~8	10~15
Ⅰ级(土)		0~6	0~10

注:1.边坡、仰坡开挖高度系从路基边缘算起。

2.当洞口位于第四纪坡积、堆积等覆盖层时,宜顺等高线贴坡进洞。不应采取清方的办法缩短洞口,以免影响山体失稳。

(13)隧道洞口的中线宜与地形等高线正交或接近正交。如不能满足上述要求,要尽量以大角度斜交进洞,并按下列规定处理:

①当围岩为Ⅳ级及以上时,可采用斜交进洞,其洞门端墙与路线中线交角不应小于45°。

②岩石坚硬完整、不易风化者,可随天然地势进洞。

③在松软地层中,不宜采用斜交洞口。

④对岩层破碎、整体性差、斜交角度小的地段,应考虑延长隧道,修建明洞式洞口。

⑤根据隧道洞口地形、地质条件及排水等要求,需要修建明洞(或棚洞)接长时,洞口应尽量设在山坡无病害的地方;不宜在滑坡、岩堆、泥石流等地段内修建。

(14)严寒地区(包括多年冻土和积雪地区)的隧道洞口,应避开易产生热融滑坍、冰锥、冰丘、第四纪覆盖层及地下水发育的不良地质地段;一般宜早进洞晚出洞,尽量少破坏自然山坡。

7.6 城镇建设与公路布局

7.6.1 城镇建设与公路布局

公路、铁路、水上航道是城镇的对外交通线。现代城镇无论大小,必有公路始发、到达或通过。由于公路运输在货运中,是装卸时间短、换装环节少的“门到门”直达运输;在客运中,是机动灵活、方便及时的一线多点运输,故在城镇建设布局中,注意安排公路同城市的连接方式,正确处理郊区公路线网的格局以及合理布置市区的站场具有重要的意义。

1)公路与城镇的连接方式

公路同城镇居民点的连接方式一般有三种:①公路穿越城镇;②公路以支线或入城道路同城镇连接;③修建环形公路或郊区城市环状道路疏解对外交通。三种类型反映了城镇由小到大的扩展和相应的市路连接方式的改变。

在公路选线中,应尽量使过境公路在中小城镇的外缘通过,修建连接公路干线和市区的入城大道作为公路和城市道路的过渡。有些城镇已形成了公路通过市区且难以移出市区,就应在城市改建过程中采取如下措施:①公路两旁的居民住宅和商业服务设施,分期分批迁移至其他地段。②保留和迁入公路运输的主要货主单位,如仓库、中转站、修理厂,建立集中的驾驶员服务楼和公共停车场。③将通过市区的公路路面展宽、降低高程、设立人行道和装置街灯。总之,必须将该段公路的横断面改造成城市道路型,以利于城市排水系统的衔接和交通管理。④对于交通量特大的过境道路来说,它同城市干道的交叉口可考虑设置立交或人行天桥。

对于大中城市而言,城市对外联系方向多、客货运量大、集散点多,为避开公路对城市生活的干扰,宜在城市郊区修建环形或半环形公路,使过境车流不进入市区。

2)大城市郊区的公路网布局

大城市和特大城市对外联系方向众多,郊区一般布置有工矿区、建材基地、仓库区、铁路站场、货运码头和机场,以及不同规模的卫星城镇,它们之间的客货运联系频繁,故在城市布局规划中,城郊的公路交通系统布局应一并考虑。

市郊公路交通按性质不同,可以分为三类:

(1)以城市为目的地的始终点交通。这类交通要求线路直通市区,同城市干道直接衔接。

(2)同城市关系不大的过境交通。这类交通或者是通过城市但可不进入市区,或者是上下少量客货作暂时停留或过夜。这类交通的线路应尽量由城市边缘通过,不进入市区,但必须为其安排好短暂停留的交通、生活设施。

(3)市郊各区联系的交通。一般多采用环城干道来解决。根据城市大小、过境和市郊交通要求,设立一个或多个环道。

从交通要求出发,大城市、特大城市的外围地区,道路系统以环形辐射为宜。

7.6.2 城镇内公路车站的布置

1)公路车站的分类和分布

公路车站按其职能可分为客运站、货运站、客货混合站和技术站,按车站在线路上所处的位置,可分为起(终)点站和中间站。车站规模的大小决定于三个因素:客货运量、组织运输工具的数量和过往车辆的数量。车站在公路网中的分布依据如下:

(1)从车站为车辆运行服务的角度来说,它应该设在沿线客、货集散地点,以便承揽客货业务。在客货数量甚少的集散点可设招呼站。

(2)车站的布点应与车辆的日车行程相结合,既不能因站距太长,影响旅客和驾驶员的食宿以及车辆的技术维护,又不能因站距太短影响车辆运行速度。

(3)车站位置应尽量邻近公路,以便于控制过往车辆,减少车辆进出站的绕行里程。

(4)为了适应进行地区运输组织工作的需要,车站设置应尽量和行政中心相结合。除在边疆地区长距离线路上,可以纯粹按线路需要设站外,一般车站设立均应照顾行政经济中心。县级以上的政治、经济、文化中心,均应设站。

2)中小城镇公路车站的设置

中小城镇可集中设立一个公路车站,集中处理客运、货运、技术作业和联合运输业务。亦可将各类专业站分头设置,但每类设一处已可满足需要。

中小城镇的公路汽车站,特别是客运站多深入城市中心,一是可广招客源,二是利于同铁路竞争。地下铁路和公共汽车的换乘地点,便是公路客运站的最佳站址。

为了既方便旅客,又减少对城市的干扰,公路汽车客运站的位置往往随对外交通线路的迁移,搬到城镇边缘公路同城市道路交汇的地方。

有些中小城镇为了限制过境交通车辆进入市区,同时为旅客和驾驶员创造良好的生活供应条件,在公路同入城干道交会的地方或在市区的边缘,会设置一系列与长途汽车站配套的公共服务设施,如加油站、修配场、停车场、市区公共交通枢纽站、旅馆、餐厅、邮局和百货商店等。如果公路车站同铁路车站靠近,则对公铁联运最为有利。

7.6.3 大城市各类公路站场的区位

大城市和特大城市的客运站、货运站、技术站以及维护站分设是必然趋势。

(1)客运站。大城市客运站的最佳区位,可分两种情况:一是客站集中设置,位于市区中心，同城市交通线紧密衔接。这就要求长途汽车通过快速城市道路进出，最好是末端经由地道，在地下设站，邻近全市最大的地铁换乘站和多路市区公共汽车线，西方国家的大城市多采用这种手法。二是按不同客流方向，将客站分设在市中心区的边缘，车辆从公路转入城市交通性干道进出。如果分散的客站能同火车站、轮船客运码头结合，会收到较好的效果。

（2）货运站。大城市的公路货运站应同货主单位结合，同时应考虑到货物的性质。布局的基本依据是：中转货物货站应布置在城市近郊区，同市郊仓库、中转货运站设在一起，尽量接近铁路货站和码头，以减少迂回运输并利于开展各种形式的联运。与城市居民日常生活有密切联系的副食品、日用百货杂品、五金交电等货站，应设在市中心区的边缘，邻近相应的批发仓库，以利分配货源。但粮食和鲜肉蛋品则应考虑到粮库和大冷藏库的分布，在上述单位附近设停车场和其他服务设施。为工矿区原燃料运入和产品运出服务的货站，则应设在工业区的进出口处，与铁路货运站邻近布置。

（3）技术站。技术站主要进行汽车的清洗、检修和其他整备工作，亦可附设修理工厂。它本身用地较大，且对居民生活有一定干扰，一般单独设置在市区外围靠近对外公路线附近，同客货站有方便联系，且与居住区有一定距离。

（4）公路段和检查站。一般设在公路干线入城与城市道路衔接的市郊区，担负组织公路养护、过往车辆检查、征收养路费等任务。

7.7 铁路站场的配置

7.7.1 货运站的分类

货运站是专门担负接发货物列车、装卸货物以及编组选配列车等作业的车站。按其服务对象，货运站可分为：①公用货运站，即办理民生日用品的装卸作业，为城市居民、企业、仓库、机关单位服务；②工业站，即为工业生产服务的专门化车站，如工厂站、石油站等；③港湾站，即办理铁路与水运间货物联运；④换装站，即办理不同轨距铁路间的货物装卸作业。

7.7.2 客运站的配置

1）客运站的组成和分布

在大量的旅客到发地点，需设立专门的客运站，它是铁路枢纽的重要组成部分。客运站的主要作业可分为为旅客服务的作业、商务作业和技术作业。相应有必要的设备，包括配线（到发线和走行线等）、站舍及其他技术办公房舍、站台及横跨设备、行李和邮件设备、站前广场以及技术站等。

客运站在枢纽内的分布，应保证枢纽内各客运站间作业的相互配合，铁路与其他交通的密切联系以及与城市的改建和扩建相结合；还必须为旅客创造方便的旅行条件。

2）客运站的类型

按照正线及到发线的布置形式不同，客运站可分为通过式、尽头式及其混合式。

（1）通过式。正线和到发线是通过式的，站舍和站台在线路的一侧。通过式客运站的优点为：车站有两个咽喉区，通过能力大，站线的使用机动灵活，特别对通过列车的接发车作业

更为方便。故新建的客运站一般应采用通过式布置。缺点是一般不易使其伸入到城市中心区域,同市区道路常有交叉。在大城市,为解决这一矛盾,可以使进站正线由地下通过,虽耗资巨大,但对城市交通的改善有长远价值。

(2)尽头式。到发线是尽头式的,站舍和站台在线路一端或两侧。尽头式客运站的优点为:与城市道路交叉干扰较少;车站易于伸入市区,便利旅客,减轻城市交通负担;占地少、工程量小。尽头式客运站的缺点为:全部到发、接送客车及机车出入等作业均集中于一个咽喉区,车站通过能力不到通过式的一半,且调车困难;列车接入尽头线,速度减低;旅客自尽头进入站台,走行距离长。

3)客运技术作业站

终到列车的客运站一般都设置客运技术作业站,以供车辆的洗刷、清扫、消毒、技术检查、修理、蓄电池充电、列车改编及转向、餐车供应、备用车停留等用。它同客运站的相互配列位置一般有两种形式:纵列配置和横列配置。横列配置时,接送列车与正线的行车线交叉,并有折返行程。因此,对于客运量较大或正线行车量较大的客运站,应尽量不采用这种布置。纵列式配置中,客运技术作业站布置在两正线之间比布置在两正线一侧好,可避免进站交叉。

7.8 城市建设中的铁路布局

城市是铁路客货流的起点和终点,是铁路运输组织和设备整修的基地;铁路是城市对外交通和市内大宗货物运输的重要组成部分。正确处理与解决城市和铁路交通的矛盾是城市规划中铁路布局的重要课题。

7.8.1 铁路设备的分类和布局原则

从城市建设的角度,铁路的各种设备可分为三大类。

(1)直接与城市工业生产和居民生活有密切联系的铁路设备:如客运站、货运站(零担货运站),为市郊服务的铁路,工厂企业的专用线,建筑施工基地的专用线,市内供应站或仓库的专用线等。

(2)与城市工业生产和居民生活没有直接联系,而是第一类所不可缺少的设备:如正线和客运站、货运站站线,站间联络线,正线、支线、进站线等相交处的交叉布置等。

(3)与城市设施没有联系的铁路技术设备:如编组站、机车车辆修理厂、机务段、车辆段、客运技术作业站、供直通列车通过的迂回线、环形线以及其他铁路设备、线路、仓库等。

在城市规划中考虑铁路布局时,一类铁路设备与建筑可以按其性质设在市区城市中心区的边缘;二类必要时亦可放在市区;三类技术设备在满足铁路技术要求的前提下,应尽可能不放在市区范围内,有些(如编组站)宜离开城市相当距离。

7.8.2 铁路线路在城市中的布置

1)铁路与城市在布置上的关系

对用地范围大、客货运量大的大城市和某些中等城市来说,无论从运输经济上或使用便利上,均应将铁路适当引入城市。而对用地范围不大、客货运量少的中小城镇,由于市中心距城市边缘距离很近,故将铁路布置在城市边缘通过比较恰当。

2)如何解决铁路对城市的干扰

消除铁路对城市的干扰,可从铁路技术和城市规划两方面来解决。

(1)铁路技术方面,采用电气化机车可减少大量烟尘,采用焊接长钢轨可减少噪声。

(2)城市规划方面,为合理布置铁路线路、减小对城市干扰,一般有下列要求:

①铁路在城市中的布置,应有利于城市的功能分区,把铁路分置在各地区的边缘,不妨碍其内部活动。当铁路将城市分割成几部分时,可在各部分内部设置独立的生活、文化和福利设施,以减少分割地区之间的频繁市内交通。

②通过城市的铁路线,最好布置在绿带中。这样既可减少铁路对城市噪声干扰与废气污染,还可借助绿带改善城市小气候和美化市容。铁路两旁的树林,不宜成为密林,更不宜于太靠近钢轨,最好同路轨的距离能在10m以上,以保证驾驶员和旅客能有通透的视线。铁路与居住区的防护带宽度最好能在50m以上。

③尽量减少铁路与城市道路的交叉点,以创造迅速、安全的交通条件和经济效益。在进行城市具体规划时要综合考虑城市道路网和铁路的布置,使其密切配合。

7.9 城市中支线和专用线的连接

工业企业的发展及其用地选择与铁路布置有密切关系,因为工业企业的大量兴建,要求铁路修建更多的专用线和工业站为其服务。故城市总图中,不能使工厂布局过于分散,而应采取相对集中、分成几片的布置手法,这不仅便于集中利用铁路设备,而且对节约用地、减少内外交通干扰、改善居住区环境都有重要意义。

年运量超过5万t的企业和单位,可以敷设铁路专用线。为不影响正线上的通过能力和保证行车安全,铁路专用线应由车站上接出。当城市设有各专业站时,其专用线和支线应根据它本身的性质,确定连至哪个专业站,如货运站、工业站或编组站等。由区段站上接出的专用线或支线,根据具体情况可以有如下连接方式。

(1)支线连接在货运到发线上:这种连接适用于由支线(或专用线)上来的货车已经编组好,不需经过改编即可发出的情况。

(2)支线连接在客运到发线上:只有当支线上有客运列车时,才允许这样做。

(3)支线连接在货场的停车线上:只有当支线或专用线上的车流很少时,才允许采用这种连接。

(4)支线连接在编组线上:适于当支线或专用线上列车需要进行改编时采用。

(5)支线连接在牵出线、装卸线上。

在支线或专用线必须同正线相接,但连接地段无车站或距车站甚远时,则只能在区间的正线上进行连接,但必须在连接点设置连轨分站。

如果连轨站的运输任务和工业区内各企业的运量都不大,且企业又邻近连轨站时,则每个企业的专用线可直接同连轨站连接。如工业区各企业范围甚大,离连轨站又远,则常在工业区附近建立工业编组站,城市工业区凡属运量较大的连轨站,往往采用这种形式。

规划城市铁路支线和专用线,必须根据用地和地形条件,尽量使支线、专用线同干线的交叉最少,路线长度最短,同城市道路干扰不大,以及共同使用线路等。

7.10 铁路与城市道路的交叉布置

1)交叉形式的选择

铁路与城市道路的交叉布置形式,分为平面交叉和立体交叉两种。从便利交通和保证安全而言,以立体交叉为好,但立交建造费用高。因此,当铁路与城市道路交叉不可避免时,应合理选择交叉形式。在以下情况下应采取立体交叉:

(1)铁路干线与公路主要干线的交叉;有修立交条件的支线与一般公路交叉。

(2)铁路干线与公共汽车交通繁忙的城市道路交叉。

(3)城市道路在编组站、区段站及其他大站范围内的交叉。

(4)各级道路与双线铁路正线与行驶高速旅客列车的单线铁路正线的交叉。

(5)有地形条件利用,采用立交比平交更为经济合理。

(6)行人密度高的道路与行车次数较多或有大量调车作业的铁路线交叉时,应作行人天桥或地道。

立交的交角一般采用90°,不宜小于60°。

2)立体交叉的形式

立体交叉的形式基本上有四种:

(1)铁路布置在路堑内。这对城市来说是有利的,因为这种布置能大大减轻对城市的干扰,但是它对铁路工程和运输管理不利。只有在地形有利、工程地质和水文地质条件没有大问题的情况下才会采用。

(2)铁路布置在路堤上。这种布置对铁路交通运营管理有利,是铁路布置的常见形式。但在城市中此种布置增加对城市干扰,恶化市容。故除非有天然地形可用,或起着改良城市用地(如防洪)的作用时,一般不予以采用,但最好是布置在城市边缘或郊区。

(3)建造城市道路跨线桥。这种交叉由于净空高度的要求和引桥坡度的限制,常用引桥加长。如当采用4%引桥纵坡时,其每侧引桥长达200m以上,致使造价很高,交通不便,特别是非机动车通过跨线桥困难。

(4)建造地道使城市道路从铁路下面通过。这种形式由于汽车净空要求低于火车,因此引坡可以缩短,而且还可以采用不同的纵坡、变化的横断面来解决机动车与非机动车的矛盾。

7.11 港口选址的自然和经济地理条件

影响港口选址的地理条件,主要是四个方面:航行条件、停泊条件、筑港条件和腹地条件,其中又以腹地条件最为重要,它是港口兴衰的基础。

1)航行条件

航行条件指的是一定规格的船舶,能够不分季节、昼夜、安全迅速地进出港湾。它包括以下几个具体方面。

(1)口门方向。

航道口门应有明显的位置和恰当的方向。根据海港的使用经验,口门轴线同强风浪方向的夹角为45°~60°是比较合适的;口门方向和岸线的交角最好也不要小于45°,以免当船侧受到风力时,船舶被推到岸滩上。

我国海岸线位于大陆东南缘,而季风气候特点是冬季盛行风为强风出现季节,风向为西北或北,个别地区为东北,故在入港航道方向处理上,比较容易。一般均为自东或东南进入口门。

(2)潮汐变化对港口的影响。

潮汐涨落形成潮差,它给码头港池建设和装卸设备的运用均带来一定影响,但它却大大有利于船舶的进出。许多港口如上海、天津新港和黄埔航道水深不足,均需依靠涨潮,使大轮乘潮入港。潮差大小,同港口海陆位置和海岸地貌关系巨大。狭长深入的海湾和喇叭状河口易于增潮,而面临广阔洋面的海岸则潮差很小。

三角港河口由于形状呈漏斗形,再加上越往上游深度越小以及潮差较大,就会形成"涌潮",它可被用来在河口或湾口建筑水闸,形成闭合式港池,既利用大轮泊入。

(3)其他条件。

港口航行条件的其他自然因素还有冰冻、雾日和能见度、泥沙回淤等。其中,高纬度港口受冰冻条件影响最大。有些港口冬季需要破冰船维持航行,如天津港;有些港口冬季则被迫封闭。

2)停泊条件

这方面首先是水域能得到掩护,使船只碇泊和装卸时不受风浪、潮流的影响。

3)筑港条件

广义的筑港条件还应包括周围自然条件对港口同其腹地联系是否有利。与海岸或江河平行的山岭,在一定程度上限制了港口的对外联系,并给建设由港口通往腹地的交通线带来困难。通航河口的海港,江河下游或水网地区的河港,则腹地联系条件最佳。我国东南沿海一些自然条件很好的港湾未能成为大商港,其腹地联系不便是有关系的。而如连云港、湛江港的兴起,也得益于其与广大腹地联系的方便。

4)腹地条件

对于大海港而言,其陆地上的直接吸引范围就是它们的腹地;对于沿海小港和内河港口而言,则其腹地仍包括水上航道网系统内的直接联合和间接吸引范围。

(1)世界主要港口的腹地。

所有世界上的河海大港,无不拥有地域辽阔或经济实力雄厚的腹地。例如荷兰的鹿特丹,位于莱茵河和马斯河的通海口,腹地包括联邦德国中、南部,法国东北部,境内有鲁尔工矿区,科隆、斯图加特、慕尼黑等制造业中心,法国洛林工矿区,荷、比东部和卢森堡。腹地内河运由运河贯通成网,铁路和公路密布。

(2)腹地与港口的发展模式。

腹地的情况对港口的兴起与发展起着决定性作用。腹地状况包括三个方面:腹地的大小、腹地与港口间的交通条件、腹地的生产专门化程度。这三个因素之间又是彼此相互关联

的。港口形成发展后，反过来又会促进腹地范围的扩大、交通线网的完善和腹地内专门化的进一步发展。港口发展的过程一般是：腹地经济开发与对外联系的产生→腹地与港口间交通线路的形成→港口腹地范围的初步确定→港口的兴起→腹地交通网的进一步完善→腹地的扩张和生产的进一步发展→腹地对外联系规模的不断增长→港口规模的扩大。这是一个辩证的发展过程，而不是一个单纯的循环过程。

5）港口的地域类型

将港口按其地理位置，分作海岸港、岛港、河口港、内河港等大类；然后每一种按其地貌和水文特点细分为若干小类。

海岸可分作海蚀海岸、沉积海岸和其他海岸（如冰海岸、珊瑚岸等）三大类。海蚀海岸通常称为岩岸，一般向海洋的倾斜角度很大，岸壁较高，岸下就是深水区，对船只的航行和停泊有利，且很少有泥沙淤积之患，但也可分为平直海岸和海湾海岸两种情况。

海湾内是否能形成港口还要取决于一系列具体条件。在自然地理方面，海湾必须有宽阔的水面和足够的水深以利于同时停泊较多的船舶和容许吃水较深大轮的驶入；岸上陆地面积较大、地势较平坦，使陆域和交通线布置无大困难。在经济地理方面，海湾应有较大的腹地，交通比较方便，位置与国内和对外经济联系的方向相符合等。

7.12 航空交通地理

1）航空港的类型和组成

航空港是航空线的枢纽，它具有执行客货运业务和维护飞机、起飞、降落或临时使用的作用，一般把航空港统称为机场。航空港按照其下垫面的性质，分为陆上航空港和水上航空港。

飞机场包括飞行区、客货运输服务区和机务维护区。飞行区布置有跑道、滑行道、跑道起讫点的小场地和停机坪等；客货运输服务区设有保证航行业务与旅客、货物运输服务的建筑与设备，如客机坪、跑道、候机楼、停车场、进出口系统等；机务维护区包括机坪、修理机坪等。

2）航空港布局的自然和技术条件

（1）机场用地。

航空港的机场用地面积很大，一些最大的世界性航空港占地往往达1000～4000公顷，一般国际航空港为700～900公顷，国内航空港为200～500公顷，具体要求比较严格。航空港用地应很平坦，不允许有较大的起伏和小丘或凹地等，并要求一定的坡度保证排水。场地中央至四周最适宜的坡度为0.5%～2%，最大容许坡度为2%～3%。

应注意风向、风速及雾日能见度的影响，以保证飞机的自由降落。因此，场地与周围地区相比，高程应高一些或基本相同。场地位于盆地或低地是不宜的。场地水文地质和工程地质条件要好，避免位于矿藏、滑坡和水淹地区上，地基应保证稳定。

机场四周不应存在高层建筑物和其他障碍物，一般在机场旁应辟出3～4km的临降地区。考虑到航空港扩大的可能性，要留有足够用地，但应尽量不占或少占良田。

(2)跑道布置。

一般机场用地的规模,主要由飞行跑道的长度来决定。而跑道的长短,又决定于机场等级、飞机类型和一定的自然条件(如高程、温度、雾等)的影响。一般跑道长度直接取决于起飞长度(飞机开始滑动至凌空离地一定高度时的距离)和降落长度(飞机降落至离地一定高度时至完全静止时的距离)。

跑道布局的形式决定于机场的吞吐量和风向。因为飞机要求逆风起飞和着陆,这样,起飞和着陆的跑道要沿盛行风向修建。当风向多变,就往往需要几条不同方向的跑道。侧向风大时,如风速大于6.6m/s,就需要筑第二条跑道。

跑道平面布局和风向及吞吐量的关系为:

①当盛行风向单一,同时机场的吞吐量不太大时,采用单向跑道。这是一般机场常用的形式。

②与风向和地形相配合,有些机场可以平行、相交等形式,采用双向跑道。

③三方向跑道在风向不稳定或吞吐量较大时采用。

④多方向跑道除以上因素外,在国际特大型机场中亦往往采用。多方向跑道又可分为切线式和交叉式。

3)航空港布局与城市的关系

航空港与城市的关系包括两个方面:一是航空港与城市的相互位置,二是航空港与城市间的距离。如果没有其他特殊的条件限制,航空港应位于城市盛行风的两侧,这样在飞机起飞和降落时可以不穿过城市上空。从技术经济条件而言,航空港式机场有距离城市越来越远的趋势,这是因为:

(1)喷气式飞机机场用地一般大于6km²,普通机场用地亦必在1km²以上。机场用地既大,且要求有很大的净空地带,这在城市邻近地区难以解决。

(2)飞机的干扰性很大,特别是喷气飞机更为严重。噪声在60~70dB的程度人们尚可忍受,达100dB,人就有头痛的感觉,而飞机产生的噪声可达120dB以上。因此,机场距离城市越远越好,但亦不能离开城市太远,而应与城市保持一定的距离。

(3)从防空观点而言,机场应与城市保持一定距离,以达到人防的要求。

为此,机场应离城市较远为宜。但是,如果两者间距太远,则应有高速度的交通联系(如高速公路或地铁),以提高空运的作用,并为旅客带来方便。机场与城市联系的时间最好控制在30min左右,不宜超过1h。

7.13 管道交通地理

1)输油管道设备的组成和要求

大型输油管道是由输油管线和输油站两大部分组成的。

(1)输油站(加压泵站)。

输油站是管道运输的重要组成设备和环节,在管道运输过程中,通过输油站对被输送物资进行加压,克服运行过程中的摩擦阻力,使原油或其制品能通过管道由始发地运到目的地。输油站按其所在位置可以分为以下三类。

①首输油站。首输油站多靠近矿场或工厂,收集沿输油管输送的原油及其制品,进行石油产品的接站、分类、计量和向下一站输油。要配有较多的油罐和油泵。如果是热油输送还要配有加热设备。

②中间输油站:中间输油站承担把前一站输来的油,转往下站的任务。如果是热油输送,则通过中间输油站加热,使油温大于环境温度,带有加热功能的叫热泵站。

③终点基地。终点基地收受、计量、储藏由输油管输来的油,并分配到各消费单位,或转交其他运输工具。需要有大量油罐和输转设备。

输油站设有一系列复杂的构筑物,其中直接有关的主要设备有以下三类。

①泵房。泵房可以产生一定的压力,以便克服管道输送时所产生的阻力,把石油输往下一站。应根据压力大小,在每一定间隔距离的线路上设置一个泵站。

②油池。在矿场、炼油厂和各个输油站设有收油和发油的专用油池,利用管道从发油企业收油,或从油池往外发油。

③阀房。阀房中设有闸阀,用以控制输油过程。

此外,还有与输油过程不直接发生联系的辅助设施如变电所、冷却设备、锅炉房、机修车间、水塔、净化设备以及阴极防护设施,各站还设有清管装置。

(2)输油管线。

管道的交通工具主要是输油管线。输油管线包括以下几部分设备。

①钢管:钢管是一般用焊接方式连接的无缝钢管。建设时首先是散管,然后进行焊接成2km左右长、分段试压、缠上防腐层(沥青、玻璃皮等),再将管条连接起来,进行整体试压,然后下沟,最后进行埋管。

②穿(跨)越工程。

③截断阀。在各站,穿(跨)越工程两端及管道沿线每隔一定距离都要设截断阀。

④通信系统。通信系统用来指挥调度生产。

⑤简易公路:在简易公路上便于开展检修等工作。

2)管道布局的原则

管道运输是一种专用的运输方式,目前主要用于输送石油和天然气,此外还有矿浆等,它在交通运输系统中占有一定的地位。根据管道的特点及其在运输系统中的地位,对于管道布局,除应遵循交通运输布局的一般原则外,还应做好以下的具体考虑:

(1)管道的发展和布局,要适应石油、石油化工工业、天然气生产的发展和布局、炼油厂布局、换装港站布局以及石油消费地区分布。如果是矿浆,还应适应选冶厂的布局与发展等,做到管道的铺设及其能力规模与输送物资要求相协调。

(2)要根据石油或矿浆的基本流向图,遵守合理运输的原则,根据长途运输,采、选、冶厂布局、产品就近供应的原则安排管道运输工程设施的布局,促使管道线网布局的合理化。

(3)要处理好管道与铁路、水路、公路的关系,各种运输方式进行合理分工,协调发展,在管道运输经济合理的范围内发挥其优势。

(4)对于管道设备能力和技术标准的选定,要通过可行性研究和技术经济比较,提高管道运输的经济效益。

7.14 交通枢纽的地理环境

交通运输网是由众多的线段和节点组成的,其中在各种运输方式或同种运输方式交通干线的交叉、衔接与分岔之处,会形成交通运输枢纽,通常可简称为交通枢纽。地理环境对交通枢纽的形成和发展有着重大影响。

交通枢纽是一种或多种运输方式交通干线的交叉与衔接之处,共同为办理旅客与货物的中转、发送、到达所需的多种运输设施的综合体(或统一体)。由同种运输方式两条以上干线组成的枢纽为单一交通枢纽,两种以上运输方式的干线组成复式交通枢纽。

由多种运输方式组成的交通运输业要形成综合的、有机的、高效能的运输系统,除了各种运输方式在任务上合理分工与能力的协调使用外,还必须紧密衔接,减少环节,做好运输接力和联合运输。交通枢纽作为衔接和联运的主要基地,其内部各种设备和建筑物在布局上的紧密结合是完成所承担任务的主要保证。

交通枢纽多与大城市共生,它对城市的形成和发展有着很大作用。它承担着城市的内外联系,是城市整体的一部分。城市交通的各种设备和建筑也是构成交通枢纽的有机组成部分。

7.14.1 交通枢纽的作业内容

具体说来,交通枢纽的作业包括:

(1)服务本地区旅客的到发以及过境旅客改变旅行方向或换乘另一种交通运输方式;

(2)为各种运输方式之间换装货物服务;

(3)通过干线直接将货物送达货运站、码头,通过专用线将货物直接送达工矿企业、仓库,或者以相反方向运出;

(4)将货物由外部干线运输转入城市内部运输线路,或者以相反方向接运;

(5)为各种运输方式运营(接运、发送、编组),车、船等运输工具的周转与检修提供各种技术服务;

(6)枢纽内部运输作业,包括城市各区之间及其与郊区的客货运输。

7.14.2 交通枢纽的组成与分类

枢纽按运输方式组合可以分为铁路-公路枢纽、水路-公路枢纽、水路-铁路-公路枢纽和综合交通枢纽;按主要交通干线与站场空间分布形态,可分为终端式枢纽、伸长式枢纽、辐射式枢纽、辐射环形枢纽和辐射半环形枢纽。

7.14.3 交通枢纽的形成

交通枢纽的形成与发展是多种条件与因素长期作用的结果。随着其形成条件与因素的变化以及交互作用,枢纽也会发生变化。

1)形成交通枢纽的条件与因素

自然条件。

交通枢纽作为交通运输网的中枢点,由许多极为复杂的设备与建筑物所组成,占地大而

又必须相互衔接,因此都要形成和发展于一定有利条件的地点,自然条件是其重要的基础。当枢纽发展到一定阶段和规模时,一定地点的有利条件可能转变为不利条件;而随着技术的进步,一定地点的不利条件也可以得到克服。对枢纽影响最大的自然条件是地理位置、地形和水文。

①陆路交通枢纽或者以陆运为主的交通枢纽,一般形成于以下地点。

a.平原、高原、盆地的中心部位。枢纽并不一定产生于其几何中心处,而是与人类主要聚集地域的政治、经济中心共生,必在有利于交通干线汇集与客货流集散的地点形成。如沈阳枢纽形成于东北大平原南部中心处;西安枢纽位于关中平原中心;成都枢纽在四川盆地西部成都小平原中发展起来。平原往往分布有便于通航的江河湖泊,枢纽不仅在陆路干线汇聚,而且会在水陆衔接的中心部位形成。如哈尔滨枢纽在东北平原北部的松花江畔;莫斯科枢纽位于苏联东欧平原中心的莫斯科河畔;芝加哥枢纽位于美国中部平原偏北处,不仅是全国铁路中心之一,而且位于五大湖之一的密执安湖畔,建有大型港口,成为美国东部与中西部联系的大门。

b.走廊地带的中心。在连接相邻区域的走廊地带,因多条干线交汇而成为枢纽。如兰州枢纽形成于黄河冲击而成的河谷地带,是内地通往河西地区、新疆与青海的必经之地和干线的分岔点;宝鸡枢纽位于关中平原的西端,地处宽仅 2~4km 的狭长河谷地带,是西北区通向西南区以及西北腹地的干线分岔地点。

c.连接山脉两侧广大地域的重要坝口山前平原处,并有利于交通干线汇聚的地点。如包头枢纽位于河套平原,是通向阴山北侧内蒙古高原广大牧区的必经地点之一,同时又是跨黄河通向鄂尔多斯高原的要津渡口。乌鲁木齐位于天山中段达坂城垭口之北,扼南北疆交通之咽喉。石家庄和邯郸两枢纽位处华北平原,面对通向山西的两处太行山垭口,是山西对外交通干线与南北交通大干线——京广铁路的衔接点。

②水陆枢纽一般都形成于通航主干江河或沿海有利于建港,又便于与陆上交通干线相衔接的地点,有以下几种类型。

a.自近代交通方式出现以前,即为陆上交通干道通过江河的要津渡口和水陆交通衔接的枢纽,并发展成为现代的水陆交通枢纽。如南京、武汉、吉林、伦敦、热那亚。

b.重要的通航支流汇入干流的地点,又沟通了强大的陆上交通干线而形成水陆交通枢纽,实际多是由水运为主枢纽发展而成。我国长江干流上有许多这种类型的枢纽,如中游的宜宾、重庆,下游的九江、芜湖。

c.由单一水运枢纽发展而成,如宜昌即为此种特殊情况,它不是在支流汇入干流处,而是因进出险要的三峡航道而发展起来的船舶停靠与中转地,随着近年铁路的通达与葛洲坝水利枢纽的建设(包括船闸)而成为重要的水陆枢纽。

d.通航江河入海口附近的早期海港沟通铁路或多条公路干线后而成为水陆枢纽。通达铁路者会成为大型枢纽(如上海、广州等),而仅通公路的枢纽规模则不大(如汕头、温州)。

e.有良好水域条件(深水位、波浪小、不结冻等)和陆域条件(地形开阔、工程地质条件好、有通向腹地的筑路条件)建设现代港口和强大的铁路线、管道、公路的沿海地点,是现代许多大型水陆枢纽的主要兴起地点。如我国的大连、青岛、连云港、湛江,美国的旧金山、洛杉矶,印度的孟买等。

f.水文是自然条件中变动性大而对枢纽产生巨大影响的一个因素。由于河流淤积或径流减少,使得一些水陆枢纽地位下降。如辽河的淤积是营口港衰落的一个重要原因。位于五河汇聚之地的天津枢纽,有过方便的内河运输,随着20世纪60年代各河上游大量兴建水库,致使水源枯竭,内河断航,仅剩市区至海河口70km尚有通航条件。

2)技术因素

自然条件对枢纽形成固然有着重大影响,但技术的进步,为克服不利条件、利用有利条件创造了可能性,这在水陆交通枢纽的布局演变和发展方面表现最为突出。为大的江河分割的枢纽,利用轮渡可将车辆(包括承载的旅客与货物)分批运过江河,减少了换乘倒装环节,但恶劣气象条件(大雾、风浪过猛)下仍要断航。跨江河建设大型桥梁和水下隧道相比轮渡又有了更大的进步,车辆无须待渡,可直接驶过江河,运行时间大大缩短,能力则有成倍的提高;而且把江河两岸原来相对独立的枢纽设备联成一体,更好地实行专业化分工,提高运输效率。如武汉枢纽长江大桥和汉水桥的建设,使铁路过渡时间压缩为原来利用轮渡时的三分之一。

技术进步对海陆联运枢纽的布局影响更大。近代海港为了利用具有深水岸线的地点,往往要选择岩岸地段或伸入海中的半岛上,而其陆上运输干线的建设条件有时并不好,但利用先进的工程技术可以修建强大的铁路、管道,甚至高速公路。如大连和青岛两个海陆枢纽都是21世纪初从原渔村而迅速发展成为大型港口,既与筑港技术进步有关,也与陆路交通的技术进步有直接关系。

20世纪中叶以来,公路运输的发展十分迅速,公路干线以及高速公路的大力兴建、汽车大型化和运载集装箱等,不断改变着水陆枢纽主要依靠铁路与水运对外联系的局面,而成为枢纽的重要干线运输方式。

从现代技术角度看,几乎各种不利的自然条件都是有办法克服的,但是往往产生高昂的工程费用,甚至加大通行通航后的运营费。因此不能不注意经济效果,既要考虑一个枢纽建设本身的效果,也应考虑运营等综合的经济效果。

3)经济因素

枢纽的形成与发展主要取决于经济联系的方向与规模的大小。

(1)在国家和区际主要联系方向上会形成强大的客流与货流,这些客、货流的汇集与分流是枢纽形成与发展的最直接因素和决定枢纽布局的主要条件。我国的货流特点是以由北向南为主流、由西向东稍次,这两个大的货流方向构成了客货运的主流,它们经由的主要通道是五条南北向交通干线(即:哈大、京沈、京广与津沪四条铁路和南北沿海航线),三条东西向交通干线(即:陇海与浙赣两条铁路及长江干流航线),我国主要交通枢纽均分布于这八条干线上,位处于大宗客流和货流汇聚、分流、转换交通方向的地点。如上述干线中的六大铁路干线,其长度仅占铁路网的13%,却承担了60%以上的铁路运量,沿线分布有30个交通枢纽。

(2)枢纽是地域客流与货流集散的中心,而且又是地域空间交流的转运中心,枢纽不仅形成于有利于集散的中心部位,而且还会靠向主要对外联系的方向处。或者说在一个地域一系列的枢纽中,必是位处这种地点的枢纽才能成为该地域交通网的中心。例如作为东北交通网中心的沈阳枢纽,其位置偏于中南部,这是由于东北地域的主要经济联系方向为关

内,因此在既便于全地域汇集,又利于对外交通的地点,也即纵穿东北区的哈大铁路干线与联系关内、关外的沈山线交汇处,发展起了东北区的中心枢纽。再如过去四川利用长江对外交流,因此在既便于四川物资集散又利于四川对外联系的盆地东南部形成了重庆枢纽。中华人民共和国成立后修建了成渝和宝成铁路等新的交通干线,使得四川省与我国北方联系有了能力强大的出入通道,在盆地西北部既便于省内集散又便于对外联系的成都,迅速形成了另一新的大型枢纽。

以海运为主的水陆枢纽,其兴衰发展更易受国家对外经济联系演变的决定性影响,我国海岸线位于东、南两侧,这种影响不甚明显;而日本则最为突出。如日本九州的交通枢纽,曾由于对我国和朝鲜是主要联系方向而占有重要地位。20 世纪 50 年代以来,由于日本外贸以美国、东南亚、西欧为主要方向,因此太平洋沿岸交通枢纽的发展大大超过了日本海一侧的枢纽。

(3)新的经济联系方向的开拓和原有经济联系方向货流的猛增会促使新枢纽的出现和既有枢纽的迅速发展。如上海宝山钢铁联合企业的建设拟以国外进口矿石为主,需求量很大,为此在宁波沿海兴建了北仑矿石转运码头,构成宁波交通枢纽的有机组成部分。随着山西煤炭基地的大力开发,外运煤炭成倍增长,在其各条外运通道上的大同、石家庄、焦作等陆上枢纽和秦皇岛、连云港等水陆枢纽不断改善布局,扩大规模。

(4)交通网的既有基础与发展条件。

枢纽的多少及其分布直接取决于交通网的发展程度。中华人民共和国成立前,仅有三十多个交通枢纽,而且规模不大,设备陈旧,分布也不合理。中华人民共和国成立以来,随着交通网的不断发展,枢纽不断增多,并已全面铺开。在枢纽的形成与发展方面有两个特点:一是枢纽数量的增加慢于交通线的发展,交通网的发展主要导致枢纽布局和结构越来越复杂;二是主要枢纽大多集中于早期修建的主干线路上。这是因为每个地域早期修建的许多干线,都是处于重要的区际联系方向上,并且成为工业和人口聚集的地带。枢纽分布与交通网既有基础关系十分密切。

既有枢纽的设备条件往往成为吸引新交通干线的主要依据,利用既有设备比新建枢纽无论在时间上还是投资上都有较大的节省,使得许多枢纽规模不断扩大,结构发生变化,许多大型枢纽都是这样逐步发展起来的。

新的长大交通干线的修建,使得它与原有干线的交汇点形成一系列枢纽。纵贯我国南北的新干线——焦枝与枝柳铁路沿线形成了多处新交通枢纽,与太焦线衔接形成焦作枢纽,与陇海铁路交叉形成洛阳枢纽,与汉丹铁路、汉江交汇形成襄樊枢纽,在长江畔形成宜昌枢纽,与湘黔铁路交叉形成怀化枢纽,最后接入柳州枢纽。

交通网布局的变化,有时会使一个地域的主要交通中心发生转移,新枢纽发展超过了老枢纽。如泸州为四川省南部的交通中心,曾是通向贵州、云南的陆路起点,在抗日战争时期发展成为水路、公路、航空枢纽,发挥了很大作用。内(江)宜(宾)铁路建成后,使得位处岷江与长江汇合口的宜宾代之成为川南交通中心,加上滇、黔两省相继为铁路沟通,泸州枢纽在省际公路运输上的地位有所下降,宜宾枢纽的运输量也超过了泸州枢纽。

有时枢纽本身布局虽无变化,但由于交通网的延伸发展,会使一些枢纽的地位上升,联系范围扩大。如莫斯科枢纽,原通过伏尔加河通达里海,但由于伏尔加河—顿河运河的兴建,又与黑海直接相联。

(5)枢纽所在城市的发展条件。

交通枢纽与城市共生,并在相互促进中不断发展。但是当达到一定规模时,又会在相互间产生限制性影响,但不同条件的枢纽城市有着不同的表现。

随着城市的发展,特别是城市建立了大型工业企业和构成复杂的工业综合体时,会使枢纽所在地点的运输需求猛增,从而需要对原有干线进行改造,增加运输能力,或是要求建设新干线,从而促进枢纽进一步发展。如北京随着钢铁工业的发展,在 1975 年建成了通向冀东迁安铁矿石基地的通(县)坨(子头)铁路;由于东方红炼油厂和燕山石油化工厂的建立,兴建了京秦(皇岛)输油管线,使得北京枢纽增加了两条交通干线。

城市由于种种条件的制约当达到一定规模时,会发生如用地、用水等尖锐矛盾。这不仅影响城市规模的扩大,也会波及枢纽,限制其发展。有些枢纽具备许多有利于扩建的条件,如建设深水泊位的良好岸线等,往往由于城市方面的限制性影响,枢纽的扩建也受到限制。另如铁路干线引入过多的枢纽,必然造成对市区切割和干扰的加剧,尽管对此可以采取种种方法加以解决,但必然要付出较大的投资。

从城市方面考虑,新的交通干线在连接既有干线时,应注意尽量避开既有的特大城市,或由于种种条件(地形狭窄等)而不宜再扩大的城市,或宜引向中小城市去连接,这对改善枢纽布局和控制大城市的发展规模都是有利的。

7.14.4 交通枢纽布局的基本要求

不断改善交通运输条件,充分满足国民经济和人民生活不断增长的运输要求,是交通运输业的根本任务。交通枢纽的布局必须从这一总体要求出发,既应满足区际运输联系的要求,又要充分考虑地区运输的特点,保证中转客流、货流不间断地通过,保证客、货的发送与到达及枢纽内部运输有良好的作业条件。此外,还必须与城市规划、工业布局、国防要求等密切配合并需要考虑旧有设备的充分利用和当地地形和工程地质、环境等条件。交通枢纽的合理布局必须从全局观点出发,统筹安排,遵循下列各项基本要求。

(1)必须从国家综合交通运输系统的形成与发展来考虑交通枢纽的布局。交通枢纽的布局应服从于综合交通网的总体规划,处理好交通枢纽在交通运输网中的布局。应从以下 3 个角度考虑:

①交通枢纽的布局规划与全国性的客流、货流规划以及交通网规划是统一的整体,随各经济协作区间经济联系的发展,客、货交流不断增加,其径路也会发生一定变化,这些都直接影响着各个枢纽的地位和作业量,关系着枢纽的分工、运输特点和发展规模。应首先大力加强综合交通枢纽的建设,为各种运输方式的协调发展、紧密衔接创造良好条件,应保证在大宗客货流的通道上建立地点适宜、能力充裕的交通枢纽。

②不能孤立地研究单个交通枢纽的规划布局,而必须做好相邻枢纽之间的分工与协作。这既应从一条干线上加以研究,也应从一个地域加以分析,使枢纽在布局上有主有从。在交通线网的主要节点处配备能力强大的路网性枢纽,充分满足通过运输与中转、换装、换乘等作业的要求。在路网性枢纽附近,再配备能力较小的辅助性枢纽和地方性枢纽,使各个枢纽均有一定的专业化发展方向。这样既能使各枢纽分工明确,又能使货流于大型枢纽内集中

作业,充分发挥大型枢纽现代化设备的能力,最大程度地节省基建投资,提高运输效率,减少运营支出。

③应使交通枢纽与干线在建设上和能力上相适应,做到枢纽与相衔接的各条干线同步建设,同时进行技术改造,同时投入使用,确保线路畅通,各环节的运输能力都可得到合理利用,并能互相调剂与补充。

为了全国或一个地区交通网布局的合理展开,在新干线衔接点的选择中,既要注意利用原有交通枢纽,又应尽量避免接在规模已经很大的枢纽处。建设新的交通枢纽对改善交通网的总体布局有很大的作用,尤其对交通网尚不够发达、枢纽较少的地区,是改善其交通布局的重要措施之一。

(2)交通枢纽布局应与城市建设和工业发展密切配合。交通枢纽与城市相互影响,关系密切,在发展上相互促进,当达到一定规模时又会相互制约,枢纽应充分满足城市发展的运输需求。交通枢纽的各项设备在所在城市中均占有重要位置,是城市总体的有机组成部分。各种交通运输方式的设备布置对城市结构的形成与发展有着重大影响,应在空间上紧密地与城市其他设施有机结合。主要包括以下原则:

①为城市服务的枢纽客运、货运设备应与城市功能区紧密结合。客运设备靠近或适当深入生活居住区,货运设备靠近和深入城市工业区、仓库区。

②由于交通枢纽由许多建筑与设备组成,并通过交通线联结为整体,很易对城市市区产生切割作用,阻碍城市的内部交通联系。因此枢纽各种设施的总体布置,既应保证运营上的便捷,又不干扰城市内部交通,切忌分散布置,而要尽量集中于城市的一侧或城市总图的一个象限内。对于既有枢纽切割城市的状况也应在发展中逐步加以改善。

③在枢纽内各种设备的布置上充分注意保护城市环境。危险品货物装卸站点应设于市区之外;粉末易扬货物不能设在盛行风向的上侧或最小风频的下侧位置;交通建筑物特别是陆上线路和大型站场应选择适宜地形修建,不应妨碍城市排水和郊区农业灌溉。采取积极措施防止和减轻交通噪声对居民聚居地段的干扰。

(3)交通枢纽内各种设备的布局应服从交通网的规划,充分保证各种运输方式之间的相互协调。枢纽内各种设备的布局首先应在考虑与相邻枢纽合理分工的前提下进行,不使设备重复或因设备不足而影响运输通畅,并应保证主要客流、货流在枢纽内经路顺直、便捷。综合交通枢纽作为各种交通运输方式的主要衔接点,必须充分保证各种交通方式的相互协调,协调的条件有三个:①运输过程的连续性;②与运输过程相衔接的各种设备通过能力(或输送能力)相适应;③各环节的作业时间相互协调,以不能中断的前沿作业(如装卸船舶或车辆)作为主要环节,在其前面的各项作业时间应小于或等于后项作业时间。

为了实现各种运输方式的相互协调,在枢纽规划和建设中应采取多种技术措施和组织措施,而各种设备的合理布局则是最为重要的措施。铁路与公路的配合或水运与公路的配合,因公路运输容易适应多种不同条件,所需专门设备不多,它们的配合较为简单。铁路与水运的配合承担了庞大的运输任务,最为复杂。

7.15 城市道路交通地理

城市道路是指城镇中联系市内各功能区以及沟通市、郊区的供各种车辆行驶和行人走行的径路,它包括市内道路与郊区公路两部分。城市道路的走向、技术标准要服从于城市总体规划,并受两侧建筑用地所允许的边线,即红线的控制。一般市内道路横断面复杂,包括车行道、人行道、绿带和分车岛等;车行道两侧有高出路面 12~20cm 的路缘石;道路的高程和坡度,必须同两旁建筑物以及地上、地下管线相适应,也就是道路设计应同竖向规划和管线综合配合一致。

根据车辆、行人在道路上的状态,城市道路交通分为流动状态的动态交通与停驻状态的静态交通。城市道路的建设与其设施必须满足此两种交通状态的需要,方能使道路达到安全、便捷、流畅与经济。一个城市作为区域中的经济实体,常借助铁路、公路、水运、航空、管道五种运输方式中的某几种与外界发生联系。

7.15.1 城市道路交通的特点

城市道路交通是城市内部交通的主体,也是城镇联系的通道,是对外交通枢纽的组成部分。它具有以下几方面的特点:

(1)车流交通和人流交通分散在城市各区,集中在主要交通道路上,联系着大量的客、货集散点。所以,城市交通是点、线、面结合的复杂交通系统。

(2)大部分交通的规模、路线和时间经常变化。行人和车辆的流动方向和数量、逐月、逐日以及在一日内各小时之间均不相同,只有公共车辆具有一定程度的固定性质。但从全市范围和较长时间来看,根据工业、对外交通、居住区、商业服务业、机关学校和娱乐场地的配置,这种交通又具有明显的统计规律性。

(3)交通工具种类繁多,其容量、尺寸、速度相差悬殊。在中小城镇和大城市郊区,除机动车、自行车外,还有大量非机动车行驶,形成典型的混合交通,特别是人流和车流汇集于交叉口,形成人与车、车与车的交叉。行车速度和交通安全对城市来说格外重要。

(4)为了保证错综复杂的城市道路交通能安全、便捷、流畅、高效率,还布置了过街天桥或过街隧道、停车场、加油站、公共交通系统的停靠站,以及多种交通管理标志、信号灯、交通岗亭等复杂的城市道路设施与管理设施。因此,城市道路不仅为城市服务,而且也占用大量的城市面积和空间,是城市的一个有机组成部分。

7.15.2 城市客运工具

城市和郊区行驶的机动车辆,主要是汽车、无轨电车、有轨电车、地铁和郊区铁路以及山城缆车道。此外,发展中国家的自行车、摩托车和畜力车亦占相当大的比重。

7.15.3 城市道路交通和城市用地

城市的道路交通规划必须服从于城市的总体规划。为保证道路交通规划具有合理的总体规划,其必须符合以下要求:

(1)城市布局应尽量紧凑,占地过大,布点分散,都会使市内交通线路拉得过长。

(2)工厂区污染范围以外与大量机关集中区就近必须有生活居住区,以免在上下班时间形成车流和人流的拥挤。

(3)商业服务业,文娱场所、绿地公园不宜过于集中。单为管理方便、表面工程而采用的单纯集中布局的做法会给城镇交通带来长远的困难。

(4)道路交通系统稀密适度,干支分明,运输、排水、管线敷设等功能明确,通信、日照、市容要求得到满足,以便疏通线路、排除干扰。市内道路同市郊公路要衔接,过境道路不得同城市交通混杂一起。

城市道路又反过来对城市交通和城市规划以很大影响。道路系统是城市用地规划的骨架;各项用地的布置有赖于道路来连接和区分;城市平面图中的市中心、车站、港口以及郊区小城镇均在一定程度上由道路的配置来体现。城市道路是集散城市人流和车流的渠道,道路和公路的经济性能和技术标准是城市交通组织的重要物质条件。没有完善和通达的道路,人流和车流便无法在城市及其郊区通畅运行。

道路、交通和城市用地三者的关系,归纳起来就是:城市交通是组织城市道路系统的主要依据,城市道路系统是城市规划的重要组成部分,城市交通又来源于城市及其郊区各项物质要素的布局,它们三者是一个相互制约的统一体。

7.15.4 城市道路布局的基本要求

城市道路布局的基本要求如下。

(1)满足城市交通运输的需要。规划城市道路时,首先要使之服从交通运输安全、方便、快速、经济的基本要求。

(2)节约用地,充分利用现状。节约用地是城市建设和规划的重要原则。国外城市中心交通用地占城市中心用地面积的30%~40%,约占郊区面积的20%。我国一般城市用地中,道路用地比重在15%~20%之间。

(3)结合地形和水文条件。地形和水文条件对道路网规划有多方面影响:

①地形与道路规划。道路规划在满足城市交通前提下,要因势利导,结合地形,以减少土石方、节约造价,在丘陵山区尤应如此。片面强调平直,不但工程和经济上不合理,而且还会使道路陷于路堑内或筑在路堤上,影响与其他道路相交以及路旁其他用地连接。

在道路修建费中,路面常高于路基,占总修建费用的60%~80%。过分迁就地形,导致坡大弯多、路线加长,对养护和运营也不利,还延长了地下管线。故必须作综合技术经济比较,才能收到良好的布局效果。

在规划道路线路时,应全面考虑道路在纵断面、横断面上合理结合自然地形的可能性。一般平行于等高线的线路最平坦,路线沿高程几乎相等的天然地面延伸,运量大、交通繁忙的主要道路应尽量选择这种走向;道路线路如垂直于等高线,则道路随坡度直上直下,这种线形最为不利;如所定路线同等高线斜交,则可利用较缓坡度布置。

②道路与地面排水。如果地面趋于水平,或道路定线全顺等高线而行,则由于道路纵坡等于零,反而不利于地面水的排除。如遇上述场合,则可将道路纵断面做成锯齿形,或使地下排水系统维持一定坡度,以保证排水。一般在天然纵坡度达到0.4%~0.5%时,便要予以注意。

③水文地质对道路的影响。路面应与地下水面保持一定的距离，以免道路翻浆和路面结构层的破坏。路面距地下水位的距离，应根据各区域气候、地理条件、结合土质类型来确定，距离在0.8~2.1m不等，一般黏性土在0.8~1.0m之间。道路选线最好绕过粉土、软土和杂填土地段，粉土毛细水上升高度大，易引起翻浆；软土天然含水率大，强度太低；杂填土无结构、不均匀性大，需经换填或处理才能作为土基。

(4)照顾城市环境和卫生。道路和道路网的布置可以从城市气候和环境保护的许多方面进行长远考虑，有助于人民生活安适。

①利用风向。道路走向应有利于城市的通风，也要防止风暴的袭击。在夏长而炎热的南方城市，大部分道路，特别是市中心高层建筑地区的主要道路，应顺夏季盛行风向布置；冬长而严寒的北方城市，要使城市道路的方向与冬季盛行风向有一定偏斜角度，最好与大风沙和大风雪的方向呈直角。沿海城市可充分利用海陆风，不仅可使市区空气清新，还可以达到调剂城市气温的目的。连续的沿海大道高大建筑壮观，往往还能起到挡风墙的作用，可使这类道路靠水一侧敞开，并配置一系列同岸线垂直的道路，以利通风。山地城镇的道路格局可使山谷风通畅，对于盆地的城镇尤为重要，否则更易形成地形逆温。

②保证日照。城市道路的走向应使两侧建筑有良好的阳光照射，特别是居民密集地段的主要道路两侧，应均能得到一定时间的日照，以利于居民健康，并在雨雪后保证道路干燥。为满足街道两侧建筑物的日照要求，应根据城市所在纬度的太阳方位角和高度角来确定街道的宽度。在北半球冬至日太阳高度角最小，故可按照该日的最小日照时数予以计算，其公式为：

$$L = \frac{\sin(\delta - 90°)}{\tan\alpha}H \tag{7.15-1}$$

$$L' = \frac{\sin(180° - \delta)}{\tan\alpha}H \tag{7.15-2}$$

式中：L——东西走向街道的宽度；

L'——南北走向街道的宽度；

δ——太阳方位角；

α——太阳高度角；

H——建筑物的高度。

③防止车辆喧闹。街道上车辆行驶时的喧闹声对居民工作、生活和健康都有影响。一般街道的噪声已达70~80dB，汽车喇叭声为80~90dB，经常接触这类声音，一些人会产生神经衰弱、消化不良等方面症状。拖拉机运行时噪声达100~110dB，已远超过听力保护起点的90dB。在道路规划方面可采取的措施有：在线路网中考虑过境交通不穿越市区，控制货运车辆和有轨车辆穿行居住区，禁止拖拉机开进市区；居住区内部道路采用丁字交叉，使不必要进入居住区的车辆行驶感到不便而免穿越；在道路宽度上考虑必要的绿带用地，使噪声通过林木的吸引和反射而减弱。

(5)方便管线工程布置。城市中各种市政管线工程，一般都沿道路敷设，因此，所谓红线，实质上就是建筑用地和市政用地的分界线。各种管线的用途不同，性能和要求不一，如：电信管道，本身占地不大，但要有较大的检修孔；排水管道埋设较深，但施工开槽占地较多；煤气管道要防爆，需距建筑物较远。当几种管线平行敷设时，它们相互之间要求有一定的水平距离,以便在施工养护时不致影响相邻管线的工作和安全。因此,规划道路时,应有足够的用地宽度,以满足市政管线的布设。

规划道路走向时,特别要注意排水管道的走向和布置。因排水管道一般都埋设在地形较低的道路下面,如果道路高程高于两侧用地,就会增加排水工程的复杂性。

规划道路纵断面和高程时,起伏过大过多,不但对行车不利,对重力自流管道也有很大影响。重力自流管道常有一定坡度要求,例如200mm管径的排水管道,最小坡度为0.5%;1000mm管径管道最小坡度为0.05%。在平原地区的城市道路常遇到道路坡度过小与管道最小坡度的矛盾。规划道路纵坡小于管道要求最小坡度,管道的埋深将随管道长度而加深,过深必然增加施工困难。这就需要隔一定距离设一泵房,以升高管道内的流体,但会增加排水系统的经营费用。在改建道路时,应保证埋在道路下的现状管道覆土有一定深度,尽量避免改建现状管道。

当道路的纵坡过大时,由于管道受其本身最大坡度限制,常需增设跌水。道路坡度越大,需增设的跌水越多。管道埋设在纵坡变化较多的道路下时,局部地段可引起反坡,也增加了埋管的挖土深度和土方。

规划道路纵断面和高程,对于给水、煤气等有压力的管道影响不大,因为它们可随道路纵坡的变化而起伏,而仅增加管道长度。

在一般城市中,清晰的道路网、便捷的交通运输,会给居民以心情舒畅的感觉,也会为外来客人创造市内旅行的方便。城市道路和道路网的配置,如能在不妨碍道路主要功能的前提下,结合城市的具体情况,把既有的自然景观(如沿海、临湖、山丘、起伏峰峦等)、应保护的文物(如革命遗迹、古建筑、桥梁、宝塔等)和主要的现代建筑(如电视塔、展览馆、车站、纪念碑等),恰当地同城市道路结合起来,或衬托街景,或方便旅游,或更加突出城市物质和精神面貌,均能收到良好而长远的效果。

7.15.5 城市道路网的格局

(1)方格式:又称棋盘式。其优点是设计简单,房屋朝向易于处理,并在一定程度上避免城市交通拥挤。

(2)放射式:其特点是城市有明显的市中心或广场,各条街道均通向市中心或广场。

(3)环形放射式:即保持放射街道,但加上与市中心呈同心圆的环状街道,以避免单纯放射式的缺点。但效果并不完全理想,还可能会造成大的市中心交通拥挤。

(4)方格-环形-放射混合式:为使方格式格局的非直线系数降低,早就提出了在方格系统中加入对角线街道的办法,但又出现破坏市内街坊整体性和市中心交通过于集中的缺点。在我国大中城市规划实践中,总结出了一种内方格外放射式的道路格局,其特点是城市主体地区采用方格式布局,以外设方形或多边形环路,加放射对角线式直通道路。

(5)自由式:地形复杂区域的城镇,考虑道路功能又结合自然条件,因地制宜地加以组织形成的道路网形式。其缺点是占地多,城市内任何点之间非直线系数较大。

7.15.6 交叉口、停车场和广场的布置

1)干道交叉口对城市交通的干扰

不同方向的城市道路相交部位,构成城市道路的交叉口。交叉口是城市道路网的枢纽,

也是街道交通发生矛盾的集中点,交通事故经常发生在交叉口及其附近。同时干道的通行能力亦受到交叉口通行能力的很大限制。一般说来,干道通行能力受交叉口的干扰降低40%~50%。

交叉口间距越小,对街道通行能力干扰越大;车行速度越快,这种干扰效益突出。近代城市道路网规划设计应将城市干道间距放长。但过分加长干道间距,主要交叉口虽减少了,但干线和交叉口的负荷却增大了,而且会出现"车多路少"的现象,助长行车迂回和交叉口堵塞。

道路交叉口处特别拥挤的原因是:①在交叉口处行驶的车辆多;②车辆在交叉口转弯时所需要的面积比直线行驶车辆大;③车辆在交叉口转弯,车行速度相较直线行驶车辆大为降低;④在交叉口车辆行驶的路线有的是互相冲突的,为了避免冲突,车辆行驶的速度更低;⑤在交叉路上来往的车辆,到交叉口时因受民警指挥或信号限制而周期性停驶;⑥交叉口有较多行人横道。

2)平面交叉口的类型

交叉口设计的主要依据是交通量(现状的和远景的)和设计速度,在此基础上选定交叉口类型。设计断面和坡度,要满足视距和转弯半径,同时,应结合地形和街景衬托布置。

交叉口主要为平面交叉和立体交叉两大类,前者又可按其形式分为十字交叉、丁字交叉和环形交叉三种。

7.16 农村公路规划

农村公路体系规划不仅是道路交通规划,更多的是区域战略部署,从产业发展到综合防灾,再到空间形态的引导,故其规划必定是"多规合一"。农村公路体系规划应当在交通分析的基础上,从整体布局模式入手,包括区域影响、内部结构、配套设施、产业发展、景观风貌等方面进行规划研究,给出定性方案,再通过交通分析进行定量研究,才能准确把握农村公路体系与城市发展的关系。

1)农村公路规划的意义

(1)农村公路城市与农村融合的纽带。根据国外的建设经验,农村与城市是具有相同的生活质量、不同生活方式的聚居类型,农村公路作为城市的外延,将城市的信息流和资金流等往外输送,同时应当作为生态、业态、形态和文态四态的空间载体。

(2)农村是抗灾腹地。城市用地大多数被广袤的农村地区所包围,农村要真正实现其抗灾腹地功能,则必须建设成体系的农村公路,铺设市政管网,沿线设置必要的配套设施,实现平灾结合使用。

2)规划策略

农村公路规划应当从整体布局模式入手,包括区域影响、内部结构、配套设施、产业发展、景观风貌等进行规划策略的研究。

(1)采用适宜的空间形态发展模式。

常规发展模式中城市与乡村之间自发形成多条联系通道,沿线发展无序,乡村体系混乱,最终导致人居环境恶劣的情况。城市的整体和谐发展是规划的根本出发点,应提倡交通

集约发展与镇村体系有序发展相适应。生态先行,结合土地利用规划,选择性地将城乡之间的交通功能集约于轴、路网明确,通过交通引导乡村体系建设,最终达到乡村生态得到保育、交通设施配备完善、镇村体系发展明确的目的。

(2)准确对接、明确分级——融入区域交通体系。

遵从区域路网格局,规划农村道路选线应考虑道路的自身发展性,镇村道路在远期可能成为区域通道。根据现状及当地发展诉求,反馈区域道路规划建议,在区域道路体系规划中适当调整公路线形,同时应结合区域组团发展模式,形成相对独立的道路结构。

在区域主干路网确定的前提下,对单个镇的内部交通进行强化,包括对部分道路进行弱化处理和对未来发展较为重要的道路进行提档升级,明确道路骨架,并自下而上地对区域路网进行反馈。

(3)统筹资源、串联成线——支撑片区产业发展。

从区域产业发展的支撑角度出发,对现有资源进行统筹整合,以农村道路、水系脉络为导向,合理组织乡村景观节点,集中布置各类产业。根据产业发展布局确定道路功能,形成生态型旅游线路和集约型产业线路,两者根据各自流量预测进行道路布局,局部有交叉。

(4)公交优先、完善配套——促进城乡生活便利。

从公共服务配套设施的共享性角度出发,提倡形成"半小时公交圈""十分钟服务圈"等。

(5)梳理水系、优化绿道——展现乡村景观风貌。

现状农村地区建筑、道路、河流和农田之间的关系较为生硬,不仅没有很好地利用自然优势,而且还对自然生态环境造成破坏。规划中应采取较为简易的方式,展现最原始的自然生态景观。

7.17 道路与其他基础设施的关系

道路与其他基础设施布设时,应遵循以下原则:

(1)电力线路电压 35kV 以下线路的杆塔和拉线基础保护区分别为 5m,2m;110kV 以上分别为 10m 和 3m。

(2)国防工程是禁区,涉及国家安全,交通等项目建设必须绕避,尽可能远离,同时为军事活动的出入提供便捷快速的安全通道。

(3)应遵守《中华人民共和国铁路法》《铁路运输安全保护条例》《中华人民共和国石油天然气管道保护法》《关于维护高速铁路运营安全的通告》等法律法规和规定的要求。

(4)大坝及其设施受国家保护,任何单位和个人不得侵占、毁坏;禁止在大坝管理和保护范围内进行爆破、打井、采石、采矿、挖沙、取土、修坟等危害大坝安全的活动;禁止在大坝的集水区域内乱伐林木、陡坡开荒等导致水库淤积的活动;大坝坝顶确需兼作交通的,须经科学论证和大坝主管部门批准,并采取相应的安全维护措施。

参 考 文 献

[1] 孙岩,谢童,秦婉怡. 生态地质环境视角下的川西羌族建筑适宜性技术[J]. 四川建材,2020(2).

[2] 郑国光. 中国气候[M]. 北京:气象出版社,2019.

[3] 赵荣,王恩涌,张小林,等. 人文地理学[M]. 北京:高等教育出版社,2006.

[4] 李智雄. 论大西南远古地理环境与"西南夷"的关系[J]. 凉山大学学报,2003,5(1).

[5] 赵迁乔,宋夫才. 公路自然区划的原则、方法及指标选取的探讨[J]. 公路,2005,1(1).

[6] 马东涛,崔鹏,杨坤,等. 新藏公路(新疆段)沿线道路病害及成因初析[J]. 自然灾害学报,2003,12(3).

[7] 肖金成,徐国弟,黄征学,等. 长江上游经济区发展战略研究[J]. 发展研究,2013(4).

[8] 景菲菲. 从交通方式的变迁看近代山东经济格局[J]. 重庆交通大学学报(社会科学版),2015,15(2).

[9] 罗会华. 交通运输发展促进发展中大国经济增长的机制研究[J]. 湖南商学院学报(双月刊),2011,18(3).

[10] 杨运贵,薛锋,罗建. 湖北经济发展与交通运输的关系[J]. 统计与决策,2008(5).

[11] 杨吾杨,张国伍. 交通运输地理学[M]. 北京:商务出版社,1986.

[12] 胡金东. 绿色交通文化兴起之三重转向[J]. 长安大学学报(社会科学版),2010,12(2).

[13] 许仪.《交通运输地理杂志》近十年研究综述[J]. 城市交通,2004(3).

[14] 朱高儒,刘杰,徐洪磊. 地理学在交通强国建设中的作用初探[J]. 交通运输部管理干部学院学报,2019,29(4).

[15] 刘南威. 自然地理[M]. 北京:科学出版社,2014.

[16] 姚蓓. 浅谈地理信息系统在交通领域中的应用[J]. 交通世界,2003(6).

[17] 邢益鸣. 安徽黟县西递宏村风水格局与水文景观探析[D]. 上海:上海交通大学,2014.

[18] 张毓峰,王阳. 风水文化中的地理知识[J]. 地理教育,2011(12).

[19] 赵复才,邵玉华. 风水楼盘小区与小区楼盘风水(上篇)——住宅楼盘小区风水策划之浅见[J]. 中华建设,2013(10).

[20] 王浩骅,于爱清."风水"与住宅选址[J]. 东南置业,2009(008).

[21] 孙小红. 城市的交通运输[J]. 地理教育,2003(1).

[22] 黄晓东. 组群城市更新演进与交通协调发展战略——以淄博市为例[D]. 淄博:山东理工大学,2010.

[23] 杨春霞. 海峡西岸经济区高速公路货物运输发展研究[D]. 西安:长安大学,2014.

[24] 白雪洁,王鹏姬. 集装箱多式联运与现代物流[J]. 城市管理,2002(66).

[25] 郭月凤,郭程轩,徐颂军. 中国快递服务发展的区域差异研究[J]. 华南师范大学学报:自然科学版,2013(4).
[26] 王魏. 川南城市群综合交通规划研究[D]. 成都:西南交通大学,2011.
[27] 刘凌. 交通运输促进物流业降本增效的路径[J]. 铁路采购与物流,2016(12).
[28] 成蓬蓬. 现代物流与交通运输地理学课程内容改革探讨[D]. 广州:广州大学,2007.
[29] 尤晓暐. 道路工程概论[M]. 北京:人民交通出版社,2005.
[30] 刘伯莹,姚祖康. 公路设计工程师手册[M]. 北京:人民交通出版社,2004.
[31] 交通部第二公路勘测设计院. 路基[M]. 北京:人民交通出版社,1997.
[32] 姚祖康. 公路设计手册——路面[M]. 北京:人民交通出版社,1999.
[33] 杨文渊,钱绍武. 道路施工工程师手册[M]. 北京:人民交通出版社,2000.
[34] 姜志刚,谢凤禹,张贤康,等. 云南高速公路病害情况、原因分析及处治方法[J]. 云南现代交通,2005,2(3).
[35] 浙江省交通规划设计研究院. 高等级公路沥青路面设计规范:DB33/T 896—2013[S]. 北京:人民交通出版社,2014.
[36] 钟宇健,杜可,赵铎,等. 隧道进出口路面结冰积雪和能见度实时预警研究[J]. 公路,2019(4).
[37]《工程地质手册》编写委员会. 工程地质手册[M]. 北京:中国建筑出版社,1992.
[38] 中交第一公路勘察设计研究院. 公路工程地质勘察规范:JT/J 064—98:[S]. 北京:人民交通出版社,1999.
[39] 宋官保,张学龙,黄继武,等. 三峡库区地质地理条件下公路工程建设技术研究[J]. 交通科技,2005(3).
[40] 刘发水,林晓威,胡昌斌. 南方地区公路水泥混凝土路面加铺改建技术指南[M]. 北京:人民交通出版社股份有限公司,2016.
[41] 王起达. 关于黑北公路不良水文地质路基施工中的技术问题的探讨[J]. 黑龙江交通科技,2003(11).
[42] 李强,李刚. 沪苏浙高速公路泥炭质土的工程性质研究[J]. 公路工程,2010,35(6).
[43] 黄俊,王华永,左俊. 泥炭土工程地质特性与基础加固方法[J]. 路基工程,1993(4).
[44] 中交第二公路勘测设计研究院. 公路路基设计规范:JTG D30—2004[S]. 北京:人民交通出版社,2004.
[45] 许亚峰. 浅谈膨胀土地区的公路病害原因及质量控制[J]. 科技传播,2010(9).
[46] 中交第一公路工程局有限公司. 公路路基施工技术规范:JTG F10—2006[S]. 北京:人民交通出版社,2006.
[47] 李晓军,侯殿英,吴红刚. 浅析青海高寒地区公路边坡病害类型[J]. 工程勘察,2011(6).
[48] 虎啸天,余冬梅,付江涛,等. 盐渍土改良方法研究现状及其展望[J]. 盐湖研究,2014,22(2).
[49] 李世芳. 冰冻盐渍土地区公路盐胀和冻胀综合病害[J]. 养护机械与施工技术,2009(2).

[50] 房建宏. G315 线绿(绿草山)黄(黄瓜梁)段腐蚀环境及防腐应对措施[J]. 公路交通科技,2012(8).

[51] 李小林,马建青,高忠咏,等. 柴达木盆地土壤积盐特点及对工程建设的影响[J]. 水文地质工程地质,2004(4).

[52] 余龙江,李为,栗茂腾,等. 西南岩溶生态系统脆弱性的生物学诊断及其治理的生物技术措施[J]. 地球科学进展,2006,2(3).

[53] 韦世明,古鹏翔,罗竟多. 目标协调设计在喀斯特地区公路选线中的应用[J]. 西部交通科技,2016(11).

[54] 陈剑. 湿陷性黄土隧道常见病害及防治[J]. 交通世界,2011(13).

[55] 梁伟,高德彬,倪万魁. 公路黄土路堑高边坡植物防护研究[J]. 灾害学,2007,22(3).

[56] 王红霞. 沙漠公路病害成因及防治技术探讨[J]. 建筑设计,2006,6(35).

[57] 杨发相,陈晓光,雷加强,等. 荒漠区公路建设引起环境退化及对策——以新疆为例[J]. 环境科学与管理,2011,36(3).

[58] 焦鹏飞. 风积沙地区路基施工工艺[J]. 中国交通建设监理,2012(11).

[59] 卢明磊. 不同地理区域环境下公路养护技术的应用[J]. 思维与智慧,2016(12).

[60] 钱海涛,张力方,修立伟,等. 中国地震地质灾害的主要类型与分布特征[J]. 水文地质工程地质,2014,41(1).

[61] 蹇永明,刘洋. 帕米尔高原强震、高寒、冻土区公路改扩建原有涵洞调查分析及设计研究[J]. 一带一路,2017(1).

[62] 赵振华. 气候类型判别例析[J]. 考试周刊,2010(32).

[63] 韩云伟. 地形对气候影响的个案分析[J]. 太原大学教育学院学报,2014,32(4).

[64] 周志刚,陈媛,张清平,等. 海南东线高速公路旧路面状况评价及病害成因分析[J]. 交通科学与工程,2011,27(1).

[65] 黄元,马进. 广西高速公路沥青路面早期病害特点及其原因分析[J]. 道路工程,2015(9).

[66] 沈瑜,王新新,王博伟. 西部寒旱地区公路路面开裂病害分析[J]. 城市道桥与防洪,2017(8).

[67] 汪双杰,陈建兵,李仙虎. 多年冻土地区公路修筑技术研究与工程实践[J]. 冰川冻土,2009,31(2).

[68] 唐正光,熊世银,杨世福,等. 瑞丽市农村公路典型病害调查研究[J]. 道路工程,2017(10).

[69] 吴北川. 季冻区公路风积雪的研究与防治[D]. 重庆:重庆交通大学,2014.

[70] 熊黑钢,刘耕年,崔之久,等. 天山北坡乌—库公路沿线自然灾害特征及其对公路的影响[J]. 新疆大学学报(自然科学版),1993,10(4).

[71] 单兴佑. 恩施山区雾的天气气候特征及预报方法研究[D]. 南京:南京信息工程大学,2011.

[72] 孙双梅. 多年冻土路基病害及防治措施探讨[J]. 道路工程,2013(20).

[73] 姜少平. 多年冻土地区公路路基病害分析与处治技术[J]. 交通世界,2013(16).

[74] 窦明健,胡长顺,多吉罗布,等. 青藏公路路面病害成因分析[J]. 冰川冻土,2003,25(4).
[75] 于常永. 冻土路基病害分析及应对措施探讨[J]. 科技传播,2011(8).
[76] 汪双杰,陈建兵,章金钊. 青藏高原多年冻土区公路修筑技术之进展[J]. 中国科学(E辑:技术科学),2009,39(1).
[77] 况赴渝. 浅析青藏公路路基病害与路基稳定技术[J]. 中国科技博览,2009(6).
[78] 郭小玲. 公路工程构造物水泥混凝土抗冻性能试验研究[J]. 城市道桥与防洪,2017(2).
[79] 张来春. 多年冻土区公路沥青路面病害与使用性能分析[J]. 青海交通科技,2015.
[80] 苏明东,苏洲. G318 线东俄洛至海子山段公路改建工程路面设计总结[J]. 广东建材,2015(6).
[81] 杨思忠,金会军,于少鹏,等. 中俄输油管道(漠河—大庆段)主要冻土环境问题探析[J]. 冰川冻土,2010,32(2).
[82] 吴青柏,沈永平,施斌. 青藏高原冻土及水热过程与寒区生态环境的关系[J]. 冰川冻土,2003,25(3).
[83] 张玉成. 山地雪线的判断方法[J]. 地理教学,2008(10).
[84] 王涛. 山区公路防洪与水毁抢修[J]. 交通世界,2017(13).
[85] 李铭,支喜兰,柳波. 川藏公路南线西藏境内病害类型分析与防治措施研究[J]. 自然灾害学报,2015,24(1).
[86] 袁胜元,王秋良. 确定古洪水事件的沉积学方法及古洪水研究的应用[J]. 许昌学院学报,2005,24(2).
[87] 袁胜元,赵新军,李长安. 古洪水事件的判别标志[J]. 地质科技情报,2006,25(4).
[88] 张科利,徐宪利,罗丽芳. 国内外道路侵蚀研究回顾与展望[J]. 地理科学,2008(1).
[89] 黎廷宇,王世杰. 贵州省岩溶洼地洪涝灾害加重的原因分析[J]. 水土保持通报,2001,21(3).
[90] 艾赛提. 库斯拉甫至恰尔隆段山区公路工程地质病害特征及防护措施[J]. 中国西部科技,2009,8(5).
[91] 姚祖康. 公路排水设计手册[M]. 北京:人民交通出版社,2002.
[92] 吴建国. 地表形态对陆地交通线路分布影响的区位分析[J]. 新高考(高三政史地),2007(12).
[93] 耿旭云. 岩体边坡稳定性分析及综合治理技术研究[J]. 黑龙江科技信息,2009(35).
[94] 程志,张国庆,郑晓林. 季冻区公路填筑交界路段路基病害机理及稳定技术[J]. 吉林交通科技,2014(1).
[95] 孙小端,侯洋洋,贺玉龙,等. 青藏高原双车道事故严重程度预测模型的建立[J]. 重庆交通大学学报(自然科学版),2017,36(7).
[96] 龙贤哲,罗勇军,杨晓红. 新藏公路医学地理特点与卫勤保障特点[J]. 国外医学:医学地理分册,2017,38(3).
[97] 嵇其伟,罗莹路. 地貌学及地植物学在隧道工程地质调绘中的应用[J]. 华东公路,2011

(5).

[98] 苏英,黄娜娜,刘宇峰. 2000—2015 年我国地质灾害年际变化与地区分布特征[J]. 安徽农业科学,2016,44(35).

[99] 彭仁涛. 山区高速公路运营防灾管理地理信息系统[D]. 成都:西南交通大学,2007.

[100] 张向营,张春山,孟华君,等. 地震扰动区泥石流起动阈值研究现状及展望[J]. 灾害学,2017,32(1).

[101] 张曼,李波,王彬,等. 地震滑坡生境小型兽类群落多样性及影响因子[J]. 应用与环境生物学报,2013,19(2).

[102] 戚国庆,胡利文. 植被护坡机制及应用研究[J]. 岩石力学与工程学报,2006,25(11).

[103] 吴国雄,曾榕彬,王成华,等. 溜砂坡的形成诱发因素及失稳破坏条件[J]. 中国铁道科学,2006,27(5).

[104] 方炬洋. 闽北地区高速公路泥流病害防控对策分析[J]. 四川建筑,2015,35(2).

[105] 陈荫祥. 地植物学方法在水文地质和工程地质中的应用[J]. 水文地质工程地质,1957(6).

[106] 贾大成,姜涛,陈圣波,等. 大兴安岭多宝山铜成矿区植物地球化学特征及找矿意义[J]. 吉林大学学报(地球科学版),2013,43(1).

[107] 朱秀敏. 丛藓科湿地藓属植物对环境的指示作用[J]. 北方园艺,2010(22).

[108] 邱贺媛,曾宪锋. 大气污染与植物的指示监测作用[J]. 唐山师专学报,1999(2).

[109] 郭彦威,王立新,林瑞华. 污染土壤的植物修复技术研究进展[J]. 上海环境科学,2007,14(3).

[110] 段海澎,黄健敏,程温莹. 汤屯高速公路路堑边坡土质特征与生态防护植物配置研究[J]. 工程地质学报,2008,16(3).

[111] 廖新辉,张阳. 浅谈高速公路建设对环境的影响及保护措施[J]. 北京公路,1999(3).

[112] 赵永贵,刘浩,刘宇,等. 云南公路建设中的病害与诊治技术[J]. 云南现代交通,2004,1(2).

[113] 古宇杰. 云南公路自然区划及地理信息系统研究[D]. 重庆:重庆交通大学,2009.

[114] 郭荣朝,顾朝林. 宁西铁路沿线经济带构建研究[J]. 地理科学,2004,24(4).

[115] 李海军,凌晨. 苏南地区区域经济与交通运输耦合协调发展研究[J]. 江西建材,2014(6).

[116] 戴生岐,戴岩. 交通文化刍论[J]. 长安大学学报(社会科学版),2010,12(3).

[117] 张勋,王旭,万广华,等. 交通基础设施促进经济增长的一个综合框架[J]. 经济研究,2018(1).

[118] 何智明. 湖南省高速公路建设对区域经济发展的影响分析[J]. 湖南交通科技,2012(3).

[119] 黄云. 中国少数民族地区跨国运输通道研究[D]. 北京:中央民族大学,2010.

[120] 王志全. 高速铁路与人文进步[J]. 中国铁路,2016(5).

[121] 郝思洁,朱长征. 我国高速公路建设与经济增长关系的实证研究[J]. 价格理论与实践,2013(8).

[122] 张天悦. 区域经济与区际交通耦合作用研究[J]. 技术经济与地理研究,2014(4).
[123] 李丽琴,毛蒋兴. 西江经济带城镇经济发展与交通建设耦合协调度研究——以来宾市为例[J]. 广西师范学院学报:自然科学版,2016,33(3).
[124] 易虹. 江苏长江南北通道建设的区域研究[J]. 城市研究,2000(2).
[125] 倪宏虎,刘小丽. 江西经济发展与交通运输的关系[J]. 科技广场,2005(9).
[126] 张方,陈凯. 运输成本、规模效应与区域经济差距——以辽宁省为例[J]. 东北大学学报:自然科学版,2018(2).
[127] 李扬杰. 长江经济带商贸流通业外溢效应实证研究[J]. 商业经济研究,2019(15).
[128] "长江上游经济带协调发展研究"课题组. 长江上游经济带发展思路及政策选择[J]. 改革,2005(1).
[129] 李潭峰,全波. 国家尺度空间运输联系特征与区域发展趋势[J]. 城市交通,2014(3).
[130] 万宏雷,温玉莎. 苏南地区未来公路交通发展分析[J]. 现代交通技术,2013,10(2).
[131] 汪明珠. 数字经济下智慧交通发展及对经济社会的影响[J]. 世界电信,2017(3).
[132] 张耀辉. 基础设施、大国技术与高铁效应[J]. 广东社会科学,2011(3).
[133] 王刚. 新常态下高铁建设的经济效应研究[J]. 城市建筑,2017(5).
[134] 贾天理,廖胜,郭丽娜. 成绵乐城际经济带经济社会科学发展新探索——四川区域经济发展方式转变战略问题研究[J]. 铁道经济研究,2010,5(97).
[135] 张京娟,刘万锋,马晴,等. 甘肃省综合交通网络与人口、经济耦合分析[J]. 陇东学院学报,2018,29(1).
[136] 赵卫,沈渭寿,邹长新,等. 雅鲁藏布江源头区居民点分布的影响因素[J]. 山地学报,2012,30(6):728-736.
[137] 杨春高. 茶马古道对沿线区域经济社会发展的重大影响分析[J]. 中国文化遗产保护普洱论坛,2010.
[138] HUDSON C F. Eusope and China:A Sunley of their Relations from the earliest times to 1800[M]. London:Edalcmd Aruold & Co. ,1931. //李云泉. 蒙元时期驿站的设立与中西陆路交通的发展[J]. 内蒙古社会科学(文史哲版). 1995,2(60).
[139] 李想. 略论"三言二拍"所蕴涵的运河文化[J]. 淮阴工学院学报,2012,21(6).
[140] 陈德玺. 主体性哲学视域下大众出行方式的省思[J]. 阅江学刊,2016(2).
[141] 李连成. 交通投资项目社会评价的内容和基本方法[J]. 中国工程咨询,2008(7).
[142] 宁丽丹,周海军. 浅议城市交通噪声污染控制[J]. 城乡规划(城市地理学术版),2014(1).
[143] 温泉,康浩. 西南丝绸之路建筑文化初探[J]. 丝路视野,2016(21).
[144] 吴洪华. 历史的痕迹:川藏千年茶马古道[J]. 中国文化遗产保护普洱论坛,2010.
[145] 珠玛英追. 茶马古道上的运输队:马帮[C]. 中国文化遗产保护普洱论坛论文集,2010.
[146] 余剑明. 云南茶马古道文化线路的真实遗存和遗产价值[C]. 中国文化遗产保护普洱论坛,2010.
[147] 杜鹃. 民国时期的云南马帮驿运[D]. 成都:四川大学,2004.
[148] 韦浩明. "潇贺古道"与唐朝以前岭南文化的变迁——潇贺古道系列研究之四[J]. 广

西梧州师范高等专科学校学报,2005,21(4).
[149] 黄瑞柳,丁慧,李孟丹,等.高昌王国汉人生活方式的传承与变迁——饮食和交通篇[J].北方文学,2017(5).
[150] 包威.云南茶马古道问题研究[D].济南:山东大学硕士,2008.
[151] 李旭.茶马古道[J].西藏人文地理,2019(2).
[152] 葛玉红.铁路与近代中国的社会文化变迁[J].辽宁大学学报(哲学社会科学版),2013,41(4).
[153] 张建锋.阿来的交通书写及其隐喻意义[J].西藏大学学报(社会科学版),2013,28(1).
[154] 胡艳丽,曾梦宇.高速交通视野下侗族"非遗"存续方略研究[J].学术论坛,2012(10).
[155] 秦璞.泰国水居文化的发展和变迁——以阿育他耶为例[J].青海民族研究,2010,21(4).
[156] 林显锋,符锌砂,黄吕强.融合地域文化的公路景观设计[J].中外公路,2008,28(1).
[157] 周霞.基于地域文化的湖南人文高速公路建设研究[D].长沙:长沙理工大学,2011.
[158] 汪云萍,宋晓宇,邱泽阳.基于地域文化的高速公路景观规划设计研究[J].城市地理,2017(08).
[159] 顾晓锋.地域文化在高速公路景观设计中的传承与保护——以湖北杭瑞高速公路文化景观设计为例[J].交通标准化,2014,42(3).
[160] 林永明,林永贵.苗族文化在贵州山区公路中的展现[J].公路交通技术,2012(4).
[161] 陈西林,尼玛卓玛.地域特色文化在公路文化元中的传递机理[J].公路交通科技,2011(12).
[162] 白国权.融入白族地域文化的隧道洞门景观设计[J].现代隧道技术,2016,53(5).
[163] 马蕊,阮旭伟,李纶.民族文化在保龙高速路景设计中的应用研究[J].太原科技,2008(12).
[164] 王翠翠,江海涛,潘旭.地域文化下的高速公路服务区设计研究[J].华中建筑,2011(2).
[165] 杜国川,杨雅楠.现代乡村旅游下的历史文化重构与旅游体验——以云南省宁洱县那柯里村为个案[J].曲靖师范学院学报,2018,37(1).
[166] 林初昇.港粤整合与珠江三角洲的空间转型——以东莞为例[J].地理学报,1997(25).
[167] 李石松.综合运输体系多向关联视角下产业空间格局的重塑与优化[J].学术探索,2015(11).
[168] 吴志远.明清时期中原地区商业交通与城乡市场等级[J].中州学刊,2017(9).
[169] 侯林,刘楠.南运河航运与泊头社会经济的变迁[J].河北广播电视大学,2017,22(6).
[170] 吴江国,张小林,李红波.县域尺度下交通对乡村聚落景观格局的影响研究——以宿州市埇桥区为例[J].人文地理,2013(1).
[171] 崔忠亭.图表对比突破"交通运输布局及其对区域发展的影响"(湘教版)[J].地理教

育,2018(4).
[172] 韦浩明. 交通变迁对唐宋时期贺州的影响(潇贺古道系列研究之六)[J]. 贺州学院学报,2006,22(4).
[173] 赵阳阳. 历史时期崤函古道区域城镇发展初步研究[J]. 三门峡职业技术学院学报,2012(1).
[174] 刘晖. 交通变革视阈下郑州地域构造的演化[J]. 周口师范学院学报,2010,27(4).
[175] 陈晓燕. 小市千家聚水滨——江南市镇的形制特点[J]. 浙江档案,2005(3).
[176] 范玉春. 交通与人口聚落——阳朔县人口迁移与分布的个案分析[J]. 广西师范大学学报(哲学社会科学版),2003(2).
[177] 王成超,黄民生. 福建省主要经济联系方向研究[J]. 泉州师范学院学报(自然科学),2008,26(2).
[178] 曹小曙,薛德升,阎小培. 城市交通运输地理发展趋势[J]. 地理科学,2006,26(1).
[179] 杨玲. 国外城市交通发展对重庆市"一小时经济圈"城市交通发展的借鉴[J]. 城市,2008(07).
[180] 张雁,张馨方. 论高速铁路对都市圈社会生活方式的影响[J]. 商业经济研究,2015(18).
[181] 韩列松,刘亚丽. 美国西部城市发展模式对中国西部开发的启示[J]. 城乡规划(城市地理学术版)2015(4).
[182] 王开玺. 清代的中西交通及其特点与作用[J]. 晋阳学刊,2016(6).
[183] 陶娟平. 青藏高原河谷型城市居民出行的差异性分析——以青海省西宁市城西区为例. 江西农业,2016(55).
[184] 林彤. 福州市居民出行方式及年龄分异[J]. 石家庄学院学报,2012,14(6).
[185] 胡勇,琚婕. 论陇海铁路对西安城市发展的影响(1934—1949)[J]. 史学月刊,2013(5).
[186] 王鑫. 交通工具与文化变迁——从绿皮火车到白色高铁[J]. 文化研究,2016(1).
[187] 陆礼. 中国古代交通的技术变迁与伦理分析[J]. 江西社会科学,2010(4).
[188] 王子今. 秦汉时代的并海道[J]. 中国历史地理论丛,1988(2).
[189] 王亦秋,韩少卿. 秦汉西部地理环境对交通的影响[J]. 赤峰学院学报:汉文哲学社会科学版,2016,37(8).
[190] 樊莉娜. 传统蜀道的衰落与新生[J]. 三门峡职业技术学院学报,2016,15(4).
[191] 朱建君. 海参之链:"海上丝绸之路"上的中澳早期交通[J]. 学海,2017(5).
[192] 沈满洪,李建琴. 京杭运河杭州段的功能变迁与综合开发的功能定位[J]. 杭州科技,2001,22(2).
[193] 苟亚均. 公路设计与环境协调思路总结[J]. 工程技术(全文版),2019(3).
[194] 郑弘毅,蔡建辉. 试论我国公路发展战略[J]. 地理与地理信息科学,1986(2).
[195] 郭凡良. 喀什经济开发区综合交通规划中交通需求预测[J]. 北京交通大学学报,2013,37(6).
[196] 全斌. 高中新教材第七、八单元疑难解析[J]. 地理教育,2001(3).

[197] 吴华金. 高原山区高速公路勘察设计理念与路线方案选择方法研究[D]. 长安大学,2004.

[198] 唐正光,徐则民,吴华金,等. 基于气候、植被及工程地质的公路"环境选线"[J]. 武汉理工大学学报:交通科学与工程版,2009,33(5).

[199] 中交第一公路勘测设计研究院. 中华人民共和国行业标准. JTGD20—2006,公路路线设计规范[M]. 人民交通出版社,2006.

[200] 彭雪雪,游浦. 浅析新都区农村公路体系规划策略[J]. 四川建筑,2017,37(4).